# Nous, les Seznec

J'AI LU

Denis Seznec

# Nous, les Seznec

Nouvelle édition

Éditions J'ai lu

*A Guillaume et Marie-Jeanne.*
*Et à leur petite Jeannette, ma mère.*

# ARBRE GÉNÉALOGIQUE DE LA FAMILLE SEZNEC

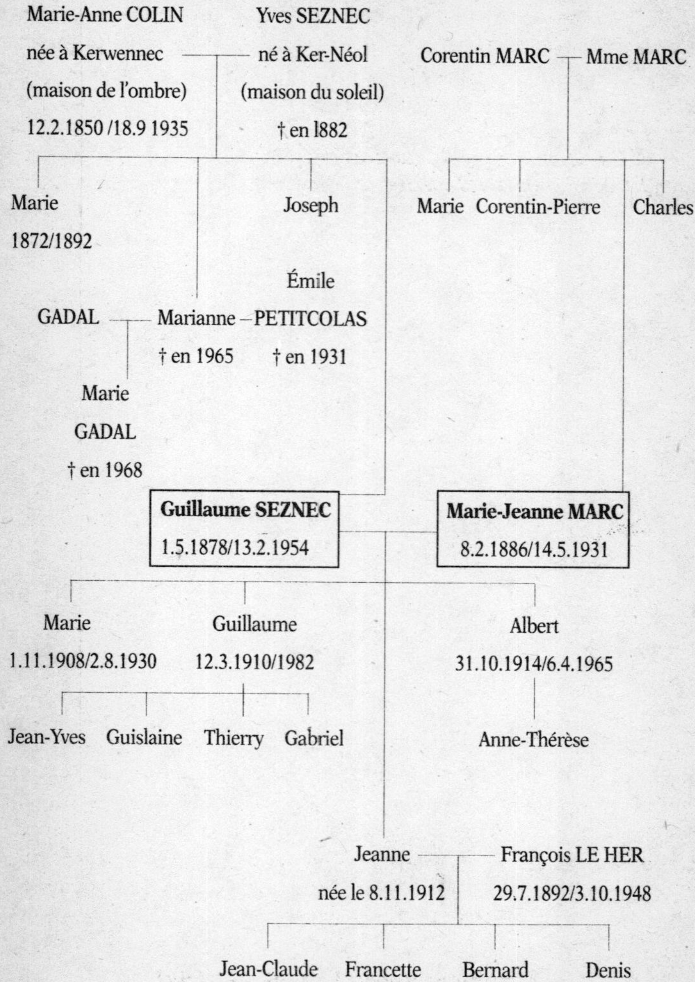

## PREMIÈRE PARTIE

# LE SOUVENIR

Quand j'étais petit garçon, personne n'aurait osé me dire qu'il était arrivé du mal à mon grand-père.

On habitait avec lui à la cité, c'était drôlement bien. Francette, ma grande sœur, s'occupait de moi et de Bernard. Elle avait quatorze ans. Bernard, c'était mon grand frère qui en avait sept et demi.

Je couchais dans le lit du bas. Dès que j'ai su monter assez vite à l'échelle, ç'a été la bagarre avec Bernard pour avoir celui du haut. Il était beaucoup plus fort mais moi je tapais, je mordais, je griffais comme une brute en barboteuse – ça démangeait aux élastiques !

On dormait tous dans la chambre. Il y avait juste la place pour le lit de grand-père et le divan de Francette, en plus des superposés. Maman couchait presque tout le temps chez des malades pour les garder. Quand elle dormait à la maison, on nous mettait ensemble dans le lit du haut, Bernard et moi, comme quand Jean-Claude venait en permission – notre grand frère aîné qui était marin en Indochine.

Il y avait la chambre et la cuisine, la cuisine et la chambre. Même dans la journée, maman n'était jamais là ; elle s'occupait de l'Affaire avec des gens. L'Affaire, j'en ai entendu parler très tôt, sans trop savoir ce que cela représentait exactement, ce que ça voulait dire. Quelque chose d'important, puisqu'on ne m'expliquait rien, un secret d'adulte, une activité lointaine et un peu mystérieuse. Quand elle ne s'en occupait pas, maman fabriquait des lustres, chez Baguès. Tous les jours, elle se dépêchait : elle arrivait pour nous embrasser, avec son imperméable, puis elle parlait des nouvelles de l'Affaire avec grand-père, et repartait presque sans manger. Une mère entre deux portes.

L'hiver, quelquefois, quand on n'avait pas rapporté assez de boulets pour le poêle, grand-père gardait aussi son manteau dans la maison.

Je les aurais tués, ceux qui lui auraient fait du mal.

Je me mettais tout le temps sur ses genoux. Quand il m'embrassait, ça piquait – il ne savait pas se raser avec toutes ses cicatrices et ses grandes rides sur son visage bruni. Je me demandais pourquoi il avait une goutte au bout du nez, des fois (j'écartais la tête pour ne pas l'attraper). Avec Bernard, on avait peur aussi que ça tombe dans la soupe. Francette avait horreur de ça, elle était délicate.

Grand-père était grand, droit comme un arbre, avec des yeux très bleus, de beaux cheveux blancs et son costume – le dimanche, il mettait en plus son gilet. Il était plus beau et plus gentil que tout le monde. Il me tenait par la main, m'aidait pour faire les choses, me recoiffait quand j'avais couru et me disait tout ce qu'il fallait. C'est Francette qui me faisait prendre un bain dans la grande lessiveuse – lui, il me tenait en l'air pour m'apprendre à me laver les pieds moi-même sous le robinet. C'était un homme fort comme une statue.

Les voisins l'appelaient « monsieur Seznec », alors que pour les autres, c'était plutôt « le père Untel » ou « Untel ». Ils lui disaient « vous » – ça faisait bizarre, à la cité. Même les journalistes et les quelques vieux bagnards qui venaient le voir, et qui l'appelaient « Seznec » tout court – même celui qui avait la lèpre et une seule jambe –, étaient intimidés pendant qu'il réfléchissait en roulant une cigarette. Il ne savait pas très bien les rouler : le tabac dépassait toujours du papier – j'essayais de lui montrer que c'était moche – et son briquet à mèche faisait de la fumée. Les gens qui le reconnaissaient, n'importe où dans la rue, et qui savaient son histoire, étaient aussi pleins de révérence. Moi, non, je pouvais l'embêter autant que je voulais. C'était mon grand-père.

Il restait toujours calme. Il vous écoutait, vous regardait, et on n'arrivait jamais à lui mentir.

Il mettait sa main bien raide, donnait un seul coup sur son chapeau pour y faire un beau creux, et on partait tous les deux se promener, loin dans les rues. Il m'emmenait presque toujours quand il y avait du soleil et que je n'allais pas à l'école. Le mieux, c'était le pont au-dessous des trains, les quais au bord de la Seine, et on arrivait au Jardin des plantes. On regardait surtout les oiseaux multicolores dans leurs grandes cages. Quand il y avait de la musique, on se mettait près du kiosque – grand-père pouvait écouter les musiciens jusqu'à ce que ça ferme.

Souvent, des gens qu'on ne connaissait pas venaient lui dire bonjour, en devinant comment il s'appelait. Il y en avait même qui voulaient nous emmener dans les cafés.

Comme il ne voulait pas que je me perde, il avait écrit notre adresse sur un morceau de papier qui ne quittait pas ma poche. Je la connaissais par cœur : *Cité d'Urgence, 9, rue du Chevaleret, bâtiment F, porte 94, Paris XIII$^{e}$.*

Mais ça ne servait pas à grand-chose que je la sache, parce que je ne parlais pas.

Ça s'était arrêté d'un seul coup, juste à l'âge où je commençais à savoir faire de petites phrases, quand on habitait encore en Bretagne – je devais avoir presque deux ans. Je n'étais pas vraiment muet, je ne disais rien, voilà tout – enfin, j'avais des mots à moi, que Bernard comprenait et que grand-père traduisait pour les autres. On avait l'air de trouver ça normal, à la maison, un peu comme une indigestion ou une grippe, ce n'était pas très grave et pas ma faute. Maman disait :

– Ce n'est pas étonnant, quand on y pense...

Grand-père, ça ne l'énervait pas, il me parlait comme si je parlais normalement. J'aimais déjà être avec lui, sans d'autres personnes.

Et puis, c'est revenu tout à coup, vers cinq ans et demi, quand j'ai eu peur d'un gros chien qui s'était perdu dans la cité. Je me suis remis à parler comme si je n'avais jamais arrêté, mais d'abord en zozotant, et maman était tellement contente qu'elle en zozotait encore plus que moi quand elle me répondait ! C'est là que j'ai pu aller à la grande école des garçons, avec Bernard.

Le bagne... j'aurais bien voulu y aller et quelquefois, quand les gens l'embêtaient trop, mon grand-père disait aussi qu'il avait envie d'y retourner avec moi. On aurait une petite ferme et, le matin, on irait à la pêche.

« Le bagne », c'est les autres qui l'appelaient comme ça, lui il disait « en Guyane ». Moi, je savais que c'était le même endroit, très loin, sur une grande île dans la mer, avec beaucoup de soleil toute la journée et plein d'animaux sauvages et des oiseaux de toutes les couleurs aussi beaux qu'au Jardin des plantes dans la forêt vierge.

À la cité, il y avait un grand, un copain de Bernard, qui mangeait un ver de terre vivant, en échange d'un Globo ! J'arrivais à peine à y croire, j'avais toujours peur qu'il le fasse quand je n'étais pas là. Mais ça n'impressionnait pas grand-père, ça lui était complètement égal :

– Si tu savais ce que j'ai vu en Guyane, avec les serpents, les requins et les crocodiles, mon petit Denis...

Si on lui demandait, il pouvait même raconter de terribles histoires de fourmis rouges.

La Guyane, c'est là qu'on envoyait les bagnards pour les punir d'avoir fait quelque chose de grave, mais pour mon grand-père c'était injuste, on s'était trompé : il n'avait rien fait, même que tout le monde le savait à la cité, et aussi les gens dans la rue, on le disait aussi dans le journal !

Il était revenu en bateau, pour mon baptême, grâce au général de Gaulle, quand on habitait encore en Bretagne. C'était à la fois mon grand-père et mon parrain : j'avais son premier petit nom comme deuxième, Guillaume.

Avant que je naisse, il était resté longtemps, très longtemps au bagne. Il n'avait pas besoin de le dire, les gens le devinaient à sa façon de les regarder comme s'ils étaient loin.

À part les gens de la cité et ceux qui le reconnaissaient dans la rue, il y avait les amis qui avaient toujours été avec lui, Mme Bosser, André Cayatte, Claude Bal, les journalistes qui faisaient rire Francette et aussi un monsieur qu'on ne connaissait pas mais qui nous faisait un peu peur, parce que maman l'appelait « maître Raymond Hubert », comme une espèce de sorcier fantôme.

J'ai grandi avec cette sorte de grande famille. Mme Bosser ne venait jamais chez nous, elle restait en Bretagne d'où elle envoyait des nouvelles. L'abbé Pierre non plus ne venait pas à la maison, il n'avait pas le temps, c'est grand-père qui allait le voir, tout seul. Au retour, il nous disait que beaucoup de gens n'avaient pas de maison, en plein hiver, comme la vieille Gabrielle qui dormait sur le trottoir de l'Armée du Salut, en face de la cité, avant que maman lui dise de venir coucher sur un lit de camp, dans la cuisine. Elle avait au moins quatre-vingts ans, cousait près du poêle et aidait Francette à s'occuper de nous.

C'était beau, quand il neigeait. Ça restait tout blanc et brillant, dans la cité. Par les endroits en grillage, dans la palissade en ciment qui faisait tout le tour, on voyait les rues qui devenaient sales, au contraire.

Au début, j'avais eu peur des boules de neige mais Bernard m'avait défendu contre les autres. Après, quand je suis devenu grand, c'est lui qui m'en envoyait le premier ! On était tellement d'enfants, dans la cité, qu'on ne pouvait connaître ceux de tous les autres bâtiments. C'étaient de très longues maisons en briques avec un seul étage. Chaque bâtiment construisait son bonhomme de neige, haut comme une grande personne, et on les attaquait.

Pour 4 heures, on goûtait avec grand-père, moi sur ses genoux. Il ouvrait son grand couteau et, avec la pointe, faisait une grande croix sur le pain. Il prenait toujours le croûton, pour le frotter à l'ail et se faire des tartines de saindoux. Nous, on était contents, on préférait la mie.

Le soir, quand il avait de la soupe, il coupait aussi beaucoup de pain dedans. Jamais il n'aurait jeté un quignon, même rassis comme du bois ! Quand le morceau était vraiment trop vieux, il l'enveloppait soigneusement dans du papier et on allait le déposer sur le dessus d'une poubelle, pour que les gens sans maison puissent le prendre sans se salir. Je l'accompagnais, mais il ne voulait jamais qu'on reste voir si quelqu'un le prendrait, même l'été, quand on avait tout le temps de revenir.

Comme dîner, la plupart du temps, on se faisait un bon deuxième petit déjeuner, avec Francette. On avait du chocolat Menier en poudre – des boîtes pour quatre personnes qui en faisaient six – et avec on mangeait du pain frais avec du beurre salé (on était bretons et ça se gardait mieux).

Souvent, c'était moi qui faisais les commissions avec Bernard, ou même seul – comme ça, au retour, je pouvais manger toute la grosse peau du lait dans le broc. Je n'avais qu'à demander les choses dans les boutiques et ils marquaient combien ça coûtait sur des carnets. Grand-père ne voulait jamais faire ça : quand il venait, il sortait des pièces de sa petite poche pour payer tout de suite. C'est là que la boulangère éclatait presque :

– Merci beaucoup, monsieur Seznec ! Au revoir, monsieur Seznec ! Allez, ça va s'arranger, monsieur Seznec !

Sur son comptoir, il y avait justement la photo de grand-père, avec marqué JE SUIS INNOCENT, au-dessus d'une tirelire en carton où les gens pouvaient mettre de l'argent, mais c'était pour le comité, pas pour nous. Il ne fallait jamais en gagner dans l'Affaire, c'était la chose la plus défendue à la maison. On n'en demandait pas et personne ne nous en donnait, sauf l'Aigle, un petit peu, qui s'était mis en colère. Avec Bernard, on appelait comme ça M. Cayatte, quand il venait parler du film avec grand-père, à la table de cuisine, entre chefs indiens.

On était pauvres, il fallait économiser, mais on avait beaucoup de choses quand même. On s'achetait des illustrés. Bernard préférait *Hourra* et moi *L'Intrépide*. On ne pouvait pas acheter les deux tous les jeudis, alors on prenait une fois l'un une fois l'autre et, comme toutes les histoires étaient à suivre, on ne comprenait plus et il fallait inventer. Le mieux, c'est quand on trouvait dans la cité de vieux numéros qu'on n'avait pas eus, où il y avait ce qui s'était vraiment passé dans les histoires.

Une année, Jean-Claude est venu en permission pour Noël. Il nous avait acheté un train électrique à Saigon, avec trois rails courbes qui faisaient un rond. Il a tellement joué avec, pour nous montrer, que la loco a pris feu et qu'il l'a noyée dans l'évier pour l'éteindre. Après, on a joué avec les wagons. Il était canonnier-chef sur le *Georges-Leygues*, le navire amiral de la guerre d'Indochine. Il nous racontait tout. Les Français gagnaient toujours contre les Viêts. Il nous envoyait sa solde chaque trimestre et on faisait barrer en biais, d'un seul coup, toutes les pages des carnets dans les boutiques. Quand il arrivait en permission, dans son uniforme de marin, on était presque aussi fiers de lui que de grand-père.

Francette était apprentie dans la fourrure ; elle dessinait des vestes, des manteaux, des écharpes. Elle gagnait un peu d'argent pour s'acheter des choses de filles qu'elle cachait parce qu'on se moquait d'elle.

Maman ne gagnait pas beaucoup comme garde-malade la nuit. Alors, elle faisait des lustres, aussi, dans la journée. Une fois, on a pris le métro pour aller la voir dans son atelier, chez Baguès, dans un autre quartier où les rues étaient tellement larges qu'il fallait marcher longtemps pour traverser. Il y avait d'autres dames en blouses blanches sur de grands escabeaux. Elles accrochaient des cercles à des lustres qui étaient pendus. Comme ça, on a compris ce qu'elle faisait à la maison, quand elle ramenait des cristaux, des perles, des petites glaces en forme de losanges qu'on l'aidait à enfiler sur des fils de laiton. Il y en avait toujours chez nous, ça faisait beau et brillant.

Et puis on a pris Nelly, une petite fille paralysée. Comme maman n'était pas là, on s'en occupait nous-mêmes. Elle avait au moins quinze ans mais on ne s'en rendait pas compte. Ses parents étaient pâtissiers dans un autre quartier et, le dimanche, ils nous apportaient des tas de gâteaux, on n'avait jamais vu ça ! Maman ne voulait pas qu'on en mange trop ; elle disait, une fois les parents de Nelly sortis :

– Attention, c'est sûrement des gâteaux de la veille.

Mais, une fois qu'elle était partie, on en mangeait encore. On jouait bien avec Nelly. On poussait sur sa chaise roulante, et on lui faisait faire la course contre « les roulements » – le fond d'une caisse en bois avec des roulements à billes et des ficelles pour tourner. On croyait qu'elle avait peur, mais elle riait à sa manière, toute recroquevillée de travers, et elle voulait toujours qu'on recommence. Quand grand-père revenait de sa promenade, on s'arrêtait net. Les parents de Nelly étaient contents : elle avait bien meilleure mine, chez nous, elle attrapait des bonnes joues rouges.

L'été aussi, la cité c'était bien. Ils faisaient tourner des jets d'eau sur la pelouse, mais ils pouvaient toujours courir, avec nous, pour que ça pousse ! C'est là qu'on criait le plus, en se poursuivant sous les jets en maillot de bain (la plupart en slip ordinaire). Il y en a même qui se mettaient tout nus pour faire crier les filles encore plus fort que nous, et les gens arrivaient aux fenêtres du haut pour nous enguirlander.

Nous, on habitait celles du bas, il y avait juste des marches pour entrer directement dans la cuisine. Le soir, après le dîner, on se mettait là. On entendait toutes les T.S.F. marcher en même temps. Grand-père s'asseyait sur les marches, les autres enfants du bâtiment venaient aussi, surtout les Démon et les Legros. On restait dehors le plus tard possible. Quand maman était là, elle nous racontait la suite des histoires du Cuididic – l'oiseau qu'elle avait inventé elle-même. On voulait toujours qu'elle continue. Mais quand elle commençait à regarder grand-père, qui remontait sa montre à gousset d'une seule main en continuant à écouter, c'était le signal qu'on devait bientôt aller se coucher.

Je savais bien qu'on n'était pas comme les autres, à cause de l'Affaire, mais en plus on avait un grand-père et pas eux. Les autres, ils avaient des pères et pas nous ; seulement, le soir, c'est toujours eux qui venaient autour de nous sur les marches. Dans la journée, ils disaient toujours bonjour à grand-père sans qu'on le leur dise. Nous, on s'en fichait de M. Démon et de M. Legros qui savait dessiner !

Alors, quelquefois le soir, mais pas souvent, on s'habillait bien et grand-père nous emmenait regarder la télévision chez les Coquinlorge. On devait sortir de la cité et marcher aussi longtemps que pour aller à l'école, mais dans l'autre sens, en passant par une rue qui se transformait en escalier.

Les Coquinlorge avaient un très grand poste de télévision, comme un beau buffet, avec un écran tout petit et bien arrondi. On se mettait sur des chaises et grand-père préférait qu'on ne dise rien pendant qu'on regardait. Des fois c'était facile, des fois c'était dur.

Mais il ne nous donnait jamais de gifles, sauf un jour où il avait battu Francette. Je ne sais pas ce qu'elle avait fait, mais ni elle, ni lui, ni moi, ni personne ne l'a jamais dit à maman. J'avais pleuré, ce jour-là.

Il y avait des périodes où grand-père ne voulait plus parler, ni dire pourquoi il ne voulait plus parler si on le lui demandait, même maman.

Un été, il est même parti à Magny-en-Vexin chez tonton Guillaume, son fils aîné – ils avaient le même premier petit nom. Mais il a voulu revenir tout de suite, sauf si j'allais l'y rejoindre (il l'avait écrit dans une lettre). Alors j'y suis allé le plus tôt possible, au lieu de partir à la colo de la Croix-Rouge.

On a passé des vacances formidables. Au village, les autres m'appelaient le petit Parisien. Des fois, quand on se promenait dans la forêt, moi et grand-père, ou qu'on allait à la pêche avec des chapeaux de paille avant que tout le monde soit levé, on pensait à la Guyane. Surtout qu'il faisait toujours beau et chaud à Magny, sauf vers la fin quand il y a eu de gros orages. Mais grand-père disait :

– Ce n'est pas de la pluie, ça, mon petit Denis ! Tu verrais, là-bas, quand ça crépite comme des coups de canon...

On est revenus ensemble à Paris. Tonton Guillaume et tante Claudie nous avaient conduits à la gare dans leur voiture qui louchait – les phares n'étaient pas sur les ailes mais dans le moteur, l'un contre l'autre derrière la grille du devant, comme les gros yeux d'un hibou à l'intérieur d'une cage roulante. C'était une 202.

C'est cette année-là que je suis allé à la grande école. Grand-père nous a accompagnés. J'ai mis mon manteau « du Prince de Galles ». Quand on me l'avait donné, je n'avais pas compris, je croyais que c'était un nom de manteau, prince de gale, comme tous ceux que Francette apprenait par cœur pour les fourrures. Et comme je n'aimais pas le mettre, maman m'avait expliqué que c'était le vrai Prince de Galles – une espèce de roi d'Angleterre – qui l'avait donné à grand-père exprès pour moi. Ça ne m'étonnait pas qu'ils se connaissent et se donnent des habits. Après ça, je le mettais tout le temps, comme un ami du prince.

L'école a commencé par la récréation et je me suis cassé le bras. Je me le cassais souvent, à la colo, partout. Maman disait que ça n'était pas étonnant, parce que j'avais trop manqué de calcium et de lait quand j'étais bébé. Une fois, je me l'étais cassé à la cité, grand-père n'était pas là et on voyait l'os qui sortait presque. M. Legros a cru que je m'étais simplement démis le poignet. Il a dit aux autres de me tenir et il a tiré de toutes ses forces. Après, je me suis évanoui.

Je suis retourné à l'école avec le bras dans le plâtre. On aimait bien la maîtresse, c'était une naine – une grande personne, mais de la même taille que nous. Elle était très gentille et pas intimidante.

Grand-père ne nous accompagnait pas tous les jours. Bernard préférait que ce soit Francette. Je savais pourquoi : grand-père ne pouvait pas s'habituer à la circulation, il attendait trop longtemps avant de se décider, il ne savait jamais si on aurait le temps de traverser. Je le tirais par le bras au bon moment, comme s'il s'était démis le poignet. J'aurais voulu que le Prince de Galles s'arrête un jour devant nous, dans une grande voiture avec des rideaux, pour nous emmener à la pêche.

Le soir, il mettait ses lunettes dorées pour m'aider à faire mes devoirs à la cuisine. Pendant que je m'appliquais, une fois qu'il m'avait bien expliqué, il lisait le journal en penchant la tête.

Il y a une chose que je n'arrivais pas à comprendre : à l'école, ils nous appelaient Le Her, Francette m'avait prévenu. Et maintenant que j'étais plus grand, ça commençait à la maison aussi : quand on se battait, avec Bernard, maman nous attrapait :

– Ah, vous êtes bien des Le Her !

Le jeudi, elle était triste de partir chez Baguès, elle avait peur qu'on continue de se battre toute la journée. Mais quand elle nous trouvait gentils, on était ses petits Seznec.

C'était comme un mur invisible. On ne parlait pas de certaines choses, on ne posait pas de questions. Les grandes personnes avaient des secrets qui pouvaient faire mal pour la vie entière.

On savait qu'il y avait des histoires vraies terribles et, pour ne pas faire beaucoup de peine, il fallait vivre comme s'il n'y avait rien, comme s'il ne s'était rien passé.

J'allais avoir sept ans à Noël. Bernard avait dix ans, on ne venait plus nous chercher à l'école.

Un soir de novembre 1953, en rentrant, il n'y avait personne à la maison. On a goûté, on a joué un peu. Francette est arrivée (seize ans). On a ouvert les livres et les cahiers.

Claude Bal est entré brusquement, l'air très sérieux.

– Où est votre mère, les enfants ?

Comme on ne savait pas, il est reparti en claquant la porte. C'était un journaliste de *Match* qui venait souvent parler avec grand-père. On aurait dit Tarzan, avec les cheveux moins longs et un costume bleu. D'habitude, il nous racontait des blagues, il nous portait sur ses épaules, il nous donnait des chewing-gums et des nouvelles de la jungle.

D'autres sont venus frapper. On a entrouvert, on leur a dit qu'il n'y avait personne à la maison et ils sont restés dehors à attendre. Ils avaient leurs appareils-photo. Maman nous défendait de faire entrer ceux qu'on ne connaissait pas.

Quand elle est arrivée à la nuit tombée, ils l'ont entourée sur les marches et elle leur a parlé, mais ils posaient tous des questions à la fois et on n'entendait rien. Dans ces cas-là, il fallait continuer à faire ses devoirs avec pas mal de sang-froid.

Finalement, quand maman nous a rejoints dans la cuisine, elle avait les yeux rouges et faisait une boule avec son mouchoir. Elle nous a embrassés, elle n'a pas enlevé son manteau et elle a commencé à mettre des affaires dans une petite valise. Francette est allée dans la chambre avec elle. On n'osait rien dire. Francette est revenue à la cuisine et s'est mise à préparer un petit déjeuner. Maman nous a embrassés, et elle est partie avec les journalistes. J'espérais qu'ils avaient des voitures. J'ai demandé à Francette :

– Où est-il, grand-père ?

– On le soigne à l'hôpital.

– Il est malade ?

– Passe-moi les bols et les cuillères.

Dès qu'on nous disait une seule chose sur grand-père, il fallait trouver ça normal comme si on savait tout le reste. Et combien de fois restait-on sans bouger, sans rien dire, en voyant maman pleurer ? Francette le faisait aussi, même en ayant elle-même les yeux rouges.

On n'a pas ri en mangeant et on est allés se coucher sans se bagarrer.

On est restés pas mal de jours tous les trois seuls, sans maman ni grand-père. C'est-à-dire que maman revenait de temps en temps, toujours triste, fatiguée, énervée, mais on la voyait à peine. Bernard et moi, on ne faisait plus attention aux journalistes. Il y en avait même qui ne savaient pas parler français. On mettait nos cartables sur la table et on goûtait.

À l'école, on me laissait tranquille, mais dans la classe des grands, les plus forts embêtaient Bernard comme chaque fois qu'on parlait beaucoup de grand-père dans le journal et à la radio. On avait beau être les petits-fils du plus grand bagnard innocent du monde, ils finissaient par demander, à la récré, l'air de vouloir se battre :

– C'est vrai que ton grand-père est un assassin ? Comment ça se fait qu'ils l'ont libéré ? Combien il a tué de gens ?

Une fois, il y en a un qui avait tout mélangé :

– C'est vrai que ta mère a tué ton père ?

Si on n'avait pas de père, à l'école, on n'était pas les seuls, il n'y avait rien d'anormal à ça. En général, moins on avait de père, moins ça se remarquait. Mais, dans les périodes où l'Affaire faisait du bruit, il y avait des gens qui se mettaient à dire n'importe quoi, alors les enfants aussi. Bernard savait se défendre, ça ne traînait pas. Et moi, je ne comprenais pas comment ça marchait, tout ça. J'aimais tellement grand-père que je n'arrivais pas à croire qu'on puisse dire du mal de lui.

Il est revenu de l'hôpital, mais on l'a manqué. J'étais furieux. Mme Démon nous a dit qu'il allait bien, qu'il était arrivé en ambulance et reparti dans une grosse voiture avec maman et des messieurs.

Grâce à ma tirelire, le jeudi après-midi, on est allés au cinéma Le Dôme. Francette nous avait donné la permission, à condition qu'on mette nos chaussettes blanches, qui étaient propres. Dès qu'ils ouvraient les portes, on faisait la course pour se mettre au premier rang (c'était le même prix pour les cinq premiers rangs). Ça commençait avant que les lumières s'éteignent complètement et on voyait le début du documentaire tout gondolé sur le rideau pas encore ouvert. Quelquefois, ça commençait par les Actualités, avec toujours la même musique finissant par le cri du coq – il y avait encore tellement de bruit dans la salle à ce moment-là qu'on ne l'entendait même pas se tordre le cou.

On n'allait pas souvent au cinéma mais on avait déjà vu plusieurs fois grand-père et maman aux Actualités. On aimait bien ça. On se mettait à crier, en les désignant du doigt :

– Ouais... maman ! Ouais... pépé !

On n'arrivait jamais à bien comprendre : c'était toujours des grandes phrases, avec les mêmes mots : Seznec, Quemeneur, bagne, bagnard, innocent, réhabilitation, révision, preuves, enquêtes et machin-chose...

Ce jeudi-là, on a crié comme d'habitude. On voyait maman à la campagne avec sa jolie toque du dimanche, dans une espèce de grand jardin encore plein de feuilles mortes, où des hommes creusaient un grand trou avec des pelles devant plein d'autres gens qui regardaient. Tout le monde avait l'air ennuyé de ne pas retrouver Quemeneur dans le trou... évidemment, puisqu'il n'était pas mort ! À la maison, maman disait toujours :

– Si on frappe, allez ouvrir, c'est peut-être Quemeneur. Un jour, vous verrez, les enfants, il viendra tout nous expliquer !

Après ça, on a vu arriver une grosse voiture dans un petit chemin où elle passait juste. Il y avait beaucoup de monde au bord du chemin, des deux côtés. Les gens faisaient des gestes et on les entendait crier :

– Ouais... Seznec ! Vive Seznec ! Seznec innocent !...

La voiture faisait un arc de cercle, elle se rapprochait et, à travers la vitre, tout près, on voyait maman, on apercevait grand-père qui avait l'air fatigué.

La voix des Actualités disait :

– Guillaume Seznec et sa fille Jeanne Seznec, dont on n'a pas oublié le terrible drame, sont venus eux-mêmes sur les lieux, assister aux fouilles qui permettront, espérons-le pour la dignité de l'ancien bagnard et pour l'honneur de sa famille, de découvrir enfin les restes du disparu, après trente ans d'angoisse et d'incertitude.

Ensuite, ça se passait en Indochine, avec des soldats. On s'apprêtait toujours à crier :

– Ouais... Jean-Claude !

Mais notre grand frère, on ne le voyait jamais. Ils ne montraient que des villages où les Viêt-minh sortaient accroupis de leurs petites maisons avec les mains sur la tête, jamais le navire amiral de Jean-Claude.

Pendant le documentaire, qui parlait de bateaux de pêche et de boîtes à sardines, je me suis mis à réfléchir. Ça me faisait un peu peur, tous ces gens qui criaient au bord du petit chemin. On voyait bien qu'ils étaient furieux qu'un innocent soit allé au bagne. Ils applaudissaient grand-père mais ne pouvaient pas s'empêcher de taper sur la voiture au passage.

Quand les gens sont en colère contre quelque chose, on dirait qu'ils ne savent plus contre quoi exactement, et ils tapent sur ce qui est là.

Mais j'ai tout oublié pendant le grand film, où il y avait des camions qui sautaient à la dynamite

Il faisait beau, ça ressemblait encore aux vacances. Et puis il s'est mis à pleuvoir très fort, à faire noir de bonne heure, à faire froid le matin. Grand-père était revenu. Il avait un beau manteau neuf très épais, à la fois gris foncé et gris clair, mais il ne partait plus en promenade.

Il restait longtemps au lit et remettait son vieux manteau pour venir à la cuisine. Il me prenait de moins en moins sur ses genoux – il disait que je devenais trop grand – mais il me serrait les épaules. Il me regardait et, même quand il n'avait rien de particulier à me dire, il me disait :

– Mon petit Denis...

Mais on n'était pas souvent tranquilles entre nous. Des gens venaient, parlaient, parlaient, parlaient... Claude Bal était tout le temps là, il s'asseyait au bout du lit de grand-père mais il ne tenait pas en place et se cognait les genoux partout dans la petite chambre.

Francette pensait toujours à s'occuper de nous, à nous faire manger dans un coin, à préparer nos affaires pour le lendemain. J'étais triste que grand-père soit tout le temps fatigué. Même à l'école, je pensais beaucoup à lui, et ça devait me rendre meilleur élève, parce que la petite maîtresse n'arrêtait pas de me marquer des très bien.

Grand-père ne pouvait plus s'empêcher de tousser. Un docteur est venu. On ne le connaissait pas, puisqu'on n'en appelait jamais. Il est même revenu plusieurs fois.

Maman n'avait plus le temps de préparer des lustres à la maison – elle avait remporté tous les cristaux. Il faisait de plus en plus froid. Parmi les gens qui entraient et sortaient, tous trouvaient qu'il ne faisait pas chaud chez nous, mais aucun ne demandait si on avait assez d'argent pour le charbon. Ils avaient l'air de ne pas oser parce qu'on aurait refusé.

On savait comment ça se passait, quand les journalistes se remettaient à s'occuper de l'Affaire : ils arrivaient, ils nous entouraient, ils ne voulaient plus nous lâcher, et puis tout d'un coup ils se fatiguaient, c'était fini, on n'en parlait plus. Cette fois, pareil.

D'habitude, j'aimais bien qu'on se retrouve seuls, juste notre famille, et qu'on reparte en promenade, tous les deux, grand-père et moi. Mais maintenant, on restait là.

Il y a eu un jour – un après-midi après l'école – où, allongé, il voulait absolument voir maman. Elle devait rentrer pour dîner mais le temps passait et elle n'arrivait pas. Francette nous a dit d'aller la guetter à la grille – la grande entrée de la cité – et de la faire se dépêcher.

On y est allés mais on ne la voyait pas, et on est revenus parce qu'il faisait trop froid. On se demandait ce qu'il avait à lui dire de si pressé. Finalement, on y est allés chacun à son tour, mais on l'a ratée, elle est arrivée toute seule à la cuisine.

Elle et Francette se sont enfermées dans la chambre avec grand-père. On a attendu longtemps. On n'était vraiment pas comme les autres – la preuve, on aurait frappé, ou appelé, ou entrouvert la porte. Mais on ne bougeait pas.

Francette est revenue à la cuisine. Elle avait pleuré. Elle a mis son manteau sur ses épaules.

– Je reviens tout de suite.

On l'a entendue frapper chez les voisins.

À son retour, elle a été très gentille. Elle m'a souri avec les yeux rouges :

– Tu vas aller dîner avec le petit François chez les Démon et tu coucheras chez eux.

Je n'ai même pas demandé pourquoi. Pour moi, c'était comme un événement, comme des vacances, et ça empêchait d'être triste pour des choses qu'on ne savait pas.

On avait beau l'appeler « le petit François », il avait sept ans et demi et un petit frère, et c'était mon grand copain. Il était blond et tout frisé comme M. Démon. À l'école, pour se battre avec les deux frères, il fallait leur faire les cornes en disant trois fois : « Satanas ! »

Ce soir-là, en tout cas, on s'est bien amusés. Chez eux, il y avait deux chambres au lieu d'une. M. et Mme Démon ont été très gentils, ils m'ont mis entre eux à table. Après le dîner, Francette est venue. Elle avait encore les yeux qui piquent. Elle a dit que maman ne pouvait pas venir les voir maintenant. On a eu la permission de jouer encore après le dîner.

Le lendemain, il faisait tellement mauvais qu'on n'a même pas ouvert les fenêtres, chez les Démon. Ils étaient pauvres, eux aussi, comme tous les habitants de la cité, mais il y avait beaucoup de jouets. Le dimanche a passé vite. Le lundi, je ne suis pas allé à l'école et le petit François non plus. Il neigeait trop fort.

D'ailleurs, avec cette neige qui n'arrêtait pas de tournoyer, on ne savait plus quel jour on était ! Le petit François avait envie d'aller dehors mais on l'obligeait à rester avec moi en lui disant qu'il allait attraper du mal.

À un moment donné, comme il commençait à pleurer, il est sorti sans rien dire. Je suis un peu sorti derrière lui et j'ai eu tout de suite plein de flocons de neige sur les cheveux et sur les yeux, mais j'ai vu quelque chose de bizarre, tout blanc et noir comme dans un film : dehors, il y avait plein de gens debout devant chez nous, et de grands rideaux noirs suspendus sur la porte de la cuisine, avec un grand S majuscule en argent.

Mme Démon m'a fait renter à toute vitesse et je ne savais même plus si j'avais vu quelque chose de vrai. Je n'aurais jamais cru que Mme Démon pouvait être si gentille : elle se demandait tout le temps ce qu'elle pouvait me donner de bon à manger, par exemple.

Combien de jours je suis resté chez eux ? Moi aussi, à la fin, j'aurais bien voulu partir. C'est maman qui est venue me chercher en remerciant beaucoup Mme Démon.

J'ai été bien content de revenir à la maison. Mais, comme grand-père était très malade, le docteur l'avait envoyé se soigner dans un sanatorium, au bord de la mer.

Vers cette époque, la vie a beaucoup changé. Francette était comme une grande personne. Bernard me trouvait trop petit. Maman dormait un peu plus souvent à la maison, dans le lit de grand-père. Elle était un peu plus calme, elle souriait moins souvent, elle n'écoutait plus ce qu'on lui disait. Son Cuididic s'était définitivement envolé. On aurait dit que, grand-père n'étant pas là, elle pensait encore plus à l'Affaire pour lui et travaillait encore plus pour nous.

Moi aussi, je me sentais drôle, sans lui. J'avais l'impression que les autres s'en rendaient compte et me regardaient en se demandant à qui je pensais et ce que j'avais dans la tête.

Le dimanche, un jeune homme venait chercher Francette. Quelquefois, je restais seul. Souvent, le jeudi aussi. Bernard s'en allait avec ses copains.

On a fini par me mettre en pension en banlieue, à Saint-Nicolas d'Issy-les-Moulineaux (au début, je n'arrivais même pas à retenir le nom). J'ai fait comme si ça me plaisait.

La rentrée était passée depuis longtemps et le premier jour, pour y aller, j'ai dû me lever sacrément de bonne heure.

Je suis arrivé en plein petit déjeuner, dans le plus grand réfectoire qu'on ait jamais vu ! On n'entendait que le bruit des cuillères dans les bols, parce que les élèves – au moins mille, tous en blouse noire – n'avaient pas le droit de parler en mangeant. Je me suis assis à une place libre et j'ai essayé de faire comme les autres.

Au bout d'un moment, un frère est venu me demander mon nom d'un air sévère. Je me suis levé comme un piquet, je lui ai dit comment je m'appelais et il m'a flanqué une claque. Après, les autres m'ont dit pourquoi : j'avais parlé la bouche pleine. À Saint-Nicolas, on devait toujours deviner tout seul ce qu'on avait fait de mal. Par exemple, il y avait un cachot qui s'appelait « la prison », avec des barreaux, de l'eau et du pain sec, eh bien, on ne savait même pas pourquoi on y allait.

À la récréation, on n'avait pas le droit de rester sans bouger, ni même de marcher lentement, il fallait tout le temps marcher très vite ou courir.

La plupart du temps, le dimanche, comme personne ne venait me chercher, je restais là. Un dimanche par mois, il y avait sortie générale en uniforme, au pas comme des soldats. Pourquoi j'ai reçu une claque en pleine rue ? Parce que j'avais une socquette en tire-bouchon. Pourtant, j'étais fier de mon uniforme de la Belle Jardinière, qui avait coûté un prix fou à maman : bleu marine « à casquette et boutons dorés », comme disait la chanson.

Les très rares dimanches où j'allais à la maison, j'étais obligé de demander des nouvelles de grand-père, sinon on ne me parlait pas de lui. Oui, il allait mieux, il avait bien reçu ma lettre, il m'embrassait, il allait me répondre bientôt... J'étais triste que ça prenne si longtemps, mais c'était de la tristesse bête : on ne pouvait pas en vouloir à quelqu'un comme lui, on savait que ce n'était pas sa faute. Ils n'osaient pas me le dire, mais j'étais sûr qu'il devenait tuberculeux. En tout cas, depuis qu'il n'était plus là, je n'y étais plus non plus.

Une fois, Francette est venue me voir au collège. Une amie, à son travail, lui avait dit :

– Ton petit frère Denis ? À Saint-Nicolas ? Mais c'est horrible ! C'est une vraie maison de correction. Il ne faut pas mettre un petit garçon là-dedans !

Elle a été horrifiée, en effet (au parloir, les grandes sœurs avaient toujours l'air catastrophé). Elle l'a dit à maman et on a fini par me retirer de là.

J'espérais aller voir grand-père au bord de la mer, un jour, mais je me retrouvais toujours en colonie de vacances à la montagne. Les autres faisaient un mois de colo, moi deux, deux et demi.

À la rentrée suivante, nouveau pensionnat, aussi chic que le premier mais bien meilleur : la Maîtrise de Notre-Dame de Paris, dans l'île de la Cité, chez les jésuites. Solfège et langues mortes. Chant choral et instruments divers le matin, classe l'après-midi. Poulet le premier dimanche du mois, épinards tous les mercredis. Une cuillerée d'épinards, un verre d'eau. On était obligés de finir ce qu'on avait dans son assiette. « Je te mange une cuillerée d'épinards contre la moitié de ton dessert. » Soixante-quinze élèves en tout, de la septième à la terminale, pour vingt-cinq professeurs. On retrouvait toujours des élèves de la Maîtrise dans les cent premiers du Concours général.

J'ai commencé par y redoubler ma septième parce que j'étais en avance d'un an. On n'était pas connus, comme petits chanteurs, parce qu'on ne voyageait pas, on ne faisait pas de spectacles, de tournées. Mais on était bien meilleurs que les minus de la Croix de Bois ! On faisait des disques. Et quand on chantait, en aube, la cathédrale était bondée, on n'arrivait même plus à porter les sacs de velours rouge avec lesquels on faisait la quête à la grande entrée, devant le parvis.

Verts, les bons points pour la discipline. Roses, pour les études. On appelait ça des « témoignages » et ça servait de monnaie pour racheter les heures de colle. Et comme je ne sortais jamais, pour ainsi dire, je les entassais, j'en avais des piles. On ne me collait même plus.

En fait, nous étions deux ou trois qui ne sortions jamais. L'abbé Jehan Revert, apparemment sévère et intimidant, nous avait acheté un train électrique et nous permettait de venir jouer par terre dans son bureau, le dimanche après-midi, au lieu de rester en étude avec les punis.

Ma famille a déménagé pendant que je n'étais pas là, maman ayant enfin obtenu un appartement H.L.M. à la porte des Lilas, pour veuve avec quatre enfants. Francette avait sa chambre pour elle toute seule. C'était même tellement grand que tonton Albert, toujours célibataire, habitait là aussi à cause de la crise du logement. Comme il versait un petit loyer à maman, on nous avait supprimé les allocations familiales.

Bernard lui-même avait une espèce de chambre qui se confondait avec le living, et c'était la mienne également – il y avait deux lits – mais je n'y dormais jamais.

Francette s'est mariée l'année où Pie XII est mort. Je le sais parce qu'on a fait sonner le gros Bourdon de Notre-Dame pour la mort du pape. Ils avaient fini par installer un système électrique au lieu de mettre douze hommes de chaque côté des balanciers. Les commandes se trouvaient dans une petite entrée sur le côté de la cathédrale, rue du Cloître-Notre-Dame, juste en face de la Maîtrise. Un chanoine venait me chercher pour me consoler de ne pas sortir. Comme j'étais trop petit, on me soulevait et j'appuyais sur les boutons. Mais les sons ne retentissaient pas tout de suite, il fallait que ça prenne de l'élan. Et tout d'un coup ça résonnait dans les tours à vous en claquer les oreilles !

Je me disais que c'était grâce à moi, j'imaginais que les vibrations gigantesques du Bourdon faisaient des cercles débordant l'île de la Cité, balayant aussitôt la rue du Chevaleret, puis la porte des Lilas, et que ça portait même plus loin qu'Issy-les-Moulineaux et toutes les banlieues de Paris, pour glisser rapidement dans la campagne, recouvrir Magny-en-Vexin, où j'avais passé un été entier avec grand-père quand il allait bien, et enfin continuer facilement jusqu'en Bretagne, filer au-dessus de Morlaix où maman avait été une petite fille, dans la belle scierie de grand-père au bord d'une rivière, gagner Ker-Néol où était né grand-père, enrober au passage la petite maison de Kergleuchard où j'étais né à Noël 1946, et ensuite, en descendant au ras des vagues comme une petite brise de mer, filer sans effort sur l'océan pour aller annoncer tranquillement la mort du pape sur les plages de Guyane infestées de requins ou de crocodiles...

J'avais comme une vénération pour Roger, le mari de Francette. Il était beau comme un acteur américain, costaud avec le dos comme un V mais, surtout, il était venu me chercher deux ou trois fois pour m'emmener en balade dans sa Dyna Sport décapotable rouge. Et puis on a appris quelque chose d'horrible : le dimanche matin, sur les marchés, il vendait un journal qui s'appelait *L'Humanité* ! Je n'avais aucune idée de ce qu'il y avait là-dedans, mais les pères en parlaient comme d'un truc du diable. Ça me faisait du bien de sortir et ça m'a enrichi pour la vie de comprendre une bonne fois pour toutes, comme j'avais l'âge de raison, que la générosité n'a rien à voir avec l'opinion politique de qui que ce soit.

Il m'arrivait aussi, très rarement, d'aller passer la fin de l'après-midi à la maison, après les vêpres où l'on chantait.

Un dimanche soir de l'hiver 1959 – j'étais en sixième, j'avais douze ans –, j'ai ainsi quitté la Maîtrise vers 5 h 30. Un père m'avait retenu pendant une heure pour la raison déclarée de me faire connaître un peu le goût de la punition, moi qu'on ne collait pas puisque je ne sortais jamais. Il faisait déjà presque nuit sur la Seine quand, hors de moi, je suis allé prendre le métro à la station Hôtel-de-Ville.

Maman et tonton Albert m'attendaient. Mes sorties étaient si rares que chacune d'elles constituait un événement. Pour celle-ci, on m'avait acheté tout un régiment de petits chasseurs alpins en matière plastique, avec leur musette et leur béret, et c'était une belle surprise ! Les soldats en plastique venaient juste d'apparaître (on n'en trouvait pas encore dans les paquets de café Mokarex).

À part cela, ce jour-là, que s'est-il passé ? Tonton Albert aimait bien parler avec moi car, d'esprit très religieux, il appréciait que je connaisse un peu la liturgie.

Comme sans le faire exprès, dans la conversation, il m'a dit quelque chose d'inouï et, instantanément, tout ce qu'on venait de dire avant s'est effacé de ma conscience. Je ne sais donc pas comment c'est arrivé. Je ne sais pas ce qui l'a amené à me lancer, presque en colère :

– Mais enfin, Denis, tu sais bien que ton grand-père est mort en février 1954, trois mois après s'être fait renverser par une camionnette !

J'ai crié comme si j'étais sourd :

– Quoi, qu'est-ce que tu dis ?

Comment peut-on comprendre si vite et encaisser si lentement ? Je me suis mis à pleurer sans beaucoup de larmes mais en me faisant mal dans la gorge et dans la figure. Moi qui n'avais pratiquement pas d'objets personnels, presque pas de jouets, je me suis retrouvé en train d'écrabouiller sous mes pieds tous les petits chasseurs alpins. Je crois que je braillais et que je faisais des gestes vraiment désordonnés, parce que maman et tonton Albert ont fini par se jeter sur moi. Tonton Albert a réussi à me ceinturer sur une chaise où il comptait me maintenir de force, mais en me débattant j'ai envoyé un terrible direct du gauche à maman qui en a vacillé à la renverse. Or, c'est moi qui avais l'impression de m'effondrer. J'éprouvais le chagrin immédiat d'apprendre la mort de grand-père, auquel s'ajoutaient cinq ans de chagrin en retard, et tout ça donnait un total incalculable, insurmontable, suffocant. En même temps, je comprenais pourquoi et comment ils avaient pu me cacher sa mort si longtemps : ils avaient peur de ce que j'éprouverais. Je les comprenais – à moi aussi, ça faisait peur, maintenant. C'était dangereux comme de tomber dans le vide.

Alors, je me suis calmé assez rapidement. De même qu'il arrivait encore à ma mère de raviver mon zézaiement en zézayant elle-même, de la même manière elle m'avait entretenu dans la croyance que mon grand-père était en vie : quand je parlais de lui en le croyant vivant, elle y croyait avec moi. Et puis, telle que je la connaissais, la mort de grand-père avait dû lui faire déjà tellement de peine que, me connaissant, elle devait redouter que j'éprouve la même chose. Sans doute mon oncle n'avait-il pas été d'accord avec cet interminable mensonge et c'est plus ou moins involontairement qu'il avait provoqué le rétablissement de la vérité. En tout cas, j'avais conscience qu'ils m'examinaient tous les deux avec la plus grande attention, anxieux de savoir si j'en réchappais. Aussi, pour qu'on me laisse m'effondrer tranquille, et pour les rassurer, ai-je fait le petit dur qui en a vu d'autres.

Je suis rentré à la Maîtrise le soir même, où personne n'a rien su.

Il y a des livres dont on a cassé le dos et qui s'ouvrent toujours à la même page. Tout ce qui m'est arrivé après cette soirée d'hiver 1959 se situe pour moi *après la mort de mon grand-père* – alors que c'est seulement après la nouvelle de sa mort. Mon oncle Albert se trompait : grand-père n'était pas mort en 1954 mais en 1959, cinq ans plus tard, c'est-à-dire quand je l'ai appris. Avant, il était vivant, personne n'y peut rien.

Le moment de chagrin très fort n'a pas duré – juste le temps d'écraser un régiment de chasseurs alpins et d'envoyer ma mère dans les cordes – mais la cassure a été profonde. Ensuite, cette semaine-là, j'ai eu l'impression que la vie reprenait lentement, étrangement. J'étais un autre gamin, à la fois plus indiscipliné et plus appliqué, plus secret et plus chahuteur, plus bagarreur et plus gentil. J'avais un long chemin à parcourir et mes horizons reculaient encore.

À la Maîtrise, tout le monde m'aimait bien, j'avais une bonne bouille de petit blondinet futé et intenable. On m'appelait Pitchoun. Et je savais combien je valais, pour ainsi dire : c'est moi qui ramenais le plus d'argent à la sacristie, après la quête au grand porche. Quand on partait vendre le calendrier de la manécanterie dans l'île Saint-Louis, je faisais payer double en deux coups de fossette – « cinq francs mais on donne ce qu'on veut » – , gagnant ainsi de quoi payer un peu moi-même le camp de vacances des pères jésuites.

Désormais, on me laissait vadrouiller partout. Surtout pendant les vacances scolaires où, seul à la Maîtrise, on me laissait passer des heures dans les tours et sur les toits de Notre-Dame, sur les arêtes et dans les recoins les plus interdits, les plus dangereux, où je gravais consciencieusement mes initiales secrètes – D.S. – dans la pierre et le plomb. J'entrais et sortais comme je voulais de la salle du Trésor, où les touristes américains venaient demander joyeusement : *how much ?* devant la couronne d'épines et autres joyaux religieusement surveillés par les gardes suisses. L'organiste des grandes orgues, Pierre Cochereau, me laissait – privilège envié – lui tourner les pages de ses partitions pendant qu'il s'agitait entre ses cinq claviers, les pédaliers et la centaine de tirettes, pour sortir, tel un magicien, des sons qui donnaient la chair de poule tant la nef immense vibrait de partout. La montagne gothique marquant le cœur de la France m'appartenait...

De loin en loin, on avait cinéma. Un projectionniste venait nous passer un film sous le préau d'hiver, où on installait des rangées de chaises. On s'habillait en tenue de sortie et on se plantait là, les yeux écarquillés, comme chez les Coquinlorge. Curieusement, la censure cinéma des jésuites était moins sévère que la censure lecture – laquelle ne laissait passer que la vie des saints, pratiquement. Toujours est-il que, Maîtrise oblige, l'abbé Revert nous a fait projeter le *Notre-Dame de Paris* de Jean Delannoy, d'après Victor Hugo, avec Gina Lollobrigida et Anthony Quinn. Quasimodo, c'était moi, borgne, bancal, bossu, hideux, ruminant sombrement dans le ciel pur du Moyen Âge, jetant du haut de la tour sud tous les Frollo du monde capables de faire condamner une si belle personne innocente pour des crimes qu'ils ont commis eux-mêmes... En même temps, je savais que j'étais assez mignon, comme petit sonneur de cloches, et que je pouvais compter sur Esmeralda pour m'accompagner en décolleté bohémien dans mes rêveries de justicier solitaire.

Mais cela, c'était ma vie parmi les gargouilles, sur fond gris-bleu Ile-de-France. En bas, de l'autre côté de la petite rue, je rêvais aussi, bien calé sur mon pupitre. Notre professeur d'anglais avait été missionnaire en Chine. Il avait été torturé, parlait sept ou huit langues et avait une jambe de bois dont on voyait l'embout de caoutchouc marteler le dallage au bord de la soutane. Il en avait bavé, à l'autre bout du monde, et ça suffisait pour me le rendre attachant et prestigieux. Et c'est lui qui m'avait baptisé Pitchoun ! Évidemment, il rejoignait mon grand-père dans mon imaginaire clandestin, mais il était aussi de la race d'un Edgar Maufrais qui avait tout sacrifié pour partir à la recherche de son fils Raymond disparu en Amazonie. Il était venu nous voir à la cité, je m'en souvenais orgueilleusement, pour demander des conseils de survie dans la jungle au célèbre Guillaume Seznec.

J'avais donc décidé, mordicus, de devenir missionnaire. Je m'imaginais mourant de soif au beau milieu d'une Afrique noire comme du cirage. Ça durait une minute. Je retournais vite en Guyane où, sur des images naïves de faune et de flore somptueuses et, au lieu d'évangéliser des populations d'ailleurs invisibles, je filais dès l'aube à la pêche avec mon grand-père, lui en tenue rayée de bagnard et grand chapeau de paille effiloché, moi en soutane blanche et casque colonial, tous deux insouciants et souriants comme une paire d'amis du même âge.

La plupart des livres autorisés me barbaient profondément. Dans l'univers des grandes âmes, seuls le curé d'Ars, le père de Foucauld et quelques autres têtes aussi brûlées que sanctifiées me passionnaient autant que Biggles, fameux héros de l'aviation britannique pendant la guerre. En fait, comme un bagnard affamé de liberté, moi je brûlais de lire des récits sur le bagne.

Je sortais à peine davantage, mais je me sentais plus proche de ma famille. Maintenant que je savais, on s'exprimait plus librement devant moi. Disons que je continuais à prendre connaissance de l'Affaire par bribes, mais que les bribes m'étaient moins comptées.

Personne ne m'a jamais dit :

– Assieds-toi là, Denis, je vais t'expliquer.

C'était toujours la même histoire : ceux qui savaient ne tenaient pas à dire, et ceux qui ne savaient pas n'osaient pas demander, moi le premier.

On a cessé de me cacher le masque. Un sculpteur américain renommé pour ses moulages mortuaires, Edward Minazzoli, était venu prendre celui de Seznec sur son lit de mort et avait tenu à l'offrir à maman. Le personnel des lustres Baguès avait procuré un grand écrin de cuir. À partir du moment où on a pu me montrer cela, maman a disposé dans un coin de l'appartement une manière d'autel, toujours fleuri, sur lequel reposait désormais le visage blanc et figé de grand-père. Mais justement, il y avait là quelque chose de matériel et d'inanimé qui n'avait sans doute rien à voir avec l'absence que je ressentais, car le masque me mettait mal à l'aise plus qu'il ne m'émouvait. Je n'en aimais que les quelques cheveux bien réels, pris dans le moulage, qui apparaissaient à la surface du plâtre.

J'étais infiniment plus ému quand maman, comme par mégarde et toujours à un moment où je ne m'y attendais pas, m'apprenait par exemple que grand-père était resté à Paris pour moi, à cause de moi, pour rester près de moi. Il n'aimait pas la capitale et peut-être n'aimait-il plus beaucoup le pays, à vrai dire. Il avait reporté tout son goût de la vie, ou ce qui en restait, sur le petit bonhomme innocent qui ne lui demandait aucune espèce de justification. On l'avait enlevé à ses enfants en l'envoyant au bagne. Frustré de paternité, il retrouvait peut-être son petit Albert en moi...

Pourtant, ça ne m'étonnait pas plus que ça. À la sortie de l'enfance, on découvre pas mal de choses qu'on savait déjà, comme si on s'était contenté jusqu'ici d'enregistrer profondément ce qui se passe en attendant d'avoir les moyens de comprendre.

Je discernais aussi ma certitude que grand-père avait été profondément déçu par son retour du bagne. Là-bas, il avait rêvé de la France, et surtout de la Bretagne, pendant vingt ans, comme d'un paradis perdu. Mais la réalité l'avait débouté sans pitié, cette fois irrémédiablement. Il était seul – il aurait fallu faire vingt-quatre ans de travaux forcés immérités pour partager ce qu'il ressentait – et la seule personne avec laquelle il pouvait encore se promener en paix sur cette planète, c'était un petit garçon qui ne parlait pas.

À l'occasion d'un congé scolaire où ma mère ne savait que faire de moi, elle m'a emmené en voyage avec tonton Albert, qui partait en vacances en Bretagne. Il avait une vieille 2 CV et, quand on roulait à fond de train sous la pluie, la capote fuyait. Je n'avais peut-être même pas demandé où on allait exactement. J'étais content de faire de la voiture, même très humide et très balancé. Les heures et les centaines de kilomètres défilaient. Mais un nom de lieu que je connaissais revenait souvent dans la conversation : Plourivo, plus ou moins synonyme de « Traou-Nez ».

Tonton Albert a fini par nous déposer près d'une gare, celle de Paimpol – ça, je l'ai vu marqué au bout du quai. Alors, maman et moi, comme si c'était la façon la plus raisonnable de voyager, nous sommes partis à pied le long de la voie du chemin de fer, le nez baissé pour ne pas trébucher sur les traverses.

Je savais bien à quoi ma mère consacrait ses moindres moments de liberté : elle continuait les recherches pour innocenter officiellement grand-père. Et là, comme c'était la première fois que j'y participais directement, j'ai senti monter en moi une émotion nouvelle qui m'a fait tout de suite l'effet d'une vocation : dès la première fois, on est cuit. Bien sûr, moi aussi, j'aurais fait n'importe quoi pour défendre grand-père, même après sa mort, pour le « réhabiliter » comme on disait. Mais j'ignorais à quel point c'était profond. Jusque-là, j'avais bien remarqué que c'était moi, à part maman, qui prenais cela le plus à cœur, mais je ne me savais pas désigné si directement, investi à ce point de cette mission, de cette raison de vivre, tandis que nous marchions sur les traverses.

À l'inverse de cet élan, le paysage devenait de plus en plus lugubre dans la grisaille. La voie ferrée surplombait sur sa droite une de ces larges rivières bretonnes où la marée monte et descend, et c'était l'heure de la vase. Je commençais à avoir peur et mal aux pieds, je ne pouvais plus dire un mot, mais seule une locomotive surgissant de plein fouet aurait pu m'arrêter.

– Tu comprends, Denis, la voie de chemin de fer, c'est le meilleur moyen de ne pas se perdre.

À gauche, c'était une masse également verdâtre – le genre de forêt déserte où il fait nuit toute la journée en toute saison.

Nous avons fini par atteindre la propriété de Traou-Nez, Plourivo étant le nom du hameau le plus proche.

C'était la première construction depuis qu'on marchait. Le manoir semblait fermé, abandonné.

Nous avons marché encore un peu sur le terrain défoncé. Maman essayait de s'orienter par rapport au corps principal et aux granges. Elle avait sorti deux objets de ce qu'elle appelait son grand sac : une de ces petites pelles orange avec lesquelles on jardine sur les balcons et un autre instrument que je ne confondis pas avec un fil à plomb – la radiesthésie faisait fureur.

Brusquement, simultanément, des intuitions se télescopaient.

Quand nous avions vu maman et grand-père aux Actualités, Bernard et moi, ils étaient ici même, avec des terrassiers, des policiers et je ne sais qui d'autre. Les fouilles n'avaient rien donné et maman revenait à pied avec une petite pelle et un pendule, à la recherche du cadavre de Quemeneur – le nom de la personne la plus importante, après Seznec.

Je n'avais même pas treize ans, mais je me suis senti un peu vieux. Ma mère n'était pas raisonnable. Elle y croyait ferme. Tout ce qui lui avait manqué, la première fois, c'était une bille d'acier au bout d'une ficelle.

– Dès que le pendule bouge, tu peux creuser. Et dès que tu vois le moindre bout d'os, Denis, moi je reste ici et toi, tu vas chercher des gens avec des pioches et des grosses pelles.

À mesure que le soir descendait, la forêt semblait se refermer sur nous comme un piège. La maison grandissait encore, noire et aveugle. Un train passa en hurlant sur le pont qui surplombait le manoir. C'était sinistre.

Je me suis alors promis, obscurément, tout en déplaçant tant bien que mal quelques cailloux, de garder la tête froide toute ma vie et de consacrer celle-ci, comme ma mère, à soulever une montagne – celle du malheur tombé au hasard sur un homme et sa famille. Et dans quelque temps, ils allaient voir ! Non seulement grand-père me protégeait, mais il me rendait fort. Je ne pouvais m'empêcher de sentir qu'il avait confiance en moi pour défendre sa cause, et cette confiance me donnait le pouvoir absolu de devenir quelqu'un de bien. Soudain, je me suis souvenu qu'il m'appelait « l'enfant du destin » quand j'étais petit. Pourquoi ? Encore un mystère, mais celui-là quasi merveilleux au seuil de l'adolescence. J'étais un garçon sensé, pas une femme crédule, ou plutôt je croyais à ce que je voulais ! Si j'avais été un adulte du vivant de grand-père, ils lui auraient demandé pardon depuis longtemps !

Depuis sa mort, je me rendais compte d'un autre vide, inimaginable.

Je n'avais pas de père.

Et encore, cela, ce n'était rien. Dans ce domaine précis, il y avait bien plus grave.

Non seulement maman nous traitait de Le Her quand on se battait, mais elle-même rejetait son nom de femme mariée ou, du moins, de veuve.

Un jeudi que j'étais là, on avait sonné et ce n'était pas Quemeneur, dont on disait tout le temps qu'il pouvait surgir à n'importe quel moment, mais un inspecteur de la Sécurité sociale qui venait voir maman. Et comme on ne m'écartait plus de ce qui se passait, depuis la mort de grand-père, j'avais continué ma partie de dominos avec moi-même sur le tapis du living tandis que le monsieur et maman réglaient leurs affaires à la table de la salle à manger. À ce que je comprenais, il n'était pas dupe du fait que Mme veuve Jeanne Le Her modifiait son nom en *Le Héré*, rajoutant simplement un *e* et deux accents aigus non seulement sur les formulaires courants mais sur ses papiers d'identité. Il semblait trouver ça légitime :

– Je vous comprends, madame Le Her. Ne croyez pas que l'administration soit insensible aux raisons toutes personnelles qui vous poussent à...

En partant, il l'a même assurée qu'elle pourrait continuer à gagner sa vie comme garde-malade, qu'on ne lui créerait pas d'ennuis, toute *Le Héré* qu'elle n'était pas, mais qu'elle ne devait pas prendre le risque, assez grave, de falsifier des pièces officielles. Vraiment, je crois que tout le monde savait qu'on n'avait pas eu de chance.

Une autre fois, il y avait eu cette histoire de contravention avec tonton Albert, qui avait changé de voiture. Il ne pleuvait pas dans sa 4 L rutilante, mais les motards nous avaient arrêtés porte de Clignancourt pour défaut de rétroviseur. Par la suite, un agent du quartier était passé à la maison pour demander des précisions, car il y avait eu confusion de nom ou d'adresse. Or, j'écoutais la radio dans un coin et c'est d'une oreille confuse que j'ai entendu cet homme s'étonner, presque s'émerveiller :

– Seznec ? Comme l'Affaire ?... Attendez... Jeanne Seznec ?... Celle qui a tué son mari et qui a été acquittée ?...

On avale des choses comme ça, dans la vie, quasi distraitement, pendant que Charles Trenet chante votre chanson préférée, longtemps, longtemps après la disparition des poètes, et puis c'est tout de suite l'heure de rentrer au pensionnat.

Plus tard, on se retrouve en train de discuter avec un copain dans la cour, Dieu sait pourquoi ou comment :

– Attends, alors c'est ton grand-père qui est mort, ce n'est pas ton père ?

– Oui, non.

– Et ton grand-père, c'était Seznec, le bagnard innocent ?

– Oui.

– Et ton père, qui c'est ?

Qu'est-ce que ça pouvait bien lui faire ?

– Mon père, il était déjà mort.

– Ah ?

Et moi, comme si je m'en glorifiais :

– *Il a été assassiné !*

J'ai vu qu'il ne me croyait pas, alors même que je disais à peine la moitié de la réalité, et que mon attitude le choquait.

Du coup, pendant quelque temps, je n'ai pu m'empêcher de lancer à droite et à gauche, sur un ton sarcastique abominable :

– Il est mort *assassiné,* mon père !

J'avais beaucoup de travail devant moi. Mystère de mon grand-père, mystère de mon père. Je pressentais que l'un n'allait pas sans l'autre, l'un étant quelque chose de beau, l'autre quelque chose de moche, l'un pouvant racheter l'autre et l'autre pouvant tout gâcher.

Finalement, ma mère parlait assez souvent de grand-père mais jamais de mon père. J'avais tout de même réussi à savoir la date de sa mort et je l'avais retenue aussitôt de façon indélébile : 3 octobre 1948 (j'avais donc presque deux ans).

Et puis j'avais fait la connaissance de ma marraine, qui était la sœur de mon père. Elle vivait avec son mari à Argenteuil, où on les appelait les Bretons. J'obtenais des permissions de sortie pour aller les voir. Ils étaient très gentils, mais je n'osais poser aucune question. En somme, j'y allais pour rien, mais je les aimais bien. Lui, que j'appelais tonton Joseph, petit homme, grand cardiaque, était l'un des tout premiers pensionnés à cent pour cent de la Sécu. Il pouvait mourir à chaque instant, je retenais ma respiration. Ils n'étaient pas bien riches, tous les deux, mais quand je m'en allais ils me fourraient un peu d'argent dans les poches. Pas moyen de refuser. Grand-père m'avait toujours appris à ne rien accepter de quiconque et j'étais très gêné. J'y retournais quand même et je revenais toujours bredouille de renseignements sur mon père, mais avec un billet neuf que je fourrais dans ma tirelire comme un voleur quand je passais à la maison.

Cette tirelire faisait office de roue de secours pour ma famille. J'étais le seul économe, je ne dépensais rien et j'accumulais des sommes aussi énormes que mes piles de « témoignages » roses, lesquels m'étaient d'ailleurs rachetés par ma mère au tarif ruineux d'un nouveau franc pièce. Et comme les personnes généreuses sont aussi les seules vraiment honnêtes, maman remettait scrupuleusement dans la boîte les sommes qu'elle y avait prélevées en catastrophe. Ce sont aussi les personnes les plus fauchées. Elle se saignait pour qu'on s'en sorte.

Quand j'ai eu quatorze ans, ça n'a plus été possible.

Bernard avait déjà quitté le lycée Turgot pour devenir apprenti tourneur. Au début des années soixante, en milieu ouvrier, on n'envisageait pas d'études supérieures. Il a fallu que je choisisse un métier rapidement accessible, au grand regret de l'abbé Revert qui me faisait même travailler l'hébreu.

Un après-midi que je m'étais offert le cinéma, au retour je tombe sur une espèce de conseil de famille. Ma mère, ma sœur, mon beau-frère et mon oncle discutaient de mon avenir. Ils ont bien voulu me consulter sur la question. Et moi, comme j'allais très rarement au cinéma, j'étais encore pour un bon moment dans le film que je venais de voir, un western dont le héros cumulait magnifiquement les fonctions de cow-boy, justicier, reporter, typographe, imprimeur, vendeur de journaux et tireur d'élite incorruptible. J'aurais bien voulu être tout cela à la fois, moi aussi, mais j'ai senti que je devais donner une seule réponse et j'ai lancé au hasard, confondant sciemment la partie et le tout :

– Typographe ! (pistolet à la ceinture).

Roger, chef d'équipe chez Dassault, a dit que c'était épatant. J'avais confiance en lui. Comme tonton Albert, il avait changé de voiture et sa nouvelle était la plus sport de toutes : une Austin Healey bleu ciel métallisé avec roues à rayons que je passais des heures à faire briller.

Je n'ai pas quitté la Maîtrise sans me faire laver les pieds par le cardinal Feltin, l'archevêque de Paris. Inutile de dire qu'ils étaient déjà propres. Une fois par an, en effet, le Jeudi saint, on choisissait les douze meilleurs élèves pour tenir le rôle des Apôtres, et c'était surtout cela, le grand honneur. D'ailleurs, au fil des années, Mgr Feltin m'avait toujours témoigné de l'attention, voire de l'affection lors de mes crises de cafard. À force de me voir traîner dans Notre-Dame, on avait fini par m'adopter.

Il y avait un lycée technique dans le quartier, mais, à ma grande fausse confusion, la conseillère d'orientation – me trouvant trop bon en latin et en grec ! – a préféré m'envoyer dans un collège de meilleur niveau, à Colombes, en banlieue ouest.

Nous partîmes cinq cent soixante-dix au concours d'entrée, nous fûmes soixante-treize à bon port. Je me sentais vraiment protégé, je disais à grand-père :

– Tu vas voir !

Je passais trois heures par jour dans le métro et dans le train aux heures de pointe, où on était tellement comprimés qu'on ne pouvait même pas lire. Dommage, car je me privais de sommeil pour assouvir enfin mes vieilles fringales de lecture. J'étais fou des livres de poche et j'en engloutissais un ou deux par semaine, en plus de toutes les revues d'histoire qui me tombaient sous la main. Mais si j'étais à la recherche incessante de récits de bagnards ou d'articles sur le bagne, quand j'en trouvais je ne parvenais pas à les lire. Je les mettais de côté comme des projets d'avenir pour lesquels on sent confusément que ce n'est pas encore le moment.

Tonton Albert ayant enfin trouvé un appartement, j'avais ma chambre où je m'enfermais pour travailler. Francette et Roger vivaient momentanément avec nous, parce qu'ils faisaient construire en banlieue. Bernard était là aussi.

Ma mère continuait à loger chez les autres, toujours comme garde-malade. Nous habitions tous chez elle et avions l'impression qu'elle passait nous dire bonjour chez nous. Quand par hasard elle dormait là, on lui dépliait un lit de camp dans le living.

Et puis, ils sont tous partis, les uns après les autres.

En 1963, je me suis retrouvé seul avec ma mère, c'est-à-dire pratiquement seul dans l'appartement. J'avais dix-sept ans et étudiais toujours au collège de Colombes, mais Roger avait raison : typographe, c'était un très bon métier et je commençais déjà à gagner ma vie à la faveur de stages bien payés chez les imprimeurs. L'été, je partais, je traversais la France, totalement autonome. J'avais une amourette à Clermont-Ferrand, on s'écrivait. Je travaillais dur, en toute liberté.

Maintenant, bien sûr, maman avait sa chambre. Et dans ce logement sans luxe, où il n'y avait jamais rien sur les murs, c'était la pièce la plus nue, la plus vide.

À part la valise sous le lit.

Les minijupes des jolies filles crevaient le petit écran. Les Beatles s'époumonaient sur minicassette. James Bond triomphait du Dr No. Marilyn Monroe était morte. Oui, les Français décidaient massivement d'élire le président de la République au suffrage universel. Tschombé capitulait sans condition au Katanga. À la chaire de Vatican II, Jean XXIII priait pour la paix mondiale gravement menacée par Kennedy et Khrouchtchev à propos de Cuba, et l'or montait en flèche.

Je pensais à « la valise ».

En 1961, quand j'étais à la Maîtrise, nous avions vu les vieux autobus de Paris prendre position sur le pont d'Arcole pour barrer la route de Notre-Dame aux paras d'Algérie qu'on s'attendait à voir tomber du ciel. Il y avait de l'excitation jusque dans l'air du vieux pensionnat, mais cela ne m'avait pas amené à revoir ma hiérarchie personnelle des grands événements. Et si je ne saisissais pas encore distinctement que les grandes erreurs judiciaires condamnent, en la personne du faux coupable, un certain nombre d'autres personnes innocentes sur plusieurs générations, l'affaire Seznec faisait déjà plus de bruit dans ma tête que tout autre cataclysme ou phénomène de mode de l'actualité.

Je ne me sentais pas traité d'assassin, comme l'avaient été mon oncle Albert à Saint-Martin-des-Champs dans les années vingt et mon frère Bernard à l'école communale de Tolbiac dans les années cinquante. J'avais tort. Je n'avais même aucune idée du calvaire de ma mère, de ma grand-mère, de ma tante Marie. Je ne me rendais pas compte que ma seule possibilité de vivre en être humain, dans la société du XXe siècle, était de combattre sans relâche pour la cause de mon grand-père.

J'ai découvert cela, et pas mal d'autres choses dans la valise, en 1963, juste avant mes dix-sept ans.

Ma mère a vécu toute sa vie en déracinée. Partout, elle parlait sans cesse de déménager. Le peu qu'elle possédait, elle le donnait à plus pauvre qu'elle. Ses seuls trésors étaient dans cette vieille valise cabossée, sous son lit. Elle y rangeait tout ce qui concernait l'Affaire. Si l'immeuble prenait feu, on devait d'abord sauver ça.

Dieu sait que nous respections le secret, le silence de chacun dans notre famille marquée par une malédiction indiscible. Jamais je ne me serais cru capable de fouiller dans les affaires personnelles de qui que ce soit, encore moins dans celles de ma mère. La malédiction, c'est quand le malheur, en vous empêchant de parler, vous enferme dans le malheur.

Mais c'était là comme un coffre mystérieux dans un conte initiatique. Peut-être ma mère savait-elle qu'en me laissant seul avec la valise dans cet appartement déserté je finirais par l'ouvrir quand ce serait plus fort que moi – à l'instant même où j'aurais enfin la force de savoir.

Et c'est ce qui est arrivé.

Je n'ai même pas eu à en prendre la décision. On appelle cela « un beau jour ». Un beau jour, donc, je suis sorti du métro, je suis entré dans l'immeuble, je suis monté au quatrième, je suis entré dans l'appartement et j'ai gagné directement la chambre du fond. Si par hasard ma mère avait été là, cela se serait passé presque de la même façon.

J'ai jeté ma sacoche par terre, me suis assis en tailleur sur la descente de lit et ai attiré la valise à moi.

Les fermoirs ont claqué d'un coup de pouce.

Je m'y attendais, c'était en fouillis. Cela débordait de lettres, de photos, de cartes postales, de pages de journaux et de magazines ; il y avait aussi quelques livres.

J'ai attrapé les livres – c'était le plus commode pour faire de la place. Il y en avait cinq ou six. J'avais la tête qui tournait, je n'osais même pas regarder les couvertures, lire les titres. Je les apercevais sans le vouloir en les empilant à côté de moi, et tout se brouillait, ça me coupait la respiration.

Je n'allais quand même pas m'évanouir ! J'ai fermé les yeux, discuté un instant avec moi-même. Quand je les ai rouverts, j'avais à la main une liasse de coupures de presse prise au hasard. Je crois que je les ai regardées sans les voir pendant un bon moment. Puis j'ai fini par me rendre compte qu'elles se trouvaient ensemble parce que, toutes datées de la mi-février 1954 (toutes des premières pages), elles concernaient la mort de mon grand-père. SEZNEC EST MORT CHEZ SA FILLE, RUE DU CHEVALERET – *« Maman, on m'a fait trop de mal », a murmuré l'ancien bagnard avant de rendre le dernier soupir (Le Journal du Dimanche).* Sur la photo, maman se penchait sur le visage de grand-père aux yeux clos. (En somme, au dernier moment, il avait pris sa fille pour sa mère, de même que, pour ma part, je l'avais toujours considéré, lui, comme mon père.) Il semblait tenir lui-même sur sa poitrine, de ses grandes mains croisées, le crucifix. Pendant ce temps, je jouais avec le petit François chez les Démon et la neige redoublait. *Ouest-Matin*

(15 février 1954) : *Guillaume Seznec s'est éteint sans souffrance. Il avait été grippé lors des grands froids, et cette affection – comme il arrive souvent chez les vieillards – s'était transformée en congestion pulmonaire dont il s'était rapidement remis... Les professeurs Cunci et Deniker, qui soignaient le septuagénaire depuis son accident (il avait été renversé par une camionnette à l'angle de l'avenue des Gobelins et du boulevard Saint-Michel), estiment que le décès peut être la conséquence de cet accident.* Il n'y avait personne à la maison quand Bernard et moi étions rentrés de l'école, et puis les journalistes nous avaient assiégés, et je n'avais même pas su que mon grand-père était à l'hôpital. Je me serais dit : « Grand-père s'est fait écraser ! » En tout cas, il avait raison d'avoir peur des voitures. Il n'aurait jamais dû traverser sans moi.

L'article s'accompagnait d'une très belle photo qui m'a paru, si je puis dire, extraordinairement banale : le visage de mon grand-père tel qu'il était dans ses dernières années – inoubliable. Un homme chez qui un destin horrible n'avait pas détruit le respect de lui-même et de ses semblables. En légende, malheureusement : *Une récente photo de G. Seznec au visage ravagé.* Ravagé... Si tous les aïeux de France pouvaient l'être aussi peu ! Confusément, le journaliste voulait dire, sans doute, qu'au seul regard de ce très bel homme âgé on savait qu'il avait accompli l'exploit de revenir vivant, intensément vivant, de la maison des morts. Enfin, ça ne m'étonnait pas de quelqu'un ignorant que l'avenue des Gobelins ne coupe pas le boulevard Saint-Michel, mais Saint-Marcel. En dessous, une autre photo : deux hommes en chapeau mou, encadrés de deux gendarmes. Légende : *Seznec, peu après son arrestation en 1923.* Mystère...

Grands titres : HÉROS D'UNE DES PLUS EXTRAORDINAIRES AFFAIRES DU SIÈCLE, L'ANCIEN FORÇAT GUILLAUME SEZNEC EST MORT (*Ouest-Matin*). – GUILLAUME SEZNEC EST MORT APRÈS AVOIR FAIT D'IMPORTANTES DÉCLARATIONS SUR L'ASSASSINAT DE QUEMENEUR (*Le Méridional*). – MÊME LA MORT N'APPORTE PAS LE REPOS À L'ANCIEN BAGNARD. SEZ-

NEC VA ÊTRE TRANSPORTÉ À L'INSTITUT MÉDICO-LÉGAL OÙ UN EXAMEN SERA PRATIQUÉ SUR ORDRE DU PARQUET DE LA SEINE (*La Liberté*). – SEZNEC EMPORTE SON SECRET (*Radar*). – LE SERMENT DES SEZNEC – JEANNE LE HER ET ALBERT SEZNEC DEVANT LE CORPS DU VIEUX BAGNARD : PÈRE, NOUS JURONS DE LUTTER POUR TON HONNEUR ! (*Détective*).

Je m'aperçus que, manipulant ces coupures, j'avais fait tomber la plus petite sur mon genou gauche. C'était un encadré rectangulaire vertical de 5,7 x 12 (j'étais du métier) découpé dans un quotidien quelconque et intitulé tout bonnement : L'AFFAIRE SEZNEC. Il comportait neuf petits pavés débutant chacun par une date :

*25 mai 1923. Pierre Quemeneur quitte Rennes pour Paris dans la Cadillac de Seznec. Le 28 mai 1923, Seznec rentre seul à Morlaix. Quemeneur a disparu.*

Grand-père avait une Cadillac ! Ça me laissait froid, en fait. J'étais sûr qu'il avait été quelqu'un d'important autrefois. À part ça, je comprenais mal : Rennes, Paris, Morlaix... Seznec avait-il prêté sa voiture au disparu, ou bien les deux hommes étaient-ils partis ensemble ? Voulait-on dire que l'un avait tué l'autre en cours de route ? Tout de même, 1923! Cela m'apparaissait comme la nuit des temps. Existait-il déjà des Cadillac ? À quoi pouvaient-elles bien ressembler ?

*26 mai 1923. Le Her, receveur d'autobus, déclare avoir aperçu Quemeneur.*

De voiture américaine en autobus... Le Her, qui est-ce ? ou plutôt, qui suis-je ? Le fils de cet homme ? Où a-t-il aperçu Quemeneur ? au bord de la route ? L'affaire Seznec est aussi embrouillée que mon esprit. Et pourtant, j'ai peur d'y voir clair trop vite.

*4 novembre 1924. Seznec, condamné au bagne à vie, part pour la Guyane.*

*1er juillet 1947. Gracié, Seznec débarque au Havre.*

Entre ces deux dates, rien ? Combien de journées de vingt-quatre heures ? Combien de coups de cafard à la minute, ou de coups tout court ? Combien de personnes ont-elles eu tout leur temps pour désespérer, pour en mourir ?

*29 juillet 1948. Rejet par le procureur de Brest de la requête en révision du procès.*

Cela faisait partie de sa journée de travail.

*3 octobre 1948. Jeanne Le Her abat son mari François de trois balles de revolver. Elle est acquittée à Quimper quelques mois plus tard.*

Pas de commentaire.

*14 novembre 1953. Avenue des Gobelins, Seznec est renversé par une camionnette et grièvement blessé.*

*22 novembre 1953. Seznec ayant vu en rêve une dalle située dans le domaine de Traou-Nez cachant le corps de Quemeneur, des recherches sont entreprises et abandonnées.*

Le beau style, c'est la clarté, disait l'abbé Revert.

*5 décembre 1953. Reprise des recherches. Seznec, inconscient, fait un voyage à Plourivo.*

Comment cela, inconscient ? Je l'avais vu, avec Bernard, aux Actualités.

Fin de l'encadré découpé.

Je me sentais fatigué de lire, épuisé, vanné comme si cela demandait une dépense extrême de tout le corps. Cela me faisait penser aux reportages et aux études sur le bagne qui m'attendaient sur mon étagère dans ma propre chambre, et que je ne me décidais jamais à ouvrir, moi qui dévorais n'importe quel bouquin. Toujours le mur invisible.

Pour me reposer – façon de parler –, je me suis mis ensuite à la pêche aux photos. Il y en avait en vrac et de pleines enveloppes.

Certaines étaient de vraies photos personnelles aux bords dentelés, les unes sépia, très anciennes, d'autres plus ou moins récentes. Certaines avaient été découpées, sans doute assez fébrilement, dans des magazines ou des journaux. On trouvait parfois les deux formes : la photo imprimée et le cliché original. Ce dernier parfois pathétique. Par exemple, je suis d'abord tombé sur une photo découpée dans un quotidien et collée sur un morceau de carton avec sa légende : *Cette photo de Mme Seznec et d'un de ses fils fut faite pour être envoyée au forçat qu'elle n'a jamais quitté depuis.* On y voyait en effet ma grand-mère et mon oncle Albert, le jour de sa communion solennelle, elle en jupe longue et coiffe bretonne, lui en culottes courtes et brassard, posant chez le photographe. Depuis lors, la photo avait quitté le bagnard parce qu'il était mort et je la retrouvais là parmi les autres, saisissante d'usure – on y distinguait encore les deux silhouettes, mais on devinait à peine les visages.

Mais il y avait surtout des photos de grand-père, évidemment, avant le bagne, pendant le bagne, après le bagne. Je n'en avais jamais vu aucune, et ce seul fait, déjà, montrait combien le malheur était grand. On cachait tout, chez nous, même entre nous, parce qu'on avait honte. Non pas honte de grand-père – bien au contraire, on admirait son courage – mais honte du malheur.

Je reconnaissais trop facilement celles du bagne au costume rayé, informe, et au regard de fantôme. En plus, elles étaient mauvaises, incertaines, presque floues. Sur l'une d'elles, manifestement, le contour de la bouche avait été retouché. Grand-père faisait semblant de sourire, semblant d'exister. Ce n'était pas lui, et je me sentais comme fautif, mal à l'aise. Toute mon imagerie de la Guyane exotique, bruissante d'oiseaux multicolores, tombait en poussière. Le bagne était un lieu de destruction et de mort, rien d'autre.

Celles d'avant le bagne montraient un homme robuste et bien décidé à réussir sa vie jusqu'au bout. Têtu, courageux, breton. Exigeant des autres autant que de lui-même, et sûrement trop pudique, peu enclin à dire ses peines et ses joies. Le visage était magnifique, taillé à la serpe, équilibré, solide et paisible. Les journaux semblaient beaucoup apprécier la photo du mariage. Il pose avec sa jeune épouse, debout côte à côte, bien droits tous les deux, très beaux, vêtus comme des princes.

Celles d'après le bagne montraient l'homme âgé que je connaissais, digne, silencieux, au regard lointain et attentif, chaleureux et pudique.

Au bagne, c'était une vie brisée, ruinée, perdue. Après le retour en France, c'était un regard sur cette vie, un poème de Louis Aragon, une musique de Léo Ferré – j'avais le 45 tours et je le connaissais par cœur :

*Est-ce ainsi que les hommes vivent ?*
*Et leurs baisers au loin les suivent...*

Mais j'ai continué à fouiller, et j'ai vite découvert que les baisers n'étaient pas du voyage pour un homme condamné aux travaux forcés à perpétuité.

Tout en continuant à dégager des photos, j'avais attrapé l'un des paquets de lettres réunies par un lacet blanc et, sans le délier, sans choisir, je lisais sur la première lettre, çà et là, quelques lignes d'une grande écriture penchée un peu maladroite – les mains de grand-père étaient plus expertes à travailler le bois qu'à gratter du papier. *Nuit et jour, je pense a*[1] *toi et aux enfants que j'aime tant.* Plus bas :*Tu ne dois pas ignorer que je n'ai pas d'armoire ici. J'ai actuellement une chemise de rechange pour la semaine prochaine et une serviette.* Et encore : *Dieu ne nous oubliera pas, il est juste et bon et il fera a temps révéler certaine vérité méconnue.* Donc, c'était une lettre de prison, avant même la condamnation, sans lieu ni date mais avec espoir. Et Dieu avait laissé le forçat embarquer pour la Guyane. Dernière ligne : *Il ne se passe pas de minute sans que je pense a vous. Guillaume, ton mari qui t'aime et a jamais.* J'en avais de nouveau la gorge serrée. J'ai détourné le regard vers d'autres photos.

Je me sentais dans un état second. Loin de me rendre idiot comme il arrive parfois, quand les yeux qui piquent vous brouillent les idées, l'émotion semblait accroître ma lucidité. J'avais maintenant l'impression de tout déchiffrer,

1. Tout au long du livre, les fautes d'orthographe ou de syntaxe des documents sont strictement respectées. Mon grand-père, par exemple, n'accentuait jamais la préposition « à ».

de tout savoir. Et tant pis si je me trompais. Il serait bien temps, plus tard, de remettre les faits en ordre. Car, cette fois, ma décision serait prise : j'allais me mettre au travail sur l'Affaire et, coûte que coûte, je finirais par la connaître mieux que n'importe quel juge ou avocat, mieux que grand-père lui-même qui, je devinais cela avec certitude, avait été longtemps sans comprendre ce qui lui arrivait.

La photo que j'ai examinée ensuite, restée longtemps pliée en deux au fond d'un portefeuille ou d'un carnet, montrait une Bretonne très âgée, avec sa petite coiffe de tous les jours et ses petites lunettes de fer, assise sur une chaise à côté de son lit breton presque aussi haut qu'elle, lisant soit une lettre de son fils au bagne, soit une lettre plus ou moins officielle – sans doute porteuse de mauvaises nouvelles. Il s'agissait de mon arrière-grand-mère Marie-Anne Seznec.

Moi, assis par terre, sa photo entre les mains. Elle, sur sa chaise à trente ans de là, une lettre dans les mains. Malgré les rides innombrables, serrées, profondes, son visage exprimait tout ce que j'éprouvais moi-même. Je m'étais rarement senti aussi proche de quelqu'un dans la réalité de la vie. À trois générations de distance, le même drame avait pris possession de nous. Ce n'était pas une énigme policière ni une croisade politique, simplement quelque chose d'invisible qui mobilisait toutes vos pensées, toute votre énergie, tout ce qu'il y avait de bon et de mauvais en vous. Mauvais, je veux dire la colère qu'il faut rentrer, qui est du poison.

Le hasard voulut que je tombe ensuite sur le petit portrait ovale de Marie Seznec, ma tante Marie. Mais le nom inscrit au crayon, au dos de la photo, était Marie Marc. Marc est le nom de jeune fille de ma grand-mère. Guillaume Seznec déclaré assassin et forçat, ses enfants avaient dû cacher leur nom.

Dans la famille, on disait toujours que tante Marie était une sainte, et je fus déçu parce que, moi, je l'imaginais bêtement avec un faciès d'ange féminin à la Michèle Morgan ou, plus exactement, avec le pur visage de la Vierge ornant la petite « médaille de tante Marie » toute fine, toute mordue, qu'on emportait comme porte-bonheur pour passer les examens, y compris le permis de conduire. Là, elle pouvait avoir dix-sept, dix-huit ans, un bouquet de fleurs sur les bras pour la photo. Les cheveux longs, tombant n'importe comment. Le visage incertain, la bouche trop grande et mal dessinée, le regard perdu. À première vue, elle évoquait plus une jeune ouvrière terne, fatiguée, morose, qu'une jeune sainte étincelante.

Photo de groupe : ma grand-mère Marie-Jeanne, posant sans doute chez le même photographe et peut-être le même jour, entourée cette fois de ses quatre enfants : mes oncles Albert et Guillaume en grandes chaussettes et manteaux d'hiver, ma mère Jeanne, adolescente en grosses chaussures mais en petite robe chasuble charmante, très moderne d'allure, le visage très doux mais l'air décidé. Et derrière, la plus grande : tante Marie encore, la jeune fille gauche et mystique dans toute sa solitude. Entrée au Carmel à dix-huit ans, morte à vingt et un.

J'ai dénoué le lacet et j'ai feuilleté les lettres, totalement incapable d'en lire une seule de bout en bout. C'étaient uniquement des lettres de mon grand-père écrites de ses prisons de Morlaix et de Quimper, avant son procès, de l'été 1923 à l'automne 1924. Elles étaient d'abord des objets pour moi – du papier jauni couvert d'une encre pâlie – et elles me permettaient en quelque sorte de tenir entre mes mains, et non plus d'imaginer dans le vide, la première de vingt-quatre années de privations et d'humiliations, de solitude et d'angoisse, pendant lesquelles le seul et dernier lien d'un homme avec les siens avait été : de quoi écrire.

Peu à peu, j'ai de nouveau enregistré quelques phrases au hasard, sans le vouloir, et c'était plus de la photographie instinctive que de la lecture, car j'avais peur de ce que je découvrais. *Il est certain que je serai reconnu innocent, mais c'est cette rumeur publique qui, en attendant, me tue. Je te quitte, ma chérie, en t'embrassant de plus en plus fort* (prison de Morlaix, juillet 1923). – *Je souffre beaucoup de te savoir malade... je ne puis en ce moment te venir en aide, sinon, ma très chère Jeanne, de te répéter que je t'aime pour la vie* (août). – *Ton mari pour la vie, Guillaume* (prison de Quimper, septembre 1924). Le 24 octobre, sûrement pendant le procès : *Ma très chère Jeanne... ne t'étonne pas qu'il y ait cent six témoins car, pour vouloir détruire le vrai, il faut toujours être en nombre... J'aurais bien voulu conserver tous ces malheurs pour moi, mais je sais que tu ne peux t'empêcher d'en prendre ta part, enfin espérons que d'ici peu nous pourrons causer a notre aise et reprendre une vie nouvelle...* Je le voyais, ce grand bonhomme, courbant le dos pour écrire sur ses genoux, mal assis sur la banquette de pierre ou de bois, dans une cellule désespérante de solitude après la cohue des débats au tribunal.

À son avocat, le soir du verdict : *Ma femme et mes chers petits enfants vont certainement se laisser mourir...* Deux jours plus tard, à sa femme : *Malgré toutes les douleurs que j'éprouve a ce sujet, je ne puis te venir en aide, sinon pour le début du mois prochain je pourrais t'envoyer le produit du travail du mois courant qui pourra peut-être monter a quinze ou vingt francs – ici, le travail n'est pas le même qu'a Morlaix. J'ai bien reçu le colis que tu m'as adressé. Je ne puis me servir des chaussons vu que je n'ai pas de sabots, voilà pourquoi je t'avais dit de m'envoyer la paire qui avait du cuir en-dessous, ce qui me permettrait de mettre ceux-ci dans les autres.* Le froid aux pieds persistait car, le 16 novembre : *... une paire de chaussons ainsi que celle qui a du cuir dessous, mais tu pourrais peut-être, pour cette dernière, faire remplacer les cuirs qui ont été usés par de vieilles courroies – il y en a dans l'armoire qui se trouve dans le bas de l'atelier.*

Travaux forcés à perpétuité. Quatre enfants. Une femme bien-aimée. Une belle scierie hydraulique sur la rivière – quand et par qui avais-je entendu dire que les autorités judiciaires, avant même le procès, avaient ordonné la liquidation de la propriété pour une poignée de copeaux, condamnant ainsi ma grand-mère à quémander sans cesse quatre sous à l'avoué qui avait effectué la « vente » ?

Une autre lettre, abîmée, dont il manquait un morceau... *vous pouvez encore vivre malgré les infamies du monde, les enfants sont si jeunes, ils pourront obtenir par la suite une autre existence... P.-S. : ne m'apporte plus rien. D'ailleurs, c'est inutile du moment qu'on ne te l'acceptera pas.* Une dernière (je n'en pouvais plus), Quimper, 26 décembre 1924: *Ma très chère Jeanne... je ne peux t'adresser aucune parole de consolation, tout ce que je pourrais te dire ne peut servir qu'a faire augmenter tes peines car je puis te confirmer que je ne crois plus en rien et je n'ai plus aucune confiance ni aucun espoir, sinon de penser que le restant de ma vie doit se consacrer a vivre en cage et a subir les horreurs les plus cruelles ; mais ce n'est pas encore ma plus grande souffrance : c'est celle d'être séparé de vous a jamais et surtout, de vous savoir dans la misère, a laquelle fatalité je te répète que je puis rien. Je suis entièrement dépourvu de toutes forces. J'ai le cœur en lambeaux. Je crois que tout le monde est d'accord pour arriver a me faire suicider.*

J'ai écarté ce paquet de lettres afin de passer à autre chose, pour me changer les idées, en sachant pourtant que toute la valise était un crève-cœur.

J'avais mis la main sur des objets qui me sont apparus comme des reliques : un bouton de cuivre, un carré de velours noir, un ruban de soie, des fragments de dentelle enveloppés de papier fin, un petit médaillon ovale du fond duquel tante Marie vous regardait pensivement pour l'éternité...

Puis, au hasard des coupures de journaux et des pages de magazines dans lesquelles je m'étais remis à fouiller, je découvris un nouveau style de photos de mon grand-père, pris en « flagrant délit de sale gueule ». C'était horrible. Chacune d'elles était une douleur pour moi.

J'ai étalé tout ça dans la chambre de maman, sur le tapis. D'un côté, les photos « vraies », comme la vie. De l'autre, les photos faussées, manifestement destinées à désigner un coupable. Parmi ces dernières, les plus saisissantes étaient les clichés anthropométriques, face et profil. Hirsute, mal rasé, sans col à la chemise, un œil moitié fermé. À faire peur sur la couverture d'un *Police Magazine* du 8 mai 1932, malgré le gros titre barrant la page : SEZNEC

EST INNOCENT ! J'avais beau m'armer de courage et continuer à dévisager cet homme qui venait de passer un mauvais quart d'heure, je ne pouvais affirmer avec certitude, à mes propres yeux, qu'il s'agissait bien de mon grand-père. Pourtant, c'était inscrit à la main sur la photo même, en lettres blanches : *Seznec*. Avec la date : *1-7-22*. 1er juillet 1922. Allons bon ! Je croyais que la disparition de Quemeneur avait eu lieu en mai 1923. Qu'est-ce que cela signifiait ?

D'autres clichés montraient « l'individu » Seznec, les mains dans les poches, le feutre rabattu à la voyou, cigarette au bec. Toujours les mains dans les poches, et c'est cela qui m'a mis sur la voie. J'ai recherché les premières coupures que j'avais lues, celles annonçant la mort de mon grand-père et comportant la photo de deux hommes en chapeau mou encadrés de deux gendarmes. L'un des deux hommes était donc Seznec, l'autre sans doute un inspecteur. Et là, j'ai vu distinctement la chaînette. Mon grand-père gardait donc les mains dans les poches pour dissimuler les menottes. Cela lui conférait l'allure de nonchalance et de morgue d'un mauvais garçon accoutumé aux démêlés avec la police. Et j'ai compris : toutes ces photos déplaisantes avaient été prises et avaient paru entre l'arrestation et le procès. Par la suite, elles avaient été réutilisées au fil des années, lorsqu'on reparlait de l'Affaire dans les journaux. Il n'y avait pas de coupures datant de 1923 dans la valise, ma mère n'ayant commencé sa collecte que dans les années trente. On ne faisait donc pas forcément le rapprochement.

En première page d'un *Petit Provençal* du 10 mai 1935, sous le titre SEZNEC S'EST-IL ÉVADÉ DU BAGNE ? il y avait même la photo d'un inconnu. Elle devait traîner par là au moment de la mise en pages et quelqu'un avait dû penser que ça ferait l'affaire, du moment que l'homme portait une moustache et un chapeau...

Sur l'une des plus irritantes, où Seznec ouvrait la portière d'une vieille voiture, il avait l'air d'un personnage crapuleux quelque peu éméché. Or, en deux ou trois recoupements, je sus pertinemment que la photo avait été prise pendant la « reconstitution des faits » – il s'agissait ainsi de la fameuse Cadillac, un drôle de tacot de l'époque ! Je n'aurais jamais cru qu'on puisse aller de Rennes à Paris là-dedans. Dieu sait ce que mon grand-père endurait moralement et physiquement à ce moment-là. Dieu sait pourquoi il avait le chapeau de travers, un air goguenard et le regard louche. En illustration de certains articles, on aurait juré que cette photo avait été prise pendant le voyage au cours duquel Quemeneur avait disparu. Prise par « la victime », en somme.

J'appris aussi à reconnaître le visage de mon grand-père tiré des photos prises pendant le procès. Il était bien mis, bien cravaté, bien coiffé, mais il paraissait dur et buté. Il ne voulait rien entendre. On aurait dit qu'il s'arc-boutait en esprit pour résister à son cauchemar.

Cette réflexion sur les différentes images que le public avait pu se faire de Seznec m'amenait à entrevoir bien d'autres choses, comme les scènes de reconstitution et les à-côtés du procès, mais je n'étais pas au bout de mes peines – « peines » au sens affectif. Chaque nouvelle photo qui me passait entre les mains me mettait en danger d'apprendre quelque chose de triste, de pénible et, pour moi, de révoltant.

Il y en avait aussi – les plus reposantes – auxquelles je ne comprenais rien. Je voyais des gens que je ne connaissais pas. Un brave type avec une belle casquette et des moustaches. Un homme de loi en robe noire, fier et content. Un barbichu à petites lunettes. Un monsieur qui souriait à côté de ma grand-mère infiniment triste. Un autre, la cinquantaine, les mains derrière le dos, posant pour la postérité. D'une manière générale, pas mal de moustaches et de faux cols, de lorgnons et de chapeaux melons. La Cadillac décapotée. Une gare de campagne. Une machine à écrire dont on distingue la marque : *Royal,* portant une étiquette au bout d'une ficelle.

Quemeneur, je l'avais repéré tout de suite, évidemment. Il revenait partout, toujours le même, comme s'il n'avait jamais existé qu'une seule et unique photo de lui. Beau faux col, belle moustache, tête ronde, nez pointu, front dégarni. Un certain regard que je ne voulais pas trop analyser pour le moment, de peur de le juger satanique, comme si cet homme avait manigancé lui-même sa disparition, dans le seul but de nuire de manière profonde et durable à notre famille. Quand mon regard tombait sur lui, j'aurais juré qu'il se moquait de moi. Il avait quelque chose de malicieux, de narquois, de satisfait.

Heureusement, je n'étais pas dupe, je me savais de parti pris. Dans mon intention arrêtée de démêler toute l'affaire et de défendre la cause de mon grand-père, une grande part de la tâche consisterait justement à en faire le moins possible une affaire personnelle. Garder l'esprit clair, demeurer intransigeant avec la réalité des faits – non pas des faits qui s'étaient produits en 1923, toujours sujets à caution, mais des éléments du dossier tel qu'il se présentait maintenant, en 1963.

Pour cela, je devais commencer par reconnaître, par avouer, que rien ne pourrait jamais m'amener à croire mon grand-père coupable d'assassinat. Paradoxalement, cela me donnerait la liberté de me mettre à la place des gens qui avaient pu le condamner à l'énoncé de certaines allégations. En somme, il ne fallait surtout pas que le combat auquel je me préparais soit un débat avec moi-même, forcément factice, entre la culpabilité et l'innocence. Je devrais simplement travailler à poser la question suivante : ce dossier permettait-il de condamner cet homme ? Tu vas me le jurer, Denis ! À compter de ce jour – de cette nuit – tu auras toujours peur de dérailler, d'être de mauvaise foi, de faire dire aux faits ce qui t'arrange. Tu respecteras les faits, tu les rechercheras, ils seront tes amis.

Un autre personnage revenait souvent, qui ne me semblait pas totalement inconnu. Il me semblait étrange. Or, ce n'était jamais qu'un quidam assez jeune, bien de sa personne, tiré à quatre épingles et l'air sûr de lui. J'ai mis du temps à comprendre parce que je voulais m'en tenir uniquement aux images, ne plus lire les textes des coupures. Pourquoi me semblait-il si étrange ? Parce qu'il n'avait rien à faire dans cette valise. Pour ainsi dire, il se trompait de case.

Lumière ! Il s'agissait du redoutable Bonny, le tortionnaire de la rue Lauriston, l'agent français numéro un de la Gestapo, très vite fusillé après la guerre. J'avais lu pas mal de choses sur lui dans *Historia* et d'autres magazines. Que manigançait-il ici ? Cela me donnait froid dans le dos, mais j'ai mis ça sur le compte de la nuit qui avançait et renvoyé tout éclaircissement à plus tard.

En tout cas, je n'avais pas sommeil et ne pouvais pas en rester là. La chambre n'était pas merveilleusement éclairée mais j'y voyais comme en plein jour. Si je suis allé faire un tour à la cuisine, dévorer une baguette et un demi-camembert, debout devant le frigo, c'est surtout que j'avais mal aux genoux et aux chevilles, à rester par terre. J'aurais pu me passer de manger.

Au retour, je m'y suis remis. J'avais pris des forces et, inconsciemment, je devais savoir ce que je faisais. À mon insu, j'avais dû repérer une certaine photo et, quand j'ai glissé à nouveau la main dans le méli-mélo, je l'ai attrapée comme par hasard. Elle était ovale, celle-là aussi, comme beaucoup de portraits de l'époque montés en médaillon ou en cadre ouvragé. Je la connaissais déjà, mais dans un tirage qui avait été découpé aux ciseaux. C'était jusqu'alors pour moi une jolie photo de ma mère jeune femme. Or, sur l'original, il y avait non pas une, mais deux personnes. Il s'agissait même d'un couple, et tout donnait à penser que cela devait dater d'un mariage. Pour la première fois de ma vie, je voyais à quoi ressemblait mon père, François Le Her.

C'était dur. C'était banal. Ceux qui n'ont pas connu l'un ou l'autre de leurs parents me comprendront. On ne peut pas s'empêcher de rêver.

D'après quelques paroles attrapées au vol et quelques lignes lues trop vite, mais aussitôt retenues pour toujours, ma mère semblait avoir tué *mon père*. À n'en pas douter, il y avait là-dessous une histoire infiniment pénible. Ce que j'ai ressenti en le découvrant, lui, sur cette photo, n'avait rien à voir avec ces circonstances dramatiques mystérieuses. Il s'agissait simplement de son aspect physique. Il était plutôt rondouillard. Et je me suis rendu compte, à ma réaction, que je l'avais rêvé grand, beau, élancé, athlétique, élégant, séduisant comme un héros de film américain. Je n'avais pas à m'en vanter. S'il y avait quelqu'un de minable, c'était moi. Il n'empêche que ça fait mal.

Je n'étais pas non plus au bout de mes joies. La photo de mes parents se trouvait proche d'autres photos prises devant la petite maison de Kergleuchard où j'étais né, dans le Finistère, où grand-père était venu vivre avec nous quand j'avais six mois, à son retour de Guyane. Un nouvel homme libre de soixante-neuf ans.

C'est à l'occasion de mon baptême. Il me tient dans ses bras. Il me prend la main dans mon berceau. Il me regarde, il m'écoute. Il y a également Jean-Claude, Bernard, Francette, maman, parfois mon père comme un corps étranger que j'aimerais sans doute écarter, moi aussi, avec des ciseaux. Mais – est-ce une illusion ? – tous regardent l'objectif en souriant plus ou moins, sauf grand-père et moi. Comme si nous commencions tous les deux une conversation secrète qui ne regarde personne. Quand il me porte, il a l'air grave. Évidemment, ce soir, avec mes dix-sept ans qui ne doutent de rien, j'ai l'impression qu'il s'est remis à vivre grâce à moi, avec moi. Mais la réalité ne veut rien entendre. Grand-père est mort quelques années plus tard, toujours présumé coupable, et je ne suis plus un bébé innocent.

Dans le même paquet, une autre série d'instantanés au même endroit montrent un départ de ma mère : près d'une voiture, elle embrasse tout le monde à tour de rôle. Bernard, cinq ans, pleure à chaudes larmes, s'accroche à sa robe. Francette me porte dans ses bras. J'ai deux ans, une magnifique barboteuse, l'air de me mettre à pleurer d'un instant à l'autre. Jean-Claude est superbe, un vrai veston de jeune homme sur ses culottes courtes. Grand-père a toujours l'air gentil et réservé. Ma mère est jolie, souriante, émue. Mon père n'apparaît nulle part et il y a des gens que je ne connais pas – un homme et une femme – et même, dans un coin, oui, c'est bien un gendarme.

Décidément, le fouillis de la valise n'est qu'apparent. Elle dévoile ses secrets en bon ordre car, sur les photos que j'étudie ensuite, Francette (douze ans ?) est aux fourneaux, grand-père tranche le pain pour la soupe, je pleurniche debout sur une chaise, Bernard fait le pitre, maman n'est pas là.

On la retrouve dans une salle de tribunal en liesse : tout le monde a les yeux qui brillent et le sourire aux lèvres, même les gendarmes, et grand-père jubile en voyant maman embrasser un avocat. Bon, j'y suis, et même un nom me revient en mémoire : Me Raymond Hubert – c'est sans doute lui, et maman vient d'être acquittée, à Quimper. Mais ça tourne dans ma tête. À la fois je ne veux plus chercher à comprendre pour le moment, et je ne peux plus m'arrêter de fouiller dans le passé, comme s'il s'agissait de ma propre histoire enfin révélée.

Les photos où grand-père fait plaisir à voir, je les ai mises de côté. Je refourre toutes les autres dans la valise. Revenons un peu aux bouquins. Pour moi, c'est le plus impressionnant. Ça ne m'étonne pas qu'il y ait des erreurs dans les journaux, mais je ne peux m'empêcher de croire aux pages des livres.

Je suis tellement intimidé que j'essaie d'abord de les amadouer à l'aveuglette, en les ouvrant par la fin afin de jeter un coup d'œil rapide aux tables des matières. Je ne retiens que les titres de chapitres qui me font penser à des aventures pour la jeunesse – ou du moins, j'essaie :

*L'homme de la jetée du Havre*
*L'homme aux lunettes noires*
*Un Américain au service des Soviets*
*Coups de feu dans la nuit*
*Un policier félon*
*Un mort flâne dans Paris*
*L'homme à l'œil clignotant*
*Une mystérieuse dame en noir...*

Il faut se décider. Le premier que j'examine vraiment me rassure un peu car il est signé Claude Bal, le jeune reporter de *Paris-Match* qui venait souvent nous voir rue du Chevaleret, quand j'étais petit. Titre : *Seznec était innocent*. Couverture : mon grand-père sur son lit de mort. J'ouvre au hasard : *Les jurés se trouvent en présence d'un crime sans cadavre, sans preuve, sans témoin et que n'a jamais avoué l'accusé*. La date même de ce crime demeure incertaine.

Un autre livre : *L'Affaire Seznec,* par Yves-Frédéric Jaffré, avocat au barreau de Paris. Aucune illustration. Page 145: *L'avocat général cribla de flèches ironiques le témoin Le Her*. Tout de suite refermé.

Ensuite : *Justice pour Seznec*. Auteur : Charles-Victor Hervé, ancien juge d'instruction. Le juge Hervé ! On le vénérait, dans la famille, lui et Mme Bosser. Et j'ignorais pratiquement tout de ces deux personnes. J'ouvre. La préface est signée *F. Bosser, institutrice publique à Riec-sur-Belon (Finistère), secrétaire de la section de Pont-Aven de la Ligue des droits de l'homme*. Double coup d'émotion dans ma poitrine. Je me promets de lire cela très attentivement de bout en bout, pas au milieu des autres.

Maurice Privat : *Seznec est innocent*. Légende de l'illustration de couverture : *Traou-Nez, le manoir du mystère*. Je le reconnais à peine. Page 146: *Nous refusons de croire que la police a organisé un guet-apens ;* page 195: *François Le Her est un témoin de fait. Analysons son témoignage.*

Mes facultés intellectuelles commencent tout juste à admettre que mon père a été l'un des témoins les plus importants au procès de mon grand-père et que, vingt ans plus tard, après avoir épousé cet homme et lui avoir donné quatre enfants, ma mère l'a abattu de trois balles de revolver; page 36: *Guillaume Seznec et Marie-Jeanne Marc eurent un beau mariage, en juillet 1906...* (je retrouve en vitesse la photo). *Le corsage de satin, le corselet et la jupe étaient brodés de fils d'or, comme le tablier de soie. Toutes les formes de la rose et la branche d'acacia aux gracieuses volutes paraient le vêtement... Guillaume arborait le gilet à boutons d'or, le chapeau de castor à boucle d'argent, aux larges rubans noirs flottants.* Pourquoi cette simple et belle description me paraît-elle poignante, douloureuse ? On ne devrait jamais assister à un mariage en connaissant l'avenir.

Arthur Bernède: *Seznec a-t-il assassiné ?* Collection « Galerie criminelle ». Merci bien. Je referme et je rouvre, pris de remords. *À partir de ce moment, Mme Seznec n'allait pas cesser un seul instant de défendre son mari et de tout mettre en œuvre pour obtenir la révision de son procès. Elle adressait requête sur requête au ministre de la Justice, s'efforçant avec une opiniâtreté inlassable de recueillir des témoignages favorables au condamné, suivant toutes les pistes qui pouvaient la conduire à la révélation de l'innocence.*

Ma grand-mère, Marie-Jeanne, mon arrière-grand-mère Marie-Anne. Puis ma mère, Jeanne. Puis moi, bientôt. Mais moi, il faudra que ça marche – on ne peut pas penser autrement quand on va avoir dix-sept ans. Et ce ne sera pas seulement pour grand-père que je me battrai, mais aussi pour tous ceux qui se sont battus pour lui et que j'apprendrai à connaître, vivants ou morts.

Il me reste encore un petit ouvrage à regarder. J'ai un peu les mains qui tremblent, car il s'agit certainement de celui dont la table des matières comportait, outre *Une mystérieuse dame en noir,* des titres de chapitres à vous sauter au cœur plus vite que la lumière : *Papa est accusé de meurtre, Enfants d'assassin, Je dis adieu à mon père ; et aussi : Jours de misère, Seule ! Au secours !...*

Ça s'appelle *Notre bagne,* souvenirs recueillis par Claude Sylvane. Imprimé aussi gros que le titre, le nom de l'auteur : Jane Seznec. Jeanne orthographié « Jane » pour faire bien ? Pour faire américain ? Ça ne ressemblait pas à maman. Quant à Claude Sylvane, je connaissais cette personne : entre Kergleuchard et la rue du Chevaleret, nous avions vécu quelque temps dans un village du Tarn-et-Garonne et, cet été-là, une dame était venue chez nous. Je ne me souvenais pas de son visage, mais son nom m'était familier.

L'illustration de couverture représente deux silhouettes : une Bretonne en costume traditionnel et un bagnard en costume rayé. Entre les deux, une énorme chaîne à boulet. Le tout sur fond de calvaire breton.

Je suis vite rassuré. Ce n'est même plus maman que je reconnais dans quelques lignes lues au hasard, mais moi-même, en dépit de l'imparfait du subjonctif : *Petit à petit, et bien que ma mère essayât de nous cacher le plus possible le drame qui nous avait frappées, je démêlais les événements. Je ne me souviens plus maintenant de ce que j'en ai su exactement alors. Le voile se levait de jour en jour par une allusion, un mot surpris. C'est ainsi que, peu à peu, je sus exactement de quoi mon père était accusé...*

J'y ai passé la nuit. Le jour se levait quand ma mère a surgi, venant de son travail. Nous avons pris le petit déjeuner ensemble. Ensuite, c'est elle qui m'a ramené dans sa chambre, et nous avons continué à fouiller, tous les deux. Elle m'expliquait certaines contradictions. Elle allait directement aux lettres et aux documents les plus importants. Elle ne pouvait prononcer certaines phrases sans pleurer.

J'ai vite compris qu'elle voulait bien me parler de tout, sauf de son propre drame, sauf de mon père. Quand je lui mettais comme par hasard son propre livre, *Notre bagne,* sous le nez, elle semblait ne pas le voir.

Nous y avons passé encore la journée, et puis j'ai commencé une vie nouvelle. L'autonomie et la liberté, pour moi, à dix-sept ans, cela signifiait que je pouvais étudier l'Affaire autant que je voulais. Réciproquement, cela supposait que je préserve cette liberté, cette autonomie, et je faisais ce qu'il fallait pour cela.

D'abord, le métier. J'y arrivais, c'était magique. Je prenais le métro pour Saint-Lazare, le train pour Colombes, et je faisais des étincelles au collège. De retour porte des Lilas, j'étais seul avec l'Affaire. Pendant les congés, les week-ends, je travaillais dans les imprimeries et je gagnais de l'argent. Je me sentais possédé d'une énergie invincible et le monde m'appartenait. D'après moi, je n'avais pas grand-chose de commun avec les garçons de mon âge. Je pensais bien aux filles mais je n'avais pas tardé à voir que, plus on se passionnait pour quelque chose de grand, plus on leur plaisait. Comme on saute une classe quand on est très doué, j'ai pu franchir ainsi un de ces moments de la vie où l'on risque, en piétinant, de la gâcher. Cela, grâce à l'Affaire, après tout. Grâce à l'homme qu'était devenu mon grand-père après le bagne. Grâce à l'élan communiqué par ceux qui ne l'avaient jamais laissé tomber.

J'avais libre accès à la valise. Je dépouillais, je classais, je recoupais... Je réfléchissais. Bien des choses m'avaient échappé le premier soir.

Il y avait aussi des lettres d'avocats, de prêtres, d'hommes politiques, et même un mot de sympathie du général de Gaulle. Des tracts, des pétitions, le texte d'une complainte bretonne retraçant le malheur des Seznec. Des communications du juge Hervé, de Mme Bosser. Les lettres de Charles Huzo à mon grand-père au bagne, pour lui annoncer la mort de tante Marie, puis la mort de ma grand-mère : *Mon pauvre ami, hier lundi, nous avons eu la douleur de...* Hier lundi, mais le coup de tampon de l'administration révélait que le courrier mettait plusieurs semaines à parvenir au destinataire. Je savais ce que c'était que d'apprendre en retard, en dernier, la mort de quelqu'un qu'on aime entre tous.

Écrivain et journaliste, Huzo s'était passionné pour la cause, enquêtant lui-même et multipliant les articles, les débats, les conférences. Lui et sa femme avaient énormément soutenu Marie-Jeanne dans ses incessantes démarches. C'était lui, l'inconnu qui souriait près d'elle, sur une photo triste.

Il y avait aussi les statuts de l'association « Pour Seznec innocent ». Il y avait de très vieilles factures de la « blanchisserie moderne de Trémillau, maison Seznec » et de la « grande manufacture de sabots en tous genres et scierie mécanique Seznec, route de Brest, Morlaix » avec un plan détaillé des installations tracé à la main.

Il y avait l'affaire Seznec en carte postale ! On y voyait par exemple une rue de Morlaix, mon arrière-grand-mère devant sa porte. Ou simplement des pièces à conviction : la Cadillac, la machine à écrire... Ou bien la une d'un quotidien en fac-similé. La scierie. Le palais de justice de Quimper, avec l'arrivée des témoins. L'arrivée de ma grand-mère – sa servante marchant à trois pas derrière elle. Et d'autres choses que je ne comprenais pas encore : un bateau sur une rivière, un pont marqué de croix et de flèches, certains témoins chez eux ou sur leur lieu de travail...

Non, je ne dominais pas mon sujet. L'Affaire était aussi pleine de trous que les bandes dessinées à suivre dans *Hourra* ou *L'Intrépide*, quand Bernard et moi manquions un numéro sur deux. À mesure que j'avançais, ça se compliquait. Je m'étais mis en tête de tout saisir par petits blocs successifs bien ordonnés, comme dans l'encadré trouvé dans la valise, et j'avais bien du mal. Ça débordait dans tous les sens.

Un livre m'avait échappé, le premier soir, et, techniquement parlant, c'était peut-être le meilleur : *L'Affaire Seznec*, de Philippe Lamour. Maman m'a expliqué de quoi il s'agissait. En 1932, la famille Quemeneur avait attaqué en diffamation un grand quotidien qui défendait l'innocence de grand-père. Me Lamour était l'avocat (assisté d'André Cayatte, avant qu'il ne devienne cinéaste) de ce journal – *La Province* – et sa plaidoirie de plusieurs heures retraçait rigoureusement le procès Seznec, en faisant ressortir toutes ses insuffisances et ses incohérences. Ils avaient tenté d'être les Zola de cette cause et de refaire le procès. Comme pour Dreyfus, cela s'était passé à Rennes. La démonstration était si solide, si brillante, qu'elle avait été publiée telle quelle en librairie, accompagnée du texte intégral de l'acte d'accusation de 1924. Cela devint mon livre de chevet, mon chemin d'accès aux autres livres et aux journaux (à part celui de « Jane » Seznec, qui me chamboulait, les autres livres me gênaient toujours : sous forme de récit, ils faisaient revivre à leur façon des personnes de ma famille).

Malgré tout, il m'était strictement impossible de m'intéresser à l'Affaire comme à un problème intellectuel. Ce qui m'accrochait et me tenaillait, ce qui me donnait le désir et la force de veiller tard et de me lever tôt, c'étaient les lettres de mon grand-père.

J'ai acheté une machine à écrire et une méthode de dactylographie et je me suis mis au travail. C'était une machine mécanique portative dont seul Superman aurait pu enfoncer les touches latérales avec le petit doigt ! Tant pis, j'employais l'annulaire, mais j'étais déterminé à taper tout le courrier de la valise, et je l'ai fait. Les barres se coinçaient, la machine dérapait sur la table à chaque retour de chariot et son cliquetis métallique devenait martèlement assourdissant au fil des heures, des jours et des mois, mais je ne lâchais pas.

Une lettre surtout me touchait particulièrement : celle que mon grand-père avait écrite à sa femme lorsque, fin mars 1927, il avait appris qu'il était bon pour le prochain bateau-cage en partance pour le bagne de Guyane. Cette lettre d'adieux, je l'aurais emportée partout avec moi si je n'avais eu peur de l'abîmer. Je ne sais combien de fois je l'ai recommencée pour en obtenir un exemplaire exempt de fautes de frappe. Cette lettre ne devait plus me quitter. Il me suffisait de la relire pour faire le plein et le trop-plein de courage.

Le plus bêtement du monde, je m'efforçais de ne pas montrer mon émotion à ma mère. Par rapport à l'Affaire, je jouais à l'homme confronté à des soucis, à des problèmes. Peine perdue, évidemment. Plus j'en faisais, moins ça masquait. Je me rendais compte qu'elle y voyait clair en moi et que ça la touchait. Elle me regardait d'un drôle d'air. À la fois je l'étonnais et la rassurais. Un jour, je lui ai demandé, bourru :

– Comment as-tu récupéré les lettres de grand-père ? Depuis quand sont-elles en ta possession ?

La réponse était simple ; mais maman a hésité comme si je lui en demandais bien davantage. Elle a fini par dire lentement, pensivement :

– Ta grand-mère est morte à Paris. Je n'étais pas là. C'est ton oncle Albert qui les a récupérées. Par la suite, il me les a remises...

Moi, menant l'enquête :

– Pourquoi à toi ?

– Mais voyons, ta tante Marie était morte !

– Quel rapport ?

Maman, doucement :

– Mais enfin, c'est elle qui devait continuer la lutte, tout le monde le savait. Comme elle était morte, Albert a compris que je la remplaçais.

– Et tu t'y es mise à ce moment-là... (De façon rigoureusement illogique, je trouvais ça naturel.)

– Bien sûr ! (Long silence.) Tu sais, ta grand-mère a fini ses jours dans une chambre de bonne, rue du Rocher, dans la misère. Les lettres de ton grand-père se trouvaient dans une petite valise, sous son lit...

Maman est sortie de la pièce pour me laisser « réfléchir » à cela. Elle est revenue un moment plus tard :

– Ça, je le gardais en bas de la penderie...

– Quoi, l'ancienne boîte à outils ?

C'était une caissette en bois, de couleur vert sombre, que je n'avais pas revue, en effet, depuis l'époque de la rue du Chevaleret. Grand-père, qui savait tout faire, prenait grand soin de ses outils. Il les rangeait dans cette boîte et on n'osait pas y toucher.

– Si tu veux... C'était sa boîte au bagne, à la fin, quand il était presque libre avant de revenir en France. Il y mettait ses lettres, ses papiers, ses rares objets personnels. Il l'avait fabriquée lui-même. Tiens, prends-la.

Maman a de nouveau quitté la pièce. J'ai aussitôt ouvert la boîte. À l'intérieur, il y avait trois cahiers d'écolier à spirale, donc de fabrication relativement récente. J'ai murmuré à voix haute :

– Les cahiers...

Exactement le genre de choses que je savais sans savoir, pour en avoir entendu parler par hasard mais assez souvent, sans bien comprendre, durant toute mon enfance.

J'ai ouvert le cahier n°1. La première page était marquée en haut à droite : P.1. Et la première phrase, sur la première ligne, était : *C'est le résumé de ma vie entière*. À la main et, malheureusement, au crayon. Je ne voulais pas feuilleter, mais lire de bout en bout avec toute l'attention dont je pourrais être capable. Je n'ai pourtant pas résisté. Je me suis donné la permission de lire tout de suite une autre phrase. Au hasard, dans le cahier n°2. *J'ai oublié de vous parler des bêtes dangereuses de la Guyane. Ce sont surtout les serpents a sonnettes qui sont a craindre*. J'ai souri. Mon grand-père de quand j'étais petit, mon bagne enfantin, mes rêves d'île au soleil, superbes et terrifiants...

Sous la pression de Claude Bal et aussi, d'ailleurs, de tous les journalistes ayant approché Guillaume Seznec à son retour, ai-je appris de ma mère par la suite, grand-père avait entrepris de raconter par écrit ce qui lui était arrivé. Plusieurs heures par nuit, lunettes sur le nez, emmitouflé dans son manteau, il travaillait à la table de la cuisine. Mais, après avoir rempli ses trois cahiers, il s'est senti riche de quelque chose de plus précieux que l'argent et n'a pas voulu entrer dans la ronde des m'as-tu-vu-dans-le-journal. Seulement, ça se savait et les journalistes insistaient. À tel point qu'on les cachait, les cahiers, justement sous le plateau central de la table de cuisine, coincés par les rallonges. Et c'était un peu comme un trésor secret qu'on détenait, qui faisait partie de l'espérance, et qu'on ne désirait vraiment pas dilapider.

Tout cela se trouvait désormais dans ma propre chambre qui en devenait, avec mes maquettes et mes planches de typo, un cabinet de travail singulièrement exigu. Quand je n'en pouvais plus, quand tout tournait dans ma tête – les noms, les dates, les arguments de la défense et ceux de l'accusation, les folios, les in-quarto, les titres courants, les fleurons et les filets droits, je m'installais sur mon lit avec la boîte en bois. Elle était très solide, mais bien légère sans les cahiers, et je n'ai pas tardé à découvrir son secret : les parois étaient creuses. En déplaçant délicatement des espèces de réglettes non apparentes, on accédait à des caches, vides malheureusement, mais c'était tout de même une découverte émouvante, et la première que j'effectuais.

Les semaines et les mois passant, et alors que je commençais à désespérer, je m'aperçus que je n'apprenais plus rien. J'y consacrais autant de temps et d'énergie, et je n'enregistrais plus que des détails.

Pourquoi ? Parce que je savais tout sans le savoir. Je connaissais l'Affaire, du moins telle qu'elle se présentait maintenant, en 1964 – elle n'avait jamais cessé d'évoluer, il y avait toujours eu des rebondissements et ça continuerait...

Encore un bon petit effort de synthèse et j'ai commencé à voir tout se dérouler, comme s'il m'avait suffi d'ouvrir les yeux...

## DEUXIÈME PARTIE

# LE DOSSIER

En 1923, l'année où commence l'Affaire, Guillaume Seznec et sa famille vivent dans la propriété dite « Traon-ar-Velin » (le bas du moulin), dont le cadastre nous apprend qu'elle occupe une surface totale de 61 ares et 86 centiares. Une scierie, en fait. Bordant la route nationale n° 12 qui va de Brest à Paris, à la sortie de Morlaix, se dresse la grande bâtisse servant d'entrepôt, masquant la maison d'habitation au toit d'ardoises et les autres dépendances – salle des machines, écurie, hangar – placées en retrait. L'énergie nécessaire au fonctionnement des diverses scies et tronçonneuses est fournie par une chaudière mais aussi par un moulin à eau placé sur une dérivation du Queffleuth, la rivière qui traverse Morlaix, formant avec elle une sorte d'île où se trouve un jardin et un grand pré souvent encombré de planches et de grumes entassées à la diable.

La scierie est une entreprise prospère car à l'époque le bois constitue un matériau essentiel, très utilisé dans l'industrie ou la construction. On y fabrique aussi des sabots. De nos jours, le grand bâtiment bordant la route est toujours debout et la maison d'habitation est intacte, mais le bâtiment où se trouvait la scie à ruban actionnée par la grande roue à aubes a été rasé en 1988. Des quelques visites que j'ai faites là-bas, vers l'âge de quatre ans, j'ai gardé quelques flashes de l'espèce agréable, en particulier la vision d'un merveilleux wagonnet que l'on pouvait pousser sur des rails jusqu'à la salle des machines. Un jouet grandeur nature en quelque sorte. Ma mère aussi a conservé de la propriété des souvenirs heureux. Elle évoque quelquefois les grands jeux – celui de Robinson Crusoé peut-être – que ses frères et elle organisaient sur la petite «île» formée par la rivière et sa dérivation, quand ils étaient des enfants insouciants et joyeux.

Donc, en cette année 1923, tout va plutôt bien pour les Seznec.

Guillaume, le père, « maître de scierie » selon l'état civil, a quarante-cinq ans, et sa femme Marie-Jeanne trente-sept. Il y a les enfants : Marie, quinze ans, Guillaume, treize, Jeanne, ma mère, onze et enfin Albert, neuf ans. Sans doute l'avez-vous remarqué : un bébé tous les deux ans, tel était le rythme des naissances à l'époque, pour les familles sans histoire...

Pour autant, cette famille n'est pas tout à fait ordinaire. Deux raisons à cela : non seulement mon grand-père est considéré comme un « étranger », mais son parcours social présente quelques originalités.

Un « étranger » ? Pensez donc, il n'est pas né à Morlaix, mais à quelques dizaines de kilomètres de là, à Plomodiern !

Dans la Bretagne du début de ce siècle, voilà qui a son importance. Non seulement cette province forme un monde clos, loin du pouvoir parisien, mais elle est constituée de petites régions refermées sur elles-mêmes, très attachées à leurs particularismes. Et c'est encore plus vrai pour le Finistère, cette « fin de la Terre », Bretagne à l'intérieur de la Bretagne. Dans cette partie de la France, la vie est surtout rurale, conservatrice, et on y parle breton, ignorant souvent le français avec obstination (plus tard, au procès, on fera appel à un traducteur pour recueillir le témoignage de certains témoins). Et puis il y a la mer, le grand et immense océan, partout présent, et qui rythme par ses marées la vie des Cornouaillais, Bigoudens ou Léonards. Les naufrages ne sont pas rares. C'est peut-être pour cela que la religion y tient aussi une grande place, mais une religion imprégnée par la magie, les légendes et l'imaginaire de chacun.

Du pouvoir central, on ne peut retenir que les contraintes : la présence de l'instituteur laïc, cet homme de « l'école du diable », l'obligation de payer des impôts ainsi que celle de faire son service militaire. On tolère l'instituteur parce qu'il occupe aussi les fonctions de secrétaire de mairie, on paie ses impôts en rechignant, et en fin de compte, lorsqu'il le faut, on fait le « don du sang », comme les autres. Et même plus que les autres. Pendant la Grande Guerre, alors que les régiments étaient encore départementaux, les Bretons ont subi les plus lourdes pertes, peut-être parce qu'ils étaient têtus et s'accrochaient plus fort aux positions qu'on leur avait ordonné de tenir, peut-être aussi parce que ces soldats bretonnants, c'était de la chair à canon qu'on n'hésitait pas à envoyer au casse-pipe plus souvent qu'à leur tour...

Passons. Donc, dans cette société immobile, refermée sur elle-même, comme enracinée, le patron de la scierie, s'il est accepté, ne bénéficie pas de tout un réseau d'amitiés anciennes commencées sur les bancs de l'école, de la parentèle et autres alliances. Et l'histoire de sa jeunesse n'est pas faite pour arranger les choses.

Plomodiern est situé dans le canton de Châteaulin, sur le flanc du Menez-Hom, l'une des principales hauteurs de Bretagne, en basse Cornouaille, au nord du pays glazig, juste en face de la baie de Douarnenez. Ses parents, Yves Seznec et Marie-Anne, née Colin, y possédaient une ferme assez importante, Ker-Néol (la maison du soleil). C'est là que Guillaume Seznec est né en 1878, un 1er mai. Ce jour-là, le secrétaire de mairie avait dû forcer sur la boisson car le nouveau-né se trouva doté du prénom de Joseph – celui de son frère, né deux ans auparavant – mais on continua naturellement de l'appeler Guillaume. Six ans plus tard, nouvelle erreur du préposé : l'enfant fut déclaré mort en 1884, à la place de son frère, décédé à la suite d'une grave maladie. Curieux et inquiétant présage : pour les Bretons, porter dès sa naissance le prénom de son frère et décéder à sa place ne peut que porter malheur. Pour une fois, ces superstitions allaient amplement se justifier...

Il a deux sœurs plus âgées, Marie et Marianne.

Après l'école primaire, où il fut un élève médiocre, surtout en orthographe, la relative aisance de sa famille lui avait permis de fréquenter le petit séminaire du collège de Pont-Croix, avec en point de mire l'idée de devenir prêtre. Dans cette Bretagne-là, pour sortir de la glèbe de la ferme, il n'y avait pas trente-six solutions : faire curé, marin ou à la rigueur fonctionnaire. Si l'on voulait bâtir fortune, mieux valait s'expatrier.

J'imagine mon grand-père, jeune garçon maigre, osseux, grand pour l'époque, plutôt taciturne, sobre, têtu, mais non dénué d'un certain humour. Un vrai Bigouden. Et dans la tête l'idée qu'en ce monde la vie n'est pas une partie de plaisir, surtout sur ces terres arides du Finistère.

Et voilà que deux événements interviennent dans la vie de Guillaume, dont la destinée semblait pourtant écrite à l'avance. D'abord, une aventure amoureuse au petit séminaire. Dans la famille, on parle peu de cet épisode, mais je crois savoir qu'une lavandière lui aurait tourné la tête... Cet égarement, découvert, lui vaut d'interrompre ses pieuses études. (Le directeur de Pont-Croix deviendra par la suite évêque de Cayenne. L'affaire Seznec, c'est aussi cela : des fils qui se croisent à travers le temps.)

À quatorze ans, Guillaume quitte donc le collège pour la ferme familiale de Ker-Néol, menée avec autorité par sa mère qui dirige les sept garçons de ferme et les deux servantes, son père étant décédé alors qu'il avait quatre ans. Mais le travail de la terre ne passionne pas le jeune Guillaume. Ce qu'il aime, c'est la mécanique : monter, démonter des pièces, assembler des rouages, bricoler. C'est un don qui ne le quittera pas, y compris au bagne. Pour l'heure, il s'intéresse aussi à ces merveilleux engins que l'homme ne cesse d'inventer : les vélos, les machines agricoles, les automobiles. Sauf pour les premiers sans doute, il doit plus les admirer dans les catalogues ou les journaux que dans la réalité, car elles sont encore très rares en France et encore plus en Bretagne.

Puis c'est le service militaire, réduit à un an car il est soutien de famille. Au retour, il commence à réparer les machines de l'un ou de l'autre, et sa réputation d'habileté se répand alentour. C'est ainsi qu'il va un jour apporter ses lumières dans un moulin dont la mécanique est en panne et où il fait merveille. Par le meunier, il fait connaissance d'un grainetier, lequel a une fille, Marie-Jeanne. Les deux jeunes gens se croisent, à l'occasion des nombreux pardons organisés dans la région, échangent quelques mots de politesse et... se plaisent. Guillaume devient un assidu du marché où la jeune fille tient un étal, mais pas encore pour lui faire la cour, simplement pour la voir et se faire voir, de loin. On n'approche pas comme ça une jeune fille sage, surtout en pays de Cornouaille !

Le père de Marie-Jeanne, qu'on surnomme « Peps » (poivre), car il importe des épices des colonies, est un homme important et riche. Et pas seulement parce qu'il approvisionne les bars où, dit-on, à l'occasion, on met discrètement du poivre dans les verres pour assoiffer davantage les buveurs. Non, c'est un monsieur qui traite à haut niveau, en grande quantité. Marie-Jeanne Marc est donc un beau parti et elle ne manque pas de soupirants, entre autres un jeune monsieur de Guingamp, Théodore Picard, le préféré de la famille, un jeune magistrat plein d'avenir. Nous aurons l'occasion de reparler de ce beau parti...

C'est de ce Guillaume, encore à demi paysan et sans grand bien au soleil, que la fille du grainetier tombe amoureuse. La famille voit l'idylle d'un mauvais œil. En faisant son enquête, le père apprend que les biens familiaux viennent d'être partagés entre les trois enfants Seznec. C'est à la sœur de Guillaume, Marianne, et à son mari que sont revenues la ferme de Ker-Néol et l'exploitation. Son futur gendre, lui, n'a hérité que d'une petite ferme éloignée et d'une indemnité, partage peu équitable qui ne semble guère gêner le jeune homme à la tripe si peu paysanne. Le père Marc tire la lippe... puis se fait une raison, d'autant que l'on dit Guillaume habile de ses mains, sobre et sérieux. Et puis, Marie-Jeanne est si entêtée...

Le mariage a lieu le 18 juillet 1906. Pendant trois jours, plus de quinze cents personnes viennent, de toute la haute Cornouaille, danser au son de la cornemuse et des binious. Marie-Jeanne porte une robe de mariée qu'elle a brodée pendant des mois, cousant des milliers de fines perles grises pour faire des dessins sur le tissu sombre. Le velours noir au bas de la robe indique, par sa hauteur, celle de la dot... Guillaume, lui, a mis un long ruban de soie, qui flotte au vent, autour de son chapeau. Ils ont respectivement vingt et vingt-huit ans.

Avec la vente de la petite ferme et le douaire de Marie-Jeanne, ils achètent un commerce sur la place de Plomodiern, en face de l'église. Vente et réparation de vélos. Guillaume est dépositaire exclusif de la marque Alcyon. Le chiffre d'affaires ne doit pas être bien conséquent, car le jeune marié, pour arrondir les fins de mois, bricole. À Brest, il achète des engins au prix de la ferraille et les rafistole pour les revendre aux amateurs. Il répare aussi des motos (rares) et en général tout ce qui a à voir avec la mécanique dans le pays. Il ne se débrouille pas trop mal.

Alors que Marie-Jeanne est enceinte et proche du terme, Guillaume doit effectuer une période militaire de vingt-huit jours à Châteaulin. C'est là qu'il reçoit un télégramme lui annonçant que sa femme vient d'accoucher. Marie est née... L'heureux père se précipite et doit parcourir une vingtaine de kilomètres à vélo.

Il n'est pas arrivé que, de loin, des contreforts du Menez-Hom, il aperçoit un incendie dans Plomodiern : c'est la grange voisine de chez lui qui flambe. À peine est-il arrivé, essoufflé et alors que les villageois commencent à faire la chaîne avec des seaux d'eau, que l'incendie s'est déjà propagé à son magasin ! Et là, c'est le drame, préfigurant le destin tragique de mon grand-père. Il se précipite dans le logement situé au-dessus, vite il sort Marie-Jeanne et le bébé, Marie, qui n'a qu'un jour. On jette par la fenêtre tout ce qui a un peu de valeur. Mais le trésor, c'est le stock de bicyclettes ! Pour le sauver, Guillaume entre à nouveau dans la fournaise... Un bidon d'essence explose. On le ressort, le visage et les mains gravement brûlés. À l'hôpital de Saint-Ségal où on le conduit, il sera soigné et, après un coma de plusieurs jours, y séjournera pendant plusieurs mois. Des cicatrices rougeâtres marqueront désormais son visage.

Notons cela : Guillaume Seznec est un homme que l'on remarque, à cause de ces « signes particuliers ». Plus tard, au cours de l'enquête, puis du procès, des témoins affirmeront l'avoir vu ici ou là, puis hésiteront, reviendront sur leurs déclarations, alors qu'il paraît bien improbable de se tromper devant un visage aussi caractéristique. Ses mains aussi gardent les traces de l'accident. Toute pilosité en a pratiquement disparu, et la peau en cicatrisant a formé de petits bourrelets entre les doigts. Dans la famille, nous prendrons l'habitude de dire qu'il a les mains « palmées ».

Grâce aux dédommagements accordés par l'assurance, Guillaume et Marie-Jeanne se lancent dans une nouvelle aventure, toujours dans le commerce. En juillet 1912, ils montent une blanchisserie industrielle à Saint-Pierre-Quilbignon, un faubourg de Brest. On nettoie et repasse le linge des hôtels, des restaurants, des hôpitaux, des collectivités. Travail rapide et soigné, jour et nuit. Jeanne, qui deviendra ma mère, naît cette même année.

Et puis vient la guerre. Malgré ses problèmes physiques et ses quatre enfants à charge, Guillaume Seznec se porte volontaire à la poudrerie d'Ouessant. On est loin de cette image de « planqué » que certains tenteront de colporter plus tard. Par la suite, utilisant ses compétences, on lui confie le nettoyage du linge de la garnison, si bien qu'il se retrouve mobilisé chez lui, travaillant pour l'armée. Avec l'arrivée des troupes portugaises, basées à Brest, et des divisions russes, dont la plupart débarquent également dans cette ville, la blanchisserie tourne à plein régime. Puis les effets militaires arrivent directement du front. Il n'est pas rare de trouver des débris humains dans les vêtements souvent ensanglantés... Après la guerre, ma grand-mère remettra aux autorités militaires tout un tas de médailles et une petite boîte remplie d'alliances...

En 1917 apparaissent de nouveaux clients : les Américains, dont les troupes viennent de débarquer au Havre. Les *Sammies,* comme on les appelle (à cause de l'oncle Sam), se déplacent avec une énorme logistique qui fait l'admiration – et la jalousie – des pioupious français. Ces gens-là viennent d'une autre planète : ils mangent de la viande congelée qu'ils ont apportée avec eux et des glaces, des *ice-creams* ! Je vous demande un peu, des soldats ! Et ils dorment sur des lits pliants, leurs tenues sont pratiques et de bonne qualité, pas en gros drap rugueux comme celui des uniformes français. Mais ce qui vous en fiche plein la vue, ce sont les armes puissantes et ultra-modernes, les autos par milliers, et ces drôles d'engins appelés *side-cars* qui pétaradent en effrayant les chevaux.

Un jour, un véhicule militaire stoppe devant la blanchisserie. En sortent trois officiers américains qui demandent à parler au *boss*, ignorant que l'homme auquel ils s'adressent, qui vient de se relever de dessous une machine en s'essuyant les mains à un vieux chiffon, est le patron. Après s'être présenté à travers son interprète, le lieutenant-colonel américain propose tout de go à mon grand-père de travailler pour l'armée U.S. Une petite négociation, rapide et directe, s'engage, à l'issue de laquelle il apparaît qu'ils régleront presque le triple de ce que paie l'armée française – et en dollars cash ! Même si ces nouveaux clients s'avéreront maniaques et exigeants sur la propreté, c'est un véritable coup de fouet pour l'entreprise familiale ! On achète de nouvelles machines, on embauche et, dans une petite boîte en gros carton, Marie-Jeanne range précieusement ces magnifiques dollars-or ornés d'une tête d'Indien, dont un officier lui a dit qu'il fallait les conserver, car ils prendront de la valeur avec le temps. Il est admis qu'elle décidera de leur utilisation, puisque c'est elle qui a pris la direction de la blanchisserie.

Un an plus tard, le régiment de Seznec se trouvant transféré à Morlaix, la famille suit. La blanchisserie de

Brest continue de tourner, mais une partie des machines est transférée, par wagons réquisitionnés par l'autorité militaire, dans une propriété récemment acquise, Traon-ar-Velin (que nous connaissons déjà), une scierie désaffectée, où l'on va s'installer pour une longue période.

Puis, quand la guerre se termine, Guillaume Seznec découvre petit à petit l'existence d'un commerce bien particulier : l'achat et la revente des stocks américains.

En arrivant sur notre sol, nos alliés d'outre-Atlantique ont débarqué leur impressionnant matériel de guerre et l'ont stocké principalement dans l'Ouest. Les paquebots américains, venus directement des États-Unis, débarquaient soit au Havre soit à Brest l'aide massive promise. Au début de la guerre, la France a signé avec les États-Unis une convention selon laquelle le gouvernement français s'engageait à payer toute commande faite et à racheter tout ce que ces riches alliés n'auraient pas rembarqué à l'issue des hostilités. Comme toute commande doit être honorée, les arrivages continueront jusqu'en 1920! Des stocks comme pour une guerre de cent ans. L'industrie américaine doit en grande partie son décollage à ce fantastique marché forcé[1]. Ce genre de convention, exceptionnelle, se renouvellera après la Seconde Guerre mondiale. Pour l'exécution de cet accord, le Parlement français a voté un certain nombre de lois[2] et confié au ministère des Finances le soin d'organiser par décrets le stockage et la vente des matériels, par l'intermédiaire des Domaines. Le sous-secrétariat d'État à la liquidation des stocks de guerre restés

1. On oublie souvent que nos alliés d'outre-Atlantique, en intervenant à nos côtés à la fin de la Première Guerre mondiale, firent essentiellement deux choses : la guerre et des affaires. Dix millions de morts mais aussi vingt mille nouveaux millionnaires en dollars aux États-Unis. Des matières premières et des équipements ont été vendus avec des bénéfices atteignant parfois 600 %! Quand la paix revint, les U.S.A. se découvrirent le pays le plus riche du monde. Quant à la France, elle finit de rembourser aux États-Unis sa dette de 1914-1918... en 1963!

2. Notamment la loi du 18 avril 1919.

sans emploi (c'est son titre officiel) est créé et assure officiellement « la liquidation des stocks cédés par le gouvernement des États-Unis ». On organise, à l'échelon national aussi bien qu'au niveau du département, des services de répartition, d'évaluation, de paiement, de contrôle, mobilisant une cohorte de fonctionnaires. Tout ce branle-bas pour ce qui va devenir les fameux « stocks américains ».

La Bretagne est très favorisée, car elle a vu s'amonceler sur son sol des masses d'objets hétéroclites allant de la toile d'avion – qui donnera son nom à un célèbre magasin de tissus – aux baraques métalliques préfabriquées, en passant par des milliers de bottes d'officier, de pantalons, de ceinturons, sans parler des cercueils, des camions, voitures, avions et... même un sous-marin mouillé en rade de Brest.

Guillaume Seznec, désireux comme la plupart de ses compatriotes de bénéficier de cette manne, achète aux Domaines un camion et quelques articles, en particulier un important lot de couvertures qu'on entrepose dans le grand hangar qui borde la route, opération qui ne semble pas avoir été mirifique puisqu'un rapport de police daté de 1924 en signalera encore la présence au même endroit.

*Mon mari,* dira plus tard Marie-Jeanne dans une interview à *La Dépêche* du 29 mai 1926, *ne fit que de très petites affaires, il n'était ni un mercanti ni un agioteur comme la légende qui a lourdement pesé sur lui au cours de son procès l'a représenté. D'ailleurs, beaucoup de ceux qui ont acheté des stocks dans les camps américains de Brest sont devenus millionnaires et on a pu contrôler que mon mari ne s'était pas enrichi, ce qui vient encore à l'appui de sa bonne foi.*

Charles Marc, l'un des frères de Marie-Jeanne, propose à Guillaume de lui racheter la blanchisserie de Brest. Revenu du front et ne disposant pas de l'argent nécessaire, un accord est conclu pour un paiement échelonné. Échelonné, il le sera en vérité, car le beau-frère n'est pas pressé d'honorer ses engagements.

En 1922, la blanchisserie de Brest brûle et, comme les Seznec en sont encore légalement propriétaires, c'est eux qui reçoivent l'indemnité de l'assurance. Deuxième incendie… Oh, ce n'est pas rare à une époque où aucune norme de protection n'est imposée, où les extincteurs sont inconnus. N'empêche ! C'est comme cela que naît une rumeur, colportée par quelques mauvaises langues. C'est ainsi qu'on laissera entendre, au moment du procès, que Guillaume Seznec est un malin, qu'il met le feu à ses biens pour toucher les primes d'assurance. La rumeur, voilà une des composantes essentielles de l'affaire Seznec. Le fait que dans le premier sinistre il ait failli y laisser sa peau, sa femme et son bébé nouveau-né, que, dans le second, il n'ait touché que des dédommagements dérisoires parce que Charles Marc était mauvais payeur, n'est, bien entendu, pas pris en compte. Cette rumeur, les policiers et certains journalistes s'en empareront plus tard sans vergogne, pour mieux ligoter l'accusé ou enrichir leurs articles.

En 1923, Guillaume Seznec décide de changer de métier. Après avoir fait d'importants travaux, il rend à la propriété sa véritable vocation : le travail du bois. Le voilà à la tête d'une importante scierie qui emploie une douzaine d'ouvriers, dont beaucoup sont logés dans un bâtiment de la propriété. Deux personnes servent fidèlement la famille : la bonne, Angèle Labigou, et Samson, le « chauffeur » de la scierie (celui qui s'occupe des machines et des véhicules). Maintenant, Marie-Jeanne, qui a toujours été de santé fragile – à l'hôpital de Brest, on lui a enlevé un rein –, va pouvoir enfin se reposer.

Guillaume Seznec est maintenant ce qu'on appelle « un homme arrivé », maître de scierie, père de famille, rangé, dur en affaires certes, mais avec une ambition toute tournée vers la prospérité de sa famille. Il n'en est pas pour autant accepté par les notables de Morlaix. Et cet homme rude ne fait aucun effort pour faire changer les choses. Ce n'est pas dans son caractère d'arrondir les angles, de chercher à plaire. Il n'a besoin de personne et mène sa vie à l'écart – pensez, on ne le voit pratiquement jamais au café –, il n'a même aucun souci d'élégance, n'hésite pas à mettre la main à la pâte, et se promène souvent avec le même vieux complet usé… Tout cela fait que les gens ne l'aiment pas trop, ce patron qui se soucie si peu de se conformer aux usages. Encore un mauvais point qui jouera un rôle non négligeable dans la suite des événements.

Et puis, il est volontiers « cabochard » et déteste avoir l'impression qu'on l'a roulé. En 1923, il a deux procès sur les bras. Le premier l'oppose à un électricien parisien, Caillet, qui a installé dans un atelier un générateur électrique qui n'a jamais fonctionné correctement. En conséquence le maître de scierie a refusé de payer. Bien entendu, l'électricien a porté plainte. L'autre procès est dû à son sale caractère : il a invectivé l'huissier venu lui signifier la plainte et celui-ci n'a pas hésité à saisir les tribunaux...

L'autre grand personnage du drame vit à Landerneau, dans une grande et belle maison bourgeoise que des tourelles à clocheton pointu tentent d'assimiler à un château. De nos jours, la silhouette massive du bâtiment domine toujours la ville et la vallée, même si les cubes de béton qui ont poussé à proximité atténuent quelque peu l'effet de son orgueilleuse situation.

« Ker-Abri », tel est le modeste nom de cette belle demeure. En 1923, elle appartient à Pierre Quemeneur, qui y vit avec sa sœur Jenny.

Pierre Quemeneur, âgé de quarante-cinq ans, est lui un vrai notable, un homme de poids, et riche, bien sûr. Il est conseiller général du Finistère (canton de Sizun) depuis 1919, mais surtout futur député. Le siège qu'il brigue lui est déjà tout acquis. C'est sûr et certain, il sera élu aux législatives de 1924, sous les couleurs du Parti républicain démocrate, sorte de démocratie chrétienne de l'époque – d'ailleurs, après sa disparition, c'est son suppléant qui remportera le siège.

Ce petit homme rond, jovial, avenant, volontiers charmeur, même, est un bon vivant. Sur les foires et les marchés, il sait serrer les mains de ses concitoyens et promettre d'user discrètement de son influence. En compagnie de ses pairs, les notables, il est un client assidu des bons restaurants de la région. Il fréquente aussi d'autres lieux, plus discrètement bien sûr, car un politicien, surtout démocrate-chrétien, ne saurait choquer l'électeur. Il est également à Morlaix membre d'une sorte de club, le Cercle des arts, où se retrouvent, pour discuter, dîner et faire peut-être des rencontres agréables, des notaires, chefs d'entreprise, pharmaciens, médecins, etc. Une femme, surnommée la Belle Hélène, propriétaire de la plus grande conserverie de Morlaix, en est à la fois l'égérie et l'intendante. Par la suite, elle s'affirmera toujours persuadée de l'innocence de mon grand-père. Cela, je l'apprendrai par son frère, un prêtre, qui entrera en contact avec moi après une émission de radio à laquelle j'aurai participé. Sa sœur, m'affirmera-t-il, avait écrit des cahiers dans lesquels elle aurait révélé certaines choses, mais qui avaient disparu. Voilà qui est à mettre sur la longue liste des témoignages qui se sont volatilisés concernant cette affaire.

Bien des choses séparent donc l'affable politicien célibataire de Landerneau du rude maître de scierie de Morlaix tout dévoué à sa famille. Les deux hommes ont pourtant un point commun : ils se sont faits eux-mêmes, en dépit de leurs origines modestes.

Quemeneur a vu le jour en 1877, un an avant mon grand-père, à Commana, un bourg proche de Landivisiau. Ses parents tenaient une petite ferme. Puis, en 1903, la propriété a été vendue et le jeune homme a racheté, avec son frère et deux de ses sœurs, une petite maison à Saint-Sauveur, dans le canton de Sizun, avec au rez-de-chaussée un modeste débit de boissons. Il a alors vingt-six ans, les dents longues et, comme mon grand-père, le désir de sortir de sa condition et de réussir. Élu conseiller municipal en 1914, il fait du commerce, achetant et revendant un peu tout ce qui se présente : vin, cidre, alcool, bétail, charbon de bois... Sa situation financière, cependant, est loin d'être florissante.

C'est dans le bois qu'il se lance : achat aux paysans, aux forestiers, fourniture de poteaux pour les mines. Puis, lorsque la guerre éclate, celle-ci lui permet, comme beaucoup, de passer au stade supérieur. Le génie de l'armée consomme en effet une très grande quantité de poteaux de mine pour consolider les tranchées.

Les hostilités terminées, Pierre Quemeneur est un homme riche – très riche même. Son commerce est devenu international et ne couvre pas seulement l'Angleterre, la Sarre et la Belgique, mais les États-Unis. Des bateaux chargés de poteaux de mine vont et viennent entre Le Havre et l'Amérique. Il « pèse » désormais deux millions de francs-or ! Le type même de l'enrichi de guerre...

C'est à cette époque qu'il fait construire Ker-Abri, la demeure bourgeoise qui domine Landerneau. Il acquiert également un domaine à Plourivo, Traou-Nez[1], une magnifique propriété qui comporte quatre-vingt-dix hectares de bois de sapins dont il confie la gestion et l'exploitation à son frère Louis, un garçon sûr, bien qu'un peu paresseux et plutôt porté sur la bouteille, mais qui le sert fidèlement. Lui-même s'installe au manoir de Ker-Abri, en compagnie de sa sœur Jenny qui tient la maison. Une vie de célibataire. L'autre sœur, Marie-Anne, s'est mariée en 1920 avec un clerc de notaire de Pont-l'Abbé, Jean Pouliquen. Quemeneur, en chef de famille protecteur et avisé, lui a prêté cent soixante mille francs afin qu'il s'établisse en achetant une étude. Un notaire dans la famille, ça fait toujours bon effet ! Jean Pouliquen, apparemment peu reconnaissant, se fait tirer l'oreille pour rembourser le prêt.

Une fois établi, et bien établi, Quemeneur s'est lancé dans la carrière politique. En 1919, le bistrotier est élu conseiller général de Sizun, son canton natal. Il passe pour occuper un poste important dans la franc-maçonnerie locale[2].

1. « Traou-Nez » signifierait, selon différentes sources, soit « le bas de l'île », soit « le nid dans la vallée » ou encore « les choses neuves ».

2. En 1934 paraîtra un livre intitulé La dictature des loges dans lequel il sera révélé à propos de Quemeneur (assassinat resté mystérieux et dont la condamnation d'un soi-disant coupable n'a rien expliqué) que c'est un fait, dont personne n'a encore parlé et qui

Le petit paysan a parcouru un sacré chemin, d'autant qu'un siège de député l'attend à bras ouverts, je l'ai dit. Tout va donc pour le mieux. Une seule ombre au tableau, mais de taille : le fisc le poursuit pour « bénéfices de guerre » et lui réclame de l'argent, beaucoup d'argent. En 1991, dans le dossier de justice de l'Affaire, je découvrirai plusieurs documents adressés à Quemeneur par le fisc et intitulés « Contribution extraordinaire sur les bénéfices exceptionnels réalisés pendant la guerre ». Je trouverai en leur compagnie de nombreux procès-verbaux et commissions rogatoires montrant que la justice a réclamé à plusieurs reprises ces documents au ministère des Finances et que celui-ci a fait les pires difficultés pour les lui remettre, et encore au compte-gouttes. Quemeneur, lui, ne se soucie pas trop de ces broutilles : il est persuadé que ça s'arrangera, surtout lorsqu'il sera élu député...

Un vendeur de bois et un maître de scierie sont faits pour se rencontrer, me direz-vous. En effet, c'est ce qui se produit en 1922... non à propos de bois justement, mais du stock de couvertures américaines que mon grand-père avait acquis et entreposé. Les deux hommes sympathisent.

Le dimanche, à la scierie, on voyait souvent, m'a raconté ma mère, surgir l'aimable M. Quemeneur. Il avait une façon bien à lui de se manifester à la compagnie, en effectuant une sorte de salut militaire. Fréquemment, il était retenu à dîner et, ces jours-là, on restait plus longtemps à table. Les deux hommes blaguaient ou chantaient. C'étaient des moments très agréables. D'autres fois, ils sortaient dans le parc et s'y promenaient interminablement en discutant, d'affaires sans doute, mais peut-être aussi évo-

est susceptible de jeter une clarté nouvelle sur cette mort mystérieuse : Quemeneur était franc-maçon, il fut délégué des loges de Bretagne au Convent, il devait à la franc-maçonnerie le commencement de sa fortune politique...

quaient-ils des souvenirs de leurs enfances si semblables. Quelquefois, Quemeneur dormait à la maison.

Ainsi donc, au-delà de leurs rapports commerciaux, une certaine amitié était née entre le jovial politicien et le taciturne maître de scierie. Les extrêmes s'attirent, c'est bien connu. Seznec est épaté par la faconde et l'entregent de Quemeneur, qui lui-même apprécie Seznec pour son sérieux et sa retenue. Un « taiseux », c'est précieux, on peut parler de tout avec lui, lui faire des confidences, on est certain qu'il ne les répétera pas. Cette qualité de mon grand-père, si elle lui sert à gagner l'estime de Quemeneur, le desservira plus tard quand le drame surviendra. Il ne parlera que tardivement des affaires un peu particulières du conseiller général. On en déduira qu'il voulait dissimuler des faits à la justice. Sa nature fière, son caractère entier lui joueront d'autres tours, nous le verrons.

Quemeneur, donc, fréquente les Seznec. Un certain jour, il propose une nouvelle affaire à son ami : une affaire de voitures.

Et le mécanisme de la tragédie se met en marche.

C'est ici que l'on reparle des fameux stocks américains.

Depuis la fin de la guerre, le commerce automobile connaît une fabuleuse extension. Le parc français, de 90 000 véhicules en 1919, est passé à 230 000 en 1920 et à plus de 400 000 en 1923[1] – encore la demande ne cesse-t-elle de croître. Aussi s'intéresse-t-on aux véhicules proposés par les Domaines.

Les camions et voitures américains, réputés solides et à toute épreuve, s'arrachent comme des petits pains. Ainsi

1. À titre de comparaison, rappelons que le parc automobile français de 1992 compte plus de 26 millions de véhicules.

peut-on les voir à Lambézellec, près de Brest, en longues files serrées, offerts à la convoitise de tous sur une vaste esplanade. Là se côtoient ceux des officiers, de couleur noire, et ceux de la troupe, beiges ou vert foncé, avec quelquefois une grande fleur de lys peinte sur la portière avant – la devise des Yankees n'est-elle pas « Lafayette, nous voilà ! » ?

Autour d'une telle manne, on s'agite, on parlemente, on s'entend, on traficote, on ferme les yeux. Cela commence au niveau des commissions d'attribution constituées par les notables – maires, conseillers généraux, etc. –, chargées par le sous-secrétariat d'État à la liquidation des stocks de l'estimation des lots. Le prix de chaque voiture varie considérablement selon qu'elle a été déclarée « neuve », « en état de marche » ou « à revoir » – ce dernier terme désignant parfois de véritables épaves. La nuit, des amis bien choisis viennent ôter un accessoire, un phare par exemple, transformant un véhicule « en état de marche » en un article « à revoir ». Après la vente, il n'y a plus qu'à replacer la pièce manquante pour réaliser un bénéfice substantiel. Une autre supercherie consiste à intervertir les numéros des lots après leur estimation. Toute une équipe travaille à ce trafic, on l'appelle dans la région « le gang des Cadillac ». Des rumeurs courent, on parle de bénéfices énormes, de receleurs, de règlements de comptes...

Non loin du parc à voitures de Lambézellec vit un garagiste-mécanicien, Barthélemy Spor. Il fait de bonnes affaires et, en particulier, a obtenu l'entretien des locomotives utilisées sur le port de Brest par les Américains. Cet homme, mon grand-père l'a connu à Morlaix et, quand il est venu à Brest, l'a aidé à s'installer, notamment à s'acheter un tour. Spor, qui se charge de l'entretien de la camionnette du maître de scierie, compte aussi Quemeneur parmi ses relations. En mai 1923, le garagiste annonce à son employé, Gabriel Gouez, qu'il part pour Paris, et lui confie la direction de son garage, avec instruction de remettre les recettes à ses deux filles, habitant Lambézellec. Or, les mois passent sans que l'employé entende parler de son patron.

Plus extraordinaire encore, ses filles ont également disparu, si bien qu'un matin il lui faut baisser le rideau. Jamais ces trois personnes ne réapparaîtront dans la ville. En 1953, un journaliste du *Parisien libéré,* enquêtant sur cette affaire, constatera que le nom de Spor n'a pas été rayé du registre du commerce et qu'à la mairie de son lieu de naissance ne figure aucune mention de son décès. L'année suivante, des recherches seront entreprises sur cette famille, dans le cadre de la révision du procès de mon grand-père, mais elles n'aboutiront pas. Ces disparitions paraissent comme une préfiguration de celle de Quemeneur...

Les trafics qui s'opèrent à Lambézellec, on peut les imaginer à de multiples exemplaires sur tout le sol national – ce qui sous-entend naturellement des intermédiaires, des complicités dans les sphères dirigeantes de l'administration ou de la politique... Mais les plus grandes ventes, les opérations les plus mystérieuses s'effectuent à Paris.

Au pied de la tour Eiffel, l'esplanade du Champ-de-Mars est devenue un immense parking. Le matin, brasseurs d'affaires et gagne-petit s'y croisent pour examiner les modèles exposés et découvrir leur bonheur. L'après-midi, les mêmes se retrouvent à proximité, dans les salles d'adjudication, pour faire monter les enchères.

En 1921, peut-être parce que les autorités acceptent mal ces trafics exposés au grand jour, cette vaste exposition est fermée. Mais le marché a survécu dans le quartier, à la différence que les professionnels – garagistes, chauffeurs de taxi, mécaniciens, carrossiers, bailleurs de fonds et revendeurs – se retrouvent à l'abri des regards indiscrets dans les arrière-salles des cafés pour se partager les lots acquis. Là encore s'est constituée une faune plutôt trouble. Une véritable bourse des valeurs régit les transactions. Les Cadillac sont plus cotées que les Ford, les Packard ou les Dodge, car réputées solides d'entre les solides (l'une d'elles, on le verra, fera bien mentir sa réputation...). De plus, elles offrent l'avantage, grâce à leurs grandes dimensions (les torpédos font six places), de supporter aisément une transformation en camionnette. Certaines de ces belles américaines atteignent le prix de 40 000 francs-or. Des sommes considérables passent ainsi de main en main. Depuis fin 1922, la Cadillac fait prime sur le marché.

D'où vient la demande ? Où livre-t-on ces véhicules qui, ensuite, disparaissent pour la plupart non seulement du marché, mais encore du territoire français ?

Une quantité non négligeable prend des chemins inattendus : celui du Havre, par exemple, aux fins d'embarquement pour... les États-Unis. Oui, les Américains eux-mêmes les rachètent ! L'aberration n'est qu'apparente, elle cache en fait de juteux bénéfices que réalise un consortium américain spéculant sur la dépréciation du franc par rapport au dollar.

« Boom » économique outre-Atlantique aidant, la Chambre de commerce américaine de Paris, qui assure les transactions au départ de la capitale, se montre de plus en plus avide et le volume des ventes s'enfle d'autant. Paris et sa banlieue ayant été écumées, on recherche désormais la marchandise dans toute la France. Des prospecteurs sillonnent la province, principalement les villes ayant accueilli les camps de l'armée yankee, et se livrent à une sorte de chasse au trésor. Acheter une Cadillac 6 000 francs à un provincial ignorant, la retaper un peu et la revendre 35 000 à 40 000 francs, voilà qui constitue un sport plaisant et lucratif ! Mais dans le milieu des marchands, on chuchote qu'il existe aussi une autre destination, beaucoup plus secrète celle-là : la Russie des Soviets, pas moins !

L'annonce suivante paraît les 27 et 30 novembre 1922, dans *La Dépêche de Brest* :

> Automobiles : *Suis acheteur comptant toutes voitures et châssis Cadillac et camions U.S.A. provenant des stocks américains, dans n'importe quel état. Écrire détails : Bollon, 33, avenue Sainte-Foy à Neuilly (Seine). Tél. : 36.*

Pierre Quemeneur lit-il cette annonce ou est-il contacté directement ? Nous l'ignorons. Cependant, en 1933, Charles-Victor Hervé, un ardent défenseur de l'innocence de Seznec dont nous aurons à reparler, essaiera d'en savoir plus. Il retrouvera ce M. Bollon ayant passé l'annonce et qui, curieusement, n'a pas été interrogé au moment de l'instruction. Le texte qu'il a fait paraître ne figure d'ailleurs pas au dossier.

En dix ans, l'humble garagiste a prospéré : il se trouve à la tête d'une importante entreprise de transports et est devenu le correspondant de plusieurs agences de voyages internationales. Tout en reconnaissant que le trafic de Cadillac, qui a fait fureur à Paris en 1922 et 1923, a permis à pas mal de personnes (dont lui-même) d'amasser une véritable fortune, Bollon se refusera obstinément à dire pour le compte de quel « consortium » (c'est le mot qu'il utilisera) les voitures étaient recherchées. Malgré le temps qui s'est écoulé, il restera prudent... Néanmoins, il fournira un renseignement intéressant : il se souvient qu'une banque était liée à ces opérations d'achat et de revente, la Banque privée coloniale[1]. Celle-ci s'intéressait donc aussi aux Cadillac. On découvrira alors que le directeur de l'agence de Landerneau, Besseyre des Horts, avait désigné Quemeneur comme « correspondant sûr pour l'achat des Cadillac dans la région de Brest ».

Mais en 1923 il se peut que le conseiller général ait eu vent de l'affaire par l'entremise de Barthélemy Spor, le garagiste de Lambézellec ou, plus simplement encore, parce qu'il fait lui-même partie d'une commission d'attribution des lots...

Ce qu'on sait – des témoins l'attestent – c'est qu'il paraît enthousiasmé par les perspectives offertes par ce marché et les promesses qui lui ont été faites. On est prêt à lui acheter un nombre impressionnant de véhicules, par centaines, par milliers peut-être. À lui de les dénicher, d'abord

1. En avril 1924, Vasquié, son directeur, sera arrêté pour banqueroute frauduleuse et la banque déclarée en faillite.

en Bretagne, ensuite – pourquoi pas ? dans la France entière. Comme Perrette, il fait ses comptes : une voiture payée entre 15 000 et 20 000 francs sera revendue entre 30 000 et 35 000, c'est le prix promis par ses correspondants parisiens. En tenant compte des frais, on peut espérer un bénéfice moyen de 10 000 francs par véhicule. 10 000 francs multipliés par... « À moi la fortune ! Je serai millionnaire ! » se dit-il.

Début mars 1923, il prend contact avec un certain nombre de vendeurs d'automobiles. Cela, nous le savons par les lettres qu'on a retrouvées à son domicile. L'une provient par exemple des Établissements du Roule, à Neuilly-sur-Seine. Datée du 12 mars 1923, elle commence ainsi : *Monsieur, nous sommes en possession de votre lettre du 10 courant. La voiture Cadillac torpédo de luxe que nous avons à vendre est bien en parfait état sous tous rapports.* Autre lettre[1], provenant celle-là de la société Cadillac Station, de Levallois, et datée du 14 mars : *Monsieur, comme suite à votre estimée de ce 9 courant, nous avons l'avantage de vous faire savoir que nous pouvons vous livrer une voiture Cadillac type 57, torpédo, moteur entièrement révisé en pièces neuves, carrosserie d'origine, prête à prendre la route, au prix de 20 000 francs.* Un expert-comptable de Brest propose, lui, un camion Ricker 4 tonnes pour 10 000 francs. Citons enfin une lettre[2] qui arrivera le 28 mai 1923, donc après le départ de Quemeneur pour Paris. Elle est expédiée par les automobiles Dodge Brothers, agence générale France-Ouest, à Nantes, et propose une torpédo Cadillac, excellent état, à 32 500 francs, prix déjà plus élevé, mais que le conseiller aurait sans doute pu faire baisser.

Quemeneur est impatient de se lancer dans l'affaire, de rafler rapidement toute la marchandise disponible avant que d'autres se mettent sur le coup. Seulement voilà, un commerce à si grande échelle demande de disposer au

1. Voir document en annexe.
2. Voir document en annexe.

départ d'un minimum d'argent liquide. Et lui n'en a guère. La meilleure solution est de trouver un associé : mieux vaut partager la manne que de la voir lui passer sous le nez. Il croit avoir trouvé la personne adéquate : un marchand de bois, un collègue, M. Tanguy. Mais celui-ci se méfie, trouvant l'affaire trop mirifique pour être vraiment honnête. Il l'estime même franchement louche lorsque Quemeneur lui demande de servir de prête-nom. Aussi décline-t-il la proposition. Plus tard, cet homme circonspect fera fortune dans les crêpes dentelle.

Le notable se rabat alors sur son ami Seznec. Le maître de scierie n'est pas très riche, bien sûr, mais il a d'autres qualités...

– Nous partagerons les bénéfices, la moitié chacun, lui promet Quemeneur. Nous allons faire fortune !

Mon grand-père, pour qui, en affaires, c'est donnant, donnant, s'étonne. « Et moi, qu'est-ce que j'apporte dans tout ça ? » interroge-t-il.

Quemeneur entreprend de le convaincre qu'il est l'associé rêvé : c'est précieux, un homme qui s'y connaît en mécanique, aussi bien pour les petites réparations que pour l'estimation lors des achats, mais surtout, il est un ami sûr, droit et peu bavard, deux qualités essentielles dans une affaire qui demande confiance réciproque et discrétion. En effet, quand on a l'intention de se faire élire député, surtout sous l'étiquette « Démocratie populaire », parti qui a repris l'idéal du *Sillon,* il ne ferait pas bon se mettre trop en avant dans une affaire de commerce avec les « Soviets », ces pourfendeurs de Dieu.

– Tu te rends compte, le scandale ! Ça me coûterait mon siège de député, commente-t-il en riant.

Pour mieux comprendre la prudence de Quemeneur, il n'est pas inutile de rappeler le climat politique de l'époque.

En 1923, la France du président Millerand est dirigée depuis trois ans par une Chambre majoritairement de droite, très liée au milieu des affaires, même si ses porte-drapeaux sont d'anciens combattants couverts de médailles, d'où le qualificatif de « bleu horizon » donné à cette assemblée. On n'a pas pardonné aux Russes leur défection de 1917 dans le conflit mondial. Sur les affiches électorales, les communistes sont représentés le couteau entre les dents et ce sont bien entendu les ennemis de l'intérieur. Quand, en janvier 1922, Raymond Poincaré succède à Briand, la tension est encore plus forte. Ce président du Conseil « musclé », dont le président des États-Unis, W. Harding, dira : « Ce n'est pas un chef de gouvernement, c'est un chef de contentieux », est le plus chaud partisan d'une stricte application du traité de Versailles. « L'Allemagne paiera », telle est la formule obstinée de cet homme qui contribue, par cette politique obtuse, à étrangler l'économie allemande, à provoquer crise sur crise, putsch sur putsch, dans ce pays exsangue et humilié, bref à aider objectivement la montée en puissance du nouvel homme fort, Adolf Hitler. Il est aussi à noter que, pour faire bonne mesure, on n'achète pas de produits allemands... Il est vrai qu'ils nous sont revendus par les Britanniques qui, plus pragmatiques, prélèvent au passage une substantielle commission...

L'Allemagne en plein chômage, en pleine famine, paralysée par d'interminables grèves, étant incapable d'honorer sa dette, les troupes françaises occupent la Ruhr, ce qui déclenche des émeutes. Dans ce contexte, on comprend que tout lien avec la jeune Russie soviétique – dont le régime n'est pas reconnu – soit considéré comme une véritable trahison.

Pierre Quemeneur s'entoure donc d'un maximum de précautions...

– Il faut que tu me serves de prête-nom, de boîte aux lettres, en quelque sorte, dit-il à son ami. Quand tu recevras du courrier provenant de l'American Chamber of Commerce, tu me le transmettras.

Un autre des attraits qu'offre Seznec, ce sont sans doute les dollars-or de Marie-Jeanne, ceux qu'elle a gagnés du temps de la blanchisserie, en commerçant avec l'armée américaine et dont une bonne partie du pays connaît d'ailleurs l'existence, car Marie-Jeanne n'en fait guère mystère. Comme la justice, par la suite, tentera de nier l'existence de ces dollars-or, je crois utile de citer le procès-verbal d'audition de Me Henri Vérant, notaire de Seznec, en date du 5 novembre 1923: *Je connais Seznec depuis ma démobilisation en 1919. J'étais son notaire habituel. Je puis assurer qu'il avait en sa possession des dollars : en février ou mars 1923, il est venu à mon étude pour causer de diverses affaires que je traitais pour lui. Il me fit voir une trentaine de pièces de dollars et me demanda quelle était leur valeur. Il me dit qu'il en avait chez lui une grande quantité, dans une boîte.*

Quemeneur aimerait que les Seznec veuillent bien, à l'occasion de ces relations plus étroites, échanger leurs dollars contre Traou-Nez, la belle propriété entourée de ses quatre-vingt-dix hectares de sapins que le conseiller possède à Plourivo. Laissant à son frère Louis le soin d'exploiter le bois, soumis d'ailleurs à une coupe réglée, il n'y a jamais vraiment habité. Mon grand-père, justement, rêve de s'installer dans cette vaste demeure construite sur les bords sablonneux de la rivière, le Trieux. Pour lui, ce serait gagner en confort et en agrément de vie, mais aussi franchir une nouvelle étape dans l'ascension sociale. L'idée ne déplaît pas à la gardienne du trésor, Marie-Jeanne, qui a d'ailleurs accepté d'aller visiter les lieux, mais elle se fait tirer l'oreille. Ah, ces dollars ! Quemeneur en rêve : si seulement ils pouvaient tomber dans sa poche, au cours légal ! Ensuite, changés au marché noir, ils permettraient un joli bénéfice...

Finalement, Seznec accepte de devenir l'associé. Lui aussi, le besogneux, le réaliste, se laisse séduire par les idées de bénéfices confortables et de fortune rapide.

Tout est en place maintenant et les affaires peuvent commencer.

Pour trouver ce fameux argent frais, Quemeneur relance son beau-frère, Me Jean Pouliquen, le notaire de Pont-l'Abbé, à qui, nous l'avons dit, il avait prêté 160 000 francs pour s'établir. L'ancien clerc n'est pas pressé de rembourser, mais, assiégé, finit par promettre un chèque de 60 000 francs. Le conseiller doit bien s'en contenter et trouver ailleurs un complément – chez un banquier peut-être. Il sollicite un prêt à vue de 100 000 francs à la Société bretonne de crédits et dépôts dont il est client. La somme est considérable, mais peut-on refuser quelque chose à un homme aussi important ? Quemeneur ne doute pas un seul instant qu'il obtiendra cet argent.

Concernant les renseignements précis sur les transactions à venir et ses interlocuteurs parisiens, le conseiller ne se montre pas particulièrement disert envers son associé, qui d'ailleurs n'est pas très curieux. La confiance règne entre les deux hommes. Quemeneur se contente d'évoquer plusieurs fois un certain Charly ou Cherdy[1] – un Américain, dit-il – qui est son principal contact dans la capitale. Cet homme serait prêt à lui commander cent voitures, en prenant 2 000 francs de commission sur chacune.

Le 20 mai, Seznec reçoit une lettre venant de l'American Chamber of Commerce, 22, rue Taitbout à Paris. C'est la seconde en quelques jours, selon mon grand-père. Comme la précédente, il la porte le lendemain à son ami.

Quand celui-ci la parcourt, son visage s'illumine :

– Tout va bien, dit-il, j'ai un rendez-vous avec eux à Paris, samedi prochain, le 26, à 8 heures du matin.

Les deux hommes forment alors le projet de monter à la capitale en voiture, dans une Cadillac justement, laquelle servira de premier élément de transaction. Reste à s'en procurer une. Aucun achat n'ayant encore abouti avec les divers vendeurs contactés, il reste huit jours pour trouver la voiture adéquate.

1. Au cours de toutes les investigations, enquêtes ou rebondissements de l'Affaire, il sera donné une douzaine d'orthographes différentes de ce personnage central (qui se faisait appeler Charly) : Chardy, Cherdly, Cherdy, Gherdy, Scherdy, etc. Pour faciliter la compréhension, seuls Cherdy ou Gherdi ont été retenus.

Le 22 mai 1923, Guillaume Seznec prend le premier train pour Landerneau. Il porte la fameuse boîte à dollars, en carton fort, contenant 99 pièces de 20 dollars et 206 de 10 dollars, soit 4 040 dollars, valant au cours légal 65 000 francs environ. À son arrivée en ville, il se rend tout d'abord chez M. Julien Legrand, l'ancien maire de la ville, afin que le notable appose sa signature sur une traite de 4 800 francs que lui a remise un marayeur et qu'il veut réaliser tout de suite.

Cette formalité accomplie, il rejoint Quemeneur chez lui et partage avec lui un petit déjeuner fait de tartines et de café au lait. La boîte en carton avec les pièces d'or attire bien entendu l'attention du conseiller. Seznec prétend, peut-être pour faire baisser le prix de Traou-Nez, vouloir revendre ses dollars. Aussitôt, son ami vante les mérites de sa propriété de Traou-Nez. Tout en discutant ferme, les deux hommes montent en voiture et partent pour Brest où le conseiller a rendez-vous à 10 heures, justement pour cette affaire de prêt bancaire. À l'arrivée, ils se sont mis d'accord. Traou-Nez va changer de mains. Les deux associés se séparent pour vaquer chacun à leurs affaires.

À la Société bretonne des crédits et dépôts, une surprise attend Quemeneur : les choses ne se passent pas comme prévu. Devant l'importance du prêt demandé – 100 000 francs – le fondé de pouvoir, M. Salaün, paraît réticent et demande des précisions concernant l'utilisation des fonds. Le conseiller général avec sa faconde habituelle tente alors d'enlever le morceau et expose l'affaire des Cadillac, allant même jusqu'à préciser les relations avec les Soviets[1]. Plus tard, lorsque l'Affaire éclatera, M. Salaün déclarera au *Petit Parisien* (10 juillet 1923) : *Lorsque M. Quemeneur est venu me voir pour me demander une ouverture de crédit de*

1. *Le Figaro* rapportera que Quemeneur aurait déclaré à M. Salaün : *Celui qui me procure l'affaire d'autos, je l'ai vu plusieurs fois, je lui accorde autant de confiance qu'en moi-même ; il m'a communiqué des documents d'un gouvernement en démontrant qu'il avait assez d'influence pour me permettre d'obtenir l'affaire et pour la*

*100 000 F sous prétexte de vente d'automobiles au gouvernement des Soviets, je lui ai amicalement représenté que l'affaire ne paraissait pas tenir debout et qu'il eût à se méfier d'une escroquerie. Il se défendit, m'expliquant qu'elle était très sérieuse et qu'il avait déjà rencontré à Paris un agent chargé de conclure les marchés, qui était l'homme le plus sérieux du monde. M. Quemeneur m'a produit l'impression d'un homme qui connaissait l'affaire dans tous ses détails sur les combinaisons possibles.*

Plus le conseiller décrit ses beaux projets, avec force gestes et explications enthousiastes – c'est dans sa manière – plus son interlocuteur se rembrunit. Cette histoire de millions facilement empochés lui semble un peu trop belle pour être vraie. En outre un point lui paraît obscur : pourquoi son client a-t-il besoin de tant d'argent, tout de suite ? Cette hâte ne se justifie pas, puisqu'il pourra revendre les voitures au fur et à mesure qu'il les dénichera. Pierre Quemeneur a beau être un notable et, qui plus est, connu pour son sens des affaires, ce n'est pas suffisant pour prendre un tel risque. En outre, d'autres éléments plaident en sa défaveur : un compte déficitaire de près de 80 000 francs et le fisc qui lui réclame de grosses sommes pour ses profits réalisés pendant la guerre... Non, décidément, un banquier se doit d'être réaliste. Et Quemeneur se voit proposer une aumône : 10 000 francs au lieu de 100 000. Dépité et furieux, il sort de la banque et se rend chez son dentiste avec qui il a rendez-vous, car monsieur le conseiller a de mauvaises dents ; la plupart de celles du bas sont déjà aurifiées.

Pendant ce temps, Seznec est allé escompter sa traite à la Banque bretonne. En revenant vers l'Hôtel des Voyageurs, où il doit retrouver son compagnon pour le déjeuner, il rencontre un ami, le notaire M^e^ Henri Vérant, qui plus tard témoignera :

*continuer en la renouvelant.* Quant à *La Dépêche*, elle affirmera : *Quemeneur déclara à un directeur de banque de Brest qu'il allait faire de grosses affaires avec un personnage en relation avec les Soviets. M. Quemeneur cacha toujours l'identité et l'adresse de ce personnage.*

*Le mardi de la Pentecôte, le 22 mai 1923, j'étais à Brest. Je fus abordé vers 11 h 30, au bas de la rue de Siam, par Seznec. Je lui demandai, après avoir causé de diverses affaires, ce qu'il comptait faire de ses dollars. Il me dit qu'il venait d'acheter une propriété et qu'il consacrait ses dollars au paiement.* (Procès-verbal d'audition du 7 novembre 1923.)

Concernant cette vente, Quemeneur a fait préparer une promesse de vente, tapée à la machine en deux exemplaires par une dactylo de Brest – ou peut-être par la banque, on ne sait pas – , et sur laquelle il a apposé un timbre fiscal. Lors de l'enquête, puis de l'instruction, policiers et magistrats ne se soucieront aucunement de rechercher la personne qui a effectué les travaux dactylographiques. Ce sera aux journalistes et aux partisans de Seznec, plus tard, trop tard, de s'en charger. Des noms seront cités, celui de Mlle ou Mme Privert ou Prisert et celui d'Anne-Marie Lanuselle. En 1979, lors d'une série d'émissions organisée par Europe 1 sur l'Affaire, on citera ces noms en faisant appel aux auditeurs, mais cette piste n'aboutira pas.

Ce 22 mai, les deux hommes se retrouvent donc à la terrasse de l'Hôtel des voyageurs où ils cosignent en deux exemplaires l'acte[1] sous seing privé. Celui-ci est ainsi libellé :

*Entre les soussignés, Monsieur Quemeneur, négociant demeurant à Landerneau, Finistère ; et Monsieur Seznec, industriel demeurant à Morlaix, Finistère, il a été convenu ce qui suit : Monsieur Quemeneur a par le présent donné promesse de vente à Monsieur Seznec qui accepte avec toute garantie de droit : une propriété appelée Traou-Nez située à Plourivo, Côtes-du-Nord, d'une contenance de 90 hectares environ avec toutes ses dépendances sans exception ni réserve. L'acquéreur entrera le 30 septembre 1923 en possession et jouissance de la propriété citée plus haut dont la vente devra se faire avant cette date, l'acquéreur la prendra dans l'état où elle se trouvera alors et il n'aura droit à aucune*

1. Voir document en annexe.

*indemnité pour dégradation ni contenance de terrain. Le vendeur devra, jusque-là, jouir de tout comme par le passé sans qu'il ait le droit d'abattre arbre ni plant, l'acquéreur paiera tous les frais de vente. Cette vente n'est en outre consentie que moyennant le prix de 35 000 francs que l'acquéreur s'engage à payer au vendeur le jour de son entrée en jouissance. En cas de non-paiement à cette date les intérêts courront de plein droit à huit pour cent l'an jusqu'au complet paiement.*

*Fait double à Landerneau le vingt-deux mai mille neuf cent vingt-trois.*

*Signé : Quemeneur et Seznec.*

C'est Quemeneur qui ajoute de sa main la mention « *fait double à Landerneau* », ainsi que la date. Sur son exemplaire, Seznec, lui, ajoute les mots « prendra » et « l'état », dans la phrase : « l'acquéreur la prendra dans l'état où elle se trouvera alors » car ils manquent sur le texte tapé à la machine. Après avoir signé, chacun des deux hommes récupère le feuillet qui lui revient.

Notons un fait important : les termes de cette lettre correspondent exactement au langage commercial en usage, avec ses expressions bien caractéristiques. Il n'y a d'autre part aucune faute d'orthographe, et seulement une faute d'accent. La frappe, régulière, est l'œuvre d'une personne dont c'est indéniablement le métier.

La somme de 35 000 francs peut surprendre par sa modicité. Par la suite, elle fera l'objet de nombreuses supputations et fournira des arguments de poids à l'accusation. Comment Quemeneur a-t-il pu accepter un prix aussi bas, alors que Traou-Nez, on le sait, vaut beaucoup plus ? Se poser cette question, c'est méconnaître (ou feindre de méconnaître) une pratique alors fort courante et qui subsiste d'ailleurs de nos jours : le dessous-de-table. On ne déclare qu'une partie de la somme réellement payée, le reste étant remis « de la main à la main » et en espèces, ceci afin de payer moins de frais d'enregistrement. Une autre raison a dû contraindre Quemeneur à fixer un prix si bas : trois ans auparavant, il a, officiellement, payé la propriété

25 000 francs. Très bonne affaire en apparence, puisqu'il a déjà revendu pour plus de 100 000 francs de bois ! La revendre à son vrai prix, c'est-à-dire approximativement quatre fois plus cher, aurait pu susciter la curiosité du fisc, avec qui il est justement en délicatesse... Pour connaître ces renseignements, les policiers ou les magistrats auraient pu à l'époque consulter le conservatoire des hypothèques de Saint-Brieuc, mais ils ne s'en donneront pas la peine.

En fait, mon grand-père et le conseiller se sont mis d'accord sur un prix de 100 000 francs, soit 35 000 francs officiels et 65 000 francs en dessous-de-table. Au départ, Pierre Quemeneur demande 120 000 francs, mais le maître de scierie fait observer qu'une partie du bois a déjà été largement exploitée, ce qui diminue la valeur du domaine. Son ami en convient et accepte le prix de 100 000 francs, une estimation correcte, puisque plus tard, en 1925, Traou-Nez sera vendu 115 000 francs par les héritiers Quemeneur.

Toujours sur la terrasse de l'Hôtel des Voyageurs, l'acheteur passe discrètement les dollars au vendeur pour une valeur de 65 000 francs. C'est donc bien, au propre comme au figuré, d'un dessous-de-table qu'il s'agit... Les 35 000 francs officiels doivent être versés au moment de la prise de possession du domaine.

Un homme surprend la scène, amusé. C'est le garçon de service à la terrasse, François Pansel, qui connaît bien les deux hommes. Il remarque les dollars et, surtout, ce coffret en gros carton avec un petit fermoir de cuivre, et comprend qu'une transaction sérieuse est en cours. Retrouvant son camarade Jean Boulic[1], officiant à l'intérieur de la salle, il lui lance, avec un clin d'œil entendu : « Dis donc, il y a un beau coup à faire, à la terrasse ! »

Curieusement, lors de l'enquête, la police se contentera d'interroger le patron du café, Lombard, lequel n'est au courant de rien. Faire appel au témoignage de l'employé qui a servi les deux hommes à la terrasse ne paraît pas nécessaire à ces messieurs de la Sûreté. Plus tard, bien

1. Lire son témoignage en annexe.

après le procès et la condamnation de mon grand-père, François Pansel sera interrogé par un journaliste, Maurice Privat, à qui il confiera le témoignage rapporté ci-dessus. Il décrira aussi la boîte : environ 30 à 35 cm de long, 15 de large et autant de hauteur, avec un « truc en cuivre » pour soulever le couvercle. Au procès, Marie-Jeanne Seznec a fait à peu près la même description. Maurice Privat écrira ensuite à l'employeur d'Angèle Labigou, l'ancienne servante des Seznec, en lui demandant d'interroger celle-ci à ce sujet. Son témoignage sera le suivant : elle avait eu l'occasion de ranger elle-même les pièces d'or dans une boîte en carton ressemblant fort à du bois. Chaque rangée était séparée de sa voisine par une feuille en papier de soie, du genre de celui qui isole les bougies. Cette « boîte ne possédait pas de poignée, mais seulement un petit crochet en cuivre ».

L'affaire conclue, les deux « associés », chacun un exemplaire de la promesse de vente en poche, prennent peut-être un digestif pour fêter l'événement. Tous les deux se sentent certainement très satisfaits. L'un est maintenant pratiquement propriétaire d'une belle demeure bourgeoise entourée de sapineraies, et l'autre va pouvoir faire fructifier les dollars-or. L'argent dont il a un si urgent besoin commence à affluer...

L'après-midi, les deux hommes ont rendez-vous à Lesneven, chez un certain Le Verge, meunier, pour lui acheter sa Cadillac. C'est avec elle qu'ils comptent se rendre à Paris. Mais, déception, le véhicule n'est pas en bon état de marche et le conseiller général préfère signer un contrat d'option, où il s'engage à payer le véhicule 12 000 francs, mais seulement dans le cas où il trouverait un client. Une clause précise que, passé un certain délai, le meunier retrouvera ses pleins droits de propriétaire. L'accord, rédigé lui aussi sur papier timbré, porte la mention écrite de la main de Quemeneur : *Fait à Landerneau le 22 mai 1923.* Ce document ne sera retrouvé qu'en un seul exemplaire.

Reste à dénicher une autre Cadillac susceptible de les véhiculer jusqu'à Paris et de servir de première transaction. Et pourquoi pas celle de Seznec ? Il y a quelque temps, le maître de scierie, à court de liquidités, l'a donnée en gage à Quemeneur, contre un prêt de 15 000 francs. La somme n'étant pas encore remboursée, la belle décapotable, six places, trente-six chevaux, dort actuellement à Landerneau, chez un cousin du conseiller, Jules Jestin, garagiste de son état. Seznec ne tient guère à cette voiture, acquise aux stocks américains contre une somme de 18 000 francs. Elle consomme trop d'essence à son goût. Il ne l'a jamais beaucoup utilisée, préférant conduire une camionnette ou son autre voiture, une Sizaine, toutes deux plus économiques. Puisque la dette n'a pas encore été remboursée, le véhicule appartient aux deux hommes, en quelque sorte.

Les deux compères se mettent d'accord. Puis ils se quittent en se donnant rendez-vous le surlendemain, 24 mai, à 14 h 30 à l'Hôtel parisien à Rennes, d'où ils partiront pour Paris. Entre-temps, mon grand-père est chargé d'aller récupérer le véhicule, ce qu'il fait le 23 mai. L'état de la Cadillac n'est pas particulièrement brillant, mais le cousin de Quemeneur, Jestin, affirme qu'à condition de rouler à petite vitesse pour épargner le moteur l'expédition est possible. Guillaume Seznec n'est pas très satisfait. Il aimerait avoir le temps de réviser le moteur avec Samson, le « chauffeur » de sa scierie, mais il est trop tard.

« Bah, après tout, se dit-il, Jestin doit connaître son métier. Il faut lui faire confiance. »

Ce en quoi il se trompe. Bien sûr la voiture n'est pas neuve et la mécanique est usée, mais, si l'on en juge par la suite des événements, Jules Jestin n'est sans doute pas un garagiste très consciencieux. Par ailleurs, c'est un drôle de bonhomme, achetant et revendant un peu tout ce qui lui tombe sous la main. Il a même acquis un sous-marin à la liquidation des stocks dont on verra longtemps la grosse masse rouillée dans l'estuaire de l'Elorn. Physiquement, il est du même type que Seznec. On peut même dire qu'il lui ressemble : même taille, même démarche et, détail troublant, il porte des balafres sur le côté gauche du visage. En 1924, moins d'un an après la disparition de Quemeneur, il se suicidera en se jetant par la fenêtre de son appartement de Landerneau. Plus tard, certains avanceront qu'il a pu jouer un rôle dans la mise en accusation de mon grand-père. Celui-ci, interrogé à ce sujet par un journaliste à son retour du bagne, se contentera de répondre qu'il a été frappé par la haine que cet homme lui manifestait pendant l'instruction.

Revenons aux allées et venues des deux amis, ce 23 mai. Quemeneur, lui, va rendre visite à Julien Legrand, ancien maire de Landerneau, ce même homme que Seznec est allé voir la veille pour faire avaliser une traite. Le conseiller se laisse aller à quelques confidences dont nous connaissons la teneur par une déclaration du notable à la police, datée du 27 juin 1923:

*Le 23 mai au soir, je crois, M. Quemeneur est venu chez moi vers les 8 h 30 ou 8 h 45. Il m'a mis au courant de son voyage à Paris en me disant ceci: j'ai fait une affaire avec Seznec, je pars demain livrer ma Cadillac à Paris où je resterai quelque temps car nous avons fait une affaire ensemble pour l'achat de camions ou voitures américaines. Comme Seznec ne veut pas faire d'écritures, c'est moi-même qui tiendrai la comptabilité et ferai la réception des voitures.*

*Je lui ai dit: – Alors Seznec fera les achats dans la région ?*

*Il m'a répondu: – Il fera des achats dans toute la France entière.*

*J'ai continué: – Votre affaire me semble assez drôle, qu'on vienne chercher à Landerneau ou à Morlaix deux marchands de bois pour faire des achats de camions. Mais il n'y a donc plus de connaisseurs à Paris ? Mais si vous achetez par toute la France, il vous faudra énormément de capitaux.*

*Il m'a répondu: – Je possède actuellement de l'argent liquide, de 80 à 100 000 francs, et Seznec de 40 à 50 000 francs.*

*Comme Seznec m'avait appris jadis qu'il possédait des dollars-or, j'ai objecté à M. Quemeneur: – Seznec a donc vendu ses dollars ? Seznec m'avait dit qu'il possédait 3 200 dollars depuis qu'il avait fait du blanchissement pour les Américains au cours de la guerre.*

*Continuant la conversation, M. Quemeneur m'a encore dit : – Je pars demain à 5 heures du matin pour assister au conseil municipal de Saint-Sauveur, qui a lieu à 7 heures, j'ai quelques explications à donner au sujet des chemins, puis je partirai vers 8 heures car je dois être à Rennes pour déjeuner. Je repartirai avec Seznec pour Paris pour livrer ma Cadillac qui est vendue.*

*M. Quemeneur m'a dit encore que Seznec avait vendu ses dollars, mais il ne m'a pas dit à qui.*

Ce témoignage est précieux à plusieurs titres. Il atteste d'abord que mon grand-père possédait bien des dollars (même si Quemeneur ne dit pas franchement qu'ils ont servi à la transaction), ce que l'accusation contestera formellement. Une phrase est ensuite à noter : ... *qu'on vienne chercher à Landerneau ou à Morlaix deux marchands de bois pour faire des achats de camions.* L'ancien maire sous-entend qu'il y aurait peut-être une arnaque, de la part de ces « messieurs de Paris », pour qui Quemeneur représente peut-être une proie facile...

Malheureusement, Julien Legrand mourra avant le procès et son témoignage, capital, sera perdu dans la paperasse des dossiers. Il ne sera pas utilisé par la défense.

De bon matin, le 24 mai, Guillaume Seznec s'installe à bord de la Cadillac garée devant la scierie et prend la route de Rennes. Rappelons-nous qu'il a rendez-vous à Rennes avec Quemeneur à l'Hôtel parisien vers 14 h 30, pour prendre ensuite la route de Paris.

À peine sorti de Morlaix, la mécanique commence à lui adresser des signaux inquiétants : l'allumage et la combustion se font mal et le moteur a des ratés. Encore quelques kilomètres et un pneu éclate. Premier arrêt d'une longue suite ! En réparant, mon grand-père constate que les chambres à air sont d'un diamètre trop petit et les pneus en mauvais état. Il fait alors demi-tour et revient à la scierie où Samson l'aide à rafistoler tant bien que mal.

À 11 h 30, nouveau départ, à petite allure pour ménager moteur et pneumatiques, ce qui ne l'empêche pas de crever plusieurs fois ! Il faut dire qu'à l'époque le fait n'est pas rare à cause de l'état des chaussées et de la qualité des caoutchoucs. À 14 h 30, il est encore sur la route...

De son côté, à l'Hôtel parisien, Quemeneur s'impatiente et téléphone à la scierie. Marie-Jeanne lui dit que son mari est parti le matin et donc ne devrait pas tarder maintenant. Pendant cette attente, le conseiller télégraphie à Me Pouliquen le message suivant :

*Expédier urgent chèque barré sur Société générale maison mère Paris et non Banque de France, à mon adresse, recommandé : Quemeneur, négociant, Landerneau, poste restante, numéro 3, Paris.*

Il s'agit des 60 000 francs que le notaire a promis de lui rembourser sur sa dette. On ne sait trop pourquoi le conseiller prend cette soudaine décision de changer de banque. Peut-être pense-t-il qu'un établissement privé sera plus discret qu'une banque d'État ? On n'est jamais assez prudent...

Ce n'est que vers 19 h 30, à la nuit tombante, que la Cadillac fait son apparition. Mon grand-père, dans sa combinaison tachée de cambouis, est épuisé. Aux remarques de son ami, il se contente de répondre que si la voiture avait été entreposée chez lui, et non chez Jestin, tous les ennuis subis en route ne se seraient pas produits. Les deux hommes décident de ne partir que le lendemain matin de très bonne heure et retiennent des chambres à l'hôtel. Puis ils vont dîner. Pendant le repas, Quemeneur insiste beaucoup sur le fait qu'il doit impérativement se trouver le 26 mai au matin à Paris pour se rendre à son fameux rendez-vous.

Le lendemain, 25 mai, vers 5 heures du matin, les associés, après avoir placé leurs valises à l'arrière du véhicule, prennent place à bord de la Cadillac qui démarre dans le jour naissant.

Un long voyage commence, semblable à ceux que l'on fait dans les cauchemars où, sans cesse, des embûches surgissent et vous détournent d'un but qu'il vous est crucial d'atteindre...

Et pourtant, le voyage s'annonce bien. Le ciel est dégagé et, bien qu'il fasse plutôt frais, on sent que la journée sera belle. La Cadillac roule à une allure modérée dans la campagne bretonne, entamant avec courage le long trajet. Entre Paris et Rennes, il y a près de quatre cents kilomètres. À l'époque, c'est une véritable équipée ! Tout conducteur peut prévoir qu'il aura à se salir les mains, ne serait-ce que pour changer les charbons du delco tous les cent kilomètres, en maniant la manivelle pour repartir car le démarreur n'existe pas, ou à l'occasion des nombreuses pannes qui ne manqueront pas de survenir. Avec cette voiture qui donne des signes de faiblesse, l'entreprise paraît d'autant plus périlleuse, mais les deux hommes n'ont pas le choix car comment, sinon, amener ce véhicule rétif jusqu'à son acheteur ?

À Ernée, en Mayenne, petit déjeuner et plein d'essence : soixante litres. Seznec fait emplir un bidon de secours comme c'est l'habitude, d'autant que la Cadillac est une véritable « dévoreuse ». Une autre des difficultés des voyages en voiture à l'époque, c'est de trouver du carburant. Il n'y a pas encore de stations-service implantées au bord des routes et l'on doit chercher à s'approvisionner en bidons de cinq litres au petit bonheur dans les villages, au besoin en faisant un détour.

Ils repartent. Les bruits du moteur deviennent de plus en plus inquiétants. Une première crevaison survient. Mon grand-père passe sa combinaison deux pièces de mécano et se met à l'ouvrage. Le gros cric américain est peu maniable et c'est toute une histoire d'enlever la roue – une roue à rayons tenue par dix boulons –, de changer la chambre ou de la colmater avec une rustine, puis de remonter le tout. Après, reste à faire redémarrer le moteur, ce qui n'est pas non plus une petite opération. Il faut des bras solides pour être conducteur !

La Cadillac reprend la route et, au bout de quelques kilomètres, nouvelle crevaison. Est-ce à partir de ce nouvel arrêt que la décision est prise de laisser tourner le moteur pendant la réparation ? De cette manière, on économise les efforts et on évite les fameux « retours de manivelle » qui peuvent aller jusqu'à déboîter l'épaule. Mais surtout, on gagne du temps. L'inquiétude que Quemeneur manifeste sans cesse de manquer son rendez-vous à Paris a dû l'y inciter très vite. Gain de temps, mais plus grande consommation d'essence. Plus tard, la justice s'acharnera à affirmer que mon grand-père n'a pas fait le kilométrage qu'il prétend. Elle se basera sur la consommation théorique du moteur sans tenir compte des redémarrages constants et du fait qu'on n'a pas coupé le contact pendant les réparations.

À midi, les voyageurs ne sont encore qu'à deux cent vingt kilomètres de la capitale. Ils s'arrêtent à Mortagne pour déjeuner et en profitent pour passer chez un garagiste qui effectue quelques réparations et mises au point sur le moteur. Entre autres, il place un emplâtre sur un pneu.

Nouveau départ et nouvelle crevaison. À chaque incident, c'est toujours Seznec qui s'y colle. À lui la combinaison pleine de cambouis, le cric, le regonflage, le maniement de la roue... Monsieur le conseiller, lui, en profite pour faire une petite promenade, histoire de se dégourdir les jambes, ce qui ne l'empêche pas de manifester un certain agacement.

Quand la Cadillac pénètre dans Dreux, vers 16 heures, un joint de culasse vient de claquer. Direction le garage Hodey, où l'on rafistole tant bien que mal le moteur défaillant. Plutôt mal, semble-t-il, puisque la voiture n'est pas encore sortie de la ville que c'est la panne à nouveau. Remorquage jusqu'au garage où Hodey plonge derechef sous le capot. Nouvelle réparation de fortune, mais dont on espère qu'elle tiendra jusqu'à Paris. L'incertitude amène Quemeneur à consulter le Chaix, l'indicateur des chemins de fer. Un train part de Dreux à 19 h 50. S'il le prenait, ce serait plus sûr. Il hésite, et finalement décide de continuer en voiture.

Voilà les deux hommes repartis, direction Houdan, ville distante de dix-neuf kilomètres.

Cette fois, Quemeneur est au volant. Son compagnon, épuisé, s'endort.

La Cadillac n'a cependant pas dit son dernier mot. À peine Houdan dépassé, la nuit tombe et le conseiller allume les phares ; leur efficacité n'est pas bien fameuse. En descendant pour vérifier leur état, il s'aperçoit qu'un des feux arrière ne fonctionne pas. Mauvais, ça ! On risque des ennuis avec les gendarmes. Il faut absolument réparer. Le mieux est de revenir dans la localité qu'on vient de traverser. Demi-tour, direction Houdan... Dans une quincaillerie-magasin de cycles, Quemeneur achète une lanterne à vélo, c'est-à-dire une petite lampe à pétrole. Cela devrait faire l'affaire.

Pendant que Jeangirard, le quincaillier, s'efforce de fixer la lanterne à l'arrière de la voiture, Quemeneur s'impatiente toujours. Pourvu qu'il puisse arriver à Paris à temps ! Maintenant, même s'il le voulait, il ne serait plus en mesure de prendre le train de 19 h 50 à Dreux. Mais, en attendant, on a faim...

– Il y a un restaurant pas loin d'ici, Le Plat d'étain, leur indique le marchand de cycles. Vous ne pouvez pas vous tromper, c'est un peu plus loin, dans la rue en pente.

Dans l'établissement indiqué, où l'on accepte de les servir malgré l'heure tardive, les chaises ont déjà été retournées sur les tables, ils sont les seuls clients. Quemeneur va téléphoner. L'appareil est un « manuel », c'est-à-dire muni d'une manivelle que l'on actionne pour entrer en communication avec un bureau de poste. Or, ce bureau ferme à 21 heures : il est donc au plus tard quelques minutes avant 21 heures quand cet appel est passé. Qui est le correspondant du conseiller général ? La poste de Houdan a forcément établi une fiche portant le numéro du correspondant. Jamais la police ne la recherchera.

De retour à la table, Quemeneur a pris une décision, qu'il annonce à son compagnon :

– Finalement, je vais prendre le train. Il y en a un à 21 h 56 et c'est le dernier de la soirée. On va tenter le coup.

Les deux hommes rejoignent donc la Cadillac, maintenant équipée de son feu arrière de fortune. Quemeneur prend le volant et démarre. Seznec, qui a conduit la plupart du temps depuis le petit matin, est complètement épuisé. Il somnole vaguement sur le siège du passager tandis que la voiture roule vers la gare...

Soudain, un arrêt brusque le sort de sa léthargie. Dans une grande cour, on distingue des bâtiments, un hôtel. Seznec se frotte les yeux. Où est-on ? Sans doute à Dreux. Déjà, Quemeneur est descendu, sa valise à la main.

– Bon, j'y vais, dit-il. Toi, finalement, ce serait peut-être mieux que tu rebrousses chemin pour faire réparer sérieusement la voiture à Morlaix. Mais si tu préfères continuer jusqu'à Paris, je serai à l'Hôtel de Normandie, en face de la gare Saint-Lazare. Allez, salut !

Seznec voit la silhouette de son ami se diriger vers la gare. Il est bien indécis sur la conduite à adopter. Mais l'idée d'avoir parcouru toute cette longue route pour rien est vraiment trop rageante. Après tout, Paris n'est plus si loin, maintenant.

Il décide de poursuivre le voyage et prend donc la direction de Paris. Son esprit est encore embrumé quand il traverse les localités endormies. Tout est sombre et silencieux.

Peu après La Queue-lez-Yvelines, à proximité du village de Millemont, nouvelle panne.

C'est à cet endroit que Pierre Dectot, un maçon qui se déplace en bicyclette, remarquera la voiture. Il vient de quitter Millemont, commune où demeurent ses beaux-parents avec qui il a dîné, pour rentrer à Gambais où il habite. Il monte la côte à pied, car il n'a pas beaucoup de souffle, ayant perdu un poumon à la guerre. À 22 h 30, sur cette route de Paris, il aperçoit la voiture, immobile, phares allumés, l'avant dirigé vers la capitale. Dans son témoignage (cotes 69 et 112), il précisera qu'il est 23 heures quand il arrive à la hauteur de la Cadillac. Il est affirmatif : *Cet homme était seul, j'en suis certain. Je n'ai vu personne avec lui.*

– Vous êtes en panne ? Vous voulez un coup de main ? propose-t-il, pensant que le conducteur est en difficulté.

– Non merci, ça va.

Le maçon repart, mon grand-père le rappelle : « Je suis bien sur la route de Versailles ? » lui demande-t-il.

Le maçon acquiesce et continue son chemin.

Dans un procès-verbal daté du 3 juillet 1923, Pierre Dectot précisera :

*Cet homme pouvait être âgé d'une quarantaine d'années. J'affirme qu'il était à peu près de ma taille et de ma corpulence.* (Une note en marge précise que le témoin mesure un mètre quatre-vingts, qu'il est élancé, grand, sec, nerveux.) *J'affirme encore qu'il était coiffé d'un chapeau mou fendu, sans qu'il me soit cependant possible d'en préciser la couleur. Je me souviens parfaitement qu'il avait un vêtement long, soit un pardessus soit un cache-poussière. Cet homme parlait correctement le français, mais avec un accent étranger à la région.*

Mon grand-père reprend le volant et démarre.

Mais le doute l'a assailli. Comment vendre une voiture qui se trouve dans un état aussi lamentable ? Pour inaugurer les transactions, ce n'est pas le rêve. Ça ferait même plutôt mauvais effet. Réparer à Paris ? Là-bas, les garagistes sont de vrais requins et demandent des fortunes ! Quemeneur a raison : mieux vaut retourner à Morlaix et prendre son temps pour rendre la voiture présentable, d'autant que Samson est un excellent mécanicien.

Il fait donc demi-tour entre Houdan et La Queue-lez-Yvelines, c'est-à-dire en fait non loin du lieu où l'a rencontré Dectot, le maçon.

Peu de temps après, nouvelle crevaison à la roue arrière gauche. Cette fois, mon grand-père manque de matériel pour réparer et se trouve bloqué. Il tente de rouler à plat, doucement, jusqu'à la prochaine localité, mais à peine a-t-il fait une dizaine de mètres que le pneu se détache de la jante. Que faire ? Le plus raisonnable est de ne plus bouger, de dormir là. D'ailleurs la fatigue, vraiment trop grande, l'incite à choisir cette solution. Il s'installe sur le siège de la voiture et s'endort.

À 5 h 30 du matin, un agriculteur du nom de Schwartz, qui livre du lait dans un camion, passe sur la route et aperçoit la Cadillac, « l'avant tourné vers Dreux », dira-t-il plus tard, donc tournant le dos à Paris. Seznec l'arrête et lui achète un bidon de cinq litres d'essence. Était-il donc en panne de carburant ? Il affirmera que non, qu'il ne s'agissait que d'une précaution, en cas d'ennui.

Un peu plus tard apparaît une camionnette de marque Renault. Le conducteur, employé dans un garage, l'aide à remettre la jante en place, puis le pneu. Sans doute lui prête-t-il du matériel pour réparer.

La Cadillac repart. Hélas, bientôt une énième crevaison survient. Il descend, cherche son cric... et ne le trouve pas. L'a-t-il laissé sur la route lors d'une crevaison ? Quand l'a-t-il eu en main pour la dernière fois ? Impossible de s'en souvenir. De toute façon, il ne lui reste qu'à se débrouiller avec les moyens du bord.

Enfin, voilà La Queue-lez-Yvelines. La voiture s'arrête devant l'hôtel des époux Nourrisson où mon grand-père se restaure. Ensuite, comme il n'y a pas de garage automobile dans la localité, il se rend chez un réparateur de vélos, Coulomb, pour lui demander de l'aider à consolider les réparations sur les chambres à air. Les deux hommes travaillent un certain temps dans la cour de l'hôtel et utilisent un cric prêté par le réparateur. Le travail terminé, Seznec verse cinquante litres d'essence dans le réservoir et achète à Coulomb un bidon plein. En échange, il en donne un vide, selon l'habitude.

Plus tard, concernant cet arrêt de mon grand-père à l'hôtel des Nourrisson, un témoignage interviendra. La nièce des Nourrisson, Hélène Conogan, une fillette de quatorze ans, affirmera avoir remarqué dans la Cadillac une valise. On estimera, bien sûr, qu'il s'agit très certainement de la valise de Quemeneur.

La Cadillac repart de La Queue-lez-Yvelines.

À la sortie de Dreux, vers 13 heures, panne de delco. C'est de nouveau à Hodey que la voiture est confiée.

À 16 heures, mon grand-père peut reprendre la route.

Quand la nuit tombe, il s'arrête pour manger et dormir à l'Hôtel de Bretagne, à Pré-en-Pail.

Le lendemain, suite du périple, avec succession de crevaisons et pannes de moteur, comme il se doit.

C'est un homme exténué, conduisant une voiture rendant l'âme, qui entre dans la scierie, vers 2 ou 3 heures du matin. Il va se coucher, sans réveiller personne. Nous sommes le 28 mai.

Plus tard, des policiers, des magistrats, des journalistes et, plus généralement, les nombreuses personnes qui se passionneront pour l'Affaire referont inlassablement le trajet, dans la réalité aussi bien qu'en imagination. Ils fouilleront, échafauderont des hypothèses de toutes sortes, se livreront à des calculs sur la consommation d'essence en tenant compte de la vitesse moyenne, des nombreux arrêts, etc. Un véritable casse-tête où interviennent, pour corser l'affaire, des problèmes d'horaires de chemin de fer, de changement d'heure (on est passé le soir du 26 mai de l'heure d'hiver à l'heure d'été, mais certains habitants de la région s'obstinent, eux, à ne se référer qu'à l'heure... du soleil !).

Rien ne sera jamais définitivement établi avec une certitude absolue, pour la simple raison que la réalité devra être reconstituée un mois et demi après ce périple riche en incidents. Qui songe, en s'embarquant pour un voyage, à noter soigneusement les personnes rencontrées, les lieux, les heures ? Comment mon grand-père, de plus en plus fatigué – il n'aura dormi qu'une petite douzaine d'heures en trois jours ! –, aurait-il pu soigneusement graver dans sa mémoire ces multiples et épuisantes allées et venues nocturnes ?

Oui, un criminel, ayant organisé, combiné, planifié son forfait, se serait certainement souvenu de tout. Guillaume Seznec, lui, fera des erreurs, confondra des lieux, oubliera la rencontre de témoins – souvent favorables –, bref, se comportera comme un innocent.

Ainsi contribuera-t-il à sa propre perte.

Les jours suivants, Guillaume Seznec ne s'étonne guère de ne pas avoir de nouvelles de Pierre Quemeneur. Le conseiller doit être tout entier occupé par ses transactions et autres affaires, et il ne se manifestera que lorsqu'il aura besoin de son associé. En attendant, la Cadillac est entre les mains de Samson, qui tente de lui redonner un air un peu plus pimpant. Lourde tâche !

Le maître de scierie vaque donc à ses affaires tout tranquillement. Le 1er juin, il prend le train pour Paris afin de s'entretenir avec un avocat, Me Gautier, qui doit le défendre dans cette affaire de diffamation dont l'accuse un huissier. Il profite de l'occasion pour se rendre à l'Hôtel de Normandie, en face de la gare Saint-Lazare, où Quemeneur descend habituellement. À la réception, on lui apprend que le conseiller général n'est pas là et qu'il n'a d'ailleurs pas pris de chambre depuis un certain temps.

Mon grand-père est un peu surpris, mais conclut que Quemeneur, pour une raison quelconque, a sans doute choisi un autre hôtel.

Le 2 juin, il est de retour chez lui, à Morlaix.

Dans la scierie, sur les bords du Queffleuth, la vie continue, paisible et heureuse, pour la famille Seznec. Aucun signe du malheur qui va s'abattre ne vient les troubler. La perspective de s'installer bientôt dans une maison plus grande, au milieu de la nature, apporte même une certaine euphorie. Le 3 juin, Marie-Jeanne, invitée à une cérémonie chez un boulanger de Plonévez-Porzay, annonce l'acquisition de Traou-Nez à plusieurs personnes de l'assistance.

Le 4 juin, mon grand-père se trouve à la scierie en compagnie d'un certain Dejaegher, un courtier maritime, avec qui il est en affaires. À lui aussi, mon grand-père expose sa transaction avec Quemeneur :

– On a signé une promesse de vente. Je lui ai donné 65 000 francs en dollars, de la main à la main, et je lui verserai officiellement 35 000 francs à la prise de possession, en septembre. C'est une bonne affaire, non ?

– Oui, mais fais quand même attention.

– Attention ?

– À ta place je vérifierais que le domaine n'est pas hypothéqué. Quemeneur serait bien capable d'un coup comme ça !

Mon grand-père sourit, sans répondre. Il sait que Dejaegher est en procès avec le conseiller général...

Les deux hommes s'apprêtent à partir pour Saint-Brieuc, lorsque Jenny, la sœur de Quemeneur, se présente soudain. La vieille demoiselle paraît inquiète.

– Avez-vous des nouvelles de mon frère ? demande-t-elle. Je n'en ai aucune depuis qu'il est parti avec vous à Paris.

Mon grand-père lui explique qu'en fait il a laissé son frère en cours de route, que celui-ci a pris le train à Dreux, tandis que lui revenait tant bien que mal à Morlaix.

– Mais ne vous en faites pas, ajoute-t-il, tel que je le connais il doit être en train de traiter ses affaires et...

Jenny l'interrompt :

– Mais il n'est pas venu au mariage de sa filleule la semaine dernière. Il avait pourtant bien l'intention d'y assister. Il m'avait même parlé de gens importants qu'il voulait rencontrer à cette occasion. Alors, je ne comprends pas. Et en plus, ce silence !

Le maître de scierie esquisse un geste d'impuissance, puis avance une explication :

– Peut-être a-t-il eu quelque chose de plus important encore à faire...

Que pense-t-il vraiment de cette absence de Quemeneur ? Sans doute que les femmes s'inquiètent bien vite, que Quemeneur a eu peut-être une bonne fortune. Cette supposition l'amuse-t-elle secrètement alors qu'un mauvais présage vient de se manifester ?

Dans les jours qui suivent, le conseiller ne faisant toujours pas sa réapparition, mon grand-père commence à se poser des questions. Il se souvient qu'il avait donné à son associé l'adresse d'un garagiste qu'il connaissait à Paris, Ackermann, 16, rue de l'Asile-Popincourt, l'homme pouvant leur être utile. Et si Quemeneur était passé le voir ? Ça serait une indication... Il pose la question par télégramme et reçoit en retour une réponse négative. On ne l'a pas vu…

Le 10 juin, deux nouveaux visiteurs se présentent à la scierie : Louis, le frère de Quemeneur, et Me Pouliquen, le beau-frère du conseiller. Seznec est en plein travail quand il les reçoit.

Jusqu'ici, il a très peu eu l'occasion de fréquenter ces deux hommes. Il les connaît surtout par ouï-dire. Le notaire de Pont-l'Abbé a beau jouer les avantageux, il jouit d'une assez mauvaise réputation dans le pays – on lui reproche d'avoir fait acheter des marks polonais à ses clients en leur faisant miroiter des bénéfices mirobolants... alors que leur cours s'est très vite effondré, causant la ruine des petits épargnants trop crédules. Quemeneur non plus ne paraît pas apprécier outre mesure cet ancien clerc qui a eu la bonne fortune d'épouser sa sœur Marie-Anne il y a trois ans et qu'il a fallu aider à acquérir une étude, standing familial oblige. Que le notaire ne montre aucun empressement à rembourser sa dette n'arrange pas les choses...

Quant à Louis, le régisseur de Traou-Nez, il ressemble un peu à son frère, mais comme une ébauche, avec des traits plus grossiers et une paupière droite agitée de tics. C'est un personnage taciturne, réputé buveur, qui vit dans l'ombre du grand homme de la famille et, pour tout dire, plutôt à ses crochets.

Les visiteurs demandent s'il y a des nouvelles du conseiller général et, de nouveau, mon grand-père explique qu'il en est au même point qu'eux. Il leur fait part de ses démarches infructueuses : sa visite le 1er juin à l'Hôtel de Normandie, en face de la gare Saint-Lazare, puis l'échange de télégrammes avec Ackermann.

Quand le maître de scierie cesse de parler, un silence s'établit. Le notaire essuie machinalement les brins de sciure qui se sont déposés sur le revers de sa veste, avant d'interroger sur le ton d'un enquêteur :

– Mon beau-frère vous a-t-il parlé de la personne qu'il devait rencontrer à Paris ?

– Oui, un Américain du nom de Charly, ou Cherdy, je ne sais plus, pour une affaire de Cadillac. Moi, ce type, je ne le connais pas, je ne l'ai même jamais vu.

– Vous ne sauriez pas où il habite ?

Seznec cherche à se souvenir.

– Quemeneur me l'a dit, une fois, attendez... c'est boulevard Malesherbes, je crois, au 6... à moins que ce soit le 16 ou le 26, je ne me souviens plus, je n'ai pas fait spécialement attention. En tout cas ça se terminait bien par un 6.

– Tout de même, insiste le notaire, il y a quelque chose que je ne comprends pas : avant de partir, il m'a demandé de lui envoyer un chèque de 60 000 francs à Paris, dans une lettre recommandée adressée au bureau de la poste restante n°3.

– Et alors ?

– Alors je l'ai fait, évidemment. Or, je viens de recevoir un télégramme de ce bureau m'avisant que personne n'est encore venu retirer cette lettre. Vous trouvez ça normal, vous ? Une somme pareille, j'imagine mal mon beau-frère oubliant d'aller la chercher. Je me demande si le mieux ne serait pas d'avertir la police.

– Si vous voulez...

Le notaire paraît hésiter :

– C'est que... si j'avertis la police de Landerneau, vu la position de mon beau-frère, ça ferait mauvais effet...

Seznec ne répond pas. Il attend que l'autre sorte ce qu'il a à dire. Après tout, ce n'est pas à lui de décider : il n'est pas de la famille.

– Le mieux serait d'alerter la « mobile » de Rennes, poursuit Me Pouliquen, puisque c'est de cette ville que vous êtes partis. Si vous veniez avec nous ? Après tout, c'est vous qui avez vu mon beau-frère pour la dernière fois.

Mon grand-père accepte aussitôt.

Au commissariat de Rennes, on se contente de noter la déclaration, sans plus. Certes, M. Quemeneur est une personne importante, un conseiller général, mais enfin, pourquoi s'alarmer lorsqu'un célibataire comme lui, montant dans la capitale pour affaires, s'offre quelques jours de plus – quelques jours de bon temps, peut-être ? Mieux vaut patienter.

Me Pouliquen décide pourtant d'aller mener lui-même son enquête à Paris – toujours suivi comme son ombre par Louis Quemeneur – tandis que le maître de scierie, lui, revient à Morlaix où ses affaires l'appellent.

La première visite des parents de Quemeneur est pour l'Hôtel de Normandie où on leur fait la même réponse qu'à mon grand-père : aucune chambre n'a été prise au nom du conseiller général.

Boulevard Malesherbes, les deux hommes ne trouvent trace d'aucun Charly ou Cherdy, ni au 26 ni au 16. Mais, curieusement, au 6, ils tombent sur un bureau de poste, le bureau n° 3, celui-là même où Quemeneur a demandé à Pouliquen de lui adresser le chèque de 60 000 francs.

À la réflexion, cela n'a rien de surprenant : cette adresse pratique et qui permet la discrétion est sans doute celle où Cherdy, homme prudent, se fait envoyer son courrier. Et c'est naturellement celle qu'il a fournie à Quemeneur.

Questionné par les deux enquêteurs amateurs, l'employé de la poste restante, Alfred Bégué, consulte son registre et leur indique que cette lettre recommandée, destinée à M. Quemeneur, a été réclamée à deux reprises dans la même journée par un inconnu, à 10 heures puis à 14 heures, le samedi 26 mai, mais qu'à cette date elle n'était pas encore arrivée. Elle n'est parvenue au bureau que le lendemain, ce qui est logique puisqu'elle a été postée le 26 à Pont-l'Abbé. Depuis, elle attend...

– À quoi ressemblait cet homme ? demande Me Pouliquen.

Bégué se contente de hausser les épaules.

– Si vous croyez qu'on s'en souvient, avec tous les gens qui défilent au comptoir !

En fin de journée, le notaire et son compagnon vont rendre visite à Ackermann. Il y a peu de chances pour que cette démarche donne des résultats intéressants puisque le carrossier a déjà répondu à Seznec qu'il n'avait pas vu le conseiller. Mais on ne sait jamais. Et puis que faire d'autre sinon exploiter tous les renseignements ?

Le carrossier confirme qu'il n'a pas reçu la visite de Quemeneur – que d'ailleurs il ne connaît pas. Pour ce qui est de cette affaire de Cadillac, il en a entendu parler, mais ne s'en mêle pas personnellement.

Le jour suivant, 11 juin, les deux hommes se rendent à la police judiciaire, rue des Saussaies, où ils reçoivent à peu près le même accueil qu'à Rennes, à savoir qu'il s'agit peut-être tout bonnement d'une fugue. Néanmoins, devant leur insistance, les policiers leur suggèrent d'adresser une lettre détaillée au directeur de la Sûreté. C'est ce que fait le notaire le soir même.

À leur retour à Landerneau, une bonne surprise attend Pouliquen et Louis Quemeneur : Jenny, rayonnante, leur tend un télégramme[1] qu'elle vient de recevoir : *Ne rentrerai*

1. Voir document en annexe.

*Landerneau que dans quelques jours. Tout va pour le mieux. Quemeneur.*

Ce télégramme a été posté le jour même, 13 juin, au Havre, à 16 h 35.

Alors que Jenny se montre rassurée, M^e^ Pouliquen, lui, laisse paraître de la méfiance. En premier lieu, que fait Quemeneur au Havre ? Jamais il n'avait été question qu'il se rende dans cette ville ! Certes, il est possible qu'il y ait été brusquement conduit par ses affaires. Mais pourquoi a-t-il prévenu sa famille si tard, après quinze jours de silence et encore par ce télégramme aussi laconique, qui ne donne aucune explication ?

Le 16 juin, le notaire écrit à la Sûreté générale. Il demande que l'on cherche activement son beau-frère, dont il craint qu'il n'ait subi un sort funeste, car ce télégramme du Havre lui paraît être un faux.

Un faux...

L'inquiétude de M^e^ Pouliquen – qui peut paraître justifiée quand on connaît la suite de l'Affaire – a cependant, à bien y réfléchir, quelque chose de surprenant. En effet, à cette époque, il arrive souvent qu'un négociant se déplace pour régler une affaire, en trouve une autre en cours de route, achète dans un département ou une ville et revende ailleurs. Et puis, Le Havre n'est pas tellement loin de Paris et Quemeneur y a des correspondants, des courtiers maritimes pour l'envoi de ses poteaux de mine vers l'Angleterre et les Etats-Unis. Il peut également avoir décidé de s'y rendre pour acheter des voitures, par exemple. Pourtant le notaire, qui ne semblait pas jusqu'ici porter à son beau-frère une amitié excessive, s'alarme de son absence et paraît très vite convaincu que quelque chose lui est arrivé, au point de prévenir la police et de mener sa propre enquête à Paris.

Quant au texte du télégramme, certes il est bref, mais, outre qu'un télégramme coûte cher, son contenu est lu par bien des personnes avant d'arriver à son destinataire : mieux vaut ne pas confier trop de détails personnels à ce genre de courrier...

Admettons toutefois que Me Pouliquen soit un homme particulièrement angoissé et suspicieux. Que penser alors de son acharnement à désigner puis accuser Guillaume Seznec dès le début de l'instruction, comme il va le faire, attitude qui ne se démentira pas tout au long du procès ? Jean Pouliquen a-t-il sincèrement été convaincu de la culpabilité de mon grand-père ou bien, petit arrangement avec sa conscience, s'en est-il persuadé parce que cela arrangeait ses affaires ? Certains ont avancé que le notaire avait intérêt à ce que la thèse de l'assassinat soit reconnue, afin d'éviter que son beau-frère soit simplement porté disparu, auquel cas il lui aurait fallu attendre trente ans avant d'hériter.

La haine tenace dont il poursuivra l'inculpé, puis le bagnard – et qui ne s'éteindra qu'à sa propre mort – , ne peut-elle être interprétée aussi comme la manifestation d'un remords bien enfoui ? La suite de l'Affaire apportera, je le découvrirai beaucoup plus tard, une explication...

Jeudi 20 juin 1923. Nous sommes au Havre, cette ville d'où est parti le télégramme signé « Quemeneur », et qui va être le théâtre de bien des événements déterminants.

Vers 19 h 15, dans la salle d'attente de la gare, un employé de service note la présence d'un voyageur couché sur un banc d'encoignure, et qui semble veiller sur deux valises. À 8 heures, l'individu demande l'autorisation de se rendre à la bibliothèque, ce qui lui est accordé quand il montre son billet, un « passe-partout » Le Havre-Saint-Nazaire via Paris. À cette occasion on le remarque bien, et il pourra plus tard être décrit comme un homme d'allure jeune, vingt-cinq ans environ, 1,75 m, mince, châtain, avec une petite moustache. Il est vêtu de gris clair et porte une sorte de casquette de jockey, ainsi qu'un ciré sous le bras. Son allure fait penser à celle d'un navigateur.

Un peu plus tard, le surveillant Le Roy observe dans la salle d'attente un homme au comportement étrange : occupé à refermer une valise, il la repousse précipitamment sous la banquette avec son pied en entendant du bruit. Ensuite, il se recouche sur le bois dur, jusqu'au moment de se rendre sur le quai pour prendre son train. C'est là qu'à 21 heures il est remarqué par le sous-chef de gare Joseph Hélonis.

De son côté, un surveillant du nom de François Montel trouve la valise ouverte par le voyageur à la place que celui-ci occupait dans la salle d'attente. Il court la porter à son possesseur supposé, qui refuse le bagage en disant : « Cette valise n'est pas à moi », avant de monter dans le train.

Cet inconnu, qui ne ressemble pas du tout à mon grand-père comme on a pu le remarquer, a fini de jouer son rôle dans l'Affaire. Il ne réapparaîtra jamais.

À 22 h 35, après le départ du train de Paris-Saint-Nazaire, le surveillant apporte le bagage au sous-chef de gare.

Le 21 juin 1923, Pierre Quemeneur n'étant toujours pas reparu, le procureur de la République de Brest ouvre une instruction judiciaire pour meurtre.

Le lendemain, Jenny reçoit une lettre du Havre, adressée à son frère. Elle en prend connaissance.

Émanant du bureau des objets trouvés de la gare de cette ville, elle avertit M. Pierre Quemeneur qu'on a trouvé une valise lui appartenant dans la salle d'attente. Pour la sœur du conseiller général, l'angoisse est à son comble et ses craintes se précisent...

La valise est posée là, sur un bureau, dans une petite pièce de la Sûreté, 11, rue des Saussaies. Le procès-verbal de police nous apprend qu'elle mesure 55 cm de long sur 35 cm de large et 15 cm de haut, qu'elle est en fibre vulcanisée – autrement dit, un bagage passe-partout, bien peu luxueux...

Jenny ne peut en détacher les yeux.

La présence de cet objet familier doit lui paraître incongrue et sinistre, en l'absence de son frère dont on ne sait toujours rien. Combien de fois a-t-elle rempli cette valise modeste et anonyme pour Pierre, qui l'emporte toujours lors de ses voyages d'affaires ? La dernière fois qu'elle y a placé ses vêtements, c'était le 25 mai, pour ce périple en voiture avec M. Seznec. Un mois déjà...

– C'est bien la valise de votre frère ? questionne une voix.

– Oui, répond-elle dans un souffle.

– Voyez, elle porte des traces de boue et de sable. Ces huit minuscules taches brunâtres sur la serrure, qui par ailleurs a été forcée, sont du sang humain, selon nos experts.

La sœur de Quemeneur écoute ces mots énoncés d'une voix « professionnelle », détachée. Veut-elle vraiment en déchiffrer le sens ?

L'un des policiers ouvre la valise. Il en sort des objets, qu'il lui présente un à un : une chemise blanche ornée des initiales Q.P., trois cols empesés de toile blanche, une serviette de toilette, une cravate...

– Oui, oui, c'est bien à Pierre.

Machinalement, elle remarque que la chemise paraît avoir été portée.

– ... Quatre mouchoirs, un de couleur et trois blancs, deux paires de chaussettes, une brosse à habits, une boîte en carton renfermant un peigne et une brosse à dents...

Les deux paires de chaussettes aussi, une noire et une grise, semblent avoir été portées. Pierre est parti le 23 mai, on a trouvé la valise le 20 juin, rien d'étonnant à ce qu'il se soit changé. Mais où a-t-il passé tout ce temps ? et où se trouve-t-il maintenant ? Elle repense aux paroles de son beau-frère, Me Pouliquen, la veille encore : « Pour moi, c'est Seznec qui est dans le coup. » Où le notaire puise-t-il une telle certitude ? Pour sa part, elle n'a rien contre le maître de scierie. C'est un ami de longue date de son frère, lequel ne s'est jamais plaint de lui, au contraire. Plusieurs fois, elle lui a entendu dire que c'était un homme en qui on pouvait avoir confiance.

– D'après les experts, poursuit un policier, le linge a été mis propre dans la valise et a été mouillé ensuite, quand elle a été immergée – d'où ces larges taches jaunes. En revanche, aucun objet ne porte de traces de sang.

– Tous les vêtements qu'il avait emportés au départ sont-ils bien là ? interroge une autre voix.

– Oui, répond Jenny Quemeneur machinalement.

Elle se reprend :

– ... Ah non, mon frère avait aussi emporté un complet gris de rechange.

– C'est donc qu'il comptait s'absenter assez longtemps ?

– Oui, sans doute, je ne sais pas.

À présent, les policiers présentent une serviette de cuir noir très usagée, par endroits maculée de boue ou de sable, comme si elle avait séjourné dans l'eau. À l'intérieur, un portefeuille de cuir rouge, orné sur l'un des coins d'une tête de chien en relief et un carnet de notes à couverture de toile cirée noire, tous deux portant également des traces d'humidité et de sable.

L'un des inspecteurs feuillette le carnet, dont les inscriptions, bien qu'un peu délavées, sont lisibles.

– Il servait à Pierre pour marquer ses dépenses, indique Jenny.

On examine attentivement les dernières pages.

– Tiens, il y a deux listes, l'une intitulée *Frais Quemeneur* et l'autre *Frais Seznec*.

– C'est normal, répond Jenny, ils étaient en affaires.

– Oui, bien sûr. Je remarque que votre frère, sur sa liste, a noté le prix d'un billet de chemin de fer de Paris au Havre, 31 francs 75... Voici la dernière inscription qu'il a rédigée : *Déjeuner le 13-6-23: 8 fr 75.*

Le policier réfléchit.

– Mais voyons, le 13 juin... c'est bien le jour où il a envoyé le télégramme que vous avez reçu du Havre, n'est-ce pas ?

Jenny acquiesça à nouveau.

Entre cette date et la découverte de la valise dans la salle d'attente de la gare, il s'est passé une semaine. Où la valise a-t-elle pu se trouver entre-temps ? Peut-être pas plongée entièrement dans l'eau, puisque certains objets sont restés secs – les papiers d'identité par exemple – mais à proximité. Une idée vient tout de suite à l'esprit puisque Le Havre est en bord de mer, c'est que le bagage de Quemeneur a séjourné sur une plage où des vagues ont pu partiellement l'atteindre. La présence de sable va dans le sens de cette hypothèse.

Cette déduction logique ne semble pas effleurer l'esprit des policiers de l'époque, qui vont certes essayer de déterminer la provenance du sable trouvé dans la valise en procédant à des examens comparatifs, mais uniquement avec... le sable des marais proches de Houdan ! Ces analyses se révéleront d'ailleurs négatives. C'est moi qui devrai m'attaquer à ce problème, beaucoup plus tard, dans les années quatre-vingt...

Mais revenons à ce jour où l'on inventorie le contenu de la valise en présence de Jenny Quemeneur.

Du portefeuille, on extrait une carte d'identité, une carte grise, un carnet de chèques, des cartes de visite au nom de Quemeneur, et une au nom de Seznec portant quelques mots de recommandation auprès de M. Ackermann, 16, rue de l'Asile. Le carrossier habitant en réalité rue de l'Asile-Popincourt, on trouve là un exemple d'erreur que mon grand-père commettait assez souvent.

– Voyez-vous quelque chose d'autre qui manquerait ? interroge un policier.

– Oui, de l'argent. Mon frère en avait toujours sur lui.

On présente enfin à Jenny des feuillets, eux aussi délavés. Le premier est la promesse de vente de la Cadillac passée avec le meunier Le Verge, le deuxième celle qui concerne Traou-Nez.

– Étiez-vous au courant que votre frère avait vendu cette propriété à Guillaume Seznec ? questionne un des inspecteurs.

– Je savais qu'il voulait s'en défaire. Il avait d'ailleurs pris contact avec divers acheteurs, mais j'ignorais que cela s'était fait avec M. Seznec.

Jenny ne montre aucune surprise de n'avoir pas été informée de la transaction. Non seulement son frère ne la tient pas constamment au courant de ses affaires, mais celle-ci n'était pas encore terminée. D'autre part, le maître de scierie lui paraît un acquéreur tout à fait plausible. Pourquoi ne le serait-il pas, d'ailleurs ?

Ce même jour, un nouvel acteur entre en scène, qui jouera un rôle important dans la suite des événements : la presse. Celle-ci s'est, en fait, déjà emparée de l'Affaire depuis plusieurs jours, mais à partir du 25 juin elle ne cessera plus, quotidiennement, de la « couvrir ».

Une disparition inexpliquée, cela intrigue, surtout lorsqu'il s'agit d'un homme politique. Désormais, ce ne seront plus que des titres à la une pour les moindres faits, les plus petits événements...

*Le Matin,* sous le titre L'INEXPLICABLE DISPARITION, après avoir interviewé Seznec, a recueilli le témoignage de Julien Legrand, l'ancien maire de Landerneau. *Quemeneur est venu me rendre visite précisément la veille de son départ pour Rennes. Il m'a informé qu'il s'occupait actuellement de l'achat d'automobiles laissées en France par l'Armée américaine et qu'il devait les livrer à Paris à un commissionnaire américain nommé Cherdy, qui s'en rendait acquéreur au prix de 30 000 francs pièce. Il paraissait enchanté et m'a dit : « Nous allons bientôt rouler sur l'or ! »*

*Le Petit Parisien,* pour sa part, précise : Celui-ci (Cherdy), *se prétendant attaché à la Chambre de commerce américaine dont ses lettres portaient l'en-tête, réclamait une somme de 2 000 francs par voiture pour avoir procuré l'affaire ; les livraisons devaient se faire par dix voitures immédiatement payées. Pour sa part, M. Quemeneur avançait 80 000 francs et M. Seznec 40 000 francs.* Ces dernières informations émanent également de l'ancien maire de Landerneau. Seznec, le « taiseux », lui, n'a encore donné aucun détail. Il s'en tient à une version très brève : « Je ne sais presque rien de l'Américain. »

De son côté, *L'Écho de Paris* n'hésite pas à affirmer : *Les renseignements recueillis par le service de la Sûreté générale confirment d'autre part que le télégramme expédié du Havre n'a pas été expédié par M. Quemeneur,* et conclut par cette interrogation : *M. Quemeneur a-t-il été assassiné ?* Tandis que *Le Réveil du Nord* titre : POURQUOI M. QUEMENEUR. DONT LA PRESSE DU MONDE ENTIER A PUBLIÉ LA DISPARITION, DEMEURE-T-IL DÉLIBÉRÉMENT CACHÉ ?

Le même jour encore, le commissaire divisionnaire Jean Cunat, de la brigade mobile de Rennes, vient poser à mon grand-père quelques questions sur la disparition de son ami. Le maître de scierie répond sans se faire prier, mais d'une manière un peu rogue selon son caractère, d'autant qu'il commence à s'agacer. Qu'est-ce qu'ils ont tous à tourner autour de lui ?

Le lendemain, il est convoqué à la Sûreté générale, à Paris.

La « Secrète », à son tour, fait son apparition.

La plupart des pays démocratiques n'ont jamais pu faire l'économie d'une police politique chargée de surveiller le pouls de l'opinion et de déceler les adversaires dangereux du régime, missions qui entraînent ce corps bien particulier à travailler le plus souvent dans l'ombre. D'où la tentation, pour les fonctionnaires qui le composent ou pour le gouvernement qui le commande, de sortir quelquefois de la légalité, d'utiliser des pratiques formellement interdites à un citoyen ordinaire, ceci bien sûr au nom de cette fameuse « raison d'État » où du non moins fameux « secret défense » qui souvent recouvrent benoîtement des intérêts partisans de toute nature.

En France, au printemps 1923, la Sûreté générale – baptisée la « Secrète » par les journalistes – est la cible de multiples critiques et accusations. Toutes sortes de rumeurs courent, concernant les pratiques de cette police particulière. Un scandale vient d'ailleurs d'éclater : pour amener l'inculpation de deux députés communistes (Cachin et Monmousseau) de complot contre l'État, n'a-t-elle pas tout bonnement fabriqué de toutes pièces des documents accablants afin de complaire au pouvoir exécutif ? À cette époque, le chef de la Sûreté, le contrôleur général Lannes, est le beau-frère du président du Conseil, Raymond Poincaré...

On assure aussi qu'outre la falsification des documents la « Secrète » utilise le chantage pour compromettre certains hommes politiques. *Aussitôt que, dans une affaire criminelle, un juge d'instruction voit pointer l'ombre de la Sûreté,* écrit Léon Daudet, le chantre de l'Action française, *ce magistrat devient mal à l'aise. Il connaît les lascars de la rue des Saussaies* (le siège de la Sûreté générale). *Il prévoit des menaces, des chantages sournois, des complications de toute sorte. La Justice en a une peur bleue, une peur panique. La Sûreté générale compte une véritable armée du crime – qui impose aux journaux ses ordres du jour fallacieux et tronqués – avec d'ignobles bourriques comme Bonny.* Propos certes outrancier, mais quand, en novembre de la même année, son fils Philippe se suicidera dans des conditions mystérieuses, le polémiste s'obstinera à y voir la main de la « Secrète »...

Que celle-ci, contactée par Me Pouliquen, ouvre l'enquête, il n'y a là rien de tellement surprenant, d'autant qu'il s'agit de la disparition d'un conseiller général. Ce que l'on comprend moins, c'est qu'elle ne transmette pas ensuite le dossier à la police de Rennes. Plus tard, des historiens s'en étonneront : pourquoi une police plutôt « politique » a-t-elle été chargée d'une affaire criminelle ? En fait, mon grand-père n'a pas eu de chance. Lorsque éclate la nouvelle de la disparition de son ami Quemeneur, c'est au moment précis où, dans la police – jusqu'alors plutôt respectée –, s'infiltre un terrible poison qui va la dénaturer : la politique.

L'homme à qui on va confier l'affaire Seznec – en réalité, à cette époque, elle s'appelle encore l'affaire Quemeneur – est le commissaire Achille Vidal. C'est un Méridional imposant, volubile, qui jouit d'une certaine notoriété pour avoir démêlé avec brio des affaires criminelles récentes.

Son principal adjoint est l'inspecteur Pierre Bonny.

Bonny...

Un nom alors inconnu du grand public, mais que l'on retrouvera souvent plus tard dans l'histoire de la politique et, plus généralement, dans celle de notre pays. Un nom qui s'écrira en lettres de sang...

En 1923, Pierre Bonny a vingt-huit ans. Il est policier depuis 1918. Avant que n'éclate l'affaire Seznec, il a d'abord exercé ses talents en province où, rapidement, se sont révélées ses grandes qualités, ce qui lui a valu sans doute d'être versé dans la « Secrète ». Son fils écrira dans l'ouvrage, *Mon Père, l'inspecteur Bonny*[1], qu'à cette époque, son père, c'est un fait, *accéda très rapidement à un stade supérieur : celui où sont confiées les « missions spéciales ». Un jour, en effet, l'inspecteur Bonny disparut de la rue des Saussaies. Quand quelqu'un demandait de ses nouvelles, on prenait des airs mystérieux et on se contentait de répondre : « Il est en mission. » Ladite mission était certainement en rapport avec l'armée, puisque l'un de ses collègues policiers le rencontra, un jour, près du Champ-de-Mars, en uniforme bleu horizon. En fait, l'état-major s'était aperçu que des fuites intéressant la Défense nationale se produisaient de façon répétée. C'était extrêmement grave, et le général Maudhuy avait demandé au ministère de l'Intérieur d'intervenir. La D.S. T., qui s'occupe aujourd'hui du contre-espionnage, n'existait pas alors et le 2e Bureau avait d'autres tâches à poursuivre. C'est ainsi que mon père avait de nouveau revêtu l'uniforme et s'était installé dans les bureaux du ministère de la Guerre. Déjà, à peine arrivé dans la police, le sort et ses qualités aidant, il mettait bien inconsciemment le doigt dans l'engrenage peut-être le plus dangereux de tous : celui de la « parapolitique », pour ne pas dire de la politique tout court.* Remarquons qu'il fréquentait déjà le Champ-de-Mars, où se produisait le trafic des voitures américaines...

Revenu à son corps d'origine, la Sûreté, avec les très vives félicitations du général Maudhuy, Bonny poursuit ses activités « très spéciales » après un intermède à la brigade

1. Éditions Robert Laffont, 1975.

des jeux. *Tout auréolé de sa jeune gloire policière qui s'entourait en outre d'un parfum de mystère et de contre-espionnage,* écrit son fils, *mon père fut alors versé au Contrôle général des recherches.*

Dès cette époque, il manifeste une certaine originalité. Sa mise est fort recherchée, au point que certains de ses collègues l'appellent « le gandin ». Manifestement, il aime plaire, étonner et peut-être provoquer : n'a-t-il pas eu l'idée de faire conduire sa voiture par un chauffeur... femme, ce qui ne manque pas de paraître extravagant ? Cependant, avant tout, l'homme est policier dans l'âme. Il aime traquer, surprendre, confondre. Habité par une ambition que ses qualités rendent légitime, il ronge son frein. Il a vite compris que pour faire carrière, devenir un « grand » dans ce métier, il fallait servir les desseins du pouvoir politique, quel qu'il soit, obligation à laquelle il se plie sans états d'âme.

Mais au Contrôle général des recherches, cela commence très mal. Écoutons son fils : *Sa belle écriture et son sens inné de l'organisation lui valurent d'être affecté aux bureaux du service. Il ne décolérait pas.*

*– C'est ça, la police ? grognait-il, le soir, dans le petit appartement de la rue du Théatre qu'il occupait avec ma mère. Ils ont fait de moi un sédentaire, un rond-de-cuir ! Je sens que je vais prendre racine dans ce bureau. Si seulement j'avais une occasion de montrer ce que je sais faire. Une toute petite occasion !...*

*L'occasion allait venir au-devant de lui et elle ne serait pas « petite » – tant s'en faudrait. L'affaire Seznec.*

L'affaire Seznec lui apportera en effet la consécration. Elle fera de lui un policier célèbre, une vedette, mais surtout, aux yeux des gouvernants, un homme précieux à qui l'on peut désormais confier des missions confidentielles encore plus « délicates ». *Ces « missions » faisaient beaucoup jaser Rue des Saussaies. Personne ne savait en quoi elles consistaient. Tout ce qu'on pouvait dire, c'est qu'il lui arrivait d'être convoqué par le directeur de la Sûreté qui, chaque fois, le retenait en tête à tête un très long moment. Il en ressortait avec un petit air important qui montrait qu'il était très conscient et très fier de la distinction dont il était l'objet, et qu'il gardait encore, une fois rentré à la maison. Puis, il disparaissait durant quelques jours sans donner ni laisser la moindre indication sur sa destination ou son itinéraire...*

De quelle sorte de missions pouvait-il s'agir ? L'auteur avance, par exemple, que son père reçoit pour mission, en 1924, juste après avoir bouclé l'enquête sur l'affaire Seznec, de sauver l'honneur d'un futur ministre, dont la maîtresse doit débarquer à Marseille, de retour d'une croisière aux Amériques, avec la ferme intention de dévoiler ses secrets d'alcôve à l'opposition afin de ruiner par un scandale sa prometteuse carrière. Comment neutraliser la dame ? Notre Bonny, dès l'arrivée du paquebot, se rend à bord, visite la dame dans sa cabine de première, vérifie ses papiers et retourne à terre. Dès que les passagers sont autorisés à débarquer, les douaniers, comme par hasard, demandent à examiner les bagages de la dame... et découvrent deux sachets de cocaïne dont on peut penser qu'ils ont été placés là par le policier. Puis, après avoir laissé la belle protester et pleurer toutes les larmes de son corps, les autorités lui offrent alors le choix : soit elle débarque sur notre sol et se retrouve aussitôt en prison, soit « on passe l'éponge » mais elle accepte de bonne grâce (et en silence) de reprendre le premier bateau pour les États-Unis. Ce qu'elle fait, bien évidemment. Tout est bien qui finit bien, politiquement s'entend. Autre mission de confiance : c'est à partir d'un chantage exercé par Bonny sur un cardinal français suspect de trafic monétaire que le Vatican se résigne en 1927 à condamner *l'Action française,* ôtant ainsi une fameuse épine politique du pied du gouvernement. Trois ans plus tard, Bonny reçoit la médaille d'argent de la police, est nommé inspecteur principal et officier de police judiciaire. Il est question de le faire passer commissaire, bien qu'il ait échoué trois fois de suite à l'examen, mais ce projet est contrecarré par une indiscrétion parue dans la presse.

Ses rapports avec la hiérarchie policière, qui apprécie peu ses méthodes « expéditives » et sans doute aussi sa situation atypique, sont complexes : on se plie aux décisions du pouvoir politique qui le protège, mais on lui cherche volontiers des « poux dans la tête ». C'est ainsi qu'en 1928 il passera devant le conseil de discipline, accusé d'avoir demandé une forte somme contre la fourniture d'une carte d'identité à un Autrichien risquant l'expulsion pour situation irrégulière. Il sera acquitté.

Déjà, en 1923, il s'est constitué un solide réseau d'indicateurs. Des « hommes » du Milieu lui serrent ostensiblement la main et lui offrent le champagne. Ce sont ces mêmes personnages qu'il retrouvera plus tard en des temps tragiques.

Suivront les années Stavisky.

Nous sommes dans les années trente. Le célèbre escroc a réussi à compromettre des personnages importants de la finance et de la politique en les « arrosant » copieusement. Il mène grand train, fréquente le monde de la « haute », comme on dit alors, et tire les ficelles de grandioses spéculations. La presse n'a rien à lui refuser. Le financier joue aussi parfois les informateurs pour le compte de la « Secrète » et ses liens d'amitié avec Bonny sont connus. Ainsi, l'été 1932, voit-on l'inspecteur et sa famille se prélasser au Miramar de Biarritz en compagnie du fastueux escroc et de sa bande.

L'année suivante éclate le scandale des bons du Crédit municipal de Bayonne. Le 8 janvier 1934, Stavisky, réfugié dans un chalet des Alpes, est « suicidé ». STAVISKY SE SUICIDE DE DEUX BALLES DE REVOLVER TIRÉES À BOUT PORTANT, titre ironiquement *Le Canard enchaîné*. Ce tragique et trouble épilogue déclenche une vague d'antiparlementarisme et la résurgence des forces fascistes[1]. L'opinion exi-

1. Le 6 février 1934, la République vacille. Les « Ligues », ces formations paramilitaires d'extrême-droite (Croix-de-Feu, Camelots du roi), organisent une manifestation contre les « voleurs » (les députés complices de Stavisky). Elle converge vers le Palais-Bourbon, où le service d'ordre, qui en interdit l'accès en barrant le pont de la Concorde, est vite débordé. Des coups de feu éclatent : 17 morts et 1 329 blessés (dont 1 mort et 664 blessés parmi les policiers).

geant qu'on fasse la lumière sur la disparition du bel Alexandre, qui choisit-on pour mener l'enquête ? Pierre Bonny, lui qui faisait pourtant partie de l'entourage de l'escroc ! Cette fois, son nom apparaît dans la presse sous des appellations peu flatteuses : *Cette canaille de Bonny,* peut-on y lire. Il réussit cependant un coup d'éclat en récupérant ce que l'on recherchait en vain depuis le début de l'affaire : les talons de chèques de l'escroc (en réalité, il les achète à un garde du corps de Stavisky). À l'occasion de cet exploit, le garde des Sceaux s'adresse à lui en ces termes émus : « Jeune homme, vous avez sauvé la République. Vous êtes le premier policier de France ! » Cette phrase fameuse fait la une de toute la presse. C'est le grand beau entre Bonny et ses supérieurs, mais pour peu de temps.

Le 12 janvier, toujours dans le cadre de son enquête, le jeune inspecteur fait arrêter la seule personne qui ignore tout de l'affaire et n'est sûrement pas coupable, Arlette, la femme de Stavisky. Trop, c'est trop ! Le 13, il est dessaisi du dossier. Le camp de ses ennemis a contre-attaqué. Il est de nouveau traduit devant le conseil de discipline de la police. Ses agissements, jusqu'alors tolérés, sont devenus des crimes. Suspendu de ses fonctions, il disparaît du devant de la scène, en attendant que le pouvoir fasse de nouveau appel à ses précieux services.

Ce qui ne tarde pas. Une nouvelle affaire vient d'éclater...

Albert Prince, chef de la section financière du Parquet, qui a enquêté sur l'affaire Stavisky, est un homme intègre. Il est devenu l'une des très rares personnes en France à savoir jusqu'où allait véritablement le scandale : beaucoup, beaucoup trop loin. Le conseiller à la cour de Paris possède un dossier où figurent les noms des complices de l'escroc – et des noms illustres dont celui de Presard, chef du Parquet et beau-frère de Camille Chautemps, président du Conseil. Le 21 février 1934, Prince doit rencontrer M. Lescouvé, premier président de la Cour de cassation, pour lui remettre le dossier compromettant, ainsi qu'il l'a annoncé. La veille, le 20 février, on découvre sur le ballast d'une voie de chemin de fer, près de Dijon, le corps de Prince, le courageux dénonciateur, déchiqueté et décapité par le passage d'un train. À quelques mètres de là, un long couteau de cuisine maculé de sang. Bien entendu, les documents ont disparu. On ne les retrouvera ni à côté du corps ni chez lui.

Immédiatement, les enquêteurs orientent leurs recherches autour de cette pièce à conviction et découvrent qu'un homme a acheté le couteau au Bazar de l'Hôtel-de-Ville, un homme dont le signalement fait penser curieusement... à l'inspecteur Bonny. Bien sûr, on contrôle son emploi du temps et, bien sûr, il a un alibi parfait. L'enquête piétine, malgré le nombre considérable de témoins entendus, autour de huit cents. On ne découvre pas les raisons de la présence de Prince en cet endroit, pourquoi il a envoyé à sa femme un télégramme invoquant une opération chirurgicale de sa mère alors qu'il n'en était rien... Un climat de confusion et d'incertitude règne. La police paraît travailler en dépit du bon sens, ne suivant pas certaines pistes intéressantes et égarant ou laissant disparaître des objets importants pour l'enquête. Dans le même temps, des rumeurs insinuantes courent sur la vie privée du conseiller...

Finalement, le rapport de police conclut au suicide, bien que le rapport médical se soit prononcé pour le crime. Bizarre tout de même cet homme, jusque-là décidé à révéler un scandale, courageux donc, et qui brusquement décide de se donner la mort. Et il a tellement peur de se rater qu'il prévoit plusieurs solutions pour y parvenir : narcotique (il a été établi qu'il était drogué au moment de sa mort), couteau et train. Oui vraiment, difficile de croire à ce suicide. Remous dans l'opinion. LA POLICE EST SUR LA VOIE, titre *Le Canard enchaîné*. Pour calmer les esprits, les autorités désignent alors un enquêteur spécial... Devinez qui... Bonny en personne ! Le « premier policier de France » s'empresse de désigner les coupables : Carbone et Spirito, deux truands de Marseille qui, on s'en aperçoit assez vite, n'ont pu matériellement accomplir ce forfait.

Si l'on en croit le fils de Bonny, toujours dans le livre qu'il a consacré à la vie de son père, il s'est passé de drôles de choses dans cette affaire Prince. Selon lui, le policier est en fait l'artisan du crime. C'est lui qui, génial inventeur d'un scénario baroque, aurait tout mis en scène, ménageant les fausses pistes et les chausse-trappes destinées à faire sombrer les enquêteurs. L'acheteur du couteau ensanglanté, par exemple, serait un complice de Bonny, ayant emprunté ses vêtements pour susciter cette déroutante suspicion. Tout le reste est du même acabit, avec faux indices trouvés sur les lieux, témoignages suspects ou fortement « sollicités », personnages grimés apparaissant et disparaissant... Prince, appâté par la possibilité de se procurer les fameux talons de chèques, aurait lui-même désigné le lieu du crime et menti sur l'état de santé de sa mère, afin de rencontrer secrètement les vendeurs. Bref, le génie de Bonny est celui de la confusion : il brouille les pistes en vous donnant l'impression de retrouver votre chemin tout seul, alors qu'il vous mène où il veut.

Et je ne peux m'empêcher de faire le rapprochement avec l'affaire de mon grand-père où, nous le verrons, se retrouvent ces sortes de bizarreries, les incohérences de comportement, les liens cachés entre témoins et policiers, cette tactique que j'appellerai des « pistes-impasses » amenant à tellement embrouiller l'écheveau que l'Affaire se transforme en énigme insoluble.

Après l'affaire Prince, Bonny s'imagine peut-être que ses puissants protecteurs lui manifesteront éternellement leur reconnaissance. Mais ce policier qui se croit tout permis en sait trop. Il est devenu gênant pour ses anciens employeurs. Une commission d'enquête est nommée et découvre qu'il y a eu falsification de preuves dans les enquêtes de Bonny concernant Stavisky et Prince.

Un jour, dans les couloirs de la police judiciaire, on l'entend s'écrier : « J'en ai marre de ces salauds de la bande à (ici le nom d'un homme politique très important). Je me suis mouillé pour eux. Ils ont gagné beaucoup d'argent, ils sont au gouvernement. Si on me vire, je sortirai toute l'affaire Seznec où j'ai pris de gros risques[1] ! »

1. *L'Affaire Seznec,* de Marcel Jullian, Éditions n°1, 1979.

C'est ainsi qu'on peut lire, à la une du journal *Le Jour* du 13 décembre 1934, un titre qui résume le personnage et sa puissance : BONNY ET LA JUSTICE INDÉPENDANTE ! *Le 7 décembre, devant la commission d'enquête, Bonny menace « de se mettre à table ». Le 12 décembre, il se tait. L'après-midi, on le libère !*

Condamné à trois ans de prison avec sursis – et donc libre – il est cependant chassé de la police pour trafic d'influence et détournement de fonds dans l'exercice d'une fonction publique. À peine limogé, Bonny reconnaît publiquement : « Outre mon traitement de 2 200 francs je percevais des récompenses, importantes et nombreuses, pour des missions politiques. » Il ne précise pas lesquelles. Il devient alors détective privé, puis journaliste occasionnel... Bref, il vivote.

L'occupation allemande est pour ce déclassé une « divine surprise » et une manière de revanche sur cette société qui n'a pas su apprécier ses talents. Il se met au service du « bureau Otto », officine de marché noir allemande destinée à approvisionner l'occupant. Dans ce contexte, il s'acoquine avec le truand Henri Lafont et ses amis. C'est ainsi que naît la tristement célèbre bande Bonny-Lafont. Elle a des locaux au 93 de la rue Lauriston, dans un immeuble tranquille près des Champs-Élysées que ses habitués surnomment bientôt « la Carlingue ». L'ancien policier et ses acolytes ne se bornent pas à trafiquer, à extorquer des fonds à l'occasion, ce joli monde collabore pleinement aux activités des lieux en se livrant systématiquement à la chasse aux Juifs et aux résistants. En fait, pour ces auxiliaires de la Gestapo, est résistant quiconque leur résiste. Pas longtemps, car à « la Carlingue » on opère à la baignoire, à l'électricité et aux tenailles...

Bonny – le superflic, dirions-nous de nos jours – est devenu un criminel hors du commun. S'il ne participe pas directement aux tortures, il les ordonne. Étrange destin pour un homme dont on vantait, sans doute avec raison, l'intelligence supérieure.

Condamné à mort à la Libération, il est fusillé le 27 décembre 1944. Son fils nous rapporte qu'avant d'être arrêté il lui a fait part de ses doutes sur la culpabilité de Seznec, et qu'avant de mourir il a déclaré au Dr Paul, médecin légiste chargé d'assister à son exécution : « Je regrette d'avoir envoyé au bagne un innocent. »

En juin 1923, Pierre Bonny n'est encore qu'un jeune inspecteur aux dents longues, assistant et secrétaire du commissaire Achille Vidal qui procède à l'interrogatoire de mon grand-père. Dans le petit bureau du cinquième étage de la rue des Saussaies, il observe ce Breton mal dégrossi, cet homme fruste qui répond brièvement et de manière peu aimable aux questions des policiers. Pense-t-il déjà qu'il ferait un coupable idéal, ce Seznec... ?

Le commissaire Vidal questionne mon grand-père sur le voyage en Cadillac, puis sur la promesse de vente de Traou-Nez signée en deux exemplaires à l'Hôtel des voyageurs.

– Cet acte, j'ai justement mon exemplaire sur moi, précise Seznec.

– Eh bien, parfait, donnez-le-moi.

Seznec tend l'acte à Vidal, qui le remet à son adjoint Bonny, car celui-ci est chargé d'enregistrer les pièces du dossier. Il est en effet d'usage, à l'époque, qu'un policier soit en possession d'un tampon spécial, une « pince à scellés », que l'on appose sur les documents pour éviter toute substitution. Bien entendu, une telle confusion de pouvoirs serait inimaginable de nos jours où ce sont les greffiers, dépendant de l'ordre judiciaire, qui remplissent ce rôle.

Il existe une autre version des faits selon laquelle c'est Bonny qui serait allé à la scierie demander ce document à Marie-Jeanne Seznec[1]. Mais qu'importe ce détail : le fait

1. Un témoin confirmant cette version, M. Jourand du Tremens, ancien maire de Plourin-en-Morlaix, se fera connaître en 1979. Il affirmera : « J'ai vu Bonny avec l'acte de vente et qui a dit en entrant dans le café : " Maintenant, le Vieux, je le tiens ! " Cela expliquerait la précision de style du procès-verbal qui fait dire à

important, c'est que cette pièce à conviction, acte fondamental de l'Affaire, se trouve maintenant entre les mains de Pierre Bonny, d'autant que l'exemplaire de Quemeneur trouvé dans la valise a été également versé au dossier. Mon grand-père en est désormais dépossédé. Normalement, Bonny devrait y apposer son tampon d'authentification... à moins qu'il ne préfère attendre.

Très vite, on s'aperçoit que, sur le document produit par l'accusation, les lignes manuscrites sont manifestement une imitation de l'écriture de Quemeneur. Le faux est grossier, patent. Quelqu'un a tout simplement utilisé le système du décalque. Les experts l'affirmeront à l'envi et nul ne le contestera.

Et on accusera mon grand-père d'avoir fabriqué cette promesse de vente pour s'emparer de Traou-Nez. Étant donné ce que l'on sait des méthodes de la « Secrète » et en particulier de celles de l'inspecteur Bonny, il n'est pas impossible d'imaginer un homme ou une officine fabriquant sur son ordre cette « fausse » promesse de vente, afin de la substituer à la vraie. Ce tour de passe-passe est d'autant plus facile que l'acte trouvé dans la valise de Quemeneur, l'acte B, ne sera enregistré au greffe du tribunal de Morlaix que le 31 mai 1924.

Pour ma part, j'en suis persuadé, sans pouvoir le prouver, hélas ! Ah, si les moyens de duplication modernes avaient existé à l'époque ! Comme nous le faisons presque automatiquement maintenant, mon grand-père aurait fait une photocopie de ce document important et on aurait pu la comparer à celui produit par l'accusation... ou mieux, sans doute, la « Secrète » n'aurait pas pris le risque d'utiliser de telles méthodes !

À l'appui de cette thèse de falsification, je possède un document. C'est une lettre officielle[1], datée du 23 mars

Seznec lorsque celui-ci est censé remettre sa promesse de vente au commissaire Vidal : « Que je sors de ma poche », alors qu'en réalité Bonny venait de la lui rendre...

1. Voir document en annexe.

1935, adressée par le greffier en chef du tribunal civil de Morlaix au procureur de la République : *J'ai l'honneur de vous faire connaître que, dans l'affaire Seznec, la promesse d'acte de vente, entre Quemeneur et Seznec, n'a pas été déposée au greffe et, par suite, qu'il n'a pas été établi un procès-verbal détaillé de l'état matériel de ladite pièce:* En clair, cela signifie que le greffier en chef dénie, de fait, toute valeur légale à cette pièce capitale de l'accusation, que n'importe qui aurait pu modifier à sa guise et substituer à une autre, sans aucun contrôle judiciaire. Cela paraît à peine croyable : toute l'accusation contre mon grand-père va reposer sur un faux qui n'aura pas été légalement enregistré !

Mais sur le moment, bien sûr, ni mon grand-père ni ma grand-mère ne songent une seconde à se méfier en confiant l'acte à un fonctionnaire de la police de leur pays. Ils ont toute confiance en elle. D'ailleurs, quel mal peut-elle faire à quelqu'un qui n'a rien à se reprocher ?

Ce même jour, une confrontation a lieu avec Jenny Quemeneur et le notaire, Jean Pouliquen.

Ce dernier attaque aussitôt. Il a examiné la promesse de vente trouvée dans la valise et il est formel : cet acte est un faux – toujours cette curieuse prescience. Principale raison de cette accusation : il est invraisemblable que son beau-frère ait vendu cette propriété au prix aussi bas de 35 000 francs !

Mon grand-père a beau protester, expliquer qu'il y avait un dessous-de-table, le notaire n'en démord pas. Virulent, déchaîné, il accuse le maître de scierie de toutes les turpitudes, en particulier d'avoir contraint Quemeneur à demander qu'on lui envoie un chèque au bureau de poste de Paris. « Ce chèque n'était pas barré, affirme-t-il. Il suffisait à Seznec de se procurer d'une manière quelconque les papiers d'identité de mon beau-frère pour le toucher ! D'ailleurs, c'est bien ce qu'il a tenté de faire deux fois, dans la même journée, au bureau de poste... »

Cette affirmation du notaire selon laquelle le chèque n'était pas barré est très importante.

Or, elle est fausse.

Le chèque, au moment où il parle, se trouve toujours en attente au bureau de poste. Quand on ouvrira l'enveloppe recommandée le contenant, on constatera qu'il est barré. Ce document est toujours dans le dossier. Cette précaution paraît d'ailleurs tout à fait logique : jamais un notaire ne confierait à la poste un chèque d'une telle somme sans le barrer, évitant ainsi que n'importe qui puisse l'endosser en imitant la signature du tireur pour le toucher ! Un défaut de mémoire à ce sujet de la part d'un homme aussi averti que Me Pouliquen paraît également improbable. Le notaire a menti. Il cherchait délibérément à « enfoncer » Guillaume Seznec.

Celui-ci, sur le moment, ne sait que répondre, pour la simple raison qu'il ignore, lui, si ce chèque est barré ou non – il ne l'a jamais vu. Cet instant de la confrontation illustre assez bien la situation dans laquelle se trouvera mon grand-père tout au long de l'enquête. Il est pris entre deux feux : d'un côté, il est dans l'incapacité de prouver ce qu'il affirme (le dessous-de-table en dollars-or) et on ne le croit pas ; de l'autre, il n'est pas en mesure de réfuter les affirmations qui le chargent (chèque barré ou non).

C'est cela, aussi, l'affaire Seznec, une sorte de combat contre des ombres.

Dans l'après-midi, on introduit un nouveau témoin : Alfred Bégué, l'employé de la poste restante. C'est un garçon très jeune, intimidé. Il déclare :

– Un individu s'est présenté deux fois à mon bureau, boulevard Malesherbes, pour réclamer la lettre recommandée adressée à M. Quemeneur. Je lui ai dit – par erreur – que rien n'était encore arrivé à son nom. C'était le 2 juin.

Seznec réagit aussitôt.

– Qu'est-ce que vous racontez là ? Vous aviez déclaré une première fois que ça s'était passé le 26 mai, pas le 2 juin !

Les policiers coupent la parole au maître de scierie.

– C'est à nous de mener l'interrogatoire !

26 mai... 2 juin... une différence d'une semaine, c'est énorme !

La première déposition de l'employé paraît bien plus cohérente. La lettre a été postée par Pouliquen le 26 mai, le lendemain du coup de téléphone de Quemeneur lui précisant les modalités d'envoi. Il est normal que lorsqu'une personne se présente au bureau de poste, ce même jour, la lettre ne soit pas encore arrivée et c'est ce que l'employé répond.

Le prétexte de l'erreur, que Bégué met en avant en affirmant que l'homme ne s'est présenté que le 2 juin, semble au contraire bien surprenant quand on connaît le règlement de l'époque appliqué dans les bureaux de poste en ce qui concerne les lettres recommandées en instance : inscrites sur un registre à la date de leur arrivée, leur présence y est ensuite notée chaque soir jusqu'au jour où l'on vient les retirer. On peut ainsi les retourner à l'expéditeur au bout d'un délai précis, lorsque personne n'est venu les réclamer. Il paraît bien singulier que l'employé se livrant chaque jour à un travail aussi fastidieux, et cela pendant presque une semaine, fasse un tel oubli, lui qui est d'ailleurs si sûr de sa mémoire qu'il ne se donne pas la peine (par deux fois) de vérifier sur le registre. Le nom du destinataire doit pourtant lui être devenu quelque peu familier. Signalons au passage que ce document d'enregistrement des lettres recommandées a disparu. Première disparition d'un objet qui aurait pu être une preuve. Ce ne sera pas la dernière...

Et Me Pouliquen ? Le notaire doit bien se souvenir, lui, de la date donnée à Bégué quand il est allé le voir, à la poste, en compagnie de Louis Quemeneur ?

Eh bien, le témoignage du beau-frère de Quemeneur est... à géométrie variable. Dans sa plainte à la police, le

13 juin, il a écrit de sa main : *D'après les renseignements pris à la poste même, ce chargement (la lettre recommandée) a été demandé dans la journée du 26 mai* (cote 6). Plus tard, il changera d'avis, disant qu'il s'est trompé et que c'était en réalité le 2 juin. Si l'on peut admettre que la mémoire fasse une erreur sur deux chiffres d'un même mois, il paraît plus difficile de croire à une confusion entre le 26 mai et le 2 juin...

Cette date du 26 mai qu'on a voulu escamoter, une pièce du dossier la mentionne, et une pièce officielle.

Faisons un bond en avant dans le temps – dans cette affaire, je l'ai dit, c'est souvent l'avenir qui éclaircit le présent... En 1979, j'ai retrouvé un rapport établi le 21 juin 1923 par le contrôleur général des services de recherche judiciaire, à l'intention du procureur de la République de Brest. Dans ce document, le fonctionnaire fait part des faits suivants :

*Un individu s'est présenté, à deux reprises, le samedi 26 mai, au bureau de poste numéro 3, 6, bd Malesherbes à Paris. Il a exhibé des papiers d'identité au nom de Pierre Quemeneur et il a demandé s'il n'y avait pas une lettre recommandée à son nom. Il lui fut répondu négativement et cela est logique, puisque le pli n'a quitté Pont-l'Abbé que le 26* (cote 7 bis).

C'est donc bien le 26 mai que la lettre recommandée a été réclamée. Pourtant, en dépit de cette évidence, c'est la date du 2 juin qui est retenue par les policiers et dont on fera état au procès.

C'est d'autant plus étonnant que la date du 26 mai devrait convaincre les policiers que Quemeneur était bien vivant ce jour-là à Paris. En effet, trois personnes seulement pouvaient savoir que ce samedi-là un pli recommandé contenant un chèque barré devait parvenir à Paris adressé à Quemeneur : ce dernier, l'expéditeur de la lettre et, peut-être, Seznec.

Me Pouliquen savait qu'ayant posté sa lettre à Pont-l'Abbé le 26 mai elle ne pouvait se trouver ce même jour en poste restante à Paris. Ce n'est donc certainement pas lui qui s'est présenté, à deux reprises, au bureau de poste, pour tenter d'y retirer la lettre.

Guillaume Seznec, quant à lui, faisait route sur Morlaix, et on le suit toute cette journée, heure par heure, de ville en ville et de garage en garage. Ce ne peut donc pas davantage être lui. D'ailleurs l'employé des postes, Bégué, ne le reconnaîtra pas.

L'homme qui s'est présenté au guichet de Bégué ne peut donc être que Pierre Quemeneur. D'autant que le préposé de la poste n'a pu, comme je l'ai dit, chercher dans les plis en attente qu'après que son client eut justifié de son identité, cela afin de vérifier qu'il était bien le destinataire de la lettre qu'il venait retirer.

Pourquoi alors les enquêteurs paraissent-ils tant préférer cette date du 2 juin ? N'est-ce pas parce que ce jour-là Guillaume Seznec se trouvait justement à Paris pour rendre visite à son avocat ? Et il devient alors possible que ce soit *lui* l'inconnu de la poste. En revanche, le 26 mai, il ne pouvait pas, matériellement, être à Paris puisqu'il était sur la route du retour, ce que de nombreux témoins peuvent attester.

Ce 2 juin est donc vraiment une aubaine pour les enquêteurs ! On le tient, le coupable. Il suffit maintenant de lui planter des banderilles dans le cuir. Le travail commence d'ailleurs immédiatement.

– Est-ce que c'est cet homme qui est venu réclamer la lettre ? demande-t-on au postier en désignant mon grand-père.

Notons-le : un homme a disparu, Quemeneur. Et il serait logique qu'on s'applique à rechercher sa trace. Quand l'a-t-on vu pour la dernière fois ? À la poste, peut-être. L'homme qui s'y est présenté pouvait-il être le conseiller ? Telles devraient être les préoccupations des policiers. Eh bien, non. On se préoccupe d'un coupable... Beaucoup plus tard, en février 1924 seulement, soit huit mois après la disparition, une photographie du disparu sera présentée à Bégué, qui se montrera évasif.

Mon grand-père, pour sa part, n'a pas encore compris. Pourquoi diable voudrait-on que ce soit *lui* qui se soit présenté à ce bureau de poste ? Ça n'a pas de sens !

Bégué lui jette un bref coup d'œil.

– Non, dit-il, ce n'était pas ce monsieur.

Les inspecteurs qui entourent le commissaire insistent, doucement, amicalement : est-il vraiment sûr ? Qu'il prenne son temps, qu'il réfléchisse bien... Le fonctionnaire, bien influençable décidément, commence à hésiter, se trouble et se montre moins affirmatif. Sa déposition, rédigée par Bonny, deviendra : *Je ne peux être affirmatif et il m'est impossible de vous dire si cet homme est venu réclamer le courrier de M. Quemeneur. Je ne puis répondre ni oui ni non...* Devant un visage aussi caractéristique que celui de mon grand-père, il paraît incroyable de se montrer aussi évasif. Si ç'avait été lui, en effet, qui s'était présenté deux fois, les cicatrices de brûlures qu'il porte à la joue n'auraient pu manquer d'attirer l'attention du jeune postier.

Sur ce témoin qui n'arrête pas de changer d'avis, plusieurs réflexions s'imposent : quand Me Pouliquen et Louis Quemeneur se sont présentés pour la première fois au bureau de poste et ont demandé si quelqu'un avait réclamé la fameuse lettre, Bégué leur a répondu avec force détails. Or, d'un point de vue strictement professionnel, il a commis une faute lourde, passible de révocation (c'est encore le cas de nos jours). Il n'avait à fournir ce genre de précisions qu'au destinataire de la lettre, et sur présentation de ses papiers d'identité. L'expéditeur lui-même ne bénéficie d'aucun passe-droit. En outre, il semble que Bégué n'ait pas demandé les pièces d'identité de la personne venue réclamer le courrier de M. Quemeneur, ce qui constitue un autre manquement. (À noter que les enquêteurs ne lui posent pas la question.)

Le jeune homme est donc en mauvaise position et on « tient » beaucoup mieux un témoin qui a quelque chose à se reprocher...

Mon grand-père commence sans doute à comprendre qu'il y a quelque chose de curieux dans le comportement des policiers à son égard : ils sont de parti pris et veulent lui mettre des choses sur le dos... Mais il ne remarque sans doute pas l'anomalie dans la procédure qui suit.

On le confronte aux deux postiers occupant les guichets voisins de Bégué. « L'homme que nous avons vu n'était pas celui qui se trouve devant nous », disent-ils nettement. Que faire de ces témoins embarrassants ? Cette fois, on ne va pas se donner la peine de les faire fléchir. Le plus simple, c'est de ne pas rédiger de procès-verbal.

À partir de trois témoignages négatifs, on est parvenu à un seul témoignage enregistré, ni négatif ni positif, disons indécis – et qui ouvre donc le champ à toutes les interprétations. Ce tour de passe-passe préfigure la manière dont seront menées la plupart des auditions de témoins : on écartera les *non* trop catégoriques, on transformera le *non* en *peut-être,* le *peut-être* en *certainement...*

Ah, le dossier qui en sortira sera « bien ficelé », en vérité ! Du beau travail !

Aux abords de la rue des Saussaies, dans les couloirs de la Sûreté, les journalistes commencent à guetter, interroger, fureter. Ils ont envahi les bistrots proches pour téléphoner leur « papier ». C'est que « l'affaire Quemeneur » passionne déjà les lecteurs, en grande partie à cause de tous ces détails singuliers : la mystérieuse disparition, le télégramme que l'on suppose faux, la valise réapparaissant mystérieusement après avoir séjourné dans l'eau et contenant un acte de vente, peut-être faux lui aussi. Autant d'éléments rocambolesques qui surgissent, incompréhensibles, comme des serpentins du chapeau d'un prestidigitateur... Tout est brouillé, étrange, compliqué... En prime, il y a cet homme qu'on interroge... Il a une mine bien peu commode – patibulaire, pourrait-on dire.

Le public, qui sent instinctivement qu'il se trouve là devant une affaire exceptionnelle, commence à être pris dans une sorte de fascination qui ne le quittera pas, au fil des années.

Elle subsiste encore de nos jours.

D'autres hommes seront passionnés par cette affaire, pour d'autres raisons : ils y décèleront une erreur judiciaire et la combattront. Ils le feront avec les moyens du bord, mais de tout leur cœur. Ils continuent d'agir, rejoints par d'autres, à chaque nouvelle génération.

29 juin 1923.

Dreux-Houdan... Houdan-Dreux...

Un étrange ballet a commencé, exécuté par une noria de voitures. En tête, celle des policiers où Guillaume Seznec a pris place en compagnie du commissaire Vidal et de Bonny, ce jeune gandin au regard aigu. Derrière, en cortège, les voitures des journalistes qui couvrent l'événement.

On va d'une ville à l'autre, on l'interroge, on questionne des témoins, on repart, on s'arrête sur la route pour examiner, reconstituer, confronter, interroger de nouveau celui qu'il faut bien appeler maintenant le suspect numéro un, on rebrousse chemin pour demander des compléments d'information, et on repart... Le commissaire Vidal, avec sa barbiche noire, sa canne, son accent méridional et ses grands gestes semble prendre bien du plaisir à l'Affaire. On dirait même qu'il plastronne. Bonny, lui, impeccablement vêtu, garde plus de retenue. Il se contente presque toujours de prendre des notes en silence. Les journalistes enquêtent de leur côté et toute cette effervescence attire les badauds qui s'agglutinent sur leur passage.

Mon grand-père est au supplice, sous tous ces regards qui convergent et l'agressent. C'est dur pour l'honnête maître de scierie qu'il était jusqu'ici aux yeux de ses concitoyens d'accepter cette nouvelle apparence, celle d'un personnage suspect et par conséquent peu recommandable. Mais pas question de montrer ses sentiments, sa peur, sa souffrance ! Alors, il s'efforce de rester bien droit et de présenter un visage impassible. Et sa mine, habituellement peu souriante, n'en devient que plus rébarbative. Ah, le beau coupable qu'on a trouvé là !

La veille, le 28 juin, il s'est passé un événement considérable dans sa vie. Après l'interrogatoire et les confrontations, rue des Saussaies, on ne l'a pas laissé ressortir. Il a passé sa première nuit d'homme captif dans une petite pièce des locaux de la Sûreté où il a bien peu dormi, on l'imagine. Sans cesse, secouant la stupeur qui l'anesthésiait, il a tenté de comprendre ce qui lui arrivait, de faire le point.

Se retrouver pratiquement accusé d'avoir tué son ami Pierre Quemeneur ! C'est impensable, invraisemblable ! Et puis, la pensée de Marie-Jeanne et des enfants, là-bas, à Morlaix, s'inquiétant et ne comprenant rien aux événements, le torture. Comme il aurait voulu les réconforter, leur assurer que cette histoire de fous allait bientôt se terminer, qu'un événement allait immanquablement se produire qui les sortirait de ce cauchemar, la réapparition de Quemeneur...

Fatigué, harassé même, Seznec ne comprend rien à tout ce périple. Il a l'impression que l'enquête est menée de manière incohérente et brouillonne. Ce en quoi il se trompe grandement.

Cet apparent désordre est mis au service d'un dessein très ferme : confondre le témoin en le désorientant, en l'affolant, pour l'amener à corroborer la thèse que les policiers se sont forgée : Seznec n'a pas déposé son compagnon à la gare de Dreux. Il a simplement fait demi-tour devant une autre gare, celle de Houdan, et les deux hommes sont repartis vers Paris. En cours de route, il a tué Quemeneur, puis il est revenu à Morlaix.

Jamais ils ne démordront de ce scénario, qu'ils doivent pour le présent rendre crédible aux yeux des magistrats. Pour cela, ils ont besoin de preuves, de témoignages.

À Dreux, on demande à mon grand-père de retrouver le quincaillier qui a fourni la lanterne. Comment repérer la boutique, dans cette ville qu'il ne connaît pas, et en plein jour, alors qu'il n'avait vu que des ombres ?... Non, il ne retrouve pas le quincaillier, non, il ne retrouve pas non plus ce restaurant où ils ont mangé... et les policiers qui notent, notent en lui faisant observer qu'il a vraiment peu de mémoire...

On part pour Houdan.

Dans cette ville, voilà que la voiture des policiers emprunte une rue qui aboutit dans une cour. Au fond, un bâtiment de brique.

Mon grand-père regarde autour de lui et croit se souvenir : oui, c'est ici, c'est la gare où la Cadillac s'est arrêtée. C'est à cet endroit qu'il a vu la silhouette de Quemeneur s'éloigner avec sa valise... Il était aux environs de 21 h 30.

Les policiers notent soigneusement.

– Donc, c'est à Houdan que vous avez laissé votre ami, pour qu'il prenne son train, insiste le commissaire Vidal. Pourtant, au début, vous aviez dit que c'était à Dreux.

Le suspect hausse les épaules.

– C'est Quemeneur qui m'a dit qu'on était à Dreux. Il a dû se tromper.

Bonny écrit : *Ce n'est pas à Dreux que j'ai quitté Quemeneur, c'est à Houdan. J'ai donc dû confondre la gare de Dreux avec celle de Houdan.*

Les policiers jubilent. Le train de Houdan à destination de Paris part à 21 h 47. À cette heure, les deux hommes étaient au restaurant. Quemeneur n'a donc pu le prendre. Quant au suivant, il est à 3 h 40 du matin. Un voyageur ne se fait pas déposer dans une gare une heure et quart après le passage d'un train et presque six heures avant le suivant ! Ce que prétend le témoin ne tient pas debout.

Ce que Vidal et Bonny se gardent bien de dire à mon grand-père, c'est qu'il y a bien un train pour Paris que Quemeneur aurait eu parfaitement le temps de prendre : celui qui quitte Dreux à 21 h 58. Mais non, pas question de l'indiquer au témoin, le gaillard pourrait revenir sur ses déclarations. Mieux vaut le laisser s'enferrer. Bientôt, ils le tiendront complètement.

Pierre Piau, le chef de gare de Houdan, sa femme, Garnier et Nouvion, les employés, sont interrogés, tandis que mon grand-père est tenu à l'écart. Pierre Piau se souvient qu'il y a plus d'un mois environ une voiture a stoppé dans la cour alors que la nuit était déjà tombée. Le conducteur lui a demandé la route de Paris. Le chef de gare lui a fait remarquer qu'il se trouvait dans une gare, avant de lui indiquer la bonne route. Sa femme fournit un récit identique.

Garnier témoigne à son tour :

– Il y a un mois environ, précise-t-il, alors que j'assurais mon service de soirée, j'ai vu arriver à toute allure une automobile qui a franchi la cour de la gare, se dirigeant vers l'entrée de la « petite vitesse », qui était fermée. Elle roulait si rapidement que j'ai eu l'impression qu'elle allait s'écraser contre les barrières. Il y avait deux hommes à l'avant de la voiture.

– Est-ce que l'un d'eux est descendu ? interroge Vidal.

Garnier est catégorique :

– Aucun, je l'affirme !

– Vous pourriez les reconnaître, ces deux hommes, si on vous les présentait ? demanda Bonny.

– Non, je sais qu'ils étaient deux, c'est tout.

Ces déclarations qui manquent de précision doivent décevoir les policiers. Ils ne manqueront pas de les faire évoluer... On peut s'en rendre compte en lisant les très nombreux procès-verbaux des témoignages successifs du chef de gare et de l'employé. Leurs déclarations se modifient sensiblement dans le sens de l'accusation. En particulier, Pierre Piau ne tardera pas à préciser que c'est le 25 mai au soir que les faits se sont produits, faisant ainsi preuve d'une très bonne mémoire datant un événement somme toute anodin, survenu plus d'un mois auparavant.

Anodin est vraiment le mot, car des voitures égarées surgissant dans la cour de la gare, les employés de la gare de Houdan doivent en voir souvent. Des témoins affirment dans leurs déclarations (cotes 95, 96 et 443) qu'à cause d'une mauvaise signalisation des automobilistes se trompent et arrivent ainsi dans la cour. C'est ce que confirmera huit années plus tard Philippe Lamour, l'avocat du juge Hervé, à l'occasion du procès qui opposera celui-ci à Me Pouliquen et Louis Quemeneur. En retournant sur les lieux, il constatera que, la nuit, tout automobiliste non prévenu a la possibilité de se tromper de route : ce qui peut apparaître dans la lueur de ses phares comme étant la route de Paris est en réalité celle... de la gare.

Il est donc bien surprenant que le chef de gare, sa femme et les deux employés, voyant ce fait se reproduire presque quotidiennement, aient conservé le souvenir précis d'une voiture parmi tant d'autres.

Mieux – ou pis comme on voudra –, ils finissent par donner non seulement la date, mais l'heure de l'incident : *Il était 22 h 10* (cote 89). Quelle précision[1] ! Certes, l'un des passagers a demandé où était la route de Paris – mais là encore est-ce si exceptionnel, quand on s'est égaré ?

Oui, ces témoignages paraissent bien avoir été « orchestrés ».

Que la Cadillac ait abouti dans la cour par suite d'une erreur de parcours, c'est bien possible, comme semble d'ailleurs le confirmer l'impression de « déjà vu » que ressent mon grand-père en arrivant sur les lieux. Mais, souvenons-nous, pendant le trajet entre le restaurant, Le Plat d'étain, et la gare, il somnolait aux côtés du conducteur. Cela pourrait expliquer le collage qui semble s'être fait dans sa mémoire entre la gare de Houdan, entrevue dans un demi-sommeil, et celle de Dreux où, guère plus éveillé, Quemeneur l'a abandonné pour prendre le train.

1. Rappelons que c'est dans la nuit du 26 au 27 mai 1923, c'est-à-dire le lendemain de la disparition de Quemeneur, que l'heure d'été fut instaurée en France. On avait donc avancé les pendules d'une heure. Un mois plus tard, les enquêteurs interrogeaient des témoins – de province, habitués à l'heure solaire – sur une période où l'heure d'été n'existait pas encore.

Les policiers, eux, ont besoin d'étayer leur dossier. Alors, on « incite » les témoins à étoffer leurs déclarations et à donner la « bonne date » et la « bonne heure ». Cette dernière, 22 h 10, paraît avoir été judicieusement choisie pour couper l'herbe sous le pied à ceux qui pourraient prétendre que Quemeneur a pu prendre le train à Dreux à 21 h 58.

Je suis convaincu qu'il y a eu sur ce point ce qu'il faut bien appeler subornation de témoin. Un curieux détail, découvert en 1976, semble d'ailleurs aller dans ce sens : dans le procès-verbal daté du 29 juin du témoignage de Garnier, où il ne reconnaît ni Seznec ni Quemeneur dans les passagers de la fameuse voiture, on peut déchiffrer dans la marge une note au crayon : *Témoin peu sûr. Dirait-il allure générale ?*

Or, dans son témoignage suivant, ce même Garnier, comme par hasard, voudra bien reconnaître qu'un passager de la voiture avait *l'allure générale de Seznec*. La consigne a été bien exécutée.

L'allure générale... voilà un terme qui n'a pas le même sens pour un témoin et pour le magistrat accusateur. Pour le premier, c'est une notion vague, pour le second, cela peut être utilisé comme un indice important, une preuve de culpabilité.

Au procès, face à Seznec, Garnier, poursuivant son évolution, dira : « Oui, c'est bien lui, je le reconnais, il était dans la voiture qui s'est arrêtée dans la cour. »

À ce moment-là, il aura cessé d'être un témoin « peu sûr ».

Dix ans plus tard, interviewé par *L'Intransigeant*, Garnier[1] déclarera (30 juin 1933) : *Je me souviens que, le jour où une auto s'est arrêtée devant la gare de Houdan, il faisait clair de lune. Le chef de gare m'avait dit : « Garnier, vous ne feriez pas mal de couvrir vos tomates, car il gèlera cette nuit. » C'est le seul indice que nous avons donné aux policiers pour fixer une date. Je me souviens de l'arrivée d'une voiture qui faillit entrer dans les barrières de la petite vitesse,*

1. Le document original de sa déclaration est en annexe.

*fait qui se produisait assez fréquemment. Il m'a été impossible de reconnaître Seznec, j'ai seulement cru trouver une ressemblance dans sa silhouette. C'est peut-être lui, ai-je dit à M. Vidal, tout ce que je sais c'est qu'il y avait deux hommes et c'est tout. Mais jamais je n'ai déclaré que c'était bien Seznec et Quemeneur qui étaient dans l'auto. Seul, en ce qui concerne Quemeneur, j'ai remarqué sur la photo qu'on m'a présentée que l'individu de l'auto était, comme moi aujourd'hui, un peu dégarni sur le front. Encore une fois, je ne puis en aucun cas certifier que Seznec était présent ce soir-là à la gare de Houdan.*

Et on lui pose la question :

– *Êtes-vous sûr qu'il a gelé le 25 mai ?*

– *Je ne m'en souviens pas.*

– *Pour quelle raison a-t-on fixé la date du 25 mai ?*

– *C'est la date fixée par les policiers comme étant le soir où Quemeneur et Seznec ont mangé au Plat d'étain. Cette date nous a été suggérée.*

Pour fixer la date, les témoins de la gare de Houdan n'avaient qu'un seul point de repère : la veille, durant la nuit, il avait gelé. Tous font état de ce détail. Piau, le chef de gare, par exemple, interrogé par le commissaire Vidal, le 29 juin, avait déclaré qu'il peut préciser « la date d'une façon absolue » car la veille il avait gelé, ce qui avait occasionné des dégâts aux fleurs qu'il cultivait dans le jardin attenant à la gare. D'où son conseil à Garnier de recouvrir ses tomates.

Il était donc important de savoir si oui ou non il avait gelé dans la nuit du 24 au 25 mai 1923. Or, ni les policiers ni le juge d'instruction ne songeront une seule fois à le vérifier !

En janvier 1979, à l'occasion d'une émission d'Europe 1 consacrée à l'Affaire, on vérifiera ce point auprès de la météorologie nationale[1]. Le 24 mai 1923, la température minimale dans la région de Houdan était de 8,8° et la maximale de 11,8°; quant au 25 mai, la minimale était de

1. Voir document en annexe.

4,3° et la maximale de 15,7°. En fait, la nuit de la gelée dont parlent les témoins est celle du 17 au 18 mai. Il faisait alors 0,7°. Une erreur d'une semaine...

Voilà comment on fabrique trois témoins à charge – quatre avec la femme du chef de gare, qui a toujours confirmé les dires de son mari.

Quatre personnes qui apportent un témoignage identique, cela pèsera son poids, aux assises.

Le cortège policiers-journalistes se rend ensuite à La Queue-lez-Yvelines où le patron de l'hôtel, M. Nourrisson, confirme que Seznec a débarqué le samedi matin, vers 8 heures. Sa nièce, Hélène Conogan, adolescente de quatorze ans, affirme que, dans sa voiture, elle a aperçu une valise. Comme les policiers lui demandent de la décrire, elle le fait en fournissant un certain nombre de précisions. Au fil de l'enquête, elle se montrera pourtant de moins en moins affirmative sur les dimensions et la couleur de cette valise.

Coulomb, le réparateur de vélos qui a aidé Seznec à remettre les pneus en état, confirme le témoignage de mon grand-père. Mais il précise un détail :

– Sur l'un des bidons vides qu'il m'a donnés, en échange, je crois avoir remarqué des taches d'une couleur bizarre.

Les policiers insistent. « Ce ne serait pas du sang, par hasard ? » Coulomb ne sait pas trop. En tout cas, c'était rougeâtre, peut-être des taches de rouille. Ce qu'il a fait du bidon ? Oh, il y a longtemps qu'il a été remis dans le circuit... Comment pouvait-il se douter... ?

Le rapport de police[1] rédigé par Bonny le 3 juillet 1923 ne s'embarrasse pas de nuances : il fait état de ses recherches d'un « bidon taché de sang » puis d'un « bidon ensanglanté » ! La presse lui emboîte le pas et titre sur ce fameux bidon sanglant. Un titre, il faut que ça saigne... Encore plus scandaleux, ces taches seront mentionnées

1. Voir document en annexe.

dans l'acte d'accusation, alors qu'elles n'ont jamais pu être examinées : *Du sang encore frais souillait un bidon vide que Seznec abandonna à La Queue-lez-Yvelines le 26 au matin chez le mécanicien Coulomb*.

On repart à Houdan. La voiture s'engage dans une rue et Seznec s'exclame :

– Mais voilà le restaurant où j'ai dîné avec Pierre !

Bien sûr, les policiers ont depuis longtemps repéré l'établissement. Et l'itinéraire qu'ils ont emprunté ne doit pas être le fait du hasard.

Au Plat d'étain, les deux serveuses reconnaissent Seznec. À quelle heure les deux automobilistes ont-ils dîné ? Pas plus tard que 21 heures, car on allait fermer, les chaises étaient sur les tables, on commençait à balayer. L'une des serveuses, en observant la photo de Quemeneur, reconnaît :

– Oui, c'était bien lui aussi. Je m'en souviens, il avait des dents en or, ça se remarquait quand il souriait.

Le commissaire Vidal revient à la charge auprès de Seznec. Il faut liquider cette histoire de gares :

– Attention, dit-il. Vous m'avez affirmé que le restaurant où vous aviez dîné avec Quemeneur était dans la même ville que la gare où il vous avait quitté, n'est-ce pas ?

– Oui.

– Donc, c'est bien à Houdan qu'il aurait pris le train ?

Seznec hésite.

– Oui, peut-être... sans doute...

C'est si compliqué, cette histoire... Plus tard, il écrira, du bagne : *Les policiers n'ont pas eu de peine a me convaincre que c'était a Houdan et non a Dreux que j'avais quitté Quemeneur... je ne connaissais ni la gare de Dreux ni celle de Houdan.*

On repart pour Dreux. Là, au commissariat, nouvel interrogatoire. Le suspect est assis face à une meute de policiers auxquels s'est joint un nouveau personnage : Girod, procureur de la République. À nouveau, on lui demande de préciser ses allées et venues. À quelle heure ? Et pourquoi ? Vous êtes certain ? On lui assène des témoignages qui contredisent ses réponses :

– Vous étiez à la gare de Houdan à 21 h 30. M. Quemeneur vous a quitté pour prendre le train de 21 h 58, c'est bien cela ?

– Oui.

– C'est faux ! Ce train n'existe pas et des témoins vous ont bien vu, mais plus tard, à 22 h 10, et personne n'est descendu de la voiture. Vous avez repris la direction de Paris.

Seznec tente de faire front, mais au milieu de tous ces gens qui s'agitent et alignent des chiffres, des heures, il sent les dents d'un énorme piège se refermer sur lui.

Fin de cette première journée sur les lieux où Quemeneur s'est volatilisé. Il passe sa deuxième nuit sans liberté dans les locaux du commissariat de Houdan.

Le lendemain, 30 juin, on se rend de nouveau au Plat d'étain. Mon grand-père y est traité d'une manière insensée, difficilement imaginable de nos jours. Il est enfermé dans une pièce du premier étage... gardé par deux dobermans que l'on a réquisitionnés dans le voisinage ! Comme on ne l'a pas nourri, soit par tactique, soit par négligence, l'hôtelier qui s'en est aperçu lui apporte en cachette un bouillon et deux pommes, tel l'Auvergnat de Brassens.

En bas, dans la salle du restaurant, les policiers, qui ont déjeuné, eux, exposent l'Affaire aux journalistes. Leurs propos sont sans nuances. Oui, affirment-ils, on tient le coupable, tout le prouve.

Et soudain, une rumeur se propage dans la salle : le suspect a tenté de s'évader !

Les journalistes se précipitent aux nouvelles, interrogent les gendarmes, notent fiévreusement, envoient leur « papier » à leur rédaction. Le lendemain, l'événement s'étalera à la une... produisant le plus mauvais effet sur le public : pensez donc, un suspect qui tente de s'évader, ce ne peut être qu'un coupable !

Que s'est-il passé exactement ? Plus tard, le juge Hervé (toujours lui) questionnera l'hôtelier et reconstituera les faits. La prétendue tentative d'évasion n'était en réalité qu'un incident triste et dérisoire à la fois. Le tambour municipal étant venu faire une annonce sous les fenêtres du Plat d'étain, Seznec s'est dirigé vers la fenêtre pour voir et mieux entendre. Ses « gardiens », les deux cabots requis, se sont alors précipités sur lui en aboyant furieusement. Alertés, les policiers installés au rez-de-chaussée n'ont plus eu qu'à calmer les chiens...

Pendant que les policiers transportent mon grand-père d'un point à un autre afin de reconstituer son itinéraire de ce fameux soir du 25 mai et de la nuit qui a suivi, l'enquête se poursuit également en Bretagne.

Le juge d'instruction Binet et le procureur de la République Guillemart, accompagnés du commissaire Cunat et d'un greffier, vont perquisitionner chez Quemeneur, à Ker-Abri, sur les hauteurs de Landerneau. Cette visite ne surprend personne, car, contrairement à tout usage, les journaux l'ont annoncée la veille !

Lorsque les magistrats entrent dans le bureau du conseiller général, ils s'immobilisent sur le seuil, éberlués.

La pièce est dévastée, sens dessus dessous, comme si elle avait été soumise à une fouille en règle, une fouille faite dans l'affolement.

Me Pouliquen, qui apparemment a pris en main les affaires de la famille à la place de Jenny et de Louis Quemeneur, admet tranquillement que le responsable de tout ce désordre... c'est lui :

– J'ai voulu ranger un peu les papiers de mon beau-frère, tout simplement.

Étrange comportement pour un notaire qui, connaissant la loi, n'a pas hésité à commettre une infraction, au risque d'entraver le cours de la justice. Bah, il aurait eu tort de se gêner ! Personne ne lui demandera jamais de comptes, nul ne songera une seconde à le suspecter de la moindre arrière-pensée...

Dans le capharnaüm, les policiers vont à la pêche aux renseignements et récupèrent quelques papiers, un peu au hasard : des lettres de garagistes disant qu'ils n'ont pas de Cadillac à vendre, un carnet où Quemeneur a jeté quelques notes, celle-ci par exemple : *Les Cadillac de type 57 se ven-*

*dront 28 000 francs en bon état de marche,* ou cette autre, à la date du 21 avril 1922, qui en dit long sur l'état des relations entre le conseiller général et son beau-frère : *Écrit à Le Bail, notaire à Morlaix, lui disant que, s'il trouvait acheteur pour Traou-Nez, l'acte de vente serait établi à son étude, quoique, dans ma famille, il y ait des notaires,* et une autre encore, du 20 octobre 1922, bien intéressante : *Écrit à Gloro offrant Traou-Nez à 140 000 francs (100 000 francs comptant sous seing privé pour bois et 40 000 francs acte notarié pour éviter frais).* Ces lignes montrent bien que Quemeneur était un adepte du dessous-de-table et que les affirmations de mon grand-père à ce sujet sont parfaitement vraisemblables. Pourtant magistrats et policiers ne prendront pas cette note en compte, de même qu'ils ne chercheront pas à comprendre pourquoi le conseiller a acquis Traou-Nez à un prix si ridiculement bas. Des faits défavorables à leur thèse ne les intéressent pas, car il est de plus en plus évident que dans leur esprit Guillaume Seznec est coupable, qu'il a tué Quemeneur pour lui voler sa propriété de Traou-Nez, un point c'est tout.

Parmi les papiers saisis dans le bureau se trouve une curieuse pièce, un prospectus[1] vantant les mérites de *L'Almanach du blé,* édition 1923. Au verso de cette feuille, quelqu'un a écrit le mot : « Landerneau » et au-dessous figure une signature, celle de Quemeneur. Est-ce la vraie ? Est-ce une imitation du paraphe du conseiller ? On ne voit pas pourquoi celui-ci se serait amusé à faire des essais de sa propre signature. Le mot « Landerneau », lui, on le retrouve à la fois sur la promesse de vente et dans le télégramme expédié du Havre. Ce document ne sera soumis, à l'époque, à aucune expertise comparative avec d'autres spécimens d'écriture. Oubli ou mauvaise volonté...

Mon grand-père est ramené à Paris, et le cauchemar continue. Au service de l'identité judiciaire, on lui prend

1. Voir document en annexe.

ses empreintes. Puis c'est la photo anthropométrique – de face et de profil. Celle de face va occuper bientôt la une des journaux. Lorsque l'on compare les photos de mon grand-père prises avant son arrestation et celle livrée en pâture par la police, on ne peut qu'être frappé par le décalage. D'un côté un homme respectable, de l'autre une tête peu recommandable. L'effet de ces clichés officiels a été désastreux sur l'opinion et, ce qui est encore plus grave, ils ont certainement contribué à influencer les témoins.

Peu de gens, et les journalistes qui exploitent le document en particulier, s'aperçoivent que le cliché présente deux anomalies.

La première, énorme, devrait sauter aux yeux : soigneusement, en assez gros caractères, sans doute à la plume et sur le négatif, on a écrit : 1er juillet 1922. Une erreur d'un an ! Certes, on peut concevoir qu'au cours du premier mois d'une nouvelle année, et même du second, un employé distrait puisse se tromper. Mais nous sommes en juillet ! Cette erreur n'a-t-elle pas été commise intentionnellement, pour donner à croire que mon grand-père était déjà « connu des services de police » avant l'Affaire ? Un prévenu qui n'en est pas à sa première affaire, cela impressionne toujours défavorablement l'opinion et les jurés. Cette erreur de date, donc, ne sera pas relevée par les journaux.

En ce qui concerne la seconde anomalie, examinons la photo. Le moins que l'on puisse dire, c'est qu'elle n'est guère flatteuse. La fatigue des derniers jours se lit sur les traits creusés de l'homme sur qui vient de fondre le malheur. Ses cheveux sont en désordre. Mais, le plus grave, c'est qu'il ferme l'œil droit presque complètement, alors que celui de gauche est normal. On dirait qu'il fait un clin d'œil.

M. Hervier, journaliste à *Détective* et qui a rencontré mon grand-père à son retour du bagne, fera plus tard le témoignage suivant lors d'une émission de radio :

*J'avais eu l'occasion d'avoir en main la photo de l'identité judiciaire. Alors, en examinant cette photo, je me suis rendu compte que ça ne correspondait pas du tout au physique de*

*Seznec avec lequel je vivais presque toutes les semaines. Un jour, à la rédaction, nous avons fait l'expérience de faire un contretype de cette photo d'identité et de l'agrandir. À ce moment-là, on a vu nettement qu'on avait fait un rajout sur l'œil de façon à ce qu'il ait un œil plus petit que l'autre. C'était visible. Je suis sûr qu'avec les moyens modernes qu'on a on doit pouvoir vérifier ça beaucoup mieux que nous. En fait, ce n'est pas lui sur cette photo, ou plutôt c'est lui mais truqué.*

Les experts actuels ne peuvent être aussi affirmatifs, car, pour se faire une opinion certaine, il leur faudrait observer attentivement le négatif... Malheureusement, quand notre avocat demandera à voir ce négatif, en 1977, dans le cadre de la requête en révision, l'identité judiciaire lui répondra qu'elle n'est pas en état de le lui fournir.

Le soir, mon grand-père couche au Dépôt. C'est la troisième nuit loin de Marie-Jeanne et des enfants. Il leur écrit une lettre qui montre cependant sa détermination :

*Ma chère petite Marie-Jeanne, et chers petits enfants,*

*Vous n'ignorez pas que je suis arrêté depuis hier. Ne vous en faites pas, je sortirai la tête haute. Laisse donc la rumeur reposer sur moi, ma femme ; console-toi et console les chers petits que je laisse sous ta garde. Mon innocence sera reconnue sous peu. Prends courage et surtout ne te laisse pas abattre. (...) Je suis sans le sou, on m'a tout pris. Essaie de m'envoyer un mandat. Je ne mange pas beaucoup, mais ce n'est pas le moment de tomber en faiblesse. Embrasse bien fort mes chers petits anges et garde courage. A bientôt. Reçois mes douces amitiés.*

Le lendemain matin, Guillaume Seznec apprend qu'il est inculpé par le juge d'instruction de Brest, M. Binet, d'assassinat et faux en écriture.

L'accusation de faux en écriture concerne la promesse de vente de Traou-Nez. Les experts ont affirmé que les mentions manuscrites avaient été grossièrement contrefaites, *toutes* les mentions manuscrites... y compris la signature de Seznec lui-même. On serait donc en présence d'un faussaire qui imite sa propre signature ! Dans quel but ? Si mon grand-père a vraiment voulu faire croire à l'authenticité de l'acte pour s'approprier Traou-Nez, pourquoi n'avoir pas signé normalement ? Il est étonnant de constater que personne, magistrat ou policier, ne se pose cette question si simple. Une explication à cette paresse intellectuelle serait peut-être qu'on ne veut surtout pas douter de l'identité du faussaire.

L'accusation de faux en écriture concerne également les inscriptions portées sur les dernières pages du carnet de Quemeneur, trouvé dans la valise du Havre, et datées du 13 juin. Celles-ci comportent d'ailleurs une erreur grossière : le prix du billet de Paris au Havre est mentionné comme étant de 31,75 francs, or le trajet est majoré par une taxe locale et coûte donc plus cher.

Le télégramme envoyé du Havre à Jenny Quemeneur et signé de son frère est aussi imputé à mon grand-père, bien qu'il proteste n'avoir jamais mis les pieds dans cette ville. On ne possède aucune preuve du contraire, mais qu'importe, là encore, il est coupable de faux.

Que dire de l'inculpation d'assassinat, alors qu'aucun cadavre n'a été retrouvé, qu'aucun témoin, qu'aucun indice probant ne mettent vraiment mon grand-père en cause ?

Le corps de Quemeneur, certes, on s'emploie à le rechercher. Des escouades de gendarmes fouillent, creusent, font des battues sous l'œil avide des journalistes. On a même réquisitionné dans la région tous les chiens et leurs maîtres... Des témoignages affluent : on aurait vu un cadavre ou des ossements, ou encore des allées et venues suspectes, ici ou là... À chaque fois, on se précipite... on espère... on est déçu. Le corps du conseiller général reste introuvable. Sous le titre À LA RECHERCHE DE QUEMENEUR, *L'Humanité* du 4 juillet écrit : *Chiens policiers, gendarmes, inspecteurs, journalistes, détectives improvisés, paysans et paysannes, une petite armée continue la recherche du cadavre d'un homme qui, souhaitons-le, respire encore. M. Seznec, en-*

*traîné dans cette course macabre, ne doit respirer que difficilement...*

Pour illustrer le climat qui règne alors, citons cet épisode parmi d'autres : quelques habitants de Cherisy, un bourg dans les environs de Dreux, sentent depuis quelque temps une odeur putride épouvantable qui semble provenir d'un taillis bordant une route, non loin de la nationale Paris-Brest. On avertit aussitôt les autorités.

Branle-bas de combat ! M. Romillat, procureur de la République auprès du parquet de Dreux, et M. Giraud, juge d'instruction, informent de ce fait le commissaire Vidal. Aussitôt, gendarmes et policiers se transportent sur les lieux. Non seulement l'odeur de décomposition est réelle, mais des témoins affirment avoir observé des traces de sang sur la route nationale, non loin du fameux taillis, sur une cinquantaine de mètres. Déjà, un autre déclare avoir vu une voiture semblable à la fameuse Cadillac s'arrêter près du taillis et un homme en descendre... un homme dont l'allure générale pouvait faire penser à celle de l'inculpé. À quelle date ? Il ne s'en souvient pas exactement.

Qu'importe, Vidal exulte. Cette fois, on est près du but ! Aussitôt, il lance ses limiers, suivis des magistrats, avec en prime le commissaire de police de Dreux et un bataillon de gendarmes tenant en laisse des chiens policiers aboyants. Les journalistes, aussitôt prévenus, emboîtent le pas, prêts à faire le « papier » de leur vie.

On atteint bientôt le fameux buisson, autour duquel les gendarmes établissent un cordon de protection pour contenir la ruée des curieux. Les chiens hurlent à la mort. Dans ce vacarme, un paysan s'avance courageusement, écarte lentement les branches laissant apparaître... le cadavre d'un veau en état de putréfaction avancée. Un seul journal, ce 5 juillet, aura le courage de dénoncer cette mascarade : AFFAIRE QUEMENEUR : LES PRÉSOMPTIONS S'ACCUMULENT ! LES PREUVES MANQUENT TOUJOURS. *Hier, on a découvert du sang de veau et on hurlait à la mort contre Seznec.*

Le corps de Quemeneur supposé avoir été assassiné reste introuvable. On le voit, la décision d'inculper mon grand-père a été bien précipitée...

À Paris, le nouveau prisonnier est placé dans une cellule du Dépôt. Son isolement est total. À part les gardiens, il ne reçoit aucune visite. On lui interdit même d'écrire. Quant à demander le secours d'un avocat, il y songe sans doute, mais les événements qui viennent de lui tomber sur la tête, la situation dans laquelle il se trouve l'ont plongé dans une sorte de prostration, dont il ne sort que pour quelques brusques protestations coléreuses. Il est comme un homme pris au piège : au fond du grand trou, il se désespère car la paroi est trop abrupte et haute pour remonter à la surface. Pourtant, de temps en temps, il tente l'escalade...

À l'extérieur, l'enquête se poursuit.

On cherche toujours le cadavre avec obstination. Le corps du conseiller reste introuvable. En revanche, au Havre, des témoins se sont fait connaître, concernant des faits qui se sont produits dans la journée du 13 juin, le jour où le fameux télégramme a été envoyé. Le commissaire Vidal se rend dans cette ville et les interroge avidement.

Ces personnages sont au nombre de six. Ils vont avoir, tout au moins pour cinq d'entre eux, une influence capitale sur le destin de mon grand-père.

Faisons connaissance des deux premiers – ceux-là marchent en effet de concert – et voyons ce qu'ils ont à dire :

Ce 13 juin au matin, voici deux honorables voyageurs qui, à la gare de Rouen, montent dans un train à destination du Havre. L'un s'appelle Georges de Hainault, l'autre Georges Legrand. Le premier, se disant industriel, habite Paris. Il est le fils du directeur des machines à écrire Contin-Suisa et voyage comme inspecteur de province de ces établissements. Quant au second, un Rouennais, il est employé par la même maison comme représentant de commerce.

Dans le compartiment de seconde classe où ils se sont installés, leur attention est attirée par un individu bizarre : grand, vêtu de gris sombre, il a une barbe de plusieurs jours, des mains velues et, fait remarquable, une paupière tombante sur un œil plus petit que l'autre, clignotant ; des traces de brûlures sont très apparentes sur ses joues. Voilà un homme qui ne peut manquer d'attirer l'attention ! Dans le filet à bagages, au-dessus de lui, se trouve sa valise de cuir jaune. L'homme, diront les deux représentants, *avait l'air complètement hébété et paraissait absorbé*.

En cours du trajet, les autres voyageurs étant tous descendus, ils se retrouvent tous les trois et font connaissance ainsi qu'en témoignera le rapport de l'inspecteur Royère, qui sera chargé d'enquêter sur l'achat de la machine à écrire. *Messieurs Legrand et de Hainault ont ajouté qu'en prenant le train à Rouen ils avaient fait la connaissance de Seznec dans un compartiment de seconde classe.*

Dans l'après-midi, au Havre, nos deux Georges se trouvent dans une boutique de vente de machines à écrire, en grande conversation avec le patron, M. Chenouard, quand fait son apparition – devinez qui ? – l'inconnu du train en personne, bien sûr ! Le hasard fait vraiment bien les choses.

L'homme demande à voir une machine. Il paraît maussade, peu aimable. Une jeune employée de dix-huit ans, Mlle Héranval, lui montre un modèle, une Royal n° 10, d'occasion, au prix de 500 francs, qu'il examine attentivement. Il l'essaie (il sait donc s'en servir), déclare qu'elle l'intéresse et demande qu'on la lui emballe. Puis il prend congé en expliquant qu'il va faire quelques courses et reviendra la prendre.

– À mon avis, il ne reviendra pas, affirment les deux représentants. Nous avons voyagé avec lui ce matin, dans le train de Rouen jusqu'au Havre, et il nous a semblé bien bizarre.

Le patron du magasin est bien de cet avis et donne des ordres pour qu'on ne fasse pas le paquet.

Telle est la déposition des deux voyageurs.

Le vendeur de machines à écrire, M. Chenouard, est notre troisième personnage.

Ce commerçant décrit son curieux client aux policiers, puis au juge d'instruction, avec beaucoup de précision : grand, un mètre soixante-quinze, une barbe de plusieurs jours, les mains poilues, un œil fermé ou clignotant. C'est à peu près le même signalement que celui donné par les deux voyageurs de commerce, les cicatrices en moins.

Selon ses dires, ce même jour, entre 16 h 30 et 17 heures, voilà l'acheteur qui resurgit, contrairement aux prévisions ! Il est toujours d'humeur sombre et montre franchement son mécontentement de voir que la machine n'a pas été emballée. Ensuite, il passe à la caisse, paie et demande le chemin de la gare. M. Chenouard lui propose de lui faire livrer la Royal chez lui, car elle n'est pas légère, mais l'homme refuse net, et prend son achat sous son bras.

Quatrième personnage : la jeune vendeuse, Mlle Héranval. Elle fera à peu près la même description de l'acheteur de la Royal et confirmera les déclarations des autres témoins.

Selon le juge Hervé, on retrouvera ces quatre témoins, le 26 juillet, à Morlaix, dans d'étonnantes circonstances : le lendemain de leur audition par le magistrat instructeur, ils organiseront une sorte de conférence de presse, où ils répondront complaisamment aux questions des journalistes. Ensuite, à l'Hôtel de la poste, ils commenceront une petite fête très arrosée qui se poursuivra au restaurant où les rejoindront certains policiers. On boira de nouveau, on mènera grand train... et, à l'aube, la joyeuse bande parcourra gaiement les rues de la ville, réveillant les habitants par leurs rires et des cris inattendus : « Vive Chenouard ! Vive Vidal ! Vive la police ! » Certains habitants protesteront, porteront même plainte pour tapage nocturne.

J'ignore où et comment le « petit juge » s'est procuré cette information. Ce que je sais, c'est que plus tard, quand on voudra consulter le registre de la main courante du commissariat de Morlaix pour l'année 1923, pour retrouver trace de ces plaintes, on découvrira que ce dossier a disparu. Envolé, lui aussi !

Cinquième personnage : M. James Azzopardi, directeur de l'agence de voyages Balkan-Express, au Havre. Le 13 juin, il reçoit la visite d'un inconnu. L'homme mesure 1,75 m, arbore un feutre mou, porte une barbe de plusieurs jours et a des mains velues. Il lui demande d'établir un reçu fictif pour une vente de dollars, en échange d'une bonne récompense. L'honnête commerçant proteste aussitôt : sa maison ne saurait se livrer à une telle opération, qui est un véritable délit ! Le demandeur n'insiste pas et s'en va.

Notre acheteur de machine à écrire – car on peut supposer que c'est le même homme : vous avez reconnu son signalement – a un comportement bien surprenant. Généralement, lorsqu'on veut se livrer à un acte illégal, on observe une certaine prudence. En principe, avant de choisir un complice, on se renseigne, on tâte le terrain. Jamais on ne s'adresse à un inconnu comme cela, de but en blanc... à moins vraiment de vouloir se faire remarquer. Confronté à Seznec, M. Azzopardi ne reconnaîtra absolument pas son visiteur. Les policiers auront beau insister, il ne reviendra pas sur sa position.

À quel titre ce témoin, qu'on pourrait penser anodin puisqu'il n'a pas reconnu mon grand-père, tient-il sa place parmi les autres ? Parce qu'il introduit, à son corps défendant, l'idée que quelqu'un – qui pourrait être l'accusé – a tenté d'officialiser l'existence des dollars-or de Marie-Jeanne. Ainsi, on pourrait prétendre que, par cette demande frauduleuse, mon grand-père a astucieusement tenté de créer une preuve de l'existence de ces fameux dollars dont il prétend qu'ils ont servi à l'achat de Traou-Nez.

Sixième personnage : à la poste du Havre, le même jour, à 16 h 35, un commis du nom de Hué voit un inconnu s'approcher de son comptoir. L'homme veut expédier un télégramme et lui présente le formulaire déjà rédigé. M. Hué parcourt le texte et, constatant qu'il y a un mot rayé, lui demande de signer sous la mention « un mot rayé ». Puis, pour compléter l'adresse, il s'enquiert de la profession de ce M. Quemeneur qui est l'expéditeur. L'homme répond, sur un ton bref, bourru : «Négociant. » On connaît ce texte, c'est celui du fameux télégramme reçu par Jenny Quemeneur.

Selon M. Hué, l'homme a une barbe de plusieurs jours, il est grand, mince, les bras ballants, une allure négligée. Toujours ce même signalement... Par contre, devant la photo anthropométrique, il se montre très hésitant :

– Si on me le présentait, en personne, je pourrais répondre à votre question, dit-il.

Ces six personnages sont bientôt mis en présence du magistrat instructeur de Morlaix.

C'est un nouveau juge, qui vient de prendre la succession du juge Binet, car le parquet de Brest a été dessaisi au profit de celui de Morlaix. Il s'appelle Émile Campion. Cet ancien avoué de Guingamp est devenu magistrat après la guerre et a surtout été chargé jusqu'ici d'affaires de droit civil. C'est son premier dossier criminel important. Émile Campion est plutôt sympathique, avec sa corpulence de bon vivant, ses reparties spirituelles. Mais là, il n'est pas dans son élément, d'autant que les pièces du dossier ne lui ont été communiquées que très récemment et avec beaucoup de réticences. Les hautes instances de la magistrature ont-elles délibérément choisi cet homme en pensant qu'il serait plus « maniable » ? Je l'ignore. Tout ce que je sais, c'est que beaucoup se plaindront de ses méthodes de travail qui seront empreintes d'une certaine maladresse. Le 19 octobre 1924, dans une lettre adressée à Me Kahn (l'avocat de mon grand-père), le beau-frère de Seznec, Émile Petitcolas, écrira :

*Il est vrai que lorsqu'ils (les témoins) arrivaient dans le cabinet de M. Campion, leur mémoire était singulièrement aidée. M. Campion leur montrait la photo de Seznec et leur disait : « Le reconnaissez-vous ? » Puis Seznec était amené dans le cabinet du juge d'instruction, menottes aux mains, et on disait aux témoins : « Est-ce que vous reconnaissez Seznec ? »*

*(...) M. Campion, brave homme dans le civil, brave homme même dans son métier, s'est trouvé en face d'une affaire qui dépassait singulièrement celles qu'il pouvait avoir vues : mendiants arrêtés, ivrognes récidivistes, bribeurs ou filouteux d'aliments, ou autres menues affaires qui constituent le courant des affaires appelées devant le tribunal de Morlaix.*

*Aussi, lorsque dans son cabinet je lui dis : « Vous présentez Seznec aux témoins menottes aux mains. Ce que vous faites là est illégal », M. Campion ne sut que dire.*

Mon grand-père est en effet placé entre deux gendarmes, pas rasé, mal peigné, comme il se doit. Dans ces conditions, on imagine comme le témoignage des gens du Havre va être quelque peu « sollicité ». D'autant plus qu'ils ont tous eu connaissance de la photo anthropométrique de Seznec, soit par la presse (presque tous les journaux l'ont reproduite à leur une), soit par Vidal et Bonny. « Reconnaître » l'inculpé dans ces conditions est un doux euphémisme.

« C'est lui ! » dirent-ils, à l'exception de M. Azzopardi et du postier qui, lui, se montre encore hésitant. Sur le compte rendu de sa déclaration, on peut lire : *Je ne peux pas affirmer que c'est lui, mais je pense que c'est lui.*

Voilà ce que cela donnera sur l'acte d'accusation : *À 16 h 35, il* (Seznec) *est au bureau central de la poste et remet aux mains du commis Hué, qui croit bien le recon-*

*naître, le télégramme rédigé d'avance sur un imprimé réglementaire*. Le tour de passe-passe est génial : le commis des postes CROIT BIEN le reconnaître... N'empêche, Seznec EST au bureau central...

Les policiers, les magistrats sont satisfaits de cette confrontation. Personne ne fait observer aux témoins que Seznec n'a pas particulièrement les mains velues, pour la bonne raison que des brûlures ont aussi laissé des plaques brillantes sur le dos de ses mains. On n'attache non plus aucune importance au fait qu'à la différence de l'individu qu'ils ont rencontré au Havre – et que tous ont décrit « avec un œil plus petit que l'autre et clignotant » – l'homme qu'on leur présente n'a pas cette anomalie. Détails que tout cela ! Après tout, ne décrivent-ils pas l'acheteur de la machine à écrire à partir de la photo anthropométrique ?

Notons qu'il existe d'autres témoins au Havre dont les déclarations, elles, ne seront pratiquement pas prises en considération. Il s'agit de Mlle Feuilloley, une autre vendeuse de M. Chenouard, et de Mme Motelay, également commerçante en machines à écrire et voisine de la maison Chenouard, chez qui « l'homme à l'œil clignotant », venu se renseigner sur les machines d'occasion, a trouvé les modèles présentés trop chers. Ni Mlle Feuilloley ni Mme Motelay ne se montreront aussi affirmatives.

Examinons plus attentivement les témoignages de ces gens qui rencontrent l'acheteur de la machine à écrire dans le train, puis chez le marchand de machines à écrire.

Si l'on suit l'acte d'accusation, le maître de scierie est un criminel et son intention est de fabriquer un faux pour s'emparer de Traou-Nez... En toute logique, il devrait donc s'efforcer de passer inaperçu, de se faire oublier par une apparence et une conduite anodines. Pourtant, sa mise est négligée (pourquoi cette barbe de plusieurs jours, alors que mon grand-père avait toute latitude pour se raser ?). Chez le vendeur de machines, M. Chenouard, il se montre peu aimable et se met même en colère quand il constate que la machine n'est pas emballée. Voudrait-il se faire remarquer qu'il ne se conduirait pas autrement. À moins que ce ne soit un imbécile, ce qui ne cadre pas avec la tentative astucieuse qu'on lui prête de donner une existence fictive aux dollars-or. Oui, vraiment, le comportement de ce mystérieux et louche voyageur appelle bien des questions.

Maintenant, voyons un peu qui sont tous ces gens du Havre. Menons « une enquête d'honorabilité », en quelque sorte.

Georges de Hainault, qui vit à cette époque 9, rue du Commandant-Rivière, à Paris, est le fils du directeur des machines à écrire Contin-Suisa, nous l'avons dit. Selon certaines notes que j'ai retrouvées, il aurait été en relation avec un personnage dont nous avons déjà parlé, l'inspecteur Bonny : en effet, il aurait gardé l'enfant de ce dernier à Chevreuse, à Boulogne et à Versailles, où le policier a successivement résidé. Bien sûr, il n'y a aucun mal à cela, mais avouez que ces liens avec l'un des policiers chargés de l'enquête constituent une coïncidence surprenante...

Toujours à propos de ce témoin, le 3 décembre 1953, l'avocat de notre famille, Me Raymond Hubert, recevra une lettre d'une certaine Henriette Sallé.

*Mon cher Maître,*

*J'ai l'honneur de venir porter à votre connaissance les faits suivants qui, je pense, pourront vous être d'une utilité tout à fait particulière en faveur de votre client, M. Guillaume Seznec.*

*De 1918 à 1921, je fus la maîtresse de M. Georges de Hainault qui fut, vous le savez, un des témoins principaux de l'affaire Seznec. En 1923, en août, je suis partie pour le Brésil.*

*De retour en France, en 1924 ou 1925, j'eus l'occasion de rencontrer M. de Hainault à différentes reprises. Je savais qu'il rencontrait souvent l'inspecteur Bonny, qui était un de ses grands amis. Or, à ce moment, M. de Hainault me confia que si Seznec était au bagne, c'était, disait-il, grâce à lui.*

*M. de Hainault était depuis 1921 représentant de la firme de machines à écrire Contin-Suisa. Son père en était direc-*

*teur à Paris, rue du Commandant-Rivière. Il m'avoua qu'il avait reconnu faussement, sous la pression de l'inspecteur Bonny, sur photographie, M. G. Seznec ccmme étant l'acheteur de la machine à écrire qui devint la pièce maîtresse de l'accusation au procès de Quimper. En août 1947, quand on a reparlé dans les journaux du retour de Seznec, je le lui ai annoncé, en présence d'ailleurs de Mme Denise Colson, 10, rue Le Chapelais, Paris XVII^e^, il s'est encore vanté de cette infamie.*

*J'ai décidé alors de ne plus le revoir.*

*Le 28 janvier 1948, j'eus la surprise de voir arriver chez moi M. de Hainault à 7 h 30 du matin. Très étonnée de sa visite aussi matinale, je lui en demandai la raison. Il me dit que la vie lui devenait odieuse et qu'il venait me présenter ses vœux car, l'année prochaine, il ne serait peut-être plus là. Il m'a répété ses aveux d'autrefois et m'a dit : « Je suis très, très malheureux. À cause de moi, un homme pour qui j'ai fait un faux témoignage a été envoyé au bagne. » Et comme je lui demandais pourquoi il avait fait cela, il me répondit :*

*« J'étais jeune, infatué de moi-même et je voulais que mon nom paraisse dans les journaux. D'autre part, Bonny, qui m'avait rendu de grands services (que je lui ai rendus par la suite, car à maintes reprises je me suis occupé de ses enfants[1] en les hébergeant chez moi), par la pression qu'il exerçait sur moi, m'imposa le silence. »*

*Il se mit à pleurer et ajouta : « Par la suite, et c'est encore pareil aujourd'hui, j'ai gâché ma vie, en ayant fait condamner un innocent. Je suis très croyant et Dieu m'a puni. »*

*De ce jour, je ne le revis pas et une amie m'apprit qu'il était mourant le 15 février 1948. Le 16 au matin, à 5 h 30, il mourait d'un « coma diabétique », m'a-t-on dit.*

En 1955, à la suite d'une nouvelle requête en révision, un policier, le commissaire divisionnaire Camard, sera chargé de retrouver cette Mme Henriette Sallé, témoin

1. Mme Henriette Sallé fait une petite erreur : à ma connaissance Bonny n'a eu qu'un seul fils.

capital s'il en fut. Or, que peut-on lire dans son rapport ? Je n'ai pu entendre Mme Henriette Sallé. Elle se trouve en Algérie à l'adresse suivante : chez Mme Tabart, 2, rue Pélissier à Oran. Voilà qui est surprenant. Nous sommes en 1956 et, officiellement du moins, l'Algérie est un département français. Pourquoi le policier ne demande-t-il pas une extension de sa commission rogatoire pour aller interroger cette Mme Henriette Sallé ? Il aurait pu aussi la faire interroger par ses collègues d'Oran. Rien de plus simple. Pourtant, il laissera tomber cette piste capitale.

Faute de s'occuper de cette Mme Sallé, le policier se rabattra sur le fils de Georges de Hainault, Philippe, et sur sa veuve, née Alexandra Pichon. Dans leurs témoignages, tous deux confirmeront deux points essentiels : Georges de Hainault connaissait bien l'inspecteur Bonny (qu'il a continué de fréquenter, au moins jusqu'en 1930) et, d'autre part, il avait eu une liaison avec une certaine Mme Robert (c'est l'autre nom d'Henriette Sallé, le commissaire le saura par recoupement).

Pour ce qui est de Georges Legrand, le représentant en machines à écrire Contin-Suisa, qui habite 15, quai de Paris, à Rouen, c'est un citoyen apparemment sans reproche. Nous n'avions rien trouvé sur lui. Pourtant, nous pouvions légitimement le suspecter, car il avait témoigné en compagnie de Georges de Hainault, ami de l'inspecteur Bonny.

Ce n'est qu'en 1980 que son neveu, Lucien Baqué, opticien à Paris, m'apprendra des choses bien intéressantes : au moment des faits, la femme de ce Georges Legrand tenait à Rennes une affaire de machines à sous pour bistrots. Ces sortes de commerces sont toujours étroitement surveillés par les autorités et contrôlés par la brigade des jeux – corps où Bonny a été versé un temps, souvenons-nous-en. En 1922, les interdictions pleuvent pour ce genre de commerce. Or, en 1923, cette Mme Legrand a obtenu une dérogation et miraculeusement échappé à toute tracasserie. Disons qu'on lui a fichu une paix royale. Une telle bienveillance, c'est bien connu, cela se paie généralement un jour ou l'autre d'un petit service...

Les époux Legrand se sépareront peu de temps après la condamnation de mon grand-père. Georges Legrand mourra en septembre 1955.

Avec des témoins tels que les « deux Georges » qui ont eu cette « chance » de rencontrer deux fois – dans le train puis dans le magasin – l'acheteur de la machine à écrire, la presse du 26 juillet 1923 peut effectivement titrer : SEZNEC EST CONFONDU PAR LES TÉMOINS DU HAVRE QUI L'ONT RECONNU SANS HÉSITATION (*Le Journal*).

En ce qui concerne le propriétaire du magasin où Seznec aurait acheté la machine à écrire, M. Chenouard, seul un esprit mal intentionné pourrait le suspecter d'avoir subi des pressions de la part des enquêteurs. Et pourtant, nous verrons plus loin comment ce citoyen au-dessus du tout soupçon a, curieusement, la mémoire qui flanche.

Quant à Mlle Héranval, l'employée de M. Chenouard, quinze ans et demi, nous n'avons aucune raison de la soupçonner d'avoir joué un quelconque rôle de faux témoin. On peut simplement remarquer qu'à l'audience elle hésitera, émettra quelques doutes sur l'homme ayant acheté la machine, puis se montrera plus catégorique.

Cependant, écoutons ce que dit ou, plus précisément, ce qu'écrit dans la presse M. Hodey, le garagiste de Houdan, témoin lui aussi au procès :

*Dans la salle des témoins, où je suis démeuré quelques jours, j'ai revu le commissaire Vidal, que j'avais connu à Dreux. Nous avons déjeuné ensemble et, un soir, il nous a demandé, à Bonny et à moi, d'aller faire un tour à la maison publique (maison close) de Lorient. Vidal a montré sa médaille, et le tenancier nous a amenés dans un salon parti-*

*culier et nous a offert le champagne, en compagnie de quelques femmes de l'établissement.*

Curieuses, curieuses ces relations privées entre policiers et témoins ! Des esprits chagrins pourraient parler de pressions intolérables, mais... fautes avouées...

La suite du récit est encore plus intéressante :

*Vidal était en relations intimes avec les témoins. Il avait la même chambre que Mlle Héranval, qui avait soi-disant vu Seznec acheter la machine à écrire. Ils couchaient ensemble à l'Hôtel de l'épée, à Quimper.*

Voilà qui paraît plus grave, même si l'on veut arguer d'une passion subite, d'un coup de foudre entre le policier et la jeune fille... mineure.

En 1955, interrogé par le commissaire Camard, le garagiste dira : *Je ne me rappelle plus les détails de mes déclarations, vu le temps écoulé, et il me serait impossible de les refaire actuellement.*

En tout cas, en 1923 et 1924, il faut croire que les journalistes avaient été, eux aussi, intrigués ou édifiés sur les relations particulières unissant le principal enquêteur à la jeune témoin, car ils publieront de nombreuses fois dans la presse de l'époque une photo les montrant marchant ensemble.

Qu'est devenue par la suite Mlle Héranval ? Elle a épousé un M. Mitrani, est devenue commerçante et, en 1955, elle aussi interrogée par le commissaire Camard, niera fermement les propos tenus par le garagiste Hodey.

Rappelons enfin qu'à plusieurs reprises, ainsi qu'il en résulte du dossier, ce sont le commissaire Vidal et l'inspecteur Bonny qui se sont rendus au Havre pour « préparer » les témoignages recueillis. En tout état de cause, on peut penser que, si les jurés de la cour d'assises avaient connu les relations étroites unissant au moins trois des prétendus témoins du Havre avec ces deux enquêteurs, ils auraient accueilli leurs témoignages avec plus de circonspection...

Ces témoins partis, le juge d'instruction fait face à l'inculpé.

– Vous affirmez ne pas connaître ces gens ? interroge-t-il.

– C'est la première fois que je les vois. Ils racontent n'importe quoi... De toute façon, en supposant même que j'aurais acheté leur fameuse machine, je ne vois pas comment j'aurais fait pour taper cette fausse promesse de vente.

– Comment cela ?

Mon grand-père hausse les épaules.

– Je ne sais pas me servir d'une machine. Je le voudrais que je ne pourrais d'ailleurs pas, à cause de mes doigts brûlés.

Le magistrat semble sceptique.

– On vous dit habile de vos mains, pourtant.

– C'est vrai que je suis bricoleur, que j'arrive à me débrouiller. Mais ce n'est pas toujours facile. D'ailleurs, après l'incendie du magasin de cycles, j'ai reçu d'une compagnie d'assurances, la Foncière, une indemnité de 30 000 francs, à la suite d'un rapport de trois médecins experts. Ils ont déclaré que j'avais perdu l'usage de mes doigts. Les assurances, elles, ne lâchent pas leurs sous si facilement, vous savez.

Ces explications ne semblent pas avoir intéressé le juge d'instruction, car il ne fera procéder à aucune vérification concernant les capacités manuelles de mon grand-père.

C'était pourtant un travail relativement simple, si l'on en juge par ce que rapportera le juge Hervé dans une lettre datée du 4 janvier 1935: *J'ai fait la connaissance de l'inspecteur divisionnaire de la compagnie d'assurances « la Foncière » qui fut chargé d'aller vérifier en personne le rapport d'experts. Il vit Seznec chez lui et constata que ses doigts étaient tellement difformes qu'il constata que, pour rouler une cigarette, il n'y réussissait que grâce à des torsions de doigts le rendant incapable de tout travail à la machine à écrire ou tout travail de précision. Cet inspecteur m'a déclaré qu'à la Foncière on avait songé à communiquer à* L'Intransigeant *le dossier établissant que Seznec n'avait pu, avec les doigts qu'il avait, « taper »un acte sur une machine à écrire.*

Mon grand-père poursuit son plaidoyer :

– Et puis, je ne les connais pas, moi, les termes qu'on emploie pour faire une promesse de vente. C'est tout un langage... je n'aurais pas pu l'inventer. C'est Quemeneur qui connaissait ce genre de choses, pas moi.

Le magistrat soupire. Toujours ce même système de défense : nier, nier tout en bloc.

– Mais alors, ces témoins qui vous ont vu au Havre, ils auraient donc rêvé ? insiste-t-il. Ou bien serait-ce une machination pour vous perdre ? Allons, cela ne tient pas, Seznec !

Devant ce mur d'incompréhension, ce parti pris du magistrat, mon grand-père se renfrogne. Il baisse la tête et entre en lui-même. Il faudrait bien qu'on l'admette un jour que ce n'est pas lui qui était là-bas. D'ailleurs, il n'est jamais allé au Havre.

Le magistrat instructeur poursuit son interrogatoire :

– Dites-moi donc ce que vous faisiez le 13 juin, jour où cet inconnu, qui ne serait pas vous, a voyagé dans le train du Havre puis acheté la machine à écrire dans cette ville.

– Mais je l'ai déjà dit aux policiers...

– Répétez-le.

Seznec s'exécute, de mauvaise grâce.

– La veille, le 12, j'ai pris mon camion pour aller à Tréguier.

– Dans quelle intention ?

– J'avais appris qu'un loueur de voitures, Charles Paudy, se faisait cent francs par jour dans le transport des pommes de terre. Je voulais faire de même. Mais à Plouaret, j'ai dû abandonner mon camion, dans le verger de la veuve Jacob.

– Il était en panne ?

Seznec semble gêné, puis il se résout à expliquer :

– Oui, l'induit de la magnéto était grillé – j'aurais pu descendre sans le moteur jusqu'à la place, remarquez, mais... je ne voulais pas trop me faire repérer, parce que mon camion n'était pas déclaré à la régie et je n'avais pas réglé la taxe sur la plaque d'immatriculation.

Le magistrat lève les bras au ciel.

– Bravo ! Décidément...

Il ne le « sent » pas, cet inculpé. Pas de vrai contact avec cet homme sec et obstiné, rugueux, presque agressif. Heureusement, le procureur de la République, Théodore Picard, l'aide de ses conseils avisés. Le juge Campion ne sait sans doute pas que ce magistrat – qui va peser d'un poids de plus en plus fort sur l'enquête – n'est autre que l'ancien soupirant éconduit de Marie-Jeanne Seznec.

Poursuite de l'interrogatoire.

– Et qu'avez-vous fait ensuite, après avoir laissé la camionnette dans le verger ?

– Je suis descendu à pied directement chez un petit marchand de vélos qui n'avait pas les pièces qu'il me fallait. J'ai pensé revenir à la scierie, mais il n'y a pas de train direct pour Morlaix et je me suis dit que le mieux était peut-être d'aller à Saint-Brieuc, où je trouverais ce que je voulais plus facilement. Je voulais envoyer un télégramme à Marie-Jeanne, ma femme, pour la prévenir que j'étais bloqué là, mais il était trop tard, la poste était fermée. Dans un café, tenu par M. et Mme Nicolas, j'ai demandé à leur fille de le faire pour moi dès que possible, en lui remettant la formule toute rédigée et l'argent. C'est ce qu'elle a fait le lendemain.

– Que disait ce télégramme ?

– Que j'étais en panne à dix kilomètres de Lannion et que je ne rentrerais que le lendemain matin.

– Ensuite ?

– J'ai pris le train du soir et j'ai couché dans un hôtel de Saint-Brieuc.

– Quel établissement ?

Seznec hausse les épaules. Toujours ces questions... comme si on notait tout ce qui vous arrive, dans la vie ! Cet hôtel, il y est entré sans faire attention à son nom.

– Je ne m'en souviens pas, finit-il par expliquer. Il me semble que c'était aux environs du centre. Il n'y a qu'à aller là-bas, je le reconnaîtrai.

Sur le moment, le magistrat a peut-être l'intention de faire procéder à cette reconnaissance. Mais, hélas, jamais l'accusé ne sera emmené sur les lieux. Et voilà gâchée une des chances de prouver qu'il n'était pas au Havre ce jour-là... Le manque de rigueur ou le parti pris avec lesquels a été constitué le dossier ne laissent pas d'étonner !

Plus tard, le juge Hervé mènera son enquête et estimera qu'il s'agissait de l'Hôtel du Perroquet vert.

– Qu'avez-vous fait à Saint-Brieuc, le 13 juin ? poursuit le juge d'instruction.

– De bonne heure, j'ai rendu visite à mon avocat d'affaires, M^e^ Bienvenue, pour mon procès avec un huissier qui...

– Passons. Et puis ?

– Je suis allé au garage Amice, rue des Trois-Frères-Le-Goff, et j'y ai acheté des charbons de magnéto, ainsi que des joints de culasse pour Cadillac.

– Ensuite ?

– J'ai attrapé le train omnibus pour Brest – j'avais des gens à voir dans cette ville.

– Qui donc ?

– Métais, le ferblantier, et puis j'avais quelques courses à faire. Et le soir, je suis rentré à Morlaix, par le train. Là, vers 20 heures, j'ai vu M^e^ Le Bars, un huissier, et puis... je suis allé me coucher. Voilà.

– Et votre camionnette ?

– Le lendemain, de bonne heure, j'ai pris ma bicyclette et je suis retourné à Plouaret, au verger de la mère Jacob, où j'ai réparé et je suis rentré.

– Donc, vous n'êtes pas allé au Havre.

Seznec explose :

– Mais puisque je vous dis que non ! D'ailleurs, je n'y ai jamais mis les pieds, dans cette ville ! Qu'est-ce que vous avez tous...

Je voudrais mentionner ici quelques lignes d'un article paru dans *Paris-Presse* en juillet 1949. Au retour du bagne, Seznec débarque au Havre et échange quelques mots avec l'auteur de l'article, Georges Arque.

*– Ah ! Vous allez trouver cette ville bien changée, observe le journaliste.*

Mon grand-père le reprend aussitôt :

*– Mais je ne la connais pas ! Je n'y suis jamais venu.*

Voilà, c'est très court mais ça me paraît significatif. À cette époque, mon grand-père a fait plus de vingt années de bagne, il est fatigué, il répond automatiquement la vérité.

Revenons à 1923. Le greffier a fini d'écrire.

– Bon, eh bien, moi, je vais vous dire ce que vous avez fait, Seznec, dit le juge Campion sur un ton péremptoire : vous êtes parti de Plouaret le 12 au soir, vous êtes arrivé le 13 au matin à Paris, d'où vous êtes aussitôt reparti. En fin de matinée, vous étiez au Havre. Là, vous avez envoyé le télégramme et acheté la machine, puis, en fin d'après-midi, trajet inverse : vous avez pris le train pour Paris et de là, à 21 heures, le rapide pour Lannion. Vous êtes descendu à Plouaret le 14 au matin.

– Mais non !

– Mais si, d'ailleurs, quatre hommes vous ont vu, le 13 au soir, gare Montparnasse. Les deux premiers, Le Coz, un restaurateur parisien, et Brûlard, l'un de ses pensionnaires, accompagnaient à la gare M. Gadois, un horloger de Carhaix, et son fils âgé de treize ans et demi. Ceux-ci se rendaient à Lannion. Le Coz et Brûlard étaient sur le quai quand ils ont vu un individu porteur d'un paquet assez volumineux, paraissant assez lourd, demander à un employé si le train allait bien à Plouaret. Ensuite, cet homme est monté dans le compartiment de M. Gadois, qui l'a aidé à placer son paquet sur le porte-bagages. Ils ont voyagé tous les trois, seuls dans le compartiment, jusqu'à Guingamp, où M. Gadois et son fils sont descendus, l'individu restant dans le train. Et ce voyageur, c'est vous. Les témoins vous ont formellement reconnu. Vous avez même parlé avec M. Gadois et son fils, en leur disant que vous n'aviez rien mangé depuis le matin.

Mon grand-père écoute, abasourdi. Qu'est-ce que c'est que ces gens-là encore ? Ça ne tient pas debout. Il va falloir nier à nouveau, protester, mais on ne va pas le croire... La fatigue pèse sur ses épaules...

– C'était bien vous ! conclut le magistrat.

Il ne s'étonne pas, là encore, de la conduite pour le moins imprudente de cet homme qui, occupé à ourdir une machination, ne trouve rien de mieux que lier conversation avec ses compagnons, au lieu de s'efforcer de passer inaperçu. Quant à son affirmation selon laquelle les témoins ont reconnu Seznec, elle est exagérée, on peut même dire que le magistrat sollicite leurs déclarations. En effet, que dit Le Coz ?: *Je ne puis être affirmatif, car je n'ai vu l'individu en question que de dos, au moment où il montait dans le wagon* (cote 181). Et Brûlard ?: *Je ne puis être affirmatif car je n'ai pas vu suffisamment l'individu en question pour pouvoir le reconnaître. Tout ce que je puis vous dire c'est qu'il était assez grand et qu'il m'a semblé de corpulence assez forte* (cote 182).

Plus tard, M. Gadois confiera à son ami M. Le Borgne, ébéniste à Landeleau, qui le rapportera à un journaliste de *Paris-Match*:

– Ce n'est pas vrai, je n'ai jamais vu Seznec dans le rapide de Lannion.

– Mais pourquoi as-tu dit que tu le reconnaissais ?

– La police me l'a demandé. D'ailleurs, toute ma déposition a été suggérée.

M. Gadois mourra en 1944.

Mon grand-père cherche à comprendre. « Mais qu'est-ce qu'ils ont donc tous ces gens à me voir partout, au Havre, à Paris, et dans tous les trains de France et de Navarre ? se demande-t-il. Comment convaincre ce magistrat, en face, derrière son bureau, que c'est moi qui dis la vérité, que les autres racontent n'importe quoi ? »

Le juge d'instruction l'observe. Craquera-t-il enfin, ce diable d'homme ? Va-t-il avouer ? Il semble bien abattu...

Mais non, il se ressaisit et contre-attaque :

– J'ai dit la vérité. Et moi aussi, j'ai des témoins de mes allées et venues les 12 et 13 juin. Je vous les ai donnés... Il n'y a qu'à vérifier !

Vérifier, rien de plus simple. Pourtant, on semble éprouver la plus grande peine à effectuer ces démarches. J'ai déjà parlé de cet hôtel de Saint-Brieuc, où mon grand-père a passé la nuit et que les enquêteurs ne se donneront même pas la peine de rechercher. En ce qui concerne le garagiste Amice de cette même ville, où il a acheté ses pièces pour moteur, celui-ci ne sera interrogé que bien plus tard, et encore uniquement parce que la Chambre des mises en accusation aura ordonné un supplément d'enquête avant les assises, la minceur du dossier lui paraissant sans nul doute trop évidente.

Ce garagiste dira avoir vendu ce jour-là des charbons de magnéto à un inconnu, un Breton, précisera-t-il, ainsi qu'un joint de culasse pour Cadillac. Puisqu'il se souvient si bien de cette vente, peut-être pourrait-il également préciser si son client était Guillaume Seznec ? Une confrontation paraît s'imposer... pourtant, elle n'aura jamais lieu.

C'est comme pour l'audition de Me Bienvenue, l'avocat d'affaires : celui-ci a commencé par déclarer que mon grand-père est venu le 14 juin, entre 7 et 8 heures du matin. Il faudra que ce soit un conseiller de la cour d'appel, Fanneau de Lahorie, qui découvre, stupéfait, que le 13 juin mon grand-père était bien, comme il l'affirmait, chez Me Bienvenue. Faisant interroger cet avocat par le commissaire de police de Saint-Brieuc, M. Gauthier, celui-ci consignera dans son rapport : *Me Bienvenue nous déclare que Seznec lui a rendu trois visites différentes, les 4, 11 et 13 juin.* Ce témoignage innocentait Seznec car il ne pouvait être au Havre et à Saint-Brieuc en même temps. Mais, curieusement, Fanneau de Lahorie ne transmettra pas le rapport du commissaire Gauthier. Par crainte de remous préjudiciables à sa carrière ou bien est-ce parce que Me Bienvenue n'arrête pas d'avancer une date puis de la réfuter ? *Impossible le 13, je n'étais pas en ville, dira-t-il avec mollesse. Non, c'était le 12. Ah, je ne me souviens pas !* Alors, le 14 ou le 13? Le moins qu'on puisse dire c'est que le carnet de rendez-vous du cher maître n'est pas très bien tenu. Ou bien des pressions l'ont-elles troublé ?

Un moyen simple de s'assurer de la présence de l'avocat à Saint-Brieuc le 13 aurait été de consulter le cahier de présence du tribunal de commerce, où il y avait séance ce jour-là... Me Bienvenue se souvenait avoir plaidé le jour même de la visite de mon grand-père. Eh bien, que croyez-vous qu'on fit ? On négligea totalement cette source d'information...

Lors du procès, on oubliera toutes les hésitations du témoin et on s'en tiendra à sa première déclaration : *Ce devait être le 14...*

En 1932, Seznec, alors au bagne aux îles du Salut, écrira à son ancien avocat la lettre suivante :

*Seznec*
*Transporté de 1re classe*
*N° mle 49302*

*Le 8 octobre 1932*

*Cher Maître,*

*Après dix longues années de grands tourments et de misères, il m'est matériellement impossible de rassembler mes souvenirs pour répondre avec exactitude a la question que me pose M. Hervé, ancien magistrat de Guingamp. Je me confie a vous donc, cher Maître, si vous vous souvenez de notre conversation du 13 juin 1923 pour tout dire publiquement. Non seulement que je ne vous tiens pas astreint au silence par le secret professionnel, mais je vous prie de tout dire a la lettre de notre conversation. Je vous relève vis-a-vis de moi de tout secret professionnel.*

*Agréez, cher Maître, l'expression de mes sentiments les plus respectueux.*

*Signé : Seznec.*

Me Bienvenue se contentera de répondre qu'il n'est pas de la compétence d'un client de le relever du secret professionnel.

Le juge Hervé, de son côté, sollicitera l'autorisation de l'avocat pour consulter ce fameux cahier de présence, à la date du 13 juin 1923. Cette autorisation lui sera refusée.

On le voit, la justice se montre plutôt paresseuse pour entendre des témoins qui pourraient être favorables à l'accusé. Elle devient par contre singulièrement plus active lorsqu'il s'agit de ceux qui tiennent des propos susceptibles de le charger.

Victime de ce parti pris de l'appareil judiciaire à son égard, mon grand-père souffre en outre d'un sérieux handicap : une mémoire défaillante ou approximative. Sa famille et son entourage sont habitués à ses erreurs dans ce domaine, qui se traduisent par exemple par des adresses fausses ou incomplètes. De plus, la volonté désespérée qu'il a de prouver sa bonne foi le rend maladroit : il lui arrive quelquefois d'avancer des noms de témoins en espérant qu'ils l'aideront.

Mauvaise mémoire ou besoin de trouver un alibi ? La question est posée en ce qui concerne les deux témoins suivants : le ferblantier Métais, de Brest, et l'huissier Le Bars, de Morlaix. Seznec a affirmé qu'il leur avait rendu visite le 13 juin.

Entre Métais et mon grand-père existent des relations amicales nées d'affaires menées en commun. Métais assure tout d'abord aux enquêteurs avoir reçu la visite de mon grand-père le 13. Mais on interroge ensuite ses ouvriers qui le contredisent : « Si Seznec était passé ce jour-là, on l'aurait forcément vu. On le connaît bien ! » disent-ils. Le ferblantier fait alors machine arrière. Il n'est pas impossible de penser que sa première réponse a été dictée par le souci de rendre service à son ami.

Pour ce qui est de l'huissier Le Bars, il affirme que la visite du maître de scierie n'a pas eu lieu le 13 juin mais le 23. Rien n'indique qu'il dise faux. Mon grand-père a-t-il confondu les dates ou bien encore voulait-il solliciter la chance ?

Voilà deux témoignages qui ne vont pas le servir, bien au contraire : si le prévenu ment sur ce point, c'est qu'il ment sur toute la ligne ! Tel est le raisonnement que ne peuvent manquer de tenir policiers et magistrats, qu'ils soient ou non de bonne foi...

L'ironie de la chose, c'est que mon grand-père pourrait citer d'autres témoins confirmant son périple du 13 juin, mais il n'y songe pas.

En janvier 1979, au cours d'une émission d'*Europe 1* consacrée à l'Affaire, et à laquelle je participai, la station reçut une lettre par porteur, d'un M. Pierre Raoult, de Paris, dont la mère, Mme Marie Raoult, était à l'époque secrétaire à l'Union fédérale des anciens combattants des Côtes-du-Nord, située place du Champ-de-Mars à Saint-Brieuc. J'en retiens le passage suivant :

*Ma mère a souvent évoqué cette affaire, au moins trois fois en ma présence, et plus tard m'en a parlé vers 1938-1939. Or, elle affirmait qu'elle était sûre que M. Seznec ne pouvait être ni à Paris ni au Havre le 13 juin, vu que, ce jour-là, il est venu à 14 h 30-15 heures à son bureau (à Saint-Brieuc), qu'il a conversé avec M. Courtel (président des Anciens combattants) et avec le président du tribunal des pensions, qui était un monsieur très doux, gazé, malade des poumons. Ma mère a demandé conseil à son directeur de conscience en confession, m'a-t-elle dit, qui lui a conseillé d'attendre que la police vienne s'enquérir elle-même. M. Courtel lui a fait la même recommandation. De plus, M. Seznec a vu d'autres personnes dont un notaire, un homme d'affaires, etc. Je suis certain que ma mère a craint de perdre sa place et d'être impliquée dans une histoire de gros sous et de trafic, où bien du beau monde était mêlé.*

Le 3 mai 1990, Mme Madeleine Raoult m'écrira et me confirmera le témoignage de son frère : *Ma mère était secrétaire à l'Office départemental des anciens combattants à Saint-Brieuc et tenait, selon la volonté du président, M. Courtel à l'époque, un journal où étaient inscrits le nom des visiteurs, leurs coordonnées et l'objet de leur visite. Les cahiers étaient rangés avec les archives dans un petit local attenant au bureau. Quand la presse parla de Guillaume Seznec, elle chercha le cahier*[1] *et le trouva. Il y était dit que M. Seznec était venu au bureau au début de l'après-midi. Après une heure trente d'entretien il dit qu'il allait prendre son train pour Morlaix. Ma mère avertit M. Courtel de la découverte qu'elle venait de faire. Il lui conseilla de se taire : « C'est une affaire politique, des gens en vue pourraient y être impliqués », lui dit-il. Il y avait danger pour elle d'en parler. Troublée par de telles consignes, ma mère, catholique pratiquante, alla trouver son directeur de conscience. Le prêtre lui conseilla le silence.*

Mais le prévenu Seznec ne cite pas cette démarche. Sans doute, le malheur qui s'est abattu brusquement sur lui, les suspicions continuelles l'empêchent de réfléchir calmement et de se remémorer cette visite accomplie du temps où il était un homme ordinaire.

Le juge Campion n'en a pas fini avec lui.

– Puisqu'on parle de vos allées et venues, dites-moi donc où vous étiez le 20 juin.

– Le 20 juin, c'est le jour où on a découvert la valise de Quemeneur dans la salle d'attente de la gare du Havre ?

– Exactement.

– Ah, parce qu'en plus vous pensez que c'est moi qui...

– Répondez à la question.

– Ce jour-là, je suis allé voir de nouveau M^e^ Bienvenue, à Saint-Brieuc.

1. J'essaierai de retrouver la trace de ce fameux cahier en m'adressant à la Direction des archives départementales des Côtes-d'Armor. Le 22 mai 1990 son directeur, M. Drogué, me fera part que ses services n'ont malheureusement retrouvé qu'un bordereau indiquant la destruction des documents.

Le magistrat sursaute.

– Encore !

– Dame, on avait à résoudre cette sale affaire que j'avais, avec l'huissier qui prétendait que je l'avais insulté...

– Vous avez des témoins de ce voyage ?

Mon grand-père réfléchit.

– Attendez... oui, au retour, dans le train de Saint-Brieuc à Morlaix, j'ai rencontré un homme qui avait assisté, la veille, au mariage d'une jeune fille d'un de mes parents, à Plomodiern, le village de ma famille. On a longuement fait la conversation.

– Comment s'appelle-t-il, cet homme ?

– Robert Giffat. Il travaille dans l'entreprise qui aménage la voie ferrée Châteaulin-Camaret.

– On vérifiera tout cela.

Mais non, monsieur le juge d'instruction, on ne vérifiera pas tout.

On se contentera d'interroger Me Bienvenue sur cette seconde entrevue. Et naturellement l'avocat, à l'emploi du temps si vague, si changeant, dira ne pas s'en souvenir.

Quant au voyageur rencontré dans le train, on ne se donnera pas la peine de l'interroger.

Aux assises, pendant les débats, mon grand-père s'en plaindra, ce qui lui vaudra aussitôt cette réplique de l'avocat général :

– Nous n'avons pas interrogé le nommé Robert Giffat parce que le mariage en question a eu lieu le 20. L'accusé n'a donc pu rencontrer le témoin que le 21 au plus tôt.

Une voix s'élèvera alors dans la salle.

– Le mariage a eu lieu le 19, monsieur le président !

Brouhaha, tout le monde se tournera vers le perturbateur.

Furieux, le président tapera avec son maillet pour rétablir le silence :

– De quel droit, monsieur, vous permettez-vous de perturber l'audience ?

– Parce que je suis le marié, monsieur le président ! lui répondra le jeune homme[1].

La salle éclatera de rire.

Tumulte... échanges aigre-doux entre l'accusation, qui vient d'être prise en flagrant délit de mensonge, et la défense... Celle-ci pourtant, et c'est aberrant, ne tirera aucun parti de l'incident : elle ne jugera même pas utile qu'on fasse venir cet homme à la barre ! Le président n'utilisera pas son pouvoir discrétionnaire, déclarera l'incident clos et on passera à la suite des débats. De quoi s'indigner le plus ? De l'attitude d'un président d'assises assez peu soucieux de la vérité pour négliger un témoin capital, ou de la négligence d'un avocat qui ne saisit pas sa chance et, mollement, laisse faire les choses ? Je rêve parfois aux arguments qu'aurait tirés de cette situation un « battant » comme Me de Moro-Giafferi ! Mais c'est un rêve qui me fait mal.

Robert Giffat ne sera jamais entendu. On ne va pas risquer de démolir le bel édifice de l'accusation par un zèle intempestif : Seznec ne peut pas avoir été dans le train entre Saint-Brieuc et Morlaix le 20 juin, puisqu'il doit *absolument* être allé ce jour-là au Havre pour y abandonner la valise de Quemeneur.

Pourtant, dans ses premières recherches sur l'homme du Havre, le commissaire Vidal a suivi, sur la foi de renseignements, une autre piste que celle de Seznec.

Au début d'août 1923, un douanier du Havre est abordé par un inconnu qui lui glisse : « Je suis prêt à révéler le nom d'une personne qui a vu Seznec au Havre, le 20 juin. Bien entendu, j'exige qu'on garde secrète mon identité. »

1. Ce jeune marié s'appelait Albert Février. Boulanger, il avait vingt-sept ans lorsqu'il épousa Marie-Joséphine Gourlan (vingt-deux ans). En septembre 1977, je rencontrerai son fils qui tenait avec sa mère un petit hôtel, place de l'Église, à Plomodiern. Il me confirmera tous ces faits que son père, jusqu'à sa mort en 1964, ne cessera de raconter, convaincu de l'innocence de mon grand-père.

L'individu désigne la patronne d'un débit de boissons, prénommée Francine, que le commissaire Vidal, aussitôt averti, s'empresse d'interroger. Un témoin digne de foi, et qui peut aider à confondre Seznec, c'est une aubaine !

Hélas, l'entrevue est décevante. Francine précise qu'elle connaît le maître de scierie pour l'avoir vu à Morlaix, ville dont elle est originaire, mais jamais au Havre. En revanche, elle indique qu'un ami à elle, Alphonse Kerné, un homme de Morlaix lui aussi, se trouvait au Havre les 13 et 20 juin.

– J'ai hébergé mon ami du 13 au 20 juin, explique-t-elle. Or, justement, Alphonse connaît bien Seznec et Quemeneur.

Le policier comprend que, pour un motif obscur, Francine veut « mouiller » cet homme et pour cela a appâté la police à l'aide d'un faux renseignement.

Ces propos, la tenancière les confirmera publiquement trois ans plus tard, dans la presse, affirmant même que c'est Kerné qui a abandonné la valise de Pierre Quemeneur en gare du Havre.

Qui est cet Alphonse Kerné ? En 1923, il a vingt-neuf ans. Propriétaire d'une affaire de bois et charbon à Morlaix, il commerce principalement avec l'Angleterre à qui il vend des poteaux de mine fournis par... Quemeneur. Ce fils d'instituteur de Ploujan, près de Morlaix, possède une bonne instruction primaire – à l'époque, ce n'est pas courant. Réformé pour raisons de santé, il a réalisé lui aussi de bonnes affaires pendant la guerre, en vendant des cisailles destinées à désarmer les mines sous-marines. Maurice Privat, dans son ouvrage *Seznec est innocent,* indique qu'il fréquentait les revendeurs de voitures de la région et le décrit comme un personnage dangereux, maître chanteur à ses heures.

Au physique, Kerné est un homme brun, avec moustaches, mesurant un mètre soixante-cinq. Il porte sempiternellement une casquette de marin en drap, avec une visière. Détail caractéristique, qui aurait pu attirer l'attention de la défense : il a les mains velues...

Interrogé par le commissaire Vidal, Kerné fournit un alibi, certificat médical à l'appui : pendant cette période du

13 au 20 juin, il était malade chez sa mère, à Chelles, Seine-et-Marne. Chelles... retenons le nom de cette localité, qui reviendra plus tard, lorsque nous reparlerons de Cherdy, dit Charly, dit encore l'Américain, avec qui Quemeneur se disait en contact.

En attendant, Kerné est disculpé... et plus aucun policier, plus aucun magistrat ne s'intéressera à lui. Dans le dossier, on ne retrouvera d'ailleurs pas de procès-verbaux relatifs à la rencontre entre le douanier et l'inconnu, entre le commissaire Vidal et la prénommée Francine, la patronne de bistrot, enfin entre le commissaire Vidal et Kerné.

La plupart des renseignements que je possède sur ces divers épisodes proviennent de la presse de l'époque, attachée comme on sait aux basques de la police. Et puis, il y a une lettre adressée le 19 avril 1926 – après le procès – au ministre de la Justice, dans laquelle sont rapportées les déclarations du père de M. Dejaegher (le courtier ami de mon grand-père) :

*J'ai déjà dit à la Sûreté et même à l'instruction, au début, que M. Kerné avait été absent de Morlaix, pendant trois semaines, à l'époque où l'on a dit avoir vu Seznec au Havre et à Paris. Pourquoi la justice n'a-t-elle pas fait état de mes déclarations ? C'est ce que je ne veux pas rechercher, n'ayant pas l'habitude de contester les décisions de justice.*

*Quoi qu'il en soit, le jour où M. Kerné quitta Morlaix, je le rencontrai, dans l'après-midi, au Café de France, place Thiers, tenu par M. Chambord, lequel est actuellement à Paris et qui pourra certifier mes affirmations. Donc, je me trouvais au rez-de-chaussée du café, causant avec M. Chambord et d'autres consommateurs, lorsque mon fils André, alors âgé de dix-neuf ans, descendit de la salle de billard, au 1^er^ étage, et me dit :*

*– Alphonse vient de me dire qu'il part ce soir pour l'Angleterre. « Tiens, Dédé, m'a-t-il déclaré, je vais prendre le train de 4 heures pour Saint-Malo, où je m'embarquerai à 10 heures du soir à bord de La Princesse Ena pour l'Angleterre. »*

*Quelques instants après, M. Kerné descendit et vint à moi. Je lui dis :*

*– Si vous allez à Newport, souhaitez le bonjour de ma part à Wilki (Wilki est l'abréviation sous laquelle nous désignons M. Wilkinson, un gros négociant en charbon et courtier à l'export).*

*– Certainement, je n'y manquerai pas, répondit-il.*

*Trois semaines après, je rencontrai M. Kerné à l'Hôtel de la poste, rue de Brest, à Morlaix.*

*– Est-ce que vous avez vu Wilki ? lui demandai-je.*

*Il me répondit brutalement :*

*– D'abord, je n'ai pas été en Angletere et je n'ai pas de comptes à vous rendre. J'ai été malade, couché, et mon patron est venu me voir à Chelles, où j'étais couché.*

*Je répondis à M. Kerné :*

*– Je ne vous demande pas un alibi. Si je vous ai posé cette question, c'est parce que vous m'aviez annoncé votre départ pour l'Angleterre et que je vous avais prié de donner le bonjour de ma part à Wilki, ce que vous m'aviez promis. Je ne comprends pas du tout votre repartie.*

*M. Kerné sortit sans mot dire.*

*Quand M. Kerné partit de Morlaix, son auto est restée entre les mains de M. Denis Bourlès, représentant de commerce, et Paul Aud'hui, qui s'en servaient journellement. En par-tant, M. Kerné ne dit rien à M. Scour, son contremaître, ne lui donna aucune instruction, ne lui laissa pas un sou. M. Scour fut obligé de faire la paie des ouvriers avec son propre argent.*

*M. Kerné ne donna des nouvelles à Scour que treize jours après.*

*En ce qui concerne la physionomie de Kerné, c'est un homme de trente et un ou trente-deux ans, donc de vingt-neuf ou trente ans lorsqu'il alla au Havre, voyage qu'il avait d'abord nié et qu'il a bien été obligé de reconnaître. Il est de taille moyenne, souple de taille ; il porte soit une casquette marine, soit un chapeau mou. Un jour, il me dit à l'Hôtel de la poste, à Morlaix : « Moi, je n'ai jamais hésité à tuer le mandarin. » Ces paroles, il les a dites à d'autres qu'à moi. Je ne tire aucune conclusion de tout ce que je vous rapporte. Je cite les faits, tout simplement.*

Marie-Jeanne Seznec réclame une confrontation entre M. Dejaegher et Kerné, entre ce dernier et les témoins du Havre. Rien de tel ne sera fait, bien évidemment.

Alphonse Kerné mourra en 1931, d'un cancer des os.

En 1954, sa veuve confirmera au journaliste Claude Bal que son mari avait été, à l'époque, interrogé au commissariat de Morlaix.

6 juillet 1923. Nouvelle – et troisième – perquisition à la scierie, motivée, selon la police, par le fait que les recherches précédentes n'avaient pas été menées jusqu'au bout en raison des dépenses qu'elles pouvaient occasionner (lettre du 19 octobre 1924 du commissaire Jean Cunat au président des assises de Quimper). Admirable logique de l'administration qui, pour avoir fait des économies sur les deux premières perquisitions – louable et surprenant effort pour épargner les deniers des contribuables – , doit engager des frais supplémentaires pour en entreprendre une troisième...

Cette perquisition, bien qu'elle s'exécute sous commission rogatoire du juge d'instruction, se déroule en dehors de la présence de ce magistrat. Celui-ci dira plus tard qu'il a préféré laisser ce soin aux inspecteurs de la Sûreté, sans préciser pourquoi, les deux fois précédentes, il n'avait pas eu cette même préoccupation. Jamais il ne fournira d'explication à ce sujet. A-t-il voulu, lui aussi, faire faire des économies au contribuable ?

Cet acte de justice, effectué hors de la présence d'un juge d'instruction, comporte une autre irrégularité. Selon le code de procédure criminelle, l'inculpé, assisté d'un avocat, doit être présent. Or, on a « omis » de faire venir ces deux hommes. Imaginons une fois de plus un défenseur pugnace aux côtés de mon grand-père : il aurait, sans grandes difficultés, fait annuler cette procédure !

À 14 heures, l'équipe policière conduite par le commissaire Jean Cunat, assisté des inspecteurs Le Gall, Thomas,

Chelin et Faggiani, entre donc à la scierie. Angèle Labigou, la fidèle domestique, est seule à la maison avec le petit Albert, les autres enfants se trouvant alors en pension. Marie-Jeanne Seznec, elle, est à Brest, d'où elle reviendra vers 15 heures. L'un des policiers, bien qu'il fasse un beau soleil, arbore une large pèlerine et Albert a l'impression, comme il l'expliquera par la suite, que l'homme dissimule un objet sous ce vêtement.

Les policiers, contrairement aux visites précédentes où ils ont fouillé partout de fond en comble, un peu au hasard, se dirigent sans aucune hésitation vers un hangar. Ce bâtiment, qui n'a bien sûr pas échappé aux recherches antérieures, abrite la machine à vapeur alimentant la scierie en énergie.

Négligeant le rez-de-chaussée, l'escouade monte directement au premier étage où se trouve l'ancienne chambre du « chauffeur », Raymond Samson. Là, on déplace un vieux tableau électrique hors d'usage, ce qui dévoile une petite niche où se trouve une forme enveloppée dans du papier d'emballage. Qu'y a-t-il dans ce paquet, qui a l'air bien propre, sans un grain de poussière, alors que nous sommes dans une scierie où volent des poussières de bois ? Vite, on l'ouvre et, oh ! divine surprise... apparaît la machine à écrire Royal ! À côté, vingt-quatre feuilles de papier pelure enroulées dans un magazine.

– Cette fois, on tient Seznec ! s'exclame le commissaire Cunat, ravi.

Nul doute qu'avec la découverte d'une telle preuve l'Affaire est bouclée, en effet...

Le policier est si sûr de lui... qu'il néglige de demander qu'on protège la machine, afin de relever d'éventuelles empreintes[1]. Les touches d'une machine à écrire sont pourtant l'endroit idéal pour détecter des empreintes digitales.

1. Ce genre d'attitude est typique de notre système d'instruction judiciaire qui recherche avant tout à obtenir des aveux du suspect et a donc tendance à négliger les preuves scientifiques. C'est l'inverse du système anglo-saxon qui privilégie l'établissement des preuves matérielles du crime. En 1986, le budget français pour la

Mais non, les policiers s'emparent de la Royal, la manipulent sans aucune précaution, relèvent le numéro, puis vont la montrer à Angèle Labigou.

– Vous connaissez cette machine ?

– C'est la première fois que je la vois, celle-là ! s'exclame la bonne. Jamais on ne s'en est servi dans la maison !

Un peu plus tard, quand apparaît Marie-Jeanne, celle-ci a une réaction identique. Mais elle ajoute :

– Sur l'acte de vente de Traou-Nez, que vous nous avez pris, il y avait des lettres avec des traces rouges, je m'en souviens. Regardez, le ruban de celle-là, il est tout noir ! Il n'a pas servi à taper l'acte de vente, c'est évident.

Le commissaire Cunat hausse les épaules. Rouge, noir, quelle importance ?

Un mot sur cette découverte : si l'on examine la topographie de la scierie, on constate que n'importe qui peut y entrer de nuit et déposer la machine dans ce bâtiment. De la route, si l'on emprunte un petit chemin, on arrive sans encombre par l'arrière. Aucune barrière, aucun témoin possible puisque alentour c'est la campagne.

Il n'est donc pas insensé de penser que quelqu'un a pu se glisser une nuit pour déposer la machine. C'est tout de suite ce qu'avance Marie-Jeanne. D'ailleurs, elle se souvient, deux jours plus tôt, le soir, les chiens qui étaient enfermés ont longuement aboyé... Les policiers ricanent. Que ne va-t-elle pas inventer, la femme de l'inculpé, pour défendre son mari !

La presse salue ce joli coup de la police par des titres énormes. Un seul journal, *Le Populaire,* tempère la victoire de la Sûreté : SI LA MACHINE EST DÉCOUVERTE, LE CADAVRE RESTE INTROUVABLE. Toutefois, si *Le Petit Parisien* du

police scientifique était sept fois inférieur à celui de la Grande-Bretagne. Pourtant tous les criminologistes en conviennent : chaque grande énigme criminelle ou erreur judiciaire commence presque toujours par une sottise scientifique.

7 juillet titre à la une : UNE PREUVE ACCABLANTE CONTRE SEZNEC. ON TROUVE CHEZ LUI, À MORLAIX, LA MACHINE À ÉCRIRE QU'IL AVAIT ACHETÉE AU HAVRE, le corps de l'article rend bien compte de l'impression ressentie par les journalistes et ceux qui suivent l'Affaire : *Si grave qu'elles soient, les présomptions ne valent pas une preuve. Et les services de la Sûreté générale, convaincus par maints détails que connaissent nos lecteurs de la culpabilité de Seznec, appelaient de tous leurs vœux cette preuve contre laquelle le système de défense le plus savamment échafaudé ne peut tenir. Ils la tiennent depuis hier.*

*L'Humanité*, qui joue alors le rôle de franc-tireur de la profession, est quant à elle beaucoup plus réservée : SEZNEC EST-IL L'ASSASSIN DE QUEMENEUR ? *On a rarement vu un pareil empressement à prendre des indices pour des preuves, à présumer avant la vérification, pareille prétention à devancer la police et la justice dont la tâche paraît sans doute trop longue aux pourvoyeurs d'échafaud.* Et on peut lire aussi : *La machine à écrire dont « on » s'est servi pour taper le contrat Seznec-Quemeneur a été achetée chez M. Chenouard, 22, rue Siegfrid, au Havre.* J'apprécie beaucoup les guillemets utilisés pour désigner la personne qui s'est servie de la machine...

Cette « preuve inattendue », tant appelée de ses vœux par la Sûreté, tombe décidément à pic. Pourtant elle était pratiquement annoncée. En effet, la veille de la « découverte » de la machine à écrire chez mes grands-parents, sous le titre LES RÉVÉLATIONS IMPRÉVUES D'UNE MACHINE À ÉCRIRE, *Le Journal* (daté du 5 juillet), reproduit à sa une, agrandie, la fausse promesse de vente. En légende il est écrit que Chenouard, le marchand de machines à écrire du Havre, déclare reconnaître la frappe de la machine qu'il a vendue en la comparant à l'épreuve d'essai qu'il a conservée. Chenouard qui, nous allons le voir, n'aura pas gardé le numéro de la machine, a mis de côté en revanche la feuille d'essai pendant plus de vingt-trois jours !

L'enquête policière s'attache ensuite à retrouver l'origine de ces vingt-quatre feuilles de papier pelure, enveloppées dans une double page de la revue *Papyrus*. On interroge Chenouard, le vendeur de machines, ainsi que son employée, Mlle Héranval. Ont-ils vendu du papier en même temps que la machine ? Réponse négative.

– Nous ne connaissons pas ce papier pelure, nous n'en vendons pas de ce type, ajoutent-ils.

On peut se demander d'ailleurs à quel usage mon grand-père aurait bien pu destiner ce papier pelure, d'une texture très fine, habituellement employé pour établir des doubles à l'aide d'un carbone.

Pour ce qui est de la revue *Papyrus*, c'est une publication confidentielle et professionnelle, distribuée aux libraires et aux imprimeurs. Il est donc facile aux policiers d'obtenir du siège de cette revue, à Paris, la liste des abonnés. On cherche tout d'abord chez ceux de Bretagne, avec raison d'ailleurs, puisque, très vite, on trouve un imprimeur de Guingamp qui a vendu un papier semblable à un individu à l'allure paysanne, et dont un œil clignote. Ce client est resté quelques instants à bavarder avec les employés, histoire qu'on se souvienne bien de lui, sans doute.

Là encore, il ne restera aucune trace écrite de cette enquête. Disparue du dossier. Nous n'en avons connaissance que grâce à Me Philippe Lamour qui, en recherchant lui-même l'origine du papier pelure, lors du procès Hervé, en découvrira le vendeur. Celui-ci déclarera l'avoir vendu « à quelqu'un qui n'était pas Seznec » et avoir déjà fait cette déclaration « à quelqu'un qui s'est dit inspecteur de police ». Philippe Lamour dira ironiquement aux magistrats vouloir rester prudent car, « n'ayant constaté aucune trace de cette déclaration au dossier, on peut se demander s'il ne s'agissait pas d'un faux policier ! ».

La machine à écrire « découverte » à la scierie est, nous le savons, une Royal type 10 portant le numéro 434080. Vidal et Bonny se rendent chez M. Chenouard, le commerçant du Havre qui est censé l'avoir vendue à Seznec, et s'empressent de lui indiquer ce numéro, sans doute pour s'assurer qu'il s'agit bien de la même.

Mais le commerçant, apparemment moins sûr de lui que les journalistes, ne peut leur répondre : il n'a pas noté cette référence sur ses registres de comptabilité. Ce qui ne l'empêche pas d'affirmer sans hésitation : « C'est bien la machine que j'ai vendue à Seznec ! »

Des journalistes ne tardent pas à le questionner à leur tour.

– Pouvez-vous prouver que vous déteniez effectivement cette machine dans votre magasin ?

M. Chenouard hésite, se trouble, répond évasivement... Les journalistes paraissent s'en contenter, à l'exception de l'un d'eux, travaillant à une modeste parution de province, *Le Petit Havrais*. Plus obstiné que ses confrères, il revient, interroge de nouveau le commerçant, insiste sur ce numéro de la machine à écrire.

Et brusquement, Chenouard lui avoue qu'il n'est plus sûr de rien : lors de ses premières dépositions, il avait fourni à la police une autre référence de machine, le numéro 684604. Ce n'est, de toute évidence, pas le même que celui qui est porté sur la Royal retrouvée chez Seznec ! Comment explique-t-il cela ? Réponse : il ne l'explique pas, il ne comprend pas...

Le journaliste parti, il n'est pas interdit de penser que notre commerçant, affolé, s'empresse de faire part de son embarras à la Sûreté, car on voit bientôt surgir un nouveau témoin, un certain Édouard Luria, directeur de la firme Garanty Trust, qui déclare à la presse :

*Ainsi qu'il résulte d'une facture de la maison Bouvier, du Havre, en date du 23 septembre 1920, la Garanty Trust a acheté à cette maison une machine à écrire « Royal » numéro 434080 moyennant une somme de sept cents francs, et une machine usagée « Yost ».*

*Le 13 avril 1923, la maison Chenouard nous a vendu une Royal neuve pour la somme de mille sept cent dix francs et, contre la remise de deux machines usagées, une Remington et une Royal.*

Ainsi donc, tout est clair ! La maison Chenouard a acquis cette Royal en avril 1923.

Hélas pour la police, M. Luria ajoute aussitôt : *Nous n'avons pas relevé le numéro des machines que nous avons vendues à M. Chenouard le 13 avril 1923.*

Le témoignage n'est pas bien probant... mais il fera l'affaire, pense-t-on.

Certains journalistes s'obstineront pourtant à flairer quelque chose de louche et interrogeront à nouveau le malheureux commerçant :

– Monsieur Chenouard, êtes-vous vraiment sûr qu'il s'agit de la même machine ?

– Certain !

– Pourtant, il y a quelques jours, vous aviez déclaré à l'un de nos confrères que cette machine portait le numéro 684604.

Le brave homme se trouble puis fait cette réponse étonnante :

– Eh bien... il me paraît difficile d'affirmer que c'est vraiment la même machine... il se peut en effet que j'aie fourni un autre numéro que celui-là à la police...

Stupeur dans la presse.

*L'Ouest-Éclair* du 10 juillet, sous le titre EST-CE LA MACHINE QUI A ÉTÉ SAISIE CHEZ SEZNEC ? écrit : *M. Chenouard déclare que le numéro de la machine saisie chez Seznec ne correspond pas avec le numéro de celle qu'il a vendue. La Petite Gironde* renchérit : L'ON N'EST PLUS CERTAIN QUE LA MACHINE À ÉCRIRE DÉCOUVERTE DANS UN GRENIER DE L'USINE SEZNEC SOIT CELLE ACHETÉE AU HAVRE À M. CHENOUARD.

Le 12, l'honorable commerçant réplique aussitôt, par le canal de *L'Ouest-Éclair : La Sûreté de Morlaix a relevé sur cette machine un autre matricule que celui donné par Chenouard. Celui-ci déclare depuis qu'il peut y avoir deux numé-*

*ros et que la police en a noté un, tandis qu'il faisait mention de l'autre.*

Et voilà, le tour est joué ! On comprend maintenant les raisons des différentes et contradictoires déclarations du pauvre Chenouard : la Royal porte deux numéros au lieu d'un !

Hélas, hélas, cette machine – qui a été inspectée avidement, et sous toutes les coutures, aussi bien par les adversaires que par les défenseurs de Seznec – ne comporte qu'un seul numéro, 434080, bien visible à l'avant. Il suffit de déplacer un peu le chariot pour l'apercevoir.

Comment le commerçant peut-il se laisser aller à une telle déclaration ? Venant d'un spécialiste comme lui, c'est étonnant ! Visiblement, il panique, M. Chenouard.

Même *Ouest-Éclair* note que l'identification de la machine est plus importante que la quadruple reconnaissance des témoins du Havre « qui est un fait d'ordre cérébral ». (J'apprécie, au passage, la soudaine méfiance du journal sur la valeur du témoignage humain...) Mais les avocats de mon grand-père, malheureusement, n'exploiteront jamais ces bévues successives concernant la principale pièce à conviction, se privant ainsi d'un argument de poids pour la défense. Il est vrai, nous le savons déjà, qu'ils ne se montreront pas très pugnaces...

Le 18 juillet, *Le Journal* peut titrer impunément, à la une : LA MACHINE À ÉCRIRE N° 434080 EST BIEN CELLE QUE SEZNEC A ACHETÉE AU HAVRE. UNE PREUVE ACCABLANTE. On peut lire dans l'article : *La machine découverte dans la chambre du chauffeur, chez Seznec, est de la même marque, du même type et porte le même matricule. Ainsi se trouve couronnée par un franc et décisif succès la subtile activité de M. Vidal. En effet, il importait à l'accusation d'établir ce point qui, à défaut de la découverte du cadavre ou d'aveux de Seznec, détermine le plus nettement la culpabilité de celui-ci.*

« Subtile activité », en effet. Je dirai plutôt bon travail, très bon travail, mais dont le mérite revient non pas au commissaire Vidal, mais à son zélé adjoint, l'inspecteur

Bonny. Et voilà ce qu'écrira à ce sujet le fils de ce dernier, en 1976 :

*L'entrée en scène de mon père porta un coup terrible au maître de scierie.*

*– À ce moment-là, me raconta-t-il par la suite, j'étais certain de la culpabilité de Seznec. Il ne cessait de mentir. Nous l'interrogions pendant des heures et, chaque fois, il s'enfonçait un peu plus loin. Il avait l'air d'un type qui n'a pas la conscience tranquille. Ma conviction était faite et je la communiquai au commissaire Vidal : il fallait l'arrêter... Pourtant, le commissaire hésitait.*

*L'enquête se poursuivit pendant des semaines. Comme on ne retrouvait pas le corps de Quemeneur, il fallait réunir contre Seznec le maximum de preuves permettant de le faire condamner.*

*Le hasard servit une fois de plus les policiers. Car c'est à ce moment que se situe un épisode fameux : celui de la machine à écrire, qui fut l'une des causes de la condamnation de Seznec.*

*– Naturellement, disait souvent mon père (je m'en souviens), on m'a accusé d'avoir moi-même placé la machine là, pour enfoncer Seznec. Certes, il m'eût été possible de le faire, quoique, durant toute la perquisition, nous ayons été accompagnés par Mme Seznec. (...) Supposons que ce soit moi qui aie déposé la fameuse machine à écrire dans le grenier, et pas une autre*[1]*, non, celle-là même qui portait le bon numéro de série et dont les experts avaient défini les imperfections de frappe.*

*Le cas Seznec l'avait profondément secoué. Je l'ai souvent entendu en discuter avec ma mère. Chaque fois, cela prenait la forme d'un long monologue, car il avait besoin de repasser dans sa tête tous les éléments de l'enquête.*

*– Certes, ajoutait-il, il y a des tas de réponses qui manquent à nos questions. « Une chance sur mille pour que Seznec soit innocent », disait le commissaire Vidal. Et si, justement, il avait été victime d'une machination ? Si le ou*

1. Ce mot est souligné dans le livre de Jacques Bonny.

*les assassins véritables de Quemeneur lui avaient fait endosser le crime : il était le client idéal, étant donné ses antécédents et sa mentalité. Qui sait ? Et si ce n'était pas lui.*

*Ce genre de monologue, qui débutait par la certitude de la culpabilité de Seznec et se terminait par le doute, je l'ai entendu des dizaines de fois dans sa bouche. D'ailleurs, ce doute le tourmentait à tel point qu'il finit par en arriver à la conclusion que Seznec n'avait pas tué Quemeneur.*

*Le Populaire de Paris* du 19 juillet relate : *L'inculpé parut bientôt, pâle et défait, derrière le grillage. Comme il sanglotait, sa femme s'efforça de lui remonter le moral.*

*– Regarde-moi, Guillaume, lui dit-elle d'une voix douce. Je ne suis qu'une femme et je ne pleure pas. Remets-toi, prends courage, pense à tes enfants...*

*– Je ne comprends rien à ce qui m'arrive, répondit Seznec. J'ai certainement le Diable contre moi, je suis victime d'une machination diabolique...*

« Machination diabolique » mon grand-père ne croit pas si bien dire. Trois petites lignes au bas de la première page de *L'Ouest-Éclair*[1] du 2 août : *Hier soir, la machine à écrire est partie pour Paris, confiée à l'inspecteur Bonny.*

Cette machine à écrire disparaîtra après le procès. Envolée, elle aussi. Après tout, elle avait rempli sa mission...

Faisons, un instant, un bond dans l'avenir pour découvrir les faits sous un jour assez proche de ce que nous rapporte le fils de Bonny.

À son retour du bagne, en 1947, mon grand-père reçoit un courrier d'un certain Léon Sacré, garagiste à Montauban. Celui-ci lui envoie le double d'une lettre qu'il vient d'adresser au procureur de la République. En voici le texte :

1. Voir document en annexe.

*Je certifie avoir reçu du secrétaire de M. Vidal, chef de la Sûreté, les révélations suivantes, qu'il m'a faites dans un café situé rue du 29-Juillet, à Paris.*

*Bonny était mon partenaire au jeu de belote. Il me racontait régulièrement, chaque soir, les progrès de l'enquête dans l'affaire Seznec.*

*Un soir, il me dit qu'il avait demandé à son patron, M. Vidal, de faire passer Seznec dans la chambre des aveux, afin de le contraindre à se déclarer coupable.*

*Il ajouta : « Le singe » m'a demandé : « Qui est le défenseur ? »*

*Sur ma réponse, Vidal ajoute : « Avec cet avocat nous ne pouvons pas utiliser le procédé. »*

*Pendant deux jours, Bonny demeura taciturne. Il combinait son affaire et nous arrêtait à chaque instant par ces mots : Je l'aurai.*

*Je me suis permis de lui dire : « Si cet homme n'est pas coupable, comment voulez-vous l'avoir ? »*

*Il me répondit : « Il est coupable parce que je veux qu'il le soit. » Il ajouta même : « Le patron a parlé de l'élargir. Je lui ai demandé deux jours de délai. »*

*À ce moment, je pris Bonny pour une canaille.*

*Deux ou trois jours plus tard, il revint nous payer une bouteille de mousseux. Il nous apprit alors que Seznec ne lui échapperait plus, parce qu'il l'avait « eu » en faisant découvrir chez lui la machine à écrire qui avait servi à l'acte de vente de la propriété de Quemeneur.*

*Sous l'effet de la boisson, il nous dit bien d'autres choses ; mais je ne m'en souviens plus. Il serait utile de publier dans les journaux ma déclaration, car il se peut que les deux autres partenaires de belote puissent la lire et la faire connaître.*

Pourquoi Léon Sacré n'a-t-il pas, à l'époque, communiqué ces confidences à la police ? Sans doute par crainte d'être mêlé à une affaire de justice... et puis, s'occuper des affaires des autres, ça n'apporte que des ennuis, n'est-ce pas ? De plus, avant de s'attaquer à un personnage comme

Bonny, même s'il est votre partenaire à la belote, on doit y regarder à deux fois...

Quant à penser que ce témoignage aurait changé le cours des événements, hélas, je ne le crois pas. On se serait bien arrangé pour le réduire en miettes ou l'occulter par un quelconque tour de passe-passe.

Après avoir reçu ce courrier, mon grand-père est allé à Montauban rendre visite à Léon Sacré. J'ignore malheureusement ce qu'ils se sont dit. L'homme est mort en 1966, à l'âge de quatre-vingt-deux ans.

Un autre témoignage, et que je considère comme des plus importants : celui de Mme Moreau-Lalande.

Pour en apprécier la valeur, il faut savoir que tout commence en Champagne, pendant l'hiver de 1917. C'est la guerre, à cette époque terrible où les hommes croupissent et meurent dans les tranchées, où les pertes sont considérables. Une compagnie du 166e régiment d'infanterie va monter en première ligne. Avant l'attaque, le lieutenant René Moreau-Lalande fait une tournée d'inspection. Un peu à l'écart du cantonnement, il surprend le soldat Bonny, qui s'apprête à se tirer une balle dans la jambe pour se faire envoyer à l'arrière, pratique fréquente avant les attaques. Se voyant découvert, le jeune soldat, qui se sait passible du peloton d'exécution, invoque un moment de faiblesse et supplie son lieutenant de lui faire grâce de la vie. Celui-ci accepte finalement de se taire et l'envoie accomplir son devoir comme ses camarades.

À la faveur de cet épisode, des liens particuliers se nouent entre le soldat fautif et celui qui lui a donné une chance de se racheter. Une grande estime est née.

Les années passent.

En 1936, René Moreau-Lalande, accompagné de sa femme, remonte les Champs-Élysées pour regagner son domicile, au numéro 104 de la célèbre avenue, quand il rencontre Bonny. À cette époque, celui-ci a été révoqué de la police et vit de petits métiers. Son officier n'hésite pas à lui dire tout ce qu'il a sur le cœur, lui faisant des reproches pour son attitude dans l'affaire Stavisky et, plus généralement, dans tous ces scandales politiques où il a joué un rôle de manipulateur.

Et Bonny, peut-être parce qu'il est en crise pour avoir été lâché par ses protecteurs, peut-être surtout parce que M. Moreau-Lalande, qui lui a évité le peloton d'exécution, lui en impose par sa rigueur morale, se met soudain à parler à cœur ouvert. Le scandale Stavisky ? Oui, c'est sûr, il y a été mêlé, mais il n'a pas toujours fait ce qu'il a voulu, il a dû obéir aux ordres. Et puis l'affaire Prince, ça a été un engrenage, un monde de magouilles où il a été entraîné comme dans un tourbillon, un monde qu'un homme d'honneur comme son ancien officier ne pourrait pas comprendre. D'ailleurs, il en a été de même, auparavant, pour l'affaire Seznec...

– C'est à moi, mon lieutenant, qu'on a demandé de déposer la fameuse machine à écrire dans le hangar de Seznec, la nuit précédant la perquisition, avoue-t-il.

– Que me dites-vous ? La pièce à conviction qui l'a fait condamner ?

– Oui, mon lieutenant, et je le regrette sincèrement. Seznec est au bagne et par ma faute.

L'officier, conseiller juridique dans le civil, n'hésite pas une seconde :

– Écoutez, Bonny, il faut faire quelque chose. Venez me voir le plus tôt possible, nous en reparlerons. Je compte sur vous. Nous verrons par quel moyen vous pourriez réparer cela. Vous vous le devez à vous-même, vous m'entendez ?

L'ex-policier semble acquiescer et René Moreau-Lalande rejoint sa femme, qui l'attend à quelques pas. Tout naturellement, il lui rapporte les propos étonnants qu'il vient d'entendre et qui le bouleversent. Il parle de demander à Bonny des aveux écrits et d'entreprendre des démarches pour en faire état devant la justice.

Mais Bonny ne se manifestera pas, et le mauvais état de santé de M. Moreau-Lalande – il a été gazé – l'empêchera de le relancer. Il meurt le 29 juin 1939. La guerre éclate et Mme Moreau-Lalande a alors d'autres préoccupations...

Après la Libération, fin 1948, apprenant par la presse que les avocats de Seznec demandent la révision du procès, elle décide de s'adresser à la justice pour l'informer de cette rencontre sur les Champs-Élysées, bien qu'elle ne possède, bien entendu, aucune pièce écrite pouvant confirmer ses dires.

Elle fait parvenir une déclaration écrite, datée du 4 décembre 1948, au procureur de la République de Quimper. À réception de ce courrier, que croyez-vous que va faire la justice ? Convoquer cette personne qui fait des révélations si étonnantes ? Eh bien, non. On dépêche l'inspecteur Robert Vincent... auprès de son beau-frère, M. Georges Caron, pour tâter le terrain : « Quelle sorte de femme est-ce, Mme Moreau-Lalande ? Et son mari, aurait-il été capable d'inventer une telle histoire ? » interroge le policier. Comme on aurait aimé que de telles enquêtes aient été entreprises concernant certains témoins de l'Affaire, lors de l'instruction !

*Je ne crois pas que M. Moreau-Lalande ait inventé une chose pareille, répond M. Caron. Je me souviens moi-même qu'avant la guerre il m'a fait état de confidences très graves qu'il avait reçues d'un de ses anciens sous-officiers devenu policier, Pierre Bonny* (audition du 10-1-1949).

Autre témoin de moralité appelé à répondre de l'honorabilité absolue des époux Moreau-Lalande : le juge Joly, qui deviendra par la suite président de cour.

Ces précautions prises, Mme Moreau-Lalande est – enfin – jugée digne d'être convoquée au ministère de l'Intérieur, à Paris, où un inspecteur prend sa déposition.

Dans les années quatre-vingt, travaillant à Publications-Élysées, juste en face du domicile de Mme Moreau-Lalande, j'allais de temps en temps lui rendre une visite amicale. Bien entendu, nous évoquions beaucoup l'Affaire en buvant du thé. Cette femme adorable, spontanée, était très émue par la condamnation dont mon grand-père avait été victime. Un jour, elle m'a montré le double de sa déclaration adressée au procureur de la République[1], ainsi que celui de sa déposition à la police qui a suivi.

Dès la première lecture m'ont sauté aux yeux des « nuances » bien curieuses. Dans le premier, on pouvait lire : *Lui* (Bonny) *évidemment se défend d'avoir la liberté de ses actes et il m'a cité en exemple l'affaire Seznec au cours de laquelle il dit s'être trouvé dans l'obligation de déposer la fameuse machine à écrire dans l'atelier où on l'a retrouvée.* Dans la déposition à la police[2], cette partie du récit devenait : *Suivant ses dires* (de Bonny) *et d'après ce que mon mari m'en a rapporté, ce serait Bonny qui aurait déposé la machine à écrire – pièce principale de l'accusation – dans l'atelier de Seznec.*

*Le Petit Parisien,* 18 juillet 1923 :

*Ce soir, un peu avant 6 heures, les Morlaisiens virent arriver à leur gare, haut-perchée, leur sous-préfet, leur maire, le procureur de la République, le capitaine de gendarmerie en grand uniforme, suivi de ses subordonnés. Ils se demandèrent quelle haute personnalité le rapide de Paris allait amener dans leur jolie ville. À 6 h 21, avec dix-sept minutes de retard, le train leur apportait la réponse : c'était Guillaume Seznec.*

*L'inculpé descendit à contre-voie. Les autorités étaient rangées sur le quai. Toutes ces précautions attirèrent immédiatement l'attention de la foule et des voyageurs qui se penchèrent aux portières.*

*Tandis que le cortège gagnait la prison où l'attendaient le commissaire de police et ses agents, dans la crainte de troubles qui ne se produisirent d'ailleurs pas, M. Picard, procureur de la République, voulut bien nous rappeler les charges qui pèsent sur l'inculpé. Il ajouta : « Ce n'est pas un*

1. Voir document en annexe.
2. Voir document en annexe.

*condamné que nous avons là. Quoique, en prison, il ne sera pas trop mal traité ; il aura, pour ainsi dire, la meilleure chambre, et je n'ai pas l'intention de le mettre au secret : il pourra voir sa femme, embrasser ses enfants.* »

Le procureur Picard – celui-là même qui, vingt ans plus tôt, était le soupirant éconduit de Marie-Jeanne – était bien trop bon d'accorder « sa meilleure chambre » à son ancien rival.

Voici ce qu'écrivait *L'Excelsior*, un mois après l'arrivée de mon grand-père à Créach-Joly, la prison « quatre étoiles » de Morlaix : *Seznec, visité ce matin par le Dr Ascomet, a été trouvé dans un état de dépression nerveuse assez grave. Il pense qu'il faut atténuer le régime cellulaire auquel est soumis Seznec, au moins pour quelques jours, et a demandé que l'instruction soit suspendue.*

Le 6 septembre, le juge fait amener Seznec à son cabinet pour le confronter à plusieurs témoins. *Il y avait foule sur le passage du prisonnier, qui a beaucoup changé. Seznec a perdu sa bonne mine. On attribue ce dépérissement visible au régime pénitencier : pain et eau tous les jours et soupe tous les quatre jours* (*Le Petit Parisien*, 7 septembre 1923).

16 juillet 1923 – 24 octobre 1924.

Seize mois dans la prison de Créach-Joly, dans l'attente du procès.

Il ne faut pas un trésor d'imagination pour se représenter le décor de la cellule de cette vieille prison qui domine Morlaix : quatre murs gris et sales, une petite fenêtre avec des barreaux donnant sur un ciel vide, des tinettes, un bat-flanc avec sa couverture usée. Dans la porte, un judas, un passe-plat sans doute, et puis, en provenance du couloir, ces bruits qu'en très peu de temps on apprend à interpréter : le chariot qui grince avec la soupe, les changements de cellule, l'heure des visites, les gardiens avec leurs clés...

À quoi pense un homme plongé injustement dans cet univers rituel et étriqué, où il se sent seul, définitivement seul ? Je l'imagine ressassant pendant des heures les événements qui l'ont amené là, se torturant l'esprit pour comprendre et chercher une raison d'espérer, puis tombant brusquement dans un état de torpeur, une sorte de *no man's land* de l'esprit où plus rien ne l'atteint, mais où instinctivement il répare ses forces. Dans cet univers protégé passent les souvenirs heureux, le visage des êtres chers qui lui donnent des instants de joie pure, hors du temps. Quelquefois aussi peut-être, pour de courts moments, le présent absorbe tout et l'occupe entièrement : « Au moins la soupe est chaude aujourd'hui... C'est bon une soupe chaude ! » Oui, c'est comme cela que ça doit se passer... Dans la souffrance, il doit y avoir des moments de répit, du moins si l'on est quelqu'un de solide, d'équilibré.

SEZNEC SE LAMENTE DANS SA PRISON, titre *Le Petit Journal*. Se lamenter ? C'est peu dans sa nature. Je le vois plutôt taciturne et renfermé, n'échangeant avec le gardien que le minimum de mots. Se plaindre ou gémir, jamais. Protester, peut-être, par brusques et courts accès de colère...

*N'a-t-on rien découvert encore de plus au sujet du disparu ? Toujours aucune nouvelle ?* écrit-il de prison à Marie-Jeanne. Il se plaint de la nourriture, très insuffisante. *Mais que sont ces privations et ces souffrances a côté de la douleur morale que je ressens plus encore que tout ? Oh ma chérie, tu peux toujours compter sur mon amitié tant que je vivrai. Dieu seul connaît mon innocence et je suis prêt a lui rendre compte de mes actes. Console-toi ma chérie, la vie est si courte ! Je ne compte plus que sur l'autre monde. Mon avenir est certainement brisé par de méchantes gens qui ne connaissent pas l'importance de leurs faussetés. Tu le vois, mon cœur est plutôt décourageant. Il est certain que je serai reconnu innocent. Mais c'est la rumeur publique en attendant qui me tue. Je te quitte ma chérie en t'embrassant de plus en plus fort et embrasse également mes quatre petits.*

Une pensée l'obsède : où peut bien se trouver Quemeneur ? Où peut-il être passé ? Cette question, non seulement il se la pose mille fois, dix mille fois ici, dans la prison, mais il se la posera plus tard, au bagne, plus tard encore, après son retour.

Depuis que j'ai ouvert la valise et commencé à comprendre l'Affaire, l'image de mon grand-père dans cette cellule me poursuit. Je vois cet homme, grand et sec, assis sur son bat-flanc et les coudes sur les genoux, se tenant la tête entre les mains. La lueur qui vient de la fenêtre traverse la pénombre en faisceaux obliques, un peu comme dans une gravure de livres de prix. Cet homme-là, un peu irréel, c'est pourtant le même dont je sens encore les paumes rugueuses sur mes doigts d'enfant... Le temps nous rapproche sans cesse. J'ai maintenant atteint l'âge d'être son fils. Il me semble que je le comprends de plus en plus...

Dès le premier instant où il est arrivé dans cette prison, ça s'est mal passé. Il lui a fallu tout d'abord subir une fouille en règle... Humiliation de devoir ôter ses vêtements et de rester nu devant les gardiens, de sentir sur soi leurs regards indifférents de professionnels. Soudain, l'un des fonctionnaires s'est écrié qu'il sentait quelque chose dans le veston qu'il examinait, à l'intérieur de la doublure. Après avoir décousu cette dernière, il a sorti triomphalement deux billets de mille francs et un feuillet sur lequel on pouvait lire : *Pour trouver ce qu'il faut faire, sortez dans le couloir. Déchirez les deux enveloppes*. Immédiatement, ça a été l'agitation ! Le gardien-chef a prévenu le juge d'instruction et mon grand-père a vigoureusement protesté : jamais il n'avait caché là cet argent ! Et ce billet, il ne l'avait jamais vu non plus. Il ne comprenait d'ailleurs même pas ce qu'il voulait dire ! Curieusement, l'affaire a tourné court, comme si on s'était rendu compte que l'histoire ne collait pas, que c'était une provocation. Aujourd'hui encore, je serais bien en peine de dire ce qui s'était tramé là. Faire croire à une intention d'évasion, pour rendre l'accusé encore plus « coupable » ? Peut-être.

Oui, Guillaume Seznec ressasse tout cela, s'interroge sur les derniers incidents. Il repense à ce prétendu voyage au Havre, où il n'a jamais mis les pieds, à cette promesse de vente qu'on lui brandit sous le nez en affirmant qu'il s'agit d'un faux, à tous ces gens qu'il n'a jamais vus et qui affirment le reconnaître ! C'est à devenir fou...

Bon sang, mais où est donc Quemeneur ? Peut-être a-t-il filé en Amérique, en prenant un bateau au Havre ? Non, ça ne va pas : il n'aurait pas abandonné sa valise, avec ses papiers à l'intérieur. Et puis, il se serait manifesté tout de même en apprenant ce qui arrivait à son ami à cause de lui ! C'était un débrouillard, mais pas un mauvais homme... Et s'il avait eu des ennuis à Paris, avec ces individus qui lui promettaient la lune, ce mystérieux Cherdy par exemple ? Peut-être Quemeneur avait-il emporté beaucoup d'argent, dont les dollars-or de la vente de Traou-Nez, peut-être. Et si l'Américain et ses acolytes lui avaient fait la peau ? Ce sont des choses que l'on voit, dans la vie... un type qui débarque tout seul à Paris, venant de sa province avec de l'argent plein les poches...

À l'extérieur, dans ce monde lumineux où les gens ne savent même pas qu'ils sont heureux, la France se passionne pour l'Affaire. Si la presse nationale s'efforce de se montrer objective en relatant les événements, bien qu'elle prenne – c'est l'époque – pour argent comptant les dires de la police et se laisse parfois ballotter par les vents du moment, la presse dite « de province », elle, est partagée en deux camps : pour ou contre la culpabilité de Seznec.

Il y a *L'Ouest-Éclair* notamment. Ce journal est né en 1899 de la rencontre de l'abbé Trochu et d'un ancien commissaire de la marine devenu avocat, Emmanuel de Desgrées-du-Lou. Publié pour la première fois dans la période où Dreyfus est une nouvelle fois condamné au tribunal de Rennes, ce journal a été violemment antidreyfusard. En 1923, certes, il informe ses lecteurs marins sur les mouvements des navires, ses lecteurs paysans sur la tenue des foires et marchés régionaux, mais il soutient surtout le Parti démocrate populaire auquel appartient Quemeneur. L'abbé Trochu est d'ailleurs un proche de la famille Quemeneur. Alors, bien entendu, il ne manque pas une occasion d'accabler mon grand-père. Pour ma famille, ce journal a été considéré pendant de longues années comme « l'ennemi ». Dès le début de l'enquête, alors que tout le monde s'interrogeait encore sur la disparition mystérieuse de Quemeneur – fugue, fuite aux États-Unis, voyage en U.R.S.S. –, Ouest-Éclair barrait toute sa première page du titre vengeur : L'ASSASSINAT DE M. QUEMENEUR NE RESTERA PAS IMPUNI ! Et lorsque l'on ne retrouvera aucun cadavre nulle part, ce journal n'hésitera pas à émettre une hypothèse en titrant sa une : SEZNEC A-T-IL OPÉRÉ COMME LANDRU ? L'abbé Trochu – nous l'appelions l'abbé Crochu – aura des ennuis à la Libération[1]. Confisqué, *Ouest-Éclair* deviendra *Ouest-France*, et depuis nous n'avons plus eu à nous plaindre du moindre parti pris systématique contre notre cause.

L'ami, le pendant, c'est *La Dépêche* qui deviendra *Le Télégramme de Brest*. Mais surtout, il y a *La Province*. Après le procès, quand sera suivie la piste de Plourivo, une véritable bataille à coups de communiqués et d'articles vengeurs opposera *La Province* à *La Petite Gironde* de Bordeaux.

L'Affaire, tout en suivant son cours, a ses côtés moins spectaculaires mais qui finissent par accabler la famille Seznec. *Le défenseur de Seznec,* écrit *La France* du 15 juillet, *est venu à Morlaix pour empêcher qu'ait lieu la vente du mobilier ordonnée contre Seznec, en vertu d'un jugement du tribunal de commerce de Morlaix, rendu à la demande de M. Caillet, électricien à Paris, auquel Seznec refusait de payer une dynamo qui n'était pas neuve contrairement à ce qui aurait été affirmé. Or ce jugement est attaqué par Seznec devant la cour d'appel de Rennes. Pour empêcher la vente aux enchères publiques des effets mobiliers appartenant à la communauté Seznec, et de façon à maintenir son intégralité,*

1. En janvier 1993, j'apprendrai par sa nièce, Anne-Marie Tostivin, qu'après un entretien avec le juge Hervé en 1938, l'abbé Trochu changera d'avis et fera part à sa famille de son intime conviction de l'innocence de Seznec.

*Mme Seznec, munie d'une procuration de son mari, a déposé aujourd'hui son bilan, qui montre un actif largement supérieur sur le passif et conforme aux déclarations qu'elle fit dernièrement. De ce fait, il fut décidé de surseoir à la vente.*

Pour une dette minime (et contestée) de 15 000 francs, on n'hésite pas à procéder à la vente aux enchères des biens ! Ce n'est qu'en déposant son bilan que Marie-Jeanne tente, c'est le cas de le dire, de sauver les meubles.

Un avoué de Morlaix, Me Belz, est chargé par la justice d'établir un rapport sur la situation financière de la famille. C'est une tâche difficile, car mon grand-père n'est pas un homme d'écritures, nous le savons. Dans la comptabilité de la scierie, tout est en vrac : factures, paies des ouvriers, mises en garde d'huissiers, lettres de clients, etc.

Très vite, Me Belz se sent perdu, effaré par cet univers étrange où une poignée de main sert d'accord, où l'on paie quelquefois en dessous-de-table pour échapper au fisc, où l'on emprunte plutôt que d'avoir à débourser un argent investi plus fructueusement... Ainsi découvrira-t-il, et cela fera sensation au procès, qu'Angèle Labigou, la fidèle domestique, a avancé de l'argent à son patron sur ses gages !

Mais l'avoué s'aperçoit qu'en additionnant les actifs mobiliers et immobiliers et en les confrontant aux passifs... le solde est bénéficiaire de 140 000 francs. Encore n'a-t-il pas « fait de cadeau » à l'inculpé... SEZNEC N'ÉTAIT PAS DANS UNE MAUVAISE SITUATION FINANCIÈRE, titre *L'Excelsior* (19 juillet), à la une, comme s'il s'agissait d'une nouvelle sensationnelle.

140 000 francs, voilà qui correspond bien peu à cette image qu'on s'obstinera à présenter d'un Seznec aux abois, quasiment ruiné, cherchant de l'argent par tous les moyens et, donc, tuant pour de l'argent ! C'est une somme qui devrait permettre à Marie-Jeanne de voir venir, d'assumer la lourde tâche qui lui incombe : la défense de son mari et la subsistance de ses enfants.

Hélas, les choses tournent différemment. Le bilan a beau être sain, une liquidation est néanmoins ordonnée sous le prétexte que, Seznec étant écroué, « une femme ne peut diriger une usine ». On semble soudain oublier qu'en 1917, pour l'armée, elle dirigeait seule la blanchisserie industrielle de Trémillau !

Mais nul ne peut s'opposer à la machine judiciaire. Les biens de la famille Seznec vont être bradés. Mis en vente publique – si l'on peut appeler ça une vente –, la maison d'habitation, les bâtiments de la scierie, le moulin actionnant la grande scie mécanique, les terrains, le bois entreposé, les outils, machines et engins n'atteindront qu'une somme dérisoire, sans commune mesure avec l'estimation initiale. C'est normal, c'est la curée. Ceux qui avaient des dettes envers mon grand-père se garderont bien de les régler, espérant ainsi que le malheur les fera oublier. En revanche, les quelques créanciers se feront connaître.

Une vie de travail et de labeur livrée aux charognards. Ma famille sera complètement ruinée. Et surtout, Marie-Jeanne, avec ses quatre enfants, sera totalement démunie pour s'offrir un avocat et organiser la défense de son mari.

C'est inouï, lorsqu'on y songe : on incarcère un homme – présumé innocent puisque non jugé – et on lui ôte dès le départ tous les moyens de se défendre. Pis, on met sa femme et ses enfants à la rue, ce qui le rend furieux, enfermé entre ses quatre murs.

*Nuit et jour je pense a toi et aux enfants que j'aime tant,* écrit-il à Marie-Jeanne. *J'ai le cœur gros, surtout quand je pense qu'on est en train de distribuer et de saccager tout ce que nous avons eu tant de mal a gagné, mais enfin puisqu'il faut une victime faisons en plusieurs. Prends courage ma chérie et console ces petits anges. Dieu nous oubliera pas, il est juste et bon et il fera a temps révélé certaine vérité méconnu. N'oublie qu'il ne se passe pas de minute sans que je pense a vous. Ton mari qui t'aime a jamais. Guillaume.*

C'est le début des années difficiles, terribles. Malgré le courage de ma grand-mère (elle a trente-sept ans), obligée d'accepter les emplois les plus précaires, la gêne s'installe, puis très vite la pauvreté la plus absolue. Je suis né moi-même dans cette pauvreté ainsi que ma sœur et mes deux frères.

20 juillet 1923. Marie-Jeanne reçoit enfin l'autorisation de faire une brève visite au prisonnier, à condition qu'ils ne discutent pas de l'Affaire.

Les voilà au parloir, face à face, chacun à une distance réglementaire de la grille qui les sépare. Ils ont le droit de se regarder mais pas de se toucher, de se parler mais à voix haute seulement. D'ailleurs, planté à quelques pas, un gardien surveille et écoute.

Chacun observe sur le visage de l'autre les ravages qu'a déjà accomplis l'épreuve. Les rides nouvelles, le pli amer de la bouche, les traits creusés et ces yeux au regard intense qui disent tant de choses – à la fois l'amour, la tendresse et la souffrance.

D'une voix qu'elle s'efforce de garder ferme, Marie-Jeanne égrène les nouvelles :

– Guillaume, ils vont vendre la scierie. Peut-être nous restera-t-il quelque argent. Ne t'inquiète pas, nous allons bien. Les enfants t'embrassent.

Elle hésite et poursuit, d'une voix sourde :

– J'ai mis l'aîné, Guillaume, dans ma famille. Il s'appellera Marc, cela évitera les ennuis. Au pensionnat, ils surnomment la petite Jeannette « fille d'assassin », et les sœurs ont écrit pour signaler que des parents menacent de retirer leurs enfants si on l'y laisse. Elles souhaitent qu'on la retire. Albert, c'est pareil, on lui lance des pierres à l'école. Je ne sais pas ce qu'on va faire. Pour Marie, je crois que j'ai une solution. Elle va prendre des cours particuliers chez une institutrice en retraite. Tant pis, pour payer je vendrai ma bague.

Que peut répondre Seznec ? Il est impuissant. Il ne peut que serrer les poings. Il a dû, intérieurement, insulter la société tout entière et peut-être, malgré sa croyance, maudire le Bon Dieu. C'est le plus dur à supporter : que ses enfants souffrent et pâtissent de la situation. C'est l'injustice de l'injustice !

Déjà, la visite est terminée. Les regards s'accrochent pour exprimer ce que l'on ne peut pas dire devant un témoin : « Je t'aime... Tiens bon... Comme je voudrais te serrer dans mes bras... Nous nous retrouverons bientôt, ce n'est pas possible que le cauchemar continue ! Courage ! »

Après un bref au revoir, Guillaume et Marie-Jeanne sont séparés.

Bien sûr, toute cette scène, je ne puis que l'imaginer, même si ma mère m'en a rapporté quelques souvenirs furtifs. Mais je suis certain qu'elle est vraie, car ces deux-là s'aimaient. Toute la vie de ma grand-mère le prouve. Jamais, pas un seul instant, elle ne doutera de son mari et elle consacrera son existence à tenter de faire réviser le procès afin qu'éclate son innocence. Cette joie, malheureusement, ne lui sera pas donnée... Quant à mon grand-père, comment ne pas être ému à la lecture des lettres qu'il a adressées à sa femme ? L'amour qu'il lui porte, la souffrance qu'il ressent à être séparé d'elle éclatent à chaque phrase, malgré les tournures maladroites.

22 juillet 1923, apparition de Furic.

Furic, c'est un détenu sympathique, serviable, qui balaie dans les couloirs. « Si tu as des messages à faire passer à l'extérieur, tu me les donnes, propose-t-il à mon grand-père. Ici, par la voie normale, ils ouvrent le courrier et lisent tout. Ils barrent même ce qui leur déplaît. Tandis qu'avec moi, pas de problème. »

Mon grand-père, naïvement, saute sur l'occasion et rédige plusieurs messages pour Marie-Jeanne, qui aboutissent directement... sur le bureau du juge Campion. Le sympathique et serviable Furic n'est bien sûr qu'un « mouton ».

Un détenu qui en espionne un autre pour le compte de la justice ou de la police, c'est classique dans les prisons. Bien entendu, les magistrats, principaux bénéficiaires de ces pratiques, ferment benoîtement les yeux.

Le prisonnier donc croit berner les autorités en utilisant une petite combine. En réalité, il tombe tête baissée dans un piège grossier tendu par des professionnels. Ceux-ci vont le laisser écrire plusieurs lettres, qui seront autant de pièces utiles à l'accusation.

L'une d'elles est versée au dossier :

*Oh, ma chérie, comme je t'aime, si du moins je pouvais encore t'embrasser dans notre foyer, quel bonheur pour moi ce jour-là, du moins je crois je mourrais sur le coup.*

*Fais mettre tous les outils sur le plancher de la scierie, petits comme grands et au plus tôt, je dis sur le plancher sous prétexte de faire les mieux voir, pour la vente prends les hommes qu'il faut un dimanche pour faire cette opération, Jean, Samson, Cessou, toutes les dinamos qui sont dans le moulin également et arrange-les bien là, bien alignés et ne manque pas de faire cela et au plus tôt.*

*Je t'aime, je t'aime, je t'aime.*

*Il faut qu'on se débrouille, car autrement ils nous ruineront, avec toutes les injustices qu'il y a contre nous, nous ne pouvons faire justice qu'en employant les grands moyens.*

*Va au plus tôt a Landivisiau, va donc trouver le père Mingard. Dis-lui de dire que j'aurais passé le 23 mai vers 6 ou 7 heures du soir et que je lui avais fait voir a cette date la promesse de vente, donne idée comment elle était rédigée et comment c'était écrit (le prix en rouge, etc.). Il faudra aller le voir dans son poulailler ou actuellement, le cinéma, tu demanderas en arrivant a Landivisiau, c'est loin de chez lui, tu le trouveras vers 9 heures ou 10 heures. Si jamais il ne voulait pas, ce qui m'étonnerait, la belle-fille le ferait peut-être. Ensuite vas-y chez le Russe, l'associé a Lagadec, appelle-le bien a part et confie-lui la même chose, c'est un homme secret, que je lui avais fait voir quand j'avais changé de chambre a air chez lui, tu n'as qu'a lui dire qu'on travaillera peut-être ensemble après ma sortie a ceux nous avions déjà causé pour son pays : trouve encore d'autres si tu peux, mais il faut que tu sois sûre d'eux. Demande a Métais l'adresse de Roussel a Rennes, va également le voir. J'espère que tu as trouvé quelqu'un pour dire qu'il m'a vu a Brest, le 13 juin dans l'après-midi en allant a Saint-Pierre où là entre 2 ou 3 heures.*

*Oh ! les chameaux, ce n'est pas en me coffrant qu'ils arriveront a m'abattre.*

*On se vengera, ma fille, n'est pas peur, si je peux mettre le pied dehors, je les arrangerais, je me vengerais.*

Tout mon grand-père est dans cette lettre. Il est à la fois perdu, broyé, dépassé, et, parallèlement, il fait front, luttant pied à pied contre l'adversité.

Si, dans la seconde partie du texte, on comprend aisément ses intentions – trouver des témoins qui lui soient favorables – le sens de la première partie paraît plus obscur. Pour quelle raison veut-il qu'on installe des outils sur le plancher ?

C'est la question que se pose aussitôt le juge Campion. Pour y répondre, il ordonne une perquisition à la scierie (la quatrième) et cette fois, dans les règles, en présence de l'accusé.

Gros débarquement de policiers – dont le commissaire Vidal, venu spécialement de Paris – , de gendarmes, de journalistes... et les esprits s'excitent.. on imagine, qui sait, un cadavre sous ce plancher que l'accusé voulait si bizarrement recouvrir d'outils...

Au milieu de ce remue-ménage d'intrus qui vont et viennent comme s'ils étaient chez eux, la famille Seznec goûte des instants uniques. Pour la première fois depuis longtemps, elle se trouve réunie. Les enfants sont là, auprès de leurs parents. On peut se regarder, se toucher, loin des murs oppressants de la prison. Instants d'émotion et de bonheur volés...

Dans l'atelier, les policiers défoncent le plancher à coups de hache.

Victoire ! Quand on ôte les lames de parquet, une cavité apparaît ! Chacun retient son souffle. Va-t-on retrouver le cadavre de Quemeneur ?

Mais non, il n'y a rien... c'est vide !

– Mais alors, à quoi ça rime, cette histoire d'outils sur le plancher ? interroge le commissaire Vidal, mécontent et vexé, en brossant son costume qui a pris quelques grains de poussière et de sciure.

– C'est pour faire plus propre, si on veut vendre la scierie, explique mon grand-père. Dame, on n'a plus d'argent.

Et voilà le mystère éclairci...

En ce qui concerne la recherche de témoins, de « faux témoins » même, les explications seront moins faciles à fournir au juge.

Manifestement mon grand-père, qui se sent comme englué dans une toile d'araignée, se débat et s'affole. Dans le silence de sa cellule, il échafaude des plans et cherche à corps perdu un moyen pour sortir de là. À qui peut-il bien demander de l'aider ? Il pense tout naturellement à ces hommes avec qui il était en affaires dans un climat d'estime réciproque. Ces gens-là, ces amis, ne lui refuseront pas un petit service, d'autant qu'un mensonge pour disculper un innocent, ce n'est pas vraiment un mensonge... Voilà ce qu'il espère.

C'est ainsi qu'il compte sur Métais, le ferblantier de Brest qui, nous le savons, après avoir confirmé sa visite le 13 juin, s'était rétracté devant la protestation de ses ouvriers.

Il rêve, bien sûr. Tous ces plans sont bien maladroits, bien imprudents aussi, car comment avoir la certitude que, parmi tous ces gens qu'il veut contacter, l'un d'eux ne le dénoncera pas ? Le faux témoignage est un délit qui risque de coûter cher...

Tous les professionnels de justice (magistrats, avocats, policiers) que je côtoierai au cours de ma vie m'assureront que, par expérience, ils constatent que les innocents ou les gens hors de cause dans les petites ou grandes affaires mentent autant que les coupables. Ils croient naïvement « s'en sortir » plus rapidement, alors que bien souvent leurs petits mensonges découverts incitent les enquêteurs, notamment débutants, à les croire coupables.

Je voudrais citer à cet égard un exemple frappant. Au début de l'Affaire, lorsque mon grand-père a été convoqué à la Sûreté générale, il a été suivi à son insu de Morlaix à Paris. Pour l'anecdote, l'un des deux policiers qui s'étaient attachés à ses talons était déguisé en curé, l'autre en ouvrier maçon – c'était l'époque de Rouletabille et d'Arsène Lupin ! Arrivé à la gare Montparnasse, mon grand-père va déposer sa petite valise en osier à la consigne, puis se rend directement à la Sûreté, rue des Saussaies. Au cours de son interrogatoire, un inspecteur lui pose une question apparemment anodine :

– Vous n'avez pas emporté de bagage avec vous ?

Mon grand-père répond par la négative.

Regard de connivence entre les policiers. Bien évidemment, on envoie sur-le-champ un inspecteur récupérer la petite valise. Dans le bureau annexe, elle est fébrilement fouillée. Rien ! Que des effets personnels. Pourquoi ce mensonge, alors ? Ce n'est qu'à la question de ma mère, en 1947, lors de son retour du bagne, que mon grand-père finira par répondre, très gêné :

– Parce que, vois-tu, Jeanne, l'un de mes sous-vêtements n'était pas très propre...

Une autre lettre clandestine, où il exprime sa tristesse et son désir d'avoir des nouvelles de sa femme, se termine ainsi :

*Passe sur le bas de l'autre page qui est restée en blanc un petit tampon de ouate légèrement imbibé dans un liquide, moitié eau moitié encre, et tu connaîtras le secret. Tu n'oublieras pas de le faire toutes les fois et tu trouveras également le moyen de m'écrire. Si tu reçois le mot, mets comme en-tête « cher mari ».*

Le laboratoire municipal de Paris procède au déchiffrage de la partie cachée. Ainsi apparaît le texte suivant :

*Pour m'écrire sans que personne ne puisse lire, tu n'as qu'a te servir d'une plume neuve que tu mouilleras de salive. Nul ne s'en doutera et moi seul saurai ce que tu as a me dire.*

Il est évident que ce « truc » lui a été appris par des « amis » de la prison, et le juge d'instruction le réprimandera comme un potache.

De tout cela, on en reparlera au procès, ce qui fera évidemment très mauvais effet.

23 juillet 1923. Visite de l'avocat, Me Le Hire.

Dans un premier temps, la famille Seznec a fait appel à un « ténor » du barreau, le fameux de Moro-Giafferi. Comme le grand avocat parisien, trop occupé, ne peut résider en permanence en Bretagne pour suivre l'instruction au jour le jour, il a été convenu qu'un avocat local doit assister aux interrogatoires, réclamer des témoignages et des confrontations, bref tenir tête au magistrat instructeur. Ensuite, Me Kahn, adjoint de De Moro-Giafferi, préparera dossiers et arguments. Le « ténor », lui, en apothéose, se chargera gracieusement de la plaidoirie.

Me Le Hire, choisi comme défenseur local, a déjà conseillé le maître de scierie dans une affaire de traite impayée. Mon grand-père lui fait donc confiance. Et puis il est le bâtonnier de Morlaix, ça vous en impose ! « Celui-là, je suis sûr qu'il me défendra bien contre tous ces chacals », a dû songer mon grand-père.

L'avocat est un homme blond, de haute taille (Le Hire, cela veut dire « le long », en breton), qui s'exprime d'une voix lente, posée, exprimant la sûreté de soi, le sérieux. En parlant, il garde les yeux baissés et se frotte constamment les mains.

Me Le Hire, démocrate chrétien féru de politique, peut être défini comme un homme respectueux et conformiste. Pour lui, les désirs des magistrats ne sauraient être remis en cause. Critiquer la procédure, par exemple, serait commettre une « impolitesse ». On est entre gens de bonne compagnie, que diable ! Il est, comme dit Maurice Privat, un « défenseur des causes calmes ».

Ce jour-là, Me Le Hire a la mine sévère.

– Seznec, le juge Campion m'a parlé de ces lettres que vous avez voulu faire parvenir clandestinement à votre femme. Bien sûr, elles sont toutes en sa possession. Vous avez eu tort, ne refaites plus jamais ça ! Quel enfantillage...

Il toussote.

– Voilà, il faut que je vous dise une chose : désormais, je ne pourrai pas être toujours à vos côtés, lorsque vous serez interrogé par le juge d'instruction ou confronté à des témoins.

– Ah, bon... pourquoi ?

– Mais parce que j'ai des obligations... ce n'est pas important, d'ailleurs, ça hâtera la procédure. Vous resterez moins longtemps en prison.

La longue main fine de Me Le Hire lui tend un papier.

– Vous allez lire ce texte et écrire en bas : « Je confirme cette déclaration et ces renonciations ». Et vous signerez.

Mon grand-père parcourt le papier d'un œil lointain – ces histoires entre magistrats et avocats lui paraissent bien compliquées, faites pour être comprises par des gens instruits, donc pas par lui. Il écrit la phrase demandée et signe.

Le jour même, le juge d'instruction reçoit la lettre suivante :

*Morlaix, le 23 juillet 1923*

*Monsieur le Juge d'instruction*

*Je vous confirme l'entretien que nous avons eu ce matin. Il est bien convenu avec mon client, M. Seznec, qu'il renonce expressément au bénéfice des articles 9 et 10 de la loi de 1897.*

*En ce qui concerne les interrogatoires, les confrontations et la communication du dossier, cette façon de procéder sera avantageuse à mon client, puisqu'elle permettra l'expédition plus rapide de l'instruction. De plus, puisque nous nous mettrons d'accord sur la date des interrogatoires et des confrontations, je pourrai toujours assister mon client.*

*Recevez, je vous prie, monsieur le Juge d'instruction, l'assurance de mes sentiments distingués.*

*Me Le Hire*

Étrange défenseur, en vérité, qui décide tout simplement de ne plus assister son client face au juge d'instruction – sauf s'il lui reste du temps, ou s'il lui en prend l'envie ! Ainsi, il laisse un homme peu habitué aux mœurs et au langage judiciaires se débrouiller seul face à la machine qui l'accable. Le comportement déplorable de l'avocat serait heureusement inimaginable de nos jours[1]. Après les recherches de preuves escamotées, les perquisitions illégales, les déclarations de témoins édulcorées, voilà le renoncement au soutien d'un avocat, renoncement « volontaire » il est vrai, puisque mon grand-père a signé...

Cela n'empêchera pas les pouvoirs publics d'affirmer haut et fort que l'affaire Seznec a bénéficié d'une instruction normale, menée selon les règles !

Ce même 23 juillet 1923, un fermier de Sion-les-Mines, dans le canton de Derval, à une quarantaine de kilomètres de Rennes, voit un lièvre tomber dans un vieux puits abandonné, sans margelle ni couverture. Avec son commis, il se penche, observe le trou béant et découvre, dans le fond, une masse qui surnage. C'est le cadavre d'un homme sans tête, portant pour tout vêtement un pantalon de ville bleu. Il donne l'alerte ; on prévient le maire, les gendarmes, le médecin. Celui-ci, le Dr Roger Daguin, procède à l'autopsie du cadavre. La tête a été coupée avec une certaine dextérité. L'homme a l'abdomen éventré et porte au bas du tronc de très larges entailles au couteau. Le corps semble avoir séjourné deux mois dans le puits. Deux mois... Le Dr Daguin pense à la disparition de Quemeneur, fin mai.

1. *L'Excelsior* du 21 juillet 1923 écrit : SEZNEC N'A PU ÊTRE INTERROGÉ, SES DÉFENSEURS ÉTANT ABSENTS. *Seznec s'écria alors avec énergie : « Je suis innocent ! Je suis innocent ! » Il s'étonna de l'absence de Me de Moro-Giafferi ou de son secrétaire, Me Kahn, et ajouta qu'il ne parlerait qu'en leur présence.*

Étant donné la corpulence du cadavre et qu'aucune disparition n'a été signalée à cette époque dans la région, il pourrait bien s'agir du conseiller général. D'autant plus que le pantalon provient d'un bon tailleur de Rennes.

Le médecin avertit les autorités. Curieusement, il est plutôt fraîchement accueilli : il semble bien qu'en haut lieu, aussi bien à Angers qu'à Rennes, ni la police ni les magistrats n'aient grande envie de tenir compte de cette découverte. « Il s'agit sans doute d'un règlement de comptes entre toucheurs de bestiaux », s'entend répondre le médecin.

Peu de temps plus tard, un fermier confiera au médecin, avant de mourir : « Je suis certain que la tête qui manque est dans mon puits. » Son fils confirmera ses dires : « J'ai pu suivre sur près de deux kilomètres des traces de sang. » En 1967, le Dr Daguin, devenu maire de Sion-les-Mines, confiera au *Journal de l'Ouest* qu'après la guerre de 1914-1918 un déserteur du 144e R.I. surnommé « Risque-tout » a travaillé à Sion-les-Mines. L'homme, capable des pires forfaits, s'occupait à l'époque de trafic d'or, notamment de faux dollars. Un autre témoin, de Guémené-Pentao, confirmera cette information en disant qu'il a bien connu ce « Risque-tout » et qu'il trafiquait d'ailleurs de l'or avec lui.

En 1979, lors d'une série d'émissions radiophoniques consacrées à l'Affaire, *Le Journal de l'Ouest* enquêtera à Sion-les-Mines. Là-bas, on se souviendra encore de « Risque-tout », homme dangereux, déserteur devenu boucher – et donc maniant bien le couteau à découper. On fera aussi le rapprochement avec un certain Chevance. Or, toujours selon les habitants de la région, Chevance aurait vécu à Sion-les-Mines.

En 1977, un prêtre, l'abbé Pierre Béhier, m'écrira : *Sous l'occupation allemande, en 1943, j'étais alors curé de Kairon (Manche). J'avais entendu parler d'un certain Chevance – un homme d'une force et d'une taille peu communes –, la terreur du pays. Il habitait une commune limitrophe et on lui attribuait les crimes restés mystérieux dans la région. À cette époque, chacun se sentait rassuré car Chevance était en prison à Saint-Brieuc.*

*Un soir, tout le village est en émoi – on vient de voir Chevance errer dans Kairon –, moi-même, je l'ai vu du côté du cimetière. Vers 23 h 30, je suis alerté par mes paroissiens : ma voisine Aminta Legentil a été retrouvée dans le coma aux environs de sa ferme, assassinée. Tout le monde accuse Chevance aussitôt. Les gendarmes de Granville le cherchent toute la nuit et l'arrêteront le lendemain. Il est interrogé chez mes amis M. et Mme Liébard à Kairon. On trouve sur lui des papiers d'identité au nom de Quemeneur Pierre, de Carhaix.*

*Chevance avait l'intention de travailler pour les Allemands qui semblaient le protéger. Il est mort un mois ou deux après son arrestation. De toute façon, il ne pouvait être condamné sans l'autorisation des Allemands. Chevance, maçon de son état, passait pour un tueur et il l'était. A-t-il participé au meurtre de Quemeneur ? Rien d'impossible car il voyageait souvent au loin.*

*Ce qui est troublant, ce sont ces papiers de Quemeneur qu'il n'avait certainement pas lors de son séjour en prison à Saint-Brieuc, mais qu'il a dû retrouver chez lui à Saint-Aubin-des-Préaux et qu'il portait au moment de l'assassinat de Mme Legentil. Tels sont les faits. Je suis prêt à en témoigner devant la justice.*

J'écrirai aussitôt aux époux Liébard, qui me répondront : *L'interrogatoire du nommé Chevance a eu effectivement lieu-non chez nous mais dans notre jardin car les gendarmes s'étaient refusé à faire entrer un pareil monstre dans une maison honnête. Le procureur de la République était M. Émile Dupont et le médecin légiste le Dr Alfred Le Breton. Tous les deux ont été frappés par le fait que ce Chevance sortant de la prison de Saint-Brieuc, déjà suspecté de plusieurs meurtres, soit en possession des papiers de Quemeneur.*

*C'est sur leur conseil et après en avoir discuté avec eux que nous avons adressé en son temps une lettre relatant ces faits à l'avocat de Seznec. C'était l'Occupation. Cette lettre est-elle arrivée à destination ? Nous l'ignorons encore.*

Je ne retrouverai aucune archive concernant cette affaire : le greffe du tribunal d'Avranches ayant été complètement rasé lors du débarquement de juin 1944.

Je ne sais que penser de ces découvertes. Elles sont en tout cas révélatrices d'un certain état d'esprit : ni police ni justice n'ont voulu se déranger…

Revenons en 1923. Le 9 août, le commissaire du Contrôle général des recherches judiciaires, rue des Saussaies, reçoit d'un certain Auguste Deknuydt une lettre au contenu pour le moins confus :

*Monsieur,*

*Je m'empresse de vous informer par ce courrier que je puis vous renseigner au sujet du sieur Seznec, du 20 juin écoulé.*

*Je me trouvais à la gare du Havre, entre 5 h 30 et 6 h 30 du soir, pour déposer mes correspondances pour Paris, et l'individu a même acheté deux journaux à la gare et il est allé voir le bouquin des départs des trains et il possédait deux valises, une jaune et une mallette en brun acajou et il était coiffé d'un chapeau feutre fendu au-dessus et il y avait au menton droit une grande tache rouge mais il porte la barbe d'après j'ai pu voir car il avait mis des lunettes assez grandes, et un grand regard, et il a abaissé la tête en le regardant, je puis vous l'apprécier et l'affirmer, si je le verrais la photo de la personne en question.*

*En attendant de vous lire la présente, Monsieur, j'ai l'honneur de vous saluer.*

P.-S. : *Monsieur, j'ai vu et lu dans le* Journal de Paris, *la plus grande discrétion est assurée.*

Le 20 juin, vers 6 heures du soir donc, dans le hall de la gare du Havre, Deknuydt, employé d'une maison de transit, aurait remarqué un voyageur, grand, maigre, mal rasé, la quarantaine, avec des lunettes noires et des traces rouges comme des cicatrices sur le visage. Bref, un personnage qui ressemble furieusement à mon grand-père ! Deknuydt cite un certain Léon Dubois, contremaître, pour confirmer ses dires, et identifie Seznec sur photographie.

Puis, lors d'une confrontation, déclarera à nouveau que l'homme portait des lunettes noires. Il précisera qu'il était vêtu d'un costume gris (le seul que mon grand-père possède, et qu'il ne porte que le dimanche ou en voyage, est marron, comme les policiers le vérifieront).

L'autre employé, Léon Dubois, ne reconnaîtra pas, lui, Seznec. Plus tard, l'accusation se basera donc uniquement sur le témoignage de Deknuydt pour établir la présence de mon grand-père à la gare du Havre le 20 juin. Témoignage capital, donc.

En 1991, je découvrirai dans le volumineux dossier de justice un document[1] assez étonnant. C'est une lettre écrite à la justice par un certain M. Boulanger, directeur de la distillerie de Serquieux. J'en cite un passage :

*En août dernier, il* (Deknuydt) *m'a déclaré appartenir à la police secrète et être au mieux avec M. Vidal. J'espère pour la police qu'elle recrute mieux ses collaborateurs. En tout cas, j'adjure les jurés de ne pas s'arrêter un seul instant à ce que pourra leur déclarer M. Deknuydt. J'ai vu des erreurs judiciaires et cela n'est pas étonnant lorsque la justice se sert de témoins aussi peu sérieux que M. Deknuydt. J'ignore tout du procès mais je vous devais cette lettre dans l'intérêt supérieur de la justice et pour éclairer ceux qui ont la redoutable mission de juger.*

Le moins que l'on puisse dire est que ce Deknuydt est un personnage suspect. Au point que lors du procès, nous le verrons, le président écartera sa déposition quand il lui apparaîtra que cet étrange témoin a été condamné pour escroquerie. Mais nous n'en sommes pas encore là et, dans l'immédiat, son témoignage est terrible – d'autant plus terrible qu'il va être rendu public juste au moment où la presse et l'opinion commencent à se poser des questions. L'HOMME AUX CICATRICES QUI ÉTAIT LE 20 JUIN AU HAVRE ÉTAIT-IL SEZNEC? (*L'Ouest-Éclair,* 12 août 1923). On parle même de relâcher mon grand-père... mais que faire contre des titres sur cinq colonnes à la une, comme : JE JURE QUE

1. Voir document en annexe.

C'EST LUI ! LUI, C'EST SEZNEC, QUE M. DEKNUYDT A VU, DE SES YEUX VU, LE 20 JUIN EN GARE DU HAVRE (*Le Petit Parisien,* 19 août 1923).

Le 30 août 1923, « l'assassin » Seznec craque et tente un geste désespéré : il essaie de s'enfuir... Pas de plan de cavale préétabli, pas de « planque » pour l'accueillir, rien. On pense bien sûr à une bête traquée qui tente de sortir coûte que coûte du réduit où on l'a acculée.

La lettre qu'il rédige à l'intention des magistrats, pour qu'ils la lisent après son départ, reflète bien son état d'esprit :

*Messieurs,*

*Vous allez établir le motif de mon départ a votre façon.*

*Eh bien, je suis seul a le connaître, le voici en deux mots : mon caractère ne peut supporter une telle humiliation de fausse accusation pareille, en outre, elle prive de ressources mes enfants, et a ma femme et a moi-même, me priver de toute correspondance et de contact avec ceux que j'aime, privé de tous secours, réduit a manger de l'ordinaire qui n'est autre que du pain, de l'eau et peu de sel ou de fayots pourris, merci, aurevoir, tant que souffrir, j'aime autant souffrir ailleurs, ou mourir plutôt que de rester un jour de plus dans un tel esclavage, car je deviendrai fou si je ne suis déjà et je ferai que des bêtises. Dieu seul pourra me juger et je n'ai pas peur de me rendre a lui et vous quand vous trouverez mon corps vous serez le premier a dire, il a été victime, c'est un martyr.*

Vers minuit, après avoir réussi à démolir le mur au-dessus de la porte de sa cellule, il se retrouve dans le couloir. À peine a-t-il fait quelques pas que le gardien-chef, M. Chipot, qui faisait sa ronde, l'aperçoit et saute sur lui.

– Tuez-moi, tuez-moi ! crie-t-il, pris d'une sorte de furie.

Et soudain, il s'effondre. Il est emmené dans un local pour le reste de la nuit. Le lendemain, conduit dans le bureau du directeur, il s'y montre abattu et buté en même temps, incapable d'écouter ce qu'on lui dit. On sent que sa situation lui est devenue insupportable et qu'il serait prêt à faire n'importe quelle bêtise pour la faire cesser.

En fait, cette « tentative de fuite », l'administration pénitenciaire sait à quoi s'en tenir. Elle ressemble beaucoup à une volonté d'en finir. En effet, en 1988, le ministère de la Justice me fera parvenir les photocopies de deux lettres saisies, à ce moment-là, dans la cellule. La première, qui est adressée à Marie-Jeanne, commence par des mots sans équivoque :

*Ma chère bien-aimée, ceci est mon testament. Pourquoi ne ferait-on pas de testament pour le trésor du cœur, comme pour les autres biens ? Mon amour n'est-ce pas tout mon bien ? Il fut toute la fortune de ton Guillaume et tout ce qu'il peut laisser en mourant, puisqu'on lui a enlevé tout ce qu'il avait eu tant de mal a gagner. Je mourais heureux puisque je suis encore aimé de toi. Le monde expliquera sans doute ma mort a sa manière. Alors que je vais mourir victime d'une fausse accusation. Je ne puis vivre plus longtemps en voyant qu'on m'a dépouillé de tous ce que je possédais, que sous mes yeux tu es privée de tout, toi et nos enfants, privée de toute ressource au risque de te voir obligée de tendre la main avec mes chers petits ; moi-même je suis réduit a manger du pain sec et de l'eau, privé de tout secours, humilié au dernier des points comme le dernier esclave. Tu me sais innocent. Adieu donc, Marie-Jeanne, mon cœur est ici tout entier. T'exprimer mon amour dans l'innocence de sa terreur, n'est-ce pas te laisser toute mon âme ? Je n'aurais pas eu la force ni le courage de te parler ainsi, je l'ai de te l'écrire. J'irais a Dieu près de qui l'amour est toujours sans nuages, près de lui tu viendras un jour. Là au pied de son trône, réunis a jamais, nous pourrons nous aimer pendant des siècles. Je te connais, tu n'aimeras pas deux fois. Je vais donc mourir heureux car ma tombe aura ton cœur. Chers petits anges obéissez bien a votre mère. Ce dernier adieu est plein d'amour comme le sera ma dernière pensée et mon dernier souffle.*

*Ton mari et votre père qui vous aime. Guillaume.*

La deuxième lettre est adressée à sa mère. Mais s'il lui déclare tout son amour filial, il lui cache son intention d'en finir. Il lui demande d'aider Marie-Jeanne, de ne pas la laisser seule : *Aujourd'hui si tu veux me rendre heureux demande excuse a ma femme des ennuis que tu as pu lui occasionner et pardonne-lui également ce qu'elle aurait pu te faire de son côté, fait le premier pas je t'en supplie. Tu n'ignores pas qu'elle a bon cœur, qu'elle m'a beaucoup aimé et encore aujourd'hui elle n'aimera pas deux.*

Bien entendu, la presse ignore tout cela et présente les choses sous un autre angle : SEZNEC TENTE DE S'ÉVADER. L'ASSASSIN PRÉSUMÉ DE QUEMENEUR EST REPRIS APRÈS UNE LUTTE AVEC LE GARDIEN DE LA PRISON (*La Dépêche* du 31 août).

Après réparation, on le remet dans sa cellule où heureusement il se reprend.

Bien sûr, au procès, le gardien-chef Bigot décrira cette tentative de fuite. Est-ce qu'un homme qui n'a rien à se reprocher tente de s'évader ? Tel est l'argument que développeront l'accusation et la partie civile.

Les mois passent. Après les chaleurs de l'été dans la prison, c'est l'automne, le froid de l'hiver, la couverture qui protège mal, la nourriture infecte.

Un jour de décembre, dans la prison passe un souffle inhabituel. L'atmosphère est électrique et gardiens et responsables prennent un air effaré... Me de Moro-Giafferi en personne va venir rendre visite à son client !

C'est un événement pour la petite prison provinciale. Afin de recevoir dignement cette sommité parisienne, on a fait le ménage et tout briqué dans la cellule... Moro, c'est le « ténor du barreau », l'homme des procès retentissants : Landru, Carbone, Weidman... Le personnage est célèbre avec sa voix de stentor, ses effets de manche, ses envolées lyriques que la presse ne manque pas de rapporter fidèlement.

À cette époque, les grands avocats ne plaident pas vraiment le dossier et ne recherchent pas les démonstrations techniques : souvent, après avoir pris connaissance des pièces les plus importantes de l'instruction, ils se contentent de parcourir un résumé établi par leurs collaborateurs. Leur art, qui s'apparente à celui du tragédien, est de susciter l'émotion, de faire pleurer les jurés, non de les convaincre par un raisonnement.

Dès son arrivée, l'avocat est conduit dans la cellule de mon grand-père. Il se promène de long en large entre le lit et le lavabo et, de temps en temps, tourne son visage rond à la large moustache tombante vers le prisonnier en posant sur lui un œil vif et évaluateur. Il écoute ce Breton qui dévide ses explications si compliquées : des faux témoins, des preuves truquées, des documents falsifiés, des achats non déclarés officiellement... Tout cela paraît bien rocambolesque.

Quand mon grand-père commence à évoquer le trafic des Cadillac, l'avocat parisien l'arrête aussitôt d'un geste péremptoire :

– Surtout, évitez de parler de toutes ces histoires de stocks américains, de trafics de voitures ! Ces combines feraient mauvais effet sur le jury. Dites que vous ne savez pas grand-chose, que vous n'étiez pas au courant, pour ce Cherdy, ces transactions. Un autre conseil : ne critiquez pas la police, les magistrats ne supportent pas ça. Non, comprenez bien : ce que les gens aiment, ce sont les choses simples, claires. Vous êtes un brave homme, travailleur, honnête, innocent de ce crime, un point c'est tout. Et pas un homme qui cherche des histoires... C'est ce qu'on doit comprendre... Il faut qu'on vous aime, qu'on vous plaigne, qu'on comprenne que vous êtes la victime de cette histoire. Croyez-moi, tout passe par le cœur, mon ami... Faites-moi confiance !

Puis le grand homme s'en va, toujours aussi superbe.

Et mon grand-père retrouve sa solitude et son attente.

Soudain, en novembre 1923, lui parvient une information qui est comme l'apparition d'un rivage pour un naufragé : des témoins existent, qui ont vu Quemeneur après ce fameux soir du 25 mai où il a quitté son compagnon devant la gare de Dreux !

Gros titres des journaux : TÉMOIGNAGES IMPORTANTS MAIS BIEN TARDIFS EN FAVEUR DE SEZNEC (*L'Ouest républicain*). QUEMENEUR EST-IL VIVANT ? ET S'IL EST MORT, EST-CE SEZNEC QUI L'A TUÉ ? (*La Dépêche dauphinoise*).

Ainsi donc, Quemeneur, qui aurait été assassiné dans la nuit du 25 au 26 mai 1923, a-t-il survécu à sa prétendue mort puisqu'il a été vu par différentes personnes le lendemain et les jours suivant sa disparition ?

Son innocence va donc pouvoir éclater, être prouvée, il n'en doute plus ! Que les autorités judiciaires aient jusqu'ici paru ne pas faire grand cas des déclarations de ces personnes n'assombrit nullement sa joie. A-t-il conscience de ce détail, d'ailleurs ? Non, il n'a pas encore réalisé l'ampleur du complot qui se trame contre lui. Il est encore capable d'espérer.

Ils sont quatre à pouvoir disculper Guillaume Seznec, le laver de tout soupçon. Rien moins que quatre. Quatre sur lesquels – on connaît la tactique maintenant – policiers et magistrats vont s'acharner pour battre en brèche leur témoignage, le rendre plus hésitant ou carrément sujet à caution. Je les ai réunis ici, bien qu'ils se soient manifestés à des dates fort diverses pendant l'instruction, et leur en ai joint un cinquième qui, celui-là, n'est apparu qu'*après* le procès.

Le premier, Yves-Marie Le Berre, est employé de gare à Morlaix. Au moment des faits, il effectue une période militaire en Allemagne (son âge, quarante ans, laisse supposer qu'il occupe cette même fonction de cheminot dans le cadre des troupes d'occupation de la Ruhr). Le 27 mai, de passage à Paris, il déjeune dans un restaurant, près de la gare Montparnasse. On sait que les établissements à clientèle principalement bretonne sont nombreux près de cette gare (c'est encore le cas aujourd'hui). Assis à sa table, Le Berre voit passer le conseiller qu'il connaît bien pour l'avoir souvent vu à Landerneau. Le soir même, il parle de cette rencontre à sa femme Denise, employée à la manufacture des tabacs de Morlaix. C'est seulement en janvier 1924 que le cheminot se résoudra à faire état de cette rencontre, le couple étant convenu précédemment de n'en souffler mot à personne – toujours cette peur d'avoir des ennuis... Sa femme confirmera leur conversation.

Comme il fallait s'y attendre, le compte rendu de la déposition officielle de Le Berre est beaucoup plus nuancé que ses déclarations à ses amis et à la presse. On peut y lire des expressions comme : « *J'ai cru voir* » ou encore «*Il m'a semblé apercevoir* ».

À ce propos, il serait intéressant de se livrer à une étude linguistique comparative des procès-verbaux, selon qu'un témoin est favorable ou non à Guillaume Seznec. Je suis certain qu'on aboutirait à la conclusion suivante : les textes qui chargent l'accusé sont rédigés dans un style clair et affirmatif, tandis que ceux qui peuvent lui être favorables utilisent des termes nuancés et expriment l'hésitation, le doute.

Deuxième témoin : Alfred Lajat, imprimeur à Morlaix. Le 29 mai, il se rend à Paris pour mettre au point le journal électoral de Vincent Inizan, député du Finistère. Les deux hommes se rencontrent le jour même et le lendemain 30 mai, à la Chambre des députés. Au cours de l'un de ces deux jours – il ne se souvient pas lequel –, Lajat, passant rue de Rennes, aperçoit Pierre Quemeneur attablé à la terrasse du Restaurant de Versailles, en grande discussion avec trois personnes. Le conseiller, qui vient souvent dîner chez lui, est un familier. L'imprimeur songe donc à rentrer dans l'établissement pour le saluer, mais se ravise, car il est pressé par un rendez-vous, et poursuit son chemin.

Au moment où la disparition de Pierre Quemeneur est révélée par la presse, Lajat fait état de cette rencontre à M. Mauviel, libraire, ainsi qu'à un directeur d'école, M. Prigent. Cependant, lui non plus ne se décide pas à déposer, craignant des ennuis, des complications... Il s'y résout cependant le 12 novembre 1923.

La police enregistre son témoignage et se livre à une enquête serrée. On interroge M. Inizan, le député du Finistère. « À aucun moment Lajat ne m'a parlé de cette rencontre, alors que Quemeneur était un ami, affirme-t-il. D'ailleurs, Lajat est myope. » Là, policiers et magistrats se frottent les mains. Ils ont trouvé l'argument choc, la réfutation idéale : comment se fier au témoignage d'une personne atteinte d'un trouble de la vision ?

Plus tard, le journaliste Morvan-Lebesque aura l'occasion de côtoyer M. Lajat, alors qu'après avoir abandonné son affaire d'imprimerie ce dernier sera devenu correcteur au journal *Le Phare* à Nantes. Il constatera, comme il l'affirmera par la suite, que ce témoin a une vue parfaite pour reconnaître une personne de connaissance.

Il n'empêche, le témoignage de l'imprimeur a perdu beaucoup de sa crédibilité. Pas suffisamment peut-être, puisqu'on exercera sur lui certaines pressions. C'est ce dont témoigne la lettre reçue le 3 mars 1949 par Me Raymond Hubert, défenseur de la famille Seznec, émanant d'un certain... Raymond Hubert, chef de service à la préfecture de Loire-Inférieure, à Nantes. Voilà ce que lui écrit son homonyme :

*Maître,*

*J'ai l'honneur de porter à votre connaissance, sachant que vous accordez votre éminente éloquence à la cause en réhabilitation de l'ex-forçat Seznec, le résumé de la conversation que j'ai eue, courant février 1949, avec M. Lajat, qui aurait demeuré à Morlaix, où il était établi maître imprimeur et qui devait exercer les fonctions de juge au tribunal civil* (en fait il s'agit du tribunal de commerce).

*M. Lajat, qui aurait été témoin favorable à la défense en précisant qu'il avait rencontré Quemeneur à Paris après la date théorique de son assassinat, m'a déclaré avoir été, lors du procès, l'objet de pressions de la part du magistrat ayant instruit l'affaire. Ce magistrat, d'après M. Lajat, aurait insisté jusque dans la salle d'attente des témoins et avant la comparution de ce témoin pour le faire revenir sur ses déclarations et lui aurait suggéré des réponses pouvant faire naître une confusion.*

*A été témoin des confidences que M. Lajat m'a faites un de mes collaborateurs, M. Émile Allain, demeurant à Nantes et travaillant dans mes services. Étant très jeune lors du procès Seznec, je ne puis évidemment savoir si M. Lajat a été ou non témoin au procès. Il vous sera facile de savoir si j'ai été victime des élucubrations d'un mystificateur, ce qui me semblerait inconcevable avec la culture et l'éducation de M. Lajat. Dans ce cas, il deviendra évident que ma lettre sera nulle et non avenue. Je n'agis évidemment que dans l'espoir d'être utile à la Justice en contribuant dans la mesure de mes possibilités et par pur hasard à la tâche que vous vous êtes assignée.*

*Je vous prie de croire, Maître, à mes sentiments de haute considération.*

Troisième témoin : Me Danguy des Déserts, notaire à Landerneau. Lui, il donnera plus de fil à retordre aux enquêteurs. Dame, un notable, cela ne se manie pas comme un employé des chemins de fer ou un petit imprimeur...

Entre le 26 et le 29 mai, ce notaire fait plusieurs voyages à Rennes par le train. Au cours de l'un d'eux, à la gare de Rennes, il aperçoit Pierre Quemeneur s'avançant dans la salle des pas perdus. Il lui adresse un geste amical, et le conseiller général lui répond par un de ses petits saluts habituels, à la façon d'un militaire. Me Danguy des Déserts, qui a été souvent en affaires avec Quemeneur, le connaît parfaitement. Difficile d'imaginer qu'il puisse se tromper, d'autant qu'il y a peu de voyageurs dans la gare et qu'il a tout le temps de l'observer. Il précise d'ailleurs que le conseiller général porte un costume gris – de la même couleur que celui dont, on s'en souvient, sa sœur Jenny a remarqué l'absence dans la valise trouvée au Havre.

Le 29 juin, le notaire fait part de cette rencontre au commissaire de police Marcel Pinault, de Landerneau. Le policier annote ce témoignage par la réflexion suivante : *Cette déclaration m'a frappé, car je connaissais bien Quemeneur et je sais que ce geste lui était familier. Il saluait en portant la main à hauteur de la tête* (cotes 298 et 301).

Ce même jour où il a reçu Me Danguy des Déserts, le commissaire se rend à la perquisition à Ker-Abri, au cours de laquelle, nous le savons, on trouvera le bureau du conseiller général dans un beau désordre, ayant été totalement fouillé avant l'arrivée des magistrats. Voilà pour lui l'opportunité de tenir le juge d'instruction alors chargé de l'Affaire, M. Binet, et le procureur de la République, M. Guillemart, au courant du témoignage capital du notaire, puisque ces deux hommes sont présents à cette perquisition. Le fait-il ? Il l'affirmera plus tard à Me Danguy des Déserts.

Ici, il est peut-être nécessaire de faire état d'un épisode assez extraordinaire, montrant non seulement combien les témoignages humains peuvent être fragiles – même lorsqu'ils émanent de magistrats – mais, surtout, de quelle façon on tente de truquer une enquête. Si je n'avais pas retrouvé les procès-verbaux figurant dans le volumineux dossier de justice (plus de 3 000 pièces...), j'aurais eu de la peine à le croire.

Ainsi que je l'ai dit, Me Danguy des Déserts a donc fait part de son témoignage au commissaire Pinault.

Les mois passent. Le notaire est de plus en plus étonné qu'on ne le convoque pas – Quemeneur n'est-il pas l'homme le plus recherché de France ? *Quemeneur que le monde entier recherche,* a même écrit un quotidien belge.

Mais non, rien ne vient. Me Danguy des Déserts est encore plus intrigué lorsqu'il lit dans la presse le témoignage de Lajat : UN COUP DE THÉÂTRE DANS L'AFFAIRE QUEMENEUR : QUEMENEUR AURAIT ÉTÉ VU LE 29 OU LE 30 MAI ! (*La Petite Gironde* du 14 novembre). Il prend alors sur lui de contacter le juge Campion.

Stupéfaction du juge d'instruction : il n'a jamais entendu parler de ce témoignage – capital – du notaire. Sept mois après la disparition de Quemeneur !

Il interroge aussitôt le commissaire Pinault, lequel maintient une déclaration faite le 19 février, à savoir que, le jour de la fameuse perquisition chez Quemeneur, il a bien fait part à M. Binet et à M. Guillemart du témoignage qu'il a reçu de Me Danguy des Déserts.

Le juge Campion s'étonne : les deux magistrats ne semblent pas avoir tenu compte de ce témoignage. Voilà qui est fort étrange.

Interrogés, ceux-ci démentent les propos du commissaire de police ! Émile Campion ordonne alors une confrontation générale. Inouï! Un juge convoquant un autre juge, un procureur de la République et un commissaire de police afin de connaître la vérité !

La confrontation a lieu le 2 mars 1924.

Le policier, premier interrogé, maintient fermement sa déclaration : il a bien fait part aux deux magistrats du témoignage de Danguy des Déserts, le 29 juin, le jour de la perquisition chez Quemeneur. « Je me souviens, précise-t-il, que c'était le même jour où le Tour de France traversait Landerneau. »

Le juge fait alors entrer M. Binet, lui fait prêter serment et lui donne lecture du témoignage du policier. Puis il lui demande sa réaction.

*Je ne contredis pas le témoignage de M. Pinault, répond M. Binet. Il est bien exact, et j'en ai conservé un très précis souvenir, que cet officier de police judiciaire est venu, le 29 juin 1923, à la villa Ker-Abri, à Landerneau, entre midi et 13 heures, et qu'en présence de M. Guillemart, procureur de la République, et de quelques autres personnes, il m'a déclaré avoir rencontré quelqu'un qui lui aurait dit avoir vu Quemeneur à la gare de Rennes. Je ne me rappelle pas s'il a nommément désigné quelqu'un et s'il a fait savoir à quelle date exacte cette rencontre avait eu lieu.*

Précisions de M. Pinault :

*C'est d'abord à M. Guillemart que je me suis adressé. M. Binet s'est trouvé là et a entendu le propos. J'ai bien précisé à ces messieurs le nom de ce témoin qui aurait vu Quemeneur à la gare de Rennes et je leur ai bien indiqué les 26 ou 29 mai pour être les dates de cette rencontre.*

Mais M. Binet n'en démord pas :

*Ainsi que je l'ai déjà déclaré, je n'ai conservé aucun souvenir du nom de la personne qui aurait vu Quemeneur ni de la date de la rencontre.*

C'est au tour de M. Guillemart d'être introduit et de prêter serment. On lui lit les déclarations des deux autres protagonistes et on lui demande également sa réaction.

*Je ne peux que vous répéter ce que j'ai déjà dit, déclare-t-il, je n'ai conservé aucun souvenir de la présence de M. Pinault, commissaire de police à Landerneau, dans la maison de M. Quemeneur le jour de la perquisition. À aucun moment je ne me souviens d'avoir vu M. Pinault et de lui avoir parlé.*

Le commissaire Pinault n'a vraiment pas de chance dans ses rapports avec les magistrats : au cours d'une perquisition où ils étaient réunis dans une maison qui, malgré tout, n'est pas immense, l'un ne se souvient pas de ce qu'il lui a dit et l'autre ne l'a pas vu !

Malgré tout, le témoignage de Danguy des Déserts sera finalement enregistré.

Comment le « neutraliser » ? Par une phrase simple, que l'on retrouve en conclusion de l'un des procès-verbaux et où le notaire déclare : Il m'est impossible d'affirmer que j'ai vu Quemeneur. J'ai pu me tromper, car je suis très myope.

Deux témoins de la défense sur quatre atteints de forte myopie... L'accusation a bien de la chance !

Le quatrième témoin s'appelle François Le Her.

Celui qui deviendra mon père.

J'éprouve une grande difficulté à en parler, à la fois à cause des liens qui l'unissent, à moi et à ma famille, mais aussi parce que, dès qu'il apparaît, tout devient étrange, trouble, indéfinissable. C'est dans mon souvenir un personnage flou – mais peut-être l'ai-je voulu ainsi dans mon subconscient...

Je vais tenter de relater les faits avec objectivité, comme si cet homme m'était étranger, simple acteur de l'Affaire.

Le 26 mai 1923, François Le Her, receveur sur la ligne de tramways n° 12, Hôtel-de-Ville-Auteuil, voit sur la plate-forme arrière un homme de connaissance : c'est Pierre Quemeneur. Il l'avait rencontré lorsqu'il pratiquait le métier de sellier à Pont-Croix, dans le Finistère. Il est aux environs de 18 h 30. Le tramway se trouve quelque part entre les stations Solférino et Concorde.

Les deux hommes discutent en breton. Le Her explique au conseiller général qu'il a des problèmes avec sa petite fille qui vient d'être opérée.

Qui est François Le Her ? C'est un homme d'une quarantaine d'années, né à Pont-Croix, dans une famille très modeste. Cet aîné de dix-sept enfants – dont certains sont morts en bas âge – est maintenant marié, père de deux enfants. Il est petit, rondouillard, sanguin, bon vivant et volontiers blagueur. Son affaire de sellerie dans sa ville natale ayant périclité, il est monté à Paris où il a tout d'abord travaillé chez Renault, à la sellerie, avant de trouver ce travail aux T.C.R.P. (Transports en commun de la région parisienne). Sa femme Michèle est receveuse sur une autre ligne. Son métier de contrôleur ne paie pas tellement, mais il ne s'en plaint pas. Pourtant, quelquefois, ce n'est pas de tout repos, comme il l'explique à Quemeneur.

– Tenez, il y a juste une semaine, place d'Iéna, j'ai eu des ennuis avec un voyageur, et ça s'est terminé au commissariat de la rue de la Pompe, où j'ai été obligé de demander du renfort ! C'était le dimanche de la Pentecôte.

Peu après cette conversation, Quemeneur descend du tramway et Le Her continue son travail, sans doute content d'avoir pu parler en breton avec un « pays » et un homme important de surcroît. Ce n'est pas tous les jours...

Dès que les journaux commencent à parler de la disparition de Quemeneur, fin juin 1923, le contrôleur se souvient de la rencontre. Il l'a vu, lui, le conseiller, après qu'il s'est volatilisé ! Le 29 juin, il se rend au commissariat de la rue Fondary où il relate les faits. On lui conseille de s'adresser à la police judiciaire, où il se rend.

Là, un policier le reçoit, écoute sa déposition et lui conseille de contacter la Sûreté générale. Notons le peu d'empressement mis par les policiers à écouter ce témoin. Alors qu'on recherche activement le conseiller mystérieusement disparu, que toute la France s'interroge pour savoir ce qu'il est devenu, ils devraient être intéressés par un homme qui vient leur dire : « Il est bien arrivé à Paris. Je l'ai vu, moi. Je lui ai même parlé. » Mais non. On lui conseille simplement de s'adresser ailleurs...

Deux jours plus tard, Le Her se présente – toujours de sa propre initiative – rue des Saussaies où il est reçu par le commissaire Grégoire. Celui-ci l'écoute gravement, lui indique qu'on le tiendra au courant... et le laisse repartir sans même se donner la peine d'établir un procès-verbal.

Le Her s'attend à être convoqué très vite par le juge d'instruction, mais, comme rien ne vient, il s'obstine et écrit à celui-ci. Que voulez-vous, on n'est pas breton pour rien ! Enfin, il va être entendu et sa déposition aura les effets attendus : Seznec va être disculpé.

Eh bien, pas du tout. On se contente de prendre note avec une certaine indifférence. Le Her a l'impression qu'on se méfie de lui, qu'on lui reproche presque son civisme. Il éprouve un vague malaise devant ces gens dont il ne comprend pas le comportement...

Il devrait plutôt s'inquiéter, car une véritable machine de guerre est en train de se mettre en marche contre lui.

Dès que les journaux commencent à faire état de son témoignage (en janvier 1924!), M<sup>e</sup> Pouliquen adresse au président de la Chambre des mises en accusation une longue lettre de quatre pages bien serrées, qui constitue une sorte de réquisitoire. Le Her y est accusé des pires méfaits – voleur, alcoolique, débauché... Le notaire, qui semble avoir mené une enquête très approfondie, cite des témoignages recueillis « au hasard des rencontres » auprès d'un certain nombre de personnes habitant Pont-Croix, Quimper et Ploudalmézeau.

Il conclut : *J'ai la certitude morale que Le Her n'a jamais connu M. Quemeneur et je le mets au défi de citer la personne qui lui a fait faire connaissance de ce dernier.*

Lorsque je parcours ce texte – assemblage de ragots, de on-dit, de commérages soigneusement répertoriés – je ne peux m'empêcher de ressentir un certain malaise. Mais surtout, je me pose une nouvelle fois la question : pourquoi Pouliquen poursuit-il à ce point mon grand-père ? Pourquoi s'acharne-t-il à le démolir, comme il continuera à le faire pendant de longues années après le procès ? Et puis, qui a bien pu lui fournir des renseignements, parfois très précis, sur le témoin Le Her ? Et cela bien avant que ce témoignage ne soit rendu public par la presse ! En 1991, seulement, la réponse me sera apportée...

Les magistrats, eux, s'apprêtent à faire bon usage de la lettre de Me Pouliquen : au procès, on verra surgir des témoins qui mèneront contre François Le Her une attaque en règle, des témoins dont les noms figurent justement dans la lettre du notaire...

15 mars 1924. L'instruction du procès de Guillaume Seznec est close.

Le 11 mai suivant se déroulent les élections législatives. Le cartel des gauches en sort victorieux, de peu, avec douze voix de majorité. Édouard Herriot remplace Raymond Poincaré à la présidence du Conseil. La droite se sent comme spoliée. Scandale des scandales : Marty, un ancien mutin de la mer Noire, a été élu député ! « La Chambre est peuplée de voyous », s'exclame *L'Action française*. Le

11 juin, le Cartel, une alliance entre socialistes SFIO, radicaux, radicaux socialistes et républicains socialistes, obtient la démission d'Alexandre Millerand, ce président de la République qui, sortant de son rôle constitutionnel, a ouvertement soutenu la droite. Le 13 juin, il est remplacé par Gaston Doumergue.

Me de Moro-Giafferi, élu député, entre au gouvernement comme sous-secrétaire d'État chargé de l'enseignement technique. Il n'est donc plus en mesure de plaider et décide alors de charger son collaborateur, Me Marcel Kahn, de la défense de Seznec.

Le nouvel élu aurait pu déclarer forfait, afin de donner à mon grand-père la possibilité de choisir un autre avocat. Il aurait pu alors conseiller lui-même un brillant confrère, un autre « ténor » du barreau. Ce qui importe, n'est-ce pas que Guillaume Seznec soit défendu au mieux ? Mais non, Me de Moro-Giafferi n'a pas cette attitude. Il préfère garder le dossier dans son cabinet – on ne sait jamais, les temps changent si facilement, surtout en politique où les ministères tombent comme des mouches. Qui est ministre un jour peut le lendemain se retrouver simple citoyen, alors, autant se donner la possibilité de reprendre le dossier Seznec en le confiant à Me Kahn, malgré sa jeunesse et son manque d'expérience[1].

L'ouverture du procès est fixée au 24 octobre 1924.

Mon grand-père est transféré à la prison de Quimper – celle-là même où, autrefois, Vidocq fut enfermé. Il attend, comme les principaux acteurs de l'Affaire.

C'est la veillée d'armes.

1. Devant cet incroyable abandon de son client, certains affirmeront que Me de Moro-Giafferi aurait subi des pressions afin qu'il perde le procès et que c'est le refus du grand avocat (outré ou dans l'impossibilité d'entacher sa réputation en perdant le procès de la décennie) qui expliquerait sa nomination opportune au Gouvernement. Un passage éclair, d'ailleurs : nommé en mai 1924, il en ressort en avril 1925.

La lourde tâche de rédiger l'acte d'accusation a été dévolue au procureur général de Rennes, M. Guillot.

J'imagine ce magistrat, chargé de faire appliquer la loi au nom du peuple français, dans le silence de son cabinet. Loin du bruit et de la fureur des hommes, assis à son bureau encombré de piles imposantes de dossiers, il étudie avec minutie les innombrables rapports de police, procès-verbaux et documents divers.

Il doit être grave, concentré, soucieux de ne rien laisser au hasard et, surtout, de ne faire preuve d'aucun parti pris : le destin d'un homme en dépend. Donc, sa plume court sur le papier et les faits s'accumulent, les personnages prennent corps, la personnalité de l'accusé se dessine en même temps que celle de sa victime présumée.

M. Guillot a-t-il bien pesé chaque phrase, chaque mot, pour répondre à la noble exigence de sa profession et à la stricte équité ? Quand on lit l'acte d'accusation, on en doute vraiment...

Citons des passages significatifs où les erreurs, les affirmations sans preuves, les contre-vérités, les déductions hâtives témoignent du manque de rigueur – pour le moins – de ce haut magistrat.

Tout d'abord sont traités des liens existants entre mon grand-père et le conseiller général. Le procureur écrit :

*Tous deux se connaissaient et étaient en relations d'affaires depuis plusieurs années et Seznec avait su capter la confiance de Quemeneur.*

« Capter la confiance de Quemeneur » ? Voilà Guillaume Seznec catalogué : cet ancien paysan ne peut être qu'un intrigant, un fourbe, pour avoir réussi à devenir l'ami d'un homme aussi important qu'un conseiller général – et futur député. Dans l'esprit du haut magistrat, cela ne fait aucun doute. Pourtant, aucun témoignage ne vient corroborer cette affirmation liminaire. On pourrait même dire que la faconde, le bagou même, que l'on reconnaît dans la région à Quemeneur inclinerait à supposer l'inverse : « Quemeneur avait su capter la confiance de Seznec... » En fait, les deux hommes avaient des rapports d'égalité dans le commerce, même s'il est vrai que, socialement, mon grand-père était « inférieur ». Mais cette vérité si simple, celle de deux hommes qui s'entendent bien, n'est pas bonne à dire.

Poursuivons notre étude du texte :

*En quittant Landerneau, Quemeneur avait annoncé aux siens son retour à bref délai et pour le 28 mai au plus tard.*

Affirmation inexacte, ou pour le moins discutable. D'où vient cette date butoir du 28 mai ? Jenny n'en parle pas. Tout ce qu'on sait, c'est que Quemeneur devait assister au mariage de l'une de ses nièces le 29.

*Il avait dit, sans en avoir donné cependant aucun détail précis, qu'il s'y rendait* (à Paris) *pour les besoins d'une affaire d'achat et de revente d'automobiles d'occasion que Seznec lui avait proposée...*

Tous les témoignages (dont en particulier celui de Julien Legrand, l'ancien maire de Landerneau) disent le contraire. Dans une affaire d'une telle ampleur, c'est très logiquement le conseiller général qui est le maître d'œuvre, c'est lui qui recherche les Cadillac et possède les contacts à Paris.

Mais, tout tranquillement, le rédacteur met en doute l'existence même de cette affaire de revente de voitures américaines. Pour lui, Seznec l'a inventée pour entraîner son ami dans un traquenard. *Nulle trace de correspondance relative à cette affaire n'a été retrouvée chez Quemeneur, affirme-t-il, et pourtant la spéculation entreprise eût été assez importante pour qu'il fût tenté d'en noter tous les détails et d'en enregistrer tous les pourparlers.*

Notons d'abord chez le magistrat une certaine naïveté – vraie ou feinte. Car enfin, quand on s'apprête à participer à un trafic de voitures et que, de surcroît, on est conseiller général, on ne commet pas l'imprudence « d'enregistrer tous les pourparlers » comme on procéderait pour une transaction commerciale officielle !

Du reste, en étudiant plus attentivement ses dossiers, M. Guillot aurait trouvé plusieurs documents infirmant ses allégations, par exemple la note inscrite, on le sait, sur une page du carnet du conseiller trouvé lors de la perquisition à son domicile : *Les Cadillac de type 57 se vendront 28 000 F en bon état de marche, camions USA 27 000 F à 6 hommes « Liberty » sur le moteur,* ainsi que les lettres des vendeurs de Cadillac contactés par Quemeneur. Remarquons en passant que ce manque relatif d'archives concernant l'affaire des Cadillac trouve peut-être son explication dans le fait, nous le savons, que le bureau du conseiller a été « visité » par Me Pouliquen et Louis Quemeneur avant la perquisition. Mais cela, le magistrat l'ignore sans doute.

Au paragraphe suivant, il enfonce le clou : *Nulle trace n'a été retrouvée à Paris du prétendu Charly ou Cherdy, qui apparaît comme une pure création de l'imagination de Seznec.*

On ne peut reprocher au magistrat, au vu du dossier d'enquête qu'il a en sa possession, de tenir cet Américain pour un mythe. Mais on peut regretter qu'il n'ait pas demandé un complément d'information à son sujet. Il aurait alors découvert que ce mystérieux personnage existe réellement, en chair et en os, comme cela sera prouvé par la suite.

*D'autre part, ce que Quemeneur a dit de ces négociations, soit à ses parents, soit aux personnes près de qui il chercha à se procurer les fonds qu'il voulait engager, permet de croire que c'est Seznec qui l'avait décidé à les entreprendre.*

Cette hypothèse ne repose sur aucun élément. Quemeneur n'a affirmé à personne (pas plus à sa sœur qu'à ceux à qui il voulait emprunter de l'argent) qu'il agissait sollicité par Seznec. Au contraire.

Psychologiquement, la thèse d'un Quemeneur se laissant berner par les mirifiques promesses de Seznec paraît bien invraisemblable. Comment supposer que Quemeneur, cet homme avisé, dur en affaires, se lance dans une aventure, au point de chercher à faire des emprunts d'argent importants, sans avoir auparavant pris des contacts sérieux avec les futurs acheteurs ? Pourquoi aurait-il demandé, par exemple, à M. Tanguy, le marchand de bois, de lui servir de boîte postale, comme celui-ci en a témoigné ?

Pour prouver que c'est Seznec qui a inventé de toutes pièces ce trafic de voitures, le procureur argumente pourtant : il est évident qu'un homme qui aurait berné ce retors de Quemeneur, lui faisant prendre des vessies pour des lanternes, aurait été capable de raconter des fables aux enquêteurs...

*Il est encore plus remarquable de voir que, revenu le 28 mai à Morlaix, il n'ait pas tenté de se mettre en correspondance avec Quemeneur ou avec Cherdy pour savoir le résultat des entrevues auxquelles il devait assister et qui avaient dû se poursuivre sans lui.*

Non, là encore, M. le procureur, c'est l'inverse : c'est justement parce qu'il jouait un rôle secondaire dans l'affaire qu'il n'a pas pris contact avec Quemeneur, encore moins avec ce Cherdy dont il ne savait pratiquement rien !

Le morceau de bravoure de l'acte d'accusation concerne les raisons qui ont convaincu magistrats et policiers de la culpabilité de Seznec. M. Guillot en fait ce récit :

*Les dires de Seznec* (sa relation du voyage) *furent contrôlés. On les reconnut non seulement inexacts, mais encore mensongers, et tout ce qu'on apprit fit naître la conviction que la disparition de Quemeneur était le résultat d'un crime que nul autre que lui* (Seznec) *n'en pouvait être l'auteur. Il fut donc arrêté le 30 juin 1923. Les dénégations qui ont été la base de tout son système de défense n'ont pas prévalu contre cette certitude acquise dès la première heure et, quoique le cadavre de Quemeneur n'ait jamais été retrouvé, et que l'on ne puisse dire ni comment il a donné la mort à sa victime, ni comment il a fait disparaître son corps, l'information n'en a pas moins apporté, avec éclat, la preuve de sa culpabilité.*

Pas de cadavre, pas de témoin, pas d'arme du crime, aucun indice sur la façon dont il aurait été perpétré, et pas d'aveux... mais *une certitude acquise dès la première heure* ! Ah, cette intime conviction qui permet d'apporter, avec éclat, la preuve de sa culpabilité, n'est-ce pas merveilleux ? On ne sait pas comment il (Seznec) a tué, on ne sait pas où, on ne sait pas comment le cadavre a pu disparaître, on ne sait rien, mais c'est éclatant quand même ! Le magistrat a bien raison de donner ici un coup de chapeau à ce collègue instructeur, car c'est incontestablement un magicien !

On retrouve là le processus qui a abouti à la plupart des erreurs judiciaires. En effet, cette certitude si tôt acquise amène les enquêteurs à ne suivre qu'une seule piste, en rejetant obstinément tout ce qui vient l'infirmer et accueillant favorablement tout ce qui la conforte. C'est bien ce qui se passe dans l'affaire Seznec, nous l'avons vu avec les témoins lors de l'instruction, nous en aurons confirmation au procès.

Autre entorse à la vérité :

*Il s'était mis* (Quemeneur) *en communication téléphonique avec son beau-frère, M. Pouliquen, notaire à Pont-l'Abbé, pour obtenir la promesse d'un prêt de 60 000 francs.*

Faux. Ce que le conseiller demandait à Pouliquen, c'était non pas de lui prêter de l'argent, nous le savons, mais de rembourser une somme de 100 000 francs. Ici, on favorise l'ancien clerc qui apparaît non pas comme un mauvais payeur mais un bon et brave garçon, soucieux d'aider un parent.

Le paragraphe suivant précise : *On savait aussi que, de Rennes, le 24 mai, à 21 heures, après sa rencontre avec Seznec et manifestement à la suite de ses entretiens avec lui, il* (Quemeneur) *avait télégraphié à Me Pouliquen pour le prier d'établir ce chèque, non pas sur la Banque de France, comme il avait été précédemment convenu, mais sur la Société générale, de le barrer et de l'expédier d'urgence à Paris, poste restante, au bureau n° 3.*

*Manifestement à la suite de ses entretiens avec lui.* Admirez l'emploi de cet adverbe, « manifestement ». Aucun document, aucun témoignage ne donne à penser que c'est mon grand-père qui a suggéré à Quemeneur de changer ses dispositions concernant le chèque que devait lui adresser Pouliquen. Pourtant le magistrat s'arrange pour en exprimer la quasi-certitude. Toujours cette fameuse intime conviction ! Et le personnage du Seznec, comploteur, retors, machiavélique, se dessine plus nettement. Cela dit, on ne voit pas très bien l'intérêt qu'aurait eu mon grand-père à suggérer à Quemeneur de changer de banque et, surtout, de barrer le chèque ! Son intérêt aurait été au contraire, en supposant qu'il eût voulu toucher l'argent, qu'il ne fût pas barré...

Dans la suite du texte, mon grand-père est accusé d'avoir falsifié le carnet de dépenses de Quemeneur (trouvé dans la valise), en y inscrivant des prix de billets de chemin de fer erronés sur le trajet Dreux-Paris et Paris-Le Havre. En effet, il n'aurait pas tenu compte de frais supplémentaires divers, non inscrits sur les titres de transport. M. Guillot commente : *L'ingénieuse précaution qu'il avait prise pour accréditer le récit de sa séparation de Quemeneur à Dreux se retourne contre lui, car elle apporte, avec la pleine valeur d'un aveu, la preuve et de son mensonge et de son souci de le faire accepter.*

Deux failles dans le raisonnement du magistrat.

Tout d'abord, comment Seznec, personnage machiavélique ourdissant son crime de main de maître, peut-il à la fois inscrire le prix du trajet Dreux-Paris sur le carnet de Quemeneur puis, lors de la reconstitution, se tromper de gare, hésiter entre Dreux et Houdan ? S'il a inscrit le trajet Dreux-Paris sur le carnet de Quemeneur, il est évident qu'il a intérêt à affirmer dès le début que c'est à Dreux que Quemeneur a pris le train ! Cette incohérence, le magistrat s'en rend compte. Elle gêne dans sa démonstration. Alors, il use de ce raisonnement spécieux. Mis face à son mensonge, Seznec ruse. *Il lui a fallu alors improviser une autre explication, et il a dit que, en réalité, c'est au-delà de Dreux, à Houdan, que Quemeneur l'aurait quitté.* On a beau retourner cette phrase dans tous les sens, impossible de lui trouver une signification. En quoi Seznec a-t-il intérêt à troquer Dreux pour Houdan ? Mystère.

Seconde faille : comment Seznec a-t-il pu s'être trompé aussi lourdement dans le prix du billet Paris-Le Havre alors qu'il est censé – selon l'accusation – avoir effectué deux fois le voyage, le 13 et le 20 juin ? Là, le magistrat ne nous fournit aucune explication.

Le magistrat en vient ensuite à ce fameux soir du 25 mai où Quemeneur a disparu. Il reprend le récit des faits rapportés par mon grand-père, en le mettant au conditionnel, même lorsque ses dires peuvent et ont été prouvés : Quemeneur, excédé des pannes qui auraient marqué tout le trajet... Les divers garagistes sont là pour attester de la réalité de ces pannes, mais le rédacteur n'en tient pas compte. Il préfère, par l'emploi du conditionnel, semer le doute sur la bonne raison qu'avait Quemeneur de prendre le train. Ainsi la version de la voiture ayant fait demi-tour dans la cour de la gare de Houdan sans qu'aucun passager n'en descende s'en trouve renforcée.

*... C'est sous les yeux mêmes des époux Piau et des employés Nouvion et Garnier que la voiture est repartie avec ses deux voyageurs, une fois cette conversation achevée, et ces quatre témoins attestent qu'elle a dépassé, sans s'y arrêter, le café de la gare devant lequel Seznec prétend que Quemeneur mit pied à terre.*

Là encore, on en prend à son aise avec la réalité. Les affirmations de ces témoins n'ont jamais été aussi péremptoires et, en particulier, ils n'ont jamais reconnu formellement Seznec comme l'un des passagers de la fameuse voiture. Mais M. Guillot, avec un art consommé, s'arrange pour le faire croire. Lors d'un procès intenté en 1932 par Louise Quemeneur et Me Pouliquen au juge Hervé, à la suite d'articles parus dans le journal *La Province,* l'avocat du « petit juge », Me Philippe Lamour, prouvera de façon magistrale que Seznec a pu parfaitement déposer Quemeneur au train de Dreux et que les témoins de Houdan ne sont pas sûrs.

Une nouvelle preuve que Quemeneur n'a pas pris le train, le magistrat la trouve dans le fait qu'une valise a été remarquée par un témoin à l'arrière de la Cadillac.... *cette valise est demeurée dans l'automobile. Le lendemain, la demoiselle Conogan, domestique à l'hôtel Nourrisson, à La Queue-lez-Yvelines où Seznec se reposa de 8 heures à 13 heures avant de reprendre la route, remarqua qu'elle s'y trouvait encore.*

Le raisonnement développé paraît curieux : ce bagage, aperçu sur la banquette arrière, pourquoi en attribuer d'office la propriété à Quemeneur et non à Seznec ? Après tout la présence d'*une* valise est tout à fait normale. Ce qui l'aurait été moins, c'est qu'il y en ait eu *deux*. Mais admettons que le bagage aperçu par le témoin soit bien celui de Quemeneur : où se trouve alors celui de Seznec ? M. Guillot s'est-il posé la question ? Je lui propose une réponse : mon grand-père l'a dissimulé, en laissant bien en évidence celui de l'homme qu'il vient d'assassiner... logique, non ? En réalité, lors de l'instruction, quand on lui a présenté la valise de Quemeneur trouvée au Havre, l'adolescente ne l'a pas reconnue comme celle qu'elle avait remarquée auparavant dans la voiture de l'accusé. Qu'importe ! On ne va pas s'arrêter à ce détail qui pourrait nuire à la pureté de la démonstration...

Le magistrat s'attache ensuite à démontrer que mon grand-père se trouvait le 13 juin au Havre pour y acquérir une machine à écrire et envoyer le fameux télégramme à Jenny Quemeneur. Que les descriptions des témoins concernant le physique de l'homme – œil clignotant, mains velues – ne puissent s'appliquer à mon grand-père ne le trouble absolument pas.

Pour ce qui est du 20 juin, jour où la valise a été retrouvée à la gare du Havre, la même certitude : c'est l'accusé qui a déposé cette valise. *Deux témoins l'ont vue* (la valise) *aux mains de Seznec peu de temps auparavant, entre 17 et 18 heures, d'abord sur le cours de la République, en face la gare, puis à la gare même et dans la salle où elle fut décou-*

*verte*. On se souvient pourtant que l'homme décrit par ces deux témoins paraissait beaucoup plus jeune que mon grand-père et d'un physique sensiblement différent. D'ailleurs, au procès, ces témoins s'effondreront. Mais, pour l'heure, le magistrat sollicite avec « audace » leurs témoignages.

Nous en arrivons ensuite à ce fameux acte de vente de Traou-Nez, découvert dans la valise de Quemeneur dont *un second exemplaire a été, par la suite, trouvé en la possession de Seznec*. La formulation suggère carrément que l'accusé ne l'a pas spontanément remis à la police, ce qui fut pourtant le cas, mais plutôt qu'il aurait été découvert par cette dernière. Là encore, on se trouve en face d'un raisonnement illogique : si ce document est un faux de la main de Seznec, au dire de l'accusation, on se demande bien quel aurait été l'intérêt de mon grand-père de le dissimuler, alors qu'il voulait justement en faire usage !

Le magistrat précise ensuite que cette promesse de vente a été établie sur du papier timbré acheté à Morlaix. Voilà pour l'accusation une preuve supplémentaire que ce document est un faux, puisque, selon Seznec lui-même, la décision d'établir ce contrat a été prise entre Quemeneur et lui alors qu'ils se trouvaient à Brest. M. Guillot n'est-il pas frappé par une bizarrerie ? Voilà un homme qui veut établir un faux. Afin d'égarer les soupçons, il se donne le mal d'aller au Havre acheter une machine à écrire, mais dans le même temps il ne voit aucun danger à se procurer du papier timbré dans sa propre ville. La logique n'aurait-elle pas voulu qu'il fasse l'effort de se rendre à Brest, par exemple, pour effectuer cet achat ? Une étourderie sans doute...

Le commerçant de Morlaix qui a vendu ce papier timbré a-t-il reconnu son client comme étant mon grand-père ? Il n'en est pas question dans l'acte d'accusation. Pourtant, cet homme déclarera : *C'est un inspecteur de police qui est venu m'acheter ce papier timbré*. Au procès, ce témoignage pour le moins... troublant ne sera même pas évoqué !

Le procureur s'attaque ensuite au texte de l'acte de vente. Pour lui, le prix invraisemblablement bas de 35 000 francs est une preuve supplémentaire de la fausseté du document. Quant à l'explication du dessous-de-table en dollars-or fournie par mon grand-père, il n'y croit pas du tout : *Seznec prétend, il est vrai, faire croire qu'il était acheteur à 100 000 francs... il aurait remis de la main à la main à Quemeneur une somme de 4 040 dollars, en pièces d'or... Une bonne raison à cette incrédulité : l'existence de ces dollars est problématique, personne n'en a jamais vu une si grande quantité entre les mains de Seznec*. Le témoignage d'Angèle Labigou (affirmant avoir vu ces pièces) ne compte donc pour rien. Autre argument massue destiné à prouver que ces dollars-or n'existent pas : *S'il les avait eus depuis 1919, comme il le soutient, on conçoit mal qu'il les ait gardés si longtemps sans songer à en tirer profit*. Autrement dit, un homme comme Seznec ne peut posséder une telle somme sans être tenté, ou obligé de l'utiliser rapidement. Monsieur le procureur, ne jouez pas les ignorants, vous savez parfaitement que dans de très nombreuses familles françaises on conserve volontiers les pièces d'or. C'est même un sport national dans les années vingt, tant la confiance dans le franc est limitée. Les Français thésaurisent par sécurité. Et ils sont parfaitement au courant que le cours du dollar est en train de grimper en 1923 car on craint, la veille des élections, une dévaluation du franc. C'est le cas de Marie-Jeanne. Qu'elle ait gardé quatre ans ses dollars-or pour les faire fructifier, justement pour « en tirer profit » comme vous dites, est-ce vraiment incompréhensible ?

Autre preuve de la non-existence de ces pièces d'or pour monsieur le procureur : dans les papiers de Quemeneur, on n'a retrouvé nulle trace de cet encaissement. Autrement dit, il s'étonne de ne pas trouver une opération frauduleuse inscrite noir sur blanc sur les tablettes de Quemeneur. Pourtant, il n'ignore pas que le conseiller est assez avisé pour ne pas commettre une telle bévue. Toutefois, en admettant même qu'il l'ait commise, que la transaction ait figuré sur une comptabilité secrète, la fouille du bureau par Pouliquen enlève toute certitude à son affirmation. Manque de preuve n'est pas preuve, monsieur le procureur.

On en arrive ensuite à la découverte de la machine à écrire achetée au Havre *soigneusement dissimulée dans le réduit d'un grenier*. Bien évidemment, aucune mention n'est faite de l'irrégularité de la perquisition effectuée en l'absence de mon grand-père – mais ça, c'est de bonne guerre.

Oui, Seznec ne peut être que le meurtrier de Quemeneur, la cause paraît entendue. Mais pour quelles raisons cet homme installé et père de famille s'est-il lancé dans une aussi sanglante aventure ? Le procureur annonce le mobile : mon grand-père aurait agi par cupidité, pour se sortir de la situation financière désespérée où il se trouvait. Seznec, dont la situation obérée n'était un mystère pour personne et qui allait avoir ses meubles saisis, trouvait à son crime un profit important.

Or, nous savons que cette assertion ne correspond absolument pas à la réalité. Lors de l'évaluation des biens de la famille, nous l'avons vu, l'avoué de Morlaix, Me Belz, en additionnant les actifs mobiliers et immobiliers, en les confrontant aux passifs, en était arrivé à un solde bénéficiaire de près de 140 000 francs[1] – et encore n'avait-il pas fait de « cadeau » à l'inculpé... au point que le juge Campion s'en était ému et l'avait convoqué pour « s'étonner » de cette liquidation pour le moins précipitée. Mais M. Guillot pré-

1. Chiffres officiels : Achat mobilier : 117 000 F ; actif immobilier : 169 000 F ; créances : 45 000 F. Soit 331 000 F. En face un passif de 193 000 F. Solde bénéficiaire : 138 000 F. Bien entendu, il ne fut tenu aucun compte des 4 040 dollars ayant servi à l'achat de Traou-Nez.

fère ignorer cela et promouvoir l'image d'un Seznec aux abois, afin de rendre le geste qu'il lui attribue plus plausible.

Quel magot Guillaume Seznec comptait-il s'approprier ? *Des sommes d'argent emportées par Quemeneur et du montant du chèque de 60 000 francs adressé par Pouliquen à celui-ci,* répond le magistrat. Remarquons tout d'abord que l'enquête ne dit rien sur l'argent emporté par Quemeneur – ni s'il en avait sur lui, ni donc si cet argent a disparu. Le magistrat se livre là à une simple hypothèse, qu'aucun document ou témoignage ne vient confirmer.

Pour ce qui est du chèque adressé par Pouliquen, M. Guillot affirme que mon grand-père a tenté de le toucher à Paris, au bureau de poste du boulevard Malesherbes. Pourtant, Bégué, l'employé de ce bureau de poste, a été si peu affirmatif, son témoignage est si... discutable... que le magistrat tourne sept fois sa plume dans son encrier avant d'ajouter : *Sans nul doute, aucun témoignage ne permet d'affirmer que Seznec soit l'inconnu en question, mais quel autre que lui savait que le chèque avait été acheminé vers le bureau n° 3, puisque le télégramme qui avait assigné à Pouliquen ce lieu d'envoi avait été conçu, rédigé et expédié en sa seule présence ?* M. Guillot a de la suite dans les idées... Souvenez-vous : il a tout d'abord insinué que ce télégramme avait été adressé au notaire à l'instigation de l'accusé manifestement à la suite de ses entretiens avec lui. Maintenant, il affirme que Seznec était le seul à en connaître le contenu, continuant de mettre en scène un Seznec manipulateur, tenant Quemeneur sous son emprise. Pourtant, même sans tenir compte du fait que Quemeneur a eu la possibilité d'en parler à une tierce personne, on est certain qu'un troisième homme au moins était au courant : l'expéditeur, Me Pouliquen.

Reste au rédacteur la lourde tâche d'étayer – autant que faire se peut – la thèse du crime. Tout d'abord, il confesse : *Si le mobile du crime apparaît clairement, par contre les conditions d'exécution n'ont pu être précisées, en l'absence d'un aveu ou d'un témoignage direct*. Il note cependant que certaines constatations matérielles sont à retenir, qu'il énumère :

– *Du sang humain, de larges taches maculées de boue maculaient la valise de Quemeneur*. Ces « larges taches » désignent en réalité trois taches microscopiques relevées sur la serrure et dont la certitude qu'elles soient de sang humain n'a pas été vraiment établie. Quant aux traces d'humidité que recèle la valise, elles sont interprétées, fort hâtivement, comme la preuve qu'un *lavage a eu lieu en vue de les faire disparaître* (les taches).

– Également, *du sang encore tout frais souillait un bidon vide*.

Allusion est faite là aux taches rougeâtres sur un bidon d'essence dont a parlé le garagiste Coulomb et que l'inspecteur Bonny a décrété comme étant du sang. Notons une curieuse escalade verbale : Bonny a parlé le premier de sang, mais M. Guillot, lui, le voit « tout frais »... évidemment, c'est encore plus impressionnant ! Ce fameux bidon, n'ayant pas été conservé par le garagiste, ne figure pas parmi les pièces à conviction du procès.

– *La doublure d'un des pardessus de l'accusé, sur le collet duquel une tache de sang a été relevée, était lacérée*. Or, ce vêtement que mon grand-père ne portait pas lors du fameux voyage était en réalité « désaffecté ». Il servait à Angèle Labigou lorsque, allongée dans son lit, elle voulait se surélever les jambes. Qu'il y ait eu une trace de sang sur le col n'a rien de particulièrement étonnant car les cicatrices de mon grand-père saignaient quelquefois. Aucune identification de ce sang, si sang il y a, n'a d'ailleurs jamais été tentée.

On le voit, tous ces indices ne sont ni probants ni fiables.

Le magistrat s'attaque ensuite aux quatre témoins ayant vu Quemeneur vivant à Paris, après le 25 mai. « S'attaque » est bien le mot... Des trois premiers – Le Berre le facteur-chef, Lajat l'imprimeur, Danguy des Déserts le notaire – il ne fait qu'une bouchée. *Aucune importance ne peut être attachée aux trois premières dépositions, car leurs auteurs ont loyalement spécifié que, n'ayant pas causé avec la personne qu'ils ont prise pour Quemeneur, ils ne sont pas certains de l'avoir exactement identifiée et ils ont tenu à réserver expressément la possibilité d'une erreur de leur part*. Ainsi, l'hésitation obtenue de ces témoins est transformée par le rédacteur en preuve qu'ils se trompent, comme le montre le magnifique *qu'ils ont prise pour Quemeneur*. Autrement dit, « dans le doute, abstenons-nous ». Ah, si ce précepte avait été appliqué à tous les témoins, comme le procès Seznec aurait pris une tout autre tournure !

Reste un gros morceau à avaler : Le Her. Celui-là, il est *très catégorique et il a entamé avec lui* (Quemeneur) *une conversation d'un quart d'heure environ*. Ennuyeux, ça ! Il faut démolir ce témoin, ou tout au moins jeter un doute sur la véracité de sa déposition en attaquant l'homme : *Outre que Le Her n'est pas un témoin dont la sincérité habituelle soit au-dessus de tout reproche, un tel dire, émanant d'une telle personnalité et sujet à tant de réserves, ne pourrait être pris au sérieux que si quelque autre preuve...*

Mais qu'a donc fait Le Her pour mériter un tel manque de confiance ? Le magistrat ne se donne pas la peine de le dire. Il préfère poursuivre son travail de sape : les déclarations de Le Her n'ont pas toujours été aussi précises ; elles n'ont atteint leur forme actuelle qu'au bout de plusieurs mois. Quand on sait le mal qu'a eu Le Her à se faire entendre, à faire prendre en note ses premières déclarations, on a du mal à voir sur quoi M. Guillot s'appuie pour faire cette observation. Voilà, le travail est presque terminé. Il ne reste plus qu'à donner le coup de patte final : *En admettant même que Le Her apporte un témoignage fidèle, quand il relate sa rencontre avec Quemeneur en tramway, il se trouve certainement dans l'erreur quand il date cette rencontre du 26 mai*. Pourquoi ? Mystère.

*In fine,* reste à « démolir » l'accusé en le dotant d'une piètre réputation. Procédé classique et toujours efficace.

*Les renseignements recueillis sur Seznec sont peu élogieux... En effet, il s'occupait de toutes espèces d'affaires, et tout négoce lui était bon...*

On aurait pu dire la même chose de Quemeneur, bien qu'il fût un notable, lui.

Le travail de sape continue :

*Un incendie qui a détruit en partie, au mois de juillet 1921, sa blanchisserie de Saint-Pierre-Quilbignon, a éclaté dans des conditions si suspectes qu'on a pensé, sans preuves décisives d'ailleurs, qu'il n'y était peut-être pas étranger.*

Quelles « conditions suspectes » ? Silence radio... Nous savons ce qu'il faut penser de cette quasi-accusation. Notons un détail piquant : à l'époque, le conseiller général Pierre Quemeneur s'était porté garant de l'honnêteté de son ami Guillaume Seznec, non devant la police ou la justice, ni même la compagnie d'assurances, qui ne reprochaient rien à mon grand-père à ce sujet, mais devant... quelques mauvaises langues.

Ainsi se présente l'acte d'accusation, qui, on le voit, n'est pas un modèle d'objectivité. L'argumentation principale employée pour démontrer la culpabilité de mon grand-père dans le meurtre de Quemeneur n'a plus qu'à faire son effet, dans ce climat ainsi créé : pourquoi cet homme fait-il des faux – inscription sur le carnet, télégramme, acte de vente – si ce n'est parce qu'il sait que Quemeneur ne réapparaîtra plus, et donc parce qu'il l'a tué ? C'est un faussaire, donc un assassin.

Bien sûr les experts ont parlé et l'accusateur n'a aucune raison de remettre leurs conclusions en doute. Pourtant, quelques petites anomalies auraient pu l'alerter, singulièrement en ce qui concerne le fameux acte de vente de Traou-Nez.

Celui-ci a été soumis à deux expertises. Dans la première, les hommes de l'art affirment que les deux exemplaires ont été tapés sur la machine Royal et que les mentions « fait double à Landerneau le 22 mai » *sont de la main de Seznec*. Quant à l'acte Le Verge, daté du même jour et concernant l'achat d'une Cadillac, qu'ils ont eu également à examiner, ils concluent que la mention manuscrite « fait à Landerneau le 22 mai » *est de la main de Quemeneur.* La seconde expertise, ordonnée pour supplément d'information (mais opérée par les mêmes experts) arrive à une conclusion légèrement différente. Ces deux mentions sont décalquées, vraisemblablement, sur l'acte Le Verge. À première vue, cette précision ne change rien ; elle n'est qu'une précision concernant la méthode employée pour fabriquer un faux de l'écriture de Quemeneur. Cependant, un petit détail dérange : la phrase que le faussaire est censé avoir décalquée sur l'acte de vente Le Verge diffère légèrement de celle inscrite sur les deux exemplaires de celui de Traou-Nez : n'y figure pas le mot « double ». Les experts ne signalent pas ce fait, qui a dû pourtant compliquer singulièrement la tâche du falsificateur.

À noter que ce fameux acte Le Verge sur lequel Seznec est censé avoir décalqué l'écriture de Quemeneur... a disparu. Eh oui, envolé, comme bien des pièces à conviction. La pagaille règne dans les dossiers de ces messieurs de la police !

Voilà, les experts ont tranché : Seznec a tenté d'imiter l'écriture de Quemeneur. Non seulement on ne remet pas cette affirmation en doute, mais on s'appuie sur elle pour accuser mon grand-père d'assassinat. Pourtant, d'autres expertises faites par la suite diront tout le contraire.

En ce qui concerne le télégramme envoyé à Jenny Quemeneur du Havre, en 1981 Marcel Guislain, expert en écriture près le tribunal de grande instance de Marseille, remettant son rapport à titre privé, sur mon initiative, affirmera au chef de cabinet du ministre de la Justice : *J'ai pu établir, d'une manière scientifiquement indiscutable, que les microtracés et les décrochements qui existent dans le graphisme du scripteur de ce télégramme sont totalement absents dans les lettres émanant de Seznec. Il ne pouvait être question d'identifier l'écriture du télégramme avec celle de Seznec, et toute accusation basée sur cet élément aurait dû s'écrouler automatiquement, malgré la multiplicité des témoignages ou déclarations à charge.*

Il fera en outre part de ses réserves sur la facon dont avaient été, à l'époque, conduites les expertises[1].

Monsieur le procureur, au cours de votre rédaction, avez-vous tenté une seule fois, sérieusement, de donner vie à votre créature, cet homme censé s'appeler Guillaume Seznec et pensant, raisonnant, agissant au gré de vos accusations ? Avez-vous procédé à cet effort de synthèse ? Je crains que non... Aussi, vais-je le faire pour vous, en suivant pas à pas – sans m'écarter d'un pouce – les méandres de votre propre scénario.

Guillaume Seznec est donc, selon vos dires, un criminel en puissance, un être vil, retors, qui a mis le feu à son magasin et se livre à de honteux trafics. Alors qu'il est maintenant parvenu à une certaine promotion sociale, ce père de quatre enfants, heureux en ménage, n'hésite pas à risquer de perdre tout cet acquis pour s'approprier la propriété de Traou-Nez.

Pourtant, il n'est pas dans le besoin, ce Seznec : quand tous ses biens seront liquidés, le solde sera largement positif, nous le savons. Il possède une scierie, bien à lui. L'acquisition de Traou-Nez est un projet à sa portée, une

1. Marcel Guislain, se rendant compte de l'importance de ses conclusions, terminera sa lettre par ces mots : *J'ai servi le ministère des Finances pendant quarante et un ans en qualité de directeur-adjoint des Douanes et à la disposition du ministère de la Justice depuis seize ans. À ce titre, j'ai exercé mes nouvelles fonctions d'expert en écriture avec la plus absolue loyauté. Dès lors, mes conclusions dans l'affaire Seznec ne peuvent être suspectes de partialité. Je crois aussi, sans trahir le secret de ma profession, pouvoir préciser que M. Gaston Defferre, actuel ministre de l'Intérieur, a déjà fait appel à mes services, ce qui paraît traduire, semble-t-il, de sa part une certaine confiance dans la conduite habituelle et l'issue de mes recherches.*

transaction parfaitement envisageable. Si l'on imagine – pour vous faire plaisir, monsieur Guillot – que les dollars-or n'existent pas, il pourrait emprunter la somme nécessaire et rembourser sur plusieurs années. Un homme d'origine paysanne comme lui sait s'engager, mais avec prudence.

Mais non, apparemment, il est victime d'une sorte de fixation et veut absolument s'emparer de la propriété de Quemeneur sans débourser le moindre sou. Pour cela il ne va pas hésiter à devenir le meurtrier de son ami.

Il invente d'abord l'existence d'un trafic de voitures à l'échelon national, organisé de Paris par – entre autres – un personnage mythique nommé Charly, dit Cherdy, dit encore l'Américain. Quelle imagination, digne d'un auteur de romans policiers ! Et il se montre si convaincant dans le mensonge, si habile, si persuasif – un véritable Stavisky avant la lettre – que le conseiller, bien qu'il soit un négociant retors, un affairiste expérimenté, « gobe » cette histoire invraisemblable ! Sans preuves, sauf peut-être des lettres en provenance de la Chambre de commerce américaine, qui sont, j'imagine, des documents que l'on trouve dans toutes les bonnes papeteries. Quemeneur se précipite donc tête baissée pour investir le plus d'argent possible, au point de tenter d'emprunter une somme importante dans une banque. Quel naïf, quel gogo, quel imprudent surtout ! C'est à se demander comment il a réussi à devenir ce qu'il est, un notable en pleine ascension, un homme qui s'est enrichi dans les affaires... Bah, il a sans doute des circonstances atténuantes à s'être ainsi laissé ensorceler : si Seznec est peu loquace, ses silences sont sans doute éloquents...

Et le 25 mai, voilà le criminel et sa future victime partant pour Paris, Quemeneur tenant absolument à se rendre à un rendez-vous... qui n'existe pas.

Le conseiller ne prend pas le train en cours de route, et donc, après 22 h 10, les deux hommes continuent vers la capitale. À 22 h 30, le maçon Dectot aperçoit les phares de la voiture, s'en rapproche et, à 23 heures, constate plus précisément qu'il n'y a qu'un seul homme à côté de la Cadillac.

Donc, entre 22 h 10, heure à laquelle on voit, paraît-il, les deux hommes ensemble pour la dernière fois dans la cour de la gare de Houdan, et 23 heures, Seznec, selon vous, monsieur Guillot, exécute son forfait.

Cinquante minutes. C'est bien court, surtout qu'il faut défalquer le temps mis pour sortir de la ville où l'on peut supposer qu'il ne s'est pas risqué à commettre l'assassinat. Mais ne chicanons pas. Admettons que l'homme dont vous contez l'histoire, monsieur le procureur, a eu entre quarante et cinquante minutes pour tuer son ami, dissimuler soigneusement le corps – si bien d'ailleurs qu'on ne l'a jamais retrouvé –, remettre de l'ordre dans la voiture, dans ses vêtements, et s'éloigner quelque peu du lieu du crime. Les choses ont été menées bien rondement, ne trouvez-vous pas ?

Cet assassin si efficace bénéficie en outre d'une chance inouïe. Il a tué son ami avec un cric, puisque l'outil a disparu, c'est votre déduction, monsieur le procureur. Cette lourde masse métallique s'abattant sur le crâne du conseiller n'a pas été sans faire jaillir du sang. Pourtant, par une chance insensée, les vêtements de « l'assassin » ne sont pas tachés. La Cadillac également est indemne de toute souillure. Il faut savoir en effet que les laboratoires de la police ont scrupuleusement examiné ce véhicule, sans déceler la moindre trace de sang. Curieux, si l'on songe qu'il a bien fallu transporter le corps à l'écart de la route, soit en le portant, soit en le plaçant dans le véhicule. Et pourtant, on les a cherchées, ces traces de sang, sur la combinaison deux-pièces que l'accusé endossait lors des pannes, sur tous ses vêtements ! Mais l'analyse s'est révélée négative. La seule trouvaille aura été cette petite tache sur le col d'un pardessus qu'il ne portait pas lors du voyage. Il y a aussi, bien sûr, ce fameux bidon d'essence sur lequel un témoin a cru voir des taches suspectes, mais la disparition de l'objet a empêché de vérifier cette hypothèse.

Quant à l'endroit où ce diable d'homme a mis le cadavre, cela reste le grand mystère. S'il l'a enterré, comment a-t-il fait pour creuser assez profond, en si peu de temps ? Il n'avait ni pelle ni pioche à sa disposition. Mais rien n'est impossible à cet homme : pourquoi n'aurait-il pas attaqué la terre avec ses mains aux cals durs de paysan pour faire un trou de un mètre de profondeur au minimum ? Quand on sait le peu de temps dont il a disposé pour réaliser son forfait, on en déduit qu'il lui a fallu effectuer ce travail de terrassement à une vitesse prodigieuse, un peu comme une taupe creusant sa galerie... À moins que, tout simplement, il ait laissé tomber le corps dans les marais voisins (sans que ses vêtements portent la moindre trace de boue, un exploit...). Une armada de gendarmes et de chiens policiers ont ratissé sur plusieurs kilomètres de chaque côté de la route de Paris à Rennes, de Dreux à Versailles, battant chaque buisson, sondant chaque recoin de marais. Mais, de terre fraîchement remuée point, et de corps dans l'eau, pas davantage. Même les recherches faites ultérieurement, je peux vous l'apprendre, monsieur le procureur, n'ont permis aucune découverte, pas le moindre squelette, pas le moindre ossement.

Guillaume Seznec vient donc de tuer un homme et de se débarrasser de son cadavre. Il a repris la route et s'est très vite arrêté. On imagine qu'il est dans un état émotionnel très tendu, qu'il a besoin de reprendre ses esprits, de retrouver son calme. L'arrivée du maçon Dectot, qui pourrait témoigner de sa présence en ces lieux, ne doit pas lui faire plaisir. Il devrait donc tenter de se faire remarquer le moins possible. Mais non, voilà notre « assassin » qui interpelle l'homme pour lui demander s'il se trouve bien sur la route de Paris !

Il repart ensuite tranquillement, avec sur le siège arrière la valise de sa victime. Il ne l'a pas fait disparaître en même temps que le corps car il a l'intention – c'est du moins ce que vous nous dites – de la faire réapparaître au Havre, selon un plan minutieusement ourdi qui poursuit un double but : faire croire que Quemeneur s'est rendu dans cette ville et permettre la découverte d'une fausse promesse de vente de la propriété dont il désire s'emparer.

Pour l'instant, cette valise est un objet bien compromettant que le plus élémentaire raisonnement devrait inciter l'assassin à dissimuler. Pourtant, il n'en est rien. Notre monstre calculateur a des moments d'étourderie et exhibe cette valise – une fameuse preuve de sa culpabilité – au regard de tous, permettant ainsi à la jeune Conogan de la repérer. Étant donné qu'il n'y a qu'une valise sur la banquette, ne pourrait-elle pas être tout simplement celle du conducteur, par hasard ? La question ne vous vient même pas à l'esprit. Ce ne peut être que celle de Quemeneur, voyons, puisque Seznec est l'assassin...

Le 28 mai au matin, Seznec revient chez lui.

Il reprend ses activités et soudain, le 2 juin, c'est-à-dire presque une semaine plus tard, il se souvient brusquement que Me Pouliquen a adressé un chèque à Quemeneur. Il part donc pour Paris pour le toucher.

Il a un fameux culot, dites donc, votre « assassin » ! Il projette rien de moins que de se faire remettre un document en présentant les papiers d'un autre qui – et c'est le moins que l'on puisse dire – ne lui ressemble pas ! L'opération est difficile et risquée. Mais en admettant qu'elle réussisse et qu'il se retrouve en possession du chèque, comment pourrait-il le négocier puisqu'il est barré, détail qu'un homme comme lui, qui a déjà traité de nombreuses affaires, n'ignore pas ? Envisage-t-il vraiment, en continuant de se faire passer pour Quemeneur, d'entamer une suite d'opérations bancaires, multipliant les risques de se faire repérer ? L'audace de cet assassin frise l'inconscience !

En tout cas, il se présente deux fois dans la même journée à ce bureau de poste parisien pour réclamer cette lettre en instance, ce qui est certainement la meilleure manière d'attirer l'attention. Là, un « heureux hasard » (ce sont les termes de l'accusation) veut que Bégué, le commis, réponde à tort que la lettre n'est pas arrivée...

N'ayant pu obtenir ce chèque, Seznec rentre chez lui.

Du 2 au 13 juin, soit onze jours, il ne fait rien, strictement rien, si ce n'est vaquer à ses occupations habituelles.

C'est vraiment un criminel distrait, qui oublie le mobile de son crime !

Et puis, brusquement, il se frappe la tête.

– Suis-je bête ! J'ai tué Quemeneur le 26 mai, il y a dix-huit jours, pour m'emparer de son domaine de Traou-Nez, et voilà que je n'ai rien fait encore pour cela. Il serait temps d'agir !

En effet, il lui faut fabriquer un faux acte de vente, plus précisément une fausse promesse de vente, sous seing privé. C'est la seule manière qu'il a trouvée de réaliser son dessein. Un négociant comme lui, qui achète et revend des lots ou des parts de marché lors d'adjudications régionales, n'est pas sans savoir que ce genre d'acte n'est pas idéal dans le cas présent. Les ayants droit de Quemeneur – dont un notaire plutôt coriace – ne pourront que contester cet accord passé hors la vue d'un notaire et, pour le moins, le regarder de très près. Mais notre assassin a une grande confiance en ses qualités de faussaire. Il ne doute pas d'arriver à ses fins. Quand ? Ça, c'est une autre histoire : Quemeneur disparu – et il espère bien qu'on ne le retrouvera pas de sitôt – les chances de récupérer Traou-Nez rapidement ne sont pas évidentes !

N'importe, il se lance sans hésitation dans cette opération risquée et, là encore, sans beaucoup de discrétion.

Il lui faut d'abord acheter une machine à écrire qui servira à taper l'acte. Le 12 juin, il prend le train pour Paris à la gare de Plouaret et arrive dans la capitale de bonne heure le lendemain matin, 13 juin. C'est là, n'en doutons pas, qu'il va effectuer son achat afin de profiter de l'anonymat de la grande ville où les boutiques foisonnent.

Non, telle n'est pas son intention. Pour une raison inexplicable, il a décidé que la machine, c'est au Havre qu'il la trouvera. Mais, me direz-vous, il a voulu faire d'une pierre deux coups : puisqu'il voulait envoyer le télégramme de cette ville, il a pensé qu'il pouvait tout aussi bien y acheter la machine. Autrement dit, il n'a pas vu qu'il multipliait les dangers de se faire remarquer, dans une ville où les commerces de machines sont rares, dans le train en transportant un objet aussi encombrant. Il aurait pu – si vous y tenez, monsieur le procureur – aller poster son télégramme au Havre pour faire croire à un départ de ce port, et revenir à Paris acheter la Royal. Hélas, il n'a pas eu cette habileté...

Il part donc à la recherche de la fameuse machine, non pas une véritable portative, comme le prétend l'acte d'accusation, mais un gros modèle de bureau, bien lourd, bien encombrant – l'essentiel est qu'on puisse le remarquer, sans doute. J'ai soupesé moi-même une Royal n° 10, au marché aux puces à Paris : elle doit peser dans les vingt à vingt-cinq kilos.

Dans la première boutique où il se présente, il ne fait pas affaire. Il entre dans la seconde, appartenant au fameux M. Chenouard, au moment précis où les deux Georges, de Hainault et Legrand, rencontrés dans le train, sont justement là. Hasard, hasard... Il revient deux fois, histoire de bien faire remarquer ses cicatrices et de faciliter la tâche des enquêteurs...

Autre manière d'attirer l'attention : tous les témoins remarquent que l'acheteur a un œil plus petit que l'autre, légèrement fermé et clignotant. Comme ce n'est pas le cas de Guillaume Seznec, la seule explication logique est donc qu'il fait semblant... pour ressembler à sa photo anthropométrique... En revanche, les mains velues de l'acheteur de la Royal signalées par les témoins, alors que les mains brûlées de l'accusé ne le sont évidemment pas, restent un mystère. Remarquons cette particularité rare : habituellement, les yeux de l'accusé sont tout à fait normaux, mais, dès qu'il est en présence de témoins, ils se mettent à clignoter tandis que ses mains se couvrent de poils ! Irrésistiblement, on pense au Dr Jekyll et à mister Hyde... J'avais pourtant bien pensé que mon grand-père avait une double personnalité : sous sa carapace d'homme fier, il cachait un cœur d'or et une grande sensibilité. Mais physiquement, non, je n'avais jamais rien remarqué...

Revenu chez lui à la scierie, il lui reste à confectionner le faux acte. Non, il ne sait pas taper à la machine, il n'a jamais appris. D'ailleurs, si avec ses doigts brûlés il peut travailler, bricoler, la souplesse requise lui manque pour appuyer assez fort et de manière régulière sur les touches. Qu'importe. Le bon génie des criminels fait que, soudain, il bénéficie de ce don – on n'en est plus à un miracle près... D'ailleurs, en admettant qu'il ait laborieusement tapé avec un ou deux doigts, l'irrégularité de la force employée pour enfoncer chaque touche – qui ne peut manquer d'être le fait d'un néophyte sur une machine de ce type – n'a pas été relevée par les experts. C'est donc qu'il a accompli sa besogne comme une véritable dactylo. Autre miracle : lui qui fait sans cesse des fautes d'orthographe, parfois criantes (ses carnets, sa correspondance en sont truffés) n'en commet brusquement *plus une seule*.

Pour parachever son chef-d'œuvre, il ajoute la mention finale, « Fait double à Landerneau le 22 mai » avec les deux signatures. Pour cela, il décalque les mots sur l'acte Le Verge, sauf le mot « double » qui n'y figure pas et qu'il doit intercaler en imitant l'écriture de Quemeneur. Exercice acrobatique, non ? Ensuite, sur sa lancée, il imite... sa propre signature. Sur ce point, les experts ont été formels. Comment expliquer ce moment de folie ? C'est très simple (si je puis dire) : lorsqu'on est un criminel hors du commun, autant faire compliqué...

Les agissements qui suivent ne sont pas non plus sans surprendre. Notre « assassin » place dans la valise de Quemeneur non seulement un exemplaire de la promesse de vente, mais également... l'acte Le Verge, document qui vient de lui servir de modèle pour accomplir sa forfaiture. Aucune raison d'agir ainsi ! Personne ne s'attend à trouver ce document dans le bagage du conseiller. Une seule explication : Seznec est suicidaire et tient à ce que la police ait la possibilité de comparer les deux textes.

On dirait que l'accusé s'acharne à faciliter le travail futur des policiers et des magistrats pour se faire pincer. Ainsi, il ne prend pas la peine d'aller acheter son papier timbré à Brest, ville où il a l'intention de prétendre que s'est décidé l'établissement du sous-seing privé. Paresse, négligence, imprudence folle ? On se perd en conjectures. Toujours est-il qu'il fait son achat à Morlaix même, lieu où tout le monde le connaît.

Dans la valise de Quemeneur, il place également le carnet de dépenses du conseiller, qu'il a complété afin de faire croire à sa survie. Il se trompe en inscrivant le prix du billet Paris-Le Havre, alors même qu'il vient de faire le voyage pour acheter la machine. Quelle tête en l'air, notre génie du crime...

Bien entendu, il dissimule la machine chez lui au lieu de la jeter – apparemment, il s'est mieux débarrassé du cadavre de Quemeneur, car il la cache mal. Ainsi, la police pourra aisément la « découvrir »...

Reste la valise de Quemeneur. Il s'agit maintenant que la police la trouve. Et quelle ville croyez-vous que l'assassin choisisse ? Le Havre tout simplement. Et le voilà reparti pour cette cité où il s'est déjà abondamment fait voir et où par conséquent sa venue a le plus de chances d'être remarquée. Je vous dis qu'il y a quelque chose de suicidaire chez cet homme !

À noter que l'achat d'un nouveau billet Paris-Le Havre ne l'amène toujours pas à s'apercevoir de son erreur concernant le prix inscrit sur le billet. Toujours aussi distrait...

Au Havre, son dessein continue de paraître bien obscur. Il abandonne la valise de Quemeneur à la gare, après l'avoir préalablement trempée ou laissée séjourner dans l'eau. Pour quelle raison ce fignolage ? Pour donner à penser que le conseiller s'est noyé, peut-être. Alors, pourquoi ne pas avoir laissé la valise près de l'eau ? C'est bien le diable si, dans un grand port comme Le Havre, elle n'aurait pas été rapidement repérée ! Mais non, il préfère la transporter et l'abandonner dans un établissement public, la gare, lieu toujours sous la surveillance plus ou moins vigilante des employés. D'ailleurs, il ne manque pas de se faire repérer, en clignotant des yeux par exemple, en restant longtemps dans la salle d'attente, en parlant aux employés, etc.

Peut-être faudrait-il demander à un aliéniste de tenter d'expliquer un tel comportement.

Plus tard, alors que les policiers l'interrogent, une perquisition, puis deux, sont effectuées à la scierie. S'en montre-t-il inquiet ? Pas le moins du monde ! Notre criminel aux nerfs d'acier ne cherche pas à se débarrasser de l'encombrante machine à écrire et la laisse dans sa cachette – une cachette qui d'ailleurs saute aux yeux... Il attend de pied ferme la troisième visite qui, bien entendu, est la bonne : enfin, on découvre la Royal. L'assassin, qui s'est donné tant de mal pour se faire repérer, est enfin parvenu à ses fins : il est démasqué !

Voilà sur quelles bases – folles, incongrues, absurdes – on va juger un homme aux assises.

Le procès commence enfin...

Chaque jour, Seznec sort de la prison entre deux gendarmes et se rend à pied au tribunal. Il avance, menottes aux poignets, dans cette rue interminable qui descend vers l'Odet et la longe jusqu'au palais de justice de Quimper. De chaque côté, une foule agitée, difficilement contenue par des barrières et des soldats casqués tous les cinq ou six mètres. *Des soldats partout, des soldats dans le petit jardin d'automne qui sent la terre mouillée et la feuille morte, des soldats dans les couloirs, des soldats à toutes les portes... (Le Quotidien)*. On est venu contempler, frissonner d'horreur, s'exciter devant « l'odieux assassin », le phénomène. Quelques cris de haine, les insultes le suivent tout au long du parcours.

Pour mon grand-père, c'est une terrible épreuve, un véritable cauchemar. Être ainsi exposé à la vindicte populaire, devenir un paria dans son propre pays... La réalité lui saute à la gorge, secoue tout son corps. Alors, il se raidit et avance le regard tendu droit devant lui, sans tourner la tête, surtout pas... Ces visages aux yeux brillants, ces bouches vociférantes lui font peur. Plus tard, excédé de devoir subir ce chemin de croix, il demandera à être conduit en voiture, ce qui lui sera accordé. « Quelle outrecuidance ! », penseront beaucoup, et *La Liberté* titrera ironiquement : SEZNEC EN VOITURE ET SES JUGES À PIED.

Ce vendredi 24 octobre, premier jour du procès, *L'Ouest-Éclair* étale en première page la hideuse photo anthropométrique où mon grand-père clignote bizarrement de l'œil. Le journal se croit d'ailleurs obligé de rectifier la date erronée...

Depuis quinze jours, les hôtels de la ville affichent complet. C'est l'affluence autour du tribunal et les gardes de Seznec doivent lui frayer un chemin au milieu de cette foule hostile. Enfin, il se retrouve dans une petite pièce isolée où il ne lui reste plus qu'à attendre avant d'entrer dans l'arène.

La salle d'audience est pleine à craquer. Bien qu'on ait ajouté des bancs tout neufs qui sentent le bois frais, une bonne partie du public est admise à rester debout. Il faut dire que, dès l'ouverture des portes, les gens qui avaient fait la queue sur les marches du palais de justice depuis l'aube ont pris la salle d'assaut. Ceux qui n'ont pas eu la possibilité d'entrer s'entassent dans les couloirs, rendant la circulation difficile pour les jurés, les témoins et les avocats. D'autres encore s'entassent devant le parvis dont on a laissé ouvertes les grandes portes.

La salle des assises de Quimper, avec ses lourdes tentures bordeaux et ses lambris de bois sombre, est le lieu où converge l'intérêt de la France entière. En ce moment, il est livré aux photographes et aux journalistes qui s'agitent en tous sens et s'interpellent à voix haute. Les détonations et les éclairs des flashes ajoutent à l'atmosphère survoltée un énervement supplémentaire. Oui, un grand événement va bientôt commencer et chacun se sent fier d'y assister. Dans le public, on se montre du doigt les célébrités de la presse nationale – c'est-à-dire parisienne – qui occupent en rangs serrés l'emplacement qui leur est réservé : Géo London du

*Journal,* André Salmon, également romancier et auteur dramatique, Henri Espiau de *L'Écho de Paris,* Louis-Charles Royer du *Petit Parisien*... Chacun d'eux croit connaître l'affaire sur le bout des doigts et s'est fait une opinion, en général tranchée : Seznec est innocent, Seznec est coupable.

Gros titres de la presse : LE MARCHAND DE BOIS CONTINUE À PROTESTER DE SON INNOCENCE (*Le Matin*). – UNE AFFAIRE SENSATIONNELLE : LE PROCÈS SEZNEC S'EST OUVERT AUJOURD'HUI (*La Liberté*). – L'AFFAIRE SEZNEC : 123 TÉMOINS SONT CITÉS PAR L'ACCUSATION ! (*L'Action française*)...

– Messieurs, la Cour !

L'assistance se lève tandis que le brouhaha s'intensifie quelques secondes, avant de faire place à un silence relatif. Les trois magistrats entrent, impressionnants dans leur robe rouge sang ornée d'hermine. Est-ce ce pouvoir exorbitant d'être habilités à requérir la mort qui les rend si majestueux, si solennels ? Le premier d'entre eux, le président Dollin du Fresnel, promène son regard froid sur la salle surchauffée. Au cours des débats, ce haut magistrat se montrera impitoyable, méprisant même envers certains témoins, mais surtout outrepassera ses droits en se comportant non pas en responsable du bon déroulement des débats, mais en accusateur, une sorte de procureur bis. Relativisons cette critique cependant : ce comportement du président d'un tribunal est courant à l'époque. De nos jours, nous souffrons encore, dans certains prétoires, de ce glissement des rôles.

Fait également son apparition l'avocat général Guillot (nous l'avons vu, comme procureur, rédiger l'acte d'accusation ; maintenant qu'il requiert, il prend le nom d'avocat général). Avec sa barbiche et ses cheveux blancs coupés court, son dos voûté, Guillot a l'apparence d'un vénérable vieillard, image presque idéale du représentant du ministère public, du défenseur de la société. Il est âgé, certes, mais sa voix est forte et porte loin. Il a l'habitude de la faire tonner pour confondre les accusés, et souvent demander leur tête.

Pour lui, la cause est entendue et le procès n'est qu'une formalité. Cet homme que les méchantes langues ont surnommé «Guillotine» – à cause de sa propension à demander la peine capitale – ne s'est pas gêné pour annoncer dans la presse qu'il demanderait – et obtiendrait – la tête de Seznec.

Me Alizon lui aussi vient d'arriver. L'avocat de la partie civile, c'est-à-dire de la famille Quemeneur, a de la prestance. Avec sa haute silhouette, sa voix bien timbrée et forte, il donne une impression de puissance, de sûreté. Il se montrera un adversaire pugnace, dans les faits une sorte de troisième accusateur, alors que, là encore, le code de procédure devrait lui imposer de borner son action à la défense des personnes lésées.

On s'est assis et le brouhaha des conversations a repris.

– Gardes, faites entrer l'accusé !

L'assemblée se tait à nouveau et retient son souffle. Une porte s'ouvre dans la boiserie et tous les yeux se rivent sur cet homme maigre, au visage marqué de cicatrices, que deux gendarmes escortent vers le box. La vedette du jour paraît peu à l'aise dans un costume bleu foncé qui a l'air tout neuf, intimidée même d'être ainsi le point de mire.

Et puis la pièce commence et mon grand-père va mal y tenir son rôle, très mal.

Un homme accusé d'un meurtre qu'il n'a pas commis, ça doit être pathétique, brisé, voire implorant. Ça doit aussi exprimer visiblement le regret de la disparition, de la mort probable de son ami. En un mot, ça doit *paraître* innocent.

Or, que verront les jurés et le public ? Un homme, plutôt grand, un peu voûté, au regard dur, qui se défend pied à pied, avec hargne souvent et orgueil toujours. En cela, mon grand-père est semblable à Dreyfus à qui longtemps on reprochera sa froideur, son impassibilité, assimilés à de l'indifférence. *Seznec suit* (les débats) *de son regard si étran-*

*gement vif et froid – on dirait une coulée d'acier,* écrira par exemple *L'Écho de Paris*.

Durant ces jours de procès, et finalement tout au cours de l'Affaire, jamais mon grand-père ne montrera de souplesse, ne fera de concessions, même pour gagner la sympathie des jurés. C'est son caractère de se raidir face à l'adversité, surtout cette adversité maligne, compliquée, faite de témoins surgis de nulle part, de preuves fabriquées. Il ne se comporte pas en accusé, mais en victime offensée. Le « taiseux » est un homme qui répond si on l'attaque. D'ailleurs, il n'éprouve aucun respect ni pour les policiers ni pour les magistrats – il les a trop vus à l'œuvre. Son avocat Me Kahn, avec les meilleures intentions du monde, tentera de le modérer, et quand il y parviendra cela fera encore plus mauvais effet, car alors mon grand-père aura l'air de reculer, de se contredire.

Me Marcel Kahn a pris place devant lui, sans doute un peu angoissé par cette première grande affaire qui lui incombe. Le jeune avocat parisien est grand, élégant, le regard vif. Un esprit clair, acéré, mais pas un « ténor », pas une « bête » de prétoire. Après cette affaire, il mènera une bonne carrière mais ne plaidera jamais de « grands » dossiers.

On peut s'interroger sur la nature de ses pensées en cet instant, alors que dans quelques minutes il va devoir défendre et protéger l'homme derrière lui qui risque sa tête. A-t-il mis au point une stratégie ? Se la remémore-t-il rapidement avant de se lancer dans la bataille ? Peut-être. Cependant, elle n'apparaîtra jamais vraiment, sauf dans la plaidoirie. À ses côtés, un peu en retrait, effacé, se tient Me Le Hire.

On procède au tirage au sort, puis au choix des jurés. Après que certains ont été récusés par l'accusation ou la défense, il en reste douze, plus deux remplaçants. Ce sont des hommes, rien que des hommes bien sûr, qui vont avoir entre leurs mains la vie, le destin de Guillaume Seznec. Comme c'est l'usage à l'époque, ils ont été choisis sur des listes où ne figurent que des notables ou des artisans et, d'une certaine façon, ils appartiennent au même « clan » que Quemeneur – plus précisément, le conseiller est le modèle de ce qu'ils aspirent à devenir.

Ces douze hommes, je contemple parfois leur photo en imaginant ce qu'ils ont pu ressentir pendant les débats houleux de cette affaire compliquée. Quels ont été leurs sentiments, ensuite, tout au long de ces années où ma grand-mère s'est battue pour faire réhabiliter son mari, où des hommes ont tenté de prouver son innocence ? Certains se sentiront si mal à l'aise en comprenant après coup qu'ils avaient été le jouet d'un appareil judiciaire dénué de scrupules qu'ils iront jusqu'à le faire savoir publiquement – mais nous aurons l'occasion d'en reparler.

L'audience est ouverte. Après la lecture de l'acte d'accusation, c'est l'appel des témoins. Ils sont cent quarante-huit, dont quarante-trois policiers, proportion énorme qui laisse à penser que l'enquête a bien besoin d'être défendue quant à ses méthodes et ses conclusions.

Le président commence ensuite à interroger l'accusé. Plus qu'un interrogatoire, c'est une attaque, à laquelle mon grand-père répond à sa manière, à la fois violente et maladroite.

– Dans votre scierie de Morlaix, vous traitiez avec des mercantis, lance Dollin du Fresnel.

– Qu'est-ce que vous appelez mercantis, monsieur le président ? Si vous voulez m'acheter une auto, que vous soyez mercanti ou non, pourvu que vous ayez des sous, c'est tout ce que je vous demande.

Le public rit. Il rira souvent, au fil des audiences. Cette gaieté qui éclate à la moindre occasion et que le président ne semble pas vouloir réprimer me fait mal. Je sais bien que la tension qui règne y est pour quelque chose, mais tout de même... quelquefois, c'est choquant, surtout lorsque le mépris intervient.

– Les rapports de police indiquent que vous avez été un pillard des stocks américains, insiste le président.

– Je me suis occupé, comme tout le monde, du stock des Américains, mais je n'ai rien pillé du tout.

Dollin du Fresnel affûte son attaque.

– Faites donc connaître aux jurés cette fameuse vente des automobiles aux Soviets, Seznec.

– Mais ce n'est pas mon affaire ! C'est celle de Quemeneur. C'est lui qui en avait eu l'idée. Il m'avait dit qu'il fallait que je lui trouve des autos en masse, à livrer à un Américain qui devait lui-même les vendre aux Soviets. Moi, je n'étais dans cette affaire qu'un employé.

– Cet Américain, comment s'appelait-il ?

– Je ne m'en souviens pas.

– Allons donc ! Aux policiers, vous avez dit qu'il s'appelait Charly, ou Cherdy.

Mon grand-père hausse les épaules.

– Oh, je n'avais pas précisé, moi je ne l'ai jamais vu, ce Charly.

– Vous êtes sûr, au moins, qu'il existait ?

Pour la première fois, Seznec se fâche.

– Si vous en savez plus long que moi, monsieur le président, ce n'est pas la peine de m'interroger !

Dollin du Fresnel néglige cette réaction et insiste :

– Voyons, pourquoi Quemeneur, si discret sur ses affaires, aurait-il eu besoin de recevoir des lettres par votre intermédiaire ?

– Parce qu'il était dans la politique.

Le magistrat hausse les épaules.

– Cette affaire d'autos semble n'avoir jamais existé. En tout cas cela ne m'explique pas pourquoi il faisait appel à vous. « Processif, rusé, sournois, ficelle, unanimement détesté », dit de vous le rapport de moralité que mon excellent confrère, Théodore Picard, a été chargé d'établir.

Me Kahn se décide enfin à intervenir :

– Monsieur le président, depuis bon nombre de minutes, vous avez abandonné l'interrogatoire pour un réquisitoire.

Ce rappel à l'ordre n'est pas du goût du magistrat, qui réplique aussitôt :

– Je suis navré de ce reproche. Si je parle trop à votre gré, c'est que M. Seznec, lui, ne parle guère. Et il faut bien que messieurs les jurés connaissent l'affaire.

Seznec intervient alors :

– Je trouve que je vous réponds déjà passablement.

Réplique peu appréciée. Murmures dans le public, qui le trouve vraiment « fier » et « mauvaise tête », ce Seznec qui ose affronter l'imposant président.

Lorsqu'il s'agit de parler de Quemeneur, le haut magistrat adopte un tout autre ton :

– Quant à M. Pierre Quemeneur, conseiller général du Finistère, négociant estimé, il devait à son honnêteté, comme à l'excellence de ses manières, l'estime générale dont il était honoré...

Après le démon, l'ange. Après le mercanti, le citoyen au-dessus de tout soupçon. Autrement dit, l'assassin et la victime. C'est cet axe que suivront les interrogatoires pour asseoir l'accusation.

Un peu avant que se terminent les débats de ce premier jour, le président, qui n'a pas vraiment digéré l'observation de Me Kahn – sans doute parce que l'avocat a touché juste – s'emporte devant les réponses de l'accusé, qu'il juge trop sèches, trop laconiques.

– Quand vous faites des réponses aussi imprécises et aussi vagues, après avoir été très précis et très net à l'instruction, je ne crois pas mériter les reproches de la défense et outrepasser mes fonctions de président en manifestant un étonnement qui ne vous est pas favorable...

M. le président Dollin du Fresnel est vraiment très susceptible et il ne fait pas bon lui adresser des reproches. Autant que ce blanc-bec d'avocat de la défense le comprenne très vite.

Dès l'ouverture de la deuxième audience, on attaque l'accusé « bille en tête », en l'interrogeant sur son emploi du temps, ainsi que sur celui de son compagnon, le soir du 25 mai. « À quelle heure êtes-vous revenus à Houdan pour faire mettre une lanterne ? À quelle heure avez-vous dîné ? À quelle heure êtes-vous reparti ? » Quel casse-tête ! Tout se mélange dans l'esprit de mon grand-père, les allées et venues sur la route, les trajets au crépuscule. Il répond de manière confuse et le président le harcèle, s'acharne à lui demander des précisions. Le magistrat fait distribuer un plan de la gare de Houdan aux jurés, mais parviennent-ils à s'y retrouver dans ce qui ressemble à un problème de trains pour certificat d'études ?

– Si vous avez laissé M. Quemeneur à Houdan, comme vous l'affirmez, insiste le président, il aurait été contraint d'attendre le train de 3 h 45 du matin pour Paris. Qu'aurait-il donc fait entre-temps ?

Comme mon grand-père ne répond pas, Dollin du Fresnel extrait triomphalement de la pile de dossiers posée devant lui un procès-verbal d'interrogatoire qu'il parcourt rapidement.

– Voilà, vous avez dit : « Je ne sais pas où il a passé la nuit. Il a peut-être rencontré une gonzesse avec qui il a pu aller coucher. »

Rires, brouhaha... M. le président, en rappelant cette réponse de l'accusé, est certain de son effet. Elle a déjà été rapportée par la presse, ce qui a amené le maire de Houdan à élever une véhémente protestation. Le premier magistrat de la ville s'y indignait du fait que l'on puisse laisser supposer qu'il y avait des « femmes de mauvaise vie » dans sa localité.

– Voilà donc l'estime dans laquelle vous teniez votre ami ! s'exclame vertueusement le président.

Plus tard, il joue sur un autre registre :

– Quand Mlle Jenny Quemeneur est venue vous voir, après que vous eûtes effectué ce voyage, vous avez eu l'air gêné, comme si vous cachiez quelque chose.

– Mais non, j'avais l'air normal. Dans ma vie, j'ai vu des choses plus graves et je n'ai pas changé de figure.

Le président ne perd pas une si belle occasion de porter l'estocade :

– Nous le savons, c'est bien ce que vous faites depuis le début de cette affaire !

Mon grand-père baisse la tête, ses mains serrant ses genoux. Il se sent piégé, écrasé par tous ces messieurs les beaux parleurs, les discuteurs, les ergoteurs. Jusqu'ici, il n'a pas eu beaucoup l'occasion de faire des phrases, surtout pour parler de lui. Mais là, dans ce tribunal, il faut bien qu'il se défende ! Alors, les mots sortent comme ça, tout à trac, sans avoir été bien pesés. Il se sent bien seul, mais pas découragé. Il faut bien leur montrer à tous qu'il ne se laissera pas faire, que leur accusation est un tissu de mensonges ! Alors, il continue de se battre.

Ainsi, quand le président prétend qu'il a donné au garagiste Coulomb un bidon vide « ensanglanté », il s'exclame :

– On dit que ce sont des taches de sang, mais ce bidon on ne l'a jamais retrouvé. Maintenant, je dois avouer que je ne sais rien, et personne non plus, d'ailleurs.

Dollin du Fresnel est obligé d'admettre, mais apprécie peu et jette, pincé :

– C'est exact. Vous avez réponse à tout...

Ainsi, on reproche à l'accusé une chose et son contraire : à la fois de répondre évasivement et trop bien. Quoi qu'il fasse, il fait mal.

C'est peut-être le moment, pour son défenseur, de s'emparer de l'argument, de démontrer que ce bidon fantôme ne constitue absolument pas une preuve. Mais il ne bouge pas. Le président ombrageux lui fait-il si peur ?

La machine à écrire est là, noire, luisante, exposée sur une caisse entre les juges et le public. Lors des interruptions d'audience et la nuit, elle sera gardée par des soldats casqués et en armes. Le président explique aux jurés, avec force détails, qu'on l'a trouvée chez Seznec, qu'il l'a achetée au Havre et utilisée pour taper le faux acte de vente de Plourivo.

– Pourquoi est-ce que je serais allé chercher une machine à écrire au Havre, alors que j'en avais une chez moi qui ne me servait pas ? rétorque Seznec. Cette machine ne m'a jamais appartenu !

Et il ajoute – il ne peut s'empêcher d'ajouter –, ce qui lui coûtera très cher :

– Si on l'a trouvée, c'est qu'on l'a apportée...

Dans un silence soudain, tendu, il poursuit :

– C'est peut-être un complot policier, je ne sais pas. C'est une hypothèse qui m'est venue à l'esprit. J'ai pensé à la police parce que c'est par elle que bien des choses me sont arrivées.

Mouvements divers dans la salle... Certains jurés semblent choqués. Attaquer ainsi la police, en cette année 1924, c'est presque un crime de lèse-majesté. La police comme l'armée est intouchable. Le président se drape une nouvelle fois dans sa dignité outragée.

– Ainsi vous accusez la police ! D'ailleurs, au cours de l'instruction, vous avez dit : *Tout cela c'est des manigances, ça vient de la même boîte*. Vous maintenez ces allégations ?

Seznec regarde Me Kahn, qui semble consterné. Il hésite, puis répond enfin, d'une voix sourde, comme un gamin à qui on a fait la leçon :

– Je ne me souviens pas d'avoir dit ça. Quand on m'a interrogé, j'ai peut-être répondu impoliment.

Dollin du Fresnel triomphe modestement, en hochant la tête d'un air entendu, non sans un rapide regard en direction des jurés.

Les emplois du temps de mon grand-père le 13 juin, jour de l'achat de la machine à écrire, et le 20, date à laquelle fut découverte la valise, sont ensuite longuement épluchés. Le public décroche quelque peu et les jurés ne semblent pas se passionner exagérément pour ces allées et venues entre Morlaix, Plouaret, Saint-Brieuc, les pannes de voiture, les horaires, etc.

Dans une petite salle voisine, les témoins s'impatientent. Quand va-t-on les entendre ? Comme on est déjà samedi et que demain, dimanche, il n'y a pas d'audience, on ne les appellera que lundi, et encore pas tous.

En fin de journée, c'est la fronde. Puisqu'on les oblige à rester là à attendre, on doit les dédommager correctement, leur donner plus que ces 6 francs par jour alloués jusqu'à maintenant ! Ils rédigent et déposent entre les mains du président une requête en ce sens.

Lundi 27 octobre.

Encore une fois, on reparle du Havre, encore une fois mon grand-père nie y avoir jamais mis les pieds.

– Pourtant, des témoins ont certifié vous y avoir vu, insiste le président.

Me Kahn intervient :

– Ces témoins ont affirmé que l'acheteur de la machine avait un œil plus petit que l'autre, et clignotant. Or, monsieur le président, vous voyez bien que tel n'est pas le cas !

D'un geste ample, l'avocat a désigné son client. Murmures dans la salle. Effectivement, tel ne semble pas être le cas ! Seznec toise l'assistance.

Quelques secondes se passent...

Dollin du Fresnel hésite, puis ordonne :

– Qu'on amène l'accusé devant les jurés.

Les deux gendarmes qui encadrent mon grand-père le font quitter son box, le conduisent face aux jurés. Le silence le plus total règne. Mon grand-père regarde fixement ces hommes. L'un d'eux semble vouloir réagir, parler.

– Pas un mot ! s'écrie le président.

Toujours en silence, Seznec regagne son box. La défense vient de marquer un point important.

MAUVAISE JOURNÉE POUR SEZNEC, titre *L'Ouest-Éclair* pour qualifier l'audience suivante, celle du mardi 28 octobre. Certes, je l'ai dit, ce journal s'est délibérément rangé dans le camp des tenants de la culpabilité de mon grand-père, mais cette appréciation n'est pas sans fondement.

Tout d'abord, le président – qui au fil des débats se fait de plus en plus procureur – met en doute l'existence de l'achat de Traou-Nez et des dollars-or.

– Seznec, vous continuez à affirmer que vous avez promené ces dollars toute la matinée, le jour de ce prétendu achat de la propriété de Pierre Quemeneur ?

– Oui, monsieur le président.

– Vous avez rencontré diverses personnes à Brest. Or, aucune d'entre elles n'a remarqué que vous aviez un paquet lourd et volumineux.

– J'aurais dû, évidemment, avoir un écriteau.

Murmures...

– Comment expliquez-vous qu'au retour de ce rendez-vous à l'Hôtel des voyageurs, à Brest, insiste le président, Quemeneur n'ait pas eu sur lui votre fameuse boîte contenant les dollars ? Que ni sa sœur ni sa bonne ne l'aient vue ?

Me Kahn intervient :

– Comment voulez-vous que mon client le sache ? Il n'était pas avec lui. Quemeneur a pu s'en séparer aussitôt, de ces dollars...

Dollin du Fresnel s'agace de cette intrusion de l'avocat dans l'interrogatoire de l'accusé.

– Maître, je vous prierai de faire silence, c'est votre client que j'interroge !

Me Kahn se lève aussitôt.

– Je vous l'ai déjà dit, monsieur le président : chaque fois que vous demanderez une explication ou une interprétation à mon client, au lieu de lui poser simplement une question, c'est moi qui répondrai à sa place.

Dollin du Fresnel blêmit. Puis il claque violemment son dossier.

– En ce cas, je renonce à cet interrogatoire !

Il se cale au fond de son fauteuil, attend quelques secondes... puis rouvre son dossier et poursuit l'interrogatoire d'une voix qui se veut de nouveau très calme. Malgré sa vive réaction, le haut magistrat sait parfaitement qu'il a commis un excès de pouvoir, que Me Kahn a raison. Sur ce point concernant la forme – et malheureusement principalement sur ce point, et non sur le fond du dossier – l'avocat de mon grand-père sait se montrer ferme.

Dollin du Fresnel contre-attaque sur un terrain qui lui est particulièrement favorable : les tentatives de l'accusé de susciter de faux témoignages à partir de sa prison de Créach-Joly. Il lit et commente les lettres adressées à Marie-Jeanne.

*L'Ouest-Éclair* observe : *Les lettres par lesquelles l'accusé tenta de susciter de faux témoins constituent des charges accablantes. La Liberté* titre : SEZNEC SE TROUBLE. Pour *La Nation belge, Seznec se défend plus mollement*. À mon avis, mon grand-père fait pire que de se mal défendre, il s'enfonce lui-même et, d'ailleurs, s'en rend compte :

– Je me défends comme je peux, proteste-t-il. Je n'ai contre moi que des faux témoignages, alors j'emploie de faux témoins !

Cela fait évidemment très mauvais effet, comme le rappel de sa tentative d'évasion, qui vient ensuite :

– Un homme innocent ne tente pas de s'évader ! lance le haut magistrat.

Il ne reste plus au président qu'une dernière estocade à donner à l'homme là-bas dans le box, pour achever de l'accabler. Et pour cela il va vouloir le rendre ridicule en citant le contenu de ses écrits intimes :

– Seznec, vous avez laissé une lettre testamentaire où vous donniez rendez-vous à votre femme au ciel, sous le trône même de Dieu.

Ricanements dans la salle.

– Dame, c'était mon droit de faire des écrits sentimentals (*sic*), réplique mon grand-père.

Cette fois, c'est l'hilarité générale, que Dollin du Fresnel observe, amusé, avant de clore l'audience du matin.

Dans l'après-midi, on appelle les témoins.

Le premier est le commissaire Vidal. Une photo en première page de *L'Ouest-Éclair* a montré le « beau Méridional », comme le surnomme la presse, se dirigeant vers le palais de justice de son pas décidé, avec canne et chapeau à large bord. À ses côtés, Mlle Héranval, dont nous savons –

mais on l'ignore encore à l'époque – les liens particuliers qui l'unissent au policier...

D'une voix ferme à l'accent chantant, Vidal fait aux jurés le récit détaillé de son enquête, un récit accablant pour l'accusé. C'est bien Seznec qui a assassiné Quemeneur. Aucun doute là-dessus... Le commissaire en vient même, à la fin de son intervention, à avancer une hypothèse sur l'endroit où se trouve le corps du conseiller : dans les étangs voisins de la route. À la qualité du silence, à la grande attention que chacun, public et jurés, lui porte, on sent que cette déposition fait forte impression. *Pendant ce soliloque, l'accusé change souvent d'attitude, il a vraiment mauvaise mine ; son teint ravagé passe alternativement du rouge brique au blanc jaunâtre,* commente férocement *L'Ouest-Éclair.*

C'est ensuite au tour du commissaire Cunat, de la brigade mobile de Rennes, d'intervenir. Tout en se montrant, comme son collègue, convaincu de la culpabilité de mon grand-père, il s'applique à vanter l'efficacité dont ses services ont fait preuve, en particulier lors de la découverte de la fameuse machine à écrire.

– Mais vous n'avez pas fait que la découvrir, cette machine, remarque M^e Kahn : vous l'avez aussi démontée. Pourquoi ne l'avez-vous pas mentionné dans votre procès-verbal ?

Pendant quelques secondes, le policier reste sans voix, puis trouve enfin la réplique :

– Nous n'avions pas beaucoup de temps... c'est un oubli.

L'avocat de Seznec s'étonne, mais, avant qu'il ait pu profiter de son avantage en poussant le commissaire Cunat dans ses retranchements, le président vient au secours du policier, attitude qu'il adoptera d'ailleurs plusieurs fois au cours des audiences :

– Comment, maître, vous semblez vouloir accuser la police, comme votre client ?

M^e Kahn effectue un repli stratégique. Il y a des bornes à ne pas franchir. L'incident est clos.

Ainsi est escamoté un élément important, peut-être capital de l'affaire. Pourquoi la police a-t-elle jugé utile de démonter cette machine à écrire ? Cherchait-elle un indice (on ne voit pas très bien lequel) ou, au contraire, poursuivait-elle un autre but, par exemple la modification de certains caractères ? Il est dommage que Me Kahn n'ait pas posé au policier cette question capitale du « pourquoi », au lieu de s'étonner de l'absence de l'indication de cette opération sur le procès-verbal.

Le dernier témoin à être interrogé ce jour-là est également un policier : c'est l'inspecteur Bonny en personne. Lui aussi fait très bonne impression, par la précision et la concision de son témoignage. L'élégant Bonny plaît beaucoup aux journalistes, qui soulignent le sérieux de sa prestation.

Ce même 28 octobre 1924, la France reconnaît officiellement le gouvernement des Soviets. Le premier ambassadeur de l'U.R.S.S. va donc pouvoir venir s'installer à Paris, dans une ambassade fermée depuis 1917. Cette nouvelle et le compte rendu du procès paraissent côte à côte dans la presse. Qui songerait à établir un lien entre les deux ?

Mercredi 29 octobre.

Depuis le matin, une pluie glacée se déverse sur Quimper, et la lumière blafarde qui tombe des hautes fenêtres de la salle d'assises rend l'atmosphère particulièrement sinistre.

L'audience du matin est encore consacrée à la déposition des policiers – on sait que leur nombre est impressionnant parmi les témoins. Un record du genre, sans doute ! Ce matin, il est plus particulièrement question de cet empêcheur de tourner en rond, de ce Le Her qui dit avoir parlé avec la victime, après sa disparition.

L'inspecteur Grégoire, qui a recueilli ses premières déclarations, se voit reprocher par Me Kahn de ne pas en avoir établi le procès-verbal. Le policier se défend en expliquant que les dires du receveur des T.C.R.P. lui avaient paru trop peu précis pour être de quelque importance.

Le témoin suivant, l'inspecteur Mathez, a été cité pour un motif spécial : il a mené une enquête sur Le Her... ! Pourquoi la justice éprouve-t-elle le besoin d'en savoir plus sur cet homme, spécialement sur lui, acteur parmi les nombreux acteurs de cette affaire ? La réponse s'impose : il s'agit de le démolir, puisqu'il est favorable à l'accusé – pis, puisqu'il peut l'innocenter.

La partie civile prête la main à l'opération. Me Alizon interroge le policier :

– Le témoin peut-il dire quelle était, au début de son enquête, c'est-à-dire en janvier 1924, la situation de M. Le Her ?

– Peu florissante, certes. M. et Mme Le Her occupaient un tout petit logement et on sentait bien que ce n'était pas l'aisance, chez eux.

L'avocat de la partie civile triomphe alors :

– Or, M. Le Her est arrivé ces jours-ci à Quimper en motocyclette, vêtu avec élégance et recherche ! s'exclame-t-il.

– Je retiens la suspicion, se contente de répliquer faiblement Me Kahn.

– Oh, elle est très nette, de ma part !

Le but est atteint : un premier coin est enfoncé, comme en témoignent ces commentaires dans *L'Écho de Paris*: *Pour la défense, le témoignage de ce Le Her est, on le sait, d'une capitale importance. (...) Malheureusement, les renseignements concernant le personnage infirment par avance la confiance qui pourrait être accordée à ses dires. Et la déposition de l'inspecteur Mathez ne lui est pas favorable.*

Suivent les experts. Ils sont deux, qui vont porter des coups terribles à la défense.

Pendant une bonne heure, le premier, le Pr Charles Samaran, archiviste paléographe, lit ses notes, les commente, brandit des calques, des agrandissements, qu'il puise au fur et à mesure sur une petite table où s'entassent ses dossiers. Bref, pour les jurés, tout cela est bien compliqué. Sa conclusion, en revanche, a l'avantage d'être claire : les deux exemplaires de la promesse de vente, le texte du télégramme expédié depuis Le Havre et les dernières notes du carnet de Quemeneur sont des faux de la même main. Et il s'exclame, péremptoire :

– Si Seznec n'est pas un assassin, ce que je ne sais pas, j'affirme en tout cas de la façon la plus formelle qu'il est un faussaire !

Me Kahn ne paraît pas impressionné. Il interroge calmement :

– Est-il à votre connaissance que des experts, avec la même bonne foi que vous, ont déposé des conclusions qui, après, longtemps après, ont été démontrées inexactes ?

Le professeur hésite. Il sait que la question du défenseur de Seznec est pertinente. Immanquablement viennent à l'esprit ces fracassantes expertises du fameux Bertillon, qui avaient permis de condamner le capitaine Dreyfus sans appel... avant que celui-ci soit totalement mis hors de cause.

– Cette question ne me paraît pas avoir un quelconque rapport avec l'affaire, intervient le président.

Le Pr Samaran est ainsi dispensé de répondre.

Deuxième expert : M. Bayle, directeur des services de l'Identité judiciaire. Il affirme que la machine à écrire saisie chez Seznec est bien celle qui a été utilisée pour taper les fausses promesses de vente.

PLUS MAUVAISE JOURNÉE ENCORE POUR SEZNEC, titre *L'Ouest-Éclair*, qui ajoute : *Les dépositions des experts sont accablantes.*

C'est vrai. Ce n'est que plus tard, trop tard, qu'on reviendra sur le travail de ces spécialistes, et qu'en ce qui concerne précisément le faux acte de vente leurs conclusions seront fortement mises en doute.

L'après-midi, Jenny Quemeneur, puis son frère Louis sont entendus. Tous deux font le récit de ce qu'ils ont vécu. Louis Quemeneur termine sa déposition d'une voix lente, hachée par de longs silences. Il affirme finalement :

– Je suis sûr que mon frère n'est pas parti avec une femme pour l'Amérique, comme quelques-uns l'ont imaginé.

C'est vrai que cette hypothèse, justifiant la présence de la valise du conseiller au Havre, avait été évoquée plusieurs fois par des commentateurs. Ceux-ci faisaient observer en outre que, le lendemain de l'envoi du télégramme, un navire quittait justement la ville pour les États-Unis. Après tout, soulignaient-ils, Quemeneur devait une très forte somme au fisc. Pourquoi n'aurait-il pas jugé préférable, sans attendre d'être poursuivi, de fuir pour se refaire une nouvelle vie en Amérique, en emportant l'argent destiné à l'achat des Cadillac et les dollars-or ?

Cette idée, j'y ai parfois songé, moi aussi. Plus tard, certains commentateurs, comme Frédéric Pottecher, lui accorderont un certain crédit. En soi, elle n'est pas déraisonnable. Bien sûr, les formalités d'immigration aux États-Unis étaient draconiennes à l'époque, mais à un malin et débrouillard comme Quemeneur rien n'était impossible. Dans ma famille on a longtemps gardé dans un coin du cœur l'espoir ténu que cette hypothèse soit la vraie. Ainsi nous pouvions envisager que le drame que nous vivions se terminerait comme un conte de fées, avec la réapparition magique de Quemeneur. Hélas, au fil des années, ce baume qui adoucissait momentanément les blessures de ma mère est devenu bien inefficace. En effet, il était de plus en plus difficile de croire que Quemeneur, du plus loin qu'il se fût enfui, n'ait pas entendu parler des méfaits que sa disparition avait provoqués, auquel cas il n'aurait pu que se manifester pour aider son ami. Or, jamais rien n'est venu, ni une lettre, ni un signe, rien.

Me Pouliquen succède à son beau-frère à la barre. Comme on pouvait s'y attendre, le notaire de Pont-l'Abbé se livre à une attaque en règle de l'accusé. Autant la déclaration du frère, Louis Quemeneur, a paru atone et sans réel intérêt, autant celle du beau-frère, guidée par la haine, semble-t-il, réveille le public.

Il en a des choses à dire, à affirmer, à suggérer, le notaire ! Il se montre si prolixe que l'audience est levée avant que son audition soit terminée. Celle-ci reprendra le lendemain matin.

Jeudi 30 octobre 1924.

La pluie a cessé pendant la nuit, mais le vent souffle avec violence, faisant parfois vibrer les vitres. Me Pouliquen continue ses accusations – on peut difficilement parler en ce qui le concerne d'un simple témoignage...

– C'est Seznec qui a fait la fausse promesse de vente ; d'ailleurs, il savait taper à la machine ! assure-t-il.

Me Kahn ne bronche pas devant cette affirmation gratuite.

– C'est lui qui a combiné toutes ces affaires d'automobiles destinées à la Russie, affirme Me Pouliquen.

Cette fois, le président se renfrogne. Jusqu'ici – et il le fera jusqu'à la fin du procès – il a posé comme principe que le trafic de Cadillac, et plus particulièrement de Cadillac pour la Russie, n'est qu'un leurre, un mythe. Mais l'affaire doit lui poser quelque souci, car chaque fois qu'on en parle il se montre réticent, comme un chat échaudé.

– Ces affaires de voitures, poursuit le notaire de Pont-l'Abbé, elles étaient si bien présentées que d'autres plus malins que mon beau-frère auraient pu s'y laisser prendre. Seznec avait réponse à tout !

Il enchaîne :

– Un dernier détail que j'ai omis : j'ai annoncé à Seznec, quand je suis allé le voir après la disparition de Quemeneur, que j'avais envoyé à mon beau-frère un chèque à

Paris. « Ce qui me prouve que mon beau-frère n'est pas arrivé à Paris, lui ai-je dit, c'est qu'il n'a pas touché ce chèque. » Alors Seznec m'a regardé de ses yeux pointus. Il croyait que je plaidais le faux pour savoir le vrai. Il pouvait le croire, en effet, si c'est lui qui essaya de toucher ce chèque. Alors il m'a répondu avec prudence : « Ah ! Je savais que Quemeneur vous avait demandé un chèque de 60 000 francs. » Ainsi, il me précisait la somme avant que je la déclare moi-même !

Sensation dans la salle, brouhaha...

– Me Pouliquen, la déclaration que vous venez de faire est importante, souligne le président. Êtes-vous prêt à la répéter dans les mêmes termes ?

Le notaire affirme que oui, et, sur l'invitation du président, répète son témoignage.

– Pouvez-vous jurer ? insiste le président.

– Je le jure, répond Me Pouliquen.

Le président se tourne vers l'accusé.

– Seznec, qu'avez-vous à répondre ?

Mon grand-père se lève, regarde Me Pouliquen, puis laisse tomber d'une voix atone :

– Je n'ai jamais prononcé la somme du chèque. J'ai fait une déposition, je n'ai pas à y revenir.

Là encore, on interprétera cette réponse comme la manifestation d'un entêtement froid. Tout est dans la manière, et ce Seznec ne l'a décidément pas... Personne ne semble s'étonner d'un fait pourtant évident : le meurtrier, s'il avait vraiment tenté de s'emparer du chèque à la poste restante à Paris, n'avait aucun intérêt à dire par la suite au notaire qu'il en connaissait le montant. C'était se désigner à sa suspicion ! L'accusation à retardement de Me Pouliquen lui prête un comportement maladroit, pour ne pas dire stupide...

Me Kahn intervient.

– Me Pouliquen, ce fameux chèque de 60 000 francs était-il barré ou non ?

Le notaire hésite, se trouble.

Heureusement, Me Alizon, son avocat, vient à la rescousse :

– Certes, Me Pouliquen a envoyé un chèque barré, mais il avait demandé un chèque non barré à sa banque. Il était persuadé qu'on avait exécuté ses ordres, et que lui-même avait mis un chèque non barré dans l'enveloppe à l'adresse de Quemeneur.

Mouvements divers dans la salle.

– C'est vrai, admet Me Pouliquen, j'ai cru envoyer un chèque non barré, alors qu'il l'était.

– Je retiens que vous avez envoyé un chèque barré, conclut Me Kahn, autrement dit que mon client ne pouvait le toucher.

Comment peut-on réellement croire, je l'ai déjà dit, qu'un notaire projette d'envoyer une somme d'une telle importance sous une forme aussi peu sûre ? Mais en l'admettant, il est pour le moins étonnant de le voir si distrait : il signe et met ce chèque sous enveloppe sans remarquer qu'il est barré contrairement à ses instructions !

Lorsque ma grand-mère vient ensuite à la barre, un murmure la suit tandis qu'elle s'avance calmement, en coiffe blanche, robe noire et collet de fourrure. Elle pose son parapluie sur le dossier de la chaise posée devant elle.

– En tant qu'épouse de l'accusé, vous ne prêterez pas serment, indique le président.

Marie-Jeanne reste quelques secondes silencieuse, avant de s'exprimer d'une voix maîtrisée.

– Je suis prête à répondre à vos questions, dit-elle.

Sur les bancs de la presse, le reporter du *Journal* prend fébrilement des notes. Voilà les premières lignes du « papier » qu'il livrera dans l'édition du lendemain : *Enfin, Mme Seznec a déposé. Rarement témoin, même indifférent, s'est présenté à la barre avec autant de désinvolture. Elle paraissait jolie, sous son minuscule bonnet aux pans flottants, elle souriait, elle semblait presque heureuse. (...) C'est en coup de vent qu'elle pénètre dans le prétoire à l'appel de son nom. Elle pose sur le dossier d'une chaise son tour de cou de skunks et un minuscule parapluie à manche d'ivoire, un parapluie de Parisienne ! Puis elle se campe, sans souci du protocole, un genou appuyé sur une chaise, commodément, familièrement, prête à tous les assauts. Sa voix haut perchée et aigrelette, mordante, s'élève : « Posez-moi des questions. »*

Le moins qu'on puisse dire est que le regard du journaliste sur cette provinciale, qui a l'audace de posséder un parapluie « de Parisienne », manque d'aménité...

– Madame, interroge le président, votre mari a affirmé qu'il aurait remis des dollars-or à M. Quemeneur, pour l'achat de la propriété de Traou-Nez. D'où provenaient ces dollars ?

– Je les ai gagnés pendant la guerre, à la boutique, quand je lavais le linge pour les soldats américains. D'ailleurs, je tenais à jour toutes ces sommes sur un petit carnet – malheureusement, je l'ai perdu. Il faut dire que quand les policiers sont venus perquisitionner, ils ont mis le désordre partout ! C'était du pillage, du vandalisme !

On rit, dans la salle.

– Madame, il est facile de raconter maintenant une histoire pareille ! s'exclame Me Alizon.

Marie-Jeanne s'obstine :

– Si c'est la première fois que je le dis, c'est qu'à l'instruction, on me disait : « Répondez... taisez-vous... vous avez assez parlé... » Alors, je ne pouvais pas m'expliquer comme je le voulais.

Le président se tourne vers l'accusé :

– Seznec, vous aviez connaissance de ce carnet ?

Mon grand-père hausse les épaules.

– Non, c'est elle que ça concernait.

Cette réponse montre bien l'absence de duplicité de mon grand-père : il est évident qu'il aurait eu tout intérêt à confirmer l'existence de ce carnet. Mais non, il ne le fait pas... et nul ne songe à porter une telle réaction à son crédit. Pis, on le trouve sans doute de nouveau peu aimable, rustre, qui sait...

Comme Marie-Jeanne a les yeux tournés vers son mari, le président intervient :

– Madame, regardez-moi, vous aurez le temps de regarder votre mari. Parlez-moi un peu de ces fameux dollars. Ils étaient dans une boîte, avez-vous dit aux policiers. Et vous avez fourni des dimensions qui ne correspondent pas à la somme qu'ils étaient censés représenter[1].

– Quand je leur ai montré la longueur de la boîte, les policiers ont marqué ce qu'ils ont voulu. Ce que je sais, c'est que le 22 mai mon mari est parti avec la boîte de dollars. Le soir, en rentrant, il ne l'avait plus. Par la suite, il m'a dit qu'il les avait versés à Quemeneur pour une partie de l'achat de Traou-Nez. Et le 22 juin, il m'a montré l'acte de vente.

Les questions se succèdent, précises. Marie-Jeanne, animée par la volonté farouche de défendre son homme, répond sans hésitation, avec une franchise abrupte qui ne sera pas très appréciée. La machine à écrire ? Pour elle, aucun doute, c'est la police qui a « manigancé » tout ça, en la dissimulant dans leur maison. Le prétendu voyage au Havre ? Jamais son mari n'a mis les pieds dans cette ville, ni avant ni après la disparition de Quemeneur. Son pseudo-voyage a été monté de toutes pièces. Plus ma grand-mère parle, plus elle s'emporte. Son accent breton réapparaît et certains de ses propos échappent au public.

Tandis que la salle bruisse de commentaires, le président Dollin du Fresnel affiche un sourire entendu, un peu goguenard. Il a choisi d'accueillir toutes ces affirmations et surtout ces critiques concernant la police avec un certain dédain. Il se contente de lancer de temps en temps un commentaire amusé : « Je laisserai à Mme Seznec la plus entière liberté d'expression » ou encore : « Je devrais vous interrompre, mais je tiens à ce que vous puissiez tout dire.

1. Au cours de l'enquête, les policiers avaient construit une boîte aux dimensions indiquées par Marie-Jeanne et avaient demandé à la Banque de France de la remplir avec des dollars-or pour connaître la quantité pouvant y être rangée.

Il ne nous sera pas difficile, le moment venu, de rétablir les faits sous leur vrai jour. »

En fait, le magistrat est plutôt satisfait : il sait, lui, que cette déposition enflammée va faire mauvais effet, en particulier sur le jury. La presse du lendemain ne ménagera d'ailleurs pas la femme de l'accusé : MME SEZNEC ATTAQUE AVEC VÉHÉMENCE LA POLICE (*Le Journal*). – LA FEMME DE SEZNEC ACCUSE LA POLICE (*La Liberté*). – *Sa déposition, assez mouvementée, parfois violente, mais imprécise, ne semble pas devoir servir beaucoup la cause de son mari* (*L'Ouest-Éclair*).

– Madame, contre-attaque le président, que pensez-vous de ces lettres que votre mari a tenté de vous faire parvenir, de sa prison, où il vous demandait de solliciter de faux témoignages ?

Ma grand-mère fait front.

– Je pense qu'il est bien naturel qu'un homme actif, comme mon mari, soit affolé par la vie de prison qu'il subissait.

Elle quitte la barre et, dans le silence, va s'asseoir dans le fond de la salle. Version de *L'Éclair : Elle quitte la barre en grognant : « J'en ai plein le dos ! » Pauvre femme*. Pauvre femme, en effet, qui constatera rapidement, à la lecture de la presse, la mauvaise impression qu'elle a produite. C'est qu'elle commet le même péché que son mari : elle ne tient pas le rôle qu'on aimerait lui voir interpréter. Au lieu d'une épouse larmoyante qui aurait sans doute fait pleurer dans les chaumières, on a vu une femme combattante, « répondant » aux magistrats, osant s'attaquer à la police. En 1924, pensez donc ! Combattante, Marie-Jeanne le restera toute sa vie, et dans les pires circonstances.

Angèle Labigou lui succcède. Solide, imposante, portant coiffe elle aussi, la servante fait également front. Les mains sur les hanches, elle affronte les magistrats et interpelle les jurés. Ses reparties, parfois fort lestes, mettent le public en joie. Ainsi, quand le président lui demande : « Seznec est-il resté absent de Morlaix le 13 et le 14 juin ? A-t-il découché ? », elle lance : « Ça, je n'en sais rien, je ne couchais pas avec lui. »

Si le public s'amuse, les jurés, eux, sont choqués.

Lorsqu'on en vient à l'épisode de la découverte de la machine à écrire, Angèle Labigou reprend les accusations de sa patronne et affirme que ce sont les policiers qui l'ont placée dans la chaufferie. Elle précise qu'un des hommes l'a même menacée d'un revolver.

Brouhaha dans la salle, rires.

– Les noms, les noms, lance le président en haussant les épaules.

La fidèle servante ne désarme pas.

Elle désigne le commissaire Cunat, dans la salle.

– D'abord, il y a ce commissaire, c'est lui qui tenait la tête de ce complot.

Nouveau brouhaha. Le commissaire Cunat ne bronche pas.

– Pourquoi un complot ? questionne Dollin du Fresnel.

– Dame, il fallait bien, puisqu'ils avaient déclaré M. Seznec coupable. Lorsqu'on m'a annoncé que mon maître était arrêté, je n'ai pas voulu le croire, mais quand j'ai eu affaire à eux, j'ai compris que c'était possible. Quant aux témoins qui ont dit que j'avais raconté ceci, puis cela, que M. Seznec était parti, qu'il était rentré... ce sont des inventions.

– Vous serez confrontée à eux.

– Je veux bien. J'ai toujours eu confiance en M. Seznec. Sa situation était bonne, il m'a toujours payé mes gages et je lui en ai prêté parce que c'était un brave homme. Et si j'en avais eu davantage, je lui en aurais remis.

La salle s'agite de rumeurs, de rires, d'exclamations.

– Vous avez vu les dollars-or ? questionne le président.

– Oui, je les ai vus, mais je n'en ai pas parlé : quand on est dans une maison, ce n'est pas pour dire ce qui s'y passe.

– Vous n'en avez pas même parlé à votre famille ?

– Ça ne la regardait pas !

La partie civile intervient :

– Ces dollars, vous pourriez les décrire ? interroge Me Alizon.

– C'étaient de grandes pièces comme des pièces de cent sous. Dessus, il y avait un oiseau avec un grand bec.

Nouveaux rires dans la salle. Pourtant, la description d'Angèle Labigou est exacte : les pièces s'ornent bien de l'aigle américain.

À la reprise de l'audience, le commissaire Jean Cunat est confronté à ma grand-mère et Angèle Labigou.

– Je proteste contre les accusations de ces deux témoins contre la police et contre moi-même ! s'exclame le patron de la brigade mobile de Rennes. Jamais je ne les ai menacés...

– Vous mentez, monsieur Cunat ! s'écrie Marie-Jeanne, vous nous avez insultées, vous n'avez pas été correct avec nous.

– Moi, vous m'avez menacée, renchérit Angèle Labigou.

Cris, rumeurs...

– Oui, c'est vrai, approuve une voix dans la salle.

Tous les regards se tournent dans cette direction.

L'homme qui a parlé se nomme. C'est Samson, le « chauffeur » de la scierie.

– M. Cunat m'a même proposé 5 000 francs pour me faire avouer que je connaissais la machine à écrire, renchérit Angèle Labigou, criant pour dominer le brouhaha.

Le président ne trouve d'autre solution, pour mettre fin à cet incident, que de demander aux témoins de quitter la barre.

Georges de Hainault est d'un tout autre style : grand, élégant, sûr de lui, il raconte comment, en compagnie de son ami Georges Legrand, il a rencontré Seznec dans le train du Havre, comment enfin ils l'ont retrouvé chez le marchand, M. Chenouard.

– Regardez l'accusé, demande le président : le reconnaissez-vous ?

Le témoin n'hésite pas.

– Oui, c'est lui, je l'affirme. Ce sont bien ses cicatrices, son visage.

– Le témoin se trompe, dit mon grand-père sans se lever de sa chaise.

– Est-ce que vous vous rendez compte, monsieur, de l'importance de votre témoignage ? insiste le président en prenant un ton très grave.

– Oui, je sais, mais c'est la vérité.

De Hainault jette un nouveau coup d'œil à l'accusé.

– D'ailleurs, c'est dommage...

– Pardon ?

– C'est dommage d'avoir un physique aussi reconnaissable.

Me Kahn bondit.

– Ce qui est dommage, c'est que le témoin se soit permis de faire une remarque aussi déplacée !

– Je n'ai pas voulu être incorrect.

La déposition de Georges de Hainault se termine sur cette passe d'armes parfaitement inutile. L'avocat avait pourtant des questions plus intéressantes à poser au témoin. Par exemple, pourquoi l'homme qu'il affirme reconnaître dans le box n'a ni mains velues ni œil plus petit et clignotant, ainsi qu'il l'avait décrit à l'instruction ? Voilà qui aurait été plus profitable à la défense de son client.

Cette question, il ne la posera pas non plus aux autres témoins du Havre qui vont maintenant se succéder à la barre : Georges Legrand, puis M. Chenouard et sa vendeuse, Mlle Héranval.

Comme Georges de Hainault, ils seront précis, catégoriques – « accablants », dira la presse – , affirmant sans hésiter reconnaître l'accusé. Le public et, très certainement, les jurés sont impressionnés, d'autant que mon grand-père se contente de répondre, comme un leitmotiv : « Le témoin se trompe » ou «Je ne suis jamais allé au Havre ».

*Les débats d'aujourd'hui ont été tout simplement terribles pour Seznec,* conclut *L'Éclair.*

Vendredi 31 octobre.

La tempête a repris, faisant vibrer les vitres des hautes fenêtres balayées par la pluie. Bien qu'il ne soit que 10 heures du matin, on a allumé toutes les lampes.

L'accusé entre. À peine assis dans son box, son regard accroche celui d'une vieille femme assise dans la salle. Sous sa coiffe, elle a un visage tout ridé et tanné par les intempéries, un corps voûté par l'âge. Sa mère... Quelques journalistes ont capté le regard que l'accusé lui adresse et le petit geste d'encouragement qu'elle esquisse dans sa direction... *Pour la première fois depuis l'ouverture de ces longs débats, nous avons vu des pleurs mouiller les paupières de Seznec. Ce fut rapide, saisissant. (...) Il a enfin connu le prix des larmes* (*Le Journal*). – *Et c'est la première fois qu'on sent chez l'accusé, crispé à son banc, une lueur d'émotion sincère* (*L'Ouest-Éclair*). Ainsi donc, il serait un homme comme les autres, cet accusé ?

Défilé des témoins du voyage à Plouaret. À la fin de l'audience du matin, le président fait état de deux lettres qui lui sont parvenues. La première émane d'une femme « légère » qui aurait rencontré Quemeneur près de la gare Saint-Lazare après la date de sa disparition. Elle ne donne ni son nom ni son adresse, et signe simplement « Suzanne ». Un octogénaire également anonyme est l'auteur de la seconde. Il propose qu'on fasse des fouilles dans le jardin d'un certain Christofleau, habitant à La Queue-lez-Yvelines. Bien entendu, le public se divertit beaucoup à ces lectures, et c'est peut-être ce que souhaite la cour. Voyez comme les témoignages qui contredisent la thèse officielle sont ridicules et peu fiables !... Ainsi se crée un amalgame entre les témoins à décharge et quelques farfelus.

D'autres lettres anonymes, pour la plupart aussi peu fiables, pathétiques dans leur déraison, parsèmeront l'Affaire pendant des années. Il est frappant de constater que la justice les prendra souvent au sérieux, ordonnera parfois des enquêtes immédiates, voire des fouilles, alors même qu'elle négligera des pistes importantes – et je pense en particulier à celle de la mystérieuse Mme Petit, qui viendra rendre visite à ma grand-mère le lendemain de la sentence.

À la reprise de l'après-midi, incident d'audience : le président a décidé brusquement d'accélérer les choses, et d'entendre tout de suite, contrairement à ce qui avait été prévu, les rares témoins à décharge – en l'occurrence, ceux qui ont vu vivant Pierre Quemeneur après le 25 mai. Me Kahn s'élève aussitôt contre cette dérogation à l'usage, qui veut que les témoins de la défense soient entendus les derniers. C'est d'ailleurs conforme à la reconstitution chronologique des faits.

– Mais c'est indispensable, explique le plus sérieusement du monde Dollin du Fresnel : les témoins n'ont plus le sou, ils menacent de s'en aller !

Un président des assises se laissant dicter sa conduite par des témoins ! Voilà une nouveauté dans les annales de la justice française...

– Monsieur le président a raison, renchérit l'avocat général : je vous assure qu'il y a eu hier soir une manifestation très grave de ces témoins.

Il s'agit, je l'ai dit, de la demande d'augmentation d'indemnité. Ceci dit, on ne voit pas pourquoi le fait d'intervertir l'ordre des témoins pourrait accélérer le temps global de leur passage !

S'ensuit un âpre et pénible débat, qu'on pourrait qualifier de comique si la tête d'un homme n'était en train de se jouer. L'incident se termine par un modus videndi : on va entendre les témoins de Houdan, comme prévu, mais... au pas de charge ! C'est à peine si chacun aura quelques minutes pour répondre aux questions du président.

*Ceux qui croient avoir vu M. Quemeneur après le 25 mai,* comme les désigne *L'Éclair,* viennent ensuite. Les deux premiers sont étrangement prudents...

M^e^ Danguy des Déserts, on le sait, a d'abord dit dans son témoignage qu'il a vu Quemeneur à la gare de Rennes le 26 mai et que celui-ci lui a fait un signe d'amitié.

– Le 26 mai, il y a là une impossibilité, lance le président.

Me Danguy des Déserts, visiblement impressionné, acquiesce, dit qu'il s'est peut-être trompé, qu'il ne peut rien affirmer vraiment, et se retire en silence, discrètement, comme une souris qui rentre dans son trou.

Même comportement de Me Bienvenue, qui ne fait que passer comme une ombre, pour dire qu'il s'est peut-être trompé.

Deux témoins de la défense « expédiés », donc.

Il en reste un. Celui-là pose problème, car il gêne bien l'accusation : François Le Her.

Son témoignage est prévu pour le surlendemain, mais déjà l'accusation s'occupe de lui.

Se présente à la barre « un jeune Parisien », comme l'appellent les journaux (je n'ai pas retrouvé son nom).

– Le Her m'a annoncé qu'il avait rencontré Quemeneur, sur la plate-forme de son tramway, explique-t-il avec un fort accent faubourien. Seulement, moi je n'y ai pas attaché d'importance.

– Pourquoi cela ? questionne le président.

– C'est un bon camarade, mais il est bluffeur.

Suit un autre « camarade de travail », Doncin.

– C'est un bavard, explique-t-il.

Troisième collègue, M. Saffré.

– Je n'ai jamais eu confiance en lui, monsieur le président.

Qui croira maintenant les propos de cet homme à qui personne ne se fie et qui de surcroît, parce qu'il est venu en motocyclette à Quimper, aurait pu toucher de l'argent ?

À ce moment du procès, il semble bien que la conviction du jury soit faite : Seznec, auteur d'une fausse promesse de vente, a certainement assassiné Quemeneur. Cette opinion est largement partagée par la presse et, sans doute, par l'ensemble de l'opinion.

Cependant cette condamnation « a priori » gêne quelques esprits pointilleux, amoureux de la justice. Dans *L'Œuvre* paraît un article de Georges de La Fouchardière qui va à contre-courant du sentiment général. Le journaliste, après avoir évoqué sur un ton quelque peu dithyrambique l'histoire de Caïn et Abel, expose ses doutes, ses interrogations, comme s'il voulait aider les jurés à résister à l'influence pernicieuse que ce procès peu équitable fait peser sur leur esprit. Citons un passage : *Un assassinat consiste essentiellement en un cadavre meurtri par une main humaine. Tout le reste est procédure. Un carnet de chèques, une machine à écrire et un tas de dollars ne font pas la monnaie d'un cadavre... M. Quemeneur, légalement, officiellement, n'est pas mort. Aucune preuve de son décès n'existe sur les registres de l'état civil. Effectivement, il est absent, mais il ne sera absent légalement qu'après plusieurs années d'absence effective.*

*Un cadavre, c'est bien gênant pour l'assassin quand ça se retrouve. Un cadavre, c'est bien gênant pour la justice quand ça ne se retrouve pas.*

*C'est pourquoi l'assassinat, considéré non plus comme un des beaux-arts mais comme un sport dangereux, présente quelques analogies avec le jeu de cache-tampon. Landru y était passé maître, mais il a tout de même perdu parce qu'il avait trop de dames dans son jeu.*

*Quant à M. Quemeneur, il a simplement été égaré sur la grand-route, que coupent tant de voies transversales. Seznec n'avait pas chez lui de rôtissoire et on n'a pas constaté au-dessus de sa cheminée de fumée épaisse dénotant quelque cuisine d'anthropophage. Ainsi, pour M. Quemeneur, l'hypothèse de la fugue reste valable. Celle du suicide est plausible, ainsi que celle d'une conversion qui l'aurait conduit vers une Trappe par le chemin vicinal de Damas. On peut également supposer qu'il a été écrasé par une automobile venant en sens inverse et dont les occupants se sont ingéniés à faire disparaître le corps du délit.*

*En tout cas, Seznec n'est pas accusé par un mort... Mais il est rudement défendu par une vivante dont le geste a balayé la cour et dont la voix a dominé le débat.*

*Mme Seznec est une femme admirable. Toutes les forces sociales sont contre son homme : la magistrature, la police, l'opinion publique... L'opinion publique, instable, inconsistante, inconsciente et irrésistible comme un raz de marée. Mme Seznec défend son homme ; c'est-à-dire qu'elle accuse la police, engueule la magistrature et condamne l'opinion publique. Elle est certaine que Seznec ne peut pas être coupable.*

*Et si j'étais juré, j'acquitterais Seznec, bien qu'il ait une réputation déplorable et vraiment une sale gueule (quand un accusé a une sale gueule, les jurés sont toujours d'avis qu'il faut lui enlever ça de sur ses épaules, dans son propre intérêt). J'acquitterais Seznec en vertu du précédent Caïn, qui a fixé la jurisprudence, et à cause de Mme Seznec, car pour avoir acquis un dévouement de femme aussi courageux, aussi passionné, il faut bien que l'homme le plus misérable en apparence ait quelques qualités cachées par quoi il mérite d'être conservé.*

Cet article rappelle ce que tout le monde semble avoir oublié, à savoir qu'il existe un principe fondamental dans le droit français : ce n'est pas à l'accusé de prouver son innocence, mais à l'accusation de démontrer sa culpabilité. Or, ce principe a été largement bafoué tout au long des débats.

L'auteur de l'article voit-il se dresser à l'horizon le spectre de l'erreur judiciaire ? Seznec coupable, exécuté, et... Pierre Quemeneur réapparaissant. Après tout, la disparition du conseiller ne date que d'un an et demi. Quel scandale ce serait ! Hélas, Georges de La Fouchardière paraît alors bien isolé. Personne ne lui emboîte le pas, ne se pose ces questions éthiques, la magistrature en particulier qui continue imperturbablement d'officier à sa manière...

Samedi 1er novembre 1924.

Pour ne pas changer, froid, vent et pluie.

Les premiers témoins à être entendus sont ceux qui se trouvaient à la gare du Havre le jour où on a retrouvé le bagage de Quemeneur. Assez vite, il apparaît que ces hommes ne seront pas très utiles à l'accusation : leurs descriptions de l'homme qui a trouvé la valise et de celui qui l'a ouverte n'évoquent en rien ni mon grand-père ni même Quemeneur. Au fil des minutes, ils se montrent fragiles, inconsistants. L'un d'eux – Deknuydt – paraît même un faible d'esprit.

– Mais l'homme qui a trouvé cette fameuse valise, a-t-on cherché à le retrouver ? interroge Me Kahn en compulsant ses notes. Je ne vois dans l'instruction aucune trace de cela...

Silence gêné de la cour.

Puis l'avocat général répond :

– Cet homme est hors de cause.

– Comment cela, hors de cause ?

– Il a présenté un alibi valable.

– Je ne comprends pas, insiste Me Kahn, expliquez-vous.

– Eh bien, il s'agit d'un individu qui, par curiosité, a regardé dans cette valise. S'étant aperçu qu'elle appartenait à Pierre Quemeneur, dont la disparition faisait grand bruit, il a préféré ne pas être mêlé à cette affaire délicate et a repoussé le bagage.

Me Kahn n'insiste pas. Il y en aurait pourtant, des questions à poser ! Pourquoi le nom de ce témoin, ainsi que son interrogatoire, ne figurent-ils pas au dossier ? Pourquoi bénéficie-t-il d'une telle protection, d'une telle mansuétude aussi ? Un homme qui ouvre une valise « par curiosité » ne découvre pas le nom du propriétaire à la vue des chaussettes qui s'y trouvent ; il doit pour cela fouiller le portefeuille pour y consulter les papiers d'identité. N'est-ce pas un geste suspect qui suggère une intention de voler ? S'il avait simplement voulu se rendre utile, il lui suffisait de signaler la présence de la valise aux employés de la gare. Les magistrats qui se soucient tant de la moralité de certains témoins, de François Le Her en particulier, font preuve brusquement d'une bien étonnante indulgence.

– En tout cas, reprend Me Kahn, il apparaît bien à l'audition de ces témoins que l'homme qu'ils ont vu dans la gare n'était pas mon client.

Le président ne se laisse pas démonter pour autant :

– Certes, maître, ces employés n'ont pas vu Seznec... mais cela ne signifie pas que ce n'est pas lui qui a apporté la valise au Havre – d'ailleurs, il n'a pas d'alibi véritable pour cette date.

Le président Dollin du Fresnel a décidément une curieuse façon de concevoir son métier : pour lui l'accusation n'a pas à prouver les faits reprochés à mon grand-père. Il lui suffit de constater que la défense ne peut prouver le contraire.

Cette dernière, implicitement, accepte la donne, puisque, sans protester, elle se met en devoir de démontrer que Seznec avait justement un alibi pour cette date... Elle tombe ainsi dans un piège, permettant à l'accusation de marquer des points.

Non seulement mon grand-père a une mémoire imprécise en ce qui concerne les dates et les heures, mais les témoins qui pourraient lui venir en aide ne sont guère mieux lotis, semble-t-il. Ceux qui sont censés avoir vu Seznec le 20 juin, en des lieux qui excluent la possibilité de sa présence au Havre, ne sont pas très affirmatifs, et même le souvenir de leur propre emploi du temps s'est estompé. Que voulez-vous, des mois se sont écoulés... alors, ils hésitent, réfléchissent, bref, ne s'avancent pas trop. Ah, que n'ont-ils l'assurance tranquille – et la mémoire d'éléphant – de ceux de la machine à écrire, les deux Georges en tête !

Et que dire devant la passivité de la défense lorsque le président interroge Jacob, un témoin à charge :

– Vous avez dit qu'il portait un paquet sur l'épaule gauche ?

– Oui, la machine à écrire.

– Comment savez-vous que c'était la machine à écrire ?

– Parce que le juge d'instruction me l'a dit !

*Rires de la salle,* écrira *La Liberté*...

L'accusation marque un point encore lorsqu'on fait défiler les anciens codétenus de Seznec, ceux à qui il a demandé de faire passer des messages à sa femme. L'un d'eux, Ropars, affirme même que Seznec lui a demandé de rechercher de faux témoins.

– C'est faux, répond Seznec d'une voix sourde.

Mais qui fait maintenant attention à ses dénégations, proférées d'une manière presque automatique et sans révolte, comme s'il commençait à se résigner à n'être pas cru ? SEZNEC N'AVOUE PAS MAIS SON ATTITUDE LE CONDAMNE, titre *L'Éclaireur.*

Quand apparaissent les témoins qui ont vu Quemeneur à Paris après le 25 mai, la salle sort d'une certaine somnolence où la monotonie des dépositions accablant mon grand-père avait fini par la faire glisser. Enfin un peu d'action, semblent se dire tous ces gens, venus là comme au spectacle. Ouf, il était temps. Confondre cet homme devenait trop facile pour l'accusation. Peut-être certains éprouvent-ils aussi obscurément une satisfaction à voir les deux plateaux de la balance se rééquilibrer quelque peu pour donner une chance à l'accusé ?

M. Le Berre raconte comment, déjeunant dans un restaurant, il a vu passer Quemeneur sur un trottoir, près de la gare Montparnasse. Le président s'emploie à le décontenancer en lui demandant s'il est vraiment affirmatif... Était-ce bien ce jour-là ? Vous êtes certain ? Et Quemeneur, vous n'auriez pas pu confondre ? Vous pouvez l'affirmer de façon absolue ? Évidemment, le témoin en vient à hésiter, à utiliser des précautions oratoires...

Puis M. Lajat, l'imprimeur, raconte comment il a aperçu Quemeneur, à la terrasse d'un café de la rue de Rennes.

Le président joue, une fois de plus, les procureurs.

– Monsieur Lajat, votre vue est mauvaise, paraît-il, observe-t-il. D'ailleurs, vous portez de fortes lunettes.

– En effet, monsieur le président. Et elles me permettent de bien voir.

– Nous allons vérifier cela. Qu'on donne à lire au témoin un journal quelconque...

Un huissier présente à l'imprimeur une feuille industrielle, et M. Lajat, tranquillement, à haute et intelligible voix, commence la lecture d'un article fort rébarbatif.

– Bon, admet le président. Il reste néanmoins que je m'étonne que les personnes qui se seraient trouvées attablées avec Quemeneur ne se soient pas manifestées.

À cela, que répondre ? Est-ce d'ailleurs au témoin de le faire sur ce point ?

Dollin du Fresnel, après une minute de réflexion, sort un nouveau lapin de son chapeau – ou plus précisément de sa toque, posée près de lui :

– Et si M. Lajat s'était trompé – de bonne foi, bien entendu – en apercevant tout simplement... un sosie du conseiller général ?

Nouveau silence dubitatif. M. le président en a-t-il fini avec ses cogitations hasardeuses ? Oui. Il se lève, remet sa toque.

*L'audience s'est terminée sur cette question inquiétante,* conclut *La Dépêche : Y a-t-il un sosie de M. Quemeneur à Paris ? C'est là aussi le fond du débat.*

On voit que les magistrats – président et avocat général – ont parfaitement réussi leur manœuvre de diversion. Cependant, on reste confondu devant la légèreté d'analyse du journaliste, ou sa mauvaise foi. Comment peut-il trouver que cette supposition opportuniste, imaginée faute de mieux pour discréditer un témoin, est le fond du problème ? En revanche, envisager un sosie de Seznec, ou plus précisément un homme ayant voulu se faire passer pour, voilà qui aurait permis d'envisager l'Affaire sous un jour nouveau. Mais tout le monde s'en garde bien.

Le lendemain, 2 novembre, c'est au tour de François Le Her de se présenter à la barre. Comment va-t-on se comporter à l'égard du témoin de la défense en principe le plus coriace ? Cet homme, en effet, a non seulement vu mais parlé à Quemeneur le lendemain du jour de sa disparition. Avec un tel témoignage, on ne peut plus prétendre que Seznec a assassiné son ami ! L'acquittement peut même être envisagé. Tout repose donc sur sa crédibilité. Mais celle-ci n'a-t-elle pas déjà reçu de rudes coups ?

Quand il paraît, un profond silence s'établit dans la salle. Le petit homme blond, replet, prête serment d'une voix pleine d'assurance. Il ôte ensuite son pardessus, le dépose soigneusement sur une chaise, avant de commencer à parler.

Le 26 mai, alors qu'il poinçonnait les tickets dans le tramway des T.C.R.P., le conseiller général, Pierre Quemeneur, est monté à la station Solferino. Jusqu'à ce qu'il redescence à Trocadéro, à 18 h 30, les deux hommes n'ont cessé de discuter – au point que le contrôleur a négligé de s'occuper de quelques autres voyageurs...

L'avocat général, poursuivant la même tactique du sosie, intervient :

– Monsieur Le Her, n'auriez-vous pas été trompé par une ressemblance ?

– Une ressemblance avec qui ?

– D'autres témoins ont également affirmé avoir vu M. Quemeneur à Paris. Or, il s'avère qu'il existe à Paris un sosie de M. Quemeneur même allure, même visage, même démarche, tout, jusqu'à la fameuse dent en or que les témoins ont remarquée !

Notons que, du jour au lendemain, la supposition de l'existence d'un sosie paraît être devenue une certitude. Dans ces conditions, on devrait nous le montrer, cet homme qui pousse si fort la ressemblance avec le conseiller qu'il a la même dent en or. Hélas ! l'inconnu n'apparaît pas. D'ailleurs, personne ne demande sa comparution, comme si on n'y croyait pas vraiment...

Personne ne relève non plus l'invraisemblance de la supposition : faisons un effort et admettons que ce double parfait de Quemeneur existe vraiment. Comment imaginer sans broncher qu'il rencontre coup sur coup, dans Paris, plusieurs personnes connaissant justement Quemeneur ?

Que de coïncidences successives ! Le hasard s'est mis en quatre pour faire plaisir à l'accusation...

– Non, répondit tranquillement Le Her, c'est bien Quemeneur que j'ai rencontré.

À propos de ce qui va suivre, *L'Intransigeant* commentera :

*Quel orage se déchaîne alors sur le modeste employé !*

En effet, François Le Her est alors l'objet d'attaques tous azimuts. Reprenant le travail de sape commencé les jours précédents, le procureur, le président et la partie civile l'assaillent de questions : « Comment a-t-il payé sa motocyclette ? Est-il en règle avec ses créanciers ? S'acquitte-t-il régulièrement de son terme ? On le prétend hâbleur et vantard, qu'a-t-il à répondre ? »

Me Kahn tente désespérément, poliment, inutilement, d'endiguer ce flot déferlant. Il ne peut que « s'étonner », « protester », voire, au pis, « exprimer sa réprobation »... en levant haut ses bras dans un geste de désespoir, comme une personne qui se noie.

L'accusation fait ensuite donner les témoins de moralité... du témoin.

Et c'est à nouveau la charge, le déballage ! Une brochette de citoyens de Pont-Croix, commerçants ou voisins, vient parer Le Her de tous les défauts :

– C'est un escroc, un menteur et un mauvais payeur, déclare M. Le Page. Du reste, il me doit encore de l'argent qu'il s'était engagé à me rembourser.

– Il a la folie des grandeurs, ajoute M. Poupon. D'ailleurs, à une époque, il a même porté un monocle.

– C'est un malhonnête, lance M. Fravallo.

Mille ragots remontent à la surface, parfaitement orchestrés semble-t-il, comme si on s'était mis à l'unisson...

– Monsieur Le Her, vous êtes un farceur ! conclut Arsène Kersaudy, ancien maire de Pont-Croix. J'ai contre vous une lettre accablante, mais je ne peux pas la montrer, car elle met en cause des tiers.

Ce mystère excite la curiosité à la fois de la cour, des jurés et du public. On est en plein suspense...

Après tergiversations, hésitations, l'ancien maire se résout à lire la fameuse lettre accablante, rédigée par la belle-sœur de Le Her. Et on apprend qu'à une certaine époque François Le Her n'a pas été un mari irréprochable. Tandis que la salle s'esclaffe, Me Kahn fait état d'une autre lettre – qu'il ne lira pas en public – de Mme Michèle Le Her, attestant que son mari volage s'est depuis acheté une conduite.

ON ABANDONNE LE PROCÈS SEZNEC POUR FAIRE UN PROCÈS LE HER, titrera très justement *Le Petit Parisien*.

Face à ce déferlement, que fait François Le Her ?

Il a regagné sa place parmi le public et écoute, observe les intervenants. Il semble comme détaché. Des témoins le salissent à l'envi, le traînent dans la boue de la façon la plus odieuse, livrent des détails de sa vie privée ; lui, il hoche la tête d'un air matois, comme s'il voulait dire : « Rira bien qui rira le dernier... »

Toutefois, lorsque Me Marcel Kahn prendra vivement à partie l'inspecteur Grégoire pour dénoncer le fait que la Sûreté générale a tout fait pour ne pas enregistrer la déposition du témoin, Le Her réagira et dénoncera les pressions exercées sur lui par la police.

Qui est en réalité cet homme, celui qui deviendra mon père, ainsi odieusement traité ? On le sait – je le sais –, c'est un « sanguin », dur et coléreux, qui ne supporte pas qu'on se moque de lui. S'il est présent dans ce procès, c'est parce qu'il l'a voulu, qu'il a insisté... Pourtant voilà qu'il accepte sans réagir d'être calomnié, ridiculisé. Il ne demande même pas d'être confronté aux témoins qui le chargent. Après tout, les griefs qu'on lui fait sont peu précis et d'une importance relative. Son tempérament aurait dû le porter à protester, à batailler contre ses détracteurs pour retrouver sa crédibilité. Au lieu de quoi, il se laisse transpercer par leurs flèches, tel un saint Sébastien qu'il n'est certainement pas.

Non, vraiment, il y a quelque chose qui « ne colle pas ».

Ici, avant de poursuivre, j'ai longuement hésité. Fallait-il, pour défendre la mémoire de mon grand-père, établir son innocence en dénonçant toute la machination, risquer de salir mon père ?

J'en ai parlé à ma mère, puis à ma sœur et mes deux frères. Eux ont connu Le Her. Pas moi. Il a été tué, je l'ai dit, lorsque je n'avais pas deux ans. C'est mon père sans être mon père – et puis, mon grand-père l'a tellement mieux remplacé auprès de moi...

Toute ma famille a été d'accord pour que je dise ce qui me pesait sur le cœur. Rien ne doit empêcher de connaître la vérité, surtout lorsqu'elle explique, peut-être, un certain mystère. Et pas des moindres, car porteur de notre tragédie familiale.

Après la mort de mon père, le 3 octobre 1948, ma mère a découvert un carnet[1]. Pendant vingt-quatre années, Le Her en avait soigneusement caché l'existence à ses proches et à sa première femme, Michèle. Il le dissimulait sous un tapis et il continuera de le faire même lorsqu'il disposera d'un coffre-fort. Ma mère me le transmettra comme un trésor caché.

C'est un carnet de pension militaire d'invalidité au taux de cent pour cent (article 10 définitif) attribuée à François Le Her en date du... 28 octobre 1924 ! Autrement dit en plein procès, au moment où l'on commence à évoquer son témoignage. Il recevra ce carnet de pension à Quimper, en paquet recommandé, le jour même de sa comparution.

Ainsi donc, cinq ans après la fin de la guerre, le ministre des Anciens Combattants s'est soudain préoccupé du cas Le Her[2]. Et jusqu'à sa mort mon père touchera régulièrement cette pension d'invalidité totale... bien qu'il possède le parfait usage de tous ses membres et de tous ses sens.

Cela fait des années que je me pose des questions. Comment expliquer l'attitude de ce témoin, qui a pratiquement « torpillé » la défense ? Comment expliquer une si oppor-

1. Voir document en annexe.

2. Certes il avait été l'un des quelques survivants du cuirassé Danton, coulé aux Dardanelles en 1915 avec des centaines de marins. Mais, recueilli par un navire italien, il avait regagné la France en parfaite santé.

tune pension de guerre ? Il fallait que j'en aie le cœur net, bien sûr pour le combat mené pour mon grand-père, mais aussi pour connaître la vérité sur mon père.

On pourrait tout d'abord, en ce qui concerne la soudaine et surprenante passivité de Le Her lors du procès, avancer l'hypothèse suivante : à ce témoin, si affirmatif et donc si gênant, ON aurait dit :

– Si vous nous promettez de vous montrer docile lors de votre audition, vous en serez récompensé. Nous ne vous demandons pas de vous rétracter, cela paraîtrait bizarre, mais de vous laisser traîner dans la boue, ce qui reviendra au même. En échange, nous vous donnerons de l'argent, sous forme d'une pension à vie.

Pourquoi ce genre de rétribution ? Parce que non seulement cela ne laisse aucune trace suspecte mais parce qu'on peut aussi, à tout moment, la suspendre. Une épée de Damoclès en quelque sorte, au cas où l'homme, un jour, « ferait des histoires »...

À cette époque, ce témoin est sans travail : il a été renvoyé des T.C.R.P. sous prétexte que, lors de son témoignage, il a précisé qu'il n'avait pas fait payer sa place à Quemeneur. Il subit des pressions. Avant le procès, un journal avait même titré : M. LE HER ACCUSE FORMELLEMENT LA POLICE D'AVOIR VOULU ÉTOUFFER SON TÉMOIGNAGE. Et il doit faire vivre sa famille...

Si tel a été le marché conclu, le but aura été pleinement atteint : « Si le principal témoin de la défense est à ce point discrédité, plaidera en substance l'avocat général, que dire des autres ! » Et ainsi, d'un seul coup, on les éliminera tous. Tous à mettre dans le même sac, ces témoins de survie de Quemeneur, tous suspects[1] !

Plus tard, dans les scènes terribles qui l'opposeront à ma mère, François Le Her laissera entendre qu'il peut revenir

1. Une autre explication à cette étrange rente a été fournie à Me Denis Langlois par le secrétariat d'État aux Anciens Combattants lui-même, le 16 mai 1977. Comme l'avocat demandait des précisions sur la pension dont avait bénéficié Le Her, il lui fut répondu que celle-ci avait été concédée « par suite d'une erreur

sur son témoignage, sur la date de sa rencontre avec Quemeneur, le 26 mai. Il avouera à ma mère qu'il bénéficie d'une pension d'aveugle de guerre alors que, fera-t-il remarquer, goguenard, il a passé depuis son permis de conduire, obtenu un permis de chasse et même une autorisation de port d'arme... À d'autres moments, il menacera de dire la vérité... Quelle vérité ?

Reprenons son témoignage. Le Her vient déclarer dès le 29 juin qu'il a vu Quemeneur vivant après le 25 mai. Le 29 juin, c'est avant l'arrestation de mon grand-père. Le receveur d'autobus est donc un témoin spontané. Il fait état de détails vérifiables qui permettent de situer la rencontre après le 25 mai, et c'est bien parce qu'il insiste, revient à la charge, qu'on finit, après des mois de tracasseries, par considérer son témoignage. Le juge Campion lui-même s'étonnera que la Sûreté générale n'ait enregistré la déposition de Le Her que le 6 janvier 1924, soit sept mois après qu'il s'était fait connaître. Cela fera l'objet d'une enquête du garde des Sceaux, en mars de la même année, lequel fera intervenir son directeur des affaires criminelles auprès du procureur général de Rennes...

Il est très clair, à la lecture des procès-verbaux, que Le Her gêne considérablement la Sûreté générale : la date de sa rencontre avec Quemeneur ne lui convient pas. Afin de « démolir » ce témoin, des inspecteurs vont passer au crible son emploi du temps, interroger toutes ses relations de travail, ses voisins... et, bien sûr, collecter tous les ragots possibles.

médicale ». Si l'on accepte cette thèse, on ne peut que s'étonner qu'une telle erreur ait été reconduite pendant vingt-quatre ans, au cours desquels les pages du carnet d'invalidité ont été régulièrement mises à jour et ont porté les timbres officiels des commissions de vérification des ministères successifs. Ainsi, pendant toutes ces années, on aurait pris un homme en parfaite santé pour un invalide à cent pour cent.

La mauvaise foi de la « Secrète » est criante. Ainsi, lorsque Bonny en personne se rend au commissariat de la rue de la Pompe pour vérifier si l'incident signalé sur la ligne 12 par Le Her (l'altercation avec un voyageur) s'est bien déroulé comme celui-ci l'a raconté, dans son rapport, Bonny tente de mettre en doute la réalité de l'incident... tout simplement parce que la « main courante » du commissariat, où l'épisode a été relaté, fait état du « receveur T.C.R.P. François Marie » et non de Le Her François Marie. Il est pourtant évident qu'on a pris, sur sa carte d'identité, son premier prénom pour son nom !

En parcourant tous les rapports et documents, en particulier ceux qui émanent des renseignements généraux du ministère de l'Intérieur, j'ai acquis une certitude absolue : Le Her a bien vu et parlé à Pierre Quemeneur après la disparition de celui-ci. Aucun doute n'est permis. Celui qui deviendra mon père était un vrai témoin de survie. Il innocentait Seznec.

Mais supposons qu'il ait en réalité rencontré le conseiller un autre jour et que des inspecteurs lui aient « soufflé » de modifier sa date – avec la récompense à la clé d'une pension à vie ?

Une réflexion du juge Campion à Danguy des Déserts inscrite sur son procès-verbal d'interrogatoire me revient à l'esprit : *Attention, votre déposition est très grave car Le Her, employé aux tramways à Paris, a déclaré avoir vu Quemeneur le 26 mai.*

J'imagine la réaction du notaire, dont on connaît les doutes, les hésitations. Il affirmait précédemment avoir vu Quemeneur ce même 26 mai à la gare de Rennes. Alors, que penser ? Il hésite, puis finit par fournir deux dates.

Ce qui donnera, sur son dernier procès-verbal d'audition (31 janvier 1924) : *Cette rencontre se place le 26 ou le 29 mai, mais je crois que c'est le 26*. D'affirmatif, le notaire devient hésitant – et un témoin hésitant, en cour d'assises, ça ne pèse pas lourd, ça n'est pas pris au sérieux...

La manœuvre de la Sûreté pour neutraliser ces deux témoins, qui consistait à les faire annuler l'un par l'autre, a parfaitement réussi. C'est intelligent et machiavélique. Comme Bonny.

Et au fond, Le Her a dû passer une sorte de marché avec sa conscience. Il a dit la vérité – qu'il a rencontré Quemeneur – en trichant juste un peu, un tout petit peu, sur la date. Alors, que des témoins de « moralité » viennent le vilipender, se moquer de lui, peu lui importe, il les observe d'un œil goguenard.

Rira bien qui rira le dernier...

Le 3 octobre 1948, Francois Le Her sera tué par ma mère.

Il est 17 heures, quand Me Alizon se lève et déploie sa haute taille pour prendre la parole au nom de la partie civile. Dans la salle obscurcie par le soir qui tombe, on a allumé les lustres et les appliques. L'assistance est silencieuse, tendue.

L'avocat commence par cette phrase, prononcée lentement, en martelant ses mots, de cette voix puissante qui fait penser à celle d'un acteur de théâtre.

– Seznec a voulu le crime, Seznec a perpétré le crime, Seznec a profité du crime !

Et il développe ces trois affirmations en pointant de temps en temps son index en direction de l'accusé, de cet homme assis dans son box, immobile, fixant obstinément le sol.

Il termine sa plaidoirie par des effets oratoires très pathétiques. Peut-être paraîtraient-ils un peu ridicules de nos jours, mais ce soir-là ils ont une efficacité terrible. Ils s'adressent à ma grand-mère :

– Madame Seznec, je vous en conjure, parlez, soulagez votre conscience, dites ce que vous savez sur ce crime !

Tous les yeux se portent sur la femme de l'accusé qui, dans le public, ne sait que faire, que dire. Mais le bâtonnier, qui, bien sûr, ne se soucie pas de la moindre réponse, termine par cette péroraison :

– C'est aujourd'hui le jour des morts, et la femme Quemeneur n'a pu aller prier sur la tombe de ce frère bien-aimé. Je songe à ce grand chrétien qu'était votre victime, Seznec, et je vous dis : puisse Dieu, après l'expiation, vous pardonner.

La presse s'accorde à penser que Me Alizon a été « brillant », c'est ce qu'elle écrira dans ses papiers. Le président lève l'audience à 18 h 30. Demain, après l'intervention de l'avocat général Guillot, puis de Me Kahn, le verdict sera rendu.

Lundi 3 novembre.

Le temps est toujours lugubre. On se bouscule pour assister à cette dernière journée d'audience, entendre les plaidoiries et observer l'accusé. Cette nuit, il sera fixé sur son sort.

Quel est l'état d'esprit de mon grand-père ? J'imagine qu'il doit être fatigué, usé par la pression subie pendant toutes ces longues journées de débats. Il a peur, sans doute, car le déroulement du procès, il l'a bien senti, n'a pas été en sa faveur. Ce que je sais, pour avoir recueilli le peu de confidences auxquelles il s'est livré dans ma famille, c'est qu'en ce moment précis il est complètement désemparé et, surtout, ne comprend pas ce qui lui arrive. Ce qui est passé pour de l'arrogance était en fait l'attitude d'un homme fier qui se sentait comme broyé, piégé, se braquant à la moindre parole.

Peut-être met-il tous ses espoirs dans la plaidoirie de son avocat ? Certes, ces gens-là sont en quelque sorte des artistes, capables de retourner une salle par leur éloquence. Mais je ne le crois pas. Je pense qu'il a cru, jusqu'au dernier moment, à une sorte de miracle : que Quemeneur allait peut-être apparaître brusquement, par la grande porte du palais, en s'exclamant : « Arrêtez tout, je suis vivant, je reviens de Russie (ou d'Amérique), laissez mon ami Guillaume, relâchez Seznec ! »

Mais l'avocat général Guillot prend la parole. Il se tourne vers les jurés.

– Messieurs, je dois d'abord vous dire, sans autre développement oratoire, qu'en mon âme et conscience, devant Dieu et devant les hommes, je vous demande sans hésitation la tête de Seznec.

Un long mouvement parcourt le public, une sorte de houle – crainte, surprise, effroi, satisfaction ? Le plus impressionnant reste l'attitude de celui dont on parle. Il n'a pas réagi, lui. Il semble ne pas avoir entendu.

L'accusateur poursuit ce qui ressemble à une péroraison :

– Le silence de Quemeneur, n'est-ce pas la preuve de son silence éternel ? Le silence de Seznec, n'est-ce pas la démonstration absolue de sa culpabilité ? Un innocent a une autre attitude, un innocent vous ferait entendre d'autres accents !

Suit une reprise méthodique de l'acte d'accusation, répété point par point. Parfois, M. Guillot se laisse entraîner à des affirmations hâtives en ce qui concerne le point faible de l'accusation, l'absence de cadavre :

– Seznec nous dit : « Montrez-moi le cadavre de Quemeneur. » Nous ne lui montrerons pas le cadavre de Quemeneur qu'il a su cacher, mais nous trouverons sur lui les dépouilles du cadavre, dépouilles qu'il a su s'approprier.

De quelles « dépouilles » s'agit-il ? Il ne le précise pas.

Vient la conclusion :

– Votre intime conviction, messieurs les jurés, est établie. Vous aurez la fermeté nécessaire. Vous devez une fois de plus, par votre verdict, faire comprendre que si l'on a dit autrefois que l'homme est un loup pour l'homme, il faut que cela cesse. Pour éviter que la loi soit faite par la force, la ruse, la perfidie, un million et demi de nos frères sont morts. Vous devez défendre l'idéal de la justice et de la vie humaine.

Après ce rappel des morts de la guerre – rappel hors de propos mais souvent utilisé, car il impressionne toujours les jurés – il se rassoit.

Toute l'attention se reporte alors sur M$^{e}$ Kahn, qui paraît un peu écrasé par la tâche qui lui incombe. Dehors, la nuit est complètement tombée.

L'avocat attaque néanmoins, avec force.

– Vous venez, messieurs, d'entendre l'accusation. Voici la défense – car, quelle que soit l'impression que vous laisse le double et magnifique effort de mes deux adversaires, vous ne pouvez pas, vous ne devez pas avoir encore une opinion en ce moment où ma voix s'élève.

Il plaide le dossier, explique en quoi, par ses incongruités, ses ombres, ses mystères, il ne « tient » pas. Rien n'est évident, dit-il, ni le crime, ni le mobile du crime, ni la façon dont on suppose qu'il a été perpétré. L'accusation n'est faite que d'une sorte de construction théorique, mal édifiée, constituée de témoignages sollicités ou approximatifs. Il n'y a que des suppositions, des raisonnements, bref que des présomptions. Mais des preuves il n'y en a aucune. Condamner un homme dans de telles conditions, n'est-ce pas aller au-devant d'une erreur judiciaire ?

Il conclut :

– Quemeneur a-t-il été frappé ? Je ne sais. Vit-il encore ? Je ne saurais répondre. On évoquait son souvenir hier, jour anniversaire du culte des morts. Songez, messieurs, à tous ceux qui ont été victimes de l'erreur et de l'injustice des hommes. Songez à tous ceux qui sont morts de désespoir et d'effroi dans la torture d'un châtiment immérité. Voici venir à vous leur troupe suppliante. Que cette vision douloureuse vous protège et vous soit un avertissement. Malheur à vous, jurés bretons, si l'on peut dire un jour que vous avez condamné sans preuves un innocent.

Quelques applaudissements, puis le président demande à Seznec s'il a quelque chose à déclarer. Mon grand-père s'est levé lentement et a simplement secoué la tête.

C'est fini. Le sort est entre les mains des jurés maintenant.

Le président donne lecture des quatre questions qui vont maintenant leur être posées : Seznec est-il coupable d'avoir assassiné Pierre Quemeneur ? Le crime a-t-il été commis avec préméditation ? Y a-t-il eu guet-apens ? Seznec a-t-il commis des faux en écriture ?

En l'état du droit de l'époque, s'il est répondu oui à la majorité aux trois premières questions, c'est la peine de mort. Dans le cas contraire, c'est à la cour de fixer la peine.

Les douze jurés se retirent pour délibérer. Il est 23 h 20.

Après cinquante minutes de délibération, les jurés reviennent dans la salle. Dans un silence profond, tendu, ils reprennent leur place, le visage grave.

Le président du jury, un gros moustachu, se lève et, d'une voix qui se veut forte, annonce le résultat des délibérations.

À la première question : « Seznec est-il coupable d'avoir assassiné Quemeneur ? », la réponse est oui, à la majorité.

Brouhaha dans la salle surpeuplée.

À la deuxième question : « A-t-il agi avec préméditation ? », la réponse est non.

Surprise dans la salle, à nouveau des murmures s'élèvent, çà et là... Me Kahn jette un regard rassurant à Seznec : il a sauvé sa tête !

À la troisième question : « Y a-t-il eu guet-apens ? », la réponse est oui, à la majorité.

Cette fois, les gens se regardent, sans comprendre. Comment peut-il y avoir guet-apens sans préméditation ? C'est complètement incohérent !

À la quatrième question : « Seznec a-t-il commis un faux en écriture privée ? », la réponse est oui, à la majorité.

Un court silence s'établit où plane le malaise. Le président du tribunal consulte ses deux assesseurs puis se lève et toussote.

– Dans la mesure où le jury a répondu qu'il y avait guet-apens, il fallait forcément qu'il y eût préméditation. Les réponses sont contradictoires. Il faut donc procéder à une seconde délibération.

Les jurés, apparemment peu fiers de leur erreur, quittent de nouveau le prétoire pour la salle des délibérations. Comment en sont-ils arrivés à une décision aussi étrange ? Tout est venu de l'incompréhension de l'un des jurés : quand on a parlé de préméditation, il n'a pas bien saisi le sens de ce terme et donc a voté contre cette préméditation. Six voix contre six, celle-ci a été écartée.

Mais quand le terme « guet-apens » a été prononcé, là il a compris et a voté oui. Sept voix contre cinq.

Une seconde fois, mon grand-père est confronté à la torture de l'attente, encore plus difficile à supporter sans doute après cette lueur d'espoir vite éteinte.

À 0 h 40, enfin, les jurés reviennent et leur président donne les réponses.

Y a-t-il eu assassinat ? Oui. Préméditation ? Non. Guet-apens ? Non. On sait maintenant que ce même juré, fâché avec la langue française, par prudence a voté deux fois non – non pour la préméditation, non pour le guet-apens.

C'est grâce à lui que Seznec échappe définitivement à la mort (en revanche, il est déclaré coupable de faux).

Ainsi l'ont voulu les représentants du peuple français, en refusant le crime prémédité. Pourtant, l'acte d'accusation, les plaidoiries, le déroulement du procès ont tendu à démontrer l'existence de cette préméditation... et voilà que ces braves gens, outre la culpabilité, ne retiennent que l'accusation de faux.

Pour eux, l'assassin a donc commis le meurtre un peu par hasard, sans l'avoir aucunement préparé, et ce n'est qu'après coup qu'il a tenté de profiter du crime en fabriquant les faux.

C'est là une version de l'affaire tout à fait originale et qui n'a été auparavant soutenue par personne. Pourquoi les jurés l'adoptent-ils ? À mon avis pour se tirer d'un mauvais pas. Malgré la formidable pression de la machine judiciaire, ils ne sont pas tout à fait convaincus – tout au moins pour certains d'entre eux – de la culpabilité de mon grand-père, et l'ombre de l'erreur judiciaire les effraie. Alors, sans aller au bout de leurs convictions qui devraient logiquement les amener à décider l'acquittement au bénéfice du doute, ils s'arrangent pour écarter la peine irrémédiable, celle qui exclut toute réparation.

Reste aux magistrats à déterminer la sanction qui sera infligée, en l'occurrence le nombre d'années de travaux forcés. Ils se retirent pour délibérer, tandis que les journalistes sortent en toute hâte pour téléphoner l'incroyable nouvelle à leur rédaction.

1 h 15 du matin.

Dollin du Fresnel refait son apparition et annonce la nature de la peine :

– La Cour condamne Guillaume Seznec aux travaux forcés à perpétuité.

Silence complet, presque religieux, étonnant après les nombreux incidents, les cris et les clameurs qui ont précédé l'arrêt.

Seznec se dresse alors dans son box... et une phrase surprenante sort de ses lèvres :

– Mais attendez, ce n'est pas fini !

Est-il simplement surpris que les choses se soient aussi vite terminées, qu'elles aient été ainsi expédiées, qu'on ait réglé son sort en quelques jours ? Ou bien a-t-il l'impression qu'on n'est pas allé vraiment au fond des choses, que ce qui était important n'a été qu'effleuré tout au long de ce processus qui ressemblait parfois à une comédie dont il ne parvenait pas à comprendre les tenants et les aboutissants ?

Il y a aussi quelque chose de vrai et de prémonitoire – mais sans doute est-ce loin de sa pensée, à ce moment précis – dans la phrase qu'il prononce. Non, ce n'est pas fini. Des années et des années encore, on va reparler de cette Affaire... Et pas seulement parce que c'est la première fois dans l'histoire judiciaire qu'un homme est condamné au bagne pour un assassinat sans cadavre, dont on ne sait même pas si la victime a été assassinée, et dont on ne peut préciser ni le lieu ni les circonstances du « crime ».

Dans la salle vide, on commence à démonter les bancs supplémentaires. Tout le monde est rentré chez soi, y compris M. Dollin du Fresnel. Ce magistrat est sûrement satisfait de la belle promotion que cette affaire lui a value : dans les derniers jours du procès, on l'a nommé président de la cour d'appel de Rennes.

Dans les hôtels alentour, les journalistes dictent leurs derniers articles. On prépare les titres du lendemain : SEZNEC, LE VERDICT : UNE AUDIENCE TRAGIQUE (*La Liberté*). – CONDAMNÉ AU BAGNE PERPÉTUEL, SEZNEC A PLEURÉ (*Le Réveil du Nord*). – ÉPILOGUE D'UN GRAND PROCÈS ; SEZNEC EST CONDAMNÉ AUX TRAVAUX FORCÉS À PERPÉTUITÉ (*L'Ouest-Éclair*).

De son côté, l'accusé a regagné la prison de Quimper d'où il devra être transféré à l'île de Ré. Là, il attendra son départ pour le bagne. Il ne recevra pas la visite de son défenseur, Me Kahn, car celui-ci est déjà reparti pour Paris. D'autres affaires l'attendent dans la capitale.

Le rideau est tombé. L'affaire Quemeneur est terminée.

On est loin de se douter que, grâce à la force de caractère, à l'opiniâtreté de mes grands-parents et aussi à la qualité des sentiments qui les lient, l'« affaire Seznec », elle, ne fait que commencer.

Les travaux forcés à perpétuité ! Dans sa cellule, le condamné, après le soulagement qu'il a peut-être ressenti d'avoir sauvé sa tête, prend toute la mesure de l'horreur de la situation. Le bagne bientôt, loin de sa femme et de ses enfants, et ceci pour tout le temps qui lui reste à vivre, jusqu'à la mort. S'il a un moment d'abattement, Guillaume Seznec ne s'y laisse pas aller longtemps. Impossible d'accepter une telle iniquité ! Du fond de son désespoir, il lui faut recommencer à se battre.

Tout d'abord il écrit très vite une lettre à Me Kahn, que je restitue textuellement :

*Cher maître Kahn*

*Je suis complètement déprimé de voir comment le verdic a été rendu ce matin. C'est inadmissible qu'ils aient pu en toute conscience me condamné pour meurtre n'ayant pas preuve certaine donc je me vois condamner sous l'impression d'un doute et tout cela vient me confirmer que les jurés ont pu se laisser influencer soit parce qu'il connaissait Quemeneur ou par des relations de famille ; c'est déjà Mr Le Hire m'avait fait part de la condamnation la veille, c'est quil connaissait bien avant la décision des Jurés donc tout était fait d'avance c'est ce qui a du vous désarmer vous-même. Ce qui ne veut pas dire cependant que vous n'avez fait votre possible et même je reconnais que vous m'avez défendu avec beaucoup de dévouement et je vous en remercie.*

*Veuillez donc mon très cher maître être des plus humain ne serait-ce que pour ma femme et mes chers petits enfants qui vont certainement se laisser mourir a la suite de cette circonstance. Je vous demande pas a mon nom personnel je vous le demande essentiellement pour eux. Je ne puis supposer un moment que des jurés étrangés agissent de même. Faites donc votre possible pour faire ressortir un vice de forme quelconque ou toute autre cause.*

*J'ai fait aujourd'hui mon pourvoi en cassation. Je compte donc sur vous mon cher maître pour faire le nécessaire comme vous l'avez promis par lettre que vous me défenderiez jusqu'au bout de tout cœur.*

*Dans l'attente d'une réponse c'est dans cet espoir que je vous adresse mes remerciements les plus anticipés.*

Comment en vouloir à un homme dans sa situation de se montrer un peu paranoïaque, lorsqu'il sous-entend que les membres du jury ont dû subir des pressions de la part de la famille Quemeneur ? Mon grand-père cherche désespérément une explication à sa condamnation sans preuves, sans motifs, sans logique. Au reste, il n'a pas tout à fait tort lorsqu'il affirme que le verdict était connu d'avance. En lisant la presse de l'époque, on se rend compte que, pour beaucoup, le procès apparaissait comme une sorte de mise en scène destinée à officialiser ce qui avait été concocté dans les coulisses. On était persuadé que Seznec serait reconnu coupable et exécuté. La condamnation aux travaux forcés est donc apparue comme le résultat d'une improvisation de dernière minute, et la surprise est grande.

Cette impression, une petite publication la ressent et l'exprime. C'est *L'École émancipée,* revue pédagogique hebdomadaire de la Fédération des syndicats de l'enseignement. Dans le numéro 8 daté du 16 novembre 1924, sous le titre JUSTICE!, Édouard Rothen écrit : *La condamnation de Seznec était prévue. Autour de la cour d'assises, l'atmosphère était à la mort. La population la réclamait en rigolant ; on n'a pas tous les jours le plaisir légitime de voir couper une tête.*

*Les jurés, qu'on avait empêchés de passer la Toussaint chez eux, étaient décidés à condamner, mais, déception !... La tête ne tombera pas. Malgré la certitude, abritée d'une robe rouge, de l'avocat de la société – l'aimable société d'honnêtes gens qui rigolaient – les douze augures ont eu un doute. Car enfin, non seulement on ne sait si Seznec a tué, mais on ne sait même pas si quelqu'un a été tué !... Qui sait si Quemeneur n'était pas dans la salle à rigoler avec ses compatriotes !...*

*On apprendra peut-être, dans quelques années, ou après sa mort, que Seznec était innocent. Il n'en sera pas moins allé au bagne, mais quoi ? D'autres que lui y sont allés qui n'étaient pas coupables. Et ça n'a aucune importance, pourvu que la malignité publique soit satisfaite et que les magistrats aient de beaux avancements.*

Alors qu'il se trouve dans sa cellule, Seznec ignore qu'un fait nouveau vient de se produire. Un fait important, qui aurait pu changer le cours du procès... et de sa vie.

Nous sommes le 4 novembre, jour de sa condamnation.

Une femme débarque à Morlaix par le train de Paris. Elle se rend directement à Traon-ar-Velin, au domicile des Seznec.

Cette femme aurait pu sauver Seznec. Ce ne sera malheureusement pas le cas, mais elle sera la preuve vivante – et écrite – d'une machination.

Laissons la parole à Angèle Labigou, la fidèle domestique des Seznec :

*Le 4 novembre 1924, jour de la condamnation de M. Seznec, je suis revenue de Quimper à Morlaix, par le train de 4 heures du soir. En arrivant à la maison, tous les enfants étaient là. Marie, la fille aînée, dit que dans la matinée ils avaient reçu la visite d'une femme qui avait quelque chose de très important à dire à Mme Seznec, au sujet de M. Seznec et de M. Quemeneur. Marie lui ayant répondu que sa mère était absente mais qu'elle arriverait par un train l'après-midi, la femme avait déclaré qu'elle reviendrait.*

*Vers 6 heures, on frappe à la porte. J'allai ouvrir. C'était une femme qui demandait Mme Seznec. Je la fis entrer dans la cuisine où se trouvait Mme Seznec et tous les enfants.*

*Elle dit à Mme Seznec : « J'ai été ici ce matin. Est-ce que vos enfants vous ont annoncé ma visite ? – Oui, dit Mme Seznec. – Alors c'est bien. Je suis venue, dit la visiteuse, parce que j'ai des révélations à faire au sujet de votre mari et de Quemeneur. Votre mari est innocent. »*

*Mme Seznec dit à cette femme d'aller chez M. Le Hire, avocat de Seznec, qui prendrait sa déposition. Elle répondit qu'elle n'avait pas le temps, qu'elle devait reprendre le train à 9 heures du soir. Mme Seznec envoya aussitôt ses filles Marie et Jeannette chez M. Le Hire pour lui dire qu'une femme était venue faire des révélations sur Quemeneur et le prier de venir. Pendant que les enfants étaient chez M. Le Hire, j'ai servi à manger dans la salle à manger. La femme mangea du pain, de la viande, et but un verre de vin.*

*La femme raconta comment elle avait connu Quemeneur.*

*– J'ai vu, dit-elle à Mme Seznec, le nom de votre mari sur un journal. L'avocat général demandait sa tête. Je me suis dit*

*qu'il n'était pas possible de laisser décapiter un innocent. C'est alors que je me suis décidée à venir. Je n'avais pas d'argent pour faire le voyage. J'ai emprunté à une amie.*

*– Pourquoi, dit Mme Seznec, n'êtes-vous pas allée aux assises de Quimper ?*

*– En arrivant à Morlaix, dit la femme, j'ai appris la condamnation de Seznec. Il était inutile que j'aille à Quimper.*

*Mme Seznec me dit tout bas de prendre un journal sur lequel il y avait plusieurs photos dont celle de Seznec et de Quemeneur. Je sortis, je pris le journal, j'avais caché les noms au-dessous des photographies.*

*Je le présentai à la femme en disant : « Si vous connaissez M. Quemeneur, dites-moi s'il est là ? »*

*Elle regarda, posa le doigt sur la photographie de M. Quemeneur et dit : « C'est celui-là. »*

*C'était vrai.*

*Mme Seznec lui demanda : « Mais comment avez-vous connu Quemeneur ? »*

*Mme Petit – car la femme avait dit être une femme Petit – a répondu : « J'étais dans un café (ou dans un hôtel, car je ne me rappelle plus au juste si elle a dit café ou hôtel), nous prenions un verre. J'avais pris rendez-vous avec lui pour la nuit. Je lui dis que j'avais quelques courses à faire. Il me dit : "Vous reviendrez ?" » Certainement, répondis-je, je n'en ai que pour une demi-heure.*

*« Il avait pris son portefeuille pour payer. Une carte tomba à terre. Je la ramassai. J'ai vu que c'était une carte d'identité avec nom Quemeneur à Landerneau et photographie. Je lui remis cette carte. C'est comme cela que j'ai su le nom de l'homme avec qui j'étais et avec lequel j'avais pris rendez-vous pour la nuit.*

*« Je partis pour faire mes courses. Je revins. Je trouvai Quemeneur avec une autre femme. Je partis sans rien dire. »*

*Voilà ce que dit la femme Petit.*

*Les enfants Marie et Jeannette revinrent de chez M. Le Hire disant qu'il ne pouvait venir.*

*Mme Seznec dit à Mme Petit : « Quand vous serez revenue à Paris, allez chez Me Kahn, qui recevra votre déposition. Écrivez-moi ensuite. »*

*Mme Petit répondit : « J'irai chez Me Kahn et je vous écrirai. »*

*Je sortis de la salle à manger, laissant Mme Seznec avec Mme Petit, car j'avais à m'occuper. Quelque temps après, combien ? une demi-heure, une heure, je n'en sais plus rien, Mme Seznec me dit d'aller conduire Mme Petit à la gare, car il faisait nuit et elle disait ne pas connaître le chemin. Je partis avec Mme Petit et Marie, l'aînée des filles Seznec. Arrivées rue Gambetta, je lui dis : « Marchez tout droit ; vous trouverez la gare un peu plus loin. »*

*Je lui dis : « N'oubliez pas, comme vous a demandé Mme Seznec, d'aller trouver Me Kahn et de nous écrire. » Après avoir promis formellement, elle me serra la main ainsi qu'à Marie, nous disant au revoir, et elle partit.*

*Depuis, je n'en ai plus entendu parler.*

Remarquons la prudence des deux femmes, d'abord celle d'Angèle qui, dans son récit, prend soin de préciser des « fourchettes » d'heures, ensuite celle de ma grand-mère, qui demande que cette femme dépose devant l'avocat de son mari, Me Le Hire – lequel, une fois de plus, se montre peu empressé. L'honorable défenseur est sans doute pris par quelque affaire importante, mais la perspective de recueillir un témoignage pouvant conduire à réviser le procès ne l'est-elle pas au moins autant ? Toujours est-il qu'il ne se déplace pas ni ne manifeste le moindre intérêt. Notons aussi la manière naïve dont ma grand-mère tente de vérifier la crédibilité de la visiteuse : il y a de fortes chances, si cette dernière est une affabulatrice, pour qu'elle ait lu les journaux et donc puisse reconnaître sans peine la photo de Quemeneur parmi celles qui lui sont montrées...

Dès le lendemain de la visite, le 5 novembre 1924, Émile Petitcolas (le beau-frère de Seznec), écrit à Me Kahn pour lui annoncer la venue de cette Mme Petit à son cabinet. Il lui précise que cette dame « a expliqué à Mme Seznec, avec des détails, que le 26 mai elle avait passé deux heures et demie avec Quemeneur. Comme elle croyait à un acquittement elle n'avait pas voulu en parler à l'instruction parce qu'à l'époque elle était mariée. » N'ayant aucune nouvelle de cette dame Petit, Me Kahn finit par demander une enquête.

Angèle Labigou fait donc sa déposition (ci-dessus), confirmée par celle de ma grand-mère, qui fournit à la police l'adresse donnée par cette Mme Petit : 16, rue Jean-Jacques-Rousseau à Drancy.

Le commissaire Vidal se rend à cette adresse et y découvre une Mme Hélène Petit-Jacques, Suissesse, cuisinière de son état. Comme la visiteuse de Mme Seznec, elle est grande et forte. Elle est à peu près du même âge. Pour le reste, cette femme affirme ignorer tout de l'affaire et ne s'être jamais rendue en Bretagne – à plus forte raison chez Mme Seznec. « On m'a volé récemment mes papiers d'identité, mon livret de mariage et mon passeport », révèle-t-elle au policier, lequel ne se donne ni la peine de vérifier si ces dires sont exacts ni celle de rédiger un procès-verbal d'interrogatoire. Il se contente d'un simple rapport où il avance l'hypothèse suivante : Mme Petit-Jacques vivant avec un cheminot du nom de Charles Lamant, c'est sans doute une ancienne maîtresse de celui-ci, une Bretonne, qui aura cherché à se venger de sa rivale en se faisant passer pour elle, afin de dénoncer le métier inavouable qu'elle exerce clandestinement.

Voilà qui est possible, encore que bien rocambolesque. On s'étonnera au passage que le policier n'ait pas cru utile d'interroger cette mystérieuse « Bretonne ».

Peu après la visite du commissaire Vidal, la cuisinière déménage sans laisser d'adresse.

Dossier classé sans suite.

Enfin, pas tout à fait.

Là encore, la presse prend le relais. *Le Matin* du 19 mai 1926, ayant fait un reportage sur Mme Petit, publie à la une la photo de celle-ci et titre : DES TÉMOINS DIGNES DE FOI CONFIRMENT LA VENUE À MORLAIX D'UNE DAME PETIT.

Marie-Jeanne Seznec, Angèle Labigou et les deux enfants reconnaissent sans hésiter la visiteuse. Les autres journaux s'y mettent à leur tour. MME SEZNEC COMPARE LES PHOTOGRAPHIES DE MME PETIT ET DEMANDE À ÊTRE CONFRONTÉE AVEC ELLE (*L'Écho de Paris*). – L'AFFAIRE SEZNEC SE COMPLIQUE DU MYSTÈRE DE LA DAME EN NOIR (*Le Petit Parisien*).

Redoute-t-on les résultats d'une confrontation au point de ne pas enquêter sur cette ancienne maîtresse de Charles Lamant, à la retrouver, ne serait-ce que par l'entremise de son amant ? À moins évidemment que « quelqu'un » n'ait conseillé à la cuisinière de disparaître de la circulation, sous peine, par exemple, de voir supprimer son permis de séjour, voire d'être « mise en carte » pour prostitution, qui sait...

Cette affaire connaîtra une étrange résurgence.

Le 13 juin 1926, ma grand-mère, vivant alors à la Grande-Roche-en-Garlan, reçoit une lettre du directeur des postes et télégraphes de la Seine, timbrée « Direction de la Seine, Rebuts, 6 juin 1926 ».

À l'intérieur, une autre enveloppe, ouverte, à l'adresse de Mme Petit, 16, rue Jean-Jacques-Rousseau, Drancy, et timbrée de Carhaix, lieu d'envoi, le 22 mai 1926, et de Drancy, lieu d'arrivée, le 23. Au dos, l'inscription : « parti sans adresse ».

Dans l'enveloppe, une lettre signée « Jeanne Seznec ». La personne qui l'a écrite doit bien connaître la famille Seznec, mais elle ignore que ma grand-mère signe toujours « Marie-Jeanne ». Étonnée, ma grand-mère commence à lire cette missive que non seulement elle ne se souvient pas avoir envoyée, mais dont l'écriture n'est pas la sienne. La voici :

*Morlaix le 21 mai*

*Madame Petit,*

*J'ai eû la visite de M. Vidal cette semaine et tout s'est bien passé, mes enfants ont bien répondu comme je leur avais recommandé et mon ami qui accompagnait M. Vidal prévenait mes enfants d'être interrogé par ce dernier de bien dire qu'une dame habillée en noir est venue le 2 novembre 1924 pour sauver mon mari et de bien dire que la photo qu'on allait leur présenter était bien la dame qu'ils avaient vue le 2 novembre chez nous. Je me suis procurée votre adresse par des amis qui m'ont donné votre signalement. Il fallait bien que je trouve une personne de mœurs pour pouvoir dire qu'un Mr ressemblant à Mr Quemeneur était venu passer la nuit chez vous le 2 juin 1924. Si vous dites cela vous sauverez mon mari et je vous promets une forte somme si je réussis à le faire sortir de prison, nous demanderons une forte somme à la justice et je vous jure que vous serez bien récompensée par moi...*

On peut déjà s'arrêter sur ce passage. La démarche est simple : faire croire que le témoignage de Mme Petit a été fabriqué par ma grand-mère, avec la complicité d'un « ami ».

Pour expliquer comment Marie-Jeanne Seznec, bourgeoise de province, a pu entrer en contact avec une « personne de mœurs » comme cette cuisinière, on prend soin de préciser qu'elle a eu recours à des amis ayant donné son signalement et son adresse. Ce fignolage paraît d'ailleurs un peu maladroit dans la mesure où, cette lettre laissant entendre que les deux femmes sont déjà entrées en contact antérieurement, on ne voit pas pourquoi la signataire éprouve le besoin de donner cette précision à ce moment précis.

Poursuivons notre lecture :

*Nous allons être confrontés ensemble, j'aime mieux vous prévenir, tâchez d'être calme ; faites-le pour moi et mes enfants vous n'aurez rien à craindre, jamais Quemeneur ne reviendra, vous n'aurez pas d'ennuis pour cela.*

Ici, on laisse entendre que Marie-Jeanne Seznec connaît le sort réservé à Quemeneur – sous-entendu parce que c'est son propre mari qui l'a assassiné. On ne peut que noter l'ingéniosité de ce texte – et y voir la patte d'un « professionnel ».

La suite n'est pas mal non plus :

*Je fais écrire cette lettre par une amie car je ne voudrais pas qu'on reconnaisse mon écriture, encore une fois madame faites ce que je vous dis et vous rendrez une famille heureuse, car depuis deux ans je n'y tiens plus, j'ai tout fait pour sauver mon mari et voilà six semaines qu'il m'est venu cette idée qu'une femme légère pourrait sauver mon mari en disant ce qui est écrit plus haut. Vous brûlerez cette lettre car je suis prête à tout faire pour sauver mon mari.*

*Recevez madame mes sentiments dévoués.*

*Jeanne Seznec.*

Habile, n'est-ce pas ? Non seulement l'idée de la lettre écrite par une « amie » évite d'avoir à imiter une écriture, ce qui est toujours difficile et dangereux, mais elle prive à l'avance ma grand-mère d'un argument décisif. En effet, elle ne pourra pas faire établir qu'il s'agit d'un faux lorsqu'elle niera avoir expédié ce document attestant qu'elle a voulu soudoyer un faux témoin.

Examinons l'écriture de cette « tierce personne » : elle paraît assez irrégulière, normale pour certains passages, mais déguisée pour d'autres. Quelques mots, quelques lettres ont été biffés ou ajoutés, pour faire sans doute plus « vrai », avec une encre qui paraît différente de celle qui a servi pour le premier jet.

Ce montage machiavélique, c'est clair, est destiné à dissuader Mme Petit de toute envie de témoigner. Mme Petit n'était pas une femme légère ; c'était une femme libre, mais qui ne se livrait aucunement à la prostitution. Elle a passé quelques heures avec Pierre Quemeneur et pouvait souhaiter ne pas s'en vanter. Pour décourager à tout jamais Mme Petit de porter un témoignage qui lui aurait coûté, la fausse Mme Seznec la qualifie de personne de mœurs.

Quel meilleur moyen pouvait-on utiliser pour faire renoncer une femme honnête à témoigner que de la traiter de prostituée ?

Le coup est superbement monté, bien qu'on puisse s'étonner de l'imprudence, que dis-je, de l'inconséquence qu'on prête à ma grand-mère – celle-ci n'hésiterait pas à confier ses menées tortueuses et ses lourds secrets à son « amie » la rédactrice, aux seules fins de ne pas écrire elle-même la lettre. La précaution paraît bien fragile d'ailleurs, car repérer l'écriture d'un familier n'est pas une tâche très difficile pour la police.

La belle machination a cependant lamentablement échoué.

Normalement, la lettre devait atteindre Mme Petit qui, immédiatement, la transmettait à la police, laquelle pouvait la brandir pour discréditer cette Mme Seznec qui embêtait tout le monde avec ses demandes de révision de procès. Mais voilà, un grain de sable s'est glissé dans les rouages – un changement de tactique de dernière heure peut-être, ou, qui sait, une mésentente entre deux services de police. Et cette missive n'a pu atteindre son but. En revanche, c'est le bon fonctionnement des P.T.T., l'observation aveugle du règlement de cette administration qui ont permis au document de parvenir, même après avoir été ouvert par le service des rebuts, à son expéditrice présumée.

Cette manœuvre est de la même veine que les faux, promesses de vente et télégramme. Sa découverte ne fait que renforcer l'idée que, même deux ans après le procès, on est prêt à tout pour empêcher la vérité de se faire jour.

Ma grand-mère confiera cette lettre au procureur de la République de Morlaix et portera plainte pour faux en écriture, faux en signature et usage de faux. Après avoir pris connaissance du document, le procureur le lui rendra en déclarant que ce problème n'est plus de son ressort, car il n'est plus en charge de l'Affaire. Marie-Jeanne Seznec écrira alors au ministre de la Justice.

Sans suite.

À l'époque, nul ne songera à comparer l'écriture de cette lettre avec celle de certains protagonistes de l'Affaire. Soixante-dix ans plus tard, je confierai ce document à un laboratoire d'analyses qui fera alors d'étranges découvertes...

Récemment, un commissaire de police m'a confié :

– Dans cette affaire, le travail de la police a été mené n'importe comment. Or, quand une enquête est mal engagée au départ, on ne peut pratiquement plus revenir en arrière. Et le reste en pâtit – l'instruction, le procès... Quand ça part de travers, ça aboutit de travers.

Il est vrai que l'enquête a été mal conduite, de nombreuses négligences et incohérences l'attestent, mais surtout elle a été menée de manière partiale – et l'affaire de Mme Petit en est un exemple frappant. Dès le départ, on a délibérément tenu pour acquis que Quemeneur avait été tué par Seznec sur la route de Paris, le soir du 25 mai 1923. Tous les indices divergeant de cette piste ont été passés sous silence ou éliminés, et les témoins, d'Alphonse Kerné à Mme Petit, écartés.

Pourquoi cette volonté ? Bien sûr, on pourrait incriminer l'aveuglement ou l'incurie de la police et de la justice, ainsi que leur souci de « boucler » l'affaire sans complication. Après tout, les policiers ne sont pas forcément des Sherlock Holmes, et l'incompétence n'épargne pas non plus les magistrats...

Cette explication ne me convainc pas vraiment. Je ne peux m'empêcher de songer à la recommandation de Me de Moro-Giafferi à mon grand-père : « Laissez tomber cette histoire de Cadillac », ou encore, aux confidences de Bonny à M. Moreau-Lalande concernant les ordres qu'il avait reçus de déposer la machine à écrire à la scierie. Il y a aussi la pension d'invalidité soudain octroyée à François Le Her à la veille de sa déposition, et toutes ces pièces du dossier mystérieusement disparues, envolées. Nous aurons aussi l'occasion de parler par la suite de trois mystérieux rapports de police « égarés » et jamais retrouvés.

Ces éléments n'ont-ils pas quelque chose en commun ? Ne pourrait-on pas les relier par un fil rouge ?

Revenons à 1923. À la fin de la Grande Guerre, on le sait, la France est intervenue aux côtés d'autres puissances pour tenter de tuer dans l'œuf la jeune Union soviétique. L'étau ne s'est pas desserré depuis, et l'U.R.S.S., qui poursuit une politique économique absurde sous son régime de terreur, doit faire face à de multiples révoltes nationalistes. La misère est totale. La tyrannie bureaucratique, la répression et la dictature du parti qui broie inutilement la détresse de la population font que les mines de charbon fournissent à peine le dixième de ce qu'elles produisaient du temps des tsars. Les usines, le vingtième. Mais par-dessus tout, les transports sont à quatre-vingt-dix pour cent paralysés, faute de véhicules. C'est pourquoi Lénine, toujours pragmatique, est contraint d'inaugurer en 1921 une nouvelle politique économique, baptisée la N.E.P. : on autorise, sous certaines conditions, un retour à l'entreprise privée et au marché libre. Cette cure de « libéralisme » permettra d'ailleurs à l'économie soviétique de se relever peu à peu.

Ce qui manque le plus, c'est une infrastructure et des moyens de transport. On importe donc non seulement des machines-outils et des produits fabriqués, mais des automobiles et des camions, ces véhicules étant destinés également à équiper les armées face aux derniers soubresauts des forces contre-révolutionnaires ou autonomistes. C'est l'époque où, sous l'impulsion de Léon Trotsky, le gouvernement des Soviets se constitue une solide armée, la fameuse Armée Rouge.

Des véhicules, la France en a des centaines de milliers à vendre : ceux des fameux stocks américains, dont la gestion est directement placée sous la responsabilité de l'État, en particulier celle du ministre des Finances, Klotz, et de son sous-secrétaire d'État, André Le Troquer. Seulement voilà, le commerce avec les « Rouges » est interdit, d'autant que l'Union soviétique n'a pas été reconnue *de jure*. Le gouvernement français ne peut se permettre d'enfreindre ses propres directives... officiellement tout au moins.

Il se produit comme une sorte d'appel d'air. D'un côté l'or laissé par les tsars et de l'autre ce matériel qui fait si cruellement défaut. On peut imaginer qu'un certain nombre de personnes, hommes politiques, marchands, grands et petits intermédiaires, s'y engouffrent. Cet argent que les Russes sont prêts à donner contre des armes et des véhicules, c'est vraiment trop tentant ! Alors un trafic s'organise, avec la complicité probable des autorités supérieures et peut-être même sous leur direction.

L'importance et l'illégalité des ventes, la durée du trafic – encore une fois dirigé vers un pays belligérant, suspect de terrorisme en France – , en complète contradiction avec la politique étrangère des gouvernements successifs, tout indique que les autorités (en tout cas les services secrets) sont obligatoirement au courant.

De récentes affaires de ventes d'armes (l'affaire Luchaire en France, l'Irangate aux États-Unis, la fabrication de gaz pour l'Irak en Allemagne, etc.) peuvent, s'il le fallait, suffisamment les illustrer pour rendre crédibles mes propos. D'autant plus qu'en 1923 existe une société clandestine, le Trust, qui est censée œuvrer pour la Russie blanche et son armée. En réalité, c'est une fantastique organisation secrète qui a été créée[1] de toutes pièces par la Tchéka (la police

1. Le Trust a été créé en décembre 1921 sur une décision du Comité central du Parti communiste soviétique pour démasquer les contre-révolutionnaires, notamment à l'étranger. « Le Trust doit devenir le trou de serrure, le hublot qui permettra à la Guépéou (ancêtre du KGB) de connaître les intentions adverses », dira Dzerjinski, le chef de la Tchéka et commissaire politique aux transports. La réussite fut totale. Au point que l'un des principaux agents du Trust, Yakoutchev, se rendra à Paris le 14 août 1923, et sera reçu – rare privilège – par le grand-duc Nicolas le 27 août suivant. « Le Trust devint l'unique espoir, le lieu de passage obligé de

politique soviétique). Le Trust a beaucoup d'argent et participe activement, sans le savoir, à fournir matériels et véhicules aux Rouges, ses pires ennemis !

En 1948, *L'Humanité* du 13 octobre écrira : *Seznec : il paraît prouvé que Quemeneur a été abattu sur ordre du gouvernement Poincaré. Le fond de l'affaire était le trafic des Cadillac. Quemeneur étant un commanditaire du Trust*[1]. Information ou élucubration de journalistes ? En tout cas, ce qui est établi c'est qu'autour du plus gros gisement de matériel de guerre d'Occident que sont les stocks américains grenouillent tout un tas d'agents très spéciaux[2].

Ces trafics sont bien évidemment surveillés par la Sûreté qui compte des indicateurs parmi ces fournisseurs à tout faire. Par exemple, à l'Agence commerciale des Soviets, rue Bassano (dont le concierge est un inspecteur de police judiciaire chargé d'en surveiller les allées et venues), quantité de négociations sont entreprises en réalité sous le contrôle de la « Secrète ». Il s'agit pour elle de pénétrer ce milieu adverse.

Tandis que le commerce international considère les Soviets avec défiance et boycotte toutes ces tractations, à Paris des activistes, des provocateurs, des fricoteurs et leur cortège d'escrocs de tout poil trafiquent allégrement, une certaine impunité les couvrant.

toutes les intrigues. Yakoutchev faisait même figure aux yeux de beaucoup de futur premier ministre. Dzerjinski se frottait les mains... » Celui-ci viendra lui-même, en 1923, superviser cette immense intox, en se rendant en France sous prétexte d'études sur les canaux. (Source : l'excellent livre de Bernard Thomas.)

1. Une publication soviétique, *Top Secret* (4 millions d'exemplaires), consacrant plusieurs pages, en juin 1990, à l'affaire Seznec, évoquera l'existence de trafic de véhicules américains entre la France et l'Union soviétique dans les années vingt.

2. En 1992, à l'occasion d'un article d'*European* sur l'affaire Seznec, le F.B.I. américain produira une photo inédite montrant Dzerjinski, le chef de la police secrète du gouvernement des Soviets, dans une Cadillac torpédo du même type que celle de Quemeneur, à Moscou en 1923.

C'est ainsi que de véritables bandes de trafiquants se sont développées dans le milieu de l'automobile. Dans ce qui sera appelé par les historiens le « trafic des Cadillac », l'argent et la politique font bon ménage. Donc, les affaires sont florissantes, tout marche à merveille... et voilà qu'éclate l'affaire « Quemeneur », un fait divers somme toute banal, s'il n'était question de vente de Cadillac.

Dans un premier temps, l'enquête se dirige tout naturellement vers le milieu des trafiquants. On parle de bandes organisées. Déjà certains journaux particulièrement bien informés font état d'un trafic clandestin de voitures entre la France et la Russie, à l'échelon national. On recherche le fameux Cherdy, dit Charly. Les journaux écrivent que « l'infortuné Quemeneur aurait été victime d'un complot » et évoquent même l'existence « d'un véritable consortium du crime » (*Le Populaire*). La Sûreté générale enquête...

Puis brutalement, plus rien. On n'évoque plus que le nom du compagnon de voyage de Quemeneur, un certain Seznec. Le crime redevient une banale affaire de droit commun. Deux Bretons sont partis en voyage pour Paris, un seul est revenu, il a donc tué l'autre.

Et il semble que ce leurre produise l'effet escompté sur une bonne partie de la presse et de l'opinion. Rien de mieux, en effet, qu'une affaire de droit commun pour camoufler une affaire politique.

Pourtant, une information aurait pu éveiller la curiosité d'observateurs attentifs. Une information incroyable – en tout cas, de nos jours, elle aurait sans aucun doute mis une armée de journalistes sur la piste. La voici, publiée par *L'Ouest-Éclair* du 12 juillet 1923[1], en bas de la première page sous le titre UN COUP DE THÉÂTRE :

*Ce soir à Paris, les bruits les plus sensationnels courent dans les milieux policiers. Nous ne pouvons préciser ces bruits, afin de ne pas gêner les recherches suffisamment laborieuses. Il se pourrait qu'un coup de théâtre se produisît à très bref délai à Paris. Il s'agirait de l'arrestation de l'individu*

1. Voir document en annexe.

*qui avait monté l'affaire des autos à vendre aux Soviets et que M. Quemeneur allait voir à Paris. Si les bruits en question se confirment, cet individu deviendrait auteur principal du crime, Seznec n'ayant agi que comme complice. L'arrestation aurait été différée parce que l'individu en question serait en relation avec certains hommes politiques qui seraient intervenus à la Sûreté générale non pour entraver l'action de la justice mais pour prévenir qu'il est tout à fait impossible que la personne soupçonnée soit coupable.*

L'affaire Seznec, une affaire d'État ? Au fil des années, voilà qui s'imposera à l'évidence, mais par petites touches, par des détails, des indiscrétions. Citons-en une : en janvier 1979, sur l'antenne d'Europe 1, une femme, présentée comme la fille du chef du contre-espionnage français dans les années vingt, relatera qu'au moment où la disparition de Quemeneur commençait à faire grand bruit son père était très préoccupé, évoquant l'Affaire tous les soirs avec sa mère. Elle l'aurait entendu affirmer qu'il fallait que cette affaire soit étouffée, qu'elle devenait dangereuse...

Comment l'a-t-on étouffée ? D'abord en niant l'existence du trafic des Cadillac. La police et la justice s'y emploient. On affirme contre vents et marées que cette affaire de trafic est une invention de mon grand-père. Les témoins qui démentent cette version seront négligés, voire ignorés. Quant au fameux Cherdy, la police se montrera peu active – c'est le moins qu'on puisse dire – pour le rechercher.

Mais les précautions iront plus loin : par crainte de découvrir que le conseiller a peut-être été tué à Paris, lors de sa rencontre avec ces fameux acheteurs de Cadillac, et donc de retomber sur ce fameux trafic, on décidera de s'accrocher à la version du crime crapuleux, exécuté sur la route Rennes-Paris par un homme sans importance. Bref, d'en faire un fait divers, une histoire de gros sous. Et mon grand-père est là, suspect rêvé, bouc émissaire parfait...

Reste à organiser les preuves.

Un homme providentiel, possédant tous les talents requis, va s'y employer : l'inspecteur Bonny. Cette première affaire importante est une aubaine pour le futur « premier policier de France ». Il se rode, en quelque sorte, et on comprend qu'il fasse du zèle, un zèle qui le conduit à agir selon des méthodes très... particulières.

Non seulement il manipule les témoins, en invente de toutes pièces (et je pense en particulier aux deux Georges), mais il fabrique, ou fait fabriquer, des faux.

En effet, si on admet que c'est lui qui a fait placer la machine à écrire dans la scierie, force est d'en déduire qu'il possédait cette machine qui a tapé l'acte de vente, donc... qu'il est le faussaire ou, plus précisément, le commanditaire du faux, exécuté par un complice. Rien de plus facile pour lui que de faire copier le vrai acte de vente (dont les deux exemplaires étaient en sa possession) et d'y faire ajouter la mention manuscrite, en s'inspirant de la phrase écrite par Quemeneur au bas de la promesse de vente Le Verge (qu'il a trouvée dans la valise). Ainsi l'énigme de la fausse signature Seznec s'explique : autant il paraissait invraisemblable que mon grand-père se soit livré à ce petit jeu, autant on comprend parfaitement que le faussaire y ait été contraint.

À l'époque, une telle hypothèse aurait suscité l'indignation. Pensez donc, un policier faussaire, quelle idée farfelue, inimaginable ! Depuis, on sait que le fait n'a malheureusement rien de très étonnant, comme en témoigne le fameux « vrai-faux passeport » fabriqué par la D.S.T. dans l'affaire du Carrefour du Développement. La suite de la carrière de l'inspecteur Bonny nous a aussi montré qu'il était capable d'autres actes de ce genre, toujours commis sous les ordres du pouvoir.

La « raison d'État » a-t-elle aussi pesé sur l'instruction et le procès ?

Pour ce qui est du juge d'instruction, M. Campion, on peut penser que son choix n'a pas été dû au hasard : c'était, on le sait, un homme pratiquement ignorant des affaires criminelles et donc qui n'était pas en mesure de contrecarrer à la fois le parquet et surtout un policier de la stature de Bonny, « protégé » en haut lieu. On touche là un des problèmes des rapports entre policiers et magistrats qui, même encore de nos jours, jouent en défaveur de ces derniers.

Nous ne connaissons pas le contenu des réquisitions qui furent adressées au procureur avant le procès, mais on peut penser qu'elles ne recommandaient pas une grande mansuétude envers l'accusé...

C'est à ces trois puissances – le pouvoir politique, la police et la justice, objectivement complices – que vont se heurter pendant des années les gens de bonne volonté, ceux qui veulent connaître la vérité sur l'Affaire.

En ce qui concerne le pouvoir politique, certes le personnel s'est renouvelé au fil du temps mais, outre que certains acteurs de l'époque ont continué d'exercer longtemps leurs fonctions, la réticence naturelle de la classe politique à dévoiler ses secrets honteux a fait le reste. Refus, mauvaise volonté, silence ont dressé un solide mur de défense.

La police, elle, selon son habitude, a réagi par esprit de corps. Attaquer l'un de ses membres, c'est l'attaquer tout entière. Pendant des années, les policiers chargés de reprendre et d'approfondir le travail précédemment effectué par leurs collègues se sont employés à brouiller certaines pistes plutôt qu'à les approfondir... le comble étant atteint, comme nous l'avons vu, quand on a nommé l'inspecteur André Cunat pour enquêter sur le travail accompli par... son père le commissaire Jean Cunat !

Quant à la magistrature, on sait que pour cet organisme, sans doute le plus rigide des trois, remettre en cause la chose jugée, c'est commettre un véritable crime de lèse-majesté. Des circonstances particulières dues à une situation locale renforceront cette attitude première. En effet, c'est devant la cour d'appel de Rennes que viendront se fracasser toutes les demandes en révision, cour d'appel, nous le savons, où M. Dollin du Fresnel a été nommé président à la fin du procès. Attaquer un jugement, c'est beaucoup, mais attaquer un jugement rendu par un juge breton, c'est beaucoup trop, c'est même inadmissible ! Toute la justice bretonne se sent offensée... Alors, elle se défend, dans le cadre de la loi, avec toutes les armes que celle-ci lui confère, avec pugnacité et arrogance. Ce n'est plus une question de justice, de conscience, mais de principes.

Qui sont ces combattants pour l'innocence de Seznec, ceux qui se heurtent à l'hydre à trois têtes ? Citons Mme Bosser, une institutrice de Riec-sur-Belon membre de la Ligue des droits de l'homme, le juge Hervé, Charles Huzo, journaliste à *L'Ère nouvelle* et franc-maçon, Émile Petitcolas, beau-frère de Guillaume Seznec, rédacteur en chef de *L'Éclaireur* du Finistère, correspondant du *Temps* (précurseur du *Monde*) et... franc-maçon lui aussi, ce qui ne manquera pas d'entraîner d'ailleurs des rapports difficiles avec mon grand-père, catholique pratiquant, avant que celui-ci ne prenne conscience du dévouement extraordinaire du mari de sa sœur. Citons aussi Me Philippe Lamour... et d'autres encore, de plus en plus nombreux au fil des années.

Ce camp est disparate, fait de « professionnels » (journalistes, avocats, juges, etc.), mais aussi de simples passionnés épris de justice. Certains se montreront parfois maladroits, excessifs, naïfs aussi, et crédules dans leur hâte à reprendre à leur compte tous les bruits qui circulent – dame, la plupart de ces gens n'ont pas accès au dossier pénal ! Des associations, comme la Ligue des droits de l'homme ou la Ligue de l'enseignement, mèneront des campagnes plus organisées et joueront leur rôle fondamental de contre-pouvoir dans une démocratie.

En première ligne, figure de proue de ce combat, Marie-Jeanne Seznec, ma grand-mère. À relire toutes ses lettres et requêtes, je ne puis m'empêcher d'admirer profondément cette femme. Mon grand-père fut aimé au-delà de tout ce que les mots peuvent exprimer.

L'affaire Seznec, c'est cela aussi, une grande, une très grande histoire d'amour.

Dans la situation de Marie-Jeanne Seznec, beaucoup de femmes auraient été submergées, anéanties, par le drame et le bouleversement de vie qui en découle. Pas elle. Cette petite femme de santé fragile, peu au courant des affaires de son mari et qui se retrouve brusquement ruinée, obligée d'assurer la survie de sa famille, se bat sur tous les fronts. Non seulement elle assume avec courage son nouveau rôle de chef de famille, mais elle devient le principal soutien de son mari, sa bouée de sauvetage. Par ses lettres pleines de foi, elle ne cesse de maintenir un lien très fort avec le prisonnier, puis le forçat, le sauvant ainsi du désespoir. Parallèlement, elle s'engage avec audace dans un monde obscur, inconnu : le maquis de la procédure, afin de prouver l'innocence de son homme. C'est l'amour pour Guillaume qui la mène, un amour qui a constitué, je crois, le second grain de sable dans la machine bien huilée destinée à broyer mon grand-père.

Bien sûr, elle a des moments de faiblesse, de désespoir. Cela, on l'apprend par certains passages du courrier de son mari, dans une lettre du 21 juin 1925, par exemple : *Je vois d'après ta dernière lettre que tu as perdu tout courage, toi qui jusqu'ici a bravé tant de malheur, ne te laisse pas aller en dérive en ce moment où il te faut plus que jamais toute ta force pour lutter dans la vie pour essayer d'élever le mieux possible tes chers enfants qui te viendront un jour en aide.*

*P.-S. Comme je t'avais annoncé dans ma précédente lettre je te mets un mot pour chacun des enfants que tu voudras leur transmettre en ayant soin de détruire la 1re page avant de les expédier pour qu'ils ne les compromettent pas.*

À ce moment-là, elle est bien seule. Autour d'elle, le vide s'est fait. Non seulement les quelques amis du couple se sont volatilisés, mais une partie de la famille, les Marc – ses propres parents –, lui a tourné carrément le dos.

En décembre 1924, elle présente une demande d'assistance judiciaire au tribunal civil de Morlaix afin d'obtenir une « séparation de biens ». Cette démarche lui fend le cœur, mais elle représente le seul moyen de récupérer une somme de 10 000 francs figurant sur le contrat de mariage.

MME SEZNEC VEUT OBTENIR SANS BOURSE DÉLIER LA SÉPARATION DE BIENS, titre ironiquement *La Petite Gironde*. On lui refuse cette aide. Elle doit donc se contenter pour vivre d'une modeste allocation mensuelle, provisoire, attribuée par le liquidateur des biens.

Mais cette situation, proche de la misère, n'entame en rien sa farouche détermination, et encore moins sa fierté. Convoquée dans son bureau par le procureur Picard[1] – l'ex-soupirant de Marie-Jeanne – celui-ci déclarant : « Tu vois, je l'ai eu, ton Guillaume ! », elle lui lance tout le contenu de l'encrier à la figure.

En mai 1925, la scierie est mise en vente, la justice ayant considéré que Mme Seznec n'était pas apte à diriger l'affaire, sans tenir compte du fait qu'elle a déjà géré une blanchisserie industrielle pendant la guerre. Comme toujours dans ce cas, c'est plutôt d'une braderie qu'il faudrait parler, et qui permet à certains de réaliser de bonnes opérations. Alors que la mise à prix officielle globale est de 200 000 francs, les dépendances sont adjugées 80 000 francs, les machines 8 000 francs (estimées dix fois plus), les voitures et camions 4 000 francs (ils avaient été acquis pour 15 000 francs). Total : 92 000 francs ! Il ne reste plus à ma grand-mère qu'à payer les dettes et les frais de justice et, évidemment, à quitter les lieux – à « déguerpir » comme on dit si joliment dans le langage judiciaire.

Elle cherche partout dans Morlaix un logement, même modeste, mais la rumeur est là, l'entoure, lui ferme toutes les portes : « On ne loue pas à la femme d'un assassin ! » Désespérée, elle écrit au haut-commissaire aux loyers de Paris : *Dans treize jours, je serai sans logement. Va-t-on me jeter à la rue comme une chienne malade ? Va-t-on m'arrêter comme vagabonde ? J'ai encore avec moi un enfant de onze ans, les trois autres ayant été recueillis par des œuvres charitables. Que va devenir cet enfant ? Va-t-on le laisser, lui aussi,*

1. Il semblerait que Théodore Picard se soit suicidé vers 1925-1926 en se jetant par une fenêtre dans le Queffleuth, la rivière qui traverse Morlaix.

*dans la rue ou me le prendre pour le mettre à l'Assistance publique ?*

À Me Belz, elle écrit le 7 septembre 1925: *Je suis incurable, déshonorée, ruinée, sans abri, sans le sou.* Le liquidateur finit par lui louer une petite maison – presque une masure – à Garlan, près de Morlaix. En 1926, Yvonne Sarcey décrira cette demeure dans un article des *Annales : Le sol en terre battue, les murs fumeux, le plafond bas et noir feraient bien misérable l'humble logis sans l'extrême propreté de Mme Seznec qui prend un soin diligent du lit, de l'armoire et de la commode, seuls meubles de l'unique pièce.* Plus tard, se rendant compte qu'il lui est difficile de bien défendre son mari à partir de ce coin isolé de la Bretagne, Marie-Jeanne Seznec « montera » se placer à Paris, où elle gagnera sa vie – elle, la fière bretonne – comme bonne à tout faire.

Mais déjà, de sa petite maison de Garlan, elle harcèle le ministre de la Justice, les magistrats, pour demander la révision du procès. Elle adresse des courriers aux quelques journaux qui continuent à traîner Seznec dans la boue. Ainsi proteste-t-elle auprès de *L'Ouest-Éclair* qui mène grand bruit parce qu'on tarde à envoyer l'assassin au bagne et qui traite Seznec de « roi des sacs en papier » parce qu'il en fabrique beaucoup dans sa cellule. Le journal ne daigne pas reproduire sa lettre dans ses colonnes, au mépris du droit de réponse. Ses suppliques, ses demandes de révision restent de leur côté sans réponse. *Mme Seznec multiplie ses efforts pour la révision de l'Affaire. Vivant pauvrement, elle ne perd pas confiance,* relate *Le Matin* du 13 mai 1926.

Cependant, le parquet a décidé un complément d'information. La police est officiellement requise pour suivre certaines pistes jusqu'ici trop négligées, en particulier celle de la mystérieuse Mme Petit. Le commissaire Vidal (car, curieusement, c'est à lui qu'on demande de mener cette sorte de contre-enquête... sur son propre travail) se déplace plusieurs fois pour rendre visite à ma grand-mère. Il se montre très bienveillant et lui promet pratiquement de l'aider dans son combat. Naïvement, dans un premier temps, Marie-Jeanne lui parle à cœur ouvert de ses recherches, des gens qui commencent à se rassembler autour d'elle[1]. Mais très vite Marie-Jeanne devient méfiante, soit qu'elle en prenne conscience elle-même, soit que quelqu'un la mette en garde, comme en témoigne un passage de sa lettre du 29 mai 1926 adressée au policier :

*Au cours de la visite que vous m'avez faite dans ma modeste demeure de la Grande-Roche, en Garlan, vous m'avez adressé des paroles d'encouragement. Je vous en remercie, parce que je les ai prises pour sincères. Je n'ai pu, comme vous me l'aviez demandé, vous donner le nom et l'adresse des personnes qui ont bien voulu prêter leur concours pour faire éclater l'innocence de Seznec, mon mari. Je ne l'ai pu parce que le silence m'a été impérieusement réclamé, pour un moment du moins, pour jusqu'au jour où elles me délieront. Mais je vous ai promis de vous tenir au courant de tout fait de nature à éclairer la justice.*

Brusquement, le 9 juin, elle est convoquée à Morlaix par le commissaire divisionnaire de la police mobile de Rennes, M. Labouérie, associé à Vidal pour l'enquête. Là, les masques tombent : fini l'amitié, la compréhension, la bienveillance ! Le policier lui lance sans ménagement que ses efforts pour faire réviser le procès de son mari sont vains, qu'elle fait dépenser en pure perte de l'argent à l'État. Le soir même, Angèle Labigou, qui elle aussi a été convoquée, vient la voir et lui rapporte la réflexion d'un policier : « Vous nous avez assez salis ! Seznec a été condamné, il n'y a rien à faire, il est tranquille, il est bien où il est... »

Ces pressions n'intimident pas ma grand-mère, qui continue à se battre. Elle s'applique même, afin de garder toutes les chances de son côté, à conserver de bonnes relations avec le commissaire Vidal.

1. *La Liberté* du 20 mai titre : MONSIEUR VIDAL ENTEND À MORLAIX D'IMPORTANTS TÉMOIGNAGES : IL EN RESSORT QUE MME SEZNEC EST SINCÈRE; et *L'Excelsior* du 26 mai annonce : DIVERSES DÉCLARATIONS À LA CHARGE DE SEZNEC PORTÉES À LA CONNAISSANCE DE VIDAL ONT ÉTÉ VÉRIFIÉES ET RÉDUITES À NÉANT.

Sauver Guillaume... trouver des preuves de son innocence... écrire, écrire ici et puis là... Pour mener sa tâche à bien, les jours n'ont pas assez d'heures, d'autant qu'il lui faut s'occuper de ceux dont elle a entièrement la charge maintenant.

Il y a la mère de son mari, Marie-Anne Colin, soixante-quinze ans, que la condamnation a bouleversée et qu'il faut soutenir. La vieille femme, qui jamais un seul instant n'a douté de l'innocence de son fils, continuera le combat, après la mort de sa belle-fille, alors qu'elle aura déjà quatre-vingt-deux ans. Elle mourra dans la misère en 1935, sans avoir revu le condamné.

Mais ce sont surtout les enfants qui causent des soucis à Marie-Jeanne. Ils sont l'objet d'insultes et, à l'école, les deux garçons doivent souvent se battre pour se défendre. Voici ce qu'écrira l'académicien Michel Mohrt dans un livre[1] :

*J'avais un camarade, Guillaume Seznec, avec qui je rentrais souvent de classe. Un jour nous fûmes rejoints par un groupe de nos condisciples, ils prirent Guillaume à partie, et nous suivant pas à pas ils lui criaient : « Ton père est un assassin ! Ton père est un assassin !... » Guillaume, en larmes, les chassait avec mon aide. J'ai fait là, pour la première fois de ma vie, l'expérience de la cruauté des hommes. (...) Je n'ai pas étudié l'affaire Seznec. Si je suis enclin à croire en son innocence, c'est parce que les larmes et le désarroi de son fils, mon camarade, m'avaient ému, et la méchanceté de ses persécuteurs, révolté.*

Marie-Jeanne n'en peut plus ; et puis, comment élever quatre gosses avec un budget si réduit ?

Marie, l'aînée, a seize ans. Elle est placée dans un pensionnat religieux, d'où, après quelques années, elle partira pour le Carmel du Haut-Mont dans l'île de Jersey. Dans sa décision de se consacrer à Dieu entre pour beaucoup le désir de se rendre en Guyane pour soigner les bagnards lépreux réunis dans l'île Saint-Louis, en face de Saint-Laurent-du-Maroni, et ainsi vivre pas très loin de son père. Le

1. *La Maison du père*, paru chez Gallimard, Prix Bretagne 1980.

destin ne lui permettra pas de réaliser ce beau projet : la vie de privations qu'elle mènera aura très vite raison de sa santé fragile. Elle mourra à l'hôpital Saint-Joseph à vingt et un ans, en 1930.

Guillaume, l'aîné des garçons, a quinze ans. Il vit quelque temps auprès de sa mère, avant d'être placé dans un centre d'apprentissage et pris en charge par la famille de ma grand-mère, les Marc, dont il portera le nom jusqu'à sa majorité – pour éviter la « honte » liée à celui de son père. Ce fils aîné, le préféré de son père, celui dont il demandera sans cesse des nouvelles dans ses lettres, n'aura plus que de très rares contacts avec ses parents.

Albert, onze ans, le plus jeune, entrera aussi en apprentissage et, peu à peu, n'aura plus que des liens épistolaires avec sa famille.

Enfin il y a Jeanne, la fille cadette – ma mère –, treize ans. De tous, c'est elle qui se révélera la plus batailleuse, la plus passionnée. Elle est tout d'abord accueillie à l'orphelinat de la Providence à Lorient, dont elle ne sortira qu'à sa majorité. Un jour, elle sera admise à sortir de ce lieu clos où les orphelines tirent l'aiguille et brodent douze heures par jour et six jours par semaine – le septième étant consacré à la messe et aux vêpres. Accompagnée par une sœur, elle attendra sur le quai de la gare de Lorient le passage du « train des bagnards » à destination de l'île de Ré. En fait, quatre ou cinq wagons à bestiaux accrochés à la queue d'un convoi. Elle criera « papa ! papa ! » tout au long de ces wagons qui passent en claquant et ne verra que les mains brûlées de son père accrochées aux barreaux de la petite fenêtre haute – son père hissé, soutenu à bout de bras par ses camarades de misère. Ce souvenir la marquera tout au long de sa vie.

Lorsque sa mère viendra la chercher pour l'emmener à Paris, ne pouvant la nourrir avec ses maigres gages de domestique, elle la fera entrer chez les sœurs de Saint-Vincent-de-Paul, à Ménilmontant où elle apprendra la broderie à des sourdes et muettes. À partir de 1931, Jeanne gagnera sa vie comme domestique, puis exercera divers métiers, plus précaires les uns que les autres.

C'est elle qui, tout naturellement, reprendra le flambeau après la mort de sa mère et de sa grand-mère. Son tempérament de battante la fera considérer par certains journalistes comme la « pasionaria » de l'Affaire. Ainsi, sans le vouloir, elle tiendra le rôle du garçon, du fils que mon grand-père aurait tant aimé trouver à ses côtés...

Trois générations de femmes. Peu d'hommes sont ainsi capables de se donner corps et âme, comme le font les femmes passionnées. En reprenant à mon tour le flambeau, je n'ai pu m'empêcher d'y songer.

Le 7 janvier 1925, Guillaume Seznec a été transféré par chemin de fer – poignets emmenottés et chevilles entravées – au pénitencier de Saint-Martin-de-Ré, une citadelle construite par Vauban. C'est de cette île que, deux fois par an, les convois de condamnés partent pour la Guyane.

Dans cette antichambre du bagne, les conditions de vie sont totalement inhumaines. Les prisonniers portant vêtements de bure et sabots de bois sont traités comme des rebuts de la société, des êtres inférieurs qu'on peut humilier et frapper à loisir. Peu importe qu'ils meurent sous les coups ou de pneumonie. « *Ce qui se passait à St-Martin était terrible, écrira plus tard mon grand-père dans ses cahiers. Quand je suis arrivé, nous étions 300. Un an plus tard on comptait 50 décès.* » L'administration permet tout, ferme les yeux sur tout. La nuit, les nouveaux arrivants sont rivés à leurs bat-flanc par des chaînes qu'on leur attache aux pieds et il leur faut faire d'invraisemblables acrobaties pour arriver à s'accroupir sur la tinette. L'interdiction de parler est une règle très stricte, qui vaut aussi bien dans les ateliers, au réfectoire, que dans les dortoirs. Selon l'humeur du gardien, à la moindre infraction les coups pleuvent ou bien c'est le cachot. Même la promenade ne permet aucune détente. Elle se fait dans une vaste cour, au pas de course, à la queue leu leu, et en silence bien évidemment. Malheur à celui qui ne peut suivre le rythme, qui s'arrête ou tombe. Dès le soir de son arrivée, mon grand-père est témoin de brutalités envers un détenu, alors qu'il traverse la cour de promenade en compagnie d'un gardien. Celui-ci explique obligeamment : « C'est parce qu'il avait regardé » et, comme son interlocuteur semble ne pas comprendre, il précise : « Ici, défense d'avoir l'air de regarder. »

Aucun colis n'est accepté, pas plus de nourriture que de vêtements. Le seul lien avec le monde, c'est le courrier (deux lettres par mois autorisées), mais il arrive et part de façon sporadique, avec un retard qui peut dépasser plusieurs semaines. L'administration bien sûr le lit, le censure et le retient à son gré.

Pour Guillaume et Marie-Jeanne, ces difficultés dans l'acheminement du courrier deviennent une véritable obsession. Dans leurs lettres, sans cesse, ils s'interrogent, cherchant à vérifier si telle ou telle lettre, d'eux ou de leurs enfants, est arrivée ou non et à quelle date.

Au début, Marie-Jeanne laisse parler son tempérament et sa colère, de sorte que le censeur retient son courrier plus que les autres. Ses sentiments sont si forts qu'elle a bien du mal à se modérer, malgré les exhortations répétées de son mari.

*En réponse a ta lettre du 22 écoulé croisée sans doute avec la mienne datée du même jour, seule lettre reçue de toi depuis mon arrivée a Saint-Martin-de-Ré, quoique je sais que tu en as écrit d'autres car M. le directeur m'a fait prévenir il y a environ huit jours que j'avais une lettre mais intercepté et que tant que tu causerais avec des termes d'insulte comme tu le faisais je ne rentrerais en possession d'aucune de tes correspondances. Peine inutile je crois de te répéter la même chose, puisque tu ne peux t'empêcher a haïr et mépriser tes malfaiteurs. Cependant comme je te l'ai dit souvent fois, cela ne peut servir plutôt qu'a faire augmenter mes peines ; je comprends que tu es surexcitée par toutes les injustices qu'on ai pu te faire mais ici c'est le cas de dire il faut embrasser le couteau qui vous saigne, fais donc désormais comme moi,*

*moi je prie pour ceux qui m'ont fait tort et c'est encore un des moyens de salut* (15 mars 1925).

*Tu me forces a te renouveler toujours les mêmes reproches car tes lettres sont a toutes les fois criblées de censures, puisque malgré mes observations tu ne cesses pas de prononcer des mots déplacés tel que : spoliateur, bourreaux, etc. Paroles superflues. Désormais que tu m'écriras fais-le avec tout ton calme et dis-moi les choses telles qu'elles sont, a moi libre de les juger a ma façon, ainsi nous pourrons correspondre plus agréablement, seul agrément qui nous reste a espérer en ce monde* (21 juin 1925).

La lecture des lettres de cette époque nous apprend beaucoup. Outre la grande détermination de Marie-Jeanne, on constate une certaine évolution dans l'attitude de mon grand-père. Lui qui était certes croyant, mais sans excès, semble de plus en plus trouver un réconfort dans la religion. Sa foi s'approfondit.

On découvre aussi un nouveau personnage : Émile Petitcolas, le mari de Marianne, la sœur de mon grand-père. De sa présence auprès de ma grand-mère et de son action, les lettres en sont pleines. Nous aurons l'occasion de reparler de lui.

Le condamné reste dix-huit mois à l'île de Ré. Sur ce séjour, je possède un intéressant document, en trois feuillets, établi par le ministère de la Justice.

Le premier indique le numéro d'écrou de Seznec (3039), la durée de sa condamnation (perpétuité), la date d'arrivée (17 février 1925). La conduite du prisonnier en cours de peine est estimée « bonne », son assiduité au travail « satisfaisante ». Pour ce qui est de sa moralité, le fonctionnaire a indiqué « aucune remarque ».

Le second feuillet est une notice individuelle établie par le parquet de Quimper. Elle contient divers renseignements d'état civil et un questionnaire qui a été rempli. Questions et réponses sont fort édifiantes : *Vivait-il dans l'oisiveté ? – Non. Sa famille peut-elle se passer de son aide ? – Oui.* (Quand on connaît la situation de Marie-Jeanne, on ne peut manquer d'être surpris...) *Quelle est sa religion ? – Inconnue*. (Réponse là encore surprenante si l'on sait que mon grand-père assistait aux messes de la maison d'arrêt.) Cependant, c'est la rubrique MORALITÉ qui nous réserve le plus d'étonnement : *Comment était-il noté dans sa commune ? – Réputation douteuse. Était-il adonné à l'ivrognerie ? – Non. Se livrait-il au libertinage et à la débauche ? – Non.* Enfin, *Vivait-il en concubinage ? – Non*. Autrement dit, voilà un citoyen sans histoires qui semble parfaitement honnête. Dommage qu'il ait une mauvaise réputation...

Sur le troisième feuillet enfin, on peut lire un exposé sommaire des faits qui ont motivé la condamnation. Très logiquement, on indique les charges qui ont entraîné la décision des juges. Et le procureur de la République (signature illisible) conclut : *L'attitude de ce dernier qui, en détention, tenta de s'évader et de se procurer de faux témoins, ses dénégations révoltantes au cours des longs débats de l'affaire ont amené la cour à prononcer contre Seznec une peine empreinte de juste sévérité à l'encontre d'un homme dont le cynisme et l'attitude odieuse avaient, au cours d'une information de dix-huit mois, dépassé toutes les bornes.*

Cet « exposé », bien que « sommaire », n'oublie pas de donner du prisonnier une image très défavorable, que ne manquera pas d'apprécier le directeur du pénitencier.

Le célèbre condamné est affecté à la fabrication des sacs en papier, le même travail qu'à Morlaix. C'est ce qu'il fera pendant dix-huit mois.

Ce séjour plus long que la moyenne inquiète la presse : POURQUOI SEZNEC N'A PAS ÉTÉ DIRIGÉ VERS LA GUYANE AVEC LE DERNIER CONVOI ? s'étonne *Le Petit Parisien* (3 avril 1926) tandis que *Le Courrier du Centre* s'interroge : ERREUR JUDICIAIRE ? SEZNEC N'AURAIT PAS TUÉ M. QUEMENEUR. UNE RÉVÉLATION TARDIVE ARRÊTE LE DÉPART DU FORÇAT POUR LA GUYANE.

Alors ? C'est que Marie-Jeanne a encore fait des siennes ! Aidée par Émile Petitcolas, le beau-frère de son mari, elle vient de déposer une demande en révision (la première d'une longue série). Le motif : la lettre que lui a adressée un certain Jean Guyoton, légionnaire français servant au Maroc. Il y affirme que Quemeneur est interné à l'asile de Quimper. Hélas, il s'avère que non seulement aucun Quemeneur n'est interné à Quimper, mais que ce Guyoton est un faible d'esprit... La demande est donc rejetée.

Plus d'obstacle cette fois. Seznec pourra embarquer dans le prochain convoi pour la Guyane.

C'est à ce moment qu'on parle de nouveau de Cherdy, dit Charly. Le fameux, le mystérieux « Américain » refait son apparition...

Dans une lettre que mon grand-père adresse le 16 août 1925 à Marie-Jeanne, on peut lire le passage suivant :

*... Je suis absolument sûr que Cherdy existe ou du moins existait a Paris et je puis le prouver, ce que la police n'a jamais pu ou du moins n'a pas voulu découvrir. Ce dernier a même tenu Garage automobile dans cette ville et pour connaître son adresse il suffirait de s'adresser dans un café sous l'enseigne Au Tambour boulevard ou avenue Bourdenet Paris. Ce serait parait-il plutôt un Mexicain qu'un Américain mais cela n'a pas d'importance, il pourrait peut-être faire jaillir quelques éclaircissements.*

Comment se fait-il que le condamné livre seulement maintenant ces précisions importantes ? Sans doute tient-il ce renseignement d'un détenu rencontré récemment. Tout à fait plausible, en effet, que parmi tous les futurs forçats convergeant à Saint-Martin-de-Ré se trouvent des hommes ayant eu connaissance du trafic des Cadillac.

Ah, si on pouvait le retrouver, ce Cherdy, ça ferait un fameux élément nouveau !

Marie-Jeanne dépêche aussitôt Samson à Paris, pour rechercher ce café. Sans doute le « chauffeur » revient-il bredouille car, dans une lettre du 6 septembre 1925 – plus d'un mois après, donc –, le prisonnier écrit : *Samson fait erreur ce n'est pas rue Bourdenais, c'est boulevard Bourdenais a cent ou deux cents mètres de la station École Militaire en face du Champ de Mars, un café sous l'enseigne Au Tambour. Ne t'es-tu pas adressé a la Ligue du droit de l'homme a Laffont et M. Berton par exemple.*

Samson repart donc en chasse... et découvre qu'il existe effectivement un café Au Tambour, situé 113, avenue La Bourdonnais, ou plutôt qu'il existait, car il a été vendu par son propriétaire en juin 1923 et remplacé par un hôtel.

Juin 1923, n'est-ce pas justement l'époque où la police a enquêté, où la presse a commencé à parler de la disparition de Quemeneur ?...

Marie-Jeanne adresse une nouvelle requête en révision le 6 avril 1926. Et comme elle a appris à manœuvrer pour « aider » la magistrature à faire son devoir, elle prévient la presse.

Dès le lendemain, des journalistes du *Matin,* du *Petit Parisien* se lancent à la recherche d'un garagiste ou d'un négociant en pièces détachées dont le nom correspond à peu près à celui de Cherdy.

Ils découvrent très vite un nommé Boudjemah Gherdi, dit Francis, dit encore l'Américain, bien qu'il soit né en Algérie. C'est un homme de trente-quatre ans qui, en effectuant une période militaire au camp de Romorantin, a découvert les stocks américains. Il possède un petit magasin de pièces détachées pour automobiles, 17, rue Brochant. Cette facilité pour retrouver ce témoin capital est tout de même assez étonnante, quand on se souvient qu'en son temps la police n'y était pas parvenue. *Nulle trace n'a été retrouvée à Paris du prétendu Charly ou Cherdy, qui apparaît comme une pure création de l'imagination de Seznec,* disait l'acte d'accusation.

La « pure création de l'invention de Seznec » fait face aux journalistes, en chair et en os – il accepte même de se faire tirer le portrait, qui paraîtra à la une du *Journal.* Désinvolte, aimable, il répond sans détour aux questions. Oui, il a fréquenté Le Tambour. Il y traitait ses affaires à l'époque où se tenait le grand marché aux voitures, sur le Champ-de-Mars. Non, les noms de Seznec et de Quemeneur ne lui disent rien. Pourquoi ne s'est-il pas présenté à la police quand la presse a parlé de lui ? Il n'était pas au courant car, ne sachant pas lire, il ne suivait pas l'Affaire dans les détails. Comment peut-il affirmer qu'il ne connaît ni Seznec ni Quemeneur ? Parce qu'il les a vus sur des photographies. Non, il n'a jamais été mêlé à un quelconque trafic de Cadillac.

Mais faut-il le croire ?

Au fil du temps, les déclarations de cet étrange personnage vont d'ailleurs varier. Au bout de quelque temps, il finit par reconnaître que le nom de Quemeneur lui dit quelque chose. Il lui semble bien qu'il a eu l'occasion de rencontrer un homme s'appelant ainsi, et qui était lié aux achats et aux ventes des voitures, au Champ-de-Mars...

– Est-ce que Quemeneur aurait pu se rendre avec vous Au Tambour, pour discuter d'une affaire, par exemple ? interrogent les journalistes.

« L'Américain » ne s'en souvient pas, mais c'est possible, après tout...

– Le Tambour, à cette époque, était tenu par une certaine Berthe Rallu, précise-t-il. Il faudrait le lui demander, à elle, si elle a connu ce Quemeneur. Non, je ne sais pas ce qu'elle est devenue après avoir vendu son fonds.

– Est-ce que vous avez rencontré Guillaume Seznec ?

– Seznec ? Je vous l'ai déjà dit, je ne crois pas avoir entendu ce nom à l'époque.

Que fait la police pendant que les journalistes jouent les Rouletabille ? Il semble qu'elle enquête de son côté.

En 1976, M^e^ Denis Langlois découvrira quelques pièces, perdues parmi les milliers de documents de la procédure.

Il s'agit d'abord de trois bordereaux d'envoi[1]. Il est d'usage, quand une enquête est diligentée par le parquet,

1. Voir document en annexe.

que le dossier contenant les procès-verbaux d'audition des personnes interrogées soit adressé par la police au procureur, accompagné d'un bordereau, une sorte de descriptif des pièces. Seuls ceux-ci, sans doute oubliés lorsqu'on a fait disparaître les pièces importantes, subsistent de l'enquête policière. Ils nous apprennent que deux dossiers ont été envoyés au procureur général de Rennes, un troisième à celui de Paris, par le contrôleur général des services de recherches judiciaires.

Le premier bordereau, daté du 25 juin 1926, indique que le dossier n° 1 contient les procès-verbaux d'audition de Hélène Petit-Jacques, la mystérieuse dame Petit venue trouver Marie-Jeanne à la fin du procès, de Charles Édouard Lamant, son amant, de Boudjemah Gherdi dit « Francis », et enfin d'une certaine Régine Le Goff, dont j'ignore tout.

Joint à ce bordereau, un document bien intéressant : une partie de rapport manuscrit, apparemment destiné au procureur, et portant la cote 4 U-2/451-201 (2e page). Il n'est pas très lisible, plein de ratures, mais on peut déchiffrer :

*L'enquête a donné des résultats (suit un mot illisible) d'où il ressort en ce qui concerne un Algérien, M. Gherdi Boudjemah dit Francis, engagé en 1917 comme chauffeur dans l'armée américaine, et qui à partir de 1921 a fait le commerce des pièces détachées en provenance des stocks américains. Il se tenait en permanence au café du Tambour, situé en face du Champ-de-Mars et distribuait des cartes commerciales portant son nom et son adresse. Il a déclaré avoir remis une de ses cartes, fin 1922 ou commencement 1923, à une personne qui, sur le vu des photographies publiées dans les journaux, il a reconnu être (suit un mot illisible) Quemeneur. Ce dernier se trouvait avec deux ou trois autres personnes dans une voiture américaine dont ils ne parvenaient pas à réparer la roue. Gherdi lui prêta aide et lui remit sa carte. Quemeneur lui aurait offert une consommation et dit qu'il lui enverrait des clients. Gherdi l'aurait revu une fois ou deux, dans le camp du Champ-de-Mars, sans lui parler. Il n'a eu avec lui aucune autre relation. Il a été établi que Quemeneur n'a jamais figuré parmi les acheteurs du camp et que ce camp du Champ-de-Mars a été fermé le 23 février 1922.*

Après une douzaine de lignes rayées, on peut lire de nouveau :

*En admettant que Gherdi ne commette pas d'erreur, il résulte de cette déposition que son nom était connu de Quemeneur et a pu l'être facilement de Seznec, son ami et associé, qui s'en est ensuite servi.*

On voit que l'état d'esprit est toujours le même. L'auteur du rapport s'emploie uniquement à accabler mon grand-père. Son raisonnement est le suivant : finalement ce Gherdi existe, d'accord. Quemeneur était en relation avec lui, c'est vrai. Et alors, qu'est-ce que ça prouve ? Que Seznec avait dit vrai ? Mais non... plutôt qu'il n'était pas étonnant qu'il connaisse ce nom et s'en serve.

Le deuxième bordereau, daté du 1er septembre 1926, indique que le dossier n° 2 contient un rapport de l'inspecteur de police mobile Dupont concernant un certain M. Rivallant, dont une brève note indique qui il est et ce qui a motivé son audition : *Ce rapport complète le procès-verbal d'audition du nommé Gherdi Boudjemah dit Francis, qui a déclaré : « Vous pourriez peut-être entendre M. Rivallant, marchand de camions et accessoires, 50, avenue de Choisy, qui aurait pu connaître Quemeneur. »* Hélas, nous ne saurons jamais ce que ce témoin a dit à l'inspecteur Dupont.

Enfin, le troisième bordereau, daté 20 août 1926, joint à un dossier envoyé cette fois au procureur de la République, 2e section, à Paris, fait état des documents suivants : une lettre du procureur général de Rennes datée du 21 avril 1926, deux requêtes en révision, plusieurs procès-verbaux de déclarations, respectivement de Marie-Jeanne Seznec, d'Angèle Labigou (concernant sans doute l'épisode de Mme Petit), de Boudjema Gherdi et d'une Mme Le Hir, enfin un rapport de l'inspecteur Dupont concernant les vérifications effectuées à la direction des stocks, 64, avenue de Tokyo à Paris, et un autre, de ce même inspecteur, concernant la dame Masson (c'est le nom de jeune fille de Berthe Rallu) et le nommé Gherdi.

Ainsi cet inspecteur Dupont est amené à enquêter à la direction des stocks... Enfin ! pourrait-on dire. Est-ce les déclarations de Gherdi qui l'ont poussé à faire cette démarche importante dans un organisme dépendant du secrétariat d'État à la liquidation des stocks, ce dernier rattaché au ministère des Finances ?

Qu'est-ce que le policier a découvert, ou risquait de faire découvrir en ces lieux officiels, qui a motivé la subtilisation des dossiers ? Si je parle de subtilisation, c'est qu'il est évident que ces documents n'ont pas disparu par le simple fait d'une négligence. Ils sont numérotés et une ficelle les traverse, munie d'un scellé pour en certifier le nombre et l'authenticité. Pour les consulter, sous le regard d'un huissier, les formalités sont extrêmement sévères... sauf si l'on appartient au sérail, bien entendu, ou si l'on est « couvert »...

Car, j'en suis persuadé, la raison d'État a joué. Ces documents n'ont pas pu disparaître comme cela, il y a eu forcément intervention d'une personne haut placée dans la hiérarchie demandant la disparition des traces de cette nouvelle enquête. Voilà un indice supplémentaire qui tend à prouver qu'en « haut lieu » on a veillé avec un soin jaloux sur l'affaire Seznec.

Ma grand-mère est pleine d'espoir. Il lui semble que la découverte de Gherdi par la presse ne peut qu'être prise en compte par la justice. Ce témoin, dont l'existence a été niée tout au long de l'instruction et du procès, constitue indubitablement ce qu'on appelle un « élément nouveau » susceptible de justifier une révision du procès. *L'Américain Gherdi existe bien : il y a un fait nouveau, donc matière à révision,* écrit *La Petite Gironde.* Il est évident en effet que, si les jurés avaient été informés de l'existence de Gherdi, leur sentiment vis-à-vis de mon grand-père, alors considéré comme un menteur, aurait été fort différent.

Marie-Jeanne adresse des lettres et des requêtes en ce sens au procureur de la République et au ministre de la Justice.

Les magistrats engagent-ils une enquête ? En 1956, le commissaire divisionnaire Camard, dans un rapport rédigé à la demande du ministère de la Justice, citera un document du parquet de Rennes adressé le 30 août 1926 au ministre de la Justice. Ce document fait état de l'existence de Gherdi, que celui-ci se livre au commerce des pièces détachées provenant des stocks américains, et qu'il a rencontré Quemeneur. Une enquête a donc été menée.

Marie-Jeanne n'en connaîtra jamais les conclusions.

Ses demandes sont rejetées.

*Ne t'alarme pas,* lui écrit mon grand-père. *Si je ne dois pas obtenir la révision de mon procès, la déportation en Guyane ne peut être que pour mon bien, car il n'est pas possible de rester en bonne santé enfermé. A la Guyane, ce sera l'un ou l'autre : ceux qui pourront résister a la température jouiront du plein air et les autres du repos éternel. Je préfère la mort a la perspective de rester toute ma vie enfermé dans une prison de France.*

Fin 1926, ma grand-mère repart au combat. *La Dépêche* publie en effet le témoignage de Mme Lamarque, femme d'un industriel de Brest qui, le 21 juin 1923, lendemain du jour où l'on a découvert la valise de Quemeneur au Havre, a pris place dans un wagon de deuxième classe à la gare Montparnasse pour regagner Brest. En cours de route, la voyageuse s'est endormie et, en se réveillant, elle a constaté qu'un inconnu s'était installé dans son compartiment, près de la porte, la tête cachée sous le rideau. Quand il a repoussé le rideau, la croyant toujours endormie, il était difficile de bien discerner ses traits, dans la demi-obscurité, mais elle a remarqué que sous de larges lunettes noires, le visage offrait l'aspect d'une affreuse mutilation. Et puis, l'inconnu s'est masqué le visage d'un mouchoir et quelques secondes plus tard, il offrait des traits tout à fait normaux, comme s'il avait fait disparaître un odieux maquillage. Le jour venant, elle avait pu l'examiner à loisir : il était grand, mince, paraissant âgé d'une trentaine d'années. Il descendit à Landerneau. Dès son arrivée à Brest, Mme Lamarque avait rapporté ces faits à son mari et à plusieurs amis puis s'était rendue à la police pour apporter son témoignage, mais elle avait été éconduite.

Aussitôt, Marie-Jeanne interpelle le ministre de la Justice. C'est un homme au visage portant des cicatrices que l'un des témoins du Havre a cru avoir aperçu. Le témoignage de Mme Lamarque est donc important. Faisant droit à sa requête, le ministère demande au commissaire Cunat – celui-là même que Marie-Jeanne et Angèle avaient accusé, en pleine cour d'assises, de les avoir maltraitées ! – d'entendre la femme de l'industriel brestois. Hélas, lorsqu'il se présente à son domicile, c'est pour apprendre qu'elle et son mari viennent de partir pour les colonies. L'enquête s'arrête là, le policier ne cherchant pas à obtenir sa nouvelle adresse[1]...

Le 28 mars 1927, mon grand-père apprend qu'il sera du prochain convoi pour le bagne. Il entre dans une période dite « d'expectative », où le régime est censé s'adoucir. On donne aux prisonniers un quart de vin par jour et la règle du silence est moins stricte. Mais les gardiens prennent un plaisir sadique à renverser les fameux quarts de vin, à prendre de l'argent sur les pécules. C'est vrai que l'administration recommande de les dépenser avant de partir sous le prétexte (faux) que l'argent ne peut être transféré en Guyane. Bref, la méchanceté gratuite, la chiennerie humaine se donnent libre cours, si bien que, lorsque les surveillants du bagne arrivent pour procéder à l'embarquement, c'est un

1. Le fils de Mme Lamarque m'écrira en 1990. Il me confirmera entièrement le témoignage de sa mère. Mais, à propos de son départ, selon la police, aux colonies, c'était faux : ses parents étaient tout simplement de l'autre côté du Channel, en Angleterre, et avaient laissé bien sûr leurs nouvelles coordonnées à leurs proches.

véritable soulagement pour les prisonniers. D'autant que la perspective d'être à l'air « libre » en Guyanne fait croire à une grande partie des transportés que les possibilités d'évasion sont grandes là-bas, de l'autre côté de l'Océan...

Dès qu'il a su la nouvelle, mon grand-père a écrit à Marie-Jeanne une lettre en forme d'adieu. Cette lettre, lorsque je l'ai découverte à seize ans, je m'étais juré de l'emporter partout avec moi. Il me suffisait – il me suffit toujours – de la relire pour faire le plein et le trop-plein de courage.

Pleinement conscient du régime terrible qui l'attend en Guyane, il sait qu'un homme de quarante-neuf ans comme lui a peu de chances de résister longtemps.

*Ma très très chère Jeanne,*

*Je commence par t'annoncer que depuis le 23 écoulé, je n'ai pas eu de lettre de toi ; je sais cependant que deux lettres sont venues a Saint-Martin-de-Ré a mon nom, dont une était adressée a Angers et l'autre a Saint-Martin. Toutes deux ont été retenues par M. le Directeur, donc je suis sans nouvelles de toi. Quant a connaitre la cause de leur suppression je ne la connais pas. Sans doute c'est pour ta grande exaltation dont tu ne peux te corriger. Mais je te pardonne puisque tu préfères ainsi. Car ce sera l'une des dernières fois ; comme je te l'ai déjà annoncé, le départ est fixé le 7 avril et je suis du nombre. Dans 9 jours donc ma très chérie, je dirai adieu a la France de laquelle il ne peut me rester un bon souvenir. Et cependant comme je te l'ai déjà dit, dans mon éternelle existence, pour toi sera mon dernier soupir.*

*Aujourd'hui je te dis adieu parce que je ne te verrai plus, pas plus que mes chers petits enfants auxquels je n'écris pas particulièrement car cela ne ferait qu'augmenter leur douleur. Tu les embrasseras de toutes tes forces pour moi, et leur diras tout ce que contient mon cœur pour eux, car je sais que mes expressions ne pourront jamais être aussi claires que ce que tu devineras toi-même.*

*Celle-ci est la dernière lettre que je t'écris de France. J'ajoute de la France car on ne sait jamais, tu n'ignores pas que le voyage qu'on va me faire entreprendre est terrible surtout dans les conditions que nous le faisons. Mais sois convaincue que la mort pour moi n'est rien, c'est plutôt une délivrance, surtout pour qui ne peut rien espérer.*

*Je t'en prie, ma très chère Jeanne, n'essaie pas de venir voir mon départ car notre douleur serait trop horrible, pour l'un et l'autre, cela a été de même pour tous ceux qui ont quitté dans les mêmes conditions.*

*Je te dis donc encore une fois adieu ! Adieu et adieu ! Au ciel !*

*Guillaume.*

Marie-Jeanne, à court d'argent, adresse vite une demande de billet gratuit de troisième classe Morlaix-La Rochelle, aller et retour, au directeur des chemins de fer de l'État, afin d'aller embrasser une dernière fois son mari. La direction des chemins de fer lui expédie la réponse suivante :

*Madame,*

*Vous avez appelé l'attention de M. le Directeur des Chemins de fer de l'État pour solliciter un billet de circulation de 3e classe Morlaix-La Rochelle (aller et retour) afin d'aller visiter votre mari, Guillaume Seznec.*

*Le Directeur des Chemins de fer me charge de vous informer qu'après examen de votre demande il ne lui a pas paru possible de prendre une mesure financière à votre égard, considérant qu'un condamné coûte déjà suffisamment à l'État.*

*Veuillez agréer, Madame, l'assurance de mon respect.*

(signature illisible)

Prise de court, Marie-Jeanne n'a plus que la possibilité d'adresser un télégramme à son mari :

*Reçu nouvelle trop tard. Pars heureux mon Guillaume. Rien n'est beau comme la mort d'un martyr. Emporte mon cœur. Ne l'abandonne jamais. La lutte continue. Serai ferme jusqu'à la mort. Sans adieu.*

*Marie-Jeanne.*

Le 7 avril 1927, le forçat Seznec quitte Saint-Martin-de-Ré pour le bagne.

Ils ne se reverront jamais.

*La Martinière* vogue sur l'Atlantique. Dans les flancs de ce bateau-cage, livré en 1921 par l'Allemagne au titre des dommages de guerre, s'entassent six cents hommes au crâne tondu, parqués par lots de soixante dans de vastes cages métalliques, comme le furent jadis les esclaves dans les bateaux des négriers[1]. Pour les surveiller, des gardes armés – les « gaffes » – qui vont et viennent dans le couloir central. Lors de la distribution des repas, les prisonniers doivent se tenir au fond de la cage, à genoux, béret à la main, avant de se présenter l'un après l'autre devant le matelot qui distribue la ration.

Dès la haute mer, le mal de mer, la chaleur, les parois qui vibrent, répercutant le bruit continu des machines et le claquement des vagues contre la coque, rendent la situation intenable. Les latrines à l'intérieur des cages dégagent en permanence une odeur suffocante. Cette promiscuité terrible doit être supportée pendant de longues heures. Seules sorties : une demi-heure le matin, une demi-heure le soir, et encore quand le temps le permet et pour ceux qui ne sont pas punis. Ces moments de détente, si parcimonieusement octroyés, n'en sont d'ailleurs pas vraiment. Cage après cage, les prisonniers montent sur le pont où ils doivent rester en rang, avec interdiction de parler et de bouger, une

1. L'un des premiers bateaux qui reliaient le bagne à la métropole s'appelait *La Quille,* d'où l'expression consacrée « Vivement La Quille ! » exprimant le désir des forçats de connaître le voyage de retour en France avec ce bateau. Depuis, les appelés en ont conservé le symbole désignant la fin du temps réglementaire passé sous les drapeaux.

mitrailleuse en batterie braquée sur eux. Tout de même, on a respiré un peu avant de redescendre dans la puanteur étouffante.

Comme les gardiens évitent de s'aventurer à l'intérieur des cages, des caïds y ont pris le pouvoir. Les prisonniers se rançonnent, se volent les uns les autres. Mon grand-père croit se retrouver en enfer en ces lieux où les valeurs de la civilisation semblent avoir disparu, où nulle relation de confiance n'est possible. Le vol d'une tablette de chocolat qu'il avait précieusement mise de côté achève de le démoraliser.

Parfois, quand les gardiens eux-mêmes ne peuvent plus supporter l'odeur pestilentielle, on branche les lances à incendie pour nettoyer les cages aux fauves à grandes giclées d'eau salée.

Le bateau s'engage dans le détroit de Gibraltar en direction d'Alger, où il a un contingent de condamnés à embarquer. Dans la Méditerranée, une tempête survient qui rend les conditions de vie dans la cale encore plus insupportables. Les hommes s'entrechoquent violemment au gré des mouvements du navire, vomissent et crient. Une certaine panique s'installe, au point que les gardiens menacent d'employer les grands moyens : ouvrir les bouches de jets de vapeur brûlante prévues pour mater les révoltes.

Enfin, au bout de sept jours, on arrive à Alger. Des visiteurs privilégiés sont admis à bord pour regarder les forçats comme des bêtes curieuses. C'est par eux que ces derniers apprennent que le bateau a été à un moment considéré comme perdu corps et biens, ce qui rétrospectivement glace mon grand-père d'effroi. Maigre consolation, il apprend que le règlement prévoit, en cas de naufrage, de libérer les prisonniers de leurs chaînes et d'ouvrir les cages.

Le voyage reprend. Cette fois, plus d'escale, direction Saint-Laurent-du-Maroni. L'océan Atlantique à traverser. Et le cauchemar reprend, malgré un temps plus clément. Il va durer quinze jours.

Le médecin du bord soigne sommairement blessés et malades. Au fur et à mesure que les jours passent, ils se font de plus en plus nombreux, à cause des conditions d'hygiène et de la sous-alimentation, d'autant que certains ont été embarqués dans un état physique lamentable. Quand le cas est trop grave, on laisse la mort venir tout simplement. Et le cadavre est jeté à la mer, sans que le bateau n'arrête sa marche. Seule oraison funèbre, un coup de sirène. À l'arrivée, on se contentera de comptabiliser les disparus.

Parfois, des prisonniers deviennent fous et se battent comme des chiens. Les gardiens se précipitent, cognent dans la masse humaine, empoignent quelques « meneurs » au hasard et les enferment dans les cachots, des cages plus petites situées près des chaudières, où les fortes têtes sont « ferrées » : on passe les pieds de l'homme étendu sur le sol entre les barreaux et on lui enserre les chevilles dans des anneaux. Il reste ainsi aussi longtemps que le désire le « gaffe », jusqu'à la mort parfois.

Dans cet univers fou, mon grand-père essaie de tenir, lui, l'innocent, au milieu de ses compagnons endurcis, voleurs et assassins. Il s'accroche à la moindre lueur dans cette nuit, la compassion d'un gardien par exemple qui lui donne un rab de soupe ou de pain, et cet autre qui l'encourage en l'assurant qu'au bagne ce sera moins dur.

Apparition des côtes rougeâtres de la Guyane. Et, derrière, à perte de vue, l'immense et monstrueuse forêt amazonienne. Le bateau-cage, tiré par un remorqueur, remonte les eaux parsemées de bancs de sable d'un vaste fleuve, le Maroni, puis accoste dans la rade boueuse de Saint-Laurent. Les bagnards, épuisés, portant leur gros sac de toile écrue sur l'épaule, s'engagent sur le boulevard Malouet, la rue principale de la petite sous-préfecture bordée par les maisons blanches de style colonial des fonctionnaires. Saint-Laurent-du-Maroni surprend avec ses rues larges, d'une méticuleuse propreté – ici, la main-d'œuvre est nombreuse et gratuite –, qui se coupent à angle droit. Derrière ce décor « convenable », on aperçoit cependant des masures en bois coiffées de tôle ondulée où s'entasse une bonne partie de la population locale.

De part et d'autre du boulevard, une foule se presse, Blancs, Noirs, créoles, Chinois. Les hautes silhouettes des négresses à turban côtoient les colons immaculés, et les curieux en costume civil les bagnards en tenue zébrée de rouge. Les nouveaux venus sont plongés dans un monde inconnu, sans points de repère, avec la chaleur et cette végétation luxuriante qui semble vouloir tout envahir. On entend au loin un rythme syncopé, car c'est la fête en ville, on danse et on se réjouit. C'est ainsi à chaque arrivée de forçats (deux fois par an), car le bagne fait vivre la ville. Ce soir, les officiers de la garnison, coiffés du casque colonial et tout de blanc vêtus, offriront un punch d'honneur à leurs camarades et au commandant de *La Martinière*.

Dès que mon grand-père a posé le pied sur le quai, il a vu ces premiers forçats, effrayants avec leurs tatouages, leur teint cireux et leurs mines peu engageantes. Il se sent à cent lieues de ces hommes-là... et pourtant, il doit s'en persuader, le matricule 49302 est l'un des leurs maintenant.

En rang, surveillées par des policiers venus en renfort, les recrues se dirigent vers le camp et pénètrent, en passant sous une arche gravée «CAMP DE LA TRANSPORTATION», dans un vaste quadrilatère à l'intérieur duquel une multitude de bâtiments forment comme une seconde ville : postes de surveillance, blockhaus aux fenêtres lourdement grillagées, baraquements en bois et crépi blanc, que surmontent çà et là de gigantesques arbres à pain. « Cette fois, ça y est, je suis au bagne. C'est bien moi, un forçat parmi les forçats », a dû se persuader mon grand-père.

Le directeur de la pénitentiaire, le colonel Prével, accueille les troupes fraîches. Il se doit de faire un beau discours, un discours moralisateur, qui parle de châtiment mérité, mais de relèvement toujours possible. « La France vous a reniés. Vous n'existez plus pour elle. C'est dans cette perspective que la justice vous a condamnés à venir en Guyane. La justice vous a condamnés. Vous voici au bagne ! Ici, ce n'est pas tout à fait l'enfer, mais c'est déjà le purgatoire ! » aboie-t-il. Ces belles paroles passent par-dessus la tête de mon grand-père qui ne se sent pas du tout concerné. Lui, il n'a aucun rachat à solliciter, puisqu'il n'a rien à se reprocher.

Le colonel énumère ensuite les articles d'un règlement draconien, informe du fonctionnement du Tribunal maritime spécial, institution propre au bagne qui a le pouvoir de condamner à la réclusion (jusqu'à cinq années dans la solitude et l'obscurité) ou à la peine capitale. Il met en garde les nouveaux venus contre ces escrocs qui incitent les bagnards à s'évader et qui, en réalité, débarquent leurs passagers sur une île où ils les tuent avant de les éventrer pour prendre leur « plan » – cette capsule contenant leurs économies, cachée dans leurs entrailles. « Que ceux d'entre vous qui se sentiront tentés par la « belle » y réfléchissent à deux fois avant de courir la grande aventure, qu'ils perdent tout de suite leurs illusions. Ici, on entre, mais on ne sort plus ! Vous connaissez la prison, mais vous n'avez aucune idée du bagne ! » conclut-il.

La cérémonie d'accueil terminée, on répartit, tout dégoulinants de sueur, les arrivants dans les cases. Mon grand-père est affecté à la quatre, où « logent » une soixantaine d'hommes. C'est une longue chambrée autour de laquelle courent des sortes d'estrades en planches sur pilotis, les bat-flanc, sur lesquelles dorment les détenus. Le soir les « porte-clefs » glissent une très longue barre de fer dans les manilles qui emprisonnent les chevilles des forçats, obligeant ceux-ci à ne dormir que sur le dos. En guise de matelas, il n'y a que de minces nattes. L'ensemble est sombre, poisseux et d'une saleté repoussante. Les puces, les punaises et les scolopendres y prospèrent. Une tinette, située à une des extrémités, répand une odeur épouvantable.

Avec les « porte-clefs » – des forçats considérés par l'administration comme dignes de confiance – l'ambiance est à la férocité. Chargés de la discipline de la case, ils font régner la terreur pour asseoir leur autorité sur les nouveaux, brandissant sans arrêt la menace de la réclusion : « Tu verras, on en sort à quatre pattes, aveugle et en arrachant ses dents avec ses doigts », promettent-ils. Un peu de chaleur humaine vient des anciens qui expliquent les règlements, le travail et les horaires des journées et, surtout, les combines pour survivre. Enfin, l'heure vient où on peut s'étendre sur les planches nauséeuses. Le sommeil libérateur s'abat sur chacun, malgré l'inconfort, malgré l'angoisse. La fatigue accumulée et les émotions de l'arrivée ont brisé toute résistance.

Le lendemain matin, vers 5 h 30, la cloche sonne le réveil. Il faut se précipiter dans la cour et attendre en rang, immobile. Une fois les anciens partis rejoindre leur poste, le médecin militaire passe les nouveaux en revue. D'un simple coup d'œil, il évalue leur aptitude à telle ou telle tâche, selon la force, l'endurance physique qu'il leur suppose... ou leur bonne mine. Avec légèreté et désinvolture, il décide ainsi de la durée d'existence de ces hommes, car sous ce climat et dans ces conditions de vie, il faut s'économiser, et un labeur trop pénible peut ruiner la santé en peu de temps. Les plus chanceux sont désignés pour l'atelier, les docks de Saint-Laurent ou, mieux encore, l'entretien du logement des fonctionnaires ou celui des jardins des gradés. Les autres, ceux qui ont été reconnus aptes à tous travaux, partiront défricher la forêt vierge dans des camps marécageux où sévit le paludisme, où les contremaîtres sont toujours aux aguets, ne laissant pas un instant de repos.

Le premier travail qui échoit à mon grand-père n'est pas une sinécure. Il s'agit de récurer un fossé rempli d'une boue infecte, grouillante de vermine. Sous un soleil de plomb et dans la chaleur moite, c'est un travail harassant, d'autant que l'alimentation n'est pas particulièrement reconstituante. Il faut dire que les gardiens en détournent une certaine quantité, en particulier pour nourrir... leurs poules, dont ils élèvent un nombre plus important que permis.

Rapidement, mon grand-père se rend compte qu'il ne tiendra pas longtemps à ce régime et va protester auprès du chef de chantier en arguant de son âge et de sa mauvaise santé. Celui-ci se rend à ses raisons et le dirige vers le tronçonnage de bois. Cette nouvelle tâche, qu'il effectue en équipe avec un autre forçat, au bord du Maroni, est beaucoup moins exténuante. Elle présente l'avantage majeur de s'effectuer hors de la présence d'un surveillant, ce qui permet d'avancer à son rythme, de fumer et de se reposer quand le besoin s'en fait sentir. C'est un luxe inouï « d'en griller une » en regardant passer les pirogues des Indiens bosh qui filent sur le fleuve pour rejoindre la Guyane hollandaise.

En France, Marie-Jeanne continue de se battre.

Extraits de sa lettre écrite le 31 août 1927 au président de la République, Gaston Doumergue :

*Seznec a été envoyé au bagne, à la Guyane, où il ne tardera pas à succomber, en raison de son état de santé.*

*Une fois mort, tout sera fini, pensent ceux qui l'ont accablé.*

*Il restera ses quatre enfants innocents réduits à la misère, mais non point à baisser la tête, car je leur apprends à vénérer le nom de leur père comme celui d'un martyr, et qui seront, je l'espère, jusqu'à leur mort, une vivante protestation. Et s'il le faut, ce sera un enfant de mes enfants qui vous fera reconnaître l'injustice que vous avez fait subir à leur père.*

*Ce que j'affirme, ce que je jure, ce que savent tous ceux qui suivirent les débats devant la cour d'assises de Quimper, c'est que Seznec fut condamné sans l'ombre d'une preuve, c'est qu'il est innocent. Et parce qu'il est innocent, en train peut-être d'expirer au bagne, tous les Français doivent se sentir atteints, parce que, demain, ils peuvent être soupçonnés, arrêtés, incarcérés, condamnés sans preuves, comme Seznec.*

Les semaines et les mois passent. Un honnête maître de scierie de Morlaix peut-il s'habituer à une telle existence misérable, à un tel pourrissoir, au milieu de tous ses compagnons criminels, voleurs ou truands ? Certainement pas. Mais mon grand-père doit tenir. Et pour cela il apprend rapidement qu'il lui faut s'organiser et s'adapter pour pouvoir mieux résister. Sa force, c'est l'espérance... Là-bas sur le continent, Marie-Jeanne s'active, se bat pour obtenir la révision de son procès. Ses lettres arrivent, trop rares, censurées, mais traduisant bien le courage qui l'anime. Il sait qu'elle s'est ruinée en refusant le divorce qui lui aurait permis de préserver la moitié des biens de la liquidation.

Ici, il est un « premier-Paris », étrange appellation qui désigne les condamnés ayant défrayé la chronique et sur qui rejaillit un peu de ce respect engendré par la célébrité. Mais ce qui le réconforte sans doute le plus, c'est qu'autour de lui beaucoup croient à son innocence, aussi bien parmi les bagnards que parmi les surveillants ou les employés de l'administration.

Cependant, apprendre à naviguer, à se comporter dans cet univers de débrouille, de trafic et de misère, n'est pas chose facile. Il se trouve dans une sorte d'enfer, à l'intérieur de trois cercles concentriques.

Le plus grand, à l'extérieur, c'est celui de la nature qui pourrit les corps, du soleil qui frappe, de l'humidité permanente, de la pluie torrentielle qui épuise et ne rafraîchit pas. C'est là que vivent les anciens forçats libérés (les « vieux Blancs ») qui n'ont trouvé aucune raison valable pour retourner en métropole, soit parce que personne ne les y attend, soit parce que, eux-mêmes, au bout de trop d'années, ont perdu toute mémoire de leur vie antérieure. Ils sont usés, sans espoir. Autant attendre la mort ici qu'ailleurs. Là aussi vivent les « doublards », ceux qui ont purgé leur peine, mais sont tenus de rester sur le territoire pour une période de durée égale, sauf s'ils ont été condamnés à plus de huit ans, auquel cas ils ont l'obligation d'y finir leurs jours. Une sorte de bidonville s'est constitué au fil des années en véritable parasite du bagne proprement dit. Aucun moyen de subsistance n'ayant été prévu pour tous ces hommes, ils vivent leur liberté ou leur semi-liberté dans des conditions bien plus misérables que du temps de leur détention. Alors, on les voit se battre pour décharger un navire, quémander auprès des forçats « prospères ».

Bien sûr, mais peut-on leur en vouloir, ils trafiquent et en particulier fabriquent l'une des denrées les plus rares en ces lieux : l'alcool. D'autres parias font partie de ce cercle : les lépreux séjournant sur l'île Saint-Louis, ceux-là mêmes que Marie, la fille aînée de Seznec, espérait soigner comme sœur carmélite. Eux aussi vivent souvent d'expédients. Notamment, ils cambriolent les maisons des notables et revendent ensuite leur butin.

Le second cercle est celui des gardiens – les « gaffes » ou encore les « chaouch ». Ce sont des militaires, venus là en volontaires parce que les indemnités sont importantes et qu'on bénéficie de nombreux avantages. Beaucoup sont de grands consommateurs d'alcool, la seule « distraction » avec les cartes, ce qui les aide à tenir, à oublier un peu qu'ils sont loin de la France, de leur famille, à supporter ce climat qui n'a rien de tempéré. Le matin, histoire de se mettre les yeux en face des trous, ils ont l'habitude d'absorber une boisson faite de menthe, de citron et d'alcool blanc. Au cours de la journée, la ration est en moyenne de deux litres de rhum.

Vivre au milieu des bagnards, les commander, les surveiller, ce n'est pas de tout repos. Ils ont beau être armés, ils risquent leur peau. Il faut pouvoir dominer les fortes têtes, ne pas laisser douter de son autorité. Alors, bien sûr, ces hommes – qu'on n'a évidemment pas formés à la psychologie – emploient la manière forte. Mais, s'ils se montrent très durs, ils savent aussi se montrer plus conciliants dans d'autres domaines et tirer ainsi un profit de la situation. C'est par eux que transitent l'argent en fraude et les lettres qui évitent la censure, moyennant évidemment une honnête rémunération... Ensuite, cet argent qu'ils ont contribué à faire entrer dans la poche des reclus, ils s'emploient à le faire revenir dans la leur. Ces messieurs tiennent commerce de toutes sortes de choses interdites : alcool, journaux, par exemple.

Dans ce deuxième cercle se trouvent également les « porte-clefs », ces forçats passés à l'ennemi, et qui exercent une responsabilité dans chaque case. Ce sont les plus sadiques et ils sont particulièrement haïs par les autres détenus. L'histoire arrivée à l'un d'entre eux est célèbre, et les anciens la racontent aux nouveaux venus avec un plaisir évident. L'homme, emmené en lisière de forêt par un groupe de forçats excédés par sa cruauté, avait été attaché à un arbre, non loin duquel se trouvait un énorme nid de fourmis rouges. On avait ensuite enduit son corps de miel et tracé une traînée de cette substance jusqu'à la fourmilière, afin d'indiquer le chemin aux dévoreuses. Les assassins s'étaient éloignés ensuite, après leur avoir souhaité un « bon appétit »...

Le troisième cercle, le plus petit, est formé par les forçats eux-mêmes, de loin l'univers le plus violent, comme en témoigne ce qui précède. Que ce soit pendant le travail dans les chantiers forestiers ou au « Grand Collège » (le pénitencier), c'est le règne du plus fort, du plus malin. Trafics en tout genre, bagarres pour un peu de soupe ou d'argent, luttes pour établir une domination, pour s'assurer les services des plus faibles. Dans ce monde sans femmes, l'homosexualité est très présente et l'on se bat ou l'on se tue pour un « miston ». Mais, avant que leur propre hiérarchie ne s'impose, les bagnards sont classés par la « Tentiaire » en trois catégories. Il y a d'abord les « déportés », c'est-à-dire les « politiques ». Ils sont envoyés directement à l'île du Diable. Depuis Dreyfus on n'en envoie presque plus : il n'en reste qu'une douzaine. Les « relégués », eux, sont plusieurs milliers. Ce sont les petits malfrats, les cambrioleurs, les maquereaux, bref, tous ceux que la civilisation considère comme la lie de la société. Elle s'en débarrasse en les débarquant en Guyane. Et avec le jeu du « doublage » ils ne sont pas près de revenir en France. Parmi eux, beaucoup ne sont que de petits voleurs récidivistes qui ont fini par écoper cinq ou six ans de bagne pour une histoire de quignon de pain, uniquement parce que l'on en avait assez de les voir traîner dans les prisons métropolitaines. Surnommés les « pieds de biche », ils sont méprisés par les autres forçats qui s'en méfient comme de la peste, car réputés serviles et délateurs, donc sans « honneur ». Enfin la troisième catégorie, celle des « vrais hommes » : les « transportés ». Ce sont les criminels. Des assassins crapuleux mais aussi des meurtriers accidentels. Le mari qui a tué l'amant de sa femme côtoie l'étrangleur de petites vieilles et le faussaire, le violeur... Au sommet de la pyramide on trouve les caïds, les « premiers-Paris ». Le prestige de Manda, l'amant de Casque d'or, est grand, ainsi que celui d'Eugène Dieudonné, l'anarchiste de la bande à Bonnot.

Ce dernier s'évadera en 1927 et atteindra le Brésil où il séjournera jusqu'en 1933, date à laquelle il aura le droit de rentrer en France grâce aux efforts du célèbre journaliste Albert Londres. Après avoir rencontré un certain nombre d'anciens forçats qui ont connu Seznec et après avoir mené une enquête en Bretagne, il écrira dans *Détective*[1], la nouvelle revue fondée par Joseph Kessel, une série d'articles intitulée : SEZNEC INNOCENT!

Parmi les célébrités, on peut citer également le Dr Pierre Bougrat. Condamné pour un meurtre crapuleux dont il n'est pas certain qu'il en ait été l'auteur, il connaîtra mon grand-père pendant quelques mois puis s'évadera, grâce à la complicité de certains médecins de l'hôpital de la Transportation de Saint-Laurent-du-Maroni où il travaille. Il gagnera le Venezuela où il mènera une vie respectable. Autre forçat célèbre, doublement celui-là : Henri Charrière, dit « Papillon », plus tard auteur du fameux best-seller *Papillon*[2]. Lui aussi réussira la « belle »... Il a certainement côtoyé mon grand-père, comme il le raconte dans son livre, mais ils n'ont sans doute pas lié amitié. Non par antipathie, mais parce que leurs mondes étaient totalement différents. Charrière était un ancien proxénète alors que mon grand-

1. *Détective* organisera, en 1930, un vaste référendum-concours (l'un des tout premiers sondages d'opinion) « pour savoir quel est le bagnard préféré de ses lecteurs » et qui mérite que l'on demande sa grâce, Albert Londres devant présider cette démarche. La revue brossera un portrait des principaux forçats et recevra des dizaines de milliers de réponses. Au « classement », Seznec arrive troisième derrière Rousseng et Vial...

2. Robert Laffont, 1969.

père avait un grand respect des femmes – bref, il n'était pas du « Milieu ».

Caïds ou pas, tous les bagnards en rêvent, de cette « belle ». Parmi ceux qui tentent de la réaliser, presque tous sont repris, quand ils n'ont pas trouvé la mort pendant leur évasion. On les envoie alors dans l'une des trois îles du Salut, Saint-Joseph, où se trouve la « réclusion ».

Si ces évadés ont commis un crime lors de leur échappée, c'est la guillotine. L'exécution publique a lieu dans la cour du pénitencier. Le bourreau est un forçat volontaire, qui vit seul dans une case gardée par des chiens, afin de se protéger de la vindicte de ses camarades. Quelques années avant l'arrivée de mon grand-père, l'exécuteur des hautes œuvres, un nommé Hespel dit le Chacal, ayant déjà cinquante condamnés à son actif, avait établi un triste record : trois têtes en moins de sept minutes, lors d'une exécution groupée. Mais il avait dû se trouver un remplaçant pour une décapitation exceptionnelle : la sienne. Il avait assassiné un commerçant chinois.

Détail macabre : les têtes des guillotinés sont conservées dans du formol, et entreposées dans les caves de l'hôpital de Cayenne, sous prétexte d'études criminologiques. En 1949, enfin, on les inhumera...

Au milieu de cet immense pourrissoir, Guillaume Seznec est comme entouré d'un *no man's land* de protection. Bien sûr, il ne se mêle à aucun trafic. Non seulement ce n'est pas dans sa nature, mais il a l'esprit ailleurs... En France auprès de sa femme, dont il reçoit des nouvelles encourageantes. On se bat pour lui là-bas : des journalistes, des avocats et d'autres personnalités prennent publiquement la parole en sa faveur. Il se doit de bien se tenir, de ne pas se laisser gangrener si peu que ce soit par l'entourage. La première année, l'administration lui donne la note 10.

En ce qui concerne le physique, c'est une autre histoire. Résistera-t-il longtemps à ce climat malsain, aux fièvres, à la malnutrition ? Il fait partie des vieux du camp et sa maigreur réduit encore ses chances. Cependant, il possède certains atouts : en premier lieu son âge, justement, qui le met à l'abri des rixes, des rivalités qui opposent les plus jeunes pour un oui ou pour un non, ensuite sa situation de « premier-Paris », avec la considération qui en découle. Au fil des années, la conviction de son innocence gagnera bon nombre de ses camarades, des fonctionnaires de la pénitentiaire aussi, et la nature de la considération qu'on lui porte s'en trouvera modifiée et renforcée.

Une autre raison de sa résistance, et non des moindres, il faut la chercher dans le caractère de mon grand-père. Malgré la terrible injustice dont il est la victime, ce n'est pas un homme aigri. Ses malheurs ne l'ont pas amené à détester le genre humain : il sait faire son miel de la moindre gentillesse, d'une bonne parole, d'un service rendu, aussi bien de la part d'un de ses compagnons que des gardiens. Il attribue estime ou mauvaise opinion selon les actes et le comportement de chacun, sans se laisser aller à l'amalgame.

Le forçat Seznec passe du sciage à la fabrication de cercueils. L'ancien maître de scierie est devenu menuisier. Le travail du bois aurait pu lui procurer quelques petits plaisirs, malgré le côté morbide des objets fabriqués, mais les conditions très dures dans lesquelles s'effectue ce travail lui ôtent tout espoir de satisfaction. Pour éviter toute tentative d'évasion, clous et pointes sont comptés et recomptés. La cadence est de onze cercueils par jour...

En France, le pouvoir continue d'avoir l'œil sur lui. Certes, il est loin, dans un bagne, sous le regard constant des surveillants, et les maladies le guettent... mais il est encore vivant. Pour certains, sans doute, il constitue toujours un danger. Voici ce que rapportera Maurice Coriem en 1932 dans *Police-Magazine*[1] sous le titre UNE ENQUÊTE AU BAGNE: *En 1926, je tentais une enquête sur les « brigands » en instance de départ ou embarqués déjà sur La Martinière. Je visitais le dépôt des forçats de l'île de Ré. Le directeur m'accorda avec bonne grâce des renseignements*

1. *Police-Magazine* du 24 janvier 1932.

*sincères sur les hommes qui étaient passés devant lui. Je me souviens que, parmi tant d'autres noms criminels, je lui jetai :*

*– Et Seznec ?*

*Il eut un arrêt d'une seconde devant la porte basse que nous allions franchir. Un sourire bref, une seconde, éclaira sa face énergique. Et d'une voix qui ne cachait pas son émotion, il me dit :*

*– Seznec ? Un détenu modèle... Un homme parfait.*

*Je tiens à noter ici, pour éclairer le fait, la ligne que j'écrivis alors dans le quotidien qui m'envoyait aux portes du bagne : « Quemeneur se révélerait, demain, vivant, le directeur du dépôt n'en serait pas étonné. »*

*C'était bien cela. Il ne pouvait pas le dire. Il ne pouvait pas me le cacher non plus. J'ai appris. J'ai compris. Le service de « renseignements » attaché à Seznec, pour lui arracher l'aveu involontaire et tardif, n'avait rien obtenu d'un homme qui ne semblait pas se méfier et qui paraissait n'avoir rien à avouer. Des policiers qui ont approché Seznec ont éprouvé ce sentiment.*

*Il était dans l'esprit – mieux, dans le cœur – de ce directeur de dépôt, à qui sa psychologie spécialisée avait révélé un cas si rare et quasi monstrueux, un homme qui pouvait bien ne pas être un coupable.*

*Mais au bagne, les mêmes procédés ont continué. Et cela, c'est exceptionnel. Un bagnard n'est plus un coupable ou un innocent. C'est un bagnard, voilà tout. Et c'est bien peu de chose...*

*Or, l'enquête sur la culpabilité de Seznec continuait au bagne ! Fait unique. Une preuve : le 23 janvier 1928, un forçat, Henri Wercklé, que l'administration avait donné comme compagnon à Seznec, recevait du gardien-chef du camp de Saint-Laurent-du-Maroni l'ordre de faire sa déposition sur les confidences de Seznec.*

*Wercklé rendait compte d'une conversation au cours de laquelle Seznec lui avait semblé être au courant de la quantité de résidu graisseux dégagé par un corps humain en combustion.*

*Il n'est pas normal, je vous l'assure, que les récits de forçats contant leurs crimes fassent l'objet de rapport officiel sur des faits définitivement établis par la « chose jugée ». Notons simplement ce dernier fait dont l'importance se dégage sans commentaire. Henri Wercklé a été engagé par faveur comme « garçon de famille », c'est-à-dire forçat libre, par M. Renauva, président du tribunal civil de Saint-Laurent-du-Maroni.*

Neutraliser Seznec c'est fait, le compromettre c'est difficile. Mais s'il s'échappait, ce diable d'homme ? D'autant que sa femme n'arrête pas de s'agiter, de remuer ciel et terre ! Une rumeur se met à courir à Saint-Laurent selon laquelle l'épouse obstinée se trouverait en Guyane hollandaise – c'est-à-dire de l'autre côté du Maroni – et préparerait son évasion. L'hypothèse est invraisemblable car la pauvre Marie-Jeanne est bien incapable de payer un tel voyage. Cependant, l'administration prend l'information au sérieux, ou fait semblant.

C'est ainsi qu'un jour de 1928 mon grand-père est convoqué chez le directeur qui lui annonce qu'il va être mis au blockhaus un certain temps pour couper court à toute tentative d'évasion. Le hasard veut qu'il soit enfermé en compagnie d'un Allemand très occupé à préparer son évasion en sciant les barreaux de la fenêtre. Mais les gardiens viennent subitement chercher l'homme pour le changer de cellule. Celui-ci, pris de court, et sachant qu'il va être fouillé, glisse sa lime à mon grand-père. Peu de temps après, les gardiens découvrent l'état des barreaux de la cellule que mon grand-père occupe seul maintenant. Évidemment, ils le fouillent et trouvent l'outil sur lui. Toutes les preuves sont réunies pour qu'il soit accusé d'avoir voulu s'évader. Et c'est ce qu'on fait au début, mais, contre toute attente, on finit par croire à ses explications et il n'est pas inquiété. Cet incident est révélateur : l'administration locale, sans doute incitée par Paris, a mis le célèbre prisonnier dans un cachot pour empêcher une évasion possible, mais elle n'y croit pas elle-même puisqu'elle choisit de faire confiance à mon grand-père, alors qu'une occasion en or se présentait pour le confondre. À moins que l'Allemand n'ait été qu'un provocateur chargé de le mettre dans une mauvaise posture... l'administration décidant ensuite de ne pas aller au bout de la machination.

Pendant ce temps, les journaux continuent de parler de l'Affaire. Début novembre 1928, nouvelle rumeur : SEZNEC S'EST-IL ÉVADÉ AVEC BOUGRAT? se demande *Le Peuple*, interrogation aussitôt reprise par quelques-uns de ses confrères. Selon ces journaux, Seznec aurait réussi à s'enfuir du bagne et à gagner le Venezuela en compagnie du Dr Bougrat. La source de ces informations ? Des lettres que Marie-Jeanne aurait reçues de son mari, relatant minutieusement son évasion et demandant de l'argent. *Mme Seznec est formelle,* affirme *Le Peuple : ces lettres émanent bien de son mari. Elle en reconnaît et le style et l'écriture et les expressions familières, et dans ces missives l'évadé parle de détails de famille que lui seul peut connaître. Comment se fait-il dans ces conditions que cette évasion sensationnelle n'ait pas été annoncée et que l'on déclare au ministère de la Justice n'en pas encore être informé ?*

Bonne question. Quelques jours plus tard, n'ayant reçu du ministère des Colonies aucune confirmation au sujet de cette fameuse évasion, la presse opère un savant pas en arrière : *Il est possible de supposer,* écrit *Le Peuple, que Mme Seznec soit la victime d'un chantage venant d'un compagnon de captivité de son mari qui, après s'être évadé du bagne par toute une série d'intermédiaires, s'efforcerait en imitant parfaitement l'écriture de Seznec d'obtenir de l'argent de sa femme.*

En fait, il se passe bien quelque chose en Guyane, mais d'un tout autre genre – et plutôt tragi-comique. Le 26 novembre 1928, dans la petite salle du palais de justice de Saint-Laurent, le forçat Seznec comparaît devant le T.M.S. (Tribunal maritime spécial) pour outrage à surveillant. Le T.M.S. ne connaît que trois verdicts : acquittement, réclusion ou condamnation à mort. Le prévenu est défendu par un « avocat » qui n'est autre qu'un gardien nommé d'office, lequel se contente de deux ou trois mots face aux « juges » que sont ses supérieurs hiérarchiques.

Après délibération, le transporté de 1re catégorie Seznec, matricule n° 49302, est déclaré *non coupable d'avoir à Saint-Laurent, le 31 décembre 1927, outragé par paroles le surveillant militaire de 3e classe Bûchon Emmanuel, agent dépositaire de la force publique, dans l'exercice de ses fonctions, en l'invectivant en ces termes : « Vous êtes plus fainéant que moi, con, fumier, vous n'êtes bon qu'à tuer. »*

Malgré son acquittement, on décide de l'envoyer aux îles du Salut, le bagne du bagne. Situées à deux cents kilomètres de Saint-Laurent-du-Maroni, ce ne sont que trois minuscules tertres qui émergent de l'Atlantique, juste en face de Kourou (qui n'est alors qu'un petit village indigène, avant de devenir la célèbre base de lancement de fusées). Les îles du Salut, on les appelait auparavant les îles du Diable, jusqu'au jour, sous Louis XV, où deux mille survivants de l'expédition dite « de Kourou » (plus de dix mille morts) durent leur salut au climat plus doux et à l'absence de serpents dans les îles. D'où leur nouveau baptême.

La plus grande, Royale, en forme de cacahuète, mesure environ 950 m sur 200 m, avec un resserrement en son milieu de 100 m. Cinq cents bagnards, les plus célèbres ou réputés les plus dangereux, y séjournent en compagnie de quatre cents gardiens, administrateurs et quelques membres de leurs familles, cantonnés dans un quartier interdit aux forçats (il y a même un petit cimetière d'enfants, les épidémies n'épargnant personne). L'île Royale, c'est aussi un petit débarcadère, un hôpital, une chapelle, une « maison des fous », une prison avec trente-deux cellules de condamnés à mort, une guillotine, une morgue, une porcherie, un phare et un sémaphore pour correspondre avec « la Grande Terre » (Kourou), plus des rangées de bâtiments cellulaires. Il y a même une sorte de piscine : les bagnards ont fermé une petite anse de mer avec des rochers et mis quelques barreaux à l'unique ouverture sur l'océan pour se protéger des requins. Bien entendu, ce genre de « baignade » sert à se laver de temps en temps, non à batifoler dans l'eau... Dominant l'île, se dresse la maison du directeur, dans le plus pur style colonial avec ses balcons ouvragés.

C'est dans ce petit monde perdu que mon grand-père passera plus de dix années de sa vie.

L'île Saint-Joseph est beaucoup plus petite (500 m sur 200 m environ). Là sont envoyés les punis, ceux qui ont commis une faute au bagne et ont été condamnés par le T.M.S. à la réclusion. À part le quartier des reclus et un camp de la transportation, on trouve le cimetière des gardiens.

L'île du Diable, enfin, est tout en longueur, et le bras de mer qui la sépare de la Royale est tellement agité que l'accostage est très difficile. Bien sûr, cette île est devenue célèbre depuis que Dreyfus y passa quatre années dans les conditions épouvantables que l'on connaît.

Des îles du Salut on ne s'évade pratiquement pas. Les eaux sont infestées de requins, qui sont les meilleurs des gardiens. Mais ils ont un autre rôle que celui de « gardes-côtes » : ils servent aussi de croque-morts, au sens littéral du mot. Dans ces îles, en effet, on n'enterre pas les morts – sauf les gardiens et leurs familles. On se contente de les envelopper dans un linceul et de les jeter en mer, dans la rade de la Royale, à l'aide d'un cercueil spécial dont le fond s'ouvre.

Sur la Royale, cette île du bout du monde ? La détresse de mon grand-père doit être infinie. Il se sent sans doute abandonné de tous. Comme tout Breton, il a appris à chérir la mer, même si elle est cruelle, car elle symbolise la vie, les voyages, la liberté... Ici, la mer est devenue sa prison.

Si le régime pénitentiaire imposé dans les îles est incomparablement moins dur que sur la « Grande Terre », surtout dans les camps forestiers, la présence de ces neuf cents personnes sur un si petit espace génère une promiscuité et un incommensurable ennui. Pour occuper les bagnards, l'administration est obligée de leur faire accomplir des corvées parfaitement absurdes, comme couper à la main les brins d'herbe poussant entre les galets qui revêtent les chemins ! Le temps ne comptant pas et la main-d'œuvre étant abondante, on se permet de petites fantaisies, comme cette baignoire taillée et polie à la main dans un seul bloc de granit, orgueil de la maison du directeur...

Comme on travaille peu, la plupart des forçats ont recours à la « débrouille » : pêche à la tortue, confection de petits objets en écaille de tortue ou en noix de coco, petit élevage pour améliorer l'ordinaire, etc. Un petit commerce s'est établi : lorsqu'un navire jette l'ancre face aux îles, les « canotiers », des bagnards chargés habituellement du transbordement des prisonniers puisqu'il n'y a pas de port, prennent aussitôt la mer et vont proposer la production locale aux marins ou aux voyageurs. Tout ce trafic se fait avec l'agrément – rémunéré – des gardiens, en violation du règlement qui interdit aux bagnards de posséder le moindre argent. Ainsi constituent-ils un petit pécule en vue d'une éventuelle libération, mais en réalité c'est le plus souvent pour faire « la belle », projet sans cesse caressé et quelquefois mis à exécution.

S'évader... Au début, mon grand-père n'y songe pas. Son rêve à lui, c'est la réhabilitation et le retour chez lui, au milieu des siens. Certes il reçoit des nouvelles, et les magazines ramenés par les gardiens et passés en cachette lui apprennent qu'en France des gens se battent pour lui, mais les années passent et rien ne vient. Alors, il a des périodes de désespoir pendant lesquelles seule la prière l'empêche de se laisser aller complètement. Puis, une lettre de Marie-Jeanne arrive qui lui redonne un temps courage. *On viendra bientôt t'arracher à cette terre maudite. Il y a tant de monde qui s'occupe de toi que la révision de ton procès me paraît inévitable.* Elle a raison, il doit tenir. Le travail est encore le meilleur dérivatif au cafard. Il sert de coursier entre les gardiens des différentes îles et le travail n'est pas déplaisant. Il fait également un peu de menuiserie et quelques menus travaux dans les maisons des gradés.

Pendant ce temps, Marie-Jeanne se démène obstinément pour rechercher des faits nouveaux susceptibles de conduire à la révision, en même temps qu'elle se débat dans mille difficultés matérielles.

Extraits d'une lettre adressée le 14 janvier 1930 à Me Belz, où elle lui apprend qu'elle a pris la parole dans un meeting, devant une assemblée d'au moins quinze mille personnes. *La vérité est sur le point d'éclater. Il était temps, car je n'en peux plus. Trois mois de travail et six semaines d'hôpital avec d'atroces souffrances. Si j'avais pu avoir une chambre, j'aurais fait venir Jeannette, à nous deux nous aurions vivoté indépendantes. Hélas, la moindre chambrette nue est louée 1500 à 1800 francs par an, payable d'avance. Comme cuisinière-pâtissière, je gagne environ 30 francs par jour, me levant à 6 h 30, six jours par semaine et montée sur un grabat du 6e étage à 23 h 30-minuit. Cuite devant les fourneaux et glacée dans mon lit, pour n'avoir que 300 francs par mois, parce que je suis la femme d'un forçat.*

Et le 6 mars : *Avez-vous remarqué que la nouvelle campagne est menée par* Le Quotidien *? Je suis allée deux fois à Chartres accompagnée de Me Luciani, cette fois c'est la Sûreté d'Orléans qui est en charge de l'enquête. Le procureur de Chartres a confiance dans la réussite car les coupables ont une réputation horrible. Pouliquen, de Pont-l'Abbé, ne serait pas innocent de la disparition de Quemeneur, tout ceci va faire un grand scandale, tout Paris en parle. Avec tout cela on écrit des lettres anonymes partout où je passe, ma fille et moi sommes aussitôt congédiées. Ce que nous gagnons, nous le dépensons dans une chambre meublée en attendant de trouver autre chose, ce qui nous mène vers la tombe à grands pas. Si encore on pouvait louer une chambre pour un an. Jeannette broderait et je ferais des extras, ainsi on vivrait en attendant le retour du père.* Un peu plus loin : *Les deux voyages de Chartres me sont revenus à 320 francs, l'avocat voyageant en 2e.*

Marie-Jeanne à Chartres ? Il est vrai qu'une piste a tenu en haleine toute la région de Dreux. Dans la fameuse nuit du 25 au 26 mai 1923, un certain Georges Viet, habitant Lormaye (commune distante d'une vingtaine de kilomètres de Houdan), revenant de Coulombs à vélo, aperçut un grand remue-ménage dans la ferme de Jean Quémin (dit Jean-la-Sacoche). Il vit la forme d'un corps jeté par-dessus les grilles de la ferme et nota le bruit mat de sa chute dans la rivière d'Auge – un fossé herbeux servant de trop-plein de l'Eure au printemps.

Dans le coin, les Quémin ont une sale réputation. Des violents, des indicateurs de police selon certains. Georges Viet pédale un peu plus vite et rentre chez lui. Le lendemain matin, il retourne voir l'endroit, descend sous le pont et constate que la terre a été fraîchement retournée... Dormant mal – avec ce bruit mat dans la conscience – il s'en ouvre à son voisin. Un beau jour, un journal local titre : MONSIEUR VIET POURRA-T-IL DIRE QUAND IL A VU M. QUEMENEUR POUR LA DERNIÈRE FOIS?

Les gendarmes sont prêts à creuser le fossé herbeux, sous le pont. Mais le maire, présent sur les lieux, demande à ce que les fouilles se fassent plus loin, sous le hangar à cochons des Quémin, « la population croyant que le corps de Quemeneur a été dévoré par ces animaux »... (À cette époque, les porcs servaient d'équarrisseurs.)

Dernière précision : la Sûreté, alertée, est accourue sur les lieux. Le corps jeté dans l'Auge passera pour un épouvantail à moineaux. On insinuera que Georges Viet aime bien la bouteille.

Cette piste eut un retentissement tel qu'aujourd'hui encore, en 1993, les gens de la région sont toujours persuadés, comme Marie-Jeanne à ce moment-là, que le mystère Quemeneur a connu son épilogue à Lormaye.

Un jour de septembre 1930, une lettre arrive en Guyane. Elle est signée de Charles Huzo, un écrivain qui a pris fait et cause pour Seznec et s'active beaucoup pour prouver son innocence. Sa fougue le rend parfois imprudent, mais c'est un homme généreux, qui soutient beaucoup Marie-Jeanne.

*Cher ami,*

*C'est un douloureux événement qui vient de survenir dans votre famille. Votre jeune fille, carmélite au couvent de Jersey, est décédée à Paris après une courte agonie à l'hôpital Saint-*

*Joseph où elle était hospitalisée en attendant son admission dans un sanatorium. Elle est morte d'une phtisie galopante.*

*Mal nourrie, épuisée par des exercices pieux, cela devait finir ainsi. Son corps, sous la poussée de la jeunesse, eût exigé une bonne nourriture et des soins. Elle n'avait hélas que sa douce et fervente piété, et cela, en notre monde, n'est pas suffisant.*

*Votre dame me disait qu'elle était partie heureuse, heureuse dans sa foi de croyante, heureuse de se dépouiller d'un corps qui pesait à sa pauvre âme et ainsi d'aider de là-bas à la lutte qui se poursuit ici pour la libération de son papa. Son désir sera, je l'espère, exaucé avant peu.*

P.-S. : *Votre dame a dû vous envoyer quelques-uns de mes articles sur votre affaire. On essaye de faire pression sur moi afin d'abandonner l'Affaire.*

Ainsi, Marie, la douce Marie, vient de mourir... J'imagine le choc causé à mon grand-père. C'est la douleur nue, solitaire aussi – dans l'isolement affectif où il se trouve, il ne peut espérer aucun adoucissement.

Sa femme, Guillaume, Jeanne et Albert savent pourtant qu'il ne flanchera pas, que le combat continue. D'autant que leur vie est pénible à eux aussi. Sans argent, éloignés les uns des autres, ils sont devenus des parias, les parents d'un bagnard.

*Dans tous les cas,* lui écrit Marie-Jeanne*, si la révision ne vient pas bientôt, tu seras gracié. Une fois en France, tu aideras les bienveillants défenseurs à déchiffrer l'énigme.*

*Guillaume est parti* (comme marin) *pour la campagne de Chine, il ne sera de retour que dans dix-huit mois, Jeannette a souffert de cet éloignement. Nos enfants s'aiment bien et sont aimés de tous ceux qui les connaissent.*

*La vie est si chère, si dure, que la charité est morte, le monde est plus méchant que jamais, sauf quelques rares exceptions.*

*Je suis fatiguée, Guillaume. J'ai beaucoup écrit pour l'Affaire. Je te tiendrai au courant, au revoir.*

*Ta Marie-Jeanne pour la vie.*

P.-S. : *Maintenant qu'on a une chambre qu'on paie 150 francs par mois dans un 6e éclairé le jour par une lucarne, je pourrai peut-être mettre Albert sur un métier. Je ferais des heures et le petit gagnerait de suite 4 à 500 francs, ce ne sont que des projets. Que je guérisse si c'est possible. Réponds-moi toujours chez M. Huzo.*

*Paris-Soir* écrit : *Mme Seznec, entrée en condition à Paris, continue résolument la lutte. Tour à tour elle alerte les journaux, dépose requête sur requête au ministère, préside des réunions publiques. À ce train sa vie s'use rapidement. Elle vit avec sa fille Jeanne dans une petite chambre mansardée de la vue Vélasquez. Les deux femmes sont dans le plus entier dénuement. Depuis trois jours elles n'ont pas mangé. La mère vient d'écrire aux carmélites de Jersey : « Je vous confie ma dernière fille. Sauvez-la. » Par retour la communauté vient d'envoyer l'argent du voyage.*

Seznec fait le point. Il a plus de cinquante ans, il est en train de vivre ses dernières bonnes années et il va les donner au bagne ! Sa femme est très malade, il ne la reverra probablement plus...

Impossible d'accepter tout cela.

Il faut qu'il s'évade.

Pour s'évader, deux seules voies possibles, selon qu'on se trouve sur « la Grande Terre » ou sur une île. Sur le continent, la voie de salut est la forêt amazonienne. Ceux qui échappent au « serpent minute » meurent de faim ou sont empoisonnés pour avoir absorbé des baies vénéneuses. Leur seule chance de salut est de suivre des bandes de singes et de s'alimenter des restes de fruits qu'ils laissent choir en abondance. Les îliens comme mon grand-père sont, eux, contraints de construire en cachette un canot et de fuir en longeant la côte jusqu'au Venezuela, où ils trouvent refuge à moins qu'ils ne soient arrêtés et rendus aux Français – auquel cas ils se retrouvent dans les sinistres cachots de Saint-Joseph.

Le projet de Seznec, comme l'a rapporté Henri Huchon, l'ancien médecin du bagne, dans *Sud-Ouest* (1er septembre 1977) est audacieux : *Employé dans l'un des ateliers de menuiserie du camp, Seznec était parvenu à construire une barque qui n'était en rien comparable aux précaires esquifs habituellement confectionnés pour ce genre d'expédition. Rien n'avait été laissé au hasard, rien ne manquait : ni le mât, ni la voile, ni le gréement. Le canot était équipé d'un caisson étanche pour les réserves d'eau potable et de vivres. Cela avait probablement exigé de longs mois de travail.* Le projet de mon grand-père : traverser l'Atlantique et rallier les côtes africaines, pas moins !

Trois lettres anonymes successives dénoncent le projet à l'administration. Trois fois, les gardiens soumettent la petite île à une fouille en règle (on en fait le tour en une demi-heure). Les recherches sont vaines.

Le canot est pourtant là, sous leurs yeux... c'est une guérite W.-C. que mon grand-père a construite en forme de barque, plantée dans le jardin d'un surveillant !

La date de la « belle » a été fixée le jour du départ de ce gardien pour la métropole (un chic type au demeurant, et donc à qui le futur évadé ne veut pas créer d'ennuis) et de l'arrivée de son remplaçant. Hélas, le moment venu, le coéquipier – il faut toujours partir à deux – arrive sur le lieu de rendez-vous complètement ivre. Sans doute a-t-il voulu se donner du courage...

Impossible de partir avec ce compagnon imprévisible, incapable même d'aider à mettre le canot-W.-C. à flot. Mon grand-père renonce. Furieux, il démonte aussitôt le bateau qu'il avait eu tant de mal à fabriquer. Toute trace de cette tentative d'évasion semble donc effacée... mais le hasard va pourtant la faire découvrir.

Une boîte postale contenant la solde des deux surveillants militaires de l'île du Diable, transportée par le forçat Dewilde, qui l'a accrochée au câble reliant l'île Royale à l'île du Diable, arrive vide chez le surveillant-chef.

Aussitôt, Dewilde est arrêté. Il avoue et accuse Seznec de complicité. On fouille l'atelier où travaille mon grand-père à ce moment-là. Voici un extrait du « procès-verbal pour la constatation de crimes » du corps militaire des surveillants[1] : *Pénétrant dans le poulailler du gestionnaire nous avons trouvé dissimulé entre la toiture et le mur de ce bâtiment une toile goudronnée et huit grandes boîtes à graisse en fer-blanc vides. Lesquelles embouties deux par deux formaient quatre flotteurs.*

*Poursuivant nos recherches nous remarquions que dans ledit poulailler existait un cabinet en bois de construction destiné aux besoins du gestionnaire. Après examen minutieux nous constatons qu'il a été entièrement calfeutré et peut recevoir les flotteurs que nous avons découverts. Poursuivant nos investigations nous avons trouvé enterré dans l'atelier de menuiserie où travaillait Seznec un gouvernail, lequel présenté à ce dernier celui-ci a reconnu que c'était lui qui l'avait confectionné il y a quelques mois car étant découragé il pensait s'évader.*

*Nos investigations, en présence du commandant et du chef de centre de Seznec, nous ont permis de découvrir une petite boussole contenue dans une boîte d'allumettes, une casquette de marin comme celle que l'on délivre aux déportés, 1,6 kg de café, 2,5 kg de sucre, trois tricots faits avec du tulle de moustiquaire ainsi que la somme de 3 825 francs, deux dollars en un billet, somme que Seznec avait dissimulée dans un des côtés à double parois d'une mallette.*

– D'accord, j'ai préparé la « belle », mais je ne suis pas un voleur ! proteste Seznec. L'argent que vous avez trouvé m'appartient.

Il dit vrai. Ce sont les économies de plusieurs années que Marie-Jeanne est parvenue à réunir à grand-peine en faisant des ménages et qu'elle lui a fait parvenir par le truchement d'un gardien – moyennant fort prélèvement, bien sûr.

1. Voir document en annexe.

Le Dr Huchon rapporte la conversation qu'il eut avec le directeur du bagne à ce moment-là :

– *Vous croyez que Seznec est l'auteur de ce vol ?*

– *Je n'en sais rien, mais il fallait un coupable. D'ailleurs, cela n'a pas dû déplaire à Paris.*

L'ancien médecin de la pénitentiaire observe : *Pourtant, Seznec n'était en rien une « forte tête ». Un détenu exemplaire ! Tout dans son comportement dénotait la noblesse morale. Il était toujours très digne, correct sans obséquiosité, réservé sans provocation. C'était un être énigmatique. Il ne parlait presque jamais.*

Seznec passe de nouveau devant le T.M.S. Dewilde, coaccusé, finit par « lâcher le morceau » : il déclare qu'il a avoué sous la contrainte et qu'on lui a fortement conseillé d'accuser Seznec. Le Tribunal maritime spécial acquitte[1] aussitôt mon grand-père.

Reste la tentative d'évasion.

Laissons de nouveau la parole au Dr Huchon : *Toute tentative d'évasion était sévèrement réprimée. Seznec fut condamné à cinq années de réclusion. Le « puni » était enfermé vingt-trois heures sur vingt-quatre dans une cellule de fer où filtrait à peine la lumière du jour. La réclusion de Seznec fut particulièrement éprouvante : ceux qui ne possédaient pas de « monnaie d'échange », qui n'avaient à l'extérieur ni ami ni « protecteur » (l'homosexualité était courante) étaient livrés aux vexations et aux brimades des bagnards chargés de la distribution des repas : la soupe de Seznec, quand elle n'était pas renversée, fut souvent saumâtre...*

L'enfer. La réclusion est l'une des peines les plus cruelles qui aient existé. Les prisonniers de l'île Saint-Joseph sont en effet enfermés dans des cellules individuelles spéciales, sortes de cubes en béton dont le plafond est constitué de solides barreaux. On les appelle des « trous ». Ils sont surveillés ainsi par en dessus, comme des bêtes dans des

1. Après une rapide enquête le T.M.S. découvrira que le vrai coupable était en fait... un gardien. Mais celui-ci avait été renvoyé discrètement en métropole peu de temps avant d'être démasqué.

fosses. Et dans leurs deux mètres sur trois, ils tournent effectivement comme des fauves en captivité. Leur lit, une plaque de fer rivée au mur, doit être impérativement relevé de 6 heures du matin à 6 heures du soir. Les portes en fer des cellules sont munies d'un guichet qui sert à faire passer la nourriture et le seau hygiénique en bois pour être vidé, une fois par jour. La seule « sortie » du condamné est celle de sa tête lorsqu'il doit la passer, une fois par mois, par cette même lucarne pour qu'elle soit rasée.

Les deux rangées de cellules sont séparées par un mur mitoyen. Une passerelle située au-dessus de celui-ci permet aux surveillants de circuler... en chaussons, pour ne pas faire de bruit et donc pouvoir surprendre ceux qui sont sous leur garde. Ainsi le veut le règlement. Le tout se trouve sous un immense hall de tôle, en pleine végétation luxuriante et sous un soleil de plomb ! La chaleur et l'humidité sont accablantes. Le soir, on recouvre les « trous » de plaques qui plongent les cellules dans le noir complet. Pour les punis – par exemple ceux qui ont eu le malheur de regarder trop intensément le gardien passant et repassant au-dessus de leur tête – on laisse ces plaques toute la journée.

C'est la règle du silence absolu. Toute parole prononcée est punie de plusieurs mois supplémentaires d'enfermement. Seul le bruit métallique des guichets, ouverts ou fermés par un « porte-clefs », rompt le silence.

On sort de Saint-Joseph soit mort, soit moribond, soit fou, au mieux squelettique et anéanti, avec un certain nombre de dents en moins, à cause du scorbut.

Devant l'état de délabrement physique de Seznec, le Dr Huchon obtient de l'administration pénitentiaire qu'elle accorde au prisonnier un séjour à l'hôpital. *Cher docteur,* lui écrira plus tard mon grand-père, *c'est avec un sentiment de respectueuse gratitude et de reconnaissance que je prends la liberté de vous écrire cette petite lettre, pour vous remercier de la bienveillance que vous avez eue a mon égard. (...) Malgré l'amertume qui étreint mon cœur par les malheurs consécutifs qui m'ont frappé et qui me frappent encore aujourd'hui, c'est avec des sanglots, car les larmes sont depuis longtemps taries en moi, que je bénis votre intervention en ma faveur. Si mes enfants pouvaient deviner, ils vous béniraient dans leurs prières...*

C'est à l'hôpital que le médecin connaîtra le mieux mon grand-père :

*Un jour, j'ai évoqué devant lui l'affaire qui l'avait conduit au bagne et me suis écrié :*

*– Mais enfin, vous avez assassiné Quemeneur...*

*J'ai vu le visage ridé de cet homme, habituellement impassible, s'animer.*

*– À vous, docteur, je peux bien le dire, je suis innocent.*

*Il avait un tel accent de sincérité que je l'ai cru. Cet aveu, fait par un homme silencieux qui n'espérait plus rien, m'a profondément troublé. Bien sûr, je n'ai aucune preuve formelle de l'innocence de Seznec, mais un ensemble d'indices psychologiques – au bagne plus qu'ailleurs, on apprend à déchiffrer l'âme des hommes – ont entraîné pour moi la terrible conviction qu'en l'année 1924 un innocent avait été condamné.*

Le forçat Seznec ne fera pas ses cinq années de réclusion, qui lui auraient valu une mort quasi certaine.

Le commandant des îles du Salut lui accorde une grâce, après un peu plus de six mois de ce régime atroce.

S'il vient en personne lui annoncer qu'il lève la punition, c'est surtout pour lui remettre une lettre de Charles Huzo dont il sait qu'elle contient une terrible nouvelle.

*Mon pauvre ami,*

*Hier lundi, nous avons eu la douleur d'accompagner Mme Seznec votre épouse à sa dernière demeure. Je ne pensais jamais que celle que rien ne rebutait, que rien n'arrêtait dans la défense de votre cause, devait si tôt être emportée dans la tombe.*

*Le 7 mai, jour où j'allai à l'hôpital Beaujon lui rendre visite, je la trouvai bien affaiblie, mais gardant néanmoins sa connaissance. « Je vais mourir, monsieur Huzo, me dit-elle. N'oubliez pas mon mari et mes enfants. »*

*Jeudi 14 mai 1931, jour de l'Ascension, vers 3 heures de l'après-midi, elle rendait son âme à Dieu.*

*Je télégraphiai immédiatement à Morlaix. Votre mère m'écrivit aussitôt d'une main tremblante, en me priant de la faire enterrer convenablement, se chargeant des frais des obsèques. Votre sœur et votre nièce me faisaient savoir qu'elles étaient parties dans le Midi après la mort de votre beau-frère Petitcolas, survenue elle aussi récemment.*

*J'essayai de joindre par ailleurs le plus de monde possible. Votre beau-frère, M. Marc, chef de gare, accompagné de sa femme ont suivi le cercueil jusqu'au cimetière.*

*Votre fils marin arriva à temps, ainsi que votre plus jeune Albert. Seule Jeannette, qui il y a un mois environ avait dû quitter sa mère pour s'employer à Jersey, chez une amie de la supérieure du couvent, ne put être prévenue à temps. J'y étais avec quelques amis. Ainsi votre épouse fut accompagnée convenablement jusqu'à sa tombe. On l'enterra au cimetière de Saint-Ouen*[1].

1. *Le Quotidien* du 16 mai 1931 rendra un vibrant hommage en mettant la photo de Marie-Jeanne à sa une. *Mme Seznec est morte. La pauvre femme a succombé à l'hôpital Beaujon où on l'avait admise il y a une dizaine de jours. Depuis la condamnation de son mari, bien que complètement ruinée, elle n'avait cessé de lutter pour obtenir la réhabilitation de celui qu'elle ne crut jamais coupable. C'est usée par ces dures années de privations et de combat qu'elle vient de s'éteindre, sans avoir eu la dernière consolation de voir ses efforts couronnés de succès.* Le titre du journal *La Volonté* du 18 mai résume l'opinion que la presse émet à ce moment-là : *Une femme.*

Ainsi, celle qui l'a constamment aidé, soutenu, est partie. A-t-il encore une seule raison de se battre ? « Douloureuse nouvelle qui vint creuser un peu plus l'abîme de solitude où mon cœur se glaçait », écrira-t-il plus tard dans ses cahiers. Plus rien ne l'attire désormais en France. Bien sûr, il y a les trois enfants, mais ils sont jeunes et vont peu à peu vivre leur vie sans qu'il les encombre de sa présence... Le sort est vraiment trop dur, qui s'acharne sur lui sans cesse.

Quelque chose comme une conspiration de survie se tresse autour du forçat désespéré. Certains gardiens ferment les yeux sur quelques entorses au sacro-saint règlement, ses compagnons saisissent le moindre événement pour le distraire de son chagrin – la capture d'un requin par exemple, et l'on amène mon grand-père le voir sur la jetée. Le commandant de l'île Royale, un Martiniquais – nommé Toublanc ! – se prend d'affection pour mon grand-père et lui annonce qu'il disposera d'une cellule pour lui tout seul et pourra circuler partout dans l'île. Ainsi, même au sein de ce plus cruel des mondes, la compassion, l'entraide ne sont pas absentes.

On l'affecte au sémaphore, le seul trait d'union avec le continent, où il aide à la manipulation des disques métalliques du télégraphe optique. Un moment, il fera office de bedeau à la chapelle, avec charge en particulier de sonner les cloches. Étrange chapelle en vérité dont les fresques sont l'œuvre d'un forçat, Francis Lagrange, et où les anges ont des têtes de bagnards, les saintes femmes celles de filles de mauvaise vie...

Un jour, le croiseur *Primauguet* jette l'ancre en face de l'île Royale et tout l'équipage, en grande partie breton, descend à terre. Officiers et marins viennent lui rendre visite. Eux qui sont de Brest, de Morlaix, de Châteaulin, de Port-

Launay, de Lorient ou de Quimper, lui font monter les larmes aux yeux en lui témoignant leur sympathie. Et puis tous ces noms de sa Bretagne qui lui rappellent tant de souvenirs... Avant de partir, ils lui laissent trois cent cinquante paquets de cigarettes – une véritable fortune au bagne !

C'est peut-être toute cette solidarité qui le sauve. Mais aussi ce vieil entêtement breton. Dans sa tête, il ne peut s'empêcher de ressasser les différents moments de son procès, les accusations dont on l'a abreuvé, le mépris dont on l'a accablé et qui ont tué Marie d'abord, Marie-Jeanne ensuite. Car il n'en doute pas, c'est la honte et le chagrin qui les ont anéanties toutes deux. Mais lui, il résistera !

Et puis, des lettres de soutien arrivent, des coupures de journaux aussi qui lui apprennent qu'en France on pense à lui et on se dépense sans compter. Certes, mon grand-père est seul, d'autant plus que, tour à tour, Émile Petitcolas puis Charles Huzo sont morts (peu de temps avant et après Marie-Jeanne), il est seul mais pas abandonné. Car c'est sa mère, à plus de quatre-vingts ans, qui a repris la lutte[1] !

On parle de nouveaux témoins qui se seraient manifestés, d'un certain juge Hervé, qui se serait pratiquement mis au service de la cause et qui suivrait une piste inédite...

En fait, cette nouvelle piste a affleuré beaucoup plus tôt, pendant le procès-même.

Le 27 octobre 1924, dans un café-tabac de Pontrieux, des hommes tiennent d'étranges propos. Ce sont les marins de la *Marie-Ernestine*, une gabarre – sorte de

1. Jean-Claude Michelot, historien du bagne, écrit dans son livre *La Guillotine sèche* (Fayard, 1981) : *Contrairement à d'autres bagnards, Seznec ne sera jamais abandonné par les siens. Après la mort de son épouse, sa propre mère continuera comme elle, à réclamer sans cesse la révision du procès. Car ni la famille ni le condamné lui-même ne veulent entendre parler de grâce. Ils exigent la justice.*

grande barque à voile – qui exploite des bancs de sable dans l'estuaire du Trieux. Le cafetier, Alexandre Le Coz, propriétaire du bateau justement, écoute, intéressé. « Ça se peut bien qu'il soit innocent ce Seznec, parce que nous on sait des choses. C'est qu'il risque sa tête, tout de même », entend-il.

Le Coz pose quelques questions, mine de rien. En bon patron de bistrot, qui sait délier les langues sans en avoir l'air, il amène les hommes à en dire un peu plus. Oui, dans la nuit du 24 mai de l'année dernière, ils se trouvaient sur le Trieux, devant Traou-Nez, la propriété de Quemeneur, attendant pour draguer du sable que la marée fasse baisser le niveau du fleuve. Vers 1 heure du matin, ils ont entendu des coups de feu. Et puis, des gens sont apparus sur la rive et les ont interpellés pour leur offrir des cigarettes. Eux, ils se sont tenus tranquilles et n'ont pas répondu. En parler aux gendarmes ? Ah non, par exemple, pas question de se mêler de cette affaire ! Ça n'attirerait que des ennuis...

Le Coz, troublé, rapporte les confidences des marins à Lagadec, syndic des gens de mer. Tous deux décident d'avertir Mathurin Muller, chef de la brigade de gendarmerie, et Charles-Victor Hervé, juge de paix à Pontrieux.

Attardons-nous sur ce dernier, qui jouera désormais un rôle important dans l'Affaire.

Pendant la guerre, Charles-Victor Hervé, qui n'était pas encore magistrat, s'était distingué en traquant espions et saboteurs en Bretagne[1]. Il faut savoir qu'au large de Tréguier, Perros-Guirec et Dinard, des sous-marins allemands refaisaient parfois surface pour venir se ravitailler en vivres et en mazout, grâce aux complices qu'ils possédaient dans la région. C'est Hervé qui était chargé de débusquer ces derniers. Comme toujours lorsqu'il s'agit de contre-espionnage, nous ne savons pratiquement rien de ces missions. Sans doute les tâches qu'on lui confiait devaient être de

1. Le juge Charles-Victor Hervé était responsable dans le service de contre-espionnage pour l'Ouest de la France, matricule n° 366268.

quelque importance, et menées avec efficacité, puisque, la paix revenue, il fut nommé magistrat bien qu'il n'en possédât pas les diplômes, cela à la demande de Georges Clemenceau. Plus tard, le journal *Aux Écoutes* écrira : *Peu de temps avant de mourir, Clemenceau, apprenant que le juge Hervé se consacrait à réunir les preuves de l'innocence de Seznec, parti pour le bagne, disait à ses amis vendéens : « Je n'ai aucune opinion sur ce malheureux Seznec, mais j'en ai une sur Hervé : c'est un preux. »*

Le « preux » Charles-Victor Hervé est un petit homme rond, bouillonnant, passionné au point d'être excessif, féru d'escrime, catholique fervent jusqu'au mysticisme (et à ce titre, il ne voudra jamais collaborer avec certains défenseurs de Seznec francs-maçons...). Le moins qu'on puisse dire c'est qu'il a du caractère. À l'époque du procès, sa réputation n'est pas excellente dans la magistrature. Son patriotisme fervent l'a porté à défendre avec acharnement la mémoire des « poilus » morts au combat et il se montre sans pitié pour les profiteurs de guerre, qu'il traque comme autrefois les espions, c'est-à-dire sans beaucoup de ménagement et en ne respectant pas trop le code de procédure pénale. Bien évidemment, il supporte difficilement les lenteurs de l'administration et son esprit tatillon. Mais la guerre est finie et on n'apprécie guère ses méthodes expéditives.

L'affaire Seznec, jusqu'à ce mois d'octobre 1924, il ne l'a suivie que de loin. Mais les propos des marins que Le Coz lui rapporte lui font dresser l'oreille. Il informe aussitôt télégraphiquement le parquet de Guingamp. Celui-ci l'autorise à enquêter à Plourivo, ce qu'il entreprend de faire en compagnie du gendarme Muller.

Comme le juge Hervé le racontera plus tard dans son livre *Justice pour Seznec,* à Penhoat, village voisin de Traou-Nez : *Nous y fûmes reçus comme des sauveurs. Tout de suite on nous fit savoir que « des choses » s'étaient, en effet, passées à Traou-Nez, qu'il y avait eu des allées et venues d'autos, et ce fut une satisfaction quand on vint enfin enquêter à*

*Traou-Nez où nul policier n'était venu, alors qu'il y avait tant de « choses » à y apprendre.*

Le juge et le brigadier interrogent l'équipage de la *Marie-Ernestine* : le patron, Théodore Le Guenn, les matelots Yves Floury, Jean Lantoine et Charles Thouarin. Ces hommes parlent sans hésiter, comme s'ils se déchargeaient d'un secret trop longtemps contenu. Ainsi le juge reconstitue les faits.

Un soir de la fin mai 1923, vers minuit, la *Marie-Ernestine* part de Pontrieux afin de draguer et charger du sable, pour le compte des Ponts et Chaussées. À 1 h 30 du matin, donc le 25 mai, le bateau est immobilisé au milieu du Trieux, près du banc de sable qui borde la propriété de Quemeneur. À bord, les hommes attendent le lever du soleil qui amène la marée basse pour commencer le travail. Ils ont tout le temps de remarquer qu'une des fenêtres de la maison de Traou-Nez, le « château » comme on l'appelle, est encore éclairée à cette heure tardive. Il doit y avoir une réception, car on entend des conversations et des chants provenant aussi bien de l'intérieur du bâtiment que du parc. Les marins s'étonnent d'autant plus qu'habituellement la demeure est inhabitée. On sait que le conseiller n'y vient pratiquement jamais, laissant à son frère Louis le soin de gérer la forêt.

Soudain, des coups de feu retentissent – plus secs que ceux tirés avec un fusil, provenant sans doute d'un revolver, dira l'un des matelots. Cette précision de spécialiste s'explique par le fait que le jeune homme effectue à cette époque son service militaire à Brest, sa présence sur les lieux étant due à une permission. Les marins ne savent trop que penser. Peut-être l'un des invités a-t-il forcé sur la bouteille, ou bien s'amuse-t-on à faire un « carton » sur un quelconque animal ? Encore que par cette nuit sombre...

Très peu de temps après, ils distinguent trois silhouettes qui s'approchent de la rive. Il semble que l'une d'elles soit celle d'une femme. « Venez donc prendre des cigarettes », leur lancent les inconnus.

Méfiants, les matelots ne bougent pas, ne répondent pas. Qui sont ces gens aux manières exubérantes ? Tout cela ne leur dit rien qui vaille... Les trois silhouettes restent encore quelques instants au bord de la rivière, puis font demi-tour en direction du « château ». Cette curieuse invite est-elle le fait de personnes un peu euphoriques ou bien n'a-t-elle été lancée que pour s'assurer que personne de l'équipage n'a entendu les coups de feu ?

Aux premières lueurs de l'aube, la *Marie-Ernestine* s'amarre et le travail commence. Vers 10 heures, le chargement est terminé et c'est le retour vers Pontrieux. Les gens du « château » n'ont plus donné signe de vie.

Les marins ne soufflent mot à personne de cet épisode. Peut-être d'ailleurs leur sort-il de l'esprit. Après tout, des gens qui s'amusent à tirer au pistolet, ça n'a rien d'extraordinaire. Quelque temps plus tard, pourtant, quand éclate l'Affaire, quand ils apprennent que le conseiller général Quemeneur a disparu et qu'on le croit mort, assassiné, ils ne peuvent pas ne pas faire le rapprochement avec les incidents de cette nuit de mai 1923. Pour autant, ils ne se décident pas à aller raconter leur histoire à la police – dame, ils ne tiennent pas à avoir des problèmes, et puis, on se moquerait peut-être d'eux...

Mais quand le maître de scierie Guillaume Seznec est accusé du meurtre, leur conscience, sans doute, commence à les tirailler. C'est pourquoi ils en parlent entre eux et racontent l'affaire au cafetier Le Coz.

Et voilà le juge Hervé qui déboule à leur domicile et les interroge :

– À quelle date avez-vous entendu ces coups de feu ?

– Ça s'est passé à la fin du mois de mai 1923. À 1 heure ou 2 heures du matin...

– C'est-à-dire au moment où Quemeneur et Seznec dormaient à l'Hôtel des voyageurs, à Rennes.

– Peut-être bien.

Cette histoire semble n'avoir aucun rapport avec la disparition du conseiller. En effet, à moins d'avoir le don d'ubiquité, Quemeneur ne pouvait pas être à la fois à Rennes et dans sa propriété de Plourivo ! D'autant que le lendemain, dans la matinée, il partait pour Paris en compagnie de Seznec.

Le juge Hervé est prêt à arrêter son enquête, néanmoins il s'obstine, par principe, par caractère. On ne sait jamais : les marins se sont peut-être trompés de jour. Après tout, les faits se sont passés il y a un an et demi...

Le 30 octobre 1924, il va voir le gardien de Traou-Nez, M. Guyomard. Ses questions font sourire le bonhomme :

– Le 24 mai au soir, l'année dernière, bien sûr qu'il y avait des lumières au « château », pour la bonne raison qu'on fêtait le mariage d'une de mes filles ! Le patron, M. Quemeneur, m'avait donné l'autorisation.

– Il était parmi vous ?

– Non, mais son frère, M. Louis, assistait à la noce. Elle s'est prolongée assez tard, jusque dans la matinée du 25.

– Et ces coups de feu, que les matelots ont entendus ?

– Moi, je n'ai rien entendu, mais ça se fait, dans les mariages... des jeunes qui s'amusent à tirer en l'air, c'est l'usage. Vous savez ce que c'est...

– Et la *Marie-Ernestine,* vous l'avez vue, ce soir-là ?

– Non, je n'ai pas vu de gabarre sur le Trieux.

Décidément, il ne s'est peut-être rien passé de bien grave. Une noce, des coups de feu en l'air... et l'imagination des marins a travaillé.

Le juge en discute avec le chef de brigade Muller et tous deux conviennent que l'enquête peut être transmise. Hervé se rend donc chez le procureur de Guingamp, M. Capdet, et lui remet en main propre un dossier contenant tous les procès-verbaux d'interrogatoires des témoins, à charge pour celui-ci de le faire parvenir à l'avocat général Guillot. De son côté, le gendarme Muller adresse un rapport, plus bref, à ce même procureur.

Voilà ce qu'il en est de la première et brève apparition du juge Hervé dans l'affaire Seznec. La piste Plourivo a tourné court. Il n'y est pas fait allusion pendant le déroulement du procès.

Sept ans plus tard, en 1931, Charles-Victor Hervé s'intéresse de nouveau au dossier. Je ne sais trop ce qui le décide à se lancer dans la bataille – peut-être est-il impressionné par les incessantes démarches des défenseurs de Seznec et veut-il lui aussi apporter sa pierre ?

À cette époque, Charles-Victor Hervé n'est plus magistrat. Depuis août 1930, il est redevenu un simple citoyen. Mais son énergie, son obstination, son tempérament volcanique restent intacts et surtout inemployés. Ne vient-il pas de publier un livre au titre provocateur : *Debout, magistrats de France !* ? Dans sa décision de se lancer dans la bagarre, il n'est pas impossible qu'entre pour une certaine part un désir d'en découdre avec ce corps qui l'a rejeté...

Reprenant la pelote de laine là où il l'a laissée quelque sept ans plus tôt, le « juge Hervé », comme on continuera de l'appeler pendant toute l'Affaire, va rendre visite à l'un des marins de la *Marie-Ernestine,* Pierre Malpot, qu'il n'avait pas interrogé lors de sa première enquête. Il le trouve mourant d'un cancer, mais parvient à obtenir son témoignage que le pauvre homme dicte à sa sœur. Deux points essentiels ressortent de ce document : le matelot ne fournit aucune date et, d'autre part, affirme qu'il a entendu les deux coups de feu à dix minutes d'intervalle, provenant de deux points différents de la propriété.

Des coups de feu espacés... comme si on poursuivait un homme qui s'enfuit ? Quemeneur, peut-être. Ah ! s'il n'y avait pas cette date du 25 mai qui annule cette hypothèse, une date qui paraît certaine, bien que donnée un an après les faits, puisqu'elle a été confirmée par le gardien qui mariait sa fille. Hervé retourne le problème dans sa tête. Et si les matelots avaient mélangé deux événements différents, d'abord les bruits de la noce avec les voix des invités très gais et puis les coups de feu, quelques jours plus tard ?

L'ancien juge s'accroche à cette mince supposition et entreprend une étude méticuleuse et complexe. Il étudie les horaires des marées du mois de mai 1923, consulte les livres de sortie du port de Pontrieux, interroge tous ceux qui ont été en contact avec la *Marie-Ernestine* à cette époque – éclusiers, travailleurs du port, etc.

De ses recherches, il arrive à la conclusion que dans les premières heures du 25 mai il était impossible que la *Marie-Ernestine* ait pu prendre du sable sur le Trieux, celui-ci n'étant pas accessible. La gabarre n'avait d'ailleurs pu sortir ni le 23 ni le 24 ni le 27, seulement le 25, mais en marée diurne, bien après le lever du soleil.

En revanche, la *Marie-Ernestine* avait parfaitement pu sortir du port le 27 après minuit. C'est la seule date possible, confirmée d'ailleurs par deux faits, dont la trace a été retrouvée sur les livres du port : premièrement, le maître du port, Lucas, avait prévenu les éclusiers qu'une gabarre sortirait cette nuit-là, bien que ce soit dimanche ; deuxièmement, les marins de la *Marie-Ernestine* ne sont revenus au port que le 28, date à laquelle ils ont complété le chargement d'un wagon de sable en gare de Pontrieux.

Ainsi donc, si les faits rapportés par les matelots se sont déroulés le 27, rien ne contredit la thèse de la présence de Pierre Quemeneur dans la propriété. Il a eu le temps d'aller à Paris par le train, puis de revenir à Traou-Nez où on lui a tiré dessus. Dans ce cas, Seznec est innocent !

Indubitablement, cette affaire de Traou-Nez constitue un élément nouveau que les jurés ignoraient au moment de leur décision. Cela justifie une nouvelle instruction et la révision du procès.

Un long combat commence pour le juge Hervé.

L'homme passionné qu'il est n'en est pas moins lucide. Ayant fait partie du sérail, il connaît son monde et sait parfaitement qu'il va se heurter à d'énormes réticences, à une grande force d'inertie. La seule alliée possible, c'est l'opinion publique. Elle qui a déjà été si sensible aux campagnes de presse défendant l'innocence de Seznec doit être alertée.

Deux alliés précieux viennent appuyer sa démarche. La presse tout d'abord s'engage, principalement *La Province*. Le directeur, Eugène Delahaye, gagné à sa thèse, lui ouvre ses colonnes et lui apporte une aide qui ne se démentira jamais. D'autres journaux lui emboîtent le pas, entre autres *Le Quotidien, L'Ami du peuple, La Bretagne à Paris.* Un camp opposé se constitue tout naturellement, principalement constitué par *Les Nouvelles rennaises, La Démocratie bretonne* et *L'Ouest-Éclair,* ce dernier avec moins de virulence qu'auparavant. Les deux blocs ne se ménageront pas et, pendant des années, s'interpelleront à coups d'articles vengeurs.

Le second allié précieux, c'est Françoise Bosser, institutrice à Riec-sur-Belon. Elle va consacrer tout son temps et sa peine à la défense de mon grand-père. En tant que secrétaire de la section de la Ligue des droits de l'homme de Pont-Aven, elle s'attachera à convaincre de son innocence les plus hautes instances de cette organisation qui, grâce à elle, prendra une part active au combat. J'ai eu le bonheur de connaître cette femme généreuse et infatigable, et je ne peux l'évoquer sans émotion. Son engagement total et profond contre l'injustice ne pouvait que susciter admiration et respect... et affection en ce qui me concerne. Elle est comme une personne de ma famille, une tante accueillante et forte, de celles sur qui on sait pouvoir compter dans les coups durs. Mon grand-père la rencontra à son retour du bagne et ce fut pour elle une grande joie. Mais la récompense suprême aurait été qu'elle connaisse la réhabilitation et c'est triste de penser que sa mort en 1978 ne l'aura pas permis.

Avec l'action du juge Hervé, d'Eugène Delahaye et de Françoise Bosser, l'affaire Seznec prend une nouvelle dimension. On assiste à la naissance d'un véritable mouvement d'opinion, un phénomène semblable, quoique de moindre ampleur, à celui que la France a connu lors de l'affaire Dreyfus. Il y a les « seznécistes » et « antiseznécistes »... Campagnes de presse, démarches, pétitions, réunions publiques se succèdent, enflammant la Bretagne et captivant peu à peu la France entière. Les meetings réunissent des milliers de personnes et les « grands noms » de la presse nationale, dont certains ont assisté au procès, couvrent les événements. On voit des hommes politiques, députés ou sénateurs, se prononcer publiquement en faveur de l'innocence de Seznec, alors que jusqu'ici la prudence avait été de règle.

En mars 1931, Hervé se rend à Traou-Nez en compagnie de journalistes, de notables de Plourivo et d'un des marins de la *Marie-Ernestine,* Floury. Le nouveau propriétaire, Jean Tanguy, leur déclare qu'il a reçu il y a quelque temps la visite d'un inconnu lui déclarant avoir tiré des coups de revolver de la fenêtre de sa chambre sur la porte de la grange, la nuit du mariage de la fille de l'ancien garde Guyomard. D'ailleurs, les balles sont restées dans la porte... Devant cette nouvelle précision, le juge Hervé reste stupéfait.

Peu de temps après cette visite, Louis Quemeneur – et c'est sans doute lui l'inconnu – se manifeste dans un article publié dans *L'Ouest-Éclair* :

*Pour faire un peu de bruit, j'ai tiré à l'issue du banquet. Je montai dans ma chambre au premier étage et, ma foi, pour faire un peu de bruit, je m'emparai d'un petit revolver qui se trouvait là. J'allai vers la fenêtre et tirai dans l'un des battants de la porte ouverte de la remise. Vous avez du reste retrouvé une des balles. Mais je m'arrêtai bientôt, m'étant aperçu que j'aurais pu blesser un des invités. Cela se passait vers 3 heures de l'après-midi.*

*Les gens de la noce restèrent à Traou-Nez jusqu'à 4 heures du matin, car on fit bal. C'est ce qui explique la lumière aperçue au château par les marins de la gabarre. Il est fort possible, c'est même certain, que ces matelots aient aperçu vers 2 heures un ou plusieurs couples sur le rivage. L'endroit propice incitait à la rêverie et l'histoire des cigarettes offertes aux matelots est tout à fait vraisemblable. J'ajouterai même qu'il est fort possible que des invités aient fait parler la poudre sous forme de pétards ou autres. Nous étions en fête, et j'avais donné l'exemple dans l'après-midi...*

*Maintenant, puisque vous me fournissez l'occasion d'évoquer cette tragique affaire, je puis vous affirmer que, malgré qu'on m'ait fait dire le contraire, j'ai toujours été convaincu de la culpabilité de Seznec.*

Des journalistes vont aussitôt enquêter sur place. Ils trouvent bien la trace de plusieurs balles dans la porte de la remise mais, en se rendant dans la chambre du frère du disparu, constatent qu'il était impossible d'avoir cette fameuse porte en ligne de mire. Quant au garde Guyomard, il déclare : « Je n'ai jamais vu M. Louis Quemeneur tirer des coups de revolver. »

L'opinion publique s'interroge. QUI A TUÉ QUEMENEUR? titre *Le Quotidien* (18 février 1931). À quoi rime cette intervention du frère du conseiller, avec ces explications compliquées et peu vraisemblables ? Un malaise s'installe qui fait que certains se demandent : Qui veut-on protéger ?

Face à ce flux montant d'interrogations, de suspicions, la justice décide de descendre de sa tour d'ivoire, d'où elle considérait jusque-là cette agitation avec un mépris hautain. Le garde des Sceaux ordonne une enquête, qui est confiée par le parquet général à la police mobile de Rennes. Celle-ci désigne un seul policier – pour un vol de poules, on fait appel habituellement à deux inspecteurs –, le commissaire André Cunat. Celui-ci est le propre fils du commissaire qui a mené la première enquête, avant le procès, et dont ma grand-mère et Angèle Labigou ont dénoncé aux assises, on s'en souvient, les méthodes un peu trop « musclées ».

Cunat fils se met au travail, et son enquête, je dois le dire, est un modèle du genre ! À lire son rapport, on découvre que les matelots de la *Marie-Ernestine* ont été comme frappés d'amnésie : ils ne se souviennent plus de rien, ni d'avoir entendu des bruits de voix, ni qu'une femme les ait interpellés... Certains vont même jusqu'à affirmer qu'ils avaient blagué, au café, que tout cela n'était qu'une plaisanterie ! D'ailleurs, leurs déclarations au juge Hervé, elles leur ont été soutirées dans des conditions plus que suspectes. En ce qui concerne Malpot, mort depuis de son cancer, le policier n'hésite pas à le présenter comme un dément. De toute façon, ces incidents n'ont vraiment rien à voir avec l'affaire Seznec, puisque, au terme de l'enquête, l'inspecteur Cunat en vient à affirmer que les coups de feu n'ont pas été tirés à Traou-Nez en mai 1923 mais... en octobre 1924, c'est-à-dire pendant qu'ils étaient interrogés par le juge Hervé et le brigadier Muller ! Saluons ce tour de force et remarquons au passage que, en plus, deux des matelots témoins des faits, Floury et Antoine, ne faisaient plus partie de l'équipage à cette dernière date...

Mais nul ne semble attacher d'importance à ces « détails », et la justice classe le dossier. Pourtant, même Me Alizon, le propre avocat de la famille Quemeneur, n'a pas hésité à dire : « Cette enquête est tellement grotesque et ridicule que pas un avocat sérieux ne peut songer à la discuter à la barre. »

Le 7 décembre 1953, soit trente ans plus tard, paraîtra dans *Le Télégramme* une interview d'un des marins de la *Marie-Ernestine*, Charles Thouarin. Celui-ci déclarera : *Ce dimanche-là, le 27 mai, j'étais allé au bal à la salle des fêtes de Pontrieux. J'ai dû quitter rapidement la salle car je devais embarquer le soir même sur la gabarre* Marie-Ernestine. *Nous quittâmes Pontrieux vers 0 h 30. Nous étions donc à Traou-Nez à 1 h 30, juste devant le manoir. C'était donc dans la nuit du dimanche au lundi. Une nuit très noire. Il n'y avait aucun feu sur notre gabarre. Nous étions tous assoupis dans la cale.*

*Tout à coup, vers les 2 heures du matin, nous entendîmes tous les cinq un coup de revolver. Je dis bien un coup de revolver et non pas un coup de fusil. Puis trois personnes coururent sur la grève. À ce moment, nous allumâmes la lumière de notre gabarre. C'est alors qu'on entendit une voix de femme nous proposer des cigarettes... Vingt minutes plus tard, un second coup de revolver retentit, qui venait de plus loin que le premier, comme s'il avait été tiré derrière le manoir. Celui-ci avait de la lumière dans la pièce du premier étage à droite. Après le second coup de feu, cette lumière s'éteignit et ce fut tout.*

Mais, dans l'immédiat, on continue de se battre autour de ces dates du 25 ou du 27 mai.

C'est dans ce climat particulier qu'un nouveau témoin se manifeste. Un commerçant de Guingamp vient voir le juge Hervé.

– Le 27 mai 1923, lui annonce-t-il, je me suis rendu à Plourivo. Je m'en souviens bien, c'était le dernier dimanche de mai, quelques semaines avant mon mariage, qui a été célébré à Guingamp le 11 juillet. Avec ma fiancée, nous revenions d'une fête dans les environs. Je me trouvais avec mon auto avenue de la Gare, à Guingamp, quand un homme est venu me demander s'il pouvait louer une voiture pour se rendre à Traou-Nez – il n'en avait pas vu, devant la gare. Je lui ai proposé de l'y conduire, bien que je ne sois pas chauffeur de taxi.

– Que s'est-il passé ensuite ?

– Il est monté à mes côtés et on est partis. Ma fiancée nous accompagnait. Il parlait beaucoup, cet homme. Il m'a dit qu'il se rendait à Traou-Nez pour ordonner qu'on cesse d'y couper des arbres – et j'en ai conclu que c'était lui le propriétaire.

Notons ici un détail intéressant : dans la promesse de vente conclue le 22 mai à Brest, on peut lire cette clause : *À partir de ce jour, le vendeur s'engage à ne plus couper ni arbre ni plant.*

– À 6 heures de l'après-midi, poursuit le témoin, je l'ai déposé dans la cour intérieure de la maison. Il n'y avait personne, tout était désert. Malgré cela, l'homme m'a réglé ma course et dit qu'il resterait là. Je suis reparti pour Guingamp avec ma fiancée. Et puis, ma femme et moi, on a lu dans *La Province* vos articles affirmant que Quemeneur avait été tué à Traou-Nez, on en a parlé et je me suis décidé à parler. Voilà.

– Comment était-il, cet homme ?

– Je ne m'en souviens plus. Rien de particulier qui ait attiré mon attention, en tout cas.

– Vous pourriez le reconnaître, sur une photo ?

– Non, je crains de me tromper ou de me laisser influencer, et puis... pour tout dire, j'aimerais qu'on ne me mêle pas à tout ça. Je vous confie mon témoignage et c'est tout.

Face à cette déclaration, force est de constater que le juge Hervé se montre bien accommodant. Non seulement il ne tente pas de présenter quand même la photo de Quemeneur à l'homme – en supposant que celui-ci n'ait jamais eu l'occasion de la voir dans les journaux, mais il s'engage à ne pas divulguer son identité avant qu'une instruction soit ouverte.

Cependant, comme dopé par ce témoignage qui le conforte dans sa thèse, persuadé que le mystérieux voyageur n'est autre que Pierre Quemeneur revenant de Paris, le juge relance la campagne, qui prend plus de force encore. Hélas, quand on l'interroge sur l'identité du commerçant et qu'il refuse de la donner, cela fait mauvais effet, on peut le comprendre. Comment croire à la réalité de ce témoin providentiel, mais fantôme ?

Plus tard, après le retour du bagne de mon grand-père, l'homme se fera connaître. Il s'agit de Francis Bolloch, hôtelier avenue de la Gare (et conseiller municipal). Il confirmera sa conversation de l'époque avec le juge et dira notamment : *Maintenant que Seznec est de retour du bagne et qu'il demande la révision de son procès, je déclare ce qui est, à savoir que j'ai conduit à Traou-Nez en Plourivo, le dernier dimanche de mai 1923, un homme qui devait être le propriétaire de Traou-Nez.*

La campagne pour l'innocence de Seznec se poursuit sans désemparer. Meetings et réunions se succèdent un peu partout. ENTHOUSIASTE ADHÉSION DE LA FOULE DE PARIS, titre *La Province* du 25 novembre 1931 en évoquant la grande manifestation qui vient de se tenir dans la capitale. Le 30 décembre, *devant la foule morlaisienne, Hervé explique les faits de Plourivo.* Le 4 janvier 1932, 2 000 personnes se réunissent à Rennes en faveur de la libération de Seznec, le 3 février, plus de 1 000 à Landerneau, le 23 plus de 2 000 à Quimper, le 7 mars, 1 000 à Guingamp, à Quiberon, à Pont-l'Abbé, le 30 mai 1933, 3 000 à Lorient, le 17 juin, manifestation de 600 personnes à Châlons-sur-Marne, à

Mourmelon-le-Grand, à Bois-Colombes, à la Maison du peuple de Brest, à la mairie du XI^e de Paris, le 19 décembre, 600 à Quimperlé, etc.

Si la presse des deux camps continue à s'interpeller dans des articles incendiaires, si la France semble toujours coupée en deux, un revirement très sensible s'est opéré en faveur de l'innocence. Les couvertures successives de *Police Magazine* sont assez révélatrices à ce sujet. 24 janvier 1932 : SEZNEC EST-IL INNOCENT ? 8 mai 1932 : SEZNEC EST INNOCENT ! et enfin 15 mai : VERS UNE RÉVISION ? LES ÉTRANGETÉS ET LES LACUNES DU PROCÈS SEZNEC. Une association, « Pour Seznec innocent », est créée à Guingamp le 27 avril 1932. Le président en est le Dr Béguin et son secrétaire, le juge Charles-Victor Hervé. Un jeune poète breton, François Stéphan, de Saint-Pol-de-Léon, compose une chanson qui a quelque succès : *Justiz evit Seznec* (Justice pour Seznec). J'ai même retrouvé au fond de la valise de ma mère un tract : LIBÉREZ SEZNEC, LE FORÇAT INNOCENT ! Le 27 décembre 1932, au congrès de la puissante Ligue des droits de l'homme, où Mme Bosser fait une intervention remarquée, Henri Guernut, l'un des dirigeants, annonce à la presse : « L'affaire Seznec reste ouverte ! »

C'est à cette époque qu'emporté par sa fougue Charles-Victor Hervé dépasse la mesure. Dans les colonnes de *La Province,* il désigne implicitement les coupables : pour lui, l'exécutant a été le propre frère de la victime, Louis Quemeneur, tandis que le beau-frère, M^e Pouliquen, est présenté comme l'âme damnée, le « cerveau » de l'affaire.

En 1932, le journaliste Maurice Privat, très influencé par Hervé, fait paraître un livre intitulé *Seznec est innocent,* où il s'en prend ouvertement à Louis Quemeneur. La thèse qu'il développe est la suivante : Louis, qui s'occupe de l'abattage du bois dans la propriété, a l'habitude de rencontrer sa maîtresse dans le « manoir ». Un soir de mai 1923, le conseiller, de retour de Paris, arrive inopinément et trouve ladite maîtresse dans la chambre de son frère absent. Il cherche à profiter de l'occasion quand Louis survient. S'ensuit une dispute, puis une bagarre d'autant plus grave que l'amant bafoué est dans un état d'ivresse qui l'empêche de se bien contrôler. Bref, cela tourne mal. Louis tire sur son frère qui s'enfuyait dans le parc et le blesse. La maîtresse, voyant la *Marie-Ernestine* sur le fleuve, devant la maison, va héler les marins pour vérifier s'ils dorment, s'ils n'ont rien entendu. Puis, rassurée, elle rejoint son amant et tous deux achèvent le malheureux conseiller...

Pour ce qui est de la disparition du cadavre, Maurice Privat rapporte que début juin, au milieu de journée, une voiture s'est arrêtée sur le pont de Lézardrieux, sur le Trieux, à deux kilomètres de Traou-Nez. Des ouvriers, en train de démolir d'anciennes piles du pont endommagées par une crue, ont vu des passagers en descendre et jeter par-dessus le parapet une lourde caisse qui a flotté quelques instants, puis coulé à pic. À cet endroit existe un gouffre très profond. Quelque temps plus tard, entendant parler de la disparition du conseiller, le chef de travaux et ses aides se sont demandé si cette caisse n'était pas un cercueil lesté de pierres. Ils sont allés donner leur témoignage aux gendarmes qui se sont contentés de prendre note. Aucune exploitation n'a été faite de cet incident par la police. Maurice Privat, lui, laisse entendre qu'il pourrait bien s'agir du corps de Pierre Quemeneur. D'autre part, le livre présente Me Pouliquen comme celui qui a fabriqué les indices permettant d'accuser Guillaume Seznec.

La magistrature, devant ces accusations qui mettent en cause la qualité et le sérieux de son travail, réagit aussitôt. Le procureur général de Rennes fait un communiqué de presse dans lequel il explique pourquoi les incidents de Plourivo ne sont pas apparus au procès : si la cour d'assises n'a pas tenu compte du rapport des gendarmes sur le témoignage des marins de la *Marie-Ernestine,* c'est que le procureur de la République de Guingamp, M. Capdet, à qui il avait été adressé, estimant en bonne logique que Pierre Quemeneur ne pouvait pas être à la fois à Rennes et à Plourivo, ne l'a pas communiqué à l'avocat général Guillot. La cour, au moment du procès, ignorait donc tout de ces incidents. Le responsable de tout cela, c'est donc ce M. Capdet, lequel... est depuis longtemps à la retraite et ne jouit plus de ses facultés mentales, dit-on. Providentielle, cette sénilité !

Hervé réplique aussitôt : il est possible que le rapport du gendarme Muller, postérieur au sien et ne concernant qu'une partie des témoins, n'ait pas été transmis aux assises. Mais pourquoi le procureur général, dans son communiqué officiel, ne fait-il pas allusion à son propre rapport à lui, Hervé, contenant des procès-verbaux d'interrogatoires beaucoup plus complets ? Ce document, il en est certain, M. Capdet l'a adressé au parquet général de Rennes et l'avocat général l'a eu en main puisqu'il s'en est entretenu avec le président Dollin du Fresnel, lequel a refusé d'en tenir compte en expliquant : « Il y a dix jours que les débats ont commencé, il est trop tard pour revenir en arrière. » C'est ainsi que ni les jurés ni les défenseurs n'ont été mis au courant. M. le procureur de Rennes, dans son zèle à vouloir stopper la campagne en faveur de Seznec, commet un gros mensonge dans son communiqué – un mensonge par omission, il est vrai.

Pour la famille Quemeneur, qui jusqu'ici a supporté sans broncher les campagnes de presse, les sous-entendus, les insinuations, la coupe est pleine ! Elle contre-attaque en deux temps.

Tout d'abord, Louis Quemeneur et Jean Pouliquen portent plainte en diffamation contre le journal *La Province*, l'assignation visant en particulier Charles-Victor Hervé et Eugène Delahaye pour leurs articles. Le procès se déroule les 4 et 5 octobre 1932 devant le tribunal de première instance de Rennes.

Ce qui aurait pu n'être qu'un événement parmi les nombreux autres de l'Affaire va prendre une grande importance, à cause d'un homme, l'avocat de la défense, Me Philippe Lamour (qui deviendra par la suite ministre du général de Gaulle). En effet, au lieu de se borner à démontrer que ses clients n'ont pas diffamé les plaignants, l'avocat se livre à une extraordinaire relecture de l'Affaire. Il la « décortique » point par point, met en évidence aussi bien les faiblesses de l'instruction et de l'accusation que le parti pris des juges. Sa plaidoirie constitue un texte fondamental sur l'Affaire. Bien sûr, Me Lamour ne propose aucune explication, ne désigne aucun coupable – ce n'est d'ailleurs pas son rôle –, mais il nous fait comprendre par quel mécanisme, dans cette affaire sans cadavre, sans témoins, sans indices et sans motif connu, un innocent a pu être broyé par la machine judiciaire par le seul jeu des présomptions.

Pour la défense de ses clients, il s'appuie sur les investigations du juge Hervé concernant la *Marie-Ernestine*. Il démontre qu'elle ne pouvait se trouver le 24 au soir devant Traou-Nez et que, par conséquent, l'hypothèse d'Hervé est plausible. Il fait remarquer en outre que les incidents de Traou-Nez sont des faits nouveaux qui justifient une révision du procès. Notons au passage qu'un jeune avocat assiste Me Lamour. Il s'appelle André Cayatte et nous aurons l'occasion de reparler de lui...

Après la plaidoirie de Me Alizon, avocat des plaignants (lors du procès Seznec, il avait déjà été l'avocat de la famille Quemeneur), le journal et le juge Hervé sont condamnés à des dommages et intérêts.

Peu de temps après, la famille Quemeneur s'attaque cette fois à Maurice Privat. Le livre *Seznec est innocent* est retiré de la vente par la maison Hachette, qui en assurait la diffusion. Maurice Privat lui aussi est condamné.

Malgré tout, et parce que les procès ont suscité un regain d'intérêt, l'affaire Seznec est relancée.

Ce qui frappe, lorsqu'on examine ces incidents de Plourivo, c'est que la justice se refuse d'emblée à examiner – ne serait-ce qu'examiner – les faits. Pendant le procès, le président Dollin du Fresnel aurait dû communiquer les rapports d'Hervé et de Muller aux jurés et à la défense, quitte à diligenter, sur leur demande, un supplément d'enquête de quelques jours. Une telle démarche n'aurait pas déshonoré sa robe, bien au contraire. D'ailleurs, n'avait-il pas jusque-là montré une certaine complaisance à faire vérifier toutes les rumeurs, même les plus fantaisistes, qui s'étaient manifestées au cours des débats ? Des documents signés par un chef de brigade de gendarmerie et un juge de paix auraient-ils donc moins de valeur que certains ragots ou lettres anonymes qui ont été lus au cours du procès ? Pourtant, dans ce cas, il change totalement d'attitude et n'hésite pas à dissimuler des pièces – ce qui constitue pour le moins un vice de procédure. Seznec et ses défenseurs n'auront donc pas connaissance que des coups de feu avaient été tirés dans la propriété de Quemeneur. Et les jurés encore moins...

Ensuite, lorsque, sous la pression de la campagne de presse, la magistrature se trouve contrainte de prendre en compte cette partie de l'Affaire, d'autres anomalies se produisent, comme de confier l'enquête à un esprit risquant d'être partisan (en demandant au fils, le commissaire Cunat, de revoir le travail du père). Répandre de faux arguments par un communiqué de presse en est une autre. Oui vraiment, dès cette époque, le corps judiciaire tout entier refuse de remettre en cause la sacro-sainte chose jugée.

Les recherches du juge Hervé ne se focalisent pas sur Traou-Nez. Il s'intéresse aussi à d'autres aspects de l'Affaire.

En juin 1933, il écrit et édite (à ses frais) un petit livre, *Justice pour Seznec,* qui développe, outre ses thèses sur Plourivo, celles qui concernent le trafic des Cadillac, au centre duquel se trouve le café Au Tambour, avenue de La Bourdonnais. Il laisse entendre qu'Alphonse Kerné – bien qu'il ne cite pas son nom – a été mêlé à la disparition de Quemeneur. Alphonse Kerné, on s'en souvient, c'est cet homme connaissant Seznec et Quemeneur et dont la maîtresse, vivant au Havre, a dénoncé la présence dans cette même ville au moment de la découverte de la machine à écrire. Un certificat médical attestant qu'il se trouvait à ce moment-là chez lui, à Chelles, lui avait permis de se disculper.

Hervé affirme que ce fameux certificat médical ne se trouve pas dans le dossier, mais surtout il met en évidence une coïncidence troublante : le 1er juin 1923, c'est-à-dire peu de temps après la disparition de Quemeneur, la tenancière du Tambour, Berthe Rallu, a vendu son café et est allée s'installer à Chelles. Reprenant son nom de jeune fille, Henriette-Marie Masson, elle y a ouvert une guinguette sur les bords de la Marne, Le Canon de la Marne.

Au moment où le juge reprend l'enquête, l'établissement, racheté à la mort de Berthe par un certain Corréa, artiste peintre à ses heures, a changé de nom et s'appelle maintenant Au Rendez-vous des canotiers.

C'est sur une feuille portant cet en-tête et qui servait sans doute habituellement à inscrire les menus qu'il recueille le témoignage d'une voisine, Mme Oudart, habitant quai Auguste-Prévôt à Chelles :

*J'ai connu Mme Masson qui tenait le débit Corréa avant le tenancier actuel. J'allais chez elle faire des provisions ; certain jour, Mme Masson m'a déclaré qu'elle avait été mêlée à une affaire criminelle, qu'elle avait sauvé la tête du véritable coupable et qu'elle ne s'occupait pas de celui qui payait pour lui. Cet homme-là était son ami ; il était venu la voir ici et je l'ai vu, elle me l'a désigné et j'ai même trinqué avec eux deux.*

*Cet homme paraissait âgé de trente ans, peut-être un peu plus ; d'une taille moyenne de 1,65 m, assez élancé, châtain clair ou blond.*

*Mme Masson m'a dit qu'elle faisait de la brocante, notamment celle des camions dont elle tirait parti. J'ai un escalier de ma maison fait avec les bois provenant de ses camions.*

*Lu et approuvé.*

*Mme Oudart.*

Hervé est convaincu que l'amant de Berthe – morte en 1930 – est Alphonse Kerné, que celui-ci a déposé la valise de Quemeneur au Havre et qu'il est complice des assassins. Mais il ne peut apporter aucune preuve à l'appui de cette version des faits : Kerné est mort en 1931 d'un cancer des os. L'enquête tourne court.

En décembre 1933, désireux de montrer que Quemeneur était vivant, à Paris, après le 25 mai, l'ancien juge d'instruction, toujours aussi obstiné, s'intéresse aux liens qu'aurait entretenus le conseiller avec un établissement bancaire, la Banque privée coloniale, concernant les Cadillac. Une succursale de cet établissement existait en effet à Landerneau.

Il découvre que M. Besseyre des Horts, directeur pour la Bretagne et la Normandie, a recommandé Pierre Quemeneur à M. Vacquié, directeur général, afin qu'on lui confie la charge de correspondant dans la région concernant les achats de Cadillac. Un ancien employé de la succursale de Landerneau déclare au juge Hervé : « Je suis sûr que des fonds ont été envoyés à Paris, avenue du Maine, au siège central, à Pierre Quemeneur, qui les a touchés le 26 mai 1923. »

Hervé se lance sur cette piste. Vacquié ayant été arrêté pour banqueroute et la banque mise en faillite en avril 1924, il demande la permission de consulter les documents et les livres au syndic qui avait été chargé de régler ce contentieux, permission qui lui est accordée.

Sur un registre-journal qui porte le visa de la Chambre de commerce de Paris, en date du 15 février 1924, et qui mentionne, jour par jour, les opérations de caisse, Hervé relève une mention bien intéressante.

*Succursale de Brest. 24 mai 1923.*

*Les suivants à Caisse*

*Agence Landerneau, versement : 5 000 francs.*

À cette date, donc, à Landerneau, 5 000 francs ont été versés par quelqu'un dont le nom n'est pas précisé. Dommage ! Cette somme a immédiatement été transférée à Brest.

Notre enquêteur compulse le registre de Brest et, en date du 26 mai, il peut lire :

*Les suivants à Caisse*

*À Siège social, envoi Siège social : 5 007,50 francs.*

Ne serait-ce pas là la trace des 5 000 francs versés le 24 à Landerneau, augmentés de 7,50 francs représentant le coût de l'envoi par mandat télégraphique, et qui ont été expédiés à Paris ? Les livres comptables du siège social de la Banque privée coloniale, 150, avenue du Maine, à Paris, en date du 28 mai, accusent réception à la succursale de Brest de son envoi du 26.

Comment savoir si cet habitant de Landerneau, si pressé de se faire envoyer des fonds à Paris, est Pierre Quemeneur ? Il suffit pour cela de consulter les pièces comptables, les ordres donnés, etc.

Le syndic, à qui Hervé demande ces documents, constate alors que toutes les pièces datées de mars à juillet 1923 sont introuvables. Envolées... Impossible donc de savoir qui a fait virer l'argent à Paris après le 25 mai. C'est là une grosse déception pour le « petit juge »...

Mais la campagne pour la révision continue. L'opinion publique est désormais largement acquise à celui que l'on surnomme désormais « le bagnard innocent ». Jusqu'au commandant des îles du Salut qui écrit à son ministre de tutelle, le 18 mai 1933, à propos de mon grand-père : *Seznec, dont la culpabilité n'est pas prouvée, n'est plus qu'une pauvre chose ; il ratisse les alentours de mon logement, entretient quelques arbustes et je le gratifie de paquets de tabac. Mais il faudrait que ses amis fassent vite s'ils ne veulent pas réhabiliter un mort.*

Ses amis font vite. En mai et juin 1933 débute une campagne de presse d'une ampleur absolument inouïe. Aiguillonnés principalement par le juge Hervé, certains journaux, notamment *L'Intransigeant,* consacrent – tous les jours ! – leurs plus gros titres à l'Affaire.

Des conférences s'organisent un peu partout. Le sommet de cette campagne a lieu lorsque, le 18 février 1934, la fédération du Finistère et la section de Pont-Aven de la Ligue des droits de l'homme invitent les jurés du procès d'assises à la Maison du peuple de Brest. Six sur onze (le douzième est mort), Le Muff, Bronnec, Ellouet, Goas, Schang et Le Séach, répondent à cette invitation. Patiemment, à l'aide des dossiers, des pièces dont ses interlocuteurs n'avaient pas eu connaissance, Mme Bosser, secondée par Charles-Victor Hervé, leur démontre le peu d'impartialité, la mauvaise foi, dont policiers et magistrats ont fait preuve lors de l'instruction et du procès.

Les six hommes, prenant conscience qu'ils ont été abusés, trompés, bafoués, se réunissent, discutent longuement, puis rédigent et signent le texte suivant[1] :

*Les soussignés, jurés ayant pris part au verdict qui a déterminé la condamnation de Seznec en 1924, réunis à Brest le 18 février 1934 sur convocation de la Ligue des droits de l'homme du Finistère, après avoir entendu Mme Bosser, institutrice publique, secrétaire de la section de Pont-Aven, M. Damalix, président de la fédération du Finistère, et M. Hervé, ancien juge d'instruction, se déclarent profondément troublés par les révélations qui leur ont été faites.*

*Affirment l'impérieuse nécessité de tirer au clair le drame qui s'est déroulé dans la propriété de Plourivo en mai 1923, drame demeuré inexpliqué et qui ne saurait être précisé que par une enquête judiciaire où l'accusation et la défense seraient entendues contradictoirement.*

*Demandent instamment aux autorités compétentes que la Cour de cassation soit enfin saisie par le ministre de la Justice d'une demande en révision pour faits nouveaux.*

*Se séparent en réclamant la pleine lumière et la justice pour Seznec.*

Ce texte est envoyé au ministre de la Justice, qui répond par une fin de non-recevoir. Il faut dire que le cas est unique dans les annales de la justice : des jurés qui regrettent publiquement leur vote et demandent la révision du procès auquel ils ont participé !

Pourtant, certains continuent à voir mon grand-père tel que le procès l'a fait paraître, comme un criminel.

En avril 1934, paraît un livre d'Alexis Danan, intitulé *Cayenne*. Le célèbre journaliste, qui a pu se rendre sur les îles du Salut grâce à un subterfuge, faute d'en avoir reçu

1. Voir document en annexe.

l'autorisation, consacre un chapitre à mon grand-père : « Guillaume Seznec ou l'innocent mal assuré. » Il y décrit d'abord l'île Royale comme « *riante, avec son débarcadère qui bouge, ses corvées en pyjama rose le long des sentiers, ses terrasses léchées par le soleil, ses jardins étagés, ses roches rougeâtres où s'accrochent des chèvres et des forçats pacifiquement occupés à fouiller la mer de leur gaule.* Après cette description bucolique, il affirme : *Je n'ai vu personne, aux îles ni sur le continent, qui crût avec force à l'innocence de Seznec, et l'on m'a dit que Seznec lui-même, à cet égard, ne donne pas l'impression d'un homme bien persuadé. (...) Joseph-Guillaume Seznec est-il innocent ? Il manque, pour qu'on le croie, le premier élément psychologique, à savoir une affirmation émouvante du condamné lui-même. Il n'y faut pas de grandes phrases, mais un certain talent. Seznec ne trouble pas.*

La mère de mon grand-père aura beau protester (elle termine sa lettre par ces mots : *Je suis la vieille mère de Seznec. J'ai quatre-vingt-cinq ans. J'attends mon fils et je suis sûre qu'il me reviendra réhabilité parce que son innocence est démontrée*), on retrouve, à des années de distance, cette idée tenace et inquiétante, formulée au procès dix ans plus tôt, que le condamné Seznec n'ayant pas « l'air innocent », ne ressemblant pas à l'idée qu'on se fait d'un innocent, ne peut donc être que... coupable.

Pour parfaire le tableau, Alexis Danan s'efforce de dresser un portrait très sombre de mon grand-père, un homme irascible et détesté de ses camarades. Bien entendu, il exploite cette histoire de disparition d'argent en omettant de préciser qu'il y a eu acquittement. Bah, quelle importance ! Calomnier un forçat ne fait courir aucun risque !

Pourtant, peu de temps avant, Eugène Dieudonné, l'intellectuel de la bande à Bonnot qui est revenu, lui, du bagne – il a été gracié – avait témoigné dans *Détective*[1] : *La femme de Seznec lui envoyait de l'argent et je puis affirmer*

1. Article titré SEZNEC INNOCENT, signé Dieudonné, paru dans le *Détective* n° 253 du 31 août 1933.

*qu'il ne le gardait pas pour lui seul. Il aidait des malheureux, ceux qui n'ont pas pu se « débrouiller ». Je peux dire aussi que sa réputation d'innocence était générale dans tous les pénitenciers de la Guyane.*

Les témoignages sont nombreux. Voici ce que Charles Hut, célèbre bagnard, écrit dans un livre[1] sur Seznec : Pour moi, Seznec n'était pas coupable du crime dont on l'accusait. Cet homme qui s'est confié spontanément à moi sur un bat-flanc, aux îles du Salut, ne mentait pas. S'il y eut jamais un innocent au bagne, ce fut bien celui-là. Et cette autre « vedette », Pierre Martineau, qui confie au journaliste Marius Larique[2]: *Je veux d'abord parler du vieux Seznec, l'infortuné père Seznec, le compagnon le plus estimable de mon séjour aux îles. Mon opinion est qu'il est la victime d'une odieuse méprise ou d'une machiavélique machination.*

Une chose, par-dessus tout, devrait troubler Alexis Danan : mon grand-père, malgré les pressions et les appels, refuse en février 1933 de signer la demande de grâce qui lui est proposée et dont on l'avait assuré d'une façon formelle qu'elle serait acceptée. Et il a cette phrase : *Il n'y a que les coupables qui puissent demander pardon, moi je n'ai commis aucun mal, je ne dois et je ne peux que demander la justice.*

Au bagne, la vie continue, avec ses petits incidents, ses luttes quotidiennes pour gagner une once de mieux-vivre auxquelles répondent les mesquineries des gardiens. On en relève la trace dans les archives du bagne. Ainsi, en avril 1934, trois demandes de punition sont adressées à l'administration pénitentiaire à l'encontre du transporté de 1re classe Seznec. Premier motif : *persistance à faire du café dans la case.* La commission disciplinaire lui inflige huit

1. Son livre, *Parmi les fauves et les requins,* a paru en 1955 aux éditions du Scorpion.

2. Article titré ENQUÊTE SUR LE BAGNE paru dans le *Détective* n° 555 du 15 juin 1939.

jours de cellule. Deuxième motif : *a été trouvé possesseur de 200 g de café environ dissimulés dans un banc-coffre.* Sanction : quinze jours de cachot. Troisième motif : *détention d'argent.* Punition : huit jours de cellule.

En France, le nom de Seznec est toujours une valeur sûre pour la presse, la moindre nouvelle du forçat breton suscite la curiosité. *Le Petit Journal,* en date du 10 mai 1935, s'interroge : SEZNEC S'EST-IL ÉVADÉ DU BAGNE ? Dans l'article, un relégué récemment rentré en France affirme que Seznec s'est fait la belle il y a dix-huit mois environ et qu'il mène, quelque part en Amérique du Sud, une existence discrète. Deux jours plus tard, *La Petite Gironde,* sans doute obligée de rectifier le tir, le fait avec une certaine réticence en employant le conditionnel : IL NE SEMBLE PAS QUE SEZNEC SE SOIT ÉVADÉ DU BAGNE.

S'évader, mon grand-père doit y songer bien souvent, au gré des nouvelles qui lui arrivent de France. C'est certain, car comment garder espoir après tant d'années ! La réhabilitation n'est-elle pas un leurre qui le fait tenir tranquille, prisonnier discipliné devenant peu à peu un vieil homme ? Fuir ces îles maudites, par n'importe quel moyen, même au prix de grands risques, doit s'imposer à lui comme la seule issue possible, comme une manière de refuser le sort, de résister.

Cette même année 1935, une lettre qu'il a adressée à sa mère lui est retournée délicatement estampillée « Décédée – Retour à l'envoyeur ». Elle est morte à l'hôpital, à l'âge de quatre-vingt-cinq ans, après s'être battue jusqu'à son dernier souffle pour qu'on reconnaisse l'innocence de son fils. Le moral de mon grand-père est au plus bas... À quoi bon attendre le salut de cette France où tous les gens qui l'ont aimé meurent à tour de rôle. À moins de se laisser mourir, lui aussi, sur cette terre qui ne lui est plus aussi étrangère. À moins encore de tenter le tout pour le tout...

L'administration pénitentiaire est bien consciente du danger. Elle surveille cet homme qui n'a plus rien à perdre ; elle le sent prêt à toutes les folies.

15 mai 1936. Lettre du ministre de l'Éducation nationale[1] à Mme Bosser : *C'est à titre privé que j'avais demandé à Delbos* (ministre de la Justice) *la première mesure de clémence en faveur de Seznec. Je me propose de lui en demander une seconde : le rapatriement.*

20 mai 1936. Note du Deuxième Bureau[1]: *Affaire Seznec a fait beaucoup de bruit. Il serait peut-être prudent de le garder aux îles. Déclassement possible.*

25 mai 1936. Lettre du ministre des Colonies au gouverneur de la Guyane[1] pour lui indiquer que le président du Conseil (le personnage le plus important de la IIIe République, qui est alors Léon Blum), *ministre de l'Intérieur, autorise Seznec à obtenir une concession agricole à condition que ses enfants le rejoignent en Guyane.* Dans la même lettre, il est indiqué qu'un fils est d'accord et que *Mme Le Her* (ma mère, qui vient d'épouser le témoin Le Her) *serait accompagnée de son mari et d'un bébé de dix-huit mois.*

La solution trouvée est maligne : on prend une mesure de clémence – cela calmera l'opinion publique – et on se débarrasse en même temps de tous les Seznec ! Tous en Guyane...

Réponse du gouverneur de la Guyane au ministre des Colonies[2] : *En raison de l'internement spécial aux îles du Salut qui frappe tous les condamnés dont l'affaire a eu du retentissement dans la grande presse, l'administration locale ne croit pas pouvoir instruire la requête de Seznec. Au surplus ce condamné est pour ainsi dire à l'ordre du jour. Une demande en révision du procès vient d'être introduite auprès du ministère de la Justice et une campagne de presse a été faite tout récemment autour du crime qui lui a été imputé. Il serait dans son intérêt même de ne pas se trouver dans la région du Maroni, centre des concessions, où il pourrait être l'objet de tentations et de sollicitations.*

Le 18 juillet, le même gouverneur de la Guyane informe le ministre des Colonies, direction politique, que *le trans-*

1. Voir documents en annexe.
2. Voir documents en annexe.

*porté de 1re catégorie Seznec n° 49302 est actuellement inculpé de tentative d'évasion et devra comparaître prochainement devant le Tribunal maritime spécial. Au cours de l'enquête préliminaire, ce transporté a fait des aveux complets. Dans ces conditions, il serait prématuré de fixer dès maintenant les intentions de l'administration pénitentiaire à son égard. Il est évident qu'au cas où sa culpabilité serait confirmée par décision judiciaire, Seznec ne pourrait se voir accorder une concession agricole ni autoriser à se faire rejoindre par ses enfants en Guyane*[1].

Qu'en est-il de cette seconde tentative d'évasion ? Mon grand-père se trouvait sur « la Grande Terre » depuis quelque temps lorsque, brutalement, l'administration a décidé – par précaution ? – de le renvoyer de nouveau aux îles du Salut, où les possibilités d'évasion sont effectivement très limitées. Reçu par le directeur du bagne, M. Valant, celui-ci a déclaré :

– Je me vois forcé de vous renvoyer à Royale. Cela ne change rien à l'excellente opinion que j'ai de vous. D'ailleurs, j'ai donné un avis favorable à la demande de concession vous concernant.

Écœuré par cette décision, Seznec, depuis les îles, lui adresse le 23 novembre 1936 la lettre suivante : *Malgré mes protestations, vous avez pris une décision qui, prudente de votre part, n'en constituait pas moins a mon égard un acte de répression préventive. Cela me valut un retour inopiné aux îles du Salut. Je veux ici vous dire que froissé dans ma dignité, désespéré de me voir l'objet d'une contrainte que rien dans ma conduite n'indiquait, j'envisageais ce que tout homme de cœur et d'énergie quand innocent il expie le crime d'un tiers inconnu.*

*Une chose, cependant, aurait dû vous faire comprendre que l'intérêt d'abord, la raison ensuite ne me permettaient nullement d'envisager la fuite. Mon fils, ma fille et son mari devant venir ici me retrouver, c'était un garant de mes intentions. J'ai su plus tard que vraiment vous vous êtes intéressé*

1. Voir documents en annexe.

*a moi, de cela je vous remercie. Suis-je condamné a souffrir constamment et d'une manière partiale autant qu'injustifiée les lois de l'ostracisme et celle de l'arbitraire ?*

*Un homme de mon âge accablé de tant de maux aurait dû par son attitude espéré avoir de la part de l'administration quelques égards. Il aurait mieux valu se montrer juste et équitable et m'égaliser aux autres détenus. De vous, M. le directeur, j'attendais dans la résignation le geste qui honore celui qui en temps et lieu pour l'infortuné sait humanité. Rien n'est venu et seule une décision de prudence que vous avez prise a mon égard est la cause de mon désespoir.*

Le bagnard Seznec s'impatiente et ressasse les paroles qu'un gardien-chef a entendues dans l'entourage du gouverneur de la Guyane et qu'il lui a rapportées : « Certaines personnes occupant de hautes fonctions en France craignent une possible évasion de Seznec, d'autant plus que s'il s'échappe aucune puissance étrangère ne nous le rendrait. »

Mon grand-père en conclut que la concession agricole promise est illusoire. Jamais ils ne prendront le risque de le voir s'échapper... alors, pourquoi ne pas tenter encore la « belle » ?

De nouveau, ce sont les longs préparatifs, le travail minutieux et patient pour construire en cachette une embarcation.

Mais lorsque Seznec veut la mettre à la mer, du côté des abattoirs, juste en face de l'île du Diable, là où les courants rapides et violents sont comme des petits typhons, deux surveillants surgissent le revolver à la main, accompagnés de deux « porte-clefs ».

– Rendez-vous, Seznec ! Allons, pas de bêtises...

Évasion manquée... ou provocation ?

En fouinant dans de vieux journaux, j'ai découvert un reportage sur le bagne où le journaliste écrit : *Je m'apprêtais à quitter ces lieux paradisiaques et maudits, mes bagages étaient prêts et ma cabine dans le bateau réservée, lorsque le directeur du bagne me fit appeler. Après quelques propos courtois et ne connaissant toujours pas le motif de l'entre-*

*tien, je lui demandai s'il était possible de s'évader des îles du Salut.*

*– Pratiquement impossible ! répondit-il.*

*Puis, après avoir exposé les conditions objectives (la situation des îles, l'océan et les requins) qui rendent toute évasion très difficile, il ajouta que la surveillance des forçats était très étroite.*

*– Ainsi, dit-il, nous savons qu'une évasion se prépare aux îles : elle échouera. Une retentissante évasion, par la personnalité même du bagnard.*

*– Qui ? questionnai-je.*

*– Vous le saurez bientôt... Retardez votre départ, vous ne le regretterez pas !*

*J'hésitais, mais la démarche me paraissait étrange. On m'avertissait d'une tentative d'évasion, j'étais intrigué.*

*Mais je n'allais pas être déçu car, effectivement, un mois plus tard, à Cayenne, j'apprenais que Seznec venait de tenter de s'évader de... l'île Royale ! Sacré Seznec et pauvre de lui ! Depuis longtemps, peut-être depuis le début, la pénitentiaire était au courant de son projet, alors qu'il fabriquait depuis des mois, à grand-peine, avec des ruses de Sioux, son esquif sans savoir que celui-ci n'aurait aucune chance de connaître la mer. Et lui, la liberté...*

Dans la soirée du samedi 17 juillet 1936, Louis Lohat, épicier, boulevard de Grenelle à Paris, se tient sur le pas de sa porte, quand un objet attire son regard : un paquet enveloppé de papier bleu, posé au milieu de son étalage. Intrigué, le commerçant déplie l'emballage et découvre une lettre à l'intérieur, ainsi qu'une ceinture. Cette dernière est semblable à celles que portaient les soldats américains ; elle est faite de trois bandes de cuir reliées entre elles par deux anneaux de cuivre. Quant à la lettre, écrite sur une feuille de papier quadrillé, elle n'est pas facile à déchiffrer, même impossible par endroits, et son auteur n'est visiblement pas fort en orthographe. Sa date même n'est pas très lisible : 11 ou 15 juillet 1936. Louis Lohat entreprend sa lecture :

*Mon cher Louis,*

*Comme j'ai fait des bêtises je quitte ce monde non sans pensés à toi et à notre compatriote Seznec. J'ai pensé que toi qui ais intelligent, tu pourrais... (deux mots illisibles) innocenter celui-là.*

*Je te remais une ceinture que m'avait donnée Marthe du Tambour en 1922 ou 23. Je le jure sur la tête des gosses. Elle avait aussi des effets dont je ne voulus pas.*

*Elle me donnai la ceinture... (illisible) ou qu'il vend la ferraille.*

*Tu sauras bien si Quemeneur portait la ceinture. Si oui, il a été tué chez Marthe dans la cave et le Pauvre Seznec est innocent. Je te dis adieu.*

*Louis.*

L'épicier s'interroge. Qui a pu déposer le paquet ? L'a-t-on oublié tout simplement ou mis là intentionnellement ? Louis Lohat enquête autour de lui, dans le quartier, pour savoir si quelqu'un connaît cet homme désespéré, le mystérieux Louis. Comme il est président du groupement des commerçants originaires de Bretagne, il interroge également les membres de son association. Aucun succès.

Lohat est un homme qui n'aime pas faire les choses à moitié et, le nom de Seznec résonnant très fort à sa mémoire, il se rend en Bretagne pour présenter la ceinture à la famille de Quemeneur. Le frère du conseiller disparu s'avoue incapable d'apporter une certitude ni dans un sens ni dans l'autre. Jenny, elle, qui est entrée en religion, refuse de le recevoir.

Notre obstiné ne s'avoue pas vaincu. Tout naturellement, il prend contact avec celui qui symbolise la lutte pour l'innocence de Seznec, le juge Hervé, lequel se montre très intéressé. Le café Au Tambour, il connaît, et la « Marthe du Tambour » ce pourrait bien être cette Berthe Rallu qui tenait cet établissement de l'avenue de La Bourdonnais que fréquentaient ceux qui trafiquaient autour des stocks américains. Et si le corps de Quemeneur était toujours dans la cave de cet immeuble ? Louis Lohat se passionne. Le destin, qui a mis le paquet bleu sur sa route, lui a confié une mission, semble-t-il : celle de retrouver le corps de Quemeneur. L'épicier ne rechigne pas à la tâche... à sa manière. Il contacte M. Moreau, le propriétaire de l'ancien Tambour, qui depuis 1923 a été transformé en hôtel.

Celui-ci lui permettant de visiter l'immeuble, Lohat en dessine un plan. Il se met ensuite en rapport avec un radiesthésiste, puis avec un second, sans doute en leur soumettant lettre et plan. Tous deux affirment que le corps est enterré dans la cave de l'établissement. Le propriétaire autorise des fouilles, et des terrassiers se mettent au travail. C'est un moment de grand espoir, car, malgré le recours à l'irrationnel, cette lettre, elle, est bien réelle. Albert et Guillaume Seznec fils viennent prêter main-forte et creuser avec pelles et pioches. Mais ce souffle d'optimisme retombe vite. Les possibilités d'investigations sont limitées, à cause de la cage d'ascenseur qui a été construite depuis et la crainte des éboulements. Cinq mètres de terre sont retournés sans résultat...

Dans le même temps, Lohat s'est mis en rapport avec la fille Seznec, pour lui faire part de ses trouvailles. Car c'est Jeanne qui a repris la lutte familiale. Sur les conseils de Me Philippe Lamour, elle adresse en mai 1938 une lettre au ministère de la Justice pour porter ce fait nouveau à sa connaissance et demander de nouveau la révision du procès de son père.

UNE LETTRE ET UNE CEINTURE DES STOCKS AMÉRICAINS VONT-ELLES AMENER LA RÉVISION DU PROCÈS SEZNEC ? s'interroge *L'Œuvre* (22 mai 1938) tandis que *Paris-Soir* du 18 juin titre sur cinq colonnes : DU NOUVEAU DANS L'AFFAIRE QUEMENEUR : RENDEZ-NOUS SEZNEC, IL EST INNOCENT !

Comment imaginer que cette fois la demande ne sera pas prise en considération par les magistrats, étudiée avec attention tout au moins ? Nul doute que la justice va demander à Jenny Quemeneur – qui bien que cloîtrée ne peut se soustraire à son devoir de citoyenne – d'identifier la ceinture. Si celle-ci appartient réellement à son frère, elle constituera une pièce à conviction capitale ! Et puis, nul doute non plus que la police va s'attacher à cette piste du Tambour. Cinq mois plus tôt, les déclarations d'un voleur récidiviste du nom d'Henri Rousseau ont bien été prises très au sérieux, au point d'être transmises au parquet. L'homme, lors de son interrogatoire au commissariat de la gare d'Austerlitz où il venait d'être arrêté, n'avait-il pas déclaré – tout à fait hors de propos d'ailleurs – que Seznec, aux îles du Salut, lui avait avoué être coupable de l'assassinat de Quemeneur ? Ce qu'on a fait pour lui, on le refera certainement maintenant...

Hélas, encore une fois, c'est le silence le plus total. Nul ne paraît déterminé à s'occuper de cette fameuse ceinture. Louis Lohat la conserve et, après sa mort, elle sera pieusement transmise à son fils.

Je possède une photocopie de la lettre du mystérieux Louis. Sur le coin gauche quelqu'un a inscrit, peut-être Lohat lui-même : *Dans* Le Matin *daté du 20 juillet on a retrouvé le cadavre d'un inconnu.*

Plus tard, en marge d'une émission sur l'Affaire, les journalistes d'Europe 1 s'intéresseront aux cadavres retrouvés à Paris en juin 1936. Ils découvriront qu'à la morgue de Paris, le 20 juillet 1936, figure l'entrée du corps d'un certain Léon Joseph Marie, quarante ans, né à... Lambézellec[1] dans le Finistère. Adresse inconnue. Circonstances de la découverte : submersion depuis quelques jours dans la Seine. Inhumation : le 11 août sans que personne n'ait réclamé le défunt. Difficile – impossible même – de savoir, après si longtemps, si ce Breton se faisait appeler Louis, et s'il avait pu d'une manière quelconque être mêlé à l'affaire Seznec.

1. Lambézellec, la même commune des faubourgs de Brest où était situé le plus grand camp de stocks américains et d'où disparut Barthélemy Spor.

Ainsi, une chance non négligeable de lever un peu le voile du mystère a été délibérément négligée.

La piste du Tambour demeure cependant. D'autres la suivront, plus tard. Dans l'affaire Seznec, la recherche de la vérité est une longue, très longue patience...

*Aux îles du Salut*

*Chère Madame Bosser,*

*Vous me laissez entrevoir a brève échéance la révision de mon procès. A ce moment je reprends vraiment courage mais hélas, c'est si long, mes forces et ma santé chancelantes me permettront-elles d'attendre jusque-là ? Ce jugement inouï a fait sur moi l'effet d'un bloc de rocher qui m'aurait broyé les chairs et les os, je suis complètement anéanti, mon pauvre cerveau est aussi malade que le corps et, par moments, je crois vraiment que je vais perdre la raison. La mort de ma chère compagne a détruit les dernières espérances que j'avais au fond de mon cœur. Ah ! combien cette perte cruelle fut néfaste pour moi, car j'avais toujours espoir que ma pauvre femme arriverait a m'arracher de ce bagne affreux. Je vous en prie, Madame, votre tâche est si noble, faites l'impossible pour me sortir au plus vite de ce milieu infect.*

Mme Bosser réagit aussitôt.

– Il faut obtenir la grâce de Seznec, sinon nous sommes moins que des vers de terre ! lance-t-elle superbement du haut d'une tribune parisienne.

Mais les mois passent sans renforcer l'espoir d'une révision, et l'état de santé de mon grand-père devient inquiétant. Comment le sauver, en le retirant le plus vite possible de cet enfer ?

À la tête d'une délégation de députés bretons et de dirigeants de la Ligue des droits de l'homme, l'infatigable

Mme Bosser est reçue le 25 mars 1937 par Léon Blum, président du Conseil, et Marc Rucard, ministre de la Justice. Tous deux promettent un réexamen du dossier.

L'espoir est sérieux... mais les événements politiques se précipitent, le ciel européen s'assombrit. L'Allemagne nazie étend sa grande ombre menaçante... On a peur. Pourtant, des changements importants ont lieu, en même temps, dans les mentalités des dirigeants politiques.

Au mois de juin 1938, une nouvelle arrive en Guyane. Une loi vient d'être votée qui signifie à terme la suppression du bagne : désormais, les condamnés aux travaux forcés subiront leur peine dans des établissements de la métropole. Plus aucun convoi ne sera envoyé.

Un jour, le directeur fait appeler le matricule 49302 pour lui apprendre que sa peine vient d'être commuée en vingt ans de bagne.

Le détenu Seznec calcule fébrilement : 1924, 1934, 1944... Il sera libéré en 1943! Dans six ans, il pourra rentrer en France !

Mais le directeur le détrompe vite.

– Ces vingt ans, il faut les compter à partir de maintenant, explique-t-il, c'est-à-dire que la libération interviendra en 1958. Vous êtes content ?

S'il est content ? Pensez donc ! De nouveaux calculs lui font réaliser qu'il aura quatre-vingts ans en 1958. D'ici là il sera mort, au mieux il sortira sur des béquilles. Merci bien, M. le directeur...

En France, c'est la même déception qu'éprouvent ses partisans à la lecture de la lettre que le ministre de la Justice a adressée le 29 novembre 1938 au président de la Ligue des droits de l'homme :

*J'ai l'honneur de vous faire connaître que, par décret en date du 14 août 1938, ce condamné a bénéficié d'une commutation de la peine perpétuelle en vingt ans de travaux forcés.*

Tant d'efforts, soutenus pendant de si nombreuses années, n'ont abouti qu'à cette parcimonieuse remise de peine...

*Cette commutation vous semble une clémence,* écrit Seznec à Mme Bosser, *pour moi ce n'en est pas une, puisqu'a soixante ans passés je dois recommencer une autre peine de vingt ans pour être libérable le 14 août 1958 et non en 1943 comme vous le dites. Je peux quand même me féliciter puisqu'on envisage que je vivrai au-delà de quatre-vingts ans. Je crois que je serais l'unique transporté a la Guyane qui aura atteint cet âge. Et nous sommes ici sous un climat meurtrier et notre traitement n'est pas celui d'un sanatorium.*

*C'est une fois de plus qu'on vient de réouvrir les plaies de 1924 en me condamnant pour un fait que je n'ai jamais commis et contre lequel je ne cesserais de protester de toutes mes forces jusqu'a ma mort.*

*Je crois que je suis dans mon droit de demander justice et non clémence et qu'ils ne viennent pas troubler mon repos par des choses insensées car il est inadmissible qu'on relève un homme de plus de soixante ans en autre peine de vingt ans a faire.*

Le 11 mai 1939, *Match* publie une grande photo de mon grand-père, en bagnard, près du sémaphore de l'île Royale. Il détourne un peu la tête car il ne veut pas être photographié. Légende : *Seznec, qui proteste toujours de son innocence, est l'assassin présumé de Quemeneur. C'est un vieil homme aux cheveux blancs presque sans espoir. Il est employé au sémaphore de l'île Royale. Il répète sans cesse : « Je suis innocent. » Les autres bagnards se moquent de lui, mais les surveillants le croient*[1].

1. Cet écho avait été repris d'un grand reportage que *Time-Life* avait publié quelques mois auparavant aux États-Unis et qui dénonçait, comme toute la presse américaine, le scandale que représentaient les *Devil's Island* (Les îles du Diable, les Américains ayant toujours conservé l'ancienne dénomination). *Depuis des années le*

Juste avant que la Seconde Guerre mondiale n'éclate, ce système de sémaphore est remplacé par une moderne radio – le progrès a fini par arriver jusqu'ici...

La guerre... Mon grand-père s'inquiète pour ses deux fils, sa fille et ses deux premiers petits-enfants. Dans son île lointaine, il imagine tous les dangers.

Les événements de la métropole ne tardent pas à avoir une influence sur le bagne. Sous l'administration de Vichy, le régime devient plus dur, la nourriture rationnée. Il y a des consignes de « fermeté », non seulement parce que cela correspond à l'idéologie du moment, à son obsession de « l'expiation », mais aussi parce que les Forces françaises libres recrutent des volontaires dans toutes les Antilles. Quelque deux cents forçats se sont même évadés pour s'y engager ! Le climat est bien vite insupportable ! De 1942 à 1943 on compte de très nombreux décès dus aux privations, au manque de soins, à la dureté du travail dans les camps forestiers. La mortalité, qui dans les années précédentes était de 5 %, passe d'un seul coup à 40 % ! La seule sépulture qui attend les morts est la fosse commune, ce qui n'est pas sans nous rappeler les procédés semblables des camps nazis. Aux îles, ce sont toujours les requins qui se chargent de la sinistre besogne.

Le 20 novembre 1939, Seznec est classé « impotent sans travail définitif pour misère physiologique ». Sa ration en est diminuée de moitié, car « ne travaillant pas ».

Veut-il acheter un complément de nourriture avec son pécule ? La pénitentiaire réagit aussitôt. Note du 10 novembre 1941: *Notifier au transporté matricule 49302 Seznec que les impotents « avec travail » ne peuvent être autorisés à faire des achats sur leur pécule de réserve.* Alors, les impotents « sans travail », vous imaginez... ! En marge, à la plume,

*monde est choqué qu'un pays comme la France, le pays des droits de l'homme, traite des êtres humains d'une telle manière,* y est-il écrit. Le magazine américain note que le sémaphore dont Seznec s'occupe correspond avec celui de l'île de Dreyfus. C'est une petite erreur (en fait c'est avec Kourou) mais porteuse d'un grand symbole...

d'une façon péremptoire qui indique qu'il s'agit d'une note de l'autorité supérieure : *En France et à Djibouti, les gens qui n'ont rien à se reprocher manquent de tout.* Voilà qui est clair : eux qui ont quelque chose à se reprocher peuvent mourir...

2 novembre 1942: *Le nommé Seznec, matricule 49302, est dans le cas d'être classé « impotent avec travail » étant atteint d'amélioration de l'état général.*

Quand, en 1943, arrive une nouvelle administration, gaulliste cette fois, on fait les comptes. Sur les 2 000 transportés qui se trouvaient en Guyane en 1940, il n'en reste plus que 888! Les relégués, eux, sont passés de 1 532 à 876. Avec l'aide de l'armée du Salut, on soigne, on remet sur pied tant bien que mal ces cadavres ambulants.

Puis les rapatriements commencent, lentement, très lentement. Les bateaux sont rares et ne peuvent guère embarquer plus de cinquante passagers. Et puis, par une aberration dont l'administration a le secret, on demande aux forçats libérés de payer leur voyage de retour, 2 000 francs pour le tarif le plus bas ! Les libérés constituent alors un syndicat pour défendre leurs droits. Oui, les temps changent... Malgré les difficultés, la mauvaise organisation, les injustices, l'espoir a redonné vie à tous ces morts vivants...

Mon grand-père ne participe pas à la fête : pour lui pas question de départ avant... 1958. Sa crainte, au contraire, c'est qu'on le rapatrie pour le mettre en prison. Ici au moins, il a le soleil des tropiques ; derrière les murs humides d'une prison métropolitaine, il ne résisterait pas longtemps.

« Garçon de famille », c'est-à-dire domestique dans la famille Montjoie, dont le père est responsable de l'installation d'un réseau hertzien en Guyane, Seznec est adopté par les deux enfants du couple comme le grand-père dont ils sont privés. Il peut enfin s'isoler, manger à sa faim, se promener librement.

En France, il se passe des événements bien intéressants, mais il les ignore certainement.

En août 1944 à Paris, la bande Bonny-Lafont, devant l'avance des Alliés, a quitté le sinistre local de la rue Lauriston là où l'on torturait Juifs et résistants au sous-sol, où l'on festoyait au rez-de-chaussée et où l'on déshabillait au troisième de jolies femmes.

Avant de quitter ces locaux maudits, Lafont a donné l'ordre à Bonny de détruire les papiers et les fichiers. Mais l'ex-policier a refusé, expliquant l'intérêt de les mettre à l'abri pour servir de monnaie d'échange à la Libération. « Ça va, lui dit le patron, tu ne vas pas recommencer tes machinations et tes saloperies ! »

Puis les deux gestapistes se réfugient dans une ferme près de Basoches. C'est là que, dénoncés par leurs anciens amis, ils sont arrêtés.

Leur procès dure dix jours, du 1er au 11 décembre 1944. Alors que Lafont crâne en affirmant vouloir assumer ses responsabilités, Bonny se défend pied à pied, argumente, tente de minimiser ses responsabilités, nie l'évidence.

Nul ne songe à lui demander des comptes sur ses agissements dans l'affaire Seznec ni sur les scandales politico-financiers de la IIIe République où il a été mêlé. Il semble que l'on veuille aller vite en besogne...

Les deux hommes sont condamnés à mort.

Dans la matinée du 27 décembre 1944, ils s'apprêtent à passer devant le poteau d'exécution. Au Dr Paul, le médecin légiste qui va constater la mort, Bonny déclare :

– Je regrette d'avoir envoyé au bagne un innocent.

Certains ont avancé qu'il s'agissait d'une manœuvre pour retarder son exécution. Cela n'a aucun sens car Bonny connaissait trop les usages judiciaires pour ignorer que c'était au procureur qu'il aurait dû s'adresser, pas au médecin légiste qui n'a aucun pouvoir. On peut aussi rappeler une confidence que Bonny fit à son fils et que celui-ci rapporte dans son livre : *En 1944, et alors qu'il était encore en liberté, donc bien avant d'en avoir parlé au Dr Paul, mon père m'a dit, j'entends sa voix et je ne l'oublierai jamais : « Mon petit, les apparences sont aujourd'hui contre moi. Exactement comme elles le furent contre Seznec. Moi qui avais participé à l'enquête, j'étais certain qu'il avait tué le conseiller général Quemeneur. Ce n'est que bien des années plus tard que j'ai eu la certitude, pour ainsi dire formelle, que Seznec était innocent. Et pourtant, il est au bagne depuis plus de vingt ans et par ma faute, parce que je me suis trompé de bonne foi...* »

Quelle est cette « certitude pour ainsi dire formelle que Seznec était innocent » ? Nous n'en saurons pas plus.

La salve du peloton d'exécution éclate. Bonny est mort.

Cette hâte à liquider l'un des principaux agents de la Gestapo en France, alors que le moindre chef milicien est « cuisiné » pour connaître au moins ses réseaux ou ses complices, fait dire à de nombreux observateurs que Bonny en savait beaucoup trop sur trop de gens importants.

Cela explique peut-être aussi l'empressement des agents spéciaux du ministère de la Justice, venus aussitôt après l'exécution « nettoyer » sa cellule en emportant tous ses papiers[1]. Il est vrai que Bonny avait une belle écriture et adorait faire des fiches...

Ah, toutes les questions qu'on aurait pu lui poser !

Le 21 mars 1946, le directeur du bagne a un large sourire en accueillant mon grand-père dans son bureau. Fait exceptionnel, il l'invite à s'asseoir.

– J'ai le plaisir de vous annoncer que vous faites l'objet d'une mesure de clémence. Par décret du 4 février 1946, une nouvelle remise de peine de dix ans vous est accordée.

1. À ce propos Serge Douay écrit dans son livre *Le Destin tourmenté de Guillaume Seznec* (Presses de la Cité, 1973) : *L'annonce de cette exécution rassura de très hauts personnages, et le ministère de la Justice subtilisa discrètement certains papiers rédigés en prison par le condamné.*

Votre libération interviendra donc, non pas en 1957, mais en 1947, le 14 mai exactement.

Mon grand-père reste quelques secondes sans voix, puis se lève, remercie et sort. Il a hâte de se retrouver seul pour savourer la nouvelle, la faire entrer dans sa tête réellement. Oui, oui, c'est bien vrai, dans un an il sera libre ! Sans s'en rendre compte, il se met à courir à travers les rues de Saint-Laurent pour rejoindre la maison des Montjoie. Il est dans un état second. Toutes ces années de cauchemar se sont pour un temps envolées de ses épaules. LE SEUL FORÇAT PRÉSUMÉ INNOCENT EST GRACIÉ, titre *France-Soir* du 27 avril 1946. Cette grâce que certains attribueront à Vincent Auriol, le président de la République – parce que c'est effectivement lui qui a signé le décret de remise de peine le 4 février 1946 –, nous savons, dans ma famille, que c'est au général de Gaulle que nous la devons et que c'est un de ses ministres, M. Tanguy-Prigent, qui est intervenu auprès du Général.

Pour Seznec, ces derniers mois au bagne sont, évidemment, terriblement longs, mais ils ne sont plus aussi pénibles. Il a tout son temps pour se préparer au retour à la vie. Bien sûr, le départ n'aura pas lieu le jour même de la libération, il ne faut pas y compter. Mais ça n'est pas très important... L'essentiel c'est d'arriver à ce jour charnière.

Le jour dit, ce 14 mai 1947, mon grand-père quitte pour toujours sa tenue de forçat et revêt le costume gris que ses enfants lui ont fait parvenir. Puis il sort dans la principale avenue de Saint-Laurent-du-Maroni – l'avenue de la République – et se promène lentement, posément. Il est un autre homme, un homme libre. Son premier achat : un chapeau mou. Autour de lui, les gens le saluent et participent à sa joie. C'est un très beau jour.

Le 13 juin, il embarque sur le *Duc-d'Aumale* qui le mènera jusqu'en Martinique. Là, il monte à bord du paquebot *Colombie* qui va le ramener en France. Il est accueilli à bord en personnage important, sinon en vedette. Le commandant, un Breton, lui témoigne toute sa sympathie en lui réservant une cabine de première classe. Il faut dire qu'en métropole les journaux ont parlé abondamment du « retour de Seznec ». À BORD DU COLOMBIE, SEZNEC ANNONCE À NOTRE ENVOYÉ SPÉCIAL : JE DEMANDE LA RÉVISION DE MON PROCÈS, titre *Paris-Presse*. – ACCUSÉ D'UN CRIME SANS CADAVRE, SEZNEC LE BAGNARD LIBÉRÉ VEUT DEMANDER DES COMPTES À LA JUSTICE (*Le Matin*). – SEZNEC GRACIÉ ARRIVE DEMAIN EN FRANCE APRÈS AVOIR CRIÉ PENDANT VINGT ANS DE BAGNE SON INNOCENCE (*France-Soir*).

Au Havre, le 1er juillet, il n'y a pas que la famille qui l'attend fiévreusement. Une foule de sympathisants – et de curieux – est également présente. La presse piaffe d'impatience et c'est la bagarre pour couvrir l'événement mieux que les confrères. Pendant la traversée, mon grand-père a reçu deux radiotélégrammes très alléchants : France-Soir *vous attend Havre lundi réservons exclusivité souvenirs prendrons accord Amitiés. H. Danjou ;* et : *Journal* Paris-Presse *souhaite acheter vos mémoires un de nos collaborateurs Georges Arqué sera à votre débarquement au Havre pour connaître vos conditions. Sympathiquement.*

On pourrait croire que voilà le *happy end* comme dans un film : le retour du héros triomphant après avoir survécu à l'enfer du bagne et vaincu l'injustice. Mais l'homme qui hume avec délice l'air du grand large et de la liberté n'oublie pas que grâce ne signifie pas réhabilitation.

Et puis Marie-Jeanne n'est plus là, à l'attendre.

Il est déterminé à poursuivre la lutte.

Le Havre, 5 heures de l'après-midi. Il y a foule sur le quai d'accostage car on veut assister au retour du forçat le plus célèbre de France et pouvoir dire : « J'y étais. Je l'ai vu. Il n'est pas beau à voir après ses longues années de bagne », ou au contraire : « Il avait l'air en bonne forme tout compte fait. Là-bas, finalement, il devait se la couler douce. » On se montre la famille Seznec qui forme un petit groupe un peu à l'écart. Ces deux-là, ce sont les fils, Guillaume et Albert, et la jolie jeune femme, c'est celle de Guillaume. Quant au troisième, c'est François Le Her, vous savez, ce contrôleur d'autobus qui avait témoigné en faveur de Seznec au procès. Il a épousé sa fille Jeanne, après. Tiens, elle n'est pas là, Jeanne. C'est drôle parce qu'elle n'a pas économisé sa peine pour le retour de son père. Les badauds n'identifient pas la fillette d'une dizaine d'années qui se tient immobile à côté des grandes personnes, paralysée par l'importance de l'événement. C'est Francette, la fille de Jeanne et de François Le Her, qui attend de voir apparaître son grand-père.

Les journalistes forment un autre groupe distinct. Ils s'agitent, parlent fort en s'apostrophant et blaguant, énervés eux aussi par les circonstances. C'est qu'il ne faut pas le rater, le Seznec, et tous sont prêts, avec en poche la précieuse autorisation d'accès, signée et tamponnée par les Renseignements généraux, qui permettra de prendre le navire d'assaut...

On attend. Parfois des murmures parcourent la foule, des mains se tendent, désignant un point sur la mer : « Voilà le bateau ! Il est là... ! » On scrute l'horizon... mais non, ce n'est pas lui. Déception. Il faut encore attendre. Les journalistes s'impatientent, mécontents, tandis que la nuit commence à tomber.

Enfin, la masse du *Colombie* apparaît, tirée par un remorqueur, *L'Abeille*. Pendant que le paquebot s'amarre, les policiers ont du mal à contenir la foule qui voudrait approcher plus près. On regarde les matelots effectuer les manœuvres, placer l'échelle de coupée. Ah, voilà un galonné, sûrement le capitaine. C'est signe que Seznec va bientôt descendre... Mais non. D'autres officiers descendent, puis remontent en compagnie de civils, vaquant à de mystérieuses occupations, sans prêter la moindre attention à tous ces terriens qui s'agitent sans raison... L'un d'eux cependant, interpellé par les journalistes, daigne expliquer qu'on est en train de procéder à la visite sanitaire.

Enfin, après un temps infini, les journalistes sont autorisés à monter à bord, non sans être soigneusement contrôlés au bas de la passerelle. Ils se ruent... Sur le pont, personne. Où se trouve le célèbre passager ? On le cherche activement mais, bientôt, il faut se rendre à l'évidence, il n'est nulle part ! Certains journalistes redescendent téléphoner cette absence à leur journal, supposant que mon grand-père n'était pas du voyage. D'autres, plus futés, questionnent l'équipage et les passagers.

– Il a été embarqué côté bassin, sur *L'Abeille,* leur apprend l'un de ces derniers.

Fureur des journalistes. À quoi rime ce kidnapping ? La meute redescend bride abattue et fait le siège des autorités. L'ex-forçat se trouve, paraît-il, dans les locaux de la police judiciaire. C'est la ruée. On remonte dans les voitures dont les phares éclaboussent la foule en train de se disperser, déçue.

Chez les policiers, porte close.

– Seznec doit se plier aux formalités, explique le planton de garde : photographie, anthropométrie, etc. N'oubliez pas que, s'il est libre, il n'en reste pas moins interdit de séjour dans les grands ports, et donc au Havre.

– Mais enfin, ce n'est pas une raison pour le soustraire à la presse ! s'insurge un reporter. Qu'est-ce que vous voulez faire de lui ?

– Je n'en sais rien. Nous, on a reçu des ordres.

*Paris-Presse* : AVANT MÊME D'AVOIR DÉBARQUÉ, SEZNEC EST KIDNAPPÉ PAR LA POLICE, ce jugement sévère étant accompagné d'une justification pour le moins étrange : NOUS TRAVAILLONS À SA RÉHABILITATION, DÉCLARE LA SÛRETÉ!

Où se trouve mon grand-père pendant que les journalistes dépités font le pied de grue devant le commissariat en attendant d'hypothétiques nouvelles les mettant à nouveau sur la piste ?

Il est à Sandouville, une petite bourgade de la banlieue havraise où la police l'a conduit en voiture. Il se sent un peu déboussolé après ce débarquement mouvementé, puis les formalités policières qui lui ont donné l'impression que tout allait recommencer. Il n'a pas encore eu le temps de réaliser qu'il était en train de vivre ce moment tant attendu, si souvent imaginé, du retour sur le sol de son pays.

Il fait nuit noire quand il pénètre avec ses accompagnateurs dans un petit hôtel. Le patron s'avance avec empressement à sa rencontre, tout fier d'accueillir une telle célébrité. Après quelques mots de bienvenue, il lui demande de le suivre. Au premier étage, il frappe à une porte, puis l'ouvre et s'efface pour le laisser passer.

Là, dans une salle à manger particulière, des gens sont assis qui se lèvent précipitamment à son entrée. En se bousculant gauchement, ils s'approchent de lui et l'entourent. Tout de suite, mon grand-père reconnaît ses deux fils, Guillaume et Albert. Il les embrasse en les serrant contre lui, puis scrute leur visage d'adulte avec intensité. « Oui, ce sont bien mes garçons, mes petits que j'avais cru ne jamais revoir. Ils sont devenus des hommes. » Bien sûr, il a reçu quelques photos au bagne, qu'on ne lui laissait d'ailleurs regarder qu'une poignée de secondes, car le règlement interdisait de les conserver, mais comme cela, face à face, ce n'est pas la même chose. Il va falloir qu'il s'habitue...

Il serre ensuite la main de Le Her... son gendre maintenant. « Et Jeanne ? Où est Jeanne ? » demande-t-il. « Elle garde les deux petits, lui répond-on. On ne pouvait pas emmener tout le monde. » Il embrasse les joues fermes et fraîches de Francette et Jean-Claude, les deux aînés de Jeanne. Il rencontre au passage leur regard plein de curiosité, de timidité aussi et se voit par leurs yeux : ce bonhomme de soixante-dix ans, avec ses cheveux blancs, sa peau striée de rides, doit leur sembler un aïeul bien peu engageant. Il regrette de ne pas avoir acheté une chemise neuve qui lui aurait donné meilleure allure, au lieu de s'être contenté de sa vieille liquette à carreaux. D'ailleurs, il a dépensé les derniers sous de son pécule à acheter du café et diverses autres provisions, histoire de ne pas revenir les mains vides.

Mon grand-père se sous-estime. Il n'a pas si mauvaise apparence. Son regard est toujours aussi bleu et intense. Certes, il a le dos voûté, mais ses épaules sont larges et son corps maigre et noueux dégage une impression de vigueur.

Pendant tout ce temps des retrouvailles, peu de mots ont été échangés, juste le strict minimum. Les prénoms et quelques : « Papa, je suis content... » « C'est toi mon garçon... » « Embrasse ton grand-père... » C'est tout. La pudeur empêche les sentiments de s'exprimer...

On se met à table. Le nouveau venu préside. C'est dans l'ordre. Les autres s'assoient, un peu au hasard autour de la table, lui reconnaissant tout naturellement l'autorité du chef de famille. L'un d'eux n'a-t-il pas répondu à la question d'un journaliste : « Pour les projets immédiats, nous ne savons pas. Nous attendons. C'est le père qui décidera... »

– La première chose que je ferai en arrivant au pays, dit mon grand-père d'une voix sourde, mais décidée, ce sera de fleurir la tombe de Marie-Jeanne. Ensuite, j'y verrai un peu plus clair. De toute façon, je n'ai pas l'intention de baisser les bras. Je ferai tout pour obtenir ma réhabilitation.

À la fin du repas – il est tard, près d'une heure du matin – Francette, qui a eu exceptionnellement le droit de veiller, s'approche de lui. Le grand-père qu'il commence seulement à être l'attire et la met sur ses genoux.

C'est dans cette ambiance de fin de repas familial – et celui-là était exceptionnel –, lorsque chacun se sent heureux et en harmonie avec les autres convives, que les journalistes, qui ont enfin retrouvé la trace de Seznec, font irruption dans la pièce.

Les flashes crépitent dans l'espace exigu, fixant le tableau de famille, et les questions commencent – cette longue suite de questions qui ne vont plus cesser et auxquelles il répondra inlassablement, soucieux qu'il est de faire avancer sa cause. Pour cette dernière fois, ces messieurs de la presse remarquent tout de suite que Seznec est moins buté, moins renfermé que lors du procès. La sagesse de l'âge et de l'expérience et aussi certainement la joie du retour.

– Qu'est-ce que vous allez faire maintenant pour vivre ? lui demande-t-on.

– Je sais travailler le cuir, répond-il. Je pourrai toujours aider mon gendre qui est sellier.

– Avez-vous toujours l'intention de vous battre pour prouver votre innocence ?

Mon grand-père se tourne vers l'homme qui a posé la question et se contente de hocher la tête affirmativement.

Les questions continuent, portant sur sa vie au bagne, sur ses impressions de retour. Bientôt, il commence à se sentir fatigué. Après tous ces événements qu'on ne contrôle pas, ces émotions, sa vieille carcasse a besoin de repos.

Il fait signe que c'est terminé et les journalistes sortent. Pour beaucoup d'entre eux la nuit sera blanche. Il leur faut rédiger leur papier, le téléphoner à la rédaction et continuer de guetter Seznec, car le feuilleton continue. Demain ils ont tous l'intention de ne pas le perdre de vue et d'assister à son retour au pays breton en suivant sa voiture.

Dans la petite salle à manger de l'hôtel, on s'embrasse en se souhaitant bonne nuit. Mon grand-père s'éloigne de son pas pesant et entre dans la chambre qui lui est destinée. Le lit où il s'étend est un vrai lit, un peu trop mou peut-être. Manque d'habitude. Dans l'obscurité de la nuit, il a du mal à s'endormir.

Il est libre... libre... Pourtant, il est triste : Marie-Jeanne n'est plus là et sa chère mère non plus, elles qui auraient été si heureuses. Mais certainement, Dieu permet qu'elles le voient en ce moment et Marie aussi, sa fille. Elles savent.

Au petit matin, dans la brume, la voiture où mon grand-père a pris place démarre, aussitôt suivie de son escorte de journalistes. Pendant tout le trajet, ils ne le quitteront pas d'un instant, se précipitant dès qu'il descend de voiture, l'accompagnant au cimetière quand il va se recueillir sur la tombe de sa femme. Il a dû les trouver bien gênants tous ces citadins, et bavards et bruyants. Ils ne respectent rien.

Mais il faut les supporter. C'est bien que la presse parle de lui. C'est bon pour la révision du procès.

C'est le branle-bas de combat lorsque les phares des voitures amenant mon grand-père trouent la nuit en arrivant à Kergleuchard, la petite maison de Plourin-Ploudalmézeau. Les dizaines de photographes qui s'étaient assoupis se réveillent en sursaut. Jeanne est là, qui court vers lui. Elle se jette dans ses bras et pleure de joie. Mon grand-père a les yeux humides. Ils entrent dans la petite salle et referment la porte sur les journalistes qui, pour une fois, se montrent discrets et n'insistent pas.

Retrouvailles... il fait connaissance avec les deux autres enfants de Jeanne, Bernard, quatre ans, et le bébé – c'est moi. Ma mère me dépose dans les bras de son père.

– Il sera aussi ton filleul, si tu veux bien, dit-elle. On a attendu ton retour pour le baptiser.

Mon grand-père me regarde, moi qui suis tout neuf et ignorant. Il a dû se sentir ému par cette vie qui commence. Ce nouveau-né représente l'espoir en quelque sorte, et il a dû y voir là comme un signe favorable qui lui insuffle du courage. Lui aussi commence une nouvelle vie. Peut-être est-ce pour cela qu'il me surnommera « l'enfant du destin »...

Sur la table de la salle à manger, il y a un télégramme du juge Hervé. Celui-ci fait savoir qu'il est toujours disponible pour travailler à la révision du procès. Ainsi donc, dès le début, personne ne doute que Guillaume Seznec va se battre. Nul ne songe à dire qu'après tout, maintenant, à soixante-dix ans, il pourrait tranquillement finir ses jours sans plus penser à cette affaire qui lui a gâché la vie...

Mon grand-père reprend contact avec sa Bretagne. Et toute la Bretagne apprend avec émotion le retour de celui qu'elle considère, encore et toujours, comme son héros. Dans le moindre petit hameau, dans le plus modeste village, on fête ce retour. Et on discute du combat qu'il faudra mener... Dans l'immédiat Seznec fait de longues promenades dans la lande, souvent accompagné de ses petits-enfants, Francette, Jean-Claude et Bernard. C'est drôle d'apercevoir la haute silhouette de cet homme avançant d'une allure régulière et les trois plus petites qui sautillent, courent dans tous les sens mais, toujours comme aimantées, qui reviennent vers lui.

Très peu de temps après son retour, mon grand-père se rend chez le juge Hervé. La rencontre est émouvante entre ces deux hommes que le destin a liés si fortement depuis tant d'années. Le petit homme rond, à cheveux blancs, avec des lunettes noires épaisses, et le grand vieillard un peu courbé se donnent l'accolade.

– Je voudrais vous dire merci, monsieur Hervé, dit mon grand-père. Je suis content de vous connaître avant de mourir. Merci, merci encore.

– Vous n'avez pas à me remercier, Seznec. J'ai toujours été certain de votre innocence. Un jour, à Paris, je suis allé voir votre femme, à l'hôpital Beaujon. Le médecin-chef m'a dit qu'elle était condamnée. Alors j'ai expliqué à votre femme ce que je savais, pour Plourivo. Ainsi, elle a appris les preuves indiscutables de votre innocence, et deux ou trois jours plus tard, elle était morte. Mais elle savait...

Mon grand-père s'est assis, ses mains posées sur les genoux, dans une attitude que ceux qui ont suivi son procès pourraient aisément reconnaître. Il pleure doucement, sans bruit, à sa manière, puis murmure :

– Si vous saviez comme c'est dur de se défendre, quand on est innocent...

Hervé est ému, mais son caractère bourru et réaliste reprend bientôt le dessus :

– Je vous le dis franchement, monsieur Seznec : ne vous faites pas trop d'illusions, vous ne l'obtiendrez pas facilement, votre réhabilitation ! Ce sera dur.

Mon grand-père acquiesce. Il s'en doute.

Il va prendre congé quand surgissent les inévitables journalistes. Photos...

– Je connais l'assassin de Quemeneur, clame Hervé, toujours enclin à forcer la note.

Les journalistes notent fébrilement ce propos, qui sera reproduit en première page de *Paris-Presse*.

Quelques jours plus tard, l'infatigable Mme Bosser fait savoir que la Ligue des droits de l'homme va reprendre le combat. Eugène Delahaye, l'ancien rédacteur en chef de *La Province*, ce journal qui, avec constance, a défendu la thèse de l'innocence, rédige maintenant des articles dans des petits bulletins. Il offre également ses services.

La vieille garde s'est reformée...

La thèse de Plourivo est reprise par la presse. Hervé s'exprime dans les colonnes des grands quotidiens nationaux et affirme qu'il pourra confondre l'assassin. La presse et l'opinion sont totalement acquises à la cause, même si certains titres peuvent surprendre, comme celui-ci : LA RÉHABILITATION DE SEZNEC LE RENDRA MULTIMILLIONNAIRE (*Samedi-Soir*, 28 mai 1948). Cette fois, personne n'attaque les défenseurs de Seznec : Louis Quemeneur vit prostré dans un hospice, Me Pouliquen est mort en 1943.

À Plourin-Ploudalmézeau, mon grand-père mène une existence paisible. Il essaie de se rendre utile en travaillant avec son gendre. Mais il découvre que celui-ci est beaucoup moins conciliant et facile à vivre qu'il n'y paraissait lors du premier contact. C'est pénible pour un homme de son âge de devoir supporter des réflexions. S'il ne s'agissait que de lui, il s'en accommoderait. Mais il y a Jeanne. Des disputes éclatent sans cesse entre les époux. S'il ne veut pas s'en mêler, il est bien obligé d'intervenir plusieurs fois pour défendre sa fille. Il songe donc à partir puisqu'il est l'un des objets de la discorde. Seulement Jeanne l'en dissuade toujours au dernier moment.

Vient un jour où Guillaume Seznec ne supporte plus cette atmosphère de tension. Non, décidément, il n'a pas sa place dans cette maison. Malgré le plaisir de vivre en compagnie de ses petits-enfants et de sa fille, il lui faut partir. Est-ce à cette époque qu'il déclare à ma mère, en me prenant dans ses bras : « Donne-moi Denis et je retourne au bagne ! » En tout cas, au-delà de son attachement pour le petit dernier, son filleul, je crois que ce cri du cœur exprime bien sa détresse.

Je repense souvent à cette période. Dans son île lointaine du bagne, mon grand-père avait dû rêver de la France et certainement idéaliser la vie qu'il retrouverait peut-être un jour, dans sa Bretagne. Une petite maison fleurie, ses deux fils et sa fille avec ses petits-enfants autour de lui. Un patriarche, en somme...

Mais très vite, passé les moments d'émotion et de joie du retour, libéré de tout le tintamarre de la presse déchaînée, la réalité avait dû lui apparaître bien différente. Ses fils sont devenus des hommes qu'il n'a pas vu grandir, presque des étrangers, leur vie est ailleurs. Sa petite Jeannette est malheureuse. Et à cause d'un homme qui fut un témoin favorable à son procès !

Il s'ouvre de ses difficultés à Mme Bosser qui lui trouve une petite maison à Riec-sur-Belon, dans le hameau de Rudeval. Pour lui, c'est à nouveau la solitude et les souvenirs qui affluent... Si ce n'était son inquiétude concernant Jeanne, sa nouvelle vie serait plutôt agréable. Il lie des rapports de bon voisinage avec les gens du village, d'amitié même avec la famille Berthou[1] chez laquelle il occupe un petit logement situé dans leur ferme et où il effectue quelques travaux. Mon grand-père mène l'existence d'un paisible vieillard, avec pour seule originalité l'objectif d'obtenir sa réhabilitation.

Et cela, les autorités ne l'oublient pas. On garde un œil vigilant sur cet empêcheur de tourner en rond. Le 6 avril 1948, le maire de Riec-sur-Belon reçoit une lettre de la préfecture du Finistère :

*Le nommé Seznec Joseph Marie, né le 1er mai 1878 à Plomodiern, interdit de séjour dans le Finistère mais autorisé*

1. Une famille extraordinaire, dont plusieurs membres ont combattu dans la Résistance. Le fils, revenu de Mauthausen, décédera peu après son retour, juste à l'époque où mon grand-père séjournait chez eux.

*par le ministre de l'Intérieur à résider à Ploudalmézeau pour une période de trois mois à compter du 24 janvier 1948, se trouve actuellement au village de Rudeval en votre commune.*

*L'intéressé, qui est employé par M. Berthou, cultivateur, a déclaré ne pas vouloir regagner Ploudalmézeau où il ne peut s'entendre avec son gendre.*

*Je vous serais obligé de vouloir bien me donner votre avis sur l'opportunité d'autoriser l'intéressé à résider dans votre commune. Il y aura lieu de l'inviter à formuler une demande écrite d'autorisation de séjour à Riec-sur-Belon en précisant les motifs de sa demande.*

*Vous voudrez bien en outre m'adresser en communication le carnet d'interdiction de séjour dont Seznec est titulaire.*

Paperasserie, tracasserie... La réponse du maire de Riec-sur-Belon concernant la conduite de Seznec est certainement favorable car le 16 juin 1948 le ministre de l'Intérieur écrit au préfet du Finistère :

*J'ai l'honneur de vous faire connaître qu'en raison des renseignements contenus dans votre lettre citée en référence et de l'avis émis par la commission prévue par le décret-loi du 30 octobre 1935, j'autorise le nommé Seznec Joseph dit Guillaume, interdit de séjour, à résider à Riec-sur-Belon pendant une nouvelle période de trois mois, et sous réserve d'une conduite irréprochable.*

3 octobre 1948, une dépêche de l'A.F.P. tombe sur les téléscripteurs des agences.

LA FILLE DE L'ANCIEN FORÇAT GUILLAUME SEZNEC ABAT SON MARI À COUPS DE REVOLVER.

*Cet après-midi, au cours d'une des nombreuses disputes qui éclataient dans son ménage depuis le retour du bagne de son père, Guillaume Seznec, la fille de l'ancien forçat a abattu de trois coups de revolver son mari, François Le Her, cinquante-six ans, avec lequel elle habitait à Plourin-Ploudalmézeau, près de Brest.*

*Interrogée par les gendarmes, la meurtrière, trente-six ans, s'est prétendue en état de légitime défense.*

Un drame à l'intérieur d'un drame. Malgré la version officielle, le meurtre de mon père est toujours demeuré mystérieux. J'allais avoir deux ans. Je ne l'ai donc vécu que dans les souvenirs de ceux qui m'en ont parlé. Et leurs confidences, faites séparément, coïncident suffisamment pour jeter le trouble.

Deux personnes seulement – en dehors de ma mère – étaient présentes le jour du meurtre. Un certain Émilien F. et une certaine Lydia O. qui habitaient chez nous à ce moment-là. Étranges personnages. Ils avaient fait connaissance de Le Her « par hasard » à Paris, puis avaient débarqué, un beau jour de juillet, chez lui en Bretagne, se présentant comme un couple dans le besoin. Ils avaient facilement convaincu mon père, qui avait bon cœur malgré tous ses défauts, de leur offrir l'hospitalité pour quelque temps. En échange Émilien F. devait remettre en bon état mécanique l'automobile. Ils s'incrusteront trois mois...

Pendant cette période – ce sont les Berthou qui me l'apprendront plus de vingt années plus tard – l'homme ira à Riec-sur-Belon pour essayer, en vain, de convaincre mon grand-père de revenir habiter chez son gendre mais en lui suggérant d'acheter auparavant un fusil « pour se défendre ». Contre qui ?

Juste avant la tragédie, le 3 octobre 1948, ce « couple » éloignera les enfants en demandant aux aînés d'emmener les petits – Bernard et moi – au bord de la rivière, distante de la maison. Ces deux « témoins » expliqueront à M. Sultana, le juge d'instruction chargé de l'affaire, comment Le Her s'était élancé sur son épouse en tentant de la saisir à la gorge ; comment Jeanne Seznec se dégagea ; comment Le Her tenta de se saisir du revolver qui était posé sur le buffet mais que sa femme, plus prompte que lui, prit. Puis tira. Émilien F. racontera qu'elle tenta de retourner l'arme contre elle, qu'il la ceintura, lui fit poser l'arme et la conduisit dans sa chambre.

Le juge Sultana retiendra la thèse de la légitime défense.

Il s'avérera plus tard que Lydia O. était en fait une prostituée, et Émilien F., un ancien légionnaire. Bien après le meurtre de mon père, des journalistes s'étonneront de l'avoir aperçu, un jour, à Brest, en compagnie de policiers en civil dans une ambiance de franche camaraderie.

Cette impression d'orchestration sera renforcée lorsque j'apprendrai également que, peu de temps avant déjà (alors que mon grand-père habitait encore chez nous), un homme était venu faire un séjour. Il avait entraîné Le Her à tirer au revolver dans le champ derrière la maison. On venait d'ailleurs de lui accorder un permis de port d'arme malgré sa pension d'aveugle. Cet inconnu se révélera être, en fait, un inspecteur de police.

En tout cas, là aussi, après avoir consulté tous les documents qui m'ont été remis récemment sur cette tragédie, je puis affirmer que si ma mère a peut-être tué (en légitime défense) – elle s'est accusée – j'ai acquis l'absolue certitude que toutes les conditions avaient été soigneusement réunies pour que ce drame éclate.

Le but était évident : en tentant de salir soit mon grand-père soit ma mère on essayait d'anéantir tout espoir de révision. On étouffait enfin cette campagne ininterrompue qui risquait à tout moment de faire ressortir autre chose de plus important. Le grain de sable a été l'opinion publique qui, immédiatement, s'est solidarisée avec ma mère. D'instinct elle a compris que c'étaient mon grand-père et sa cause qui étaient visés. Il faut dire que, depuis un certain temps, une bonne partie de la presse laissait entendre que l'affaire Seznec cachait en réalité une raison d'État.

De nouveau les Seznec font les gros titres des journaux. Tout d'abord, on insiste sur le drame lui-même, la malédiction, la fatalité. Et puis, dans un second temps, les hypothèses les plus folles commencent à fleurir. SEZNEC FUYAIT LE HER. QUEL SECRET Y AVAIT-IL ENTRE LES DEUX HOMMES ? EST-CE PAR PIÉTÉ FILIALE QUE JEANNE SEZNEC A ABATTU SON MARI ? (*Le Figaro*). – LE HER EMPORTE-T-IL UN SECRET AVEC LUI ? (*Le Parisien libéré*). – LE HER EN SAVAIT SANS DOUTE TRÈS LONG (*L'Humanité*). – LE SECRET DE LA MORT DE QUEMENEUR À-T-IL ÉTÉ EMPORTÉ DANS LA TOMBE PAR LE HER ? (*Paris-Presse*).

Pour mon grand-père, le coup est terrible, et double. En premier lieu, Jeanne, sa Jeannette, en prison. Et se retrouver entre les quatre murs d'une cellule, il sait ce que c'est, quelle souffrance, quel désarroi cela engendre. Mais ce qui le torture, c'est de se sentir responsable... Il aurait dû rester près d'elle pour la protéger, l'empêcher d'en venir à une telle extrémité. De toute façon, ce qui arrive est de sa faute : sans son affaire à lui, tout cela n'aurait pas eu lieu.

Pour le moment, il faut aller à Kergleuchard pour s'occuper des enfants, les protéger le plus possible.

Bien sûr, la meute des journalistes est là, qui le questionne, lui demande son avis. Il dit simplement ce qu'il sait de François Le Her, qu'il n'a jamais aimé, dont il s'est toujours méfié. Car il faut défendre Jeanne, maintenant.

Mais il y a plus urgent : empêcher que l'on mette les quatre enfants à l'Assistance publique. Déjà, le maire de Plourin-Ploudalmézeau, un juge de Brest et les gendarmes remplissent les formalités...

*Autour de la table, Francette, douze ans, Jean-Claude, quatorze ans, les aînés, pleurent à chaudes larmes, Bernard, cinq ans, dort sur le divan qui fut jusqu'à un an le lit du grand-père,* écrit Jean Klein dans *Le Télégramme* du 3 octobre 1948. *Le petit Denis, deux ans, pleure, effrayé par l'arrivée des inconnus. Devant eux la grande silhouette de Seznec, raidie par la douleur, des larmes roulent sur son visage brûlé, flétri. Où iront les enfants ? À qui les confiera-t-on ? Le maire parle de l'Assistance publique. Le mot crée l'épouvante. Les enfants s'accrochent au vieillard. La scène est déchirante. Il est impossible de nous défendre de l'émotion violente qui nous étouffe. Que fera-t-on des gosses qui n'ont vécu que des sacrifices de leur mère ? Seznec s'est planté droit devant le maire et devant le juge :*

*– J'ai tout de même quelques droits, n'est-ce pas ?*

*– Quels moyens avez-vous ?*

*Bien sûr qu'après vingt ans de bagne le vieillard n'a pas de grandes ressources...*

Finalement, devant la détermination de mon grand-père – et peut-être la crainte d'un scandale, d'une campagne de presse – le juge décide de ne pas insister.

Mon père était mort, ma mère en prison[1]. C'est à partir de ce jour que je n'ai plus parlé.

Peu de temps après, le 29 décembre 1948, il y a du nouveau dans l'affaire Seznec elle-même. Mme Moreau-Lalande, dont j'ai déjà évoqué le témoignage, est entendue par un inspecteur de police, à qui elle rapporte les propos tenus par son mari, peu après avoir rencontré l'inspecteur Bonny sur les Champs-Élysées. Celui-ci lui a avoué qu'il avait tout simplement dissimulé la machine à écrire dans la scierie.

Cette révélation – sur laquelle Mme Moreau-Lalande ne variera jamais – relance l'Affaire. À son témoignage s'ajoute celui de Léon Sacré[2] qui, on s'en souvient, jouait à la belote avec Bonny et l'avait entendu affirmer qu'il fabriquerait au besoin des preuves contre Seznec. Léon Sacré affirme que, pendant le procès, il avait écrit à ce sujet au président du Conseil, au garde des Sceaux et à Marie-Jeanne.

La presse en parle, refait de nouveau l'historique de tous les faits. Comment dans ces conditions ne pas reprendre l'enquête ? C'est certain, une décision va être prise en ce sens...

Le 17 mai 1949, la gendarmerie remet à Seznec copie d'une lettre que le procureur de la République de Quimper leur a adressée :

1. Elle sera remise en liberté le 20 novembre, soit après dix-sept jours de prison.

2. Venant corroborer les dires de Mme Moreau-Lalande et de Léon Sacré, l'écrivain Paule Corday rapporte, dans un livre paru aux Presses de la Cité, le témoignage d'un inspecteur principal en retraite : *Je suis un ancien collaborateur de M. Vidal, j'ai donc suivi l'affaire Seznec. C'est une affaire atroce comme je n'en ai jamais vu. Le commissaire Vidal est mort trois mois après sa retraite. Nous étions convaincus que Seznec était innocent.*

*Conformément aux instructions de M. le garde des Sceaux, je vous serais obligé de bien vouloir informer Seznec Guillaume, demeurant à Plourin, que la chancellerie a décidé de transmettre sa requête à la commission en révision des procès criminels et correctionnels.*

La révision est donc en marche ! Déjà les journaux n'hésitent pas à l'affirmer. LE PROCÈS SEZNEC SERA RÉVISÉ (*Paris-Presse, L'Intransigeant*). – VERS LA RÉVISION DU PROCÈS SEZNEC (*Franc-Tireur*).

Le 11 juillet 1949, le procureur de la République de Brest, M. Grimaldi, convoque Seznec et lui apprend que la commission en révision a émis un avis défavorable. Aucun des faits nouveaux invoqués n'a été retenu.

– Mais, proteste Seznec, et toute cette histoire de Plourivo... le juge Hervé m'avait pourtant assuré...

– Rien n'indique que les coups de feu tirés dans la propriété l'aient été le 27 mai 1923, comme il le prétend. La commission a estimé au contraire que c'était le 24 que les marins de la *Marie-Ernestine* ont dû entendre les détonations.

– Mais ce chauffeur qui a conduit Quemeneur à Traou-Nez ?

– M. Bolloch ? Il n'a pu affirmer avec certitude que c'est bien le conseiller qui était son passager.

Seznec cherche désespérément dans sa mémoire les arguments, les faits, qui devraient, à coup sûr, entraîner la révision...

– Et ce M. Léon Sacré, qui a reçu les confidences de Bonny, avec qui il jouait à la belote...

Le magistrat a un petit haussement d'épaules méprisant.

– Il est connu des services de police de Montauban comme étant de moralité douteuse.

– Mais enfin, et le témoignage de Mme Moreau-Lalande !

– Totalement invérifiable. Elle ne fait que rapporter des propos prêtés à son mari, qui est mort, malheureusement. Cela ne constitue pas un fait nouveau.

Mon grand-père se tait. Il est abasourdi. Pour le condamner, les magistrats ont pris en compte tous les ragots, toutes les rumeurs même invérifiables, les témoignages suspects, vagues ou sollicités. Mais, pour revenir sur leur décision, il leur faut des faits précis, étayés, de première main, vingt-cinq ans après ! Alors que c'est l'intime conviction des jurés qui l'a condamné, c'est un dossier de faits qui doit jouer dans la révision. Les plateaux de la balance ne sont vraiment pas au même niveau !

UN RÊVE DE VINGT ANS S'ÉCROULE : LE PROCÈS SEZNEC NE SERA PAS RÉVISÉ (*France-Soir* du 14 juillet).

Si la déception de mon grand-père est immense, pour le moment un autre événement requiert son attention.

Le 20 juillet 1949 aux assises de Quimper – là où s'était déroulé son procès – s'ouvre celui de sa fille Jeanne.

Dans cette vieille salle d'audience qui semble figée dans le temps, comme vingt-cinq années auparavant, les immenses tentures cramoisies sont toujours les mêmes ainsi que la longue table de bois provisoire que l'on a réinstallée à nouveau. Tout est pareil, sauf que, dans le box des accusés – dont le bougeoir au-dessus est toujours de travers –, à la place de mon grand-père, c'est ma mère. Toujours cette ambiance électrique, avec les juges en rouge, les jurés aux visages impassibles, le public nombreux, les journalistes, la tension... Mon grand-père revit son propre supplice.

Cependant, le ton n'est plus le même. Le président ne se comporte pas en accusateur ; il s'adresse à Jeanne en montrant de la compréhension. « Il est difficile d'être plus malheureuse que vous l'avez été », lui dit-il par exemple. L'avocat de la famille Le Her est Me Henri Torrès, un « ténor » du barreau, qui peut se montrer virulent. L'une de ses attaques est d'ailleurs d'une telle violence que Me Raymond Hubert, défenseur de Jeanne Seznec, fait témoigner le commandant des F.F.I. de Brest, le colonel Aucher, pour faire l'éloge de l'accusée. La Résistance ne l'oublie pas : pendant la guerre, elle avait permis de sauver plusieurs pilotes de la R.A.F. en perdition en les cachant chez elle.

Curieux procès en vérité. Les témoins se succèdent à la barre pour dénigrer François Le Her. C'est lui l'accusé en quelque sorte. Il faut dire que, bien qu'on n'y fasse pas allusion, l'ombre de l'« autre procès » plane sur la salle d'audience.

– J'ai peur que votre verdict ne corresponde à une sorte de réhabilitation de Guillaume Seznec, lance aux jurés Me Jaffré, autre avocat de la partie civile. Je ne redoute qu'une seule chose, c'est que l'acquittement de Jeanne Seznec ne se transforme en apothéose. C'est pourquoi je réclame une peine de principe...

Il n'a pas fini sa phrase que celle-ci est couverte par les cris de réprobation de l'assistance. Le président doit encore menacer de faire évacuer la salle – ce qu'il a effectivement fait appliquer plusieurs fois les jours précédents – pour obtenir le silence.

Le procureur de la République, lui, désire obtenir « la peine la plus légère possible car, dit-il, c'est vrai, toute la vie de Jeanne Seznec a été un long martyre ». Il assure que le minimum prévu par le code (cinq années de prison) ne sera même pas appliqué : une demande en grâce accompagnera la sentence afin de la réduire et l'assortir du sursis. On ne peut faire réquisitoire plus doux...

Me Raymond Hubert fait une plaidoirie très courte et demande l'acquittement pur et simple. Réfutant la proposition du procureur, il dit, regardant mon grand-père : « Les recours en grâce sont longs. Vous le savez, Seznec ! » Puis, s'adressant au jury :

– Jurés du Finistère, une fois encore, tous les yeux sont braqués sur vous. Cette fois, laissez parler votre cœur ! Je vous adjure, acquittez Jeanne Seznec ! Si ce n'est au nom de la justice, acquittez-la pour les quatre enfants qui l'attendent silencieusement !

Après deux minutes à peine de délibération ma mère est acquittée à l'unanimité des voix du jury.

*Dans le silence le plus absolu,* écrit *Le Figaro, le « non » tant attendu que prononça le conseiller du Penhoat souleva l'enthousiasme de l'assistance. Debout sur les bancs et les barrières, hommes et femmes applaudirent et acclamèrent l'acquittée. Prompt en dépit de ses soixante et onze ans à enjamber le box qu'il franchit jadis et qui retenait toujours sa fille prisonnière, le vieux Guillaume Seznec étreignit l'avocat dont les arguments avaient, quelques instants plus tôt, fait pleurer les membres du jury. Impuissants à endiguer le flot humain qui les assaillait, les gardes le laissèrent envahir le prétoire.*

Pourquoi un si grand empressement à rendre un verdict d'acquittement déclarant ainsi définitivement qu'il n'y avait ni meurtre ni assassinat ? Et pourquoi, dès le début – alors que la légitime défense n'était pas encore démontrée – celui-ci apparaissait-il déjà certain ? L'opinion certes était totalement acquise à ma mère et à mon grand-père, mais le président des assises et le procureur de la République eux-mêmes, par leurs propos, avaient nettement indiqué de quel côté, cette fois-ci, le balancier de la justice devait pencher. La plupart des observateurs verront dans ce jugement de clémence – inconcevable dans tout autre procès similaire – la volonté de la justice de se rattraper.

*La justice de Bretagne est quitte,* commente Jacques Derogy dans *Libération. En blanchissant la fille, elle s'est débarrassée du même coup des remords et des doutes qui la travaillaient depuis vingt-cinq ans qu'elle avait condamné, peut-être à tort, le père. L'affaire du vieux Seznec ne reviendra probablement pas sur le tapis. Tant pis pour la vérité.*

Le paradoxe est que ma mère soit acquittée d'un meurtre qu'elle a reconnu et que son père ait été condamné pour un crime qu'il n'avait pas commis.

Le 6 août 1949, la Vierge apparut à Jeanne-Louise Ramonet, humble paysanne bretonne vivant avec ses sœurs dans une petite ferme de Kerizinen, hameau de trois maisons sur la commune de Plounévez-Lochrist, entre Brest et Morlaix. La Vierge, Jeanne-Louise l'a déjà vue apparaître plusieurs fois depuis septembre 1938. Cette fois, comme Jeanne-Louise se plaignait de la cruelle incompréhension dont elle était l'objet, la Vierge lui délivra ce message : *Tu n'es d'ailleurs pas la seule à être ainsi accusée à tort. Vois cet homme, M. Guillaume Seznec, qui vient de payer, pour un coupable, de nombreuses années de prison. Avec quelle foi il a supporté l'épreuve de la captivité, lui pourtant innocent. L'innocence de cet homme fera revivre la justice de ton pays.*

Dans ce même message, la Vierge demandait qu'une chapelle fût bâtie, souhait qui sera exaucé en 1978. Kerizinen demeure un très important lieu de foi et nombreux sont les pèlerins qui connaissent le message de la Vierge concernant mon grand-père, message qui allait raviver la détermination des partisans de son innocence.

En décembre 1950, les habitants de Saint-Nicolas-de-la-Grave, entre Castelsarrasin et Moissac, dans le Tarn-et-Garonne, voient passer dans la rue centrale un vieil homme sec, longiligne, promenant deux enfants. Parfois, il est suivi de photographes et de journalistes. Calmement, l'homme se prête aux questions, aux photos, puis reprend sa promenade. Ils apprennent par leur journal qu'il s'agit de Guillaume Seznec.

Cet « exil » a été conseillé par le médecin, l'état de santé de mon grand-père ne supportant plus le climat breton. Léon Sacré, apprenant ce problème, a tout de suite proposé son hospitalité, le temps de voir venir, car le garagiste de Montauban, qui se bat depuis si longtemps pour faire entendre son témoignage sur les propos de Bonny au café, s'est complètement investi dans l'Affaire, d'où cette générosité qui vient à point nommé. En effet, pour Guillaume Seznec, la situation est difficile. Jeanne a été acquittée bien sûr, mais elle n'a pas de ressources et il lui faut élever ses quatre enfants. Il a à nouveau charge de famille.

Léon Sacré met son hôte en rapport avec un agent d'affaires de Moissac, Ernest Bord, qui a un point commun avec son client éventuel : il connaît bien le bagne pour y avoir séjourné de 1931 à 1933... en qualité de surveillant. C'est par son intermédiaire qu'une maison est achetée – une partie comptant et le reste à crédit – à Saint-Nicolas-de-la-Grave. Une maison qui se trouve rue... La Mothe-

Cadillac ! Tel est le nom en effet de l'inventeur de cette fameuse voiture, un Français vivant à Detroit en 1903. Le monde est vraiment petit...

C'est donc là que mon grand-père s'installe en compagnie de Jeanne et de trois de ses enfants (Jean-Claude, quinze ans, Bernard, six ans, et moi, trois ans). Francette, treize ans, boursière au lycée de Brest, est restée dans cette ville pour continuer ses études.

Au fil des mois, dans le village, on s'habitue à cet homme calme, que bientôt les journalistes cessent d'importuner. Tout rentre dans l'ordre de la vie quotidienne. Les Seznec sont des gens tranquilles, qui ne posent pas de problèmes. L'instituteur promet à Jeanne qu'il donnera gratuitement des leçons particulières à Jean-Claude afin que celui-ci puisse passer avec succès son concours d'admission de pupille à l'École de la marine de Brest.

Période de tranquillité. Mon grand-père se rend quelquefois au bistrot du village, le Café de Paris, tenu par un Breton. Il y retrouve un commandant en retraite, deux notables du village. On parle quelquefois de l'Affaire, du bagne...

– Là-bas, mes meilleurs compagnons, explique-t-il, c'étaient René Jean, qui avait assassiné une rentière à la Villette, et Guillot, l'étrangleur.

On le regarde avec étonnement, et puis on remarque une petite lueur d'humour qui danse au fond de ses yeux...

– Et la révision de votre procès ?

– C'est M^e^ Raymond Hubert qui s'occupe de ça, dit Seznec. Il a fait de nombreuses démarches.

– Et puis, il y a eu cette déclaration à la radio du président de la Ligue des droits de l'homme, renchérit un consommateur. Je l'ai entendu, il est à fond pour vous.

– On a dit aussi à la radio qu'on allait tourner l'histoire de votre vie, au cinéma. C'est vrai, ça ?

C'est vrai. Début 1950, André Cayatte, dont nous savons qu'il fut avocat aux côtés de Philippe Lamour lors du procès du juge Hervé, a rencontré mon grand-père, discuté avec lui de son projet. Il y a longtemps que Cayatte a abandonné la robe pour réaliser des films. Sa carrière a commencé en 1942, mais le film qui l'a révélé, c'est *Les Amants de Vérone,* en 1948.

– Cette fois, avec *Seznec est innocent,* ce n'est pas un film que je veux faire, explique-t-il à la presse, mais plutôt un dossier, une sorte de grand documentaire. Des témoignages irréfutables ont établi que c'était Bonny qui avait machiné les preuves qui ont accablé Seznec. J'espère, par ce film, démontrer cela de façon limpide, afin de faire éclater, sans doute possible, la vérité.

– Mais vous utiliserez tout de même des comédiens ?

– Le moins possible. Des témoins et des jurés encore vivants participeront d'ailleurs au tournage. La fille de Seznec et Seznec lui-même parleront et je me bornerai à illustrer leurs propos par des images.

– Espérez-vous que votre film suscitera un mouvement d'opinion assez fort pour hâter la révision du procès, qui a été demandée par les avocats de Seznec aussitôt après son retour du bagne ?

– Nous ferons tout pour qu'à l'issue du spectacle le public signe les pétitions, s'il en est encore besoin.

Le tournage du film est prévu pour avril 1951. En attendant, on fait des essais, on tourne une petite séquence. Avec l'avance qu'il reçoit sur le film, mon grand-père peut « remonter » à Paris. Il achète une 4CV et décide de se rendre avec Jeanne et les quatre enfants – entassés à l'arrière – à Lourdes pour faire ses adieux à Marianne, sa sœur.

Si le temps est au beau fixe, la route est sinueuse. Lorsque, brutalement, dans une descente, Jeanne, qui conduit, s'aperçoit avec terreur qu'il n'y a plus de freins. La voiture folle franchit le parapet et tombe dans le précipice. Malgré plusieurs tonneaux et de nombreuses contusions, la petite famille s'en sort pratiquement indemne. « Un vrai miracle ! » dira ma mère. En revanche la Renault a souffert, et cela bien avant l'accident : le garagiste signalera et les gendarmes constateront que sa direction avait été cisaillée.

À Paris ma mère loue un petit deux-pièces dans une cité, rue du Chevaleret, près de la gare de Bercy et cherche du travail.

C'est à cette époque que Claude Sylvane, une journaliste, lui propose de recueillir ses confidences pour écrire un livre sur sa vie. La collaboration s'instaure et le 15 avril 1950 paraît *Notre bagne,* signé Jane Seznec. La sortie du livre, précédée d'une abondante publicité à la radio, de la publication de larges extraits dans les journaux, est un « événement médiatique », comme on dirait aujourd'hui. L'éditeur, qui a vu grand, organise un énorme meeting salle Wagram, point de départ d'une tournée de conférences dans la France entière, de signatures dans de nombreuses librairies...

Le meeting, où se pressent plus de cinq mille personnes, dont de nombreux Bretons de Paris, est un immense succès. La salle Wagram, archicomble, est en délire, vibrante de générosité et d'enthousiasme. Mon grand-père, à la tribune, aux côtés de Me Hubert, d'Émile Kahn, président de la Ligue des droits de l'homme, est touché, réconforté, de voir cette foule acquise à son innocence.

Pourtant, il se prête à toutes ces manifestations avec une certaine réticence, vaguement conscient qu'il est d'y être exhibé, à la fois comme un martyr et un artiste de music-hall... mais tant pis, si c'est nécessaire à la réhabilitation ! Il est vrai que ceux qui l'entourent sans cesse – Me Raymond Hubert, Claude Sylvane, Cécile Denoël l'éditeur – forment une sorte de garde qui le soutient. Ils savent, eux, parler au micro, à la presse, trouver les mots justes qui tirent les larmes.

N'empêche, il est bien content quand il peut revenir dans le petit logement de la rue du Chevaleret, goûter tranquillement à la vie de famille, avec nous. Une vie qui est toujours aussi difficile : l'avance financière donnée pour le film a fondu et Cayatte semble rencontrer des difficultés pour mener son projet à bien. Jeanne gagne (mal) sa vie comme garde-malade. Elle n'a pas touché un centime sur la vente du livre, un best-seller au demeurant. Et puis, le juge Hervé est mort le 19 mai 1950.

Francette, Bernard, Denis... ils sont sa joie. Il y a Jean-Claude aussi qui, engagé dans la marine, envoie des cartes postales au fil de ses escales.

Mars 1951. Le scénario du film de Cayatte est présenté à la commission de contrôle du cinéma, organisme de censure officieuse. L'ordre moral que cet organisme prétend faire régner a provoqué l'année précédente la démission de tous les professionnels qui y siégeaient.

Sur intervention personnelle du ministre de la Justice, René Mayer, la commission lui interdit de tourner son film. Plus précisément, elle refuse son accord préalable, ce qui supprime à la fois la possibilité d'un emprunt au Crédit national et tout droit à une allocation de pellicule. Pratiquement, André Cayatte est mis dans l'impossibilité de tourner. Les raisons officielles de cette décision, on les trouve dans la lettre adressée par le garde des Sceaux aux membres de la commission : *Le cinéma est le seul moyen d'expression qui pénètre toutes les couches de la société. Il ne peut s'emparer d'une affaire criminelle qui comporte des personnages vivants alors qu'il ne comporte pas de droit de réponse. De plus, le film est traité de telle manière que le spectateur sortira convaincu de l'innocence de Seznec. Représentant de la justice qui l'a condamné, le ministre se refuse à patronner un film (par l'acceptation de son délégué) dont il se réserve de poursuivre l'auteur en vertu de l'article 38 de la loi du 24 juillet 1881 qui interdit « sous peine de 50 francs d'amende les représentations photographiques et gravures ayant trait à une affaire criminelle ».*

Immédiatement, c'est le tollé. Des intellectuels, des artistes, protestent, la Ligue des droits de l'homme condamne cette interdiction. La presse se déchaîne : UN GRAVE INCIDENT À LA CENSURE CINÉMATOGRAPHIQUE. *Cayatte sera-t-il empêché de tourner son film sur l'affaire Seznec ?* (*Le Figaro*). – LA CENSURE CONDAMNE SEZNEC UNE DEUXIÈME FOIS (*Paris-Match*). Cet hebdomadaire ajoute :

*Le ministre termine avec véhémence en précisant que, si la commission se refuse à le suivre, il en appellera à la solidarité ministérielle. Le cabinet Queuille est en danger !* Ainsi donc, une affaire vieille de trente ans entre un petit notable et un modeste industriel bretons risquerait de faire tomber le gouvernement de la France !

André Cayatte est reçu par le président de la République, Vincent Auriol. Celui-ci semble sensible à ses arguments et promet qu'il agira ; mais, d'un autre côté, René Mayer ne semble pas vouloir en démordre. Un meeting de protestation est prévu salle Pleyel pour le 11 mai.

Quelques heures avant sa tenue, le ministère de l'Information diffuse un long communiqué dénonçant le scénario qui jette le discrédit sur l'autorité de la justice, et, au terme duquel il conclut : *Dans ces conditions, il n'est pas possible de dire, à l'heure actuelle, que le film sur l'affaire Seznec est autorisé ou interdit, la décision ne devant intervenir qu'après son achèvement.*

Cette attitude, qui paraît plus conciliante, ne donne en réalité pas plus de chances au film : il est évident qu'aucun producteur n'engagera de l'argent sur un sujet aussi « difficile », sachant que la commission n'hésitera pas à interdire la sortie du film en salle. André Cayatte en fera d'ailleurs l'expérience à ses dépens. Plus tard, il écrira : *J'ai renoncé à tourner l'affaire Seznec car il existe une mystérieuse opposition qui exerce un très fort pouvoir. Mais je suis resté obsédé par cette affaire. J'aurais voulu la reconstituer à l'écran. C'eût été aller au-devant de toutes sortes de difficultés et d'interdits. J'ai alors tourné des films qui, sous une fiction, en utilisaient des éléments. Ainsi sont nés* Justice est faite, Nous sommes tous des assassins, Avant le déluge, Le Dossier noir, Le Glaive et la Balance.

Le 14 novembre 1953, mon grand-père revient d'une visite au cabinet de Me Biaggi, qui assiste Me Raymond Hubert. Il est 18 h 30.

Il s'apprête à traverser, à l'angle de l'avenue des Gobelins et du boulevard Saint-Marcel, quand une camionnette, surgie à vive allure, le heurte violemment et prend la fuite. Blessé à la tête, mon grand-père perd connaissance. On le conduit à l'hôpital de la Pitié, où il reste quarante-huit heures dans le coma.

Puis il passe dans un état de semi-conscience pendant lequel il balbutie des mots qui reviennent comme un leitmotiv : Houdan, Quemeneur, Plourivo... Quelquefois, c'est de Marie qu'il parle, sa petite Marie, morte à Jersey...

La police, de son côté, mène son enquête. Au bout de trois jours, le chauffeur est retrouvé. « Je ne me suis pas aperçu de l'accident », affirme-t-il.

Ma mère ne quitte guère le chevet de son père. Un jour, il lui fait signe de se pencher : il veut dire quelque chose.

– Jeanne, cette nuit, j'étais avec Marie... elle avait sa robe de carmélite, avec ses longs cheveux noirs... nous sommes allés à Traou-Nez. Là, elle m'a montré SA tombe.

Ma mère est fortement impressionnée par la vision que ces mots font naître en elle. Elle écoute avec avidité.

– ... Il a été tué de deux balles dans la tête, poursuit mon grand-père. Ils l'ont enterré sous une fontaine, derrière la maison, sur la gauche en descendant vers la rivière... le corps est sous une grande dalle...

Cela peut paraître irrationnel, mais ma mère, et en cela elle est bien bretonne, croit à la possibilité que ce rêve, cette hallucination de son père, délivre enfin la vérité ; elle en est si persuadée qu'elle en parle à des amis, devant la nuée de journalistes qui campe devant l'hôpital.

Immédiatement, la nouvelle surgit à la une des journaux : SUR SON LIT D'HÔPITAL, À PARIS, SEZNEC INDIQUE L'ENDROIT OÙ SERAIT ENTERRÉ LE CORPS DE QUEMENEUR (*France-Soir*). – COMMOTIONNÉ À LA SUITE D'UN ACCIDENT, SEZNEC PARLE : LE CORPS DE QUEMENEUR ENTERRÉ À PLOURIVO PROUVE MON INNOCENCE (*Le Parisien libéré*).

La Sûreté nationale dépêche à l'hôpital un commissaire principal, Gillard, qui demande des précisions à Seznec. Ou l'esprit du vieil homme bat complètement la campagne, ou il libère ce qu'il savait depuis longtemps, doit-il se dire. Dans le doute, le policier décide de faire entreprendre des fouilles à Plourivo. Dans le même temps, on dépêche un certain inspecteur Borniche pour mener une enquête au sein de la famille Seznec, car les propos les plus fous circulent et alimentent toutes sortes de ragots.

L'épisode qui suit est pathétique. Un matin, à l'aube, une armée de journalistes et de photographes investit la propriété de Plourivo. Jeanne est là, décidée, impatiente. Sans attendre l'arrivée des policiers, elle cherche à déterminer l'emplacement de la sépulture du conseiller général Quemeneur. Près de la fontaine, peut-être. Avec une pelle empruntée au gardien, elle s'attaque au sol rocailleux, sous l'œil impassible du commissaire Gillard. Les feuilles mortes volent, les flashes crépitent, les journalistes radio tiennent leurs auditeurs en haleine en commentant la scène d'une voix émue, un radiesthésiste se livre à des recherches en tenant son pendule à bout de bras... Et voilà que ma mère abandonne son ouvrage. Le sol est vraiment trop dur à cet endroit. Il n'a sans doute pas été remué depuis des temps immémoriaux. Elle s'attaque à un autre lieu qui lui semble plus adéquat. Malgré le froid de novembre, la fille de Seznec est bientôt en sueur, et la pelle ne rencontre que la terre. Comme ses deux frères, en 1936 avenue La Bourdonnais, elle creuse. Quelques journalistes, gagnés par une sorte de frénésie, viennent la relayer sous l'œil goguenard de leurs confrères.

La fosse commence à être profonde quand surgissent des gendarmes, ordonnant de cesser immédiatement toute fouille – ordre des autorités.

De mauvaise grâce, Jeanne s'exécute.

Ce n'est que le lendemain que les travaux reprennent, mais cette fois sous la direction de la police judiciaire de Rennes. Protégés par des gendarmes, des terrassiers se mettent au travail, sous le regard d'une foule de badauds, contenue par des barrières. Des milliers de curieux sont accourus, certains à bord d'autocars spécialement affrétés. Une immense mascarade, habilement orchestrée par la police – qui s'est bien gardée de faire les moindres recherches en son temps – , va se dérouler pendant plusieurs jours. DE QUI EST LE SCÉNARIO ? titre *Libération*. *Le Parisien*, quant à lui, s'étonne : NI HOUDAN NI PLOURIVO NE CACHENT UN SECRET : C'EST À LAMBÉZELLEC QU'IL FAUT CHERCHER LA SOLUTION DE L'ÉNIGME SEZNEC. LE DOSSIER DES TRAFIQUANTS DOIT D'ABORD ÊTRE OUVERT. La presse étrangère est également présente, donnant à l'événement sa dimension internationale.

À la nuit, rien n'a été trouvé. Policiers et journalistes regagnent leurs hôtels, à Paimpol ou à Guingamp. L'atmosphère est un peu tendue.

Le lendemain, dès le matin, on recommence à creuser.

Sans succès.

Cette fois, la presse, qui a pourtant exploité l'événement pour son plus grand bénéfice – jusqu'à publier l'Affaire en bande dessinée ! –, monte sur ses grands chevaux et prend des airs offensés : LA BOMBE SEZNEC SE RÉVÈLE ÊTRE UN PÉTARD MOUILLÉ (*Le Figaro*). – LES SCÈNES DE PLOURIVO ONT TOURNÉ AU BURLESQUE (*L'Aurore*).

La tension remonte quand on annonce l'arrivée sur les lieux de Seznec en personne, sortant juste de l'hôpital. C'est le directeur de l'hebdomadaire *Radar* qui a eu cette idée. Quel coup publicitaire formidable en perspective ! Les curieux se précipitent à nouveau... Une grosse voiture noire arrive dans la cohue. On aperçoit à l'arrière un vieillard au visage blanc, fatigué. L'agitation est telle que, devant l'état de santé de mon grand-père, les promoteurs du projet prennent peur et y renoncent.

Provisoirement.

Quelques jours plus tard, mon grand-père est de nouveau conduit à Plourivo, en compagnie des seuls reporters de *Radar*. A-t-il été reconnu en cours de route ou bien y a-t-il eu des fuites, toujours est-il qu'arrivé à Plourivo une foule déchaînée attend le cortège d'autos. Et lorsque la voiture dans laquelle il a été installé veut se frayer un chemin, on frappe sur la carrosserie, on crie « Réhabilitez Seznec ! » On veut l'embrasser, le toucher, c'est effrayant. Enfin, une escorte musclée vient le dégager et lui permettre d'entrer dans la propriété. Là, en se retrouvant seul, avec Jeanne à ses côtés, s'est-il interrogé sur la versatilité des gens en se remémorant la foule haineuse qui, à ce moment-là, l'insultait tout le long du parcours le menant de la prison au palais de justice de Quimper ?

De loin on le photographie, tandis qu'il marche dans le parc, hésitant, songeur, vacillant, ému de fouler le sol de cette propriété qu'il avait achetée, jadis, pour s'y installer avec sa famille et y vivre des jours heureux. Il est chez lui, après tout. Les dollars-or, il les a bien donnés à Quemeneur. Mais tout cela lui semble comme une histoire arrivée à un autre homme. Il se sent fatigué, très fatigué.

Janvier 1954. Dans le cabinet d'un juge d'instruction, mon grand-père est mis en présence du chauffeur de la camionnette qui l'a renversé. L'homme semble de bonne foi, dépassé par les événements. Visiblement, il s'agit d'un banal accident de la circulation... mais pourquoi a-t-il pris la fuite ? Parce qu'il n'a pas senti le choc, explique-t-il.

Ma mère a la conviction, elle, qu'un inconnu a volontairement poussé son père sous les roues de la camionnette. Cet homme, un fleuriste de l'avenue des Gobelins l'aurait vu – grand, cheveux châtains, fine moustache. C'est d'ailleurs le signalement de l'individu qui, le lendemain de l'accident, selon des témoins, est venu demander des nouvelles de Seznec à l'hôpital de la Pitié avant que la police ne vienne garder sa chambre.

Une bonne partie de la presse partage la conviction de ma mère. SEZNEC A-T-IL ÉTÉ POUSSÉ SOUS LA ROUE DU CAMION QUI LE BLESSA ? s'interroge *Combat*.

Jamais cette hypothèse n'a été vérifiée.

Le 13 février 1954, dans l'après-midi, Guillaume Seznec se sent soudain mal, très fatigué. Dans le petit logement de la rue du Chevaleret, il s'étend sur son lit. Jeanne est là, proche de lui. Il la regarde une dernière fois, ferme les yeux.

– Maman, on m'a fait trop de mal, murmure-t-il.
La mort l'emporte.
Il sera enterré à Plomodiern, près de sa mère.

Ainsi mon grand-père est mort. Soixante-seize ans, toute une vie – dont un tiers passé au bagne – sans avoir obtenu la révision de son procès. Il aura espéré jusqu'au bout, malgré toutes les déceptions successives.

HÉROS D'UNE DES PLUS EXTRAORDINAIRES AFFAIRES DU SIÈCLE, L'ANCIEN FORÇAT GUILLAUME SEZNEC EST MORT. – LES HOMMES NE POURRONT PLUS RÉHABILITER SEZNEC. – ADIEU À GUILLAUME SEZNEC, titre la presse. Mais le plus bel hommage rendu par celle-ci à mon grand-père figure à la une de *Franc-Tireur,* surmontant une grande photo montrant la neige tombant sur le catafalque installé rue du Chevaleret : UN LINCEUL BLANC POUR SEZNEC : IL NEIGE SUR PARIS...

Mais il aura été écrit que, même mort, la justice ne laisserait pas mon grand-père en paix, car le 16 février le parquet ordonne une autopsie...

Ma mère, tout naturellement, poursuit la lutte entreprise. Et cela malgré les mille difficultés matérielles dans lesquelles elle se débat. Par exemple les frais des obsèques (45 188 francs, somme très élevée, le service ayant été conçu en fonction des milliers de personnes venues rendre un dernier hommage à Seznec et tenant compte du transport de son corps en Bretagne). Ces obsèques devaient, disait-on, être prises en charge par certains journaux. La fierté de ma mère n'ayant d'égale que sa naïveté – son père, dès son plus jeune âge, lui a inculqué de ne jamais rien demander à personne – elle paie. Elle règle aussi les 25 000 francs d'huissier accompagnant la note jusqu'au dernier centime. Pour cela, elle emprunte une bonne partie de l'argent et met les objets « précieux » que nous possédons –

la machine à coudre, le poste de T.S.F. et tous les draps – au Mont-de-piété.

Le rapport d'autopsie établi par le Pr Piedelièvre est rendu public. Il indique que le décès de Guillaume Seznec est la conséquence directe de son accident.

Le 17 janvier 1955, ma mère et mon frère aîné, assistés par un jeune avocat, Me Robert Badinter, déposent plainte. La mort « accidentelle » de mon grand-père nous a toujours semblé suspecte. Les autorités, tout en reconnaissant officiellement que le choc a été la cause de la mort, classent cependant le dossier, faute d'éléments suffisants. La compagnie d'assurances, elle, considère les circonstances de l'accident comme suspectes et refuse de classer le décès comme accidentel. Ce qui lui évite, aussi, de payer un dédommagement que nous ne lui avions d'ailleurs pas demandé...

EN MARGE DE L'AFFAIRE SEZNEC : L'ACCIDENT DU CARREFOUR DES GOBELINS À PARIS A-T-IL ÉTÉ UN ASSASSINAT ? s'interroge *Le Matin* d'Anvers. Beaucoup plus tard, en 1990, je recevrai de M. Claude Lafaye, du Centre national du cinéma français, un témoignage qui semble répondre par l'affirmative à la question du quotidien belge. En voici les principaux extraits :

*Très lié à Claude Bonnefoy, connu lorsqu'en 1948 je venais de publier mes premiers articles, je l'avais souvent à dîner. Un jour il m'invita chez lui, rue du Château-des-Rentiers, chez son oncle. Je connus donc M. et Mme Bonnefoy et, un jour, René Bonnefoy m'expliqua qu'il n'était pas l'oncle mais le père de Claude. Il avait attendu, pour me le dire, de me « tester » en m'expliquant quel poste il avait occupé – secrétaire général à l'information pendant le régime de Vichy. Il était encore sous le coup d'une condamnation à mort par contumace et vivait de divers travaux littéraires et artistiques – sous des pseudonymes.*

*Un jour, par hasard, au cours d'une conversation à bâtons rompus, il me raconta qu'il avait été témoin d'un « accident qui n'en était absolument pas un ». (...) Un matin, très tôt, alors qu'il était sur l'avenue des Gobelins, il avait vu devant lui Seznec. « J'avais assisté au procès qui m'avait forcément passionné et je l'ai tout de suite reconnu car j'ai, vous pensez bien, tout lu depuis sur lui : j'avais le temps ! Un camion est monté sur le trottoir, l'a fauché et est parti aussitôt. Ce n'est pas un accident. Or, de par ma situation, j'étais le seul à ne pouvoir témoigner. Terrible, n'est-ce pas ? »*

Bien sûr, je me suis livré à une petite enquête. Le 18 juillet 1948, René Bonnefoy a été effectivement condamné à mort par contumace. Depuis, il se cachait dans le quartier des Gobelins. Jusqu'au 15 mars 1955, jour où il se présentera devant la Haute Cour de justice (celle-ci réduira sa peine à cinq années d'indignité nationale).

Témoignage fort crédible, donc.

Et puis, il y a ce témoignage de Mme Soulié, communiqué en 1979 à Europe 1. Son beau-frère, Augustin Soulié, était de service à l'hôpital de la Pitié, service 7 de chirurgie, le soir où l'on amena Seznec. Et on lui dit : *Cet homme a été assassiné, renversé volontairement. Nous avons là Seznec, écrasé sur un passage clouté, il est gardé au secret par la police.*

Guillaume Seznec assassiné ? Beaucoup de gens le pensent. Je me garderai de l'affirmer, en me livrant à des affirmations sans preuves, mais il ne me paraît pas du tout illogique qu'on ait voulu se débarrasser de lui. Non parce qu'il aurait été détenteur d'un quelconque secret, mais tout simplement parce que, tant qu'il était vivant, la campagne pour la révision de son procès risquait de faire sortir au grand jour certaines révélations sur le trafic des Cadillac, un trafic dont j'ai dit à quel point il avait été « couvert » (sinon organisé) par les sphères dirigeantes au pouvoir.

Il neige sur Paris...

En 1955, ma mère n'est pas seule à combattre. De nombreux amis la soutiennent, acharnés à faire éclater la vérité. Un nouvel allié s'est joint à eux depuis l'année précédente. Il se nomme Claude Bal.

Ce jeune journaliste de *Paris-Match,* fougueux, volubile, fonceur, s'est présenté un beau jour rue du Chevaleret. Sa conviction affichée de l'innocence de mon grand-père, et la détermination qu'il exprime de la prouver, ont séduit. Mon grand-père, fatigué aussi bien physiquement que moralement, accepte les conditions exigées par le visiteur : l'entière exclusivité de tous les dossiers et de la direction du combat pour la révision.

Avec cet homme de presse, l'Affaire est relancée auprès du public, en même temps qu'elle prend une tournure plus sensationnelle.

Après avoir tâtonné quelque temps, en enquêtant dans plusieurs directions, le jeune journaliste arrive un jour au 113, avenue La Bourdonnais, où se trouvait autrefois le café Au Tambour. Depuis, il a été vendu au propriétaire de l'Hôtel de La Bourdonnais, qui a englobé ces locaux mitoyens dans son établissement. Claude Bal rôde dans le quartier, interroge des gens d'un certain âge qui ont pu connaître les gens du Tambour. Leur mémoire restitue des bribes de souvenirs, imprécis bien sûr, mais concordants. On lui parle des trafics qui se faisaient à l'époque, de la faune qui fréquentait le Champ-de-Mars et les cafés voisins... entre autres, un jeune escroc y faisait ses premières armes : Alexandre Stavisky. L'un des témoins lui raconte par exemple qu'une centaine de Cadillac devaient passer la frontière espagnole, pour une destination inconnue, mais qu'elles avaient été arrêtées à la frontière et dirigées vers la Belgique...

Et Gherdi, dit l'Américain ? Oui, on s'en souvient aussi. C'était un habitué du Tambour, qui tenait une petite boutique de pièces détachées, 17, rue Brochant. L'enquête du jeune journaliste se déplace vers les alentours de cette rue. Employant toujours les mêmes méthodes, il interroge les voisins d'un certain âge. Le magasin est devenu une cordonnerie maintenant, mais jusqu'en 1934 on y a vu Gherdi derrière son comptoir. Claude Bal parvient à savoir que Gherdi a tenu ensuite une autre boutique, dans le même quartier. Le local est fermé, mais notre détective amateur, toujours obstiné, finit par obtenir des renseignements plus précis et reconstituer l'itinéraire du personnage. L'Américain était en réalité d'origine algérienne. Ses premières apparitions dans le quartier dataient de l'époque du trafic de Cadillac. L'homme ne paraissait pas rouler sur l'or et vivait de petites affaires. Un temps, il avait disparu de Paris pendant plusieurs semaines, sans donner les motifs de cette absence. À son retour, il paraissait transformé : le verbe haut, luxueusement vêtu, il menait des transactions importantes au Tambour, en achetant des voitures par dizaines. Vers 1930, cependant, la fortune a paru l'abandonner. Bien sûr il continuait d'exploiter son commerce, mais sa femme devait exercer la profession de couturière pour arrondir les fins de mois...

En 1939 il était pratiquement ruiné mais, sous l'Occupation, ses affaires sont redevenues prospères (sans doute grâce au marché noir). À la Libération, il a pris contact avec les Américains et acheté du matériel automobile au parc de Vincennes. En 1944, il se retire en beauté, en achetant cinq millions comptant un pavillon en banlieue où il mène une vie confortable. C'est toujours dans cette maison qu'il réside.

Le matin du 23 avril 1954, Claude Bal, accompagné de son ami et éditeur Jean-Luc de Carbuccia, se présente chez « l'Américain ». Ils sonnent à la grille du pavillon et voient bientôt venir à eux un homme au teint basané, de petite taille et assez corpulent. Au cours de la conversation, il montrera à ses deux visiteurs une carte d'identité au nom de Gerdi (sans *h*) où il est mentionné qu'il est né à Alger en 1892.

Gherdi les introduit dans le jardin. De la conversation qui suit, Claude Bal fait le récit détaillé dans son livre *Seznec était innocent*. Je possède aussi à ce sujet le témoignage que Jean-Luc de Carbuccia a déposé à la Sûreté nationale.

Gherdi répond de bonne grâce aux questions de Claude Bal concernant Le Tambour. Il explique qu'il fréquentait le Parc des Expositions et, donc, qu'il a bien connu Berthe Rallu, la patronne du Tambour.

– Elle était la maîtresse de Jean-Marie Layac, précise Gherdi. C'est d'ailleurs lui qui l'a installée à Chelles. Mais Layac, c'est quelqu'un, il a gagné des millions ! Il n'aurait pas fallu y toucher, à celui-là !

– Layac, c'est bien le ferrailleur qui habitait 101, rue de la Convention et qui est mort il y a quelques années ?

– Exactement.

Claude Bal demande ensuite à Gherdi s'il a connu ces hommes, des amis de Berthe Rallu : Mimile Vidal, Delaplace, dit Ripolin, ferrailleur à Neuilly, puis à Orly, ceux qu'on surnommait Nenœil et Joseph le Marseillais. (J'ignore où Claude Bal avait pu glaner tous ces noms ; il ne l'a jamais précisé.)

– Oui, je les ai rencontrés à Chelles, au Canon de la Marne, répond Gherdi.

– Et Alphonse Kerné ? Vous l'avez connu, lui aussi ?

– Oui. Il avait à peu près ma taille et mon âge. Il buvait énormément.

Claude Bal lance ensuite quelques autres noms : Meyer, le gardien du Parc des Expositions, Detret, le chef de ce parc, et Willem, marchand d'accessoires automobiles.

– Oui, je me souviens d'eux, répond Gherdi sans hésiter.

– Et Quemeneur ?

Gherdi paraît ennuyé, puis se ressaisit.

– Je l'ai vu, bien sûr, au Parc des Expositions et au Tambour. Mais ce n'est pas une raison pour me mêler à son histoire et à celle de Seznec !

– Est-ce que vous avez été interrogé par l'inspecteur Bonny ?

– Oui. Il est venu me poser des questions, en compagnie d'un autre. C'était aussitôt après la mort de Quemeneur. Ils avaient retrouvé sur Quemeneur une carte commerciale à mon nom. Mais ils ne m'ont pas accusé, ils ont compris que c'était sans importance et m'ont assuré que je n'aurais pas d'ennuis.

Remarquons qu'aucune trace d'un interrogatoire de Gherdi par Bonny ne figure sur le moindre procès-verbal.

Nous savons simplement, par les bordereaux retrouvés depuis, que la police l'a effectivement interrogé.

Bien sûr ces déclarations de Gherdi n'ont pas été authentifiées par un quelconque procès-verbal, d'autant que l'Américain niera par la suite avoir tenu de tels propos. Il reprochera au journaliste d'avoir « raconté des histoires » lors d'une confrontation orageuse organisée entre les deux hommes après la sortie de *Seznec était innocent,* qui a fait sensation.

Claude Bal, lui, ne démordra pas de sa version.

De son côté, Jean-Luc de Carbuccia déclarera aux policiers :

*Il y a plus d'un an, j'ai accompagné Claude Bal au domicile de Gherdi à Épinay. Nous avons conversé (avec lui) une demi-heure à une heure environ et j'ai tiré de cette conversation l'impression que Gherdi connaissait beaucoup plus de choses qu'il ne voulait en dire et était inquiet de notre visite, paraissant successivement hostile, puis implorant. J'en ai déduit, ainsi que Claude Bal, qu'il avait connu Quemeneur, qu'il avait eu rendez-vous avec lui et qu'il était effectivement le « Charly » qui avait été recherché à l'époque...*

Après ses investigations auprès de Gherdi, Claude Bal part sur les traces de Berthe Rallu. La tenancière est morte le 18 juillet 1930, nous le savons, et, hélas, la plupart des hommes qui fréquentaient Le Canon de la Marne l'ont précédée ou suivie. C'est le cas d'Alphonse Kerné, cet homme dénoncé par sa maîtresse comme étant présent au Havre au moment de l'achat de la machine à écrire et qui avait pu prouver, grâce à un certificat médical, qu'il était à ce moment-là malade à Chelles.

Le journaliste doit se contenter du témoignage de M. Corréa, un peintre qui a repris Le Canon de la Marne sous le nom du Rendez-vous des pêcheurs. L'homme, qui fréquentait l'établissement du temps de Berthe, se souvient de Nenœil : un Breton, grand et mince, avec un visage très rouge et l'œil droit plus petit que le gauche, qui clignotait...

Sur l'affaire Seznec proprement dite, le peintre rapporte une rumeur :

– Il paraît que la Berthe a parlé avant de mourir, assure-t-il.

– Et qu'a-t-elle dit ?

– Que l'un de ses amants avait fait le coup.

Corréa n'en sait pas plus. Mais il indique à son visiteur les noms de deux anciens habitués du Canon de la Marne, Convert et Rossi.

Interrogé par Claude Bal, Convert décrit à son tour le fameux Louis, dit Nenœil, dont il n'a jamais connu la véritable identité. Il précise qu'il appartenait à un groupement de Bretons de Paris. De confidences de Berthe sur l'affaire Seznec, il n'a pas le souvenir.

Rossi, lui, évoque d'autres habitués : Joseph le Marseillais, Jean-Marie, un ferrailleur, et sa maîtresse Mélie, et une certaine Marthe, qui avait précédemment travaillé au Tambour.

Il ajoute :

– La veille de sa mort, alors qu'elle était un peu plus ivre que d'habitude, Berthe nous a dit, à Convert et à moi : « Un pauvre type est au bagne. Il est innocent. Son nom est Seznec et vous avez dû en entendre parler. Je connais les coupables et je n'aurais qu'un mot à dire pour qu'il revienne du bagne. Si je me tais, c'est pour protéger celui que j'aime. » Nous nous sommes, Convert et moi, demandé de qui il s'agissait. Nous avons regardé Nenœil ; il était aussi saoul que Berthe et l'injuriait. Le lendemain, Berthe était morte.

Ainsi, la tenancière pourrait ne pas avoir succombé à une mort naturelle... parce qu'elle en savait trop.

Le livre de Claude Bal paraît fin 1955. Malgré le grand succès qu'il connaît, aucun des témoins dont il a fourni le nom – Corréa, Convert, Rossi – ne se manifeste, soit pour attaquer le livre en diffamation, soit même pour faire savoir qu'il dément les propos qu'on lui prête. Les partisans de la culpabilité de mon grand-père non plus ne se manifestent pas.

Cependant, il est bien regrettable que le livre de Claude Bal souffre d'un manque de rigueur, ce qui enlève beaucoup de crédibilité à son travail d'enquêteur. Comment accorder toute confiance à cet auteur qui a tendance à toujours se donner le beau rôle en jouant les redresseurs de torts, qui confond les suspects et s'attribue des découvertes que d'autres avaient faites avant lui – notamment le juge Hervé ?

Il reste néanmoins qu'il fournit des données intéressantes et surtout centre sa recherche sur ce que je crois être un point important de l'Affaire : le rapport entre le trafic de Cadillac et la mort de Quemeneur.

Par cette sorte de fatalité qui semble guetter les défenseurs trop passionnés de mon grand-père, Claude Bal franchit ensuite la « ligne rouge ».

Sans avoir été, à ma connaissance, mandaté pour cela, il introduit une requête en révision du procès Seznec.

Le commissaire divisionnaire René Camard, chef de la brigade criminelle à la Sûreté nationale, est alors chargé par le ministère de la Justice d'une enquête[1] sur les éléments nouveaux présentés par Claude Bal.

En juin 1956, il fournit un épais rapport de 294 pages, où il relate l'Affaire, le procès, et examine les thèses du jeune journaliste. En conclusion, il réfute les arguments développés à la fois dans le livre et dans la demande en révision.

Que dire de ce volumineux rapport ?

D'abord qu'il présente un aspect positif : il rétablit dans leur exactitude certains éléments du dossier que la fougue des défenseurs ou simplement des erreurs humaines avaient déformés[2]. Il cite également des rapports officiels

1. Le chef de cabinet du garde des Sceaux semble avoir une réelle volonté d'aboutir. Malheureusement il confie la direction de l'opération au parquet général de Rennes – là où se trouve nos adversaires les plus farouches – qui s'empresse de nommer la Sûreté nationale aux commandes de la nouvelle enquête. Depuis 1926 toutes les contre-enquêtes auront été systématiquement confiées à la Sûreté. Résultats automatiques : des rapports négatifs.

2. Dans le droit français, le monopole de l'enquête et des pièces du dossier appartient au juge d'instruction. Les avocats n'ont

totalement inconnus de ma famille et des défenseurs, et qui établissent la réalité du trafic des Cadillac. Par exemple une note du parquet de Quimper datée du 7 juillet 1936 adressée au ministre de la Justice et faisant état du *Tambour, lieu de rendez-vous de gens faisant le commerce de voitures d'occasion et autres, provenant de stocks de guerre.*

Sachons néanmoins lire entre les lignes : s'il offre de rares qualités de précision, ce rapport illustre une fois de plus le comportement de la police minimisant automatiquement ce qui va à l'encontre de ses propres thèses. En fait, le rédacteur en vient à tomber dans le même travers de non-objectivité dont il accuse les tenants de l'innocence de Seznec !

Deux exemples illustrent bien cette observation : pour ce qui est de la fameuse ceinture trouvée sur l'éventaire de l'épicier Lohat, en 1936, le commissaire Camard, après être allé examiner l'objet chez le fils du commerçant, déclare tout à trac qu'il n'a jamais appartenu à Quemeneur. Pourquoi cette attitude catégorique, alors que Louis Quemeneur, le frère du disparu, à qui on l'a présenté, ne s'est jamais prononcé officiellement ? Quant à la considération qu'il manifeste à plusieurs reprises pour le témoignage de Deknuydt, un des témoins du Havre, on peut la trouver surprenante. Il sait parfaitement que cet indicateur de police a été pratiquement récusé au procès, non pas tant en raison de son passé judiciaire plutôt trouble que parce qu'il donnait des signes évidents de dérèglement mental !

La conclusion du rapport est d'ailleurs très révélatrice de cet état d'esprit : alors que sa mission consistait simplement à vérifier le bien-fondé des arguments présentés par

guère la possibilité d'effectuer des recherches et courent même le risque, en contactant des témoins, de se voir accuser de subornation de témoins. Dans ces conditions il ne faut pas s'étonner que, dans les affaires judiciaires où un doute subsiste, les contre-enquêtes soient effectuées la plupart du temps par des journalistes. Avec les risques d'erreurs et de sensationnalisme que cela implique.

Claude Bal dans sa demande de révision, le commissaire n'hésite pas à se prononcer sur le fond de l'Affaire et affirme que le dossier pénal contient un tel faisceau de charges qu'il n'est pas permis de croire à l'innocence du condamné.

En décembre 1956, le ministère de la Justice informe le parquet de Rennes que la demande en révision de Claude Bal est rejetée.

Cette fois, tout espoir paraît perdu.

TROISIÈME PARTIE

# MON COMBAT

1964.

Les pièces du dossier envahissaient ma chambre, immense puzzle à travers l'espace et le temps. Ces volumes, ces classeurs, ces reportages, ces articles étaient autant de boîtes de Pandore recelant plus de quarante ans de souffrance, de mort, de larmes, mais aussi des sourires, des espoirs, des enthousiasmes... Comme dans une immense galaxie aux milliers d'étoiles, dans ma tête s'inscrivaient des centaines de noms. Certains n'étaient que des étoiles filantes mais d'autres brillaient, s'entrechoquaient, revenaient constamment : *Cadillac/Trafic, Dollars/Traou-Nez, Quemeneur/Disparu, Bonny/Gestapo, Machine à écrire/Faux témoin, Bagne/Évasion, Justice/Raison d'État.* J'imaginais des juges, des forçats, la famille Seznec, et puis la Seconde Guerre mondiale venant tout balayer. Pourtant des êtres humains continuaient de se battre opiniâtrement. C'en était émouvant, presque étrange.

Il fallait que je m'y retrouve. Trop de livres, de procès-verbaux, de lettres, de requêtes, d'articles... Trop de choses écrites, disséquées, analysées, imprimées, pour qu'après avoir tout lu, tout digéré, je puisse m'y retrouver !

Je me devais de tout reprendre à la base et d'être méthodique, méfiant même – comme la police. Et comme tout bon policier, constituer un fichier de toutes les personnes ayant joué un rôle dans l'Affaire. Ensuite, songer à interroger aussi tôt que possible tous les témoins encore vivants. Et d'abord ma famille.

Ma sœur et mes deux frères s'étaient mariés. Restaient ma mère, moi... et sa valise. Sa fameuse valise, son seul véritable bien, où elle rangeait tout ce qui concernait l'Affaire. C'était un peu sa mémoire. Régulièrement, elle y faisait des tris, jetait quelques papiers, comme pour annoncer un nouveau départ dans la vie. Mais elle ne partait pas. Cela pouvait durer des jours, car elle relisait tout. Gamin, en entendant parler de « la valise de Quemeneur », je croyais qu'il s'agissait de celle-là et qu'elle contenait les preuves de l'innocence de mon grand-père. Au fil des années, en me donnant des documents, ma mère vidait sa valise. En me transmettant l'Affaire, petit à petit sa vie se vidait elle aussi de son unique raison de vivre.

L'injustice qui nous avait frappés était comme une blessure insondable non refermée. Il y a des blessures comme cela qui ne guérissent jamais. Ni le temps ni la vie n'y peuvent rien : la douleur est toujours aussi vive lorsqu'elle se réveille. La lutte des miens n'avait jamais cessé, comme si le temps ne comptait plus. La fameuse ténacité bretonne, disaient certains. Peut-être. La fidélité à notre mémoire, certainement. Mais j'étais fier de ma famille. Malgré les vingt-quatre années de bagne, malgré les orphelinats où l'on avait enfoui ses enfants sous de faux noms, malgré la misère et les humiliations, ma famille avait toujours été fidèle à mon grand-père. Elle ne l'avait jamais abandonné. Cet extraordinaire message d'amour devait devenir le moteur de mon combat. Et on avait attendu son retour pour qu'il soit mon parrain, cela me donnait un motif supplémentaire de me battre.

Et puis, je ressentais comme une sorte de rage. Certains termes de la conclusion du rapport Camard étaient gravés dans ma tête : *... que ceux, s'il en existe encore, qui considèrent Seznec comme la victime d'une erreur judiciaire se penchent d'abord sur le dossier...* J'étais d'autant plus furieux qu'il y avait dans ce jugement une part de vrai : bien des défenseurs de mon grand-père avaient agi trop hâtivement, trop passionnément, avaient commis des approximations, des erreurs. Mais étaient-ils vraiment responsables, alors que la justice, pendant des années, avait refermé ses serres sur ce dossier pour le leur rendre inaccessible ?

Une chose, en tout cas, était sûre, intangible : mon grand-père était innocent. Pas seulement parce que je l'avais connu, aimé, parce que je le savais incapable d'avoir assassiné, mais surtout parce que je ne croyais absolument pas à la réalité de ce personnage présenté par l'accusation, cet individu machiavélique, ourdissant l'assassinat, commettant des faux parfaits, mais en même temps si distrait et faisant de si étranges bévues. Ce meurtrier-là ne faisait pas partie des hommes. Il était une fabrication, une illusion, une sorte de monstrueuse marionnette...

Il fallait que je fasse le point – héritier de tous ces dossiers, je me trouvais moi aussi, d'une certaine façon, engagé dans l'Affaire, ne serait-ce qu'à titre de simple dépositaire de la mémoire.

Depuis le rejet de la demande de révision de Claude Bal, il ne s'était pas passé grand-chose de vraiment important. Bien sûr, des articles étaient parus, des émissions de radio avaient eu lieu sur l'Affaire, mais cela s'était toujours produit, depuis le début. En revanche, depuis 1956, aucune relance, aucun fait nouveau, aucune démarche, rien. Claude Bal, ce jeune reporter plein d'allant qui s'était juré de faire éclater la vérité... avait disparu. On ne le voyait plus à la maison. Sans doute était-il pris par d'autres causes. Plus tard, beaucoup plus tard, j'appris, alors qu'il était mêlé à l'affaire Ben Barka – ce leader de l'opposition marocaine kidnappé en plein Paris par des policiers français pour le compte du général Oufkir, ministre de l'Intérieur d'Hassan II, et disparu depuis –, qu'il avait été un ami de Roger Wybot, le grand patron de la D.S.T. (le contre-espionnage français). Claude Bal mourra en 1991 d'un cancer. J'ai toujours pensé qu'il en savait beaucoup plus, et qu'il n'était pas intervenu par hasard, comme cela, uniquement pour nous aider.

En attendant, du haut de mes dix-sept ans, pouvais-je faire quelque chose ? Cela me faisait un peu peur, je ne me sentais pas les épaules assez larges. Je suivais des cours de typographie. Ma mère était toujours garde-malade à la clinique Violet, dans le XVe arrondissement, travaillant de nuit avec des bonnes sœurs – autrement dit, la paie était maigre. Elle ne faisait que passer à la maison, ses quatorze heures à la clinique, où elle veillait parfois des enfants gratuitement, ne lui laissant que peu de temps. J'étais déjà autonome. Pendant les congés scolaires, je trouvais du travail dans de petites imprimeries, ce qui me payait largement mes vacances. C'étaient les « boîtes » d'autrefois, où l'on composait à la main à l'aide de caractères de plomb. Un vrai travail d'art ! La création d'affiches à l'aide de gros caractères, tout en buis, me donnait aussi l'impression d'être un peu ébéniste. C'était un monde rassurant et attachant, malheureusement destiné à disparaître très vite, balayé par la bourrasque technologique...

En 1966, Gherdi est mort. Pendant quarante ans, cet homme avait accompagné l'Affaire comme une ombre tenace, mais tout en demeurant à l'écart, mystérieux, inconnu. Avait-il été un simple petit trafiquant parisien ignorant tout du drame qui s'était déroulé en Bretagne, ou au contraire avait-il su des choses ? Jamais la justice ne s'était vraiment intéressée à lui, aucun défenseur de Seznec n'avait pu ou su lui poser les vraies questions, en particulier sur les liens qui pouvaient unir trafiquants et policiers, ou encore la façon dont fonctionnait cette curieuse Chambre de commerce américaine, pour quelle destination partaient les Cadillac, etc. Pourtant, cette même année 1966, un journaliste, réputé pour ses investigations et ses entrées dans le milieu de la police, René Delpêche, avait été voir Gherdi chez lui, à Épinay-sur-Seine. Comme il le racontera dans un livre[1], celui-ci, découvrant l'objet de la visite, s'était exclamé :

1. *L'Affaire Seznec,* par René Delpêche, Éditions du Dauphin, 1968.

– Ah ! Vous venez encore pour cette vieille affaire. Mais il y a longtemps qu'il n'y a plus rien à dire à ce sujet !

– Vous avez tout dit, sans doute ?

– Naturellement, j'ai été assez interrogé comme cela. La dernière fois, le « grand chef de la police » qui m'avait convoqué au cinquième étage de la Rue des Saussaies m'a bien certifié que je n'aurais plus jamais besoin de répondre à de nouvelles questions.

René Delpêche se convaincra rapidement que Gherdi était plutôt du genre coriace, roublard et retors, répondant le plus souvent à côté de la question. Le journaliste finira par renoncer à poursuivre, se disant qu'avec un tel personnage, plusieurs fois interrogé – ou chapitré ? – par la Sûreté nationale, il n'en « tirerait » rien. Toutefois il s'étonna que, tant d'années après, la Sûreté puisse continuer à s'intéresser – ou veiller ? – à « l'Américain ».

Gherdi mourut le 22 novembre, peu de temps après cet entretien. Pour employer une expression chère à certains journalistes, « l'Américain » « emportait son mystère dans la tombe »...

Dès ma sortie du régiment, j'ai été embauché chez Deberny & Peignot, une respectable fonderie de caractères créée par Honoré de Balzac et la comtesse de Berny. Si l'on y créait des styles de caractères pour l'imprimerie et l'industrie graphique, cette entreprise était depuis quelques années à l'origine et à la pointe d'une nouvelle technique révolutionnaire, la photocomposition. En y travaillant de nuit, cela me permettait de suivre quelques cours de philo à l'université et des cours de graphisme, le soir, à l'école Estienne, mais surtout de continuer, dans la journée, d'étudier l'Affaire.

C'est en 1967 qu'est intervenue la télévision.

Un beau jour, on nous a annoncé la visite de Frédéric Pottecher – le célèbre chroniqueur judiciaire, sorte de monstre sacré, à une époque où la télévision, qu'on appelait l'O.R.T.F., était reçue comme quelque chose d'un peu magique, une sorte de puissance indiscutable. Pierre Lazareff (partisan de l'innocence de mon grand-père) avait demandé à Frédéric Pottecher de réaliser un grand reportage sur l'Affaire pour *Cinq colonnes à la une,* une émission d'information alors très célèbre qui, chaque mois, constituait un événement médiatique. Frédéric Pottecher, c'était l'homme qui, de sa voix de stentor au débit torrentiel, faisait revivre avec des envolées lyriques les plus grands procès. À cette époque, il avait un goût de soufre puisqu'il commentait presque chaque soir, au journal télévisé, les rebondissements de l'affaire Ben Barka.

Nous avons vu arriver à la maison un personnage volubile, généreux, fougueux, éminemment sympathique. Pottecher était un passionné qui, avec de grands gestes, savait faire revivre tout le drame humain d'une affaire. En même temps, il était extrêmement doux et gentil avec ma mère. Il nous questionnait, notait, revenait la fois suivante plein de questions, toujours exubérant au point d'en être parfois confus...

Et puis d'énormes camions portant le sigle O.R.T.F. ont surgi, des hommes affairés en combinaison bleue en sont descendus, ont hissé de gros câbles jusqu'aux fenêtres de notre appartement, au quatrième étage de la H.L.M. Quelle émotion dans le quartier ! Des techniciens s'affairaient dans des cars de tournage, c'était une structure lourde, qu'on ne voit plus de nos jours. À l'époque ils tournaient comme au cinéma.

En avril 1967, puis en mai, les journaux annoncèrent le passage de l'émission... qui fut annulée chaque fois au dernier moment. Elle ne passa que le 3 juin. Le fait qu'elle soit ainsi repoussée attisa une plus grande curiosité, des rumeurs. On parlait de pressions venues d'en haut... ce qui n'aurait pas été étonnant car, à cette époque, c'est le ministre de l'Information qui donnait son feu vert à la diffusion d'un sujet à la télévision, celle-ci étant considérée comme « la voix de la France »... Mais les trois mousquetaires de *Cinq colonnes,* Pierre Dumayet, Pierre Desgraupes et Igor Barrère, se débrouillaient souvent pour détourner le courroux du pouvoir et préserver un tant soit peu leur liberté de choix.

Pierre Desgraupes présenta l'émission en ces termes :

– Seznec a été le héros, si je puis dire, d'une des plus grandes énigmes judiciaires du XXe siècle, on peut même dire l'une des plus grandes énigmes judiciaires de l'histoire de la justice française.

À la fin de l'émission, après avoir pesé le pour et le contre, Frédéric Pottecher concluait par cette question : « Est-ce ainsi que vous souhaitez que la justice soit rendue ? » *On entendit presque le non télévisuel,* écrivit un journal.

Le retentissement fut énorme. On évoqua de nouveau l'Affaire dans les journaux et il se passa ce qui s'était déjà déroulé par le passé, à chaque rebondissement : des centaines de gens téléphonèrent ou écrivirent, des cadavres de Quemeneur furent découverts un peu partout, on trouva même un crâne dans un clocher, des photos d'enfant de Quemeneur... qui n'étaient pas les siennes.

En 1968 est morte Marie Gadal, la fille de la sœur de mon grand-père. Ma mère en héritait, mais, si la succession était maigre, elle n'en était pas moins compliquée et elle dut se rendre au mois de mai à Lourdes où Marie Gadal habitait, en pleine période de grèves... Coincée là-bas, elle découvrit dans le grenier – un vrai miracle ! – une bonne partie du courrier de sa mère. Les événements de Mai 68 furent donc, pour nous, la découverte des lettres que Marie-Jeanne écrivait à Guillaume. Des lettres extrêmement émouvantes, sans débordement de sentiments, à l'image de la pudeur des Bretons : une farouche obstination alliée à une fidélité sans faille. Ce courage tenace, je le retrouvais également au travers des requêtes que Marie-Jeanne avait adressées, inlassablement, au ministre de la Justice jusqu'en 1931, l'année où elle mourut, et qui étaient jointes aux précieux documents.

Dans ces papiers, j'ai découvert entre autres la supplique que ma grand-mère avait adressée au président de la République Gaston Doumergue et dans laquelle se trouvait une phrase qui allait rester gravée au fond de mon cœur : ... *et s'il le faut, ce sera un enfant de mes enfants qui vous fera reconnaître l'injustice que vous avez fait subir à leur père.* Ce jour-là, j'ai eu le sentiment qu'à travers ce message retrouvé par-delà le temps Marie-Jeanne m'investissait d'une mission.

La nuit, chez Deberny & Peignot, après mes heures de travail, je recopiais toutes ces lettres et requêtes en les tapant en photocomposition. Mais, pour autant, je ne me sentais toujours pas « mûr » pour me lancer dans la lutte. En revanche, je commençais à courir les bibliothèques pour rassembler certains documents, à écrire aux administrations pour en obtenir d'autres. J'étais archiviste, pas encore défenseur.

En 1970, quelqu'un est venu me pousser dans le dos. Il s'appelait René Trémon et avait conseillé ma mère dans cette affaire d'héritage. C'était un obstiné défenseur de Seznec, un peu comme Hervé ; mais, autant l'un était une sorte de croisé, autant l'autre me donnait l'impression d'un moine bénédictin compilant les documents. Ancien directeur d'école, passionné par l'Affaire, il était en contact avec ma mère depuis une dizaine d'années. Quand je suis allé le voir, dans le Nord, près de Lille, j'ai découvert dans son pavillon de meulière une pièce entière consacrée à l'Affaire ! Là, j'étais largement battu... Ça me touchait de le voir, lui, étranger à la famille, si passionné, essentiellement pour la thèse de Plourivo. Il écrivait à tous les témoins, leur posait des tas de questions.

Mais à vingt-trois ans j'avais envie de prendre un peu d'air frais. Je savais – j'en étais certain – que la bataille pour la réhabilitation serait longue, difficile, et ne me laisserait pas un moment de répit. J'avais besoin d'une pause avant l'assaut...

J'ai décidé de m'évader. Après avoir économisé en travaillant plusieurs mois de nuit, j'ai acheté une Land Rover

Station-Wagon aux Domaines... après avoir visité quelques stocks américains. Je l'ai aménagée pour pouvoir y dormir, ai subi un tas de vaccins et suis parti avec ma petite amie, Nicole, dans une seule direction : la porte d'Italie puis, à gauche, vers le Gange et le Brahmapoutre...

Plus de neuf mois d'un fabuleux périple, 43 000 km de pistes à travers le Proche-Orient, l'Iran, l'Irak et une bonne partie de l'Asie, de l'Afghanistan aux portes de la Chine. Coincés par la guerre du Bangladesh, nous avons été obligés de traverser les Indes jusqu'à Ceylan (Sri Lanka). Là, trois mois dans un décor tropical qui me semblait proche de ce que j'imaginais être celui de la Guyane : végétation luxuriante, jungle, animaux sauvages, soleil et pluies torrentielles. Sans compter la présence de l'océan. Une Guyane mythique... Là-bas, à l'ambassade de France à Colombo, j'épousai Nicole.

Dès mon retour en France, en 1972, M. Trémon m'a « repris en main ». Me bombardant de lettres comminatoires, il me demandait, pour sa documentation – et la mienne – de me rendre dans telle mairie ou administration, pour noter, vérifier... C'est lui, par exemple, qui m'a poussé à aller rendre visite à Mlle Héranval, autrefois vendeuse dans le magasin de machines à écrire tenu par M. Chenouard, et dont il avait retrouvé la trace.

Je me dois d'avouer que j'étais bien la dernière personne au monde qualifiée pour ce genre de mission : je suis incapable de tricher, je rougis quand je mens... Un beau jour, j'ai débarqué chez cette dame, au Havre, me faisant maladroitement passer pour un journaliste. En vain, j'ai essayé de l'interroger. Mais, pas dupe, ou bien renseignée, elle n'a rien dit. C'était d'une grande naïveté de ma part, car j'aurais dû savoir qu'en tout état de cause un témoin revenant sur sa déposition faite dans un procès doit être condamné avant que l'on puisse utiliser son nouveau témoignage.

Pour autant, l'élan était pris et j'ai commencé à rechercher, de ma propre initiative. En 1975, je suis allé rue Brochant, à la recherche des traces de Gherdi. Bien entendu, il n'y avait plus aucune trace de son magasin de réparations, mais j'ai interrogé les commerçants – c'était une sorte de recherche-pèlerinage, après le juge Hervé, après Claude Bal... Une demoiselle Dupin, qui tenait un magasin de bouchons proche de celui de Gherdi, m'apprit que son père, décédé, lui avait confié que, dans la nuit du 25 au 26 mai 1923, Gherdi avait sorti sa voiture (une Cadillac...), fermé son rideau de fer et lui avait demandé de surveiller un peu son garage, parce qu'il allait être absent pour quelque temps. Elle n'en savait pas plus. C'était maigre, mais cet indice m'a un peu « regonflé » : après tout, je n'étais pas si maladroit que ça, en enquêteur...

En 1975 est paru le livre *Mon père l'inspecteur Bonny,* dans lequel, on le sait, le fils de l'ancien policier évoquait les confidences de son père concernant l'affaire Seznec. En même temps Jean Rieux, ancien commissaire divisionnaire de la P.J. à Rennes, publiait le livre *Seznec... innocent ou prestidigitateur criminel ?,* écrit en collaboration avec Lice Nédelec. Un livre à « deux voix », puisque l'ancien policier était partisan de la culpabilité et son coauteur de l'innocence. En 1977, lors d'une émission à Radio-Armorique, j'ai débattu avec eux et, au cours du débat, je suis parvenu à faire douter Jean Rieux, puis à le faire changer de position[1]. On m'a affirmé que, plus tard, ses amis commissaires, mécontents, l'avaient en quelque sorte mis en quarantaine...

En 1976, lorsque Me Langlois est devenu notre avocat, j'étais fin prêt pour la bataille : ma documentation, répertoriée, occupait des rangs entiers de ma bibliothèque, et j'avais rédigé des résumés, des comptes rendus, des chronologies, établi un fichier avec le nom des protagonistes – près de mille !

1. En janvier 1979, Jean Rieux m'écrira : *En tant qu'ancien policier j'avais fait au départ des réserves sur la culpabilité de Guillaume Seznec, d'après les éléments du dossier que j'avais pu connaître, y relevant de grosses lacunes. Aujourd'hui je suis de plus en plus persuadé de l'innocence de votre grand-père.*

Après avoir recueilli les éléments apportés par M. Trémon, Me Langlois s'est plongé dans le volumineux dossier conservé par la justice. Des milliers de témoignages, de procès-verbaux, de rapports, de pièces à conviction. Au bout de quelque temps, sa conviction de l'innocence de Seznec a été ébranlée, le dossier officiel plaidant continuellement pour la culpabilité. Mais, en y regardant de plus près, il s'est rendu compte que les éléments ont été classés de telle sorte que les juges n'avaient eu sous les yeux que des pièces à charge. Tout était vraiment trop bien « présenté ». Le 31 août 1977, dans un grand article du *Monde* accompagnant une lettre ouverte au président de la République, Valéry Giscard d'Estaing, pour lui demander la réhabilitation, il écrira :

*Ce dossier recèle toute la gamme de ce que l'on peut faire pour donner un coup de pouce à une enquête : photos antidatées, perquisitions infructueuses et renouvelées qui se transforment brusquement en pêche miraculeuse, témoignages déformés devenant progressivement précis, comme le bon vin qui s'améliore en vieillissant. (...) Les témoins opposés à Seznec sont interrogés jusqu'à vingt fois ; ceux qui lui sont favorables sont expédiés en un maigre et unique procès-verbal et on oublie de les convoquer à l'audience. Il faudrait aussi parler de tout un tas de manipulations, d'interprétations hâtives, qui font du dossier Seznec un dossier trop bien « ficelé » et, pour tout dire, suspect.*

Dans le même temps, notre avocat déposait, au nom de ma mère, une requête en révision auprès du garde des Sceaux, Alain Peyrefitte. C'était de loin la plus charpentée, la plus solide.

Après avoir rappelé les faits principaux de l'Affaire, elle faisait état des éléments nouveaux n'ayant pas été portés à la connaissance des jurés – et donc, qui pouvaient conduire à la révision du procès. Ils étaient au nombre de cinq :

– les témoins de la gare de Houdan (le chef de gare, sa femme et deux employés) avaient affirmé qu'il gelait le jour où ils avaient vu une Cadillac entrer dans la cour, avec Quemeneur et Seznec à son bord. C'est précisément parce qu'il avait gelé qu'ils se souvenaient de cette date, leur témoignage sur les occupants de la voiture s'avérant par la suite beaucoup plus fragile. Or, il s'était à présent avéré qu'il ne gelait pas dans la région de Houdan dans la nuit du 24 mai au 25 mai 1923. Ce n'est donc pas le 25 mai que ces témoins avaient vu arriver la Cadillac dans la cour. En revanche, il avait gelé le 18 mai, une semaine plus tôt...

– les témoins du Havre, qui prétendaient avoir vu un homme acheter une machine à écrire, précisaient que cet homme avait un œil plus petit que l'autre (ce qui n'était pas le cas de Seznec) ce qui laisse à penser que la police, dans un premier temps, leur avait soumis la photo anthropométrique où figurait cette particularité avant de les confronter à l'accusé. Et cette photo, qui avait joué un rôle capital, était pour le moins suspecte ;

– l'existence du mystérieux Gherdi, niée par l'accusation : si cette existence avait été officiellement confirmée, Seznec aurait alors pu prouver que Quemeneur avait effectivement rendez-vous avec ce Gherdi, qu'il connaissait depuis plusieurs années, et qu'il n'avait pas, lui, Seznec, « inventé » le personnage de « l'Américain ». En 1926, deux ans après le procès, la police l'avait interrogé et possédait des renseignements sur lui (son vrai nom, son passé, ses activités, etc.). Comment ne pas imaginer que la police possédait aussi un dossier complet sur le trafic des voitures américaines ?

– l'imitation de la signature de Quemeneur (et du mot Landerneau) sur le prospectus de *L'Almanach du blé,* saisi dans le bureau de Quemeneur : ce document pourtant capital n'a fait l'objet d'aucune expertise, personne n'a interrogé les proches de Quemeneur sur cette curieuse imitation. Or, insistait M^e^ Langlois, *cette mesure s'imposait pourtant dans la mesure où ces proches étaient sur le plan matériel les grands bénéficiaires de la disparition de Quemeneur qui, célibataire et sans enfants, n'avait pas d'héritiers directs. Il n'est pas inutile de noter à ce sujet que la succession très importante de Quemeneur ne pouvait être ouverte que si Seznec était condamné pour l'avoir assassiné. Le corps de Quemeneur n'ayant pas été retrouvé, il n'aurait dans le cas contraire été considéré légalement que comme « absent » et sa succession n'aurait pu être ouverte avant trente ans.*

– enfin, les déclarations du fils de l'inspecteur Bonny dans son livre *Mon père, l'inspecteur Bonny,* faisant état des confidences de son père sur l'affaire Seznec.

Cette demande en révision déclencha un regain d'intérêt pour l'Affaire et, comme d'habitude, la presse en fit de gros titres : *France-Soir* demandait : L'AFFAIRE SEZNEC A-T-ELLE ÉTÉ TRUQUÉE ? *La personnalité de Quemeneur pourrait être à l'origine de sa disparition. Le conseiller général s'était lancé dans un curieux trafic de Cadillac avec les Russes... pour le plus grand déplaisir des services spéciaux;* tandis que *Le Quotidien de Paris* affirmait : *L'affaire Seznec est vraisemblablement une péripétie des trafics d'automobiles qu'ont couverts, après la guerre de 14, des responsables politiques importants. Le Parisien libéré,* quant à lui, écrivait : *Nous avons eu l'affaire Dreyfus, les Américains viennent de réhabiliter Sacco et Vanzetti. Nous aurons peut-être la révision du dossier Seznec.*

À la même époque, les tenants de l'innocence ont reçu un précieux concours en la personne de Marcel Guislain, ancien directeur des douanes et expert en authentification. De son propre chef, et bénévolement, celui-ci se proposait de m'aider. Je l'ai rencontré dans sa maison de campagne, aux environs de Dijon. Je lui ai donné des documents et il s'est mis au travail. Là encore, l'Affaire prenait un tour nouveau : jusqu'ici, nul ne s'était permis de s'attaquer aux experts judiciaires, dont on avait considéré les conclusions comme intangibles. J'avais la curieuse impression que la véritable défense judiciaire de mon grand-père commençait vraiment...

Mais, auparavant, je suis parti en Bretagne revoir encore Ker-Néol (la maison du soleil) où était né mon grand-père, sur les pentes du Menez Hom. Presque rien n'avait changé dans le corps de ferme depuis l'époque de mes grands-parents, si ce n'est la présence de tracteurs. À Plomodiern, dans le cimetière qui surplombe toute la baie de Douarnenez (au loin, lors d'éclaircies, on devine la pointe du Raz) et une bonne partie de la Cornouaille, la tombe de mon grand-père était toujours comme nous l'avions voulue : sobre et sans fioritures. De nombreux pots de fleurs étaient posés sur la dalle de granit. « Elle est constamment fleurie ! » me dirent les deux vieilles bretonnes présentes. Je remerciais intérieurement ces mains anonymes qui me réconciliaient un peu avec ce bourg dont une partie des habitants avait laissé se propager, en son temps, cette rumeur sur l'incendie volontaire du magasin de vélos. Celui-ci n'avait pas changé mais était devenu un bazar, face à l'église.

C'était dans cette église que Guillaume Seznec avait été baptisé, qu'il avait fait sa première communion et qu'il avait épousé Marie-Jeanne. Puis que la dernière messe avant son enterrement avait été célébrée. Toute sa vie avait défilé dans cette vieille église...

Et puis j'ai retrouvé la maison de mes ancêtres, à Kerwennec (la maison de l'ombre). Je l'avais recherchée longtemps un peu partout dans le Finistère, alors qu'elle ne se trouvait qu'à quatre ou cinq kilomètres de Ker-Néol ! C'est dans une maison du village qu'étaient nés la mère de mon grand-père ainsi que ses grands-parents, les Colin. Une maison très longue et basse qui avait dû avoir un toit de chaume autrefois. Au-dessus de la porte, une inscription gravée dans le granit : 1800 JS et un calice. Le signe indiquerait qu'il y eut soit un ecclésiastique soit un héros de la Bretagne dans la famille.

À la sortie de Morlaix, à Traon-ar-Velin, la scierie ne fonctionnait plus depuis longtemps déjà, mais les bâtisses étaient encore debout. La petite rivière coulait toujours sous les restes du moulin qui actionnait la machinerie. Jamais je n'ai voulu entrer dans la maison de maître, malgré une ou deux invitations des nouveaux propriétaires. Il m'a semblé que les traces du bonheur de Guillaume et Marie-Jeanne, les rires des enfants, y étaient encore.

À Morlaix, dans la rue du Mur, juste à côté de la maison de la reine Anne, se trouvait celle dans laquelle la mère de mon grand-père avait habité à la fin de sa vie. Elle était parfaitement conservée.

Je suis également passé à Traou-Nez[1], près de Paimpol. La propriété était toujours aussi isolée et sinistre, malgré les genêts et les mouettes qui remontaient le bras de mer lors de la marée haute. Le train à vapeur qui traversait autrefois les terres avait été remplacé par une micheline, plus rare et silencieuse. Et je ne pouvais m'empêcher, en parcourant le vaste parc boisé, de penser au squelette de Quemeneur, peut-être enfoui sous mes pas...

Après ce retour aux sources, j'ai traversé les Montagnes Noires pour rejoindre, de l'autre côté de la Bretagne, Riec-sur-Belon et rencontrer Mme Bosser. Celle-ci sortait de l'hôpital et désirait me rencontrer, car elle avait appris que le combat pour la cause repartait et que j'y participais. Curieusement, nous ne nous étions jamais rencontrés auparavant. Je crois que c'était de ma part par timidité, je n'osais pas. La combattante institutrice était comme un « monument » de l'Affaire. Quatre-vingts ans dont cinquante au service de la cause ! Toute une vie consacrée à la réhabilitation d'un homme. Autant le juge Hervé appartenait à la droite traditionnelle, autant Mme Bosser représentait cette gauche laïque et faisait partie de ceux qu'on avait surnommés dans l'enseignement « les dragons de la République ». On dit qu'il existe des saints laïcs : « France la douce », comme l'avaient surnommée ses amis de la Ligue des droits de l'homme, en faisait partie assurément.

On a passé l'après-midi ensemble, très émus tous les deux. J'ai appris par la suite qu'elle avait eu une appréhension terrible de me rencontrer, car elle avait craint de tomber sur un jeune qui ne connaîtrait pas grand-chose de l'Affaire, à qui il faudrait tout expliquer...

1. Le manoir et les terrains environnants sont enchâssés dans un magnifique paysage de 800 hectares, classé en 1988 par le Conservatoire national du littoral.

Françoise Bosser[1] est morte le 6 février 1978, sans voir le couronnement de ses années de combat. Juste avant de mourir, elle m'avait adressé une très belle lettre de l'hôpital de Quimperlé en forme d'adieu.

Peu de temps après, c'était M. Trémon qui était tué dans un accident de voiture. Je me sentis très seul, tout à coup, lorsque l'Affaire a commencé à prendre une direction nouvelle, imprévue. En décembre 1978, Marcel Guislain, l'expert, m'a fait parvenir un rapport très technique expliquant que l'homme qui avait rédigé le télégramme du Havre, les ajouts manuscrits sur les deux exemplaires de l'acte de vente, et enfin imité la signature de Quemeneur et écrit le mot Landerneau sur le prospectus de *L'Almanach du blé* (trouvé, on le sait, dans le bureau de Quemeneur) n'était pas mon grand-père. Et il concluait, catégorique : *Il est établi d'une manière scientifiquement indiscutable que Seznec est totalement étranger aux faux qu'on lui a attribués à l'époque.*

Cela ne m'a évidemment pas surpris, tout au plus renforcé dans ma conviction.

Mais dans la conclusion du rapport figurait un élément nouveau :

... *La presque totalité des éléments graphiques milite en faveur de Seznec. Quant à ceux qui pourraient éventuellement faire naître un doute à cet égard, ils ont été probablement introduits dans les éléments incriminés par un scripteur dont la plus élémentaire prudence nous commande de ne pas préciser l'identité mais qui, selon toutes les vraisemblances graphiques expertales, a activement participé à l'organisation de cette affaire sur le plan de l'écriture. Si les circonstances l'exigeaient, nous serions prêts à présenter un nouveau rapport sur cette question essentielle.*

J'en suis resté stupéfait. Un homme aurait donc participé à la mise au point des faux ? Un homme dont Guislain ne voulait pas, par prudence, dévoiler l'identité – ce qui

1. L'école publique de Riec-sur-Belon porte désormais son nom.

signifiait qu'il n'était pas vraiment un inconnu, qu'il était un protagoniste de l'Affaire ! Et pendant plus d'un demi-siècle, personne n'aurait songé à lui ? C'était à peine croyable...

Bien sûr, je me suis empressé de demander des précisions sur cet homme. Marcel Guislain m'a répondu qu'il me les fournirait quand sa conviction serait davantage étayée.

Je restais donc sur ma faim.

Quelques mois plus tard, le parquet de Rennes, après avoir effectué certaines vérifications, donna un avis favorable à la demande de révision. Le garde des Sceaux, M. Alain Peyrefitte, décidait alors de saisir la commission de révision des procès criminels et correctionnels du dossier de l'affaire Seznec. Avant la fin du 1er trimestre 1979, annonçait le ministre de la Justice, le dossier serait examiné par cette commission.

Début 1979, Europe 1 organisait une série d'émissions qui allaient relancer l'Affaire avec une certaine vigueur...

C'était comme dans une sorte de fièvre, de maelström... Couloirs, coups de téléphone, discussions, allées et venues d'assistants, de techniciens, de journalistes... et puis l'antenne ouverte, les coups de téléphone arrivant de la France entière, ce micro qui semblait envahir mon espace vital... Pierre Bellemare, Marcel Jullian, leur équipe. Une sorte de rédaction de journal, en plus rapide. Je me sentais un peu dépassé, j'étais la référence, le conseiller, à la fois spectateur et acteur...

Europe 1 avait annoncé le vendredi une série d'émissions exceptionnelles pour le lundi suivant, le 15 janvier 1979. Cela fit événement car tous les journaux en parlèrent. Ce vendredi-là, le ministère de la Justice demanda à la station Europe 1 des éclaircissements sur ce qui allait être diffusé sur une affaire jugée et la découragea de le faire – c'était uniquement verbal, bien entendu, dit par un quelconque conseiller en des termes bien choisis. La rédaction, que dirigeait Étienne Mougeotte, réagit aussitôt et déclara qu'elle le ferait quand même.

Et les émissions débutèrent.

Tous les matins, entre 7 heures et 7 h 30, Philippe Gildas, dans son journal, exposait les questions auxquelles les auditeurs pouvaient répondre par leurs souvenirs, leurs archives ou leurs témoignages. À partir de midi, ils téléphonaient. De 13 h 30 à 14 heures, Pierre Bellemare et Marcel Jullian racontaient l'histoire, puis on faisait intervenir les interlocuteurs, en direct, ou sur bande magnétique si l'équipe les avait précédemment interrogés.

Dans cette véritable enquête par radio, j'eus l'émotion d'entendre intervenir au téléphone André Cayatte, Philippe Lamour, mais aussi René Hervé, fils du juge Hervé, qui parla du combat de son père, Mme Moreau-Lalande évoquant son mari et sa rencontre avec Bonny.

Marcel Guislain affirma de nouveau que le « scripteur » des pièces qui lui avaient été soumises n'était pas Seznec.

La journaliste de la station l'interrogea plus avant :

– *Par contre, vous trouvez sur un document qui a été découvert chez Quemeneur* (il s'agit du prospectus pour *L'Almanach du blé*) *une écriture qui ressemble à l'écriture du télégramme et du contrat de vente ?*

– *Exactement. J'ai trouvé des éléments extrêmement troublants dans une écriture de comparaison qui m'a été communiquée (dont je ne peux pas dire le nom de l'auteur) mais tout cela demanderait à être éclairci par des experts désignés par un tribunal. D'ailleurs je pense que mon rapport confirmera par sa précision la nécessité pour les autorités qualifiées de reconsidérer sous un nouvel angle la véritable solution qu'il convenait de donner à cette malheureuse affaire...*

Le samedi 20 janvier 1979, sixième émission, on cerna mieux la personnalité de Gherdi.

Une auditrice avait eu l'occasion de le rencontrer. Son père ayant eu besoin d'une pièce détachée pour un camion Packard s'était adressé à « l'Américain »... et l'affaire s'était plutot mal passée :

*M. Gherdi, qui était à Saint-Denis, était marchand de pièces d'occasion pour véhicules et, pour un camion Packard, mon père a eu besoin d'un pont arrière. Il a acheté à M. Gherdi, sous condition, un pont, en lui demandant, si toutefois les dents en bronze n'allaient pas, s'il pouvait lui rendre. Le marché fut conclu, il est venu à la maison voir si le pont allait. Mon père lui a dit non, les dents sont beaucoup trop larges et le pont ne va pas.*

*À ce moment-là, Francis Gherdi lui a dit : « Moi je ne rembourse pas, je ne veux pas reprendre la marchandise. » Il a attrapé mon père dans un coin, c'était dans un garage, et il a voulu lui flanquer un coup de poing. Mais mon père, qui lui était à l'établi, a attrapé un manche de tournevis et lui a envoyé à la figure. Un peu de sang a coulé. J'étais là, je revois très bien Gherdi, un homme assez fort, gros et chauve. Mon père a dit : « On va appeler tout de suite la police et on va régler cette affaire. » Tout de suite, Gherdi lui a répondu : « J'en ai déjà assez avec l'affaire Seznec, ça va comme ça. »*

*Mon père ne connaissait pas cet homme. Quand il en parlait, il disait que c'était une crapule... Gherdi a payé mon père, il lui a dit :*

*« Je te reprends le pont, mais laisse tomber cette affaire-là, c'est tout, au revoir. »*

Ce premier témoignage a été complété d'un autre, quelques jours plus tard. Pierre Bellemare, ce jour-là, diffusa un entretien qu'il avait eu avec un auditeur ayant tenu à conserver l'anonymat, auditeur dont une équipe de journalistes de l'émission avait soigneusement vérifié la crédibilité.

Pierre Bellemare :

*Avant de commencer l'entretien, vous m'avez dit : « On m'a conseillé hier de ne pas me mêler de ça. » Pourrait-on vous demander pourquoi on vous a dit ça ?*

*– Lorsque j'ai entendu vos émissions, j'ai dit à des amis qui l'écoutaient avec moi : « Tiens, je ne pense pas que ça peut servir à grand-chose, mais je me demande si je ne ferais pas mieux d'envoyer une lettre à Pierre Bellemare pour lui dire le peu que je sais. » Et l'affaire en est restée là. Et il y a quelque temps, je leur ai dit : « Tiens, je vais voir Pierre Bellemare, je vais lui dire le contenu de ma lettre. » Et je sais que des amis en ont parlé. Et une personne qui n'est pas exactement un ami, mais avec laquelle j'ai été en relation d'affaires, m'a téléphoné en me disant : « Pourquoi est-ce que tu te mêles de cette affaire, laisse tomber, ça ne peut rien t'apporter de bon, et puis ce sont de très vieilles histoires. Seznec lui-même, à force de répéter qu'il était innocent, a fini par s'en persuader, mais tout cela, ce sont de très vieilles histoires, laisse donc tomber, ça ne peut t'apporter que des ennuis. » Je dois préciser que cette personne est assez bien placée pour me donner un conseil.*

*– Que vous n'avez pas suivi.*

*– Que je n'ai pas suivi. J'ai décidé après avoir réfléchi, en avoir parlé, de venir quand même.*

*– Je vous écoute.*

*– Eh bien, on m'a toujours appelé Francis, et, alors que j'avais peut-être sept ou huit ans, il m'est arrivé de grimper sur les genoux de Gherdi, qui me disait : « Je suis le grand Francis, tu es le petit Francis. » Il était l'ami de mon tuteur, qui s'occupait de moi et de mes études et avait beaucoup d'intérêt parmi lesquels Gherdi avait une place. Mon tuteur s'occupait en France des tombes impériales britanniques, il y a énormément de cimetières anglais dans le nord de la France. Il était quelque chose dans l'inspection de leur entretien, et puis il avait beaucoup d'argent, il brassait beaucoup d'affaires. Il s'occupait aussi des stocks américains, mais sous un tout autre plan, sous celui de fournitures de certains stocks qui étaient tout neufs, n'avaient jamais été utilisés et étaient vendus par de grands magasins.*

*– Vous avez un nom qui est de consonance anglo-saxonne, donc on peut dire que Gherdi était en rapport courant avec des Anglo-Saxons.*

*– Très certainement. Il faisait d'ailleurs volontiers état du consul des États-Unis dont il aurait été le chauffeur et beaucoup plus que cela. Au cours des conversations qu'il avait avec mon tuteur et d'autres personnes, il se vantait de rendre toutes sortes de services à des personnes importantes – de servir de prête-nom, par exemple.*

*– Est-ce que vous, personnellement, vous croyez au trafic des véhicules américains après la guerre de 1914-1918?*

*– De véhicules, je n'en ai pas entendu parler beaucoup. Mais des trafics de stocks américains de toutes sortes, alors là, j'en ai été le témoin, ça allait de la bottine jusqu'aux toiles de tente en passant par un tas d'articles des plus divers.*

*– Puisque Gherdi se vantait d'être un prête-nom dans certaines affaires, est-ce que vous pensez qu'il ait pu être un prête-nom dans des affaires de trafic de stocks ?*

*– C'est possible. C'est probable. Je ne peux pas l'affirmer. Tout ce que je sais, c'est qu'en particulier, un jour, nous sommes allés, mon tuteur et moi, à une espèce de terrain vague qu'il possédait, où il y avait toutes sortes de marchandises américaines, il y avait aussi une sorte de petite baraque préfabriquée américaine. Je crois que toutes ces marchandises lui appartenaient, ou était-il le prête-nom de quelqu'un, je ne sais pas. Je sais que même des marchandises ont été revendues à des grands magasins parisiens et que Gherdi intervenait dans ces ventes, je ne sais pas à quel titre.*

*– Donc c'était une sorte de plaque tournante ?*

*– Il était certainement beaucoup plus qu'un simple chauffeur, et même qu'un simple secrétaire.*

*– D'autre part, il semblerait que Gherdi ait eu des connexions, dirons-nous, avec des hommes politiques français.*

*– Il l'affirmait, et je vais vous raconter deux détails extrêmement précis pour moi. Ma maison natale avait été détruite pendant la guerre de 1914, ma mère qui en était la propriétaire n'arrivait pas à se faire rembourser ce qu'on appelle les*

*dommages de guerre. Elle est allée plusieurs fois à la préfecture, où elle a été assez mal reçue. Mon tuteur lui a conseillé de s'adresser à Gherdi, qui ferait une lettre grâce à laquelle elle obtiendrait satisfaction. Effectivement, lorsqu'elle est retournée à la préfecture, on l'a reçue très aimablement, on lui a offert un siège, on l'a fait asseoir, le dossier était tout prêt et on lui a dit : « Oui, vous êtes la protégée de M. Untel » – ici le nom d'un homme politique illustre. Et c'était simplement la suite d'une intervention de Gherdi, qui se vantait volontiers d'être en relation avec le cabinet de cet homme politique... Et puis, en 1940, j'ai eu besoin d'un transfert de bourse d'un département à l'autre ; on n'arrivait pas à l'obtenir, là encore j'ai écrit à Gherdi, et là encore il y a eu une solution extrêmement rapide... J'ai aussi entendu dire que Gherdi était en relation constante avec des Américains d'origine syrienne qui étaient plus ou moins apparentés à la femme de cet homme politique.*

Le lundi 22 janvier 1979, cette dimension politique de l'Affaire se confirmait dans la septième émission, avec le témoignage téléphoné de Mme Strobant, qui appelait de Belgique :

*J'habitais Paris avec mon mari qui était éditeur et nous avions comme directeur littéraire M. X* (lors de la diffusion de l'émission, le nom a été recouvert d'un bip sonore) *qui était en même temps directeur des services aux Renseignements généraux au service frontières. Oh, il était très jeune, il avait mon âge, il avait vingt-huit ans à l'époque. Et un beau jour, je ne sais pas comment c'est venu dans la conversation, on a parlé de l'affaire Seznec. Et M. X nous a fait part de ce que cette affaire était surtout politique et que, si M. Seznec avait été pris et condamné, il l'avait été à la place d'un autre mais qu'en haut lieu on savait qui c'était, que si on avait pu chercher un peu on aurait pu trouver, car c'était malheureusement – malheureusement pour Seznec – quelqu'un d'une famille très importante et qui s'occupait beaucoup de politique. Mais je sais en tout cas qu'il était formel et qu'il a dit : « Seznec a servi de lampiste, il n'a pas su fournir un alibi valable. » Alors mon mari lui a même dit : « Mais écoute, quand même, cette machine à écrire... Oh, il a dit, c'est un scénario qui était bien monté.* »

Europe 1 a appelé ce mystérieux M. X. Celui-ci a répondu qu'il n'avait rien à dire, simplement qu'il connaissait assez bien l'affaire Seznec, en effet.

Cela recoupait un propos de Cayatte entendu lors des premières émissions. Celui-ci raconta à Marcel Jullian que, après avoir renoncé en 1951 au film, quand cela a été réglé, il avait reçu la visite d'un inspecteur des Renseignements généraux qui lui a confié :

– Si vous voulez trouver la clé de l'affaire Seznec, c'est très simple, découvrez le nom de l'homme politique français qui, de 1920 à 1923, a été chargé de la répartition des surplus américains.

Dans l'émission suivante est intervenue Mme Arnaud, fille du commissaire divisionnaire Christian Louis, ancien sous-directeur de la P.J. et contrôleur des Renseignements généraux, mort en 1976. En 1923, il était secrétaire du commissaire Doret, le supérieur de Bonny, au Quai des Orfèvres. Il avait confié à sa fille :

*Les documents ont été déplacés, les pistes brouillées. Ordre était donné de faire disparaître ou de faire parvenir au ministre de l'Intérieur les pièces importantes ou compromettantes.*

Autre témoignage d'origine policière, celui de M. Chatron, inspecteur principal (honoraire) qui fut un collaborateur du commissaire Vidal :

*Vidal n'avait pas envie d'inculper Seznec. Il l'a fait car il ne voyait pas d'autre issue.*

Cette série d'émissions a joué un rôle capital auprès de l'opinion publique, en ravivant le souvenir de l'Affaire. Et puis, les douze jours, en direct, que nous avions vécus, Marcel Jullian, Pierre Bellemare et moi, nous avaient amenés à connaître une foule de sentiments antagonistes : l'espoir, le découragement, la curiosité. On nous avait renseignés, aidés et encouragés mais aussi trompés et parfois menacés. On retrouvera des dossiers contenant des pièces officielles, et même le carnet militaire de mon grand-père.

Finalement, entre la crainte de paraître sots et celle d'être lâches, beaucoup d'auditeurs décrochèrent leur téléphone. Ils dirent à la douzaine de collaborateurs installés au standard ce qu'ils confiaient jusqu'alors à leurs intimes. Et tout le long l'émotion fut présente. L'onde de choc fut considérable, car, comme les cercles concentriques formés par un caillou lancé dans l'eau, longtemps après j'en percevrai encore les remous.

Europe 1 recevra en quelques jours plusieurs milliers de coups de téléphone (bloquant à plusieurs reprises le standard) et plus de 2 000 lettres. La plupart d'encouragement, quelques-unes (rares) opposées à Seznec, beaucoup contenant des éléments intéressants avec, bien sûr, l'inévitable lot de fous et de mythomanes...

Un commissaire des Renseignements généraux, M. Bruneteau, viendra me conseiller, amicalement, d'être prudent et de ne pas mettre en cause des instances politiques comme les émissions d'Europe 1 l'avait laissé entendre car je n'aurais, alors, plus aucune chance d'obtenir la révision.

Le ministère de la Justice, lui, a très mal pris la chose.

En mai 1979, Me Langlois a écrit au directeur des affaires criminelles et des grâces pour savoir où en était la procédure de révision. Le 27 juin, celui-ci lui répondait par courrier qu'il était envisagé de soumettre l'affaire Seznec à la commission de révision mais... qu'afin d'être en mesure de présenter à son examen un dossier très complet, la Chancellerie s'efforçait d'obtenir le contenu des émissions d'Europe 1. C'était pour le moins surprenant. En quoi la Chancellerie avait-elle besoin de se procurer le contenu d'une émission de radio ? Visiblement, on avait peu apprécié en haut lieu les pressions exercées le premier jour de l'émission...

Début novembre, nous revenions à la charge. La réponse du ministère de la Justice a été pour le moins curieuse :

*Je vous avais indiqué par lettre du 27 juin 1979 que la Chancellerie s'efforçait d'obtenir les bandes de l'émission diffusée sur Europe 1, que M. Pierre Bellemare a consacrée au procès de Guillaume Seznec.*

*Cette démarche n'ayant pu aboutir à ce jour, il ne m'est pas possible de vous préciser en l'état la suite susceptible d'être réservée à cette affaire.*

Pas de bande magnétique... pas de nouvelles de la révision ! C'était apparemment donnant-donnant.

Notre avocat n'a pas désarmé et, très poliment, dans une lettre du 6 février 1980, a expliqué au ministère que, selon lui, ces émissions, bien qu'elles aient conclu très nettement à l'innocence de Guillaume Seznec, n'apportaient aucun élément nouveau au sens où l'entendait le Code de procédure pénale. Dans ces conditions, il n'était peut-être pas souhaitable que l'examen de la requête en révision par la commission soit de nouveau reporté... dans l'attente du résultat des démarches jusqu'ici vaines effectuées auprès d'Europe 1 !

Pas de réponse.

Nouvelle demande en avril 1980.

Enfin, le 1er août 1980, la direction des affaires criminelles et des grâces daignait faire savoir que les démarches pour l'obtention de ces fameuses bandes n'avaient pas abouti... et que le dossier serait donc soumis en l'état à la commission de révision. Malheureusement, on ne savait pas encore à quelle date celle-ci se réunirait pour examiner l'Affaire.

Trois ans s'étaient passés depuis le dépôt de la demande en révision !

En 1980, au cours de sa conférence de presse, le président de la République, Valéry Giscard d'Estaing, répondant à la question d'un journaliste concernant les erreurs judiciaires, déclarait : « Je peux vous dire qu'il y a à l'heure actuelle, en France, un cas qui donne lieu à un examen concernant la révision éventuelle de la procédure de justice. » Ce cas était-il celui de mon grand-père ? Toujours est-il que les observateurs le comprirent ainsi.

Le 24 juillet 1981, Me Langlois a écrit une lettre au nouveau garde des Sceaux, Robert Badinter, dans laquelle il s'interrogeait sur les raisons qui avaient retardé la saisie de la commission :

*Faut-il croire que la Chancellerie avait été choquée par le fait qu'une affaire faisant l'objet d'une requête judiciaire était exposée sur la place publique ?*

*Faut-il croire aussi qu'en haut lieu on craint que les émissions et leurs suites ne fassent apparaître que la famille d'un haut dignitaire de l'État avait tiré sa fortune du trafic des surplus de la guerre 1914-1918, nœud véritable de l'affaire Seznec ?*

Il concluait :

*À la fin de l'année 1978, la commission de révision devait être saisie. Le dossier était complet, prêt à être examiné. Je vous serai particulièrement reconnaissant de faire en sorte que cette longue parenthèse qui n'avait rien à voir avec la justice soit rapidement refermée et que la commission vous apporte son avis dans les meilleurs délais.*

*En vous en remerciant à l'avance, je vous prie de croire, Monsieur le ministre et cher ami, à l'assurance de mes sentiments les plus cordiaux.*

Le 2 août 1982, le ministère de la Justice nous faisait savoir que la requête en révision avait été repoussée par la commission.

Ainsi, nous avions échoué.

Le premier moment de colère et de tristesse passé, j'ai attentivement parcouru la réponse du ministère. En fait, c'est Robert Badinter lui-même qui avait répondu à Me Langlois , et sa lettre contenait à la fois d'utiles précisions et des raisons d'espérer.

Tout d'abord, le garde des Sceaux expliquait pourquoi la commisison avait décidé de rejeter les cinq points de la demande en révision :

– les relevés météorologiques indiquant qu'il n'avait pas gelé le 25 mai 1923 avaient été effectués à la station de Trappes, distante de Houdan d'une trentaine de kilomètres, et que la température pouvait y être différente ;

– les témoins du Havre ayant vu un homme acheter une machine à écrire, confrontés à Seznec, l'avaient identifié comme étant l'acheteur, et ne s'étaient donc pas contentés d'une photographie considérée comme maquillée ;

– la découverte de Gherdi n'était pas un fait nouveau susceptible de donner lieu à révision car, disait le ministre de la Justice, « la réalité du rendez-vous allégué par Seznec n'avait d'intérêt qu'au titre de la préméditation, écartée par la cour d'assises ». Là, il faisait une erreur. Les « mensonges » imputés à mon grand-père sur les raisons du voyage de Quemeneur et le rendez-vous auquel celui-ci se rendait ont joué un rôle important dans l'appréciation de sa culpabilité, qu'il y eût ou non accusation de préméditation.

Si la cour d'assises avait su que Seznec ne mentait pas, si elle avait su que Quemeneur se livrait à un trafic de voitures américaines dont la réalité est aujourd'hui établie, si elle avait su qu'il était en relations d'affaires avec le nommé Gherdi dit Charly, un doute – sinon une conviction contraire – aurait existé sur la culpabilité de mon grand-père. Pour s'en convaincre il suffisait de se remémorer cette phrase capitale de l'acte d'accusation : « Nulle trace n'a été retrouvée à Paris du prétendu Charly ou Cherdy qui apparaît comme une pure création de l'imagination de Seznec » ;

– le quatrième élément – l'imitation de la signature de Quemeneur (et du mot Landerneau) sur le prospectus de *L'Almanach du blé,* saisi dans le bureau de Quemeneur – la commission, tout en regrettant que l'on n'ait pas effectivement fait des recherches en son temps, considérait que ce document n'avait pas été dissimulé ;

– enfin les confidences de Bonny recueillies par son fils étaient considérées comme « le reflet d'une opinion personnelle exprimée par une personne (l'inspecteur Bonny) qui pouvait, de cette manière, espérer gagner du temps et retarder l'issue de son propre procès ».

Bien entendu, je n'ai pas été d'accord avec ces positions de la commission (en particulier, il était faux de dire que Bonny aurait fait ses confidences avant son procès : elles avaient été faites bien avant que l'inspecteur ait été inquiété par la justice).

Mais surtout, un passage de la lettre de Robert Badinter faisait renaître un mince espoir :

*Afin que puisse, cependant, comme l'envisage la réforme en cours de la procédure de révision, être respecté le principe du contradictoire, je vous invite à prendre contact avec la Direction des affaires criminelles qui pourra vous informer de manière concrète et détaillée des avis exprimés et vous mettre en mesure de formuler à leur propos les observations qui vous paraîtront opportunes ou nécessaires.*

Ainsi donc, au lieu de se ranger à l'avis de la commission, comme c'était l'habitude, le nouveau garde des Sceaux préférait que l'avocat de la révision lui fasse part de ses observations. Tout n'était donc pas perdu ! D'une certaine manière, Robert Badinter nous disait : la commission a émis un avis défavorable, mais dans le cadre d'une loi que je voudrais modifier, aussi je préfère ne pas refermer la porte et vous laisser jouer votre rôle, vous donner toutes vos chances. Ma décision sera prise ensuite.

Mais cela voulait dire aussi, je le savais, que nous allions consacrer des mois, sans doute des années, à collecter des documents, faire des démarches, écrire à des administrations, tenter de rameuter une opinion endormie ou oublieuse, tout en surveillant si cette fameuse loi qui allait modifier le fonctionnement de la procédure de révision allait être votée... Parfois, j'avais l'impression que je m'attaquais, les mains nues, à un mur, à une forteresse, et que rien ne changerait jamais. Et puis, ces moments de déprime passés, ma petite mécanique intérieure se remettait en marche, mue par une force dont j'aurais bien été incapable de définir la nature...

N'ayant pas accès au dossier officiel, je continuais de compléter ma documentation en recherchant les événements qui auraient pu se produire dans les périodes où je ne disposais d'aucun élément. Pour cela, je me plongeais dans les archives de la Bibliothèque nationale ou dans celles de la plupart des grands quotidiens nationaux, qui m'ouvraient volontiers leurs placards – parfois bien poussiéreux... Larousse m'a même laissé consulter ses réserves spéciales, et l'A.F.P. la masse impressionnante des documents accumulés sur l'Affaire. Le journal *L'Équipe* acceptera même de reproduire les photographies sur plaque de verre qu'il conservait du vieil *Excelsior.* Mais les archives les plus riches seront celles de *Détective,* conservées rue Lauriston... à deux pas du siège de la Gestapo française où Bonny et Lafont torturaient leurs victimes !

La Galcante, ce magasin spécialisé en vieux journaux, m'a laissé fouiner dans ses caves de la rue de l'Arbre-Sec. Une vraie caverne d'Ali Baba, des kilomètres de rayons recelant d'incroyables trésors de la presse écrite... J'y passais des journées entières, car je ne parvenais que très difficilement à me détacher de cette masse de documents. Par exemple, quand *L'Intransigeant* du 19 mai 1933 titrait : IL FAUT RÉVISER LE PROCÈS SEZNEC, comment ne pas parcourir l'article voisin décrivant le chancelier Hitler comme un Européen pacifiste ?

Au total j'avais fini par cumuler plus de vingt mille articles rien que sur l'Affaire. Répertoriés, ils me permettaient de suivre la chronologie de tous les événements durant plus de soixante années et, parfois, d'y retrouver reproduites des lettres de mes grands-parents que nous ne possédions pas.

Mais au fil de ces années – de 1982 à 1986 – j'avais l'impression que, si je me gorgeais d'informations, je tournais cependant un peu à vide. Et puis ma vie sentimentale devait se remettre d'une séparation et, dans ma vie professionnelle, les choses ne se passaient pas très bien non plus.

Fin 1986, j'avais quitté la coopérative de presse que j'avais contribué à fonder. Quatorze années de travail – mais surtout de passion – au sein d'une entreprise, Publications-Élysées, considérée à l'époque comme le plus beau fleuron de la profession. On y photocomposait et mettait en pages, à l'aide de matériels informatiques sophistiqués, des hebdomadaires comme *Le Point, L'Express, Le Canard enchaîné* ou *Télé 7 jours*...

L'équipe dirigeante, dont je faisais partie, était lasse, après plusieurs années de tracasseries, de devoir assurer vaille que vaille la sortie des publications dans les délais tout en subissant la pression permanente des corporations et les coups impitoyables des clans. L'élan initial n'existait plus. J'ai été le premier à partir.

Alors, comme pour respirer, pour me laver de toute cette ambiance pesante, presque malsaine, j'ai décidé de faire une coupure. J'ai pris le large. Mais, si c'était encore pour me replonger dans le passé, pour la première fois l'Affaire Seznec m'apparut comme une bouée de sauvetage.

Mars 1987. La Guyane. Dès mon arrivée, et avant même que le 747 d'Air France n'atterrisse, j'ai été saisi par une impression étrange : l'immense forêt amazonienne que j'apercevais par le hublot me semblait plus importante que l'océan que l'on venait de survoler. Très vite je me suis retrouvé dans la moiteur de la Guyane. J'étais très ému car je retrouvais des lieux que je connaissais par cœur sans les avoir jamais foulés, une sorte de retour à des sources mystérieuses... J'avais un viatique de premier ordre : les cahiers de bagne de mon grand-père, sorte de *Guide du routard* à sa façon.

Tout de suite la Guyane m'a fasciné, pour ne pas dire envoûté. D'abord la population, où toutes les ethnies et les races se côtoient, me donnait une image originale et très colorée de la République. Les créoles, les nègres boschs ou les Bonis (appelés « Noirs marrons » pour désigner les anciens esclaves vivant dans la forêt amazonienne), les

Chinois ou les Monghs (originaires des hauts plateaux du Laos), les Libanais, les Haïtiens et les Brésiliens forment une espèce de mosaïque humaine extraordinaire. Un gendarme ou un ingénieur du centre spatial de Kourou donnant, de temps en temps, la touche européenne. Très certainement l'un des rares endroits au monde où les cinq continents vivent en communauté.

À Cayenne, je retrouvais, perdue dans cette multitude, la poignée de survivants du bagne – les « vieux Blancs » – et les interrogeais sur mon grand-père. L'un d'eux, Gaston Patou, me raconta combien Seznec était respecté par les bagnards, surtout par les « transportés » et les caïds, ce qui était très rare, selon lui. Puis j'ai rencontré une équipe de cinéastes. Alain Maline, le metteur en scène, était en train de tourner *Cayenne Palace* dont l'interprète principal était Richard Berry. Ce film racontait l'histoire d'un fils à la recherche de son père, bagnard... Curieux clin d'œil du destin... que quelques journalistes présents se sont empressés de relater, confondant un peu les deux histoires, dans leur hâte et leur bonne volonté !

Pour m'aventurer un peu dans cette forêt amazonienne si impénétrable, j'ai dû emprunter une pirogue pour aller dans les petites criques (rivières) là où l'eau, la végétation – qui jaillit de partout – et les animaux ne font plus qu'un. Tout ce mélange, ce pourrissement, est tout simplement effrayant. On y est comme englouti. Décidément les bagnards qui pensaient à s'évader n'avaient strictement aucune chance par la voie « terrestre ». L'« enfer vert », comme ils l'avaient baptisé, portait bien son nom.

En m'écartant de la piste me conduisant à Saint-Laurent-du-Maroni, je retrouvais les traces de la fameuse route coloniale n° 1. Commencée en 1916, elle avait été le cauchemar des bagnards qui l'avaient surnommée « nationale n° 0 » car elle ne menait nulle part. Chaque mois, soixante-cinq à soixante-dix hommes mouraient d'insolation, de fièvres pernicieuses ou de malnutrition. Rien qu'entre le 24e et le 36e kilomètres dix-sept mille forçats avaient péri. De nombreux bagnards désignés pour aller travailler sur ces chantiers se mutilaient volontairement pour échapper à cet enfer. En réalité, c'était devenu un immense cimetière, car on avait enterré tout le long de ces travaux de damnés ceux qui étaient morts à la tâche.

À Saint-Laurent-du-Maroni, je découvrais les ruines du camp de la transportation. Il n'en restait plus que la grande entrée et quelques bâtisses lépreuses squattées par les réfugiés du Surinam. Ils avaient fui la guérilla sévissant dans leur pays, de l'autre côté du Maroni. Cela faisait une étrange impression de voir des dizaines d'enfants entassés ou dormant dans des hamacs à l'intérieur des cellules...

Embarquement à Kourou pour les îles du Salut, qui bientôt sont apparues, disséminées dans l'eau bleue, couronnées de cocotiers... un vrai dépliant publicitaire. Vues de la mer, elles apparaissent comme des îles enchantées.

Après une heure de traversée houleuse, j'ai vu les vagues se briser sur les rochers noirs de la Royale, lui faisant comme une ceinture de dentelle. Au premier abord, cela me rappelait Ceylan et des souvenirs d'enfance, Robinson Crusoé surtout. C'est vrai que tout ici pouvait inciter à la douceur de vivre, à la poésie.

Dans la petite rade servant d'abri au débarcadère, les bâtiments de l'administration pénitentiaire étaient toujours là, presque intacts. Ils n'avaient pas été édifiés avec des briques, comme ailleurs, mais avec des pierres rugueuses et rosâtres qui leur donnaient un aspect « colonie sous les tropiques » plutôt gai. De là, on apercevait une grande allée entièrement pavée de galets noirs et brillants qui montait sous la végétation vers le sommet de l'île. Les bagnards l'avaient baptisée « la pente des blagueurs ».

J'avais la gorge serrée. Il me semblait que tout ici respirait le passé, que moi-même je faisais partie de la chaîne qui sauta du *Mana* – le bateau qui amenait les bagnards aux îles – sur le ponton, le 6 décembre 1928, jour où mon grand-père débarqua ici, trébuchant sous les coups des gardes-chiourmes.

Je suis resté quinze jours dans les îles. Seul avec les cahiers de bagne de Guillaume Seznec. Seul dans la tête, en réalité, car dans l'ancien mess des gardiens une sorte de petite auberge avait été installée pour accueillir dans la journée les touristes, essentiellement américains, qui débarquaient des paquebots de croisière, une ou deux fois par semaine. Ils faisaient une petite visite guidée du bagne de « Papillon » immortalisé par Steve McQueen, achetaient un T-shirt imprimé d'un bagnard en tenue rayée et boulet au pied, buvaient un Coca-Cola, prenaient une photo de groupe devant un cachot et repartaient presque aussitôt.

Hormis un gardien de phare et la tenancière de l'auberge, il ne restait plus que des bandes de singes, quelques perroquets de toutes les couleurs, des iguanes, quelques caïmans (dans l'immense bac à nénuphars qu'était devenu l'ancien réservoir d'eau de pluie) et, tout autour des îles, les requins, éternels gardiens. Le soir, de l'endroit où je dormais, j'avais une vue imprenable sur l'île du Diable. Très impressionnant de voir et d'entendre les vagues s'écraser violemment contre les rochers. Il n'était guère étonnant, dans ces conditions, de passer parfois plusieurs mois avant de pouvoir aborder l'île ! Il n'y avait – il n'y a encore – aucun promontoire, et la mer est presque continuellement déchaînée entre la Royale et le Diable. Le seul moyen de correspondre était le câble les reliant, par lequel la « Tentiaire » faisait passer le ravitaillement en cas de besoin.

En fait, l'île Royale me faisait un peu penser au « Prisonnier », le célèbre feuilleton britannique. Apparemment, tout y était clean, rangé, propre – cinq cents bagnards qu'on occupait en permanence à nettoyer, tondre, récurer, repeindre. Chaque bâtisse avait sa fonction propre, comme dans une ville miniature. Avec cette différence qu'à la place d'une boulangerie on trouvait une infirmerie, que le café-tabac était remplacé par une « maison des fous », la mairie par la demeure du commandant, le terrain de foot par le cimetière des enfants des gardiens, l'hôpital et la morgue, eux, ne changeant pas de fonction. Les inscriptions administratives étaient bien à leur place : « Quartier des condamnés à mort », les trente-deux cellules des futurs guillotinés parfaitement alignées, et l'emplacement de la machine à tuer impeccablement indiqué par quatre pierres, pour faciliter un montage rapide. Avec l'omniprésence de la « Tentiaire », qui voyait tout, savait tout, cela devait être un monde ubuesque et terrifiant à la fois.

J'ai retrouvé la chapelle. Dans ses « cahiers », mon grand-père indiquait qu'il avait occupé le poste de sacristain et connu un certain Francis Lagrange – « Flag », tel était son pseudo. Il était au bagne pour avoir imité un peu trop souvent avec talent les billets de la Banque de France. Il avait été chargé de décorer l'intérieur de cette chapelle, ignorant certainement qu'elle serait classée dans les années quatre-vingt. Ses peintures étaient, en principe, d'inspiration liturgique, mais « Flag » avait en tête sa propre galerie des saints : sur l'une des fresques, mon grand-père apparaissait en pêcheur du lac de Tibériade, aux côtés d'un Jésus-Christ qui avait la bobine d'un compagnon de chaîne... Judas présentant, lui, la tête du commandant des îles. Malheureusement, si j'ai retrouvé quelques fragments de fresques sauvés de l'humidité, je n'ai pas réussi à reconstituer la pêche miraculeuse.

Escaliers taillés dans le roc, murs de brique, rangées de bâtiments cellulaires... oui, je reconnaissais ces ruines d'après d'anciennes photos, de vieilles cartes postales en noir et blanc et les descriptions des « cahiers du bagne ». Et j'ai fini par retrouver l'endroit où mon grand-père avait passé près de dix années ; là où l'île se resserre comme une cacahuète et atteint son point culminant se trouvait une sorte de grande guérite, sans toit, envahie de lianes : l'ancien sémaphore !

Il m'a fallu huit jours pour le dégager de sa gangue végétale, à la machette. Un arbre avait même poussé en plein milieu. Mais que de trésors à l'intérieur ! Une partie du châssis destiné à la longue-vue qui servait à observer les disques du sémaphore de Kourou, le bat-flanc en bois encore conservé, une brique estampillée en relief *Administration Pénitentiaire-Saint-Laurent.* Longuement, j'ai caressé cette inscription infamante comme une sorte de relique,

que j'ai soigneusement conservée. Autour de la petite « maison », enfouis dans la végétation et rouillés, quelques-uns des énormes disques que le bagnard Guillaume Seznec manœuvrait avec des chaînes pour envoyer les messages vers « la Grande Terre ».

Aidé par le gardien de phare, un Breton – ils sont partout où il y a la mer –, j'ai scellé une plaque et une petite vierge sur le mur de la case : *À Guillaume Seznec, martyr innocent.*

Dans l'île Saint-Joseph, il ne restait plus grand-chose. Les murs des derniers vestiges de la réclusion étaient inexorablement engloutis sous la végétation. Des lianes géantes et des racines gigantesques – certaines de plus de 50 mètres ! – dévoraient à la manière d'une immense pieuvre les cent cinquante cellules de réclusion, les fameux « trous », tordant les derniers barreaux comme s'ils étaient de simples fils de fer.

Quarante ans après la fermeture du bagne, la nature reprenait ses droits. Cela m'attristait : quel témoignage des horreurs passées subsisterait-il dans très peu d'années ? Ici, pendant près d'un siècle, une société civilisée avait organisé, planifié, l'un des pires systèmes concentrationnaires. Ici, des hommes avaient souffert comme il est difficilement imaginable. Et bientôt, il ne resterait plus rien... Certes, la Légion étrangère, qui vient se reposer à Saint-Joseph entre deux raids dans la jungle amazonienne, dégage les chemins et les principales ruines, mais cela est très insuffisant. Inexorablement, le bagne disparaîtra si l'on ne fait rien.

« L'affaire Seznec rend fou »... Où avais-je entendu cette phrase bizarre ? À propos de la croisade du juge Hervé, peut-être ? Je ne sais plus. Elle ressurgissait soudain à ma mémoire.

C'est vrai qu'il fallait être fou pour passer sa vie à vouloir réviser un procès vieux de plus d'un demi-siècle, se battre pour un homme qui était mort. À force de consacrer ma belle jeunesse, comme on dit, à cela, j'avais fini par focaliser tous mes espoirs en cette réhabilitation. Au fil du temps, c'était devenu le combat de ma vie.

Mais qu'est-ce qui me poussait irrésistiblement vers cet objectif unique ? Inconsciemment, je me rendais compte qu'en fait j'avais été élevé pour la réhabilitation du grand-père. On m'avait programmé en quelque sorte. Toute la vie de ma famille avait tourné autour de l'Affaire qui avait déjà aspiré les forces vives de trois générations. Ma mère n'avait été dévouée qu'à son père. Si elle a épousé le témoin de son père, c'était une façon de ne pas le perdre de vue. En revenant du bagne, mon grand-père a remplacé mon père qui venait d'être tué. Celui-ci disparut d'autant plus facilement que chez nous on ne parla jamais de sa mort.

C'est comme cela que j'ai dû servir de raison de vivre à mon grand-père, lui qui n'en avait peut-être plus. Il m'a connu dès ma naissance, il pouvait donc me raconter une vie de rêve pour tenter de survivre lui-même. Un vieil homme à la vie brisée et un petit garçon qui ne parlait pas. J'étais près de lui et très loin à la fois, car en m'ayant camouflé la vie du bagne en vie d'aventures – la végétation exubérante, les fleurs énormes et carnivores, les animaux sauvages, le bleu de la mer – il était apparu, à l'enfant émerveillé que j'étais, comme un vieux marin qui a beaucoup bourlingué. Et puis on me cacha sa disparition.

Mon vrai père était mort deux fois, physiquement et symboliquement. Si mes frères et ma sœur pouvaient s'y référer – il existe pour eux –, moi je ne pouvais m'identifier qu'à Seznec. Bref, je me rendais compte que, à travers sa cause, je tentais de retrouver en quelque sorte le grand-père que j'avais connu.

Mais je m'y étais trop investi et je percevais qu'un échec pourrait être terrible et que, quelque part, ma vie certainement s'arrêterait aussi. Je le redoutais sans y croire. À 8 000 km de là, ma compagne, Martine,. avait dû pressentir mon désarroi, car d'un coup d'aile, et après avoir pris le bateau à Kourou, elle est venue me rejoindre et partager, peut-être, cet étrange envoûtement des îles du Diable.

C'est en quittant les îles du Salut que j'ai décidé d'accoler le nom de Seznec au mien.

Le 13 décembre de la même année, je me suis retrouvé à nouveau en Guyane : Patrick Poivre d'Arvor consacrait une partie de son émission de télévision, *À la folie,* à l'affaire Seznec, et nous sommes passés en direct sur les antennes françaises – pour la première fois reliés par satellite.

L'hélicoptère qui nous amena à l'île Royale se posa au point culminant, juste en face de la petite « maison » du sémaphore sur laquelle j'avais scellé, neuf mois auparavant, la plaque. Oui, ce jour-là, je crois que mon grand-père avait le plus beau mémorial que l'on puisse imaginer.

L'un des tout derniers bagnards vivant encore en Guyane vint affirmer devant les caméras qu'il avait toujours cru mon grand-père lorsque celui-ci déclarait qu'il était innocent. « Jamais je ne l'ai vu mentir », expliqua-t-il. L'émotion était au rendez-vous et, lors du passage en direct, j'ai bien cru que la pire catastrophe m'était arrivée ! Depuis trois ou quatre jours que nous étions en Guyane, je ne dormais pas tant j'étais anxieux. Et quand Patrick Poivre d'Arvor m'a questionné, j'ai eu le plus grand mal à débloquer ma gorge, à prononcer les mots qui ne voulaient pas venir.

Malgré cela (ou à cause de cela, peut-être) l'émission eut un gros impact. Déjà avant de reprendre l'avion pour la France avec les équipes de TF 1 et de la S.F.P., on me transmit un message venant de l'Élysée : un conseiller proche du Président me faisait savoir que « le Château n'était pas indifférent ». Puis, de retour en France, j'ai reçu de nombreux appels téléphoniques ainsi que plus de cinq cents lettres de gens désireux de m'aider ou plus simplement de m'exprimer leur soutien. LA FRANCE DU DIMANCHE APRÈS-MIDI S'EMBALLE, MATIGNON AUSSI, titrera *Libération.*

Matignon aussi ? Conséquence directe du passage de l'émission, j'ai été convoqué à Matignon le 25 janvier et le 3 février suivants au siège du gouvernement. Un membre du cabinet et un avocat attachés au service du Premier ministre, Jacques Chirac, m'ont posé une question à la fois surprenante et simple : « Que pouvons-nous faire pour vous aider ? » On ne dira jamais assez le poids des médias sur le monde politique...

– Faire avancer notre requête, ai-je répondu. Elle est bloquée quelque part, comme un train de marchandises qu'on aurait oublié sur une voie de garage.

Je faisais allusion à notre dernière démarche. Suite à la proposition de Robert Badinter de faire part de nos observations, Me Langlois et moi avions décidé de transmettre les conclusions de l'expertise de M. Guislain, favorables on le sait à l'innocence de mon grand-père. Jusqu'alors nous nous en étions abstenus, craignant de pénétrer dans une procédure longue et aléatoire. En demandant des expertises d'écriture, celles-ci allaient désormais jouer un rôle déterminant dans notre lutte.

Le cadavre de Quemeneur n'ayant pas été retrouvé, l'accusation, au cours du procès, avait considéré que mon grand-père avait signé son crime en fabriquant la fausse promesse de vente de Traou-Nez et le faux télégramme du Havre : en effet, selon elle, si Seznec avait commis ces faux, c'est parce qu'il savait que Quemeneur était mort et donc... l'avait assassiné. Ainsi avaient sans doute raisonné les jurés de la cour d'assises qui avaient voté pour la culpabilité. Or, non seulement les avocats d'alors n'avaient pas demandé de contre-expertise de ces écritures, ce qui était assez étonnant, mais à cette époque l'expertise scientifique n'en était qu'à ses balbutiements. En faire une nouvelle, à l'aide des dernières techniques scientifiques, permettrait d'approcher de plus près la vérité. Du reste, en 1977, Marcel Guislain n'avait-il pas conclu que le faux télégramme et l'acte de vente n'étaient pas l'œuvre de Seznec ?

Je ne sais si mon allusion au train sur une voie de garage a agi comme un « sésame, ouvre-toi » mais... le 4 mars, fait sans précédent, le garde des Sceaux, Albin Chalandon, ordonnait une expertise de ces pièces.

J'obtenais également la communication des archives de l'administration pénitentiaire. Celles-ci n'étaient accessibles, normalement, qu'au bout de cent vingt ans. Sans attendre l'expertise, la section de Morlaix de la Ligue des droits de l'homme organisait une conférence-débat dans cette ville. Autrefois, Morlaix avait été « la ville hostile » par excellence, car bien des ragots y avaient terni la réputation de Seznec, l'étranger – il venait de la Cornouaille ! –, Marie-Jeanne bénéficiant, elle, de l'estime générale.

Ce 7 décembre 1988, le théâtre de Morlaix était archi-comble, plus de sept cents personnes étaient venues écouter Frédéric Pottecher. Le célèbre chroniqueur exposa sa thèse de la fuite de Quemeneur aux États-Unis. Celle-ci lui avait été suggérée, quelques années auparavant, par les confidences du fils d'un gros négociant en vins de La Rochelle. Cette personne lui avait confié que son père avait reçu une lettre signée Quemeneur au début des années vingt, lui demandant de lui vendre une grande quantité d'alcool pour une grosse affaire qu'il envisageait avec les U.S.A. Le père avait envoyé son fils enquêter à Landerneau sur le filon en question mais avait abandonné quand il avait découvert qu'il s'agissait d'un trafic illégal, les États-Unis étant alors en pleine prohibition...

– Je suis certain que Seznec n'est pas allé au Havre, déclara Pottecher. En revanche, Quemeneur a dû y venir seul, et je crois qu'il en est parti pour les U.S.A.

Au cours de la discussion qui a suivi, je lui ai fait observer, sceptique :

– Quemeneur n'aurait jamais abandonné son ami Seznec !

– Tu te laisses trop aller à ta sensibilité de Breton, Denis. En tout cas, je ne serais pas surpris si l'on découvrait un jour, aux États-Unis, la tombe de Quemeneur !

Au cours du débat, le petit-fils de M. Goas, un juré qui avait voté pour la culpabilité lors du procès, est venu nous révéler que son aïeul avait regretté son vote tout au long de sa vie. Et je n'ai pu m'empêcher de songer à cette voix de majorité, cette unique voix qui avait fait pencher le destin de Guillaume Seznec...

À la fin de la réunion, j'ai lancé un appel solennel à Pierre Arpaillange, le garde des Sceaux, pour que l'affaire Seznec soit la première à bénéficier de la nouvelle loi sur les révisions. Celui-ci venait de déclarer, quelques jours plus tôt, lors de l'adoption du projet de loi par l'Assemblée nationale : « La justice doit savoir se remettre en cause lorsqu'elle a produit le contraire de la justice. »

Malgré le soutien de la population bretonne et des médias, je sentais pourtant, confusément, qu'il fallait montrer que je n'étais pas seul, qu'une force était à mes côtés.

En 1989 s'est créé le groupe de soutien à la cause de mon grand-père. J'ai eu la surprise de constater que les personnes que je contactais répondaient aussitôt favorablement, sans aucune hésitation. L'appel a réuni en quelques semaines les signatures de plus de cent vingt personnalités[1], *une liste étonnante,* dira l'A.F.P., *où, aux côtés d'avocats célèbres (Mes Kiejman, Collard, Soulez-Larivière...) se retrouvent la plupart des célébrités du monde des médias, des arts, des lettres et du spectacle (Yves Montand, Catherine Deneuve, Richard Berry, Bernard Pivot et Patrick Poivre d'Arvor, Frédéric Pottecher, Françoise Sagan, Wolinski, Anna Karina, Robert Hossein...). On y remarque des noms peu habitués des pétitions : Henri Amouroux, Éric Tabarly et Julien Green par exemple. Un autre nom aussi, évocateur, celui du sénateur Michel Dreyfus-Schmidt... Tous réclament la réhabilitation et estiment qu'en ce bicentenaire la justice française, « en ayant le courage d'admettre qu'elle s'est trompée en 1924 en envoyant à la mort lente au bagne de Cayenne un innocent, n'en apparaîtrait que plus noble et plus humaine ».*

Gaston Monnerville, l'ancien président du Sénat, me racontera qu'un jour de 1944, alors qu'il était député de la Guyane, il était allé voir Seznec sur son île et qu'il lui avait donné son mouchoir car il avait le nez qui coulait, à cause du climat... Je lui apprendrai que nous avions conservé longtemps, un peu comme une relique, ce grand mouchoir à liserés rouges, aux initiales brodées G.M.

À l'initiative de Marie Jacq, la dynamique député de Morlaix, l'appel s'est étendu aux députés bretons, toutes

1. On en trouvera la liste complète en annexe.

tendances confondues, avant d'être publié dans *Le Monde* sous la forme d'une déclaration où d'une part des personnalités demandaient la réhabilitation, et d'une autre les députés bretons demandaient la révision[1].

C'est vers cette période que je faisais connaissance de Philippe Lamour, cet avocat, souvenez-vous, qui avait défendu en 1932, avec André Cayatte, le journal *La Province* partisan de Seznec. Philippe Lamour avait brillamment démontré à travers ce procès en diffamation l'innocence de mon grand-père. Depuis, et bien avant qu'il ne devienne ministre de De Gaulle, il avait eu une vie extraordinaire dont l'un des moindres exploits était d'avoir été attaqué en procès par Hitler en personne, juste avant la Seconde Guerre mondiale. Inutile de dire que, dès l'arrivée des Allemands, ceux-ci désiraient rencontrer cet homme libre d'une façon pressante...

En 1989, il occupait, rue de Bièvre, un logement contigu à celui du président François Mitterrand, pour la bonne raison qu'ils avaient acheté la maison ensemble. Le gaullisme et le socialisme cohabitaient déjà ici depuis plus de vingt ans. Passionné et chaleureux, il me raconta ses souvenirs, me prodigua mille conseils, m'encouragea et me confia tout un tas de documents. Mais un jour il me dit, sur un ton paternel et ferme à la fois :

– Faites attention ! Vous êtes parvenu à remuer les choses, à faire en sorte que cette affaire demeure toujours vivante, des faits nouveaux existent. Bravo. Mais soyez prudent ! À ce stade, une décision de justice aussi importante, si elle doit être prise, engage et intéresse un gouvernement, quel qu'il soit. Les plus hautes autorités de l'État, forcément, auront leur mot à dire. Alors, vous devez être impec-

1. La révision est une voie de recours extraordinaire qui consiste à refaire un procès pour redresser une erreur judiciaire. Après décision de la Cour de cassation la réhabilitation est prononcée. À ne pas confondre avec une autre forme de réhabilitation, prononcée du vivant du condamné et qui, si elle efface les conséquences de la condamnation, ne revient pas pour autant sur le jugement.

cable, sans reproche. Évitez, bien entendu, les vagues et les remous.

Ces conseils sonnaient pour moi comme une mise en garde amicale[1]. Je ne le savais que trop, chaque fois que l'on avait eu une chance d'aboutir, patatras, il nous arrivait une catastrophe ! Par exemple, soit que des médias faisaient du sensationnalisme et nous en subissions alors indirectement les conséquences – les magistrats ayant horreur que l'on évoque une affaire en cours – soit que nous étions trahis par un « défenseur » qui, après s'être approprié la cause, privilégiait son image personnelle ou sortait un livre.

Philippe Lamour voulait peut-être tout simplement me prévenir que j'étais déjà sur un terrain miné, un terrain politique.

Peu de temps après, un incident vint conforter cette impression. À l'issue d'une conférence que je faisais devant un groupe de députés, certains d'entre eux me confiaient avoir connaissance d'informations impliquant un homme politique important. Un membre de sa famille aurait participé activement au trafic des Cadillac...

Ces propos étonnants me rappelaient ceux que j'avais surpris à Europe 1, tenus dix années auparavant par des journalistes, juste devant le studio où s'était déroulée une émission à laquelle j'avais participé. Hors antenne, des informations étaient parvenues à la station indiquant que le trafic concernait également l'armement et compromettait des hommes politiques du moment (dont toujours la même personnalité). Plus tard, en 1987, Marcel Jullian sur France-Inter avait repris les mêmes propos, rajoutant que l'affaire Seznec avait, en fait, empêché un immense scandale politique d'éclater.

1. *Le Méridional* du 4 décembre 1989 publiait, sous le titre L'ERREUR JUDICIAIRE DU SIÈCLE, une interview de Philippe Lamour où celui-ci – constatant qu'à la veille des fêtes du Bicentenaire de nombreux élus et des personnalités du Tout-Paris se mobilisaient pour obtenir la révision – exprimait ses craintes de voir mon combat récupéré par les médias.

– Ouvrir le dossier des surplus américains, c'était sans doute déboucher une plaque d'égout. Il en serait remonté des puanteurs et l'odorat de certaines personnalités s'en serait trouvé incommodé.

Et il laissait entendre que les descendants de ces hommes politiques pouvaient continuer à agir dans l'ombre.

Ces noms qui circulaient, je ne désirais pas les reprendre à mon compte. Nous avions nous-mêmes trop souffert d'être accusés sans preuve pour nous risquer, à notre tour, à désigner des personnes sans avoir une certitude de leur compromission. Devenir accusateur pour mieux prouver l'innocence était un défaut – je m'en étais rendu compte trop souvent en observant les différents comités de soutien existants – qui guette constamment les militants d'une cause.

Pourtant, c'était tentant, car la qualité des personnalités désignées avait l'avantage d'expliquer à elle seule cet acharnement à maintenir une chape de plomb sur l'Affaire, cette raison d'État omniprésente et si continuelle. Sinon, plus de soixante années après les faits, comment expliquer toutes ces interdictions, la censure du film de Cayatte, toutes ces disparitions de documents, ces dossiers de justice expurgés, ces pressions sur les défenseurs et sur certains médias ?

En tous cas, je me disais que si des députés – de gauche et de droite – et des journalistes étaient intéressés à obtenir confirmation de ces bruits, ils ne devaient certainement pas être les seuls.

Les 18 et 19 novembre 1989, mon appartement était « visité ». Nous ne nous serions absolument pas rendu compte du passage des deux inconnus si ceux-ci n'avaient été surpris par nos voisins – alertés par leurs bruits de pas pendant tout le week-end – lorsqu'ils quittèrent le logement.

La même année 1989 se sont passés deux événements qui ont soufflé le chaud et le froid...

Au printemps, l'Assemblée nationale a examiné la proposition de loi de Michel Sapin (président de la commission des lois) relative à la révision des condamnations pénales. Se sont ensuivies des navettes entre le Sénat et l'Assemblée. La nuit où la loi a été enfin adoptée, je l'ai vécue tout entière, seul, du haut de la tribune réservée au public alors qu'une quinzaine de députés débattaient avec le garde des Sceaux. « Toute la difficulté, observa celui-ci, tient à la nécessité de concilier deux impératifs : la réparation de l'erreur judiciaire, car elle est intolérable et nous bouleverse, et le souci de ne pas remettre en cause abusivement la chose jugée. »

La nouvelle loi (que certains ont appelée « la loi Seznec ») a été votée à l'unanimité, le 23 juin 1989. *L'ancienne loi paralysait à peu près toute révision. L'affaire Seznec comme plusieurs iniquités ont joué un rôle dans le mouvement d'opinion qui conduit le gouvernement et le parlement à corriger un droit auquel l'injustice semblait préférable au désordre d'une erreur reconnue,* écrira Jean-Denis Bredin le 1er juillet 1989 dans *Le Monde. Sa conclusion sera un appel à la révision. Plus de vingt ans de bagne, une vie volée, une famille saccagée par le malheur, c'est le prix d'une erreur judiciaire commise en notre nom. C'est notre dette collective. On ne s'étonnera pas si nous sommes nombreux, cette année, à penser au vieux forçat, entre deux célébrations joyeuses de la Déclaration des droits de l'homme, à lui et à d'autres, comme lui détruits au nom de la justice ! Et nous rêverons de réduire un peu la distance qui ne cesse de séparer nos principes et nos comportements.*

La nouvelle loi permettait un plus large accès à la révision. Il suffisait désormais que vienne « à se produire ou à se révéler un fait nouveau ou un élément inconnu de la juridiction au jour du procès, de nature à faire naître un doute sur la culpabilité du condamné ». Avant 1989, les révisions étaient pratiquement impossibles, car le fait nouveau devait être « de nature à établir l'innocence du condamné ». De véritables preuves d'innocence, en somme. Alors qu'en France la cour d'assises condamne sur la base de la sacro-sainte intime conviction, c'est-à-dire sans avoir besoin obligatoirement de preuves de culpabilité. C'est pour cette raison que l'obtention d'aveux revêt une importance particulière dans notre système judiciaire : en cas d'absence de preuves, les aveux ont une influence d'autant plus déterminante sur la décision des jurés.

Avant toute cette procédure, il fallait obtenir un avis favorable du parquet ayant jugé (ce que nous avions obtenu). C'est seulement après cela que la commission de révision examinait l'affaire et disait s'il y avait matière à révision ou non. Mais seul le ministre était compétent pour saisir la chambre criminelle de la Cour de cassation qui allait (ou non) rouvrir le procès. Il possédait une sorte de droit de veto.

On introduisait donc enfin, dans ce domaine, ce principe fondamental du droit français : le doute doit profiter à l'accusé[1]. D'autre part, la commission de révision avait le pouvoir de saisir la chambre criminelle de la Cour de cassation après avoir procédé, si besoin était, à des mesures d'instruction. On se passait donc de l'avis du ministre, c'est-à-dire que l'on favorisait l'indépendance de la magistrature par rapport au pouvoir exécutif.

Si la commission de révision saisissait la Cour de cassation, deux cas se présentaient. Ou bien le condamné était encore vivant, auquel cas le procès était cassé et rejugé par une autre juridiction que celle qui l'avait condamné. Ou bien il était décédé – et une seule affaire de ce genre se présentait alors, celle de mon grand-père[2] – et c'est la Cour de cassation elle-même qui rouvrait le procès, siégeant comme Cour de révision.

Bien sûr, j'étais heureux que la procédure permette enfin des révisions, mais... je pensais en même temps à ces deux experts en train d'examiner le télégramme et la promesse de vente. J'avais une vague crainte : les experts, comme les

1. Cette loi s'est inspirée du projet de réforme de l'application des peines de Robert Badinter déposé en 1983.

2. La commission de révision a rejeté la demande concernant l'affaire Ranucci en novembre 1991.

magistrats, n'aiment pas revenir sur le travail de leurs confrères...

Le 27 septembre 1989, leur rapport était rendu public.

Il confirmait celui de leurs prédécesseurs.

*Des accords nombreux et signalétiques désignent Guillaume Seznec comme étant l'auteur des mentions manuscrites figurant sur le télégramme du Havre et les deux exemplaires de la promesse de vente.*

Seznec était bien, à leurs yeux, l'auteur des faux.

De nouveau, cette impression d'abattement... ces années de combat anéanties par ces feuilles du rapport, ces quelques lignes de conclusions...

J'étais certain que ces deux hommes, malgré leur talent et leur expérience, se trompaient... Après tout, dans l'affaire Dreyfus, cinq experts, dont le fameux Bertillon, s'étaient totalement ridiculisés en affirmant que le capitaine était l'auteur de certaines pièces. Et puis je ne pouvais m'empêcher de songer à la conclusion du rapport de Marcel Guislain : Seznec n'était pas l'auteur des faux mais lui, Guislain, soupçonnait quelqu'un d'autre. Au fond, si on avait donné aux experts un spécimen de l'écriture de ce « quelqu'un d'autre », peut-être les choses se seraient-elles passées autrement. Mais Marcel Guislain était mort trois ans auparavant et son expertise n'était qu'officieuse...

Le 4 octobre 1989, la Cour de cassation, réunie en assemblée générale, a élu les membres de la nouvelle commission de révision, créée par la loi du 23 juin. Elle a élu son président, Paul Malibert, conseiller à la chambre criminelle, et a décidé de se saisir de l'affaire Seznec, lui attribuant le numéro d'ordre 001...

Le 5 octobre, j'ai été invité à l'hôtel de Lassay pour la remise du prix littéraire des Droits de l'homme à Me Langlois, qui était alors notre avocat, pour son livre sur l'affaire

Seznec. Plus de deux cent cinquante personnalités avaient été réunies pour cette occasion, à l'initiative de l'Association des nouveaux droits de l'homme. Je ne sais si la remise de ce prix par le président de l'Assemblée nationale[1], l'année même du Bicentenaire, a déclenché un vent de sympathie parmi les parlementaires, mais l'appel pour la révision a pris alors un nouvel élan : en quelques semaines, j'ai reçu trois cent quarante lettres de députés et sénateurs de toutes tendances, rejoignant leurs collègues bretons – un vrai courrier de ministre[2]!

Et puis, en mars 1990, l'espoir est venu de façon assez imprévue. Par la presse.

1. Laurent Fabius déclara : « Je ne sais pas quelle est la vérité sur l'affaire Seznec. Ce que je sais c'est qu'entre les deux postulats qui doivent tracer le chemin de la justice – d'un côté il faut une stabilité des situations juridiques, de l'autre on ne peut pas admettre que durablement l'erreur l'emporte sur la vérité – qu'entre ces deux exigences-là c'est la seconde qui doit prévaloir. Si doute il y a, il doit être favorable au condamné. Cela veut dire que, dès lors qu'il y a doute, étayé en raison, j'estime que l'esprit de loi doit l'emporter. En disant cela, je ne veux pas me mêler de ce qui concerne l'autorité judiciaire, mais je préside une assemblée où l'on fabrique la loi. La loi doit être bonne en elle-même et dans son application. Les législateurs que nous sommes ne peuvent pas se désintéresser du suivi de l'application de la loi. Pas d'interférence avec le pouvoir judiciaire – indépendant, respecté – mais en même temps pas d'indifférence à l'application de la loi, faute de quoi nous n'aurions fait qu'une partie de notre travail. »

2. Parmi ces lettres, celles de trois anciens Premiers ministres (Raymond Barre, Jacques Chaban-Delmas, Jacques Chirac), d'un vice-président de l'Assemblée nationale (Claude Labbé), d'un vice-président du Sénat (Michel Dreyfus-Schmidt), du porte-parole du gouvernement (Louis Le Pensec), de deux anciens ministres de l'Intérieur (Michel Poniatowski, Raymond Marcellin), du président de la commission des Affaires étrangères au Sénat (Maurice Schumann), du président de l'UDF (Charles Millon), etc. Bref, toutes les tendances politiques.

Sans m'en aviser, *France-Soir* avait donné à un organisme scientifique mondialement connu, le C.A.R.M.E. (Centre d'application et de recherches en microscopie électronique), des photographies du télégramme du Havre ainsi que des photocopies des deux actes de vente de la propriété de Traou-Nez (le premier ayant été remis à la police par Marie-Jeanne Seznec, le second ayant été découvert dans la valise de Quemeneur, au Havre).

Loïc Le Ribault, directeur du C.A.R.M.E., n'était pas, comme on dit, « n'importe qui » : expert en microanalyse près la cour d'appel de Bordeaux, agréé par la Cour de cassation, entre autres titres, mais surtout promoteur de nouvelles méthodes d'analyse en écriture, il avait été projeté sous les feux de l'actualité en démontrant lors du célèbre procès de Simone Weber que cette dernière avait commis des faux, qu'elle avait reconnus par la suite.

Il s'est donc penché sur ces documents pendant quelques semaines, et le résultat de cet examen préliminaire est paru aussitôt à la une de *France-Soir.*

Ses conclusions étaient nettes : les ajouts manuscrits sur les promesses de vente n'étaient pas de la main de Seznec. Ils avaient été calqués l'un sur l'autre ou bien à partir d'un troisième document.

Le texte du télégramme n'était pas non plus de la main de mon grand-père.

Enfin, les mentions manuscrites des actes de vente et le télégramme étaient l'œuvre d'un même faussaire.

Loïc Le Ribault ajoutait :

*Autre élément qui tend à aboutir à la thèse des actes doublement falsifiés : Seznec faisait beaucoup de fautes systématiques. Il écrivait notamment les à, préposition, sans accent. Or, dans les deux promesses de vente qu'il est censé avoir tapées avec la fameuse machine Royale n° 10, achetée quelques jours avant la disparition de Quemeneur, les à préposition sont correctement orthographiés. Un nouvel indice qui tend bien à prouver qu'il n'est pas l'auteur de ces écrits et que ce sont bien des faux.*

Le 23 mai 1990, j'ai été convoqué au Palais de Justice par Paul Malibert, président de la commission de révision. Celui-ci m'a informé qu'il avait été désigné comme rapporteur et s'apprêtait à clôturer ses travaux. La commission de révision me convoquerait pour m'entendre avec mes avocats. J'ai demandé au président Paul Malibert de bien vouloir rajouter, dans les nouveaux éléments du dossier, l'expertise du C.A.R.M.E. Cela tombait bien, puisqu'il avait justement reçu l'avis d'un expert du C.N.R.S., Alain Buquet, agréé par la Cour de cassation. Cet expert confirmait à son tour que Seznec n'était pas l'auteur du faux[1] et critiquait sévèrement les expertises officielles. *La méthodologie utilisée est inadaptée,* écrivait-il, *basée exclusivement sur la recherche des concordances alors que les divergences ont plus de valeur probante... La conduite de l'expertise manque d'objectivité.*

Il ne me restait plus qu'à attendre la réunion de la commission de révision, en préparant arguments et dossiers. Mais il fallait aussi renforcer notre défense, car la bataille qui s'annonçait serait décisive non seulement pour la cause mais plus généralement pour la justice en France. En effet, si le combat pour mon grand-père n'était plus désormais qu'un combat pour l'honneur, pour la mémoire, il concernait aussi tous ceux qui avaient subi ou auraient à subir les mêmes épreuves. L'odieux n'était pas que la justice pût se tromper – elle n'était rendue que par des hommes – mais qu'elle refusât de reconnaître ses erreurs, comme si elle risquait d'y perdre son autorité ou sa sacralité. Alors qu'au contraire, si elle admettait publiquement s'être trompée, elle inspirerait alors aux justiciables le respect nécessaire.

L'affaire Seznec, en étant la première grande affaire traitée, indiquerait si les choses avaient évolué en ce sens. En effet, si la loi avait changé, est-ce que l'état d'esprit des

1. En 1955, le célèbre expert De Rougemont, de réputation internationale, avait annoncé les mêmes conclusions au journaliste suisse Gygax.

magistrats – qui ont une sainte horreur de remettre en cause la chose jugée – avait suffisamment évolué ?

Le Mur de Berlin venait de s'écrouler. Le monde changeait. Les droits de l'homme semblaient devenir le credo du nouvel ordre international. Mais la Déclaration universelle des droits de l'homme qui proclame que « tout homme est présumé innocent... » serait-elle enfin totalement appliquée dans la patrie même des libertés ?

Jusqu'ici la France avait beaucoup créé et « exporté » des codes, des lois ou des règlements d'inspiration généreuse, notamment en matière de droits de l'homme, mais cela ne voulait pas dire que nous soyons le pays les appliquant le mieux.

L'enjeu était donc capital, et c'est sans doute ce qui explique que le barreau, dans sa quasi-totalité, soutenait la cause de mon grand-père, tandis que le petit monde de la justice observait attentivement le déroulement de cette bataille. *Le Figaro* ne s'y trompait pas en titrant le 24 novembre : LA GRANDE RÉVISION.

C'est pour toutes ces raisons que j'ai demandé à Me Jean-Denis Bredin et à Me Yves Baudelot de bien vouloir renforcer notre défense. Ils ont aussitôt accepté, et, comme tous les défenseurs au cours de notre histoire, sans qu'aucune rétribution ne soit envisagée. Je me réjouissais qu'un avocat comme Me Bredin acceptât de venir nous rejoindre, non parce qu'il était considéré par ses pairs comme le meilleur – sa réputation n'était plus à faire – mais parce que je me sentais entre de bonnes mains.

Une autre raison m'avait fait souhaiter la réorganisation de notre défense : un film sur l'Affaire était en projet. Pour mettre en chantier une réalisation d'une durée de trois heures, il fallait que la production soit internationale et qu'elle obtienne la participation d'une chaîne de télévision importante, car les besoins financiers étaient énormes. J'avais accepté de soutenir l'opération car il me semblait qu'un film serait globalement utile pour la cause.

Toutefois, je me gardais bien, au cours de mes démarches, de dénaturer le sens de ma lutte par des préoccupations commerciales. D'autant plus que l'auteur du livre dont le scénario devait s'inspirer était Denis Langlois, notre avocat. Notre attitude n'avait jamais varié depuis 1924, nous voulions la réhabilitation et rien que la réhabilitation. Pas question de faire des affaires avec l'Affaire.

Peu à peu notre relation avec Me Langlois s'était détériorée. Ni nos objectifs ni nos conceptions des actions à mener ne concordaient plus. Nous lui avons gardé notre gratitude, mais notre confiance réciproque – sans quoi il ne peut y avoir de travail en commun – était ébranlée. Avec l'accord du bâtonnier, Me Bredin et Me Baudelot prirent en charge le dossier. À cette occasion ma famille me renouvela son soutien le plus total, ce qui me permit de retrouver, enfin, une certaine sérénité.

Me Bredin obtenait aussitôt que la totalité du dossier de justice me soit accessible. C'est comme cela qu'un beau jour je pus consulter près de quatre mille photocopies que la commission de révision avait delivrées.

Au cours des semaines suivantes je lisais tout. Mais si les centaines de procès-verbaux, de rapports ou de comptes rendus d'interrogatoires – presque tous écrits à la plume ! – ne m'apprenaient presque rien de fondamental, en revanche je réalisais le décalage extraordinaire existant entre ce qui constituait le dossier, censé réfléchir l'exactitude des faits et des dires, et la simple réalité des choses.

Tout au long de l'enquête, cela sautait aux yeux, les policiers avaient procédé à des investigations poussées chaque fois que celles-ci pouvaient conduire soit à des témoins accusateurs, soit à des éléments à charge. Au contraire, ils avaient systématiquement négligé les vérifications les plus élémentaires lorsque celles-ci risquaient de les amener à constater la bonne foi de l'inculpé. Si le juge d'instruction ne s'était pas rendu complice de cette enquête totalement orientée, comment aurait-il pu se rendre compte, dans la solitude de son bureau, que la vérité était ainsi transgressée. Comment pouvait-il contrôler les policiers chargés de l'enquête lorsque, dans certains procès-verbaux, il suffisait d'un mot – un simple adjectif – glissé au bon endroit pour dénaturer totalement un témoignage ou, pis, lui faire dire tout le contraire.

Inversement, je comprenais combien l'ignorance du contenu du dossier officiel avait dû rendre fragiles et vulnérables tous les don Quichottes qui s'étaient lancés aveuglément à l'assaut de la justice. Ils avaient ignoré les beaux rapports, bien présentés mais truffés de présomptions, et les notes confidentielles écrites à la plume Sergent-major, avec de belles rondes, mais pour rapporter d'abjects ragots. Même si de toute cette montagne de papiers il ne ressortait pas la moindre preuve, les moulins à vent pouvaient continuer à tourner, il n'y avait pas de danger pour la Citadelle.

L'année suivante, le 22 mai, j'avais en main le rapport plus poussé du C.A.R.M.E. Cette fois, Le Ribault avait examiné la promesse de vente, le prospectus de *L'Almanach du blé,* le télégramme du Havre et des pages manuscrites de la main de Guillaume Seznec ainsi que les deux rapports, celui de Guislain qui concluait à l'innocence, et celui des deux experts officiels qui avaient conclu en 1989 que le faussaire était mon grand-père.

Rien que de très normal.

Mais, chose tout à fait curieuse, il avait également examiné... deux lettres de Jean Pouliquen.

Que venait faire là le notaire de Pont-l'Abbé, le beau-frère de Quemeneur ? C'est avec une sorte d'avidité, on le devine, que j'ai parcouru les pages du rapport.

Notons d'abord que Le Ribault « descendait en flammes » les auteurs du rapport officiel de 1989 à qui il reprochait un certain nombre de négligences techniques dont il se faisait un malin plaisir de fournir une longue liste... En revanche, il considérait le travail fourni par Marcel Guislain comme sérieux et bien mené, ne trouvant à redire que sur un point de détail.

Il confirmait que les mentions manuscrites n'étaient ni de la main de Seznec ni de celle de Quemeneur. Mais Loïc Le Ribault avait été plus loin dans sa démonstration : il avait fait un tirage transparent de l'un des deux textes et l'avait collé sur l'autre. On avait l'impression d'un texte unique, écrit en gras. C'en était fascinant...

Il démontrait aussi qu'on avait utilisé le système du calque pour la rédaction du télégramme du Havre, en utilisant probablement des modèles de mots interchangeables.

Pour ce qui est de la signature « Quemeneur » figurant sur le prospectus de *L'Almanach du blé,* il était incontestable, selon Loïc Le Ribault, qu'il s'agissait d'une imitation de celle de Quemeneur.

Et puis est venue sous mes yeux la reproduction d'une lettre de Jean Pouliquen. Le Ribault étudiait les « tirets à rebours descendants » et autres « microdécrochements ». Et puis, deux illustrations : le mot Finistère écrit par M^e^ Pouliquen dans sa lettre... et le mot Finistère figurant dans le télégramme du Havre. Là encore, c'était frappant, évident !

En conclusion, Seznec était graphiquement étranger à la rédaction des actes de vente, du télégramme et aux mentions du prospectus de *L'Almanach du blé.* En revanche, tous ces documents montraient que M^e^ Pouliquen « avait activement participé à leur réalisation » – bref, qu'il en était probablement l'auteur.

J'en étais stupéfait. Ainsi donc, celui que Guislain n'avait pas voulu nommément désigner était M^e^ Pouliquen ! J'avais jusqu'ici envisagé bien des hypothèses, le personnage ne m'était pas particulièrement sympathique, de par sa hargne contre mon grand-père, mais penser qu'il aurait pu faire ces faux... pourquoi, quand, comment ? Avait-il agi seul ?

Le 31 mai 1991, Loïc Le Ribault est venu me rendre visite. Le C.A.R.M.E. avait mis au point une nouvelle technique de comparaison d'écritures et il tenait à m'en faire part. Nous avons aussi longuement évoqué l'Affaire et, je ne sais trop pourquoi – mais après tout, Le Ribault était un spécialiste –, je lui ai montré une reproduction de la fameuse (fausse) lettre de Mme Petit.

Il l'a observée quelques secondes et s'est exclamé :

– Mais cette écriture est celle du faussaire, Jean Pouliquen ! J'en mettrais ma main au feu. Je suppose qu'elle a déjà été expertisée ?

– Non.

– Comment cela ?

– C'est simple : ma grand-mère, chez qui elle est arrivée par hasard, ayant échoué au rebut de la poste, a porté plainte pour faux. Bien sûr, cette plainte n'a eu aucune suite judiciaire et la magistrature ne s'est pas donné le mal de faire expertiser cette pièce.

– Alors je l'emmène.

Il l'emmena. Dès le lendemain, il me téléphonait de Bordeaux.

– Cette lettre est du même faussaire que les autres documents !

– Vous voulez dire... qu'elle aurait été faite par Me Pouliquen ?

– J'en suis certain. Je vais examiner le télégramme du Havre et cette lettre. Je vais demander au C.A.R.M.E. du Bénélux un rapport préliminaire.

Quelques jours plus tard, celui-ci est arrivé. Il confirmait l'opinion de Le Ribault. La même personne avait rédigé le télégramme et les faux. Puis, dans un autre rapport, Le Ribault comparait la fausse lettre et une lettre de Jean Pouliquen. Même conclusion.

Ainsi donc, le notaire de Pont-l'Abbé avait continué de faire des faux pour faire condamner Seznec. Et je me reposais la question : pourquoi cette haine tenace ? Elle n'avait aucun motif particulier.

Sauf l'argent.

Me Pouliquen, si Quemeneur était simplement disparu, n'héritait de rien. S'il était assassiné, sa femme recevait tout (Jenny, l'autre sœur de Quemeneur, s'était retirée au couvent et avait renoncé aux biens de ce monde). Encore fallait-il un assassin, un assassin reconnu coupable et condamné[1].

Le désigner, oui. Mais rédiger ce faux, ce télégramme du Havre si tôt, c'était aussi savoir que Quemeneur était mort.

Après tout, dès le début de l'instruction, Me Pouliquen, pour mentir aussi effrontément en faisant croire que le chèque était non barré, ne se sentait-il pas assuré que Quemeneur, la seule personne qui aurait pu le contredire, ne réapparaîtrait plus jamais ?

Donc, dès le jour de l'envoi du télégramme, Pouliquen savait que Quemeneur était mort. Peut-être avait-il fait le faux acte de vente ensuite. Mais comment celui-ci était-il alors arrivé dans les mains de la police ?

Et pourquoi, chose totalement incroyable, la Sûreté n'avait-elle pas recherché qui avait imité la signature de Quemeneur ? En soumettant, comme la logique de toute enquête l'exige, cette signature aux experts avec l'écriture de tous les membres de la famille Quemeneur.

Je relisais une lettre que Charles Huzo (rappelez-vous, le journaliste franc-maçon qui faisait une contre-enquête) écrivait à mon grand-père le 20 février 1931: *J'ai retrouvé, après bien des recherches, ce fameux Charly, je l'ai dénoncé au procureur général. Derrière cet individu, il me semble apercevoir l'ombre d'un des membres de la famille Q.* Il s'y plaignait aussi de subir des pressions.

Son enquête, malheureusement, n'ira pas plus loin car il mourra peu de temps après.

Et cette phrase de Bonny qui me trottait toujours dans la tête: *Et si, justement, Seznec avait été victime d'une*

1. Il est peu d'exemples dans l'histoire judiciaire française où une partie civile ait eu autant d'intérêts à obtenir la condamnation d'un accusé, surtout si l'on ajoute que l'annulation comme faux de l'acte de vente de la propriété de Traou-Nez profitait directement, la propriété réintégrant directement le patrimoine de la famille Quemeneur.

*machination ? Si le ou les assassins véritables de Quemeneur lui avaient fait endosser le crime : il était le client idéal... Ce doute le tourmentait à tel point,* rapporta son fils, *qu'il finit par en arriver à la conclusion que Seznec n'avait pas tué Quemeneur.* Et si Bonny avait refait son enquête ? Cela expliquerait son affirmation : *J'ai eu la certitude, pour ainsi dire formelle, que Seznec était innocent.*

Et puis il y avait cette information, souvenez-vous, qui avait paru dans *L'Ouest-Éclair* du 12 juillet 1923, juste après l'arrestation de mon grand-père : *Ce soir, à Paris, les bruits les plus sensationnels courent dans les milieux policiers. Nous ne pouvons préciser ces bruits afin de ne pas gêner des recherches suffisamment laborieuses ; mais il se pourrait qu'un coup de théâtre se produisît à très bref délai à Paris. Il s'agirait de l'arrestation de l'individu qui avait monté l'affaire des autos à vendre aux Soviets et que M. Quemeneur allait voir à Paris. Si les bruits en question se confirment, cet individu deviendrait auteur principal du crime, Seznec n'ayant agi que comme complice. L'arrestation aurait été différée parce que l'individu en question serait en relation avec certains hommes politiques qui seraient intervenus à la Sûreté générale, non pour entraver l'action de la justice, mais pour prévenir qu'il est tout à fait impossible que la personne soupçonnée soit coupable.*

Une information stupéfiante mais vite étouffée.

En me posant toutes ces questions, il me semblait que je connaissais, désormais, presque tous les éléments du puzzle et que les deux ou trois pièces encore manquantes du jeu se dessinaient d'elles-mêmes, par le vide qu'elles laissaient dans le tableau final.

Le mystère de la disparition de Quemeneur ne s'expliquerait-il pas, tout simplement, par une complémentarité involontaire de Pouliquen et de Bonny ? Un crime crapuleux en somme, perpétré, soit au cours d'un guet-apens tendu au conseiller général par la bande de malfrats du café Au Tambour, soit au cours d'une dispute, au manoir de Traou-Nez (la fameuse nuit où des coups de revolver ont été entendus), pour une sordide histoire d'intérêts au sein de la famille Quemeneur... mais dont la piste menant au criminel, dans l'un ou l'autre cas, a été délibérément brouillée, dès le départ, par la Sûreté – cela expliquerait la machination du Havre. La « Secrète » voulant avant tout éviter que l'on ne découvrît derrière cette affaire criminelle la présence d'un trafic aux ramifications politiques...

Le ou les assassins de Quemeneur trouvaient ainsi des complices inattendus en la personne de policiers. Ceux-ci, peut-être même, ne soupçonnaient pas encore la vérité (cela expliquerait les interrogations ultérieures de Bonny) mais savaient, au moins, avoir commis une formidable erreur en arrêtant Seznec. Et là il s'agissait de couvrir une gaffe, impardonnable pour la carrière d'un policier. Surtout lorsqu'il est ambitieux...

Dans tous les cas : il fallait étouffer. Et quoi de mieux pour étouffer une affaire criminelle explosive que de trouver rapidement un coupable idéal. Des intérêts concordaient parfaitement. D'un côté, celui de la famille de Quemeneur ; en trouvant un coupable on sauvait le patrimoine familial : un crime, ce n'était plus une disparition. De l'autre, celui de la Sûreté ; on transformait une disparition gênante – risquant de susciter des questions incessantes et une interrogation sans fin de la part de la presse – en un fait divers banal : deux Bretons sont montés à Paris, un seul est revenu, il a donc trucidé l'autre sur la route, point.

Dans ces conditions, la complicité objective entre un notaire véreux et un policier félon ne pouvait qu'être fatale à un simple maître de scierie...

Et ce ne fut pas très difficile. Les versions policières étaient enregistrées par une presse qui ne les discutait que rarement (l'affaire Seznec était une affaire en or pour les quotidiens, le tirage montait...). La puissance de la Sûreté générale fit le reste... Avec quelle facilité on allait chauffer le public et détourner l'attention du scandale qui couvait – le trafic.

Le juge Campion, comme tout juge d'instruction[1], avait eu une confiance aveugle en sa police. Jusqu'à un jour de juillet 1932, où il déclara : « Que voulez-vous, si les policiers nous ont trompés ! »

En octobre 1991, Yves Boisset – c'était lui finalement qui avait été choisi pour réaliser le film – est revenu de Guyane avec toute son équipe. Là-bas, les marsouins du 1er R.I.M.A. avaient figuré les centaines de forçats nécessaires en revêtant des tenues zébrées de bagnards envoyées directement de Hollywood et qui avaient servi, il y a une vingtaine d'années, au tournage de *Papillon* (sur l'une d'entre elles était encore inscrit le nom de Steve McQueen...)

Le tournage en Guyane avait bénéficié également d'une aide logistique importante de l'Armée (grue, hélicoptère, groupe électrogène, péniche de débarquement, etc.) qui avait remis un peu en état certains bâtiments. Tout cela grâce à Louis Le Pensec, le ministre des DOM-TOM. Lorsque j'avais obtenu son appui, le préfet de Guyane, qui avait assisté à l'entretien, avait déclaré :

– C'est normal que ce soit l'infanterie de marine qui remette en état le bagne, car après tout c'est elle, il y a cent ans, qui l'a construit...

Boisset, après l'île de Ré, s'apprêtait à entamer son tournage en Bretagne, lorsque j'appris qu'une scène risquait d'être supprimée pour des raisons budgétaires. Cette scène était importante pour moi : c'était la reconstitution du meeting de 1934 au cours duquel six des jurés avaient publiquement regretté leur verdict. Afin de la maintenir, je

1. En France le juge d'instruction est policier, enquêteur et juge à la fois. Cette fonction ambiguë, héritage de notre système inquisitoire, ne permet pas au juge d'exercer un contrôle efficace sur le travail de la police dont il est interdépendant. D'autant plus que sa disponibilité est limitée : à titre d'indication, il y a actuellement en France 6 000 magistrats, alors qu'en Grande-Bretagne ils sont 12 000 et en Allemagne 16 000. En 1923, une simple velléité de contrôle du travail de la police par le juge d'instruction n'était pas concevable. Il faudra attendre l'affaire Stavisky pour que la probité de la police puisse être mise en doute.

relevais le défi en promettant la participation bénévole d'au moins cinq cents figurants bretons.

Grâce à l'aide de *Ouest-France,* du *Télégramme de Brest* et des radios locales je tentais de mobiliser la population bretonne, surtout dans la région de Morlaix. C'était cette ville, en effet, étape du parcours de Boisset, qui avait été choisie. Le meeting historique s'était passé en réalité à Brest, mais Morlaix était mieux conservé. Et puis, c'était le lieu symbolique de l'Affaire.

Le 8 novembre les rues centrales avaient été sablées par les services municipaux, les fils téléphoniques et antennes de télévision ôtés des devantures, des voitures anciennes et des charrettes attelées de chevaux disposées çà et là. Les producteurs et la mairie avaient joué le jeu. Suspense. Certes j'avais collé des affichettes chez tous les commerçants de la ville, mais je craignais un échec. Celui-ci n'aurait pas eu qu'une conséquence fâcheuse pour le film : la cause en aurait pris forcément un coup. Mais ce soir-là, malgré une petite pluie fine et glaciale, des centaines de personnes, habillées à l'ancienne, convergeaient vers le théâtre de la ville : le pari était largement gagné ! De nombreuses femmes avaient mis, pour la circonstance, la fameuse coiffe de Morlaix, la « queue de homard » (parce qu'elle se recourbe sur la nuque) ou la coiffe ronde de Carhaix, le « camembert » (posée en arrière de la tête).

J'aurais voulu que mes grands-parents soient présents quelque part, dans un coin, et voient ces grandes banderoles LIBÉREZ SEZNEC ! flottant sur les frontons des immeubles et cette foule criant « Sez-nec in-no-cent ! » pour accueillir Madeleine Robinson (jouant le rôle de mon arrière-grand-mère) descendant d'une belle limousine avec le juge Hervé (Denis Manuel)[1]. Oui, Guillaume et Marie-Jeanne, en voyant cette forme de réhabilitation avant la

1. Les autres rôles principaux du film, qui a mobilisé 192 acteurs et près de 4 000 figurants, ont été tenus par Christophe Malavoy (Guillaume Seznec), Nathalie Roussel (Marie-Jeanne), Jean Yanne (Pierre Quemeneur), Jacques Spiesser (Émile Petitcolas), Maxime Leroux (Bonny), etc.

vraie, dans la ville où ils avaient été tant humiliés, tout cela leur aurait paru féerique... Mais, cette nuit-là, ce l'était déjà pour moi.

À dix mille kilomètres de là, Gérard d'Aboville venait d'accomplir son exploit extraordinaire. Pendant plus de quatre mois, à la rame, seul, il avait réussi à traverser l'immense Pacifique. Malgré de terribles tempêtes et mille chavirements, il avait enfin atteint l'Amérique. À son retour en France, fêté comme un héros, se joignant à l'Appel, il m'avait alors adressé un petit mot : *Alors, Denis Seznec, on rame toujours ?*

Le combat contre l'injustice pouvait, effectivement, se comparer à la traversée du plus monstrueux des océans. Encore fallait-il une autre rive...

Le 15 janvier 1992, j'apercevais les côtes du Palais de Justice.

Le président de la commission de révision m'avait convoqué avec mes avocats, Jean-Denis Bredin et Yves Baudelot, pour m'entendre une dernière fois avant de clôturer son rapport.

Après avoir franchi le barrage vigilant des gendarmes qui protège les hauts magistrats des soubresauts de l'actualité, nous passâmes devant la fameuse statue de saint Louis rendant la justice...

Décidément, il fallait encore que je relise la lettre d'adieu de mon grand-père à Marie-Jeanne, furtivement, pour me donner du courage. Et puis, profondément, je croyais que si je ne le faisais pas cela me porterait malheur !

Ce que fut cet entretien avec le président de la commission de révision je ne puis le raconter ici, car la procédure de révision est encore en cours.

Je suppliais seulement monsieur le président de faire en sorte que cette procédure aboutisse vite car je voulais que ma mère, âgée de 80 ans, voie le grand jour où la justice l'emportera sur la chose jugée et où la vérité sera enfin proclamée.

Alfred Dreyfus fut innocenté le 12 juillet 1906, à Rennes, par un arrêt qui se terminait par ces mots : « La Cour dit que c'est par erreur et à tort que cette condamnation a été prononcée. » Cette simple phrase n'a pas été déclamée très souvent dans l'Histoire de France. Et il aura fallu que le célèbre capitaine attende encore douze longues années pour être officiellement réhabilité.

Depuis, dans la mémoire collective des Français, Guillaume Seznec a rejoint Alfred Dreyfus comme l'un des symboles de l'erreur judiciaire, associé à Jean Calas et Joseph Lesurques.

Le 18 février 1934, dix ans après avoir condamné mon grand-père, six des jurés avaient réclamé la révision de son procès. Comme quoi la sacro-sainte « intime conviction » ne tue pas le doute. Et immunise encore moins contre le poison du remords : en 1992, Monique Dollin du Fresnel, seule descendante de la famille, m'écrivait (tenant ces paroles de son père) : *Le président Dollin du Fresnel, qui a condamné votre grand-père, l'a regretté jusqu'à la fin de ses jours. Il en parlait tout le temps, convaincu d'avoir condamné un innocent.*

À son tour, il faudrait que la justice française apprenne à reconnaître que, comme les hommes, il lui arrive de se tromper et sache se remettre en cause lorsqu'elle a produit le contraire de la justice.

En tentant de faire rouvrir le procès par une procédure de révision, j'avais conscience de ce que je m'adressais audacieusement, d'une certaine façon, à la sacro-sainte institution de la République : la Cour de cassation.

En effet, si la commission de révision émettait un avis favorable, comme nous l'espérons, la chambre criminelle siègerait alors en Cour de révision, instituant, pour la première fois en France, la Cour de cassation en une sorte de cour suprême. Celle-ci, composée presque exclusivement d'anciens chefs de cour ou de grand tribunal, devrait reconnaître publiquement que la cour d'assises s'était trompée en condamnant injustement un homme au bagne à perpétuité.

Il me suffisait d'imaginer les hauts magistrats siégeant solennellement, revêtus de leurs habits rouges bordés d'hermine[1], pour mesurer combien tenter d'obtenir cette réhabilitation d'une façon aussi officielle – et au plus haut niveau – devait être perçu comme un défi.

Pourtant je ne pouvais m'empêcher de croire que la conscience et l'intégrité de ces hauts magistrats l'emporteraient. Qu'ils s'apercevraient au moins que, s'il y avait bien une affaire où un doute sur la culpabilité existât, c'était bien dans l'affaire Seznec.

Bref, en ce mois de juillet 1992, au terme de plus de soixante-neuf années de lutte, j'espérais encore – malgré toutes les souffrances que ma famille avait endurées – en la justice de mon pays.

Les bornes de l'État de droit reposent sur la force de la chose jugée. Dans un système démocratique, la justice est forte de l'autorité du juge. Mais il est des circonstances où la grandeur d'un pays se mesure à sa capacité de savoir reconnaître ses erreurs, et à les réparer, en donnant à l'honneur et au cœur la préséance sur la raison d'État.

Cet après-midi-là, au Jardin des plantes, tout comme aujourd'hui, le temps s'était soudain assombri. Puis, brutalement, l'orage avait éclaté. Il pleuvait à torrents sur la

1. L'hermine symbolise la pureté et la détermination parce que ce petit animal préfère mourir plutôt que de devoir salir sa fourrure blanche. Si la justice française en a orné les habits rouges de ses magistrats, la Bretagne a adopté l'hermine comme emblème et la porte haut sur son drapeau.

végétation exubérante. Les perroquets de toutes les couleurs, réfugiés au fond de leurs cages, tentaient d'échapper à l'averse et s'ébrouaient de temps en temps.

Mon grand-père m'avait collé tout contre lui pour me protéger en me recouvrant de son long manteau :

– Tu aurais vu, mon petit Denis, les orages là-bas, en Guyane, c'était autre chose. Un vrai déluge !

Quand j'étais petit garçon, personne, non, personne n'aurait osé me dire qu'il était arrivé du mal à mon grand-père...

*Paris, le 18 juillet 1992,*
*Denis Guillaume Marie Le Her-Seznec.*

La sortie de mon livre en septembre 1992, les nombreuses émissions qui lui ont été consacrées, puis la diffusion du film d'Yves Boisset[1], m'ont valu des milliers de lettres d'encouragement, mais aussi de témoignages humains. *J'ai quatre-vingt-trois ans, les forces commencent à lâcher. Je suis d'une famille de dix enfants et c'est grâce à votre grand-père que nous mangions tous les jours. Mon père, M. Donnad, travaillait avec lui. Il avait espoir de le voir revenir. Étant illettré il ne comprenait pas toujours, il disait « il est innocent ». C'est moi qui lui lisais le journal et lui expliquais de mon mieux. Il a eu beaucoup de chagrin.* Pourquoi citer cette unique lettre parmi toutes les autres ? Je ne sais.

La presse interviewait aussi les anciens : *J'aimais bien Seznec. Il était gentil avec nous les gosses. Pour le feu de la Saint-Jean, il nous mettait toujours du bois de côté. Gratis.*

1. Tourné avec de gros moyens – une grande partie des trois heures étant en haute définition – le film a nécessité la réunion de producteurs francais (GMT, TF1, Arte et la SFP) et étrangers (Allemands, Italiens et Canadiens). *L'Affaire Seznec*, en étant la première œuvre traduite en TVHD diffusée en Europe, devait représenter cette nouvelle technologie européenne face aux Japonais. Le film d'Yves Boisset a obtenu, en 1992, le prix Eurêka grâce aux votes de la France et de la Commission de la Communauté européenne ainsi que, en 1993, le prix italien Umbria. En France, le film a été diffusé le 7 janvier 1993 sur TF1 et vu par dix millions de spectateurs. Son exceptionnelle qualité a été saluée par l'ensemble de la critique. Ce succès et la réalisation d'un tel projet ont été rendus possibles grâce à l'opiniâtreté – toute bretonne – de Patrick Le Lay, le patron de TF1 qui avait prouvé, dès le départ, sa foi et son engagement personnel dans ce projet.

*Ça m'a fait quelque chose quand je l'ai vu embarquer. Ce jour-là, l'écureuil de la scierie sautait d'arbre en arbre le long de la rue de Brest en couinant après lui,* se rappelait Prosper Callarrec, quatre-vingt-deux ans, dans *Ouest-France.*

Dans cette masse de témoignages j'ai parfois trouvé de véritables révélations. Tel cet adjudant-chef de gendarmerie à la retraite, très âgé et aveugle, qui a chargé son fils, gendarme également, de m'apprendre que lors de l'enquête sur l'Affaire à laquelle il participa, il recevait, comme ses collègues, ses ordres directement de Paris et par pli cacheté. *Ce que l'on se disait c'est que cette affaire était avant tout politique. Seznec n'était qu'un bouc émissaire victime de la raison d'État.* Ou cet ancien ingénieur en installation d'ascenseur qui m'a fait savoir qu'en 1966 il n'avait pas été autorisé, au dernier moment, à creuser pour installer une machinerie dans le sous-sol d'un hôtel situé sur l'ancien emplacement du café *Au Tambour,* car, lui avait-on fait comprendre, le corps de Quemeneur se trouvait peut-être là.

Ou encore la lettre de Mme Poinot : elle me précise qu'elle a connu un M. Vincent qui lui a raconté comment il avait aidé un ami surnommé Angelo à « se débarrasser » d'un certain Jo, qui empoisonnait la vie de tout le milieu de petits proxénètes dans lequel ils gravitaient. *Ce Jo était intouchable car, grâce à Bonny, il était sûr de son impunité.* Angelo et Vincent avaient tendu un piège à ce Jo, l'avaient étranglé et s'étaient débarrassés du « colis » dans un trou d'eau assez profond. Ces deux truands avaient évoqué devant Mme Poinot les confidences de ce Jo qui leur avait dit savoir comment Quemeneur avait été assassiné et que selon lui *seuls les lilas avaient été témoins de la disparition de Quemeneur...*

Autre témoignage important, celui de cette Mme Le Faucheux, dont le père avait croisé son ami Quemeneur dans le train, la fameuse nuit du 25 mai 1923. Il n'avait jamais été interrogé. Toutefois, la rencontre avait eu lieu dans un train circulant... dans le sens Paris-Province ! Des vérifications dans le Chaix de l'époque m'ont persuadé qu'il aurait été tout à fait possible, pour Quemeneur, de prendre le train à Dreux et de rejoindre ensuite Paris en passant par

Le Mans. D'ailleurs à l'époque, les trains étant beaucoup plus nombreux, on utilisait le train comme le métro, en revenant parfois en arrière pour mieux saisir une correspondance. La police ne s'était pas donné la peine d'explorer cette possibilité...

Et que penser de M. Pierre Guidet qui me révélait que son père, habitant l'hôtel Terminus juste en face de la gare de Dreux, lui avait affirmé avoir pris Quemeneur dans sa voiture le fameux soir du 25 mai afin de le déposer dans une autre gare. Son père Charles Guidet aurait signalé, croyait-il, ce fait à la gendarmerie...

Et puis il y a eu ce témoignage. Celui de Marcel Fabréga, fils de l'inspecteur de la Brigade mobile de Rennes, celui-là même qui a enquêté dès le départ sur la disparition de Quemeneur. Cet ancien conseiller d'ambassade est venu me voir pour me dire que son père, Léopold Fabréga, lui avait toujours affirmé que ses collègues de Paris avaient fourni de fausses preuves matérielles et fabriqué des « documents ». Tout le long de sa vie, il a entendu son père répéter cette accusation à l'encontre des policiers de la Sûreté générale, venus spécialement de Paris. Ce témoignage demeure l'un des plus importants de ces dernières années car il corrobore les accusations contre la « Secrète » en confirmant les propos du fils Bonny et la déclaration de Mme Moreau-Lalande.

Lors de mes conférences aux quatre coins de la France, de nombreuses personnes sont venues spontanément m'apporter leur soutien, d'autres m'ont confié des témoignages de proches mêlés directement ou indirectement à l'Affaire. Mais c'est en Bretagne, bien sûr, que les marques de sympathie ont été – et demeurent – les plus chaleureuses. Aucune expression ne pourra décrire l'émotion intense qui se dégage lorsque de vieilles personnes qui ont vécu cette affaire comme la leur – de l'ancienne génération, celle qui a toujours vécu dans l'Affaire – viennent me voir. Oui, la mémoire collective a rendu possible ce phénomène extraordinaire – UNE DÉFERLANTE (*Ouest-France*), UN RAZ DE MARÉE (*Le Télégramme*) – qui fait que toute une communauté, celle du Grand Ouest, se retrouve dans un combat qui la concerne. Au fil du temps, la lutte de ma famille est devenue celle de toute la Bretagne, qui se reconnaît dans l'opiniâtreté farouche et la fidélité aux miens. Mais les pétitions spontanées aux milliers de signatures affluent de partout, même de Suisse et de Belgique.

On m'a remis aussi des documents. Comme cette lettre que mon grand-père a écrite une nuit *à la lueur d'un petit lampion* et transmise clandestinement, en 1930, lors du passage d'un marin dans son île du bout du monde, pour un certain Croquennec, du même village que lui. S'il se disait heureux de savoir que ses amis ne l'oubliaient pas, il était aussi peiné d'apprendre que sa fille Marie venait d'entrer *dans un ordre aussi dur que les Carmélites de Jersey.*

Lors d'une signature de mon livre à Guingamp, j'ai rencontré la belle-fille du juge Hervé, Denise Hervé. Dans le grenier du manoir où avait vécu son beau-père, elle m'a affirmé avoir vu des lettres de mon grand-père et de ma grand-mère. Quelque temps plus tard, j'ai recherché ces papiers dans le grenier – c'était une nuit d'orage, le courant était coupé et j'utilisais une lampe-torche. Un vrai film d'Hitchcock. J'ai retrouvé ces lettres. Soixante en tout. Parmi elles, la dernière lettre que Marie-Jeanne avait écrite, au juge Hervé justement.

*25 avril 1931.*

*Cher monsieur Hervé,*

*Je suis hospitalisée d'urgence à l'hôpital Beaujon, les docteurs me connaissent, je suis déjà venue il y a deux ans environ. Cette fois, c'est grave, on prétend que je mourrai de privation. Hélas, il y a peut-être un peu de vrai, mais la fatigue et les humiliations y sont pour beaucoup. (...) Les docteurs restent longuement près de mon lit, ils m'encouragent. Quand vous viendrez, on causera longuement. Je ne vois pas clair, je vous écris sur l'oreiller.*

*Votre toute reconnaissante Mme Seznec.*

*P.-S. Ma fille est à Jersey depuis dimanche, elle ignore que je suis à l'hôpital.*

Cette fille, qu'elle a pris soin de mettre à l'abri juste avant de mourir en la confiant au carmel de Jersey, c'est sa petite Jeannette (ma mère), qui apprendra son décès un mois après seulement.

Et surtout, au milieu de tous ces papiers, de ce matériel de l'enquête du juge – qui, visiblement, recherchait le faussaire et soupçonnait la police de truquage – un document capital[1]. Une feuille écrite à la plume avec, en bas, un scellé :

*Le jeudi 25 février 1932, les soussignés : Maurice Privat, écrivain, Paris, Anselme Delattre, artiste-peintre, Guingamp, Victor Hervé, ancien juge d'instruction à Guingamp, certifient l'exactitude de ce qui suit :*

*Nous trouvant ce jour à Traou-Nez en Plourivo (Côtes-du-Nord), nous avons appris du fermier Tanguy que les balles de revolver qui se trouvaient logées dans la porte de la grange du manoir de Traou-Nez avaient été enlevées, non par les autorités judiciaires mais vraisemblablement par des jeunes gens ou autres personnes venues à Traou-Nez pour examiner les lieux dont il a été maintes fois question dans la presse ces derniers mois.*

*En examinant l'emplacement des balles enlevées, M. Anselme Delattre a remarqué qu'une balle était encore encastrée dans le portail, vantail de droite, à 1 m 60 environ du sol. La photographie ci jointe situe d'ailleurs exactement l'emplacement. Cette balle, nous l'avons extraite au moyen d'un couteau de poche – des éclats de bois adhèrent encore au plomb.*

*Nous avons lié cette balle, ou plutôt fragment de balle, au moyen d'un fil blanc qu'à l'instant nous joignons à cette pièce au moyen de cachets de cire afin d'éviter soit la substitution soit la perte ; le calibre de cette balle pourrait être utile à la manifestation de la vérité.*

*Plourivo le 25 février 1932.*

1. Voir document en annexe.

Et effectivement, sous les trois signatures, se trouvait un petit bout de plomb cylindrique, long d'un centimètre et demi environ, entouré d'un fil, lui-même collé au papier par trois cachets de cire. C'était fascinant, j'avais sous les yeux une balle tirée depuis plus d'un demi-siècle, un document qui avait sans doute dormi au fond d'un dossier pendant toutes ces années...

Des questions me brûlaient les lèvres : pourquoi le juge Hervé n'avait-il jamais fait état de cette découverte ? On avait tiré dans la propriété de l'homme le plus recherché de France et le juge qui avait enquêté sur ces faits possédait une balle authentifiant sa théorie sur le meurtre de Quemeneur à Traou-Nez ! Le juge Hervé n'avait-il pas voulu conserver cette pièce maîtresse pour le jour où tout serait dévoilé devant une cour, comme il l'espérait ? Mais alors, comment expliquer aussi le silence de Maurice Privat, ce journaliste qui justement avait écrit, l'année précédente, un livre sur l'Affaire ? Encore un mystère...

Autre document surprenant découvert dans ce grenier : une lettre de Seznec écrite... de la Guyane hollandaise. Le papier était jaunâtre, certains mots étaient peu lisibles. Par endroits, des pièces de papier étaient collées.

*Surinam, Guyane hollandaise, le 15 sept. 1928*

*Ma très chère bonne mère et chère sœur,*

*Aujourd'hui je vous écris de la liberté. Je suis dans la capitale de la Guyane hollandaise, qui est Surinam. Mais cette liberté n'est pas encore assuré, car je suis toujours entre les mains du pouvoir hollandais qui ne tolère a aucun étranger de franchir son territoire que s'il a les moyens d'existence, et il faut pour cette cause être possesseur de six cents florins, soit six mille cent cinquante-six francs. Or, je ne possède plus que deux mille francs. Malgré la douleur que je ressent dans le cœur de soliciter cette différence, je trouve cependant que la liberté est une trop belle chose pour m'abstenir. Je leur ai demandé un délai pour écrire a ma famille et cette faveur m'a été accordé.*

*Je ne serai donc pas réexpatrié, c'est-a-dire retourner a la Guyane française que si dans deux mois et demi environ je ne recevais rien de ma famille alors je pourrais vous dire adieu car ce serait le Conseil maritime et condamné a la réclusion qui se fait dans les îles. En attendant il me faut travailler, ce qui me permet de vivre sans diminué mon budget si moyen il y avait de me rendre ce bonheur dont je suis honteux de sollicité, il faudrait les adresser à l'adresse suivante: M. de Kernéol* (c'est le nom de sa maison natale) *a la Surinam banque a Surinam, Guyane hollandaise, en priant le banquier de conserver la somme d'ici que j'aille la réclamée* (ici mots illisibles) *par l'administration le mois passé, je fais passer cette lettre par monsieur Delacroix, armurier Saint Laurent du Maroni, Guyane française, puisqu'il y retourne et il y a courrier de St Laurent le 19 courant. Envoyez-moi réponse chez lui également sous double enveloppe, sur celle de dessus vous metterez l'adresse de Mr Delacroix et sur l'autre a remettre a Seznec. Il me la fera parvenir aussitôt car il va très souvent a Surinam et il est celui qui m'a donné la main pour arriver la où je suis. Comme cela si la chose était possible je serais avisé des deux côtés car il se peut que le courrier français vienne avant le courrier hollandais.*

*En ce moment je me porte bien, il a suffit un peu d'air et une nourriture plus confortable. Surinam qui est aussi appelé Parimaribo est une ville propre, les rues toutes cimenté et d'une population de 70 000 environs mais les Hollandais sont très méticuleux, ils ne veulent pas voir de vagabonds sur leur territoire. Par ailleurs ils s'en fichent pourvu que vous ayez les moyens d'existence. De là, j'irai dans Brézil, Argentine, soit Benauzère* (Buenos-Aires) *qui est une ville de plus de deux millions d'habitants, ni vu ni connu.*

*Je termine cette lettre douloureuse en ce qui concerne l'objet de ma demande et je vous embrasse tous de tout mon cœur et transmettez mes baisers a mes enfants et a ma chère femme.*

*Votre fils pour la vie et ton frère pour toujours.*

*Guillaume.*

Je n'ai pas été vraiment surpris : dans ma famille, on avait toujours pensé que mon grand-père s'était échappé, en compagnie du docteur Bougrat et d'un autre bagnard. Bougrat était resté en liberté tandis qu'après deux mois au Surinam, Seznec était rendu à l'administration pénitentiaire française. Le 5 novembre 1928, *Le Peuple* titrait : « SEZNEC S'EST-IL ÉVADÉ AVEC BOUGRAT ? *Des lettres reçues par Mme Seznec semblent accréditer cette hypothèse.* »

Plusieurs questions se posaient cependant. Pourquoi aucun dossier, aucun rapport de l'administration pénitentiaire ne faisaient allusion à cette évasion, alors que celle de Bougrat, le 30 août 1928, avait été mentionnée, pour être ensuite largement connue du public ? Certes nous ne possédons pas tous les dossiers de l'administration. Mais dans l'ouvrage *Le Secret du Docteur Bougrat* de Christian Dedet (paru en 1988 aux éditions Phébus), on peut lire : *Trois mois plus tard, le scandale rebondit quand on croit envolé un autre bagnard illustre : le Breton Seznec. Ce scandale provoque dans* Détective *(15 nov. 28) un écho persifleur : « Chut », dit le service pénitentiaire – et en effet, après Dieudonné, Bougrat, etc., l'évasion de Seznec, ça ne serait pas drôle du tout.* Ici, on ne lie donc pas les deux évasions, contrairement à la tradition familiale, puisque mon grand-père se serait « fait la belle » trois mois après Bougrat. Ce qui justifierait que la nouvelle ne se soit pas ébruitée. Si, au contraire, les deux hommes étaient partis ensemble, on ne voit pas pourquoi l'administration pénitentiaire aurait annoncé l'évasion de Bougrat et non celle de Seznec.

Autre question : pourquoi la lettre de Seznec, destinée à rester secrète, avait-elle été connue de la presse ? On pouvait lire dans *La Petite Gironde* du 6 novembre 1928: «SEZNEC S'EST-IL ÉVADÉ? *La mère du condamné aurait reçu de lui des lettres précisant sa fuite et demandant de l'argent.* » Tout se passe comme si l'on se méfiait de ce courrier, de ces demandes d'argent, qui pouvaient émaner, qui sait, d'un faussaire. Et ils étaient nombreux, au bagne, les faussaires...

Le 25 novembre 1992, Loïc Le Ribault m'a fait parvenir un volumineux rapport où il avait passé au crible les principaux éléments de l'Affaire qui m'avaient semblé suspects. Mon fidèle « professeur Tournesol » me signalait une fois encore l'extraordinaire légèreté avec laquelle les experts commis par la Justice avaient fait leur travail. Par exemple, lorsque Samaran, l'expert officiel, soulignait le manque d'accentuation des « é » de Quéméneur dans la dictée manuscrite que l'on a fait effectuer le 31 octobre à Seznec : cette lacune correspondait au manque d'accentuation de ces mêmes « é » dans les promesses de vente... au détail près que sur ces dernières le nom de Quemeneur, tapé en capitales, était forcément sans accent ! Plus inquiétant encore sur le manque de rigueur : dans son second rapport (16 juin 1924), ce même Samaran indiquait que lors de la rédaction de son premier travail (rapport du 19 décembre 1923) il n'avait pu étudier l'acte Le Verge (le document qui a servi de modèle au faussaire) car celui-ci avait disparu. Or, dans ce premier rapport, l'acte Le Verge figure en photographie à la page 13.

Dans ce rapport, élément supplémentaire, Le Ribault affirmait détenir les preuves de la machination d'un organisme officiel contre Seznec. Tout d'abord le quotidien, *Le Journal* du 5 juillet 1923 (celui-là même qui, doué de prescience, avait annoncé en gros titre LES RÉVÉLATIONS IMPRÉVUES D'UNE MACHINE À ÉCRIRE la veille de sa « découverte » chez mon grand-père !) avait publié dans ce même numéro les conclusions du rapport d'expertises du laboratoire de police... qui ne sera remis que cinq mois plus tard ! Le fac-similé de la promesse de vente illustrant sa une était la « B » (la promesse de vente retrouvée dans la valise de Quemeneur au Havre), celle précisément qui était entre les mains de la police depuis le 25 juin !

Nous connaissions déjà au moins deux versions de cette même promesse de vente « B » (dont nous possédons les photographies). Mais je découvrais dans un rapport de synthèse de la Sûreté (10 décembre 1923) que celui-ci confirmait l'existence de trois promesses (deux référencées et une non référencée)! Cela prouvait que la police était en possession, à un moment donné, de quatre exemplaires des promesses de vente (deux « A » et deux « B »)!

Et puis cette signature de Quemeneur sur ces promesses de vente qui avait été délibérément réalisée de façon à ce que le faux soit patent alors qu'en revanche l'imitation de la signature de Seznec était, elle, très soignée. Comme si on avait voulu suggérer que mon grand-père était l'auteur des faux. Cela ne pouvait être l'œuvre, selon Le Ribault, que d'une officine de professionnels. En tout cas, ces spécialistes avaient en partie raté leur imitation machiavélique car, tous les experts ayant conclu que la signature Seznec était également décalquée, cela signifiait que mon grand-père serait devenu le premier faussaire-fou de l'histoire en ayant tenté d'imiter... sa propre signature !

Le 21 décembre 1992, sur l'écran du 20 heures de TF1, est projetée une photo sortie des archives du FBI. Inédite, elle venait d'être rendue publique par le journal britannique *The European* qui consacrait un grand article à l'Affaire. Cette photo, prise en mai 1923 dans une rue de Moscou, montrait le chef de la Guépéou, la police secrète soviétique, Dzerjinski, à bord... d'une Cadillac Torpédo identique à celle de Quemeneur. Ce modèle n'ayant été livré par les Américains sur notre sol qu'après octobre 1917 (date à laquelle la France a coupé tout lien avec les Soviétiques), cela prouvait qu'au moins une de ces voitures américaines était partie de Lambézellec pour arriver à bon port. Le reportage télévisé laissait aussi entendre que, grâce aux archives du KGB qui s'ouvraient au monde occidental, le trafic des Cadillac, tant dénoncé par le juge Hervé et les partisans de mon grand-père, commençait enfin à devenir une réalité historique.

Le 26 février 1993, rebondissement de taille.

J'étais en train de dédicacer mon livre à la librairie Dombre, au Havre, lorsqu'une dame âgée se présenta, accompagnée de sa fille.

– Mon nom de jeune fille est Héranval, me précisa-t-elle.

Je l'ai regardée avec stupéfaction. Ainsi, j'avais devant moi Mlle Louise Héranval, la vendeuse de machine à écrire du Havre, celle qui avait affirmé que mon grand-père était venu lui acheter la fameuse machine à écrire, le 13 juin 1923 et puis avait témoigné contre lui à son procès !

– Je suis venue vous voir pour vous dire que j'ai toujours regretté mon témoignage. Ce n'est pas votre grand-père qui est venu acheter la machine à écrire ce jour-là. On m'a fait dire que c'était lui. J'étais jeune, comprenez-vous ?

Les lecteurs, les sympathisants de la cause se pressaient autour de nous. Je devais reprendre le train pour Paris. Bouleversé, je lui ai promis de la contacter rapidement. Et, quelques jours plus tard, nous nous sommes joints au téléphone. Elle confirmait ses dires et acceptait de témoigner par écrit si cela était nécessaire à la manifestation de la vérité.

Le 15 mars, je me suis rendu à son domicile, au Havre, accompagné d'une équipe de tournage de TF1 (mes avocats m'avaient conseillé de recueillir cette déclaration devant témoins pour qu'il ne soit pas dit que j'aie pu influencer une dame de quatre-vingt-cinq ans). Ce jour-là, très émue, cette dame a parlé pendant deux heures, évoquant la façon dont les policiers avaient fait pression sur elle, notamment l'inspecteur Bonny, pour qu'elle se livre à ce faux témoignage contre Seznec, qu'elle avait même été menacée.

D'une main ferme, Mlle Héranval a signé la déclaration que Bernard Nicolas, le journaliste de TF1, avait prise sous sa dictée, car je voulais réserver ses révélations aux magistrats.

*J'ai été citée comme témoin en 1923, puis en 1924, au procès dans l'affaire Seznec. J'affirme que je n'ai jamais reconnu formellement M. Seznec. Ce jour-là, l'homme que j'ai vu avait une cicatrice et semblait grimé. Les policiers civils qui m'ont interrogée à Morlaix se sont montrés irrespectueux et agressifs, tant que ce que je disais n'allait pas dans leur sens. J'ajoute que, pendant la durée de l'instruction, les policiers ne m'ont pas lâchée d'une semelle. Au point que le commissaire Vidal dormait dans une chambre contiguë à la mienne. Cer-*

*tains policiers sortaient même leurs revolvers, pour m'impressionner.*

*Lorsqu'on m'a présenté Guillaume Seznec en personne, dans les locaux de la police pour la confrontation, c'était dans un couloir sombre, très sombre, où il était impossible de le reconnaître formellement et de savoir si c'était le même homme qui était venu acheter la machine à écrire, le 13 juin 1923. J'ai toujours pensé et j'affirme que ce n'était pas Guillaume Seznec qui était venu acheter la machine à écrire ce jour-là.*

J'ai demandé à la chaîne de télévision de ne pas faire allusion à cette déclaration avant d'être entendu par la commission de révision, le 19 mars 1993.

Ce jour-là s'est tenue l'audience de la commission de révision, à huis clos, dans une salle de la Cour de cassation. Malgré la présence amicale et précieuse de mes deux avocats, Mes Jean-Denis Bredin et Yves Baudelot, je me suis senti terriblement oppressé face à ces magistrats de haut rang appelés à juger le travail d'autres magistrats. J'avais en mémoire l'hécatombe des 406 affaires inscrites aux termes de la « loi Seznec » : 285 avaient été jugées irrecevables, 119 repoussées. Sans compter celle qui m'avait précédée deux mois auparavant, l'affaire Mis et Thiennot : avis négatif également.

L'audience a duré plus de six heures. Secret de l'instruction oblige, je ne peux rien en relater. Mes avocats ont été plus que brillants – Me Bredin faisant un parallèle avec l'affaire Dreyfus – et l'avocat général, bien entendu, a conclu au rejet de la demande. Si à la sortie du Palais de Justice, devant la forêt de micros et caméras, j'avais une mine aussi déconfite, c'était parce qu'un incident important avait eu lieu pendant l'audience.

En effet, avant que j'en fasse état, la commission avait appris par la presse le retournement de Mlle Héranval. À la suite d'une indiscrétion, *Paris-Normandie,* le matin même, en avait fait son gros titre (AFFAIRE SEZNEC : LE COUP DE THÉÂTRE). Un vrai scoop pour le journal : le dernier témoin à charge encore vivant revenait, soixante-dix ans après les faits, sur son témoignage et accusait à son tour la police ! Et l'AFP avait repris et diffusé la nouvelle sur tout le territoire. Une vraie bombe !

L'audience avait dû être interrompue afin de procéder à mon interrogatoire, avec procès-verbal, sur les conditions dans lesquelles j'avais recueilli ce témoignage. Non seulement les magistrats n'avaient pas du tout apprécié d'être informés de la sorte, mais l'avocat général laissait même entendre que j'aurais peut-être pu exercer des pressions sur la vieille dame. Si ma bonne foi a été finalement reconnue – et le témoignage de Mlle Héranval enregistré – cela m'a terriblement déstabilisé, au point de me faire oublier une bonne partie des arguments que j'avais eu l'intention de développer.

Avant de clore l'audience, le président m'a posé la question attendue :

– Désirez-vous que le résultat des délibérations soit rendu en séance publique ou à huis clos ?

– Nous, les Seznec, ai-je répondu, n'avons rien à cacher, nous désirons que cela se fasse au grand jour.

En sortant du Palais de Justice, j'étais complètement sonné. Partagé entre l'espoir et la peur.

Le même soir, la première chaîne a diffusé, en tête d'actualités, de larges extraits de l'interview de Mlle Héranval qui ne laissait planer aucun doute sur la qualité de sa mémoire et sur sa détermination. Le lendemain, *Libération* reproduisait l'intégralité de sa déclaration. *Le Figaro*, de son côté, écrivait : *Ce qui augure plutôt en faveur d'une révision du procès Seznec, c'est le poids de ses défenseurs, les efforts certains déployés par son petit-fils et surtout l'humeur du temps. Jadis, la justice, qui porte toujours le nom d'une vertu, apparaissait comme au-dessus de tout soupçon. Aujourd'hui la tendance veut qu'on la mette en cause quand elle ne le fait pas elle-même. D'autant plus qu'elle s'est permis de s'attaquer dernièrement aux politiques.*

L'espoir et la peur...

AFFAIRE SEZNEC : VERDICT AUJOURD'HUI. *Un combat pour la réhabilitation qui passionne la France entière, l'une des plus extraordinaires affaires criminelles de ce siècle.* Ce titre qui barre la une de *L'Écho républicain* donne le ton de ce que va être ce vendredi 4 juin 1993.

Arrivés, dès 8 h 15, avec ma compagne, au Palais de Justice, nous sommes entrés par la petite porte de la Cour de cassation. Cela m'a permis de laisser dehors les journalistes qui nous accompagnaient afin d'être seuls quelques instants. Attente dans un grand hall où j'assiste, malgré moi, à l'arrivée des magistrats, en civil. Lorsque nos regards se croisent, par hasard, aucun signe ne vient trahir leurs pensées. Seule Mme la greffière vient nous saluer. Mon moral est au plus bas.

Puis des gendarmes viennent nous chercher pour nous conduire à travers le dédale du Palais. Longs couloirs de marbre ou de tapis moelleux, aux murs recouverts de lambris et de tableaux. Mais une agréable surprise m'attend : tout le long de ce parcours, des gendarmes autres que ceux de notre escorte viennent m'apporter leur soutien. Certains sont même en civil car, me disent-ils, ils sont venus en dehors de leur temps de service. Décidément, c'était bien vrai ce que disait mon grand-père à leur propos : les gendarmes l'avaient toujours soutenu.

Nous débouchons dans l'immense galerie ouverte au public. Là, nous devons nous frayer un chemin parmi les nombreux sympathisants venus assister à l'audience avant d'entrer dans la grande chambre de la Cour de cassation. Avec ses panneaux de bois, ses dorures, ses plafonds peints et ses lampes en étain, tout indique ici la solennité.

Au centre, en avant-scène, pas de barre, mais trois fauteuils. Je m'installe dans celui du milieu en attendant mes avocats. Derrière moi, au fond de la salle, une foule silencieuse.

Ce très long moment où je me suis retrouvé, seul, à mon tour, comme mon grand-père puis ma mère, face à un prétoire, attendant une sorte de verdict, restera gravé à jamais dans ma mémoire. L'un des instants les plus intenses de ma vie.

L'espoir et la peur.

– Messieurs, la Cour !

Entrée des cinq magistrats. D'une voix neutre, le président résume en quelques minutes la plus vieille affaire judiciaire française en cours. Bel exemple de synthèse. Puis il rappelle l'acte d'accusation et les différentes expertises d'écriture. Je retiens mon souffle. Jusqu'au mot *Cependant* qui indique inéluctablement que la commission a décidé de ne pas rejeter la demande. La Cour ordonne un supplément d'enquête.

Suit alors l'ordonnance d'une salve de nouvelles expertises graphologiques – dont l'écriture de Me Pouliquen – qui devront être effectuées avant un an par un collège d'experts internationaux et la décision de faire entendre Mlle Héranval par des magistrats.

Certes, la justice n'a pas dit oui à la révision, mais elle ne l'a pas non plus rejetée. Cela aurait été totalement incompréhensible pour l'opinion. Ni oui ni non, mais : peut-être. Jamais une affaire criminelle n'a été aussi loin dans la procédure de révision. C'est une demi-victoire en quelque sorte.

Ainsi, soixante-dix ans après les faits, la justice française a donc jugé nécessaire de reprendre les expertises et de mener plus avant les investigations. Et puis en nommant un tel collège d'experts (composé du laboratoire de police scientifique de Paris, du laboratoire de police criminelle allemand, d'un expert suisse et de deux experts français) cela signifie clairement que ce n'est pas une réponse dilatoire : si les experts concluaient que les faux n'étaient pas de la main de mon grand-père, on se retrouverait avec un crime sans cadavre... et sans mobile ! La réhabilitation serait alors quasiment assurée.

LA JUSTICE DOUTE..., titre le lendemain *Ouest-France* qui écrit : *Soixante-dix ans après, l'affaire Seznec continue. La Commission de révision n'a pas souhaité ouvrir toute grande la porte de la réhabilitation au bagnard breton. Ni la refermer.* LA JUSTICE SAISIE PAR LE DOUTE, souligne également *Le Jour.* Tandis que *Le Monde,* toujours plus prudent, préfère titrer POUR UNE ÉVENTUELLE RÉVISION DU PROCÈS L'AFFAIRE SEZNEC VA FAIRE L'OBJET D'INVESTIGATIONS SUPPLÉMENTAIRES. *Le Soir de Belgique,* quant à lui, écrit : *Il en va des requêtes en révision des grands procès criminels comme des procédures de canonisation : le cheminement est très lent.*

Toutefois je savais aussi que, si l'affaire Seznec prend le même chemin que l'affaire Dreyfus, elle recèle en elle un tout autre enjeu. La finalité du combat, la réhabilitation, remettrait fatalement en cause une sacralité absolue de la justice française : la chose jugée.

En 1994 ou en 1995, le procès en révision,en ayant lieu, prouverait que la procédure en révision peut être une issue de secours aux risques d'erreurs judiciaires. Et cela contribuerait peut-être à éviter à la justice française d'être trop vite mise en cause, dans les années à venir, par les autres pays de la Communauté européenne qui lui reprochent de ne pas avoir de cour d'appel pour les affaires criminelles. Un tabou français : toutes les réformes ont toujours été repoussées. Mais dans le même temps, en transformant la Chambre criminelle en Cour de révision, cela instituerait une sorte de cour suprême ayant pouvoir de désavouer un jury populaire. Une manière de mettre en cause sa souveraineté. Une forme de révolution dans un pays où l'on juge et l'on condamne au nom du peuple.

*Au-delà du combat de Denis Seznec, l'enjeu de cette réhabilitation est important pour le droit français. Si la Justice réhabilite le vieux bagnard, c'est le principe de l'intangibilité des jurys populaires qui sera remis en cause pour la première fois* (Au nom des Lois, n° 2, juin 1993).

La peur et l'espoir.

Je dédie également ce livre :

à Marie-Anne, mon arrière-grand-mère qui, à quatre-vingt-cinq ans, reprit le flambeau
à Marie, leur petite carmélite
à Angèle Labigou, la fidèle
à Émile Petitcolas, le journaliste-militant
à Françoise Bosser, la ligueuse passionnée
à Victor Hervé, le juge courageux
à Charles Huzo, le journaliste-détective
à Maurice Privat, l'écrivain engagé
à Eugène Delahaye, le directeur de *La Province* qu'il sacrifia en dénonçant la vérité
à Philippe Lamour, le Zola de la cause
à André Cayatte, le cinéaste censuré
à Huchon, le médecin-capitaine du bagne qui a évité le pire à mon grand-père
à Toutblanc, le commandant du bagne qui s'est montré humain
aux Montjoie, qui ont recueilli le forçat comme un membre de leur famille
aux Berthou, pour le réconfort que mon grand-père a trouvé auprès d'eux à son retour
à René Trémon, l'historien passionné
aux nombreux avocats qui se sont dévoués à la cause
aux gendarmes qui ont toujours été de notre côté
au policier anonyme qui glissa discrètement de l'argent dans le sac de ma grand-mère
aux milliers d'anonymes qui ont toujours soutenu la cause
aux cinq cents personnalités signataires de l'Appel
à tous les innocents du monde.

Enfin,
à ma famille, pour qu'elle pardonne.
Et
aux Français, pour qu'ils n'oublient pas.

Je remercie Robert Laffont, Michel Lévine et Paul Verguin sans qui je n'aurais pas réussi à écrire ce livre.

Et Martine qui, pour vivre à mes côtés, a épousé aussi ma cause et mon combat.

## REPÈRES CHRONOLOGIQUES

**1er mai 1878.** Naissance de Guillaume Seznec.
**25 mai 1923.** Seznec et Quemeneur partent en Cadillac pour Paris.
**1er juillet 1923.** Seznec est arrêté et inculpé d'assassinat.
**6 juillet 1923.** « Découverte » de la machine à écrire chez Seznec.
**4 novembre 1924.** Condamnation de Seznec aux travaux forcés à perpétuité.
**7 avril 1927.** Seznec quitte la France pour le bagne de Guyane.
**2 août 1930.** Mort au carmel de Marie, fille aînée de Seznec. Les trois autres enfants ont été placés dans des orphelinats sous des faux noms.
**14 mai 1931.** Mort dans la misère de Marie-Jeanne, femme de Seznec. Le juge Hervé prend la tête de la croisade pour la réhabilitation du condamné.
**18 février 1934.** Six des jurés regrettent leur verdict et demandent la révision du procès.
**27 décembre 1944.** L'inspecteur Bonny, avant d'être fusillé, confie qu'il regrette avoir « fait envoyer au bagne un innocent ».
**2 février 1946.** Seznec est grâcié par le général de Gaulle.
**1er juillet 1947.** Retour de Seznec en France.
**Mars 1951.** Interdiction de tournage du film d'André Cayatte.
**14 novembre 1953.** Seznec est renversé par une camionnette qui prend la fuite.
**13 février 1954.** Mort de Guillaume Seznec.

**9 juin 1977.** Dépôt d'une requête en révision auprès du garde des Sceaux.
**4 mars 1988.** Le ministre de la Justice ordonne l'expertise des faux.
**23 juin 1989.** La nouvelle loi sur les révisions, « loi Seznec », est votée à l'unanimité par l'Assemblée nationale.
**4 octobre 1989.** La commission de révision attribue le n° 001 à l'Affaire.
**15 janvier 1992.** Audition de Denis Seznec par le président de la commission.
**7 janvier 1993.** Diffusion du film de Y. Boisset *L'Affaire Seznec* sur TF1.
**15 mars 1993.** Mlle Héranval déclare que la police lui a fait faire un faux témoignage.
**19 mars 1993.** Audition de Denis Seznec et de ses avocats par la commission de révision.
**4 juin 1993.** La commission de révision ordonne de nouvelles investigations par un collège d'experts internationaux et décide d'entendre Mlle Héranval.

# *ANNEXES*

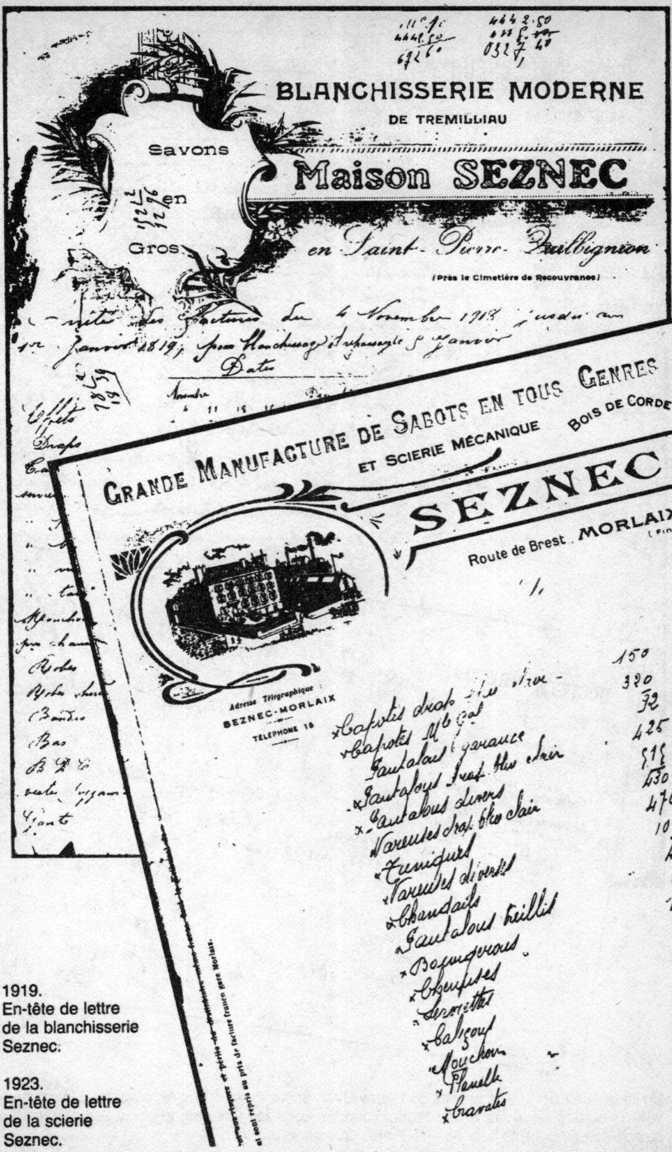
BLANCHISSERIE MODERNE
DE TREMILLIAU
Savons en Gros
Maison SEZNEC
en Saint-Pierre-Quilbignon
(Près le Cimetière de Recouvrance)

GRANDE MANUFACTURE DE SABOTS EN TOUS GENRES
ET SCIERIE MÉCANIQUE
BOIS DE CORDE
SEZNEC
Route de Brest. MORLAIX (Fin
Adresse Télégraphique : SEZNEC-MORLAIX
TÉLÉPHONE 18

1919.
En-tête de lettre
de la blanchisserie
Seznec.

1923.
En-tête de lettre
de la scierie
Seznec.

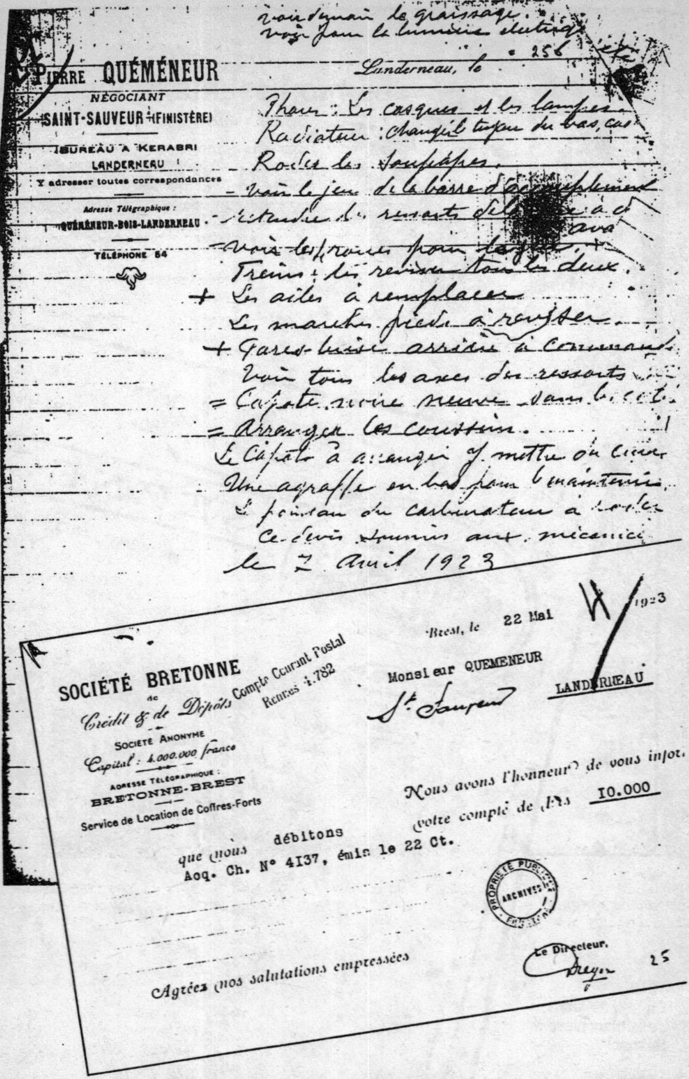
Pierre QUÉMENEUR
NÉGOCIANT
SAINT-SAUVEUR (FINISTÈRE)
BUREAU A KERABRI
LANDERNEAU
Y adresser toutes correspondances
Adresse Télégraphique :
QUÉMÉNEUR-BOIS-LANDERNEAU
TÉLÉPHONE 64

Landerneau, le

Phares : les casques et les lampes
Radiateur : changer le tuyau du bas
Roder les soupapes.
– Voir le jeu de la barre d'accouplement
– Retendre les ressorts
– Voir les freins pour
Freins : les réviser tous les deux.
\+ Les ailes à remplacer
Les marche-pieds à revisser
\+ Garde-boue arrière à commander
Voir tous les axes des ressorts
= Capote serait neuve dans le côté
= Arranger les coussins.
Le capot à arranger et mettre du cuir
Une agrafe en bas pour le maintenir
Le boisseau du carburateur à roder
Ce devis soumis aux mécaniciens
le 7 Avril 1923

SOCIÉTÉ BRETONNE
de
Crédit & de Dépôts
Compte Courant Postal Rennes 4.782
SOCIÉTÉ ANONYME
Capital : 4.000.000 francs
ADRESSE TÉLÉGRAPHIQUE :
BRETONNE-BREST
Service de Location de Coffres-Forts

Brest, le 22 Mai 1923

Monsieur QUEMENEUR
St Sauveur
LANDERNEAU

Nous avons l'honneur de vous infor[mer] que nous débitons votre compte de Frs 10.000
Acq. Ch. N° 4137, émis le 22 Ct.

Agréez nos salutations empressées

Le Directeur,

*En haut :* une des notes saisies où Pierre Quemeneur évoque des réparations à faire sur des véhicules, des révisions à envisager. Toujours dans les voitures, le conseiller général... *En bas :* trace du compte bancaire de Pierre Quemeneur.

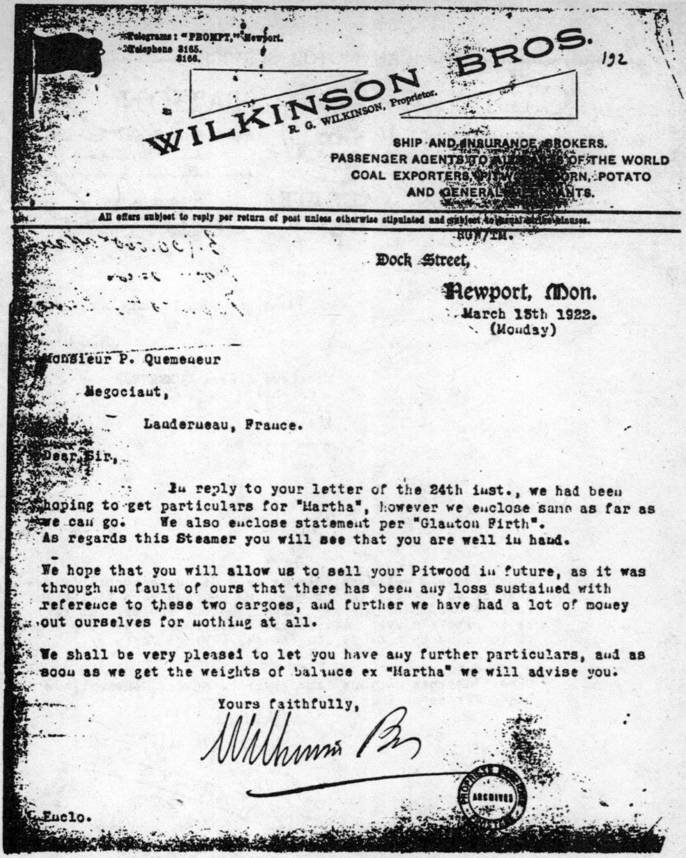

Telegrams: "PROMPT," Newport.
Telephone 3165.
3166.

192

WILKINSON BROS.

R. G. WILKINSON, Proprietor.

SHIP AND INSURANCE BROKERS.
PASSENGER AGENTS TO ALL PARTS OF THE WORLD
COAL EXPORTERS, PITWOOD, CORN, POTATO
AND GENERAL MERCHANTS.

All offers subject to reply per return of post unless otherwise stipulated and subject to usual strike clauses.

RGW/TM.

Dock Street,

Newport, Mon.

March 13th 1922.
(Monday)

Monsieur P. Quemeneur

Negociant,

Landerneau, France.

Dear Sir,

In reply to your letter of the 24th inst., we had been hoping to get particulars for "Martha", however we enclose same as far as we can go. We also enclose statement per "Glanton Firth". As regards this Steamer you will see that you are well in hand.

We hope that you will allow us to sell your Pitwood in future, as it was through no fault of ours that there has been any loss sustained with reference to these two cargoes, and further we have had a lot of money out ourselves for nothing at all.

We shall be very pleased to let you have any further particulars, and as soon as we get the weights of balance ex "Martha" we will advise you.

Yours faithfully,

Wilkinson Bros

ARCHIVES

Enclo.

Une lettre commerciale adressée à Quemeneur. Les cargos, chargés de ses poteaux de mines pour l'Angleterre, partaient du Havre. C'est dans cette même ville que l'on retrouvera sa valise abandonnée, après sa disparition.

AMERICAN MOTOR SERVICE

CADILLAC STATION

*Pièces Détachées et Équipement*
*CADILLAC, WINTON*

*pour Voitures, Camions Américains*
*G.M.C., WHITE, A.S.*

16

ATELIERS DE RÉPARATIONS :
5, Rue Carnot, 5 — Levallois-Perret
Téléphone : Wagram 63-44

VALETTE

MAGASINS DE VENTE :
34ter, Rue du Président-Wilson, Levallois
Téléphone : Wagram 29-02

*Levallois-Perret, le* 14 Mars 192

Monsieur Pierre QUEMENEUR
à Kerabri
LANDERNEAU
Finistère

Monsieur,

Comme suite à votre estimée de ce 9 Ct, nous avons l'avantage de vous faire savoir que nous pouvons vous livrer une voiture CADILLAC type 57, torpedo moteur entièrement révisé en pièces neuves carrosserie d'origine , prete à prendre la route au prix de 20.000 Francs, ( Vingt Mille )

Dans l'attente de vous lire veuillez agréer, Monsieur, nos bien empressées salutations,

Pr. G. Valette,

PROPRIÉTÉ PUBLIQUE ARCHIVES FINISTÈRE

36

Une des lettres saisies chez Quemeneur.
Elle prouve qu'il recherchait activement des Cadillac depuis de nombreux mois.

TÉLÉPHONE : ~~xxx~~ 12.46 - 7.61 TÉLÉG. AUTODODGE.NANTES

257

# AUTOMOBILES
# DODGE BROTHERS

AGENCE GÉNÉRALE FRANCE-OUEST

NANTES

LOIRE-INFÉRIEURE
VENDÉE
MAINE-ET-LOIRE
SARTHE
INDRE-ET-LOIRE
INDRE
VIENNE
DEUX-SÈVRES
MAYENNE
ILLE-ET-VILAINE
MORBIHAN
CÔTES DU NORD
FINISTÈRE

LE 28 MAI 19 23

~~[illegible]~~
29 rue de Strasbourg

PIÈCES JOINTES

Monsieur PIERRE KUEMENEUR

Bois en gros

LANDERNEAU

Monsieur,

Nous avons l'honneur de vous accuser réception de votre lettre du 24 courant, et sommes heureux de vous informer que, un de nos bon clients, qui possède 2 CADILLACS, dont une Conduite Intérieure, & un torpédo, serait peut-être vendeur de son torpédo.

Cette voiture qui a été livrée par nos soins, est en parfait état de marche à tous points de vue.

Nous avons fait pour le compte de ce client dernièrement une capote double de FRS 2.200 ( DEUX MILLE DEUX CENTS FRS ).la batterie est une batterie de 150 ampères heure WILLARD d'origine, les phares sont des S.E.V. grand modèle. Enfin, cette voiture se présente très bien à tous points de vue.

Le prix en serait de FRS 32.500 ( TRENTE DEUX MILLE CENTS FRS ) NANTES.

T.S.V.P.

Référence
AV/V/
11.021

Autre lettre saisie chez Quemeneur : toujours les Cadillac.
La date indique que même après sa disparition le conseiller général du Finistère recevait encore des propositions.

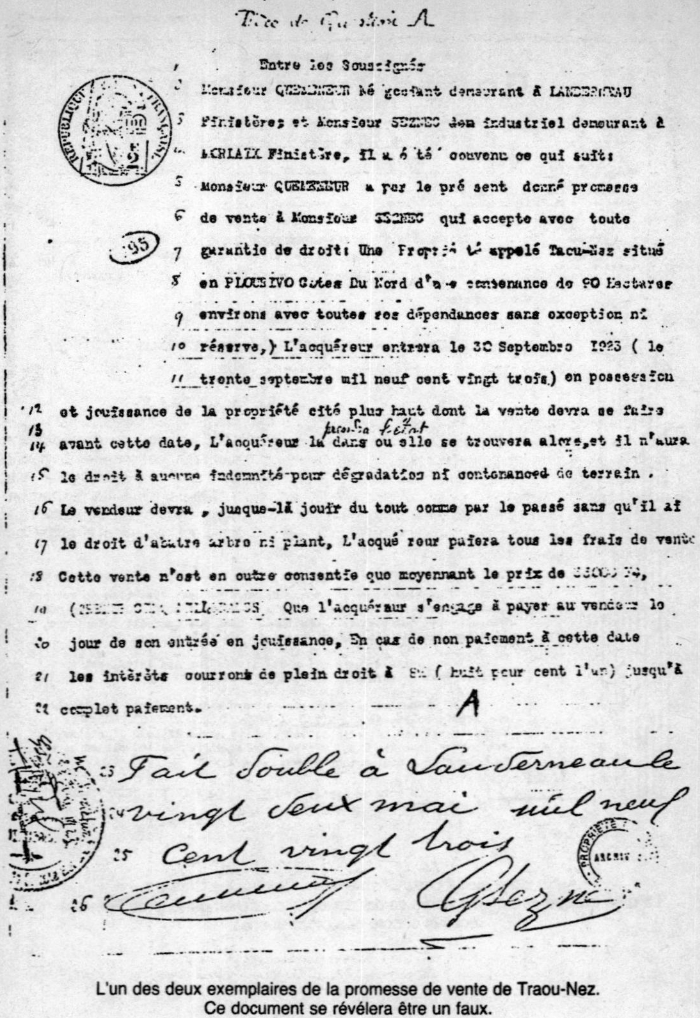

Titre de Question A

Entre les Soussignés

Monsieur QUEMENEUR Né gociant demeurant à LANDERNEAU Finistère; et Monsieur SEZNEC Idem industriel demeurant à MORLAIX Finistère, il a é té convenu ce qui suit:

Monsieur QUEMENEUR a par le pré sent donné promesse de vente à Monsieur SEZNEC qui accepte avec toute garantie de droit: Une Proprié té appelé Traou-Nez situé en PLOURIVO Côtes Du Nord d'une contenance de 90 Hectares environs avec toutes ses dépendances sans exception ni réserve,) L'acquéreur entrera le 30 Septembre 1923 ( le trente septembre mil neuf cent vingt trois) en possession et jouissance de la propriété cité plus haut dont la vente devra se faire avant cette date, L'acquéreur la prendra l'état dans ou elle se trouvera alors, et il n'aura le droit à aucune indemnité pour dégradations ni contenance de terrain. Le vendeur devra, jusque-là jouir du tout comme par le passé sans qu'il ai le droit d'abatre arbre ni plant, L'acqué reur paiera tous les frais de vente Cette vente n'est en outre consentie que moyennant le prix de 35000 Fs, (TRENTE CINQ MILLE FRANCS) Que l'acquéreur s'engage à payer au vendeur le jour de son entrée en jouissance, En cas de non paiement à cette date les intérêts courront de plein droit à 8% ( huit pour cent l'an) jusqu'à complet paiement.

A

Fait double à Landerneau le vingt deux mai mil neuf cent vingt trois

L'un des deux exemplaires de la promesse de vente de Traou-Nez.
Ce document se révélera être un faux.

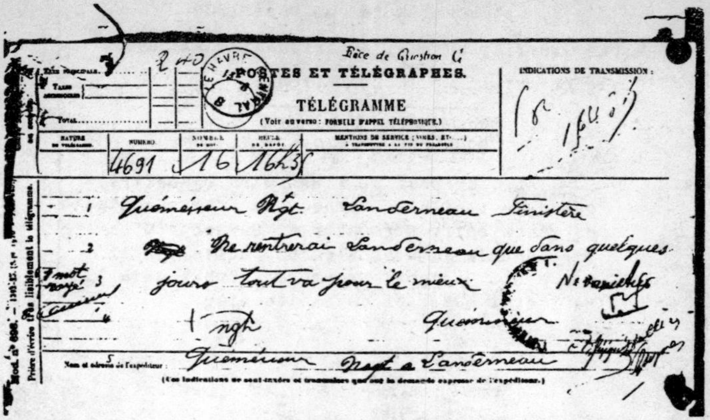

POSTES ET TÉLÉGRAPHES.

TÉLÉGRAMME

(Voir au verso : FORMULE D'APPEL TÉLÉPHONIQUE.)

INDICATIONS DE TRANSMISSION :

4691 16 16h35

Quémeneur Rgt. Landerneau Finistère

Ne rentrerai Landerneau que dans quelques jours tout va pour le mieux

Quémeneur

Nom et adresse de l'expéditeur : Quémeneur Rgt a Landerneau

Le télégramme envoyé du Havre, le 13 juin 1923. Un faux que l'on attribuera (ainsi que la promesse de vente) à Seznec, en 1924. En 1990, le CARME, laboratoire de réputation mondiale en microscopie électronique (méthode la plus moderne en matière de police scientifique) réfutera complètement cette accusation : Seznec n'était pas le faussaire. Avis partagé par un autre expert du CNRS. Déjà, en 1978, Marcel Guislain, expert en authentification auprès des Douanes et du gouvernement français, avait été catégorique : « Il est établi d'une manière scientifiquement indiscutable que Seznec est totalement étranger aux faux qu'on lui a attribués à l'époque. »

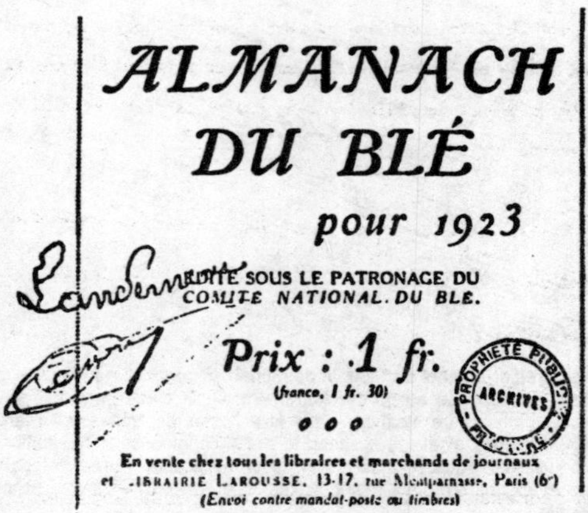

ALMANACH DU BLÉ

pour 1923

ÉDITÉ SOUS LE PATRONAGE DU COMITÉ NATIONAL DU BLÉ.

Prix : 1 fr.

(franco, 1 fr. 30)

En vente chez tous les libraires et marchands de journaux et LIBRAIRIE LAROUSSE, 13-17, rue Montparnasse, Paris (6e)

(Envoi contre mandat-poste ou timbres)



Prospectus pour l'*Almanach du blé* qui a été saisi chez Pierre Quemeneur lors d'une perquisition, le 29 juin 1923. On peut constater que quelqu'un — forcément de l'entourage familial du conseiller général — a fait des essais de sa signature ainsi que du mot Landerneau. Mots que l'on retrouve sur la promesse de vente et sur le télégramme. En 1991, des expertises émanant du Bénélux, seront catégoriques : les faux et ces essais proviennent du même faussaire. Elles le désigneront nommément. Et ce n'est pas Seznec.

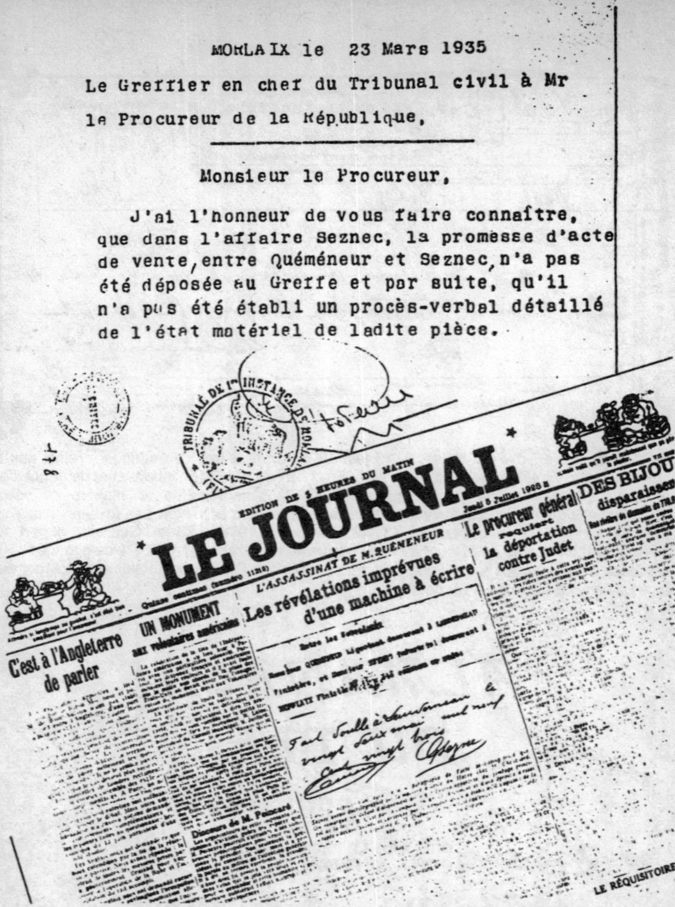

MORLAIX le 23 Mars 1935

Le Greffier en chef du Tribunal civil à Mr le Procureur de la République,

Monsieur le Procureur,

J'ai l'honneur de vous faire connaître, que dans l'affaire Seznec, la promesse d'acte de vente, entre Quéméneur et Seznec, n'a pas été déposée au Greffe et par suite, qu'il n'a pas été établi un procès-verbal détaillé de l'état matériel de ladite pièce.

TRIBUNAL DE 1re INSTANCE DE MORLAIX

EDITION DE 5 HEURES DU MATIN

LE JOURNAL

Jeudi 5 Juillet 1923

L'ASSASSINAT DE M. QUÉMENEUR

Les révélations imprévues d'une machine à écrire

Le procureur général requiert la déportation contre Judet

DES BIJOUX disparaissent

C'est à l'Angleterre de parler

UN MONUMENT aux volontaires américains

Discours de M. Poincaré

LE RÉQUISITOIRE

*En haut :* rapport du greffier en chef du tribunal de Morlaix dénonçant le fait que la promesse de vente n'a jamais été déposée au greffe. Autrement dit, la pièce principale sur laquelle reposait toute l'accusation contre Seznec a pu être l'objet de toutes les manipulations possibles. L'inspecteur Bonny avait été suspecté d'être à l'origine de la fabrication de cette fausse promesse de vente lorsqu'il sera condamné pour falsification de preuves dans l'affaire Stavisky, mais ces soupçons s'étaient évanouis dès que l'on crut — à tort donc — toute substitution impossible.

*Le Journal* daté du 5 juillet 1923 annonçant des « révélations imprévues » de la machine à écrire... la veille de sa « découverte » chez Seznec ! Ce quotidien — si doué de prescience — indique que Chenouard, le marchand de machines à écrire du Havre, reconnaît celle qu'il a vendue à Seznec. Mais le marchand indiquera à la Sûreté un numéro de série de machine à écrire ne correspondant pas à celle « découverte » chez Seznec...

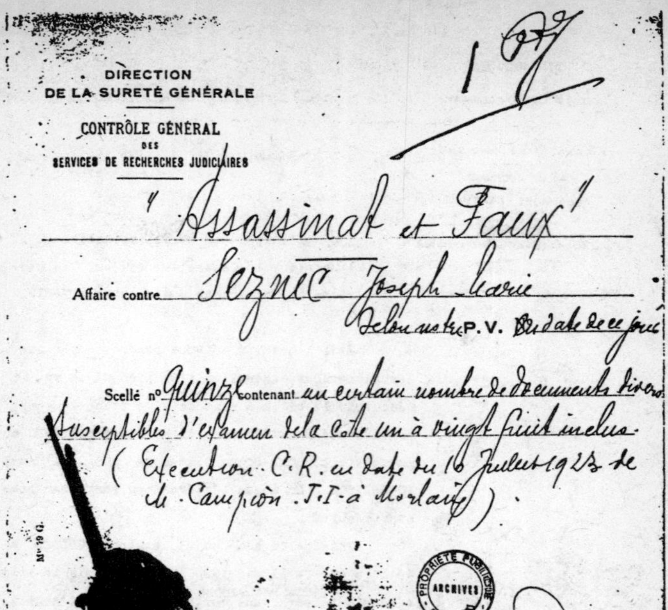

DIRECTION
DE LA SURETÉ GÉNÉRALE

CONTRÔLE GÉNÉRAL
DES
SERVICES DE RECHERCHES JUDICIAIRES

1 07

"Assassinat et Faux"

Affaire contre Seznec Joseph Marie

Selon notre P.V. en date de ce jour

Scellé n° Quinze contenant un certain nombre de documents divers susceptibles d'examen de la cote un à vingt huit inclus.
(Exécution C.R. en date du 10 Juillet 1923 de M. Campion J.I. à Morlaix).

N° 19 G.

PROPRIÉTÉ PUBLIQUE ARCHIVES FINISTÈRE

Landerneau, le 11 Juillet 1923

Le Commissaire de Police Mobile,

Contrôle Général des Services de Recherches Judiciaires

Exemple de scellé avec cachet de cire et ficelle interdisant toute falsification.
Cela n'a pas été fait pour la promesse de vente.

MINISTÈRE

de l'Intérieur

DIRECTION

de la Sûreté Générale

POLICE JUDICIAIRE

CONTRÔLE GÉNÉRAL

des Services

de Recherches Judiciaires

NOTA. — Les réponses doivent, outre le numéro d'ordre, rappeler les indications du timbre ci-dessus.

République Française

Paris, le 31 Juillet ~~1923~~ 192

L'Inspecteur de Police Mobile BONNY

à Monsieur le Contrôleur Général des Services de Recherches Judiciaires à PARIS.

J'ai l'honneur de vous rendre compte que les recherches auxquelles j'ai procédé en vue de découvrir le bidon à essence vide taché de sang, remis le 26 Mai 1923 vers II heures par SEZNEC au garagiste COULOMB Edouard, dans la cour de l'Hôtel NOURRISSON à La Queue les Yvelines, sont demeurées sans résultat.

Interpellé à ce sujet, le sieur COULOMB a déclaré que le 3I Mai I923, il avait remis le bidon ensanglanté marque "Automobiline" parmi une certaine quantité d'autres, vides, à ses fournisseurs habituels d'essence, Mrs PERNOUD et ARRONDEL, dépositaires de la marque "AUTOMOBILINE", 45 avenue de Saint-Cloud à Versailles.

Mr ARRONDEL, auprès duquel je me suis rendu, m'a déclaré qu'il lui était matériellement, impossible de me représenter le bidon en question.

Il a.

PROPRIÉTÉ PUBLIQUE ARCHIVES

Rapport concernant la recherche d'un bidon d'essence « qui avait des taches sombres » (peut-être de la rouille ?) selon la déclaration du garagiste Coulomb. On constate que dans le rapport de la Sûreté, signé Bonny, ce bidon est « taché de sang » avant de devenir « ensanglanté ». C'est avec un tel document officiel que le procureur pourra se croire autorisé, lors du procès, à en rajouter en parlant « de sang frais » !

Brest le 13 Décembre 1947

Madame

En réponse à votre lettre du 10 courant, au sujet de l'affaire Seznec ; en effet j'ai rencontré l'été dernier Seznec à Brest nous avons échangé quelques paroles ; Quand à toutes les questions que vous me posez je n'en est aucune souvenance, je me rappelle simplement que Quemeneur et Seznec étaient attablé à la terrasse, et qu'ils avaient de l'or avec eux sur la table ; je connaissais cette deux personnes comme client de la maison

Veuillez agréer Madame mes salutations empressées

Boulic

Lettre du garçon de café Jean Boulic confirmant avoir assisté à la transaction en dollars — niée par l'accusation — entre Quemeneur et Seznec. Ce témoin et son collègue François Pansel n'ont jamais été interrogés par la police. La Sûreté n'ayant enregistré que la déposition du patron de l'hôtel des Voyageurs (où officiaient les deux serveurs) et qui n'avait, bien évidemment, rien vu.

L'Ouest-Eclair

JOURNAL REPUBLICAIN QUOTIDIEN

JEUDI 12 JUILLET 1923 — 15 CENTIMES

…lons régionalisme

LA SITUATION

LE RABACHAGE

Les familles nombreuses et les transports

Les parents de cinq enfants bénéficieront d'une réduction de tarif pendant toute leur vie

Seznec ne serait qu'un complice dans l'assassinat de M. Quemeneur

Deux nouvelles arrestations seraient attendues, l'une à Paris, l'autre à Morlaix

Me DE MORO-GIAFFERI

Tour de France cycliste

LA STATION … DE L'ABERVRAC'H

UN COUP DE THEATRE

Paris, 11 juillet. — Ce soir, à Paris, les bruits les plus sensationnels courent dans les milieux policiers. Nous ne pouvons préciser ces bruits afin de ne pas gêner des recherches suffisamment laborieuses ; mais il se pourrait qu'un coup de théâtre se produisît à très bref délai à Paris.

Il s'agirait de l'arrestation de l'individu qui avait monté l'affaire des autos à vendre aux Soviets et que M. Quemeneur allait voir à Paris.

Si les bruits en question se confirment, *cet individu deviendrait auteur principal du crime, Seznec n'ayant agi que comme complice.*

L'arrestation aurait été différée parce que l'individu en question serait en relations avec certains hommes politiques qui seraient intervenus à la Sûreté générale, non pour entraver l'action de la justice, mais pour prévenir qu'il est tout à fait impossible que la personne soupçonnée soit coupable.

*On s'attend également à Paris, à l'arrestation à Morlaix d'une personne de l'entourage de Seznec.*

Pour en finir avec la machine, on a décidé M. Chenouard, du Havre, à se rendre à Morlaix pour donner son avis sur la « Royal » trouvée chez Seznec.

Si « certains hommes politiques sont intervenus à la Sûreté générale » ce n'est pas, bien sûr, comme l'indique cet article stupéfiant, « pour entraver l'action de la justice » ! Cette information ne sera reprise par aucun autre quotidien. Étouffée dans l'œuf également l'allusion au trafic avec les Soviets. Mais il est vrai, nous sommes en 1923, et l'affaire Stavisky n'a pas encore éclaté, révélant les nouvelles mœurs entre certains policiers et des hommes politiques corrompus.

# Ouest-Eclair

JOURNAL REPUBLICAIN QUOTIDIEN

Jeudi 2 août 1923 — 15 centimes

## propagande allemande crédulité de l'Angleterre

Octave AUBERT.

## Une terrible bourrasque a causé des ravages dans l'Ouest

Le sud du Calvados dévasté

Dans la région de Fougères

## Le Cabinet de Londres va-t-il adresser à Berlin une réponse séparée ?

M. Baldwin se montre indécis

L'HEURE EST GRAVE POUR L'ANGLETERRE

## Est-ce le cadavre de M. Quemeneur que l'on a repêché à Trouville ?

Le bruit en a couru mais la Sûreté générale n'y ajoute pas foi

M. GAIMNS et son fils, de Carhaix, qui ont voyagé avec Seznec de Paris à Guingamp dans la nuit du 13 au 14 juin.

L'INSTRUCTION

LA SITUATION

### Les Anglais comprennent les faits

— DOLLEAT.

UN PRESIDENT DE REPUBLIQUE LASSÉ DU POUVOIR ?

Le fouet redevient en... une peine criminelle

## ...YEN DES MAIRES DE FRANCE

...re-Lessart, de Saint-Siméon (Orne)

LA PROPRIÉTÉ DE M. LAIGRE-LESSART

R. SORNET.

VOIR EN 3e PAGE : La Semaine Sociale de Grenoble.

...urait pas dû... contient précisément co...
...nir : un portefeuille vraisemblablement conte...
d'un acte de vente, et un double sur timbre.
Hier soir, la machine à écrire est partie
pour Paris, confiée à M. l'inspecteur Bonny

Contrairement à certaines affirmations tendant à minimiser le rôle de Bonny (en niant sa venue en Bretagne, par exemple), les deux petites lignes en bas de page indiquent bien que l'inspecteur est non seulement sur place mais que c'est à lui qu'est confiée la fameuse machine à écrire !

Paris le 4 Décembre 1948

Monsieur le Procureur
de la République
Tribunal de Quimper
QUIMPER ( Finistère )

Monsieur le Procureur,

J'ai l'honneur de porter à votre connaissance les faits suivants:

Mon mari, René MOREAU LALANDE, a fait la guerre de I9I4/I8 au I66ème Rgt d'Infanterie où il a bien connu BONY qu'il a eu sous ses ordres, en tant qu'adjudant je crois.

Or un jour de l'année I936, au moment de rentrer à notre domicile, au N° I04 de l'Avenue des Champs Elysées, nous avons rencontré BONY qui, en apercevant mon mari s'est arrêté pour le saluer.

Alors que je m'éloignais de quelques pas un entretien s'engagea, à l'issue duquel mon mari me dit ce qui suit:

" Je te demande pardon de t'avoir fait attendre dans des conditions si désagréables, mais j'attachais le plus grand intérêt à cette conversation étant donné les accusations dont BONY fait l'objet. Lui, évidemment, se défend d'avoir la liberté de ses actes et il m'a cité en exemple l'affaire SEZNEC au cours de laquelle il dit s'être trouvé dans l'obligation de déposer la fameuse machine à écrire dans l'atelier où on l'a retrouvée. Souviens toi de cette déclaration qui est de la plus grande importance pour SEZNEC. "

Mon mari, qui était gazé de guerre, est mort en I939; mais au moment où se déroule le procès en révision de l'affaire SEZNEC je crois de mon devoir, Monsieur le Procureur, de vous faire cette déclaration en ses lieu et place. Je suis prête à la réitérer sous la foi du serment mais je vous demande instamment de ne permettre aucune communication de mon nom à la presse.

Veuillez agréer, Monsieur le Procureur l'expression de ma considération la plus distinguée.

La lettre que Mme Moreau-Lalande a adressée au procureur de la République pour témoigner des propos tenus par Bonny. Celui-ci ayant dit à son mari « s'être trouvé dans l'obligation de déposer la fameuse machine à écrire dans l'atelier » de Seznec. Bonny fera part à son ancien capitaine de ses remords d'avoir contribué, ainsi, à envoyer au bagne un innocent.

quarante-huit vingt-neuf

décembre

VINCENT Robert

Inspecteur Direction des Services de Police Judiciaire

PARIS.-

Révélations a/s de l'affaire SEZNEC.

Vu les instructions de M. le Commissaire Principal Chef de la 1ère Section,

Audition de Mme Vve MOREAU-LALANDE, 52 ans, dmt. 104, Av. des Champs Elysées PARIS (8°)

Vu la note en date du 7 décembre 1948, et son annexe, de M. le Procureur de la République à QUIMPER ; mandons et entendons : Mme Vve. MOREAU-LALANDE née Yvonne CHAPELAIN de la VILLEGUERIN, le 24 mai 1896 à CONSTANTINE (Algérie) gérante de Société, demeurant 104 Avenue de Champs Elysées - PARIS -(8ème) qui déclare :

" C'est bien moi qui, en date du 4 décembre 1948 ai envoyé à M. le Procureur à QUIMPER, une lettre contenant de révélations relatives à l'affaire SEZNEC. SI j'ai écrit cette lettre c'est pour respecter les volontés de mon mari, volontés qui avaient pris naissance dans les conditions suivantes : un jour de l'année 1936, alors que nous rentrions à notre domicile av. des Champs Elysées, mon mari et moi avons rencontré l'ex-inspecteur de police BONY. Ce dernier, qui durant la guerre 1914-1918 avait été sou les ordres de mon mari, s'arreta pour saluer son ancien Chef, pour lequel je crois il avait conservé beaucoup d'estime. Une conversation s'engagea au cours de laquelle BONY fit à mon mari une confidence se rapportant à une affaire qu'il avait traitée en temps que policier (l'affaire SEZNEC). Suivant ses dires et d'après ce que mon mari m'en a rapporté, ce serait BONY qui aurait déposé la machine à écrire - pièce principale de l'accusation - dans l'atelier de SEZNEC. Au cours de l'entretien que mon mari eut avec BONY, je me trouvais à quelques pas. Je n'en ai pas entendu la teneur, mais mon mari qui m'en rapporta le sens immédiatement me dit : " Souviens toi de cette déclaration qui est de la plus grande importance pour SEZNEC ".

<u>S.I.</u> : Mon mari, qui , durant la guerre, avait été ypérité et devait mourir de ces suites courant 1939, avait été profondément affecté de la déclaration que BONY lui avait faite. En effet, connaissant BONY tel qu'il était durant la guerre, mon mari lui avait fait promettre de réparer sa faute dans l'affaire SEZNEC. Tous deux devaient d'ailleurs se revoir. Malheureusement

.../...

Le procès-verbal officiel d'interrogatoire de Mme Moreau-Lalande expurge l'aspect politique (l'ordre donné) du témoignage pour ne retenir que l'aveu de Bonny. Ainsi, celui-ci endosse-t-il seul la responsabilité de cet acte hautement criminel. Après tout on vient de le fusiller... La raison d'État est sauve.

Station de Trappes Seine et Oise — Mois de Mai 1923

| DATES | TEMPÉRATURES EXTRÊMES: Minima (1) | Maxima | Moyenne | TEMPÉRATURE ET HUMIDITÉ — À 7 HEURES: Thermomètres sec | Mouillé | Différence | État hygrométrique | À 13 HEURES: Thermomètres sec | Mouillé | Différence | État hygrométrique | À 18 HEURES: Thermomètres sec | Mouillé | Différence | État hygrométrique | NÉBULOSITÉ à 7 heures |
|---|---|---|---|---|---|---|---|---|---|---|---|---|---|---|---|---|
| 1 | 10°1 | 21.6 | 15.75 | 12.8 | 10.2 | 2.6 | 70 | 19.0 | 13.8 | 5.2 | 53 | 19.4 | 14.3 | 5.1 | 54 | 0 |
| 2 | 7.0 | 25.0 | 16.00 | 15.7 | 12.8 | 2.9 | 70 | 24.7 | 16.8 | 7.9 | 40 | 20.0 | 15.0 | 5.0 | 56 | 2 |
| 3 | 9.2 | 24.4 | 16.80 | 16.6 | 14.5 | 2.1 | 79 | 24.3 | 17.9 | 6.4 | 51 | 21.0 | 17.5 | 3.5 | 69 | 2 |
| 4 | 12.8 | 27.5 | 20.15 | 18.9 | 15.8 | 3.1 | 71 | 26.4 | 16.8 | 9.5 | 34 | 23.6 | 16.5 | 7.1 | 45 | 4 |
| 5 | 10.9 | 27.0 | 18.95 | 19.4 | 15.8 | 3.6 | 67 | 26.8 | 17.5 | 9.3 | 36 | 25.0 | 17.5 | 7.5 | 44 | 2 |
| 6 | 15.2 | 23.2 | 19.20 | 16.1 | 14.8 | 1.3 | 86 | 23.0 | 17.8 | 5.2 | 58 | 21.4 | 17.1 | 4.3 | 63 | 10 |
| 7 | 11.5 | 23.1 | 17.30 | 14.5 | 12.0 | 2.5 | 71 | 22.4 | 18.0 | 4.4 | 63 | 19.3 | 16.6 | 2.7 | 75 | 6 |
| 8 | 11.2 | 23.2 | 17.20 | 14.1 | 13.8 | 0.3 | 97 | 24.2 | 20.1 | 4.1 | [illegible] | 20.8 | 17.5 | 3.3 | 71 | 10 |
| 9 | 12.2 | 16.6 | 14.40 | 13.9 | 12.5 | 1.4 | 85 | 16.6 | 14.7 | 1.9 | 81 | 13.2 | 12.1 | 1.1 | 87 | 10 |
| 10 | 4.5 | 10.0 | 7.25 | 7.5 | 5.8 | 1.7 | 76 | 7.0 | 4.9 | 2.1 | 70 | 7.4 | 5.8 | 1.6 | 77 | 8 |
| 11 | 2.5 | 8.5 | 5.50 | 5.0 | 4.3 | 0.7 | 89 | 7.8 | 6.3 | 1.5 | 79 | 7.0 | 5.9 | 1.1 | 84 | 10 |
| 12 | 2.9 | 11.0 | 6.75 | 6.0 | 4.3 | 1.7 | 75 | 4.3 | 3.6 | 0.7 | 89 | 8.6 | 5.6 | 3.0 | 60 | 8 |
| 13 | 4.5 | 11.6 | 8.05 | 8.3 | 6.0 | 2.3 | 69 | 11.0 | 9.0 | 2.0 | 75 | 8.0 | 7.5 | 0.5 | 93 | 9 |
| 14 | 4.5 | 13.7 | 9.10 | 8.3 | 6.6 | 1.7 | 77 | 13.5 | 9.0 | 4.5 | 51 | 10.8 | 8.0 | 2.8 | 66 | 2 |
| 15 | 4.3 | 14.6 | 9.45 | 7.8 | 6.8 | 1.0 | 86 | 12.8 | 8.1 | 4.7 | 47 | 12.5 | 8.6 | 3.9 | 56 | 9 |
| 16 | 5.4 | 13.4 | 9.40 | 7.0 | 5.6 | 1.4 | 80 | 8.6 | 6.5 | 2.1 | 71 | 8.5 | 7.0 | 1.5 | 75 | 9. |
| 17 | [illegible] | 10.6 | 7.10 | 8.2 | 6.3 | 1.9 | 73 | 6.5 | 5.8 | 0.7 | 88 | 8.4 | 5.5 | 2.9 | 61 | 5. |
| 18 | 0.7 | [illegible] | 6.55 | 8.1 | 6.0 | 2.1 | 71 | 10.2 | 6.4 | 3.8 | 52 | 8.9 | 7.0 | 1.9 | 74 | 5. |
| 19 | [illegible] | [illegible] | 10.50 | 8.5 | 7.3 | 1.2 | 83 | 14.2 | 10.0 | 4.2 | 55 | 10.9 | 9.1 | 1.8 | 78 | 8. |
| 20 | 7.7 | 15.3 | 11.50 | 12.5 | 10.0 | 2.5 | 71 | 13.5 | 10.4 | 3.1 | 65 | 11.5 | 9.3 | 2.2 | 73 | 9. |
| 21 | 7.0 | 15.6 | 11.30 | 9.4 | 8.2 | 1.2 | 84 | 14.0 | 11.8 | 2.2 | 84 | 13.7 | 11.8 | 1.9 | 81 | 8 |
| 22 | 8.7 | 15.7 | 12.20 | 11.8 | 9.9 | 1.9 | 77 | 14.6 | 11.0 | 3.5 | 62 | 13.2 | 11.0 | 2.2 | 75 | 8 |
| 23 | 9.5 | 16.7 | 13.10 | 14.1 | 12.6 | 1.5 | 84 | 15.7 | 13.8 | 1.9 | 80 | 15.3 | 13.1 | 2.2 | 77 | 10 |
| 34 | [illegible] | 11.3 | 10.05 | 10.3 | 10.0 | 0.3 | 96 | 10.8 | 10.1 | 0.7 | 91 | 10.0 | 8.8 | 1.2 | 85 | 10 |
| 25 | 4.3 | [illegible] | 10.00 | 9.5 | 7.8 | 1.7 | 78 | 14.1 | 9.0 | 5.1 | 45 | 11.6 | 9.2 | 2.4 | 71 | 1 |
| 26 | [illegible] | 15.2 | 9.25 | 9.0 | 7.8 | 1.2 | 84 | 13.2 | 9.8 | 3.4 | 62 | 7.4 | 6.7 | 0.7 | 90 | 5 |
| 27 | 5.0 | 16.1 | 10.50 | 9.0 | 8.0 | 1.0 | 87 | 14.4 | 9.8 | 4.6 | 52 | 13.0 | 8.6 | 4.4 | 51 | 7 |
| 28 | 4.5 | 14.7 | 9.60 | 9.9 | 8.6 | 1.3 | 84 | 10.8 | 8.8 | 2.0 | 75 | 13.4 | 9.3 | 4.1 | 54 | 6 |
| 29 | 1.5 | 18.4 | 9.95 | 9.3 | 8.6 | 0.7 | 91 | 15.9 | 10.9 | 5.0 | 50 | 16.5 | 11.8 | 4.7 | 54 | 10 |
| 30 | 3.9 | 19.8 | 11.85 | 12.0 | 10.4 | 1.6 | 81 | 19.2 | 12.7 | 6.5 | 43 | 16.2 | 13.1 | 3.1 | 68 | 0 |
| 31 | 7.1 | 15.7 | 11.40 | 9.6 | 8.6 | 1.0 | 87 | 13.3 | 11.2 | 2.1 | 76 | 13.3 | 11.5 | 1.8 | 79 | 10 |
| Total | 210°20 | 509°7 | 366°[illegible] | 343.1 | 291.7 | | 2479 | 472.7 | 352.9 | | 1903 (46) | 429.8 | 340.3 | | 2166 | 203 |
| Moyenne | 6°78 (8) | 16°[illegible] (6.9) | 11°81 | 11°06 | 9°40 | | 79.9 (80.0) | 15°24 | 11°36 | | 61.4 (62.8) | 13°86 | 10°97 | | 69.[illegible] | 6.5 |

Tableau indiquant qu'il n'avait pas pu geler à Houdan dans la nuit du 24 au 25 mai 1923. Ce qui modifie complètement la seule référence que les témoins de la gare de Houdan avaient indiquée : « La veille il avait gelé. » La Sûreté négligea de faire cette simple vérification probablement parce que cela ne collait pas avec l'orientation qu'elle souhaitait faire prendre à son enquête. Il aura fallu attendre un demi-siècle, grâce aux archives de la Météorologie nationale, pour constater que la veille du 25 mai 1923 il avait fait 4°3. En revanche, une semaine plus tôt il avait effectivement gelé...

# HOTEL DU PLAT-D'ÉTAIN

94, Rue de Paris, HOUDAN (S.-&-O.)

*H. Scandolara, propriétaire*

Téléphone 28 — R. C. Mantes

HOUDAN, le 15 juin 1933

(Témoignage de M. Garnier)

M. Garnier interrogé par nous ~~f~~ sur sa déposition nous a répondu :

— Je me souviens que le jour où une auto s'est arrêtée devant la gare d'Houdan, il faisait clair de lune. Le chef de gare m'avait dit : « Garnier vous feriez pas mal d'aller couvrir vos tomates car il gèlera certainement cette nuit. » C'est le seul indice que nous avons donné aux policiers pour pouvoir fixer une date. Je me souviens, comme M. Garnier de l'arrivée d'une voiture qui faillit entrer dans les barrières de la ligne [illegible] vitesse, fait qui se produisait assez fréquemment.

Il m'a été impossible de reconnaître Seznec. J'ai seulement cru trouver une ressemblance dans sa silhouette.

— C'est peut-être lui, ai-je dit à M. Vidal. Tout ce que je sais c'est qu'il y avait deux hommes et c'est tout. Mais jamais je n'ai déclaré que c'était bien Seznec et Quémeneur qui étaient dans l'auto. Seul en ce qui concerne Quémeneur, j'ai remarqué, sur la photo, qu'on m'a présentée, que l'individu de l'auto était, comme lui, un peu dégarni sur le front. Encore une fois je ne puis en aucun cas certifier que Seznec était présent ce soir-là en gare de Houdan.

— Êtes-vous sûr qu'il a gelé le 25 mai ?

— Je ne m'en souviens plus.

— Pour quelle raison est-on fixé la date du 25 mai ?

— C'est la date fixée par les policiers comme étant le soir où (Quémeneur et Seznec) ont mangé au "Plat d'étain". Cette date nous a été suggérée »

[signature]

Témoignage de Garnier, le chef de gare de Houdan,
déclarant que la date du 25 mai lui a été suggérée puis fixée par les policiers.

# DISTILLERIE DE SERQUEUX

(SEINE-INFÉRIEURE)

Société Anonyme Française au Capital de 500.000 francs entièrement versés

R. C. Gournay-en-Bray n° 1338 - R. C. Rouen n° B 1318 Compte Chèques-Postaux ROUEN C. n° 8070

USINE A SERQUEUX
Route de Gaillefontaine
près la Gare de Forges-les-Eaux

SIÈGE ADMINISTRATIF :
8, RUE FÉLIX-FAURE
MALO-LES-BAINS
(NORD)

EXPÉDITIONS :
GARE : FORGES-LES-EAUX

Administrateur-Directeur
et Président du Conseil d'Administration :
ELISÉE BOULANGER

MALO-LES-BAINS, le 29 Octobre 1924

Téléphone 78

A Messieurs les Avocats Chargé de défense de M. Seznec devant la Cour d'Assises du Finistère

à QUIMPER

Messieurs,

Le "Nord Maritime" que je vous adresse inclus relate le role importa joué par M. Decknuydt dans l'affaire Seznec. Depuis longtemps, après lectur du "Petit Parisien" sur l'intervention de M. Decknuydt, je m'étais proposé d'écrire à M. le Juge d'Instruction de Morlaix sur le peu de cas qu'il deva faire de Decknuydt et de ses affirmations. Je regrette de ne point l'avoir fait mais apprenant que les débats ne seront pas clos avant 48 heures je ve libérer ma conscience. Je le fais d'autant mieux que M. Decknuydt, que je co nais depuis vingt ans, nourrit à mon égard un dévouement un peu excessif à telle enseigne qu'il se fit arrêter pour avoir manifesté trop vivement en m faveur en 1910 et qu'en Août dernier, me rencontrant à Malo-les-Bains au mi lieu de nombreux amis, il m'embrassa en plein café ! Or il faut que vous sa chiez que tous ici, tant à Dunkerque qu'à Malo-les-Bains, nous le considér comme un déséquilibré dont la manie de vouloir se mettre en vedette en fai un homme dangereux au témoignage duquel, même fait sous la foi du serment, ne peut prêter créance.

En Août dernier il m'a déclaré appartenir à la police secrète etc, et être au mieux avec M. Vidal. J'espère pour la police qu'elle recrute mi

T.S.

Lettre retrouvée dans les archives de la justice dans laquelle on découvre que Decknuydt, le témoin du Havre déjà très suspect, est désigné par une de ses relations comme étant un informateur de police connaissant le commissaire Vidal...

MINISTÈRE
DE L'INTÉRIEUR

DIRECTION
de la Sûreté Générale

CONTROLE GÉNÉRAL
des Services
Recherches Judiciaires

N° 7. 497

RÉPUBLIQUE FRANÇAISE

*Le Contrôleur Général*
*des Services de Recherches Judiciaires à*
*Monsieur* le Procureur Général
RENNES

# BORDEREAU D'ENVOI

| DÉSIGNATION DES PIÈCES | NOMBRE | OBSERVATIONS |
| --- | --- | --- |
| Rapport de l'Inspecteur de Police Mobile DUPONT, au sujet de M. RIVALLANT. | 1 | Ce rapport complète le procès-verbal d'audition du nommé GHERDI BOUDJEMA dit François, qui a déclaré : "Vous pourriez peut-être "entendre M. RIVALLANT", "marchand de camions et accessoires, 50 Avenue de Choisy, "qui aurait pu connaître QUÉMENEUR." |

MINISTÈRE
de l'Intérieur

DIRECTION
de la Sûreté Générale

CONTRÔLE GÉNÉRAL
des Services
de Recherches Judiciaires

N° 7. 3629

*République Française*

Le Contrôleur Général des Services de Recherches Judiciaires
à Monsieur le Procureur Général
RENNES

# BORDEREAU D'ENVOI

| DÉSIGNATION DES PIÈCES | NOMBRE | OBSERVATIONS |
| --- | --- | --- |
| Copie des procès-verbaux d'audition de<br>PETIT Jacques Hélène,<br>LAMAND Charles Edouard<br>GHERDI BOUDJEMA dit "Francis"<br>LE GOFF Régine.<br><br>Copie d'un rapport de l'Inspecteur DUPONT, au sujet du nommé RIVALLANT. | | Affaire SEZNEC (Assassinat et faux).<br><br>Les originaux de ces pièces vous sont adressées par l'intermédiaire du parquet de la Seine.<br><br>M. VIDAL se présentera à votre cabinet d'ici quelques jours, pour vous remettre d'autres pièces et recevoir vos instructions. |

Deux des trois bordereaux d'envoi retrouvés (en 1976) — vidés de leur contenu — mais où figure encore la trace des interrogatoires de Gherdi. Ces documents officiels (et deux autres) prouvent que Gherdi — « ce personnage, fruit de l'imagination de Seznec » selon l'accusation — avait non seulement bel et bien existé mais qu'il avait été retrouvé et interrogé par la Sûreté. Ce que celle-ci nia pendant des décennies.

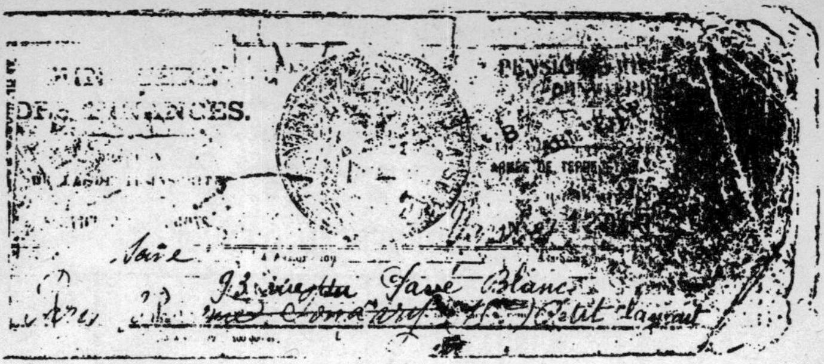

DES FINANCES.

PENSIONS MILITAIRES

ARMÉE DE TERRE

Jave

Blanc

Petit Lagraut

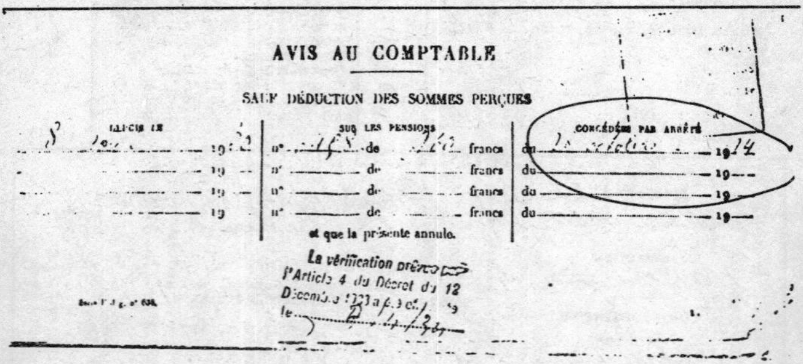

AVIS AU COMPTABLE

SAUF DÉDUCTION DES SOMMES PERÇUES

| REÇUS LE | SUR LES PENSIONS | CONCÉDÉES PAR ARRÊTÉ |
|---|---|---|
| 8 … 19.. | n° …158… de …240… francs | du …28 octobre… 1924 |
| 19 | n° de francs | du 19 |
| 19 | n° de francs | du 19 |
| 19 | n° de francs | du 19 |

et que la présente annule.

La vérification prévue par l'Article 4 du Décret du 12 Décembre 1923 a été effectuée le …8/4/33…

Série F 3 g. n° 634.

1.

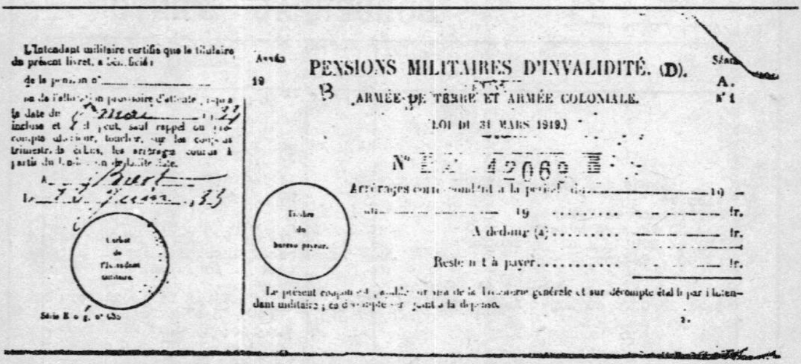

L'Intendant militaire certifie que le titulaire du présent livret, a bénéficié de la pension n° … ou de l'allocation provisoire d'attente jusqu'à la date du …8 mai… 19…33 incluse et qu'il peut, sauf rappel ou précompte ultérieur, toucher, sur les coupons trimestriels ci-joints, les arrérages courus à partir du lendemain de ladite date.

A … Brest

le …7… Juin …33

Cachet de l'Intendant militaire.

Série E 6 g. n° 635

Année 19

PENSIONS MILITAIRES D'INVALIDITÉ. (D).

B

ARMÉE DE TERRE ET ARMÉE COLONIALE.

(LOI DU 31 MARS 1919.)

Série A. N° 1

N° … 42069 …

Arrérages correspondant à la période du … 19 …

au … 19 … fr.

A déduire (a) … fr.

Reste net à payer … fr.

Timbre du bureau payeur.

Le présent coupon est payable sur visa de la Trésorerie générale et sur décompte établi par l'Intendant militaire ; ce décompte est joint à la dépense.

2.

Trois pages extraites du carnet de versement d'une pension militaire à 100 % concédée par arrêté spécial au principal témoin de la défense, le 28 octobre 1924, soit le jour même de sa comparution au procès Seznec. Cela expliquerait sa soudaine passivité devant les violentes attaques dont il fut l'objet, et surtout son brusque silence à propos des accusations qu'il avait formulées contre la police pour avoir voulu étouffer son témoignage. Ce carnet a été retrouvé après qu'il fut tué, le 3 octobre 1948.

Les jurés soussignés, ayant pris part au verdict qui détermina la condamnation de Seznec en 1924, réunis à Brest le 18 février 1934, sur convocation de la Fédération du Finistère et de la section de Pont-Aven de la Ligue des Droits de l'Homme, après avoir entendu Madame Bosser, institutrice publique, secrétaire de la section de Pont-Aven, Monsieur Damalix, président de la Fédération du Finistère et Monsieur Charles-Victor Hervé, ancien juge d'instruction, se déclarent profondément troublés par les révélations qui leur ont été faites.

- affirment l'impérieuse nécessité de tirer au clair le drame qui s'est déroulé dans la propriété de Plourivo en mai 1923, drame demeuré inexpliqué et qui ne saurait être précisé que par une enquête judiciaire où l'accusation et la défense seront entendues contradictoirement.

Demandent instamment aux autorités compétentes que la cour de cassation soit enfin saisie par le ministre de la Justice d'une demande en révision par application de l'article 443, paragraphe 4 du code d'instruction criminelle, comme conséquence notamment de la non communication du dossier dit de Plourivo, établi par le brigadier Muller et le juge de paix Hervé, de Pontrieux, en octobre 1924, pendant le procès de Quimper.

Se séparent en réclamant la pleine lumière et la justice pour Seznec.

Fait à Brest le 18 février 1934

Pour le Maire empêché
l'Adjoint d'...

Elléouet. Joas. Le Nuff

Bronnec. Schang

Le juré Pierre le Seach, de Pleyben, a signé sur feuille séparée, une déclaration par laquelle il s'associe aux cinq jurés de Brest pour réclamer la révision du procès Seznec.

M. Le Seach, empêché de se rendre à Brest, a signé sa déclaration chez lui, en présence de Madame Bosser de M. Gourcuff, ancien maire du Trévoux (Finistère) et de M. René Rostallec, propriétaire à Riec-sur-Bélon (Finistère)

**18 février 1934.** Déclaration solennelle, au cours d'un meeting, de six des onze jurés survivants réclamant la révision du procès Seznec auquel ils avaient participé. La sacro-sainte « intime conviction » n'immunise pas la conscience contre le doute et encore moins contre le remords.

La Martyre le 22 Mars 1934

4

Chère Madame Bosser

Dans votre lettre du 18 courant vous me demandiez de vous autoriser à publier la lettre de Seznec

Madame je vous autorise et montrez la aux autres jurés et militants de la ligue elle est en effet poignante. Ceux qui la liront seront plus convaincus. Elle ne peut que renforcer la thèse de l'innocence. Quoi on ne voudra pas tenir compte de l'opinion des jurés. Nous croit-on sans cœur ?

Je pense tous les jours au malheureux Seznec depuis que je le crois innocent. En le tenant au bagne on nous peine.

Le verdict que nous avons rendu est faussé. Si on avait eu connaissance du dossier de Plourivo pas un seul juré n'aurait voté sa condamnation car je suis convaincu

Je suis et resterai avec la ligue c'est mon devoir comme juré et aussi comme citoyen.

Croyez Madame Bosser à mes sentiments dévoués

Hellouet

Une lettre de Hellouet, l'un des jurés au procès Seznec. Il y déclare que, depuis, il le croit innocent et que le verdict rendu a été faussé car « si on avait eu connaissance du dossier de Plourivo, pas un seul juré n'aurait voté sa condamnation ».

# JUSTIZ EVIT SEZNEC

Son ha ton savet gant François STÉPHAN Eostik Kreisker
deuz Kastel Paol.

*A la memoire de Madame SEZNEC et de sa fille.*

*En hommage d'admiration pour l'écrivain distingué E. Delahaye, défenseur de Seznec, directeur de "La Province"*

*A la gloire du magistrat intègre Ch. V. Hervé, préférant l'abandon d'une brillante carrière à l'asservissement de sa conscience.* F. S.

1

Breman ez euz eïz vloaz e Lez-Varn Veur Kemper
E oe barnet Seznec tamallet 'giz muntrer
D'ar galiou da viken ez eo bet koundaonet
Met du-hont e Kayen eo laouen e spered.

2

Laouen eo o sonjal e teuio dizale
War hentchou Breiz-Izel, adarre, da vale
An holl a oar breman Seznec a zo divlamm
Hag goulenn a reer holl terri eul lezen-gamm

3

Seznec ha Quéméneur, a ioa daou vignoun braz
Met eun deiz Quéméneur, allas ! na zistroaz
War Seznec, evit gwir, e savaz an tabud
Hag muntrer hep digoll, oe kountet gant an dud.

4

Done hor bamo holl, ha Seznec er prizoun
A lavare bepred oa dinec'h e galoun
Lavaret a rea, e goustianz sedet
«Va zamal! a rit holl ! » « M'hen tou ! n'oun ket
[muntrer "!

5

Testou o doa gwelet Quéméneur, dre ar vro
Warlerc'h ma oe kountet, gant ar Justiz, maro
Ar re ioa bet galvet, n'oant ket bet Kredet
Re-all 'doa her gwelet, n'oant ket bet galvet.

6

Goulskoude e Traou-Nez, e parrez Plourivo
E maner Quéméneur, en eun nosvez garo
E oe trouz ha tennou, redadeg ha safar
Quéméneur, marteze, a gouezas. Piou a oar !

7

Testou ? martoloded hag a oa diskennet
Hed ar ster gant o bag, hag o devoa gwelet
Eun den o tec'hed trumm, hag war e lerc'h daou-all
Eun tenn sec'h da genta ha goudeze eun-all.

8

Pa oe Seznec e beac'h merdeïdi Plourivo
A ieaz da gounta o gwel, holl war eun dro
D'an archer, d'ar Barner, ha distro en o zi
O c'houstianz e peoc'h e vefchont dizourzi

9

Siouaz! o zesteni a gostez oe lezet
Hag e Traou Nez morse enklask na oe savet
Seznec oe, el Lez-Varn barnet e berr-amzer
Hep dale d'ar «Guyane» oe kaset ar Merzer.

10

Epad ma oa du-hont, en ifern ar c'hrissa
E c'hreg paour, eur santez, a glask na petra-ta
Azdigeri eller saveteï he Enor
War an douar heptan ? Red eo mervel kentoc'h!

11

Met ni holl, Bretoned mignoned d'ar Justiz
C'hell goulen diganti ma sello mad ha piz
Ouz an testeniou oe kinniged d'ezi
Eur seurt tra ne c'helfe nemet he enori.

12

Eur barner kalonek hag eur skrivagner braz
A red dre Vreïz-Izel hag zoken pelloc'h c'hoaz
Evit diskouez d'an holl en o bodadegou
Penaoz c'hell ar Justiz n'em drompla awechou

13

D'eomp gant fizianz d'ho heul, hag goulennomp
Ma vo ar Justiz eün, ha karet en hor Bro d'hon tro
Vit Seznec, e diegez, hag ar Justiz gwirion
Savomp-oll hor mouez! War zao, tud a galon !!!



Imprimerie G. DUTAC Saint-Pol-de-Leon

Chanson en breton *(Justice pour Seznec)*. De nombreuses complaintes ont été écrites sur le destin tragique de Seznec. Jusqu'en 1950, où un disque de Guy Marie fut interdit.

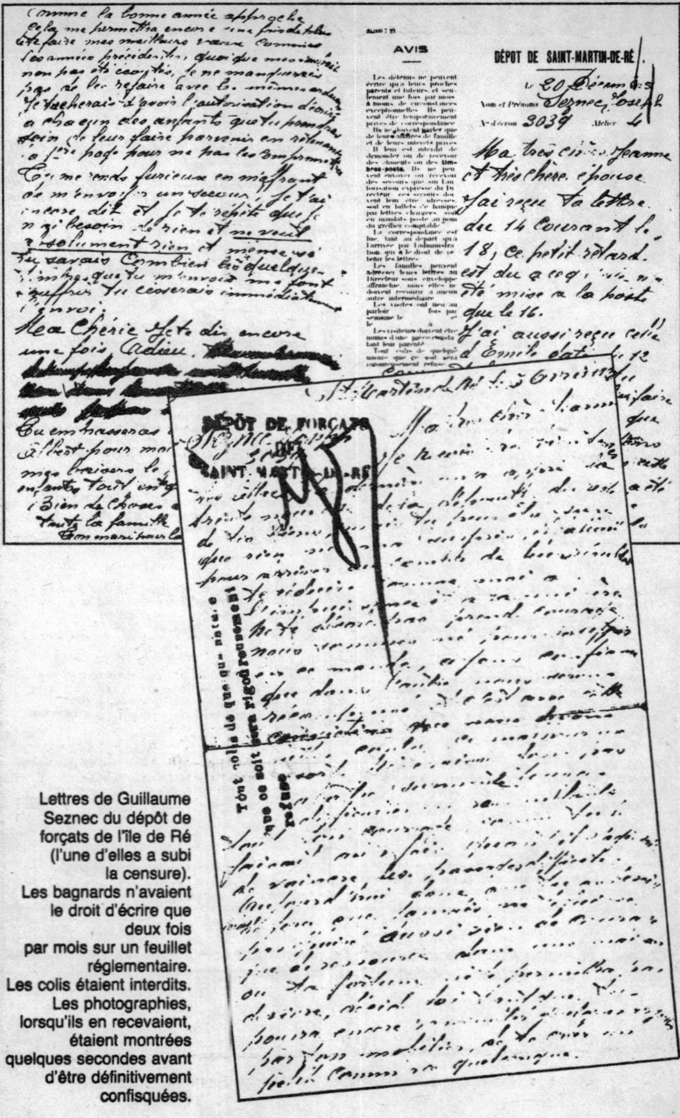

Comme la bonne année approche cela me permettra encore une fois de te faire mes meilleurs vœux comme les années précédentes, quoique mes vœux n'aient pas été écoutés, je ne manquerai pas de les refaire avec la même ardeur. Je tâcherai d'avoir l'autorisation d'écrire à chacun des enfants que tu prendras soin de leur faire parvenir en retenant la 1re page pour ne pas les compromettre.

Tu me rends furieux en m'offrant de m'envoyer un secours. Je t'ai encore dit et je te répète que je n'ai besoin de rien et ne veux absolument rien et même si tu savais combien les quelques [illegible] que tu m'envoies me font souffrir tu cesserais immédiatement l'envoi.

Ma Chérie je te dis encore une fois Adieu. [redacted]

Tu embrasseras [illegible] Albert pour moi [illegible] mes baisers [illegible] enfants tout [illegible] Bien des choses [illegible] toute la famille

Ton mari pour la [illegible]

## AVIS

Les détenus ne peuvent écrire qu'à leurs proches parents et tuteurs, et seulement une fois par mois, à moins de circonstances exceptionnelles. Ils peuvent être temporairement privés de correspondance.

Ils ne doivent parler que de leurs affaires de famille et de leurs intérêts privés.

Il leur est interdit de demander ou de recevoir des comestibles ou des timbres-poste. Ils ne peuvent envoyer ou recevoir des secours que sur l'autorisation expresse du Directeur; ces secours doivent leur être adressés, soit en billets de banque par lettres chargées, soit en mandats-poste au nom du greffier comptable.

La correspondance est lue, tant au départ qu'à l'arrivée par l'administration, qui a le droit de retenir les lettres.

Les familles peuvent adresser leurs lettres au Directeur sous enveloppe affranchie, mais elles ne doivent recourir à aucun autre intermédiaire.

Les visites ont lieu au parloir fois par semaine le et le à

Les visiteurs doivent être munis d'une pièce établissant leur parenté.

Tout colis de quelque nature que ce soit sera rigoureusement refusé.

DÉPOT DE SAINT-MARTIN-DE-RÉ

Le 20 Décembre

Nom et Prénoms Seznec Joseph

N° d'écrou 3039 Atelier 4

Ma très chère Jeanne et très chère épouse

J'ai reçu ta lettre du 14 courant le 18, ce petit retard est dû à ce qu'elle n'a été mise à la poste que le 16.

J'ai aussi reçu celle d'Émile datée du 12

DÉPOT DE FORÇATS DE SAINT-MARTIN-DE-RÉ

Tout colis de quelque nature que ce soit sera rigoureusement refusé

Lettres de Guillaume Seznec du dépôt de forçats de l'île de Ré (l'une d'elles a subi la censure). Les bagnards n'avaient le droit d'écrire que deux fois par mois sur un feuillet réglementaire. Les colis étaient interdits. Les photographies, lorsqu'ils en recevaient, étaient montrées quelques secondes avant d'être définitivement confisquées.

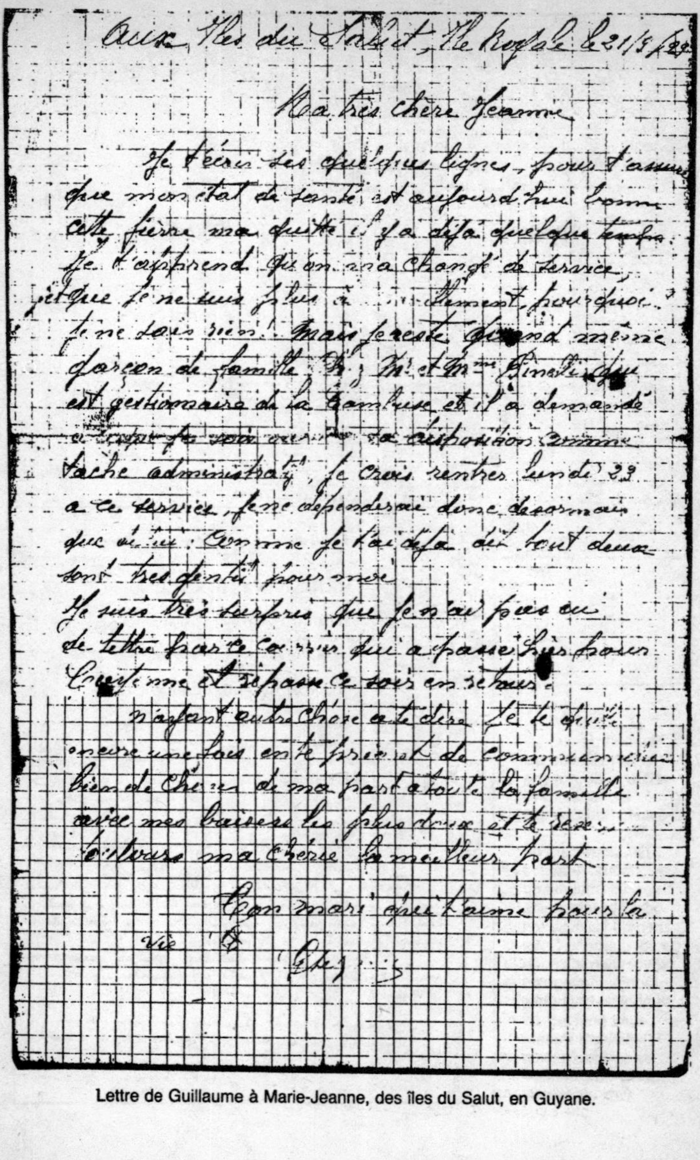
Aux Iles du Salut, Ile Royale le 21/5/[illegible]

Ma très chère Jeanne

Je t'écris ces quelques lignes, pour t'assurer que mon état de santé est aujourd'hui bon cette fièvre m'a quitté il y a déjà quelque temps. Je t'apprend qu'on m'a changé de service, et que je ne suis plus à [illegible]ement, pourquoi je ne sais rien. Mais je reste quand même garçon de famille chez M. et Mme [illegible] qui est gestionnaire de la cambuse et il a demandé à ce que je sois mis à sa disposition comme tâche administrative, je crois rentrer lundi 23 à ce service, je ne dépendrai donc désormais que de lui. Comme je t'ai déjà dit tous deux sont très gentils pour moi.
Je suis très surpris que je n'ai pas eu de lettre par le courrier qui a passé ici pour Cayenne et repasse ce soir en retour.

N'ayant autre chose à te dire je te quitte encore une fois en te priant de communiquer bien des choses de ma part à toute la famille avec mes baisers les plus doux et [illegible] à toi ma chère la meilleure part

Ton mari qui t'aime pour la vie

G[illegible]

Lettre de Guillaume à Marie-Jeanne, des îles du Salut, en Guyane.

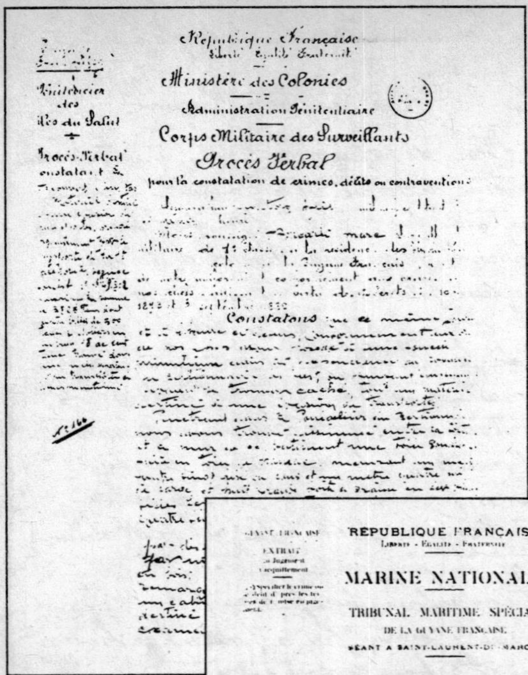
République Française
Liberté Égalité Fraternité

Ministère des Colonies

Administration Pénitentiaire

Corps Militaire des Surveillants

Procès Verbal

pour la constatation de crimes, délits ou contraventions

Constatons que ce même jour [illegible]

Rapport de surveillants militaires qui relate la découverte d'une tentative d'évasion de Seznec.

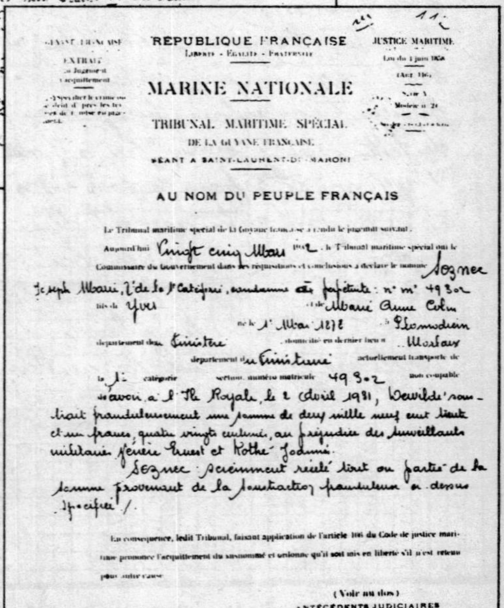
GUYANE FRANÇAISE

EXTRAIT du Jugement d'acquittement

RÉPUBLIQUE FRANÇAISE
Liberté - Égalité - Fraternité

JUSTICE MARITIME
Loi du 4 juin 1858
(Art. 106)

MARINE NATIONALE

TRIBUNAL MARITIME SPÉCIAL
DE LA GUYANE FRANÇAISE
SÉANT A SAINT-LAURENT-DU-MARONI

AU NOM DU PEUPLE FRANÇAIS

Le Tribunal maritime spécial de la Guyane française a rendu le jugement suivant :

Aujourd'hui vingt cinq Mars 1932, le Tribunal maritime spécial ouï le Commissaire du Gouvernement dans ses réquisitions et conclusions a déclaré le nommé Seznec Joseph Marie, 2e de la 1re catégorie, condamné aux perpétuité n° m 49302 fils de Yves et de Marie Anne Colin né le 1er Mars 1878 à Plomodiern département du Finistère domicilié en dernier lieu à Morlaix département du Finistère actuellement transporté de la 1re catégorie section, numéro matricule 49302 non coupable d'avoir à l'Ile Royale, le 2 avril 1931, [illegible] soustrait frauduleusement une somme de deux mille neuf cent trente et un francs, quatre vingts centimes, au préjudice des surveillants militaires [illegible] Ernest et Rothe [illegible].

Seznec sciemment recélé tout ou partie de la somme provenant de la soustraction frauduleuse ci-dessus spécifiée.

En conséquence, ledit Tribunal, faisant application de l'article 106 du Code de justice maritime prononce l'acquittement du susnommé et ordonne qu'il soit mis en liberté s'il n'est retenu pour autre cause.

(Voir au dos)
ANTÉCÉDENTS JUDICIAIRES

1932. Jugement du tribunal maritime spécial (tribunal du bagne) qui acquitte Seznec de l'accusation de vol d'argent. Cette provocation, déjouée grâce aux aveux du véritable coupable, avait pour but de « plaire à Paris » selon l'expression même du commandant du bagne.

MINISTERE DES COLONIES
-:-:-:-:-:-:

DIRECTION POLITIQUE
-:-:-:-:-:-:-

4ème BUREAU
-:-:-:-:-:-

REPUBLIQUE FRANCAISE
Liberté-Egalité-Fraternité
-:-:-:-:-:-

N°- 267
N° Gvt- IO33

PAR AVION

137

Paris le 25 Mai 1936

Courrier- Avion du I3 Juin 1936

A.S. du transporté
SEZNEC Joseph Marie
N° Mle 49302.
-:-:-:-:-:-:-

LE MINISTRE DES COLONIES
à Monsieur le Gouverneur de la Guyane Française
CAYENNE

3771
15.6.36

Par lettre du I9 novembre dernier N°I608 AP, vous m'avez adressé une lettre par laquelle le transporté SEZNEC, Joseph, Marie dit : GUILLAUME" a sollicité l'autorisation de faire venir en Guyane ses enfants, pour l'aider dans l'exploitation éventuelle d'une concession agricole pénitentiaire.

Vous ajoutiez que le Directeur de l'Administration pénitentiaire estimait nécessaire cette garantie qui seule empêcherait SEZNEC de tenter une nouvelle évasion.

Suivant une communication du Président du Conseil, Ministre de l'Intérieur, M. SEZNEC, Guillaume demeurant I2, Rue de Tunis à St-Denis (Seine) et Mme LE HER demeurant I, Rue Maurice Sayret Dortail à Plessis-Robinson (Seine) ont déclaré qu'ils étaient disposés à rejoindre leur père à la Guyane.

Mme le HER, serait accompagné de son mari et d'un bébé de I8 mois.

En conséquence, j'ai l'honneur de vous prier de vouloir bien me faire connaître, par câblogramme, s'il est toujours dans les intentions de l'administration pénitentiaire d'accorder une concession agricole au transporté SEZNEC et dans l'affirmative la date à laquelle ses enfants pourront s'embarquer à destination de la Guyane./.

Pour le Ministre des Colonies o/o
P. Le Conseiller d'Etat Directeur des affaires politiques
Le Sous-Directeur
Signé; BUDIN

1936. Lettre du ministre des Colonies au gouverneur de la Guyane française l'informant que le président du Conseil et ministre de l'Intérieur, Léon Blum, propose d'accorder une concession agricole sur le domaine pénitentiaire de la Guyane à Seznec, à condition que ses enfants le rejoignent là-bas. Proposition maligne : on tentait de réparer une injustice et de calmer l'opinion publique par une mesure de clémence mais, dans le même temps, on se débarrassait de tous les Seznec en les envoyant en Guyane !

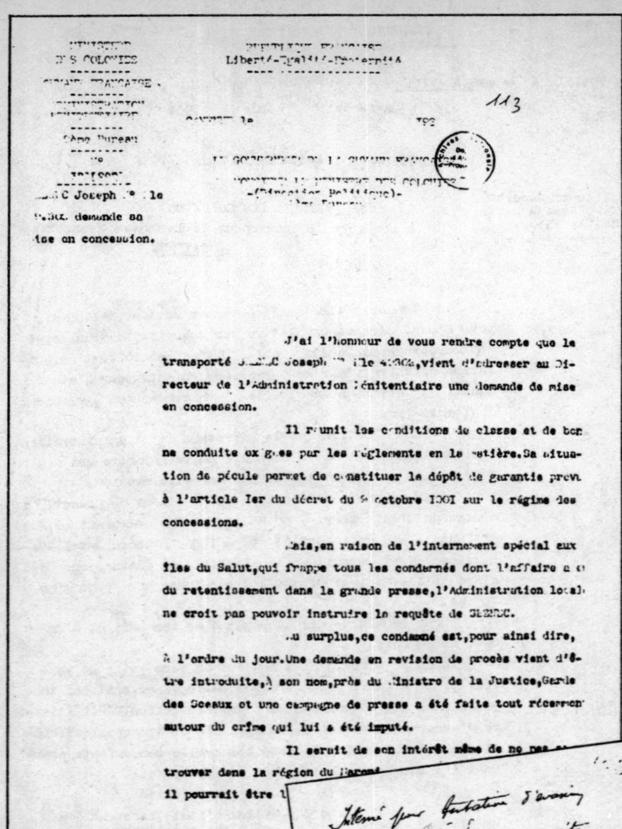

MINISTERE DES COLONIES

GUYANE FRANÇAISE

ADMINISTRATION PENITENTIAIRE

2ème Bureau

N°

SEZNEC Joseph M[le] 49302 demande sa mise en concession.

REPUBLIQUE FRANÇAISE
Liberté-Egalité-Fraternité

Cayenne le 193

113

LE GOUVERNEUR DE LA GUYANE FRANÇAISE

A MONSIEUR LE MINISTRE DES COLONIES

-(Direction Politique)-

2ème Bureau

J'ai l'honneur de vous rendre compte que le transporté SEZNEC Joseph M[le] 49302, vient d'adresser au Directeur de l'Administration Pénitentiaire une demande de mise en concession.

Il réunit les conditions de classe et de bonne conduite exigées par les règlements en la matière. Sa situation de pécule permet de constituer le dépôt de garantie prévu à l'article Ier du décret du 9 octobre 1901 sur le régime des concessions.

Mais, en raison de l'internement spécial aux îles du Salut, qui frappe tous les condamnés dont l'affaire a eu du retentissement dans la grande presse, l'Administration locale ne croit pas pouvoir instruire la requête de SEZNEC.

Au surplus, ce condamné est, pour ainsi dire, à l'ordre du jour. Une demande en revision de procès vient d'être introduite, à son nom, près du Ministre de la Justice, Garde des Sceaux et une campagne de presse a été faite tout récemment autour du crime qui lui a été imputé.

Il serait de son intérêt même de ne pas se trouver dans la région du Maroni

il pourrait être l

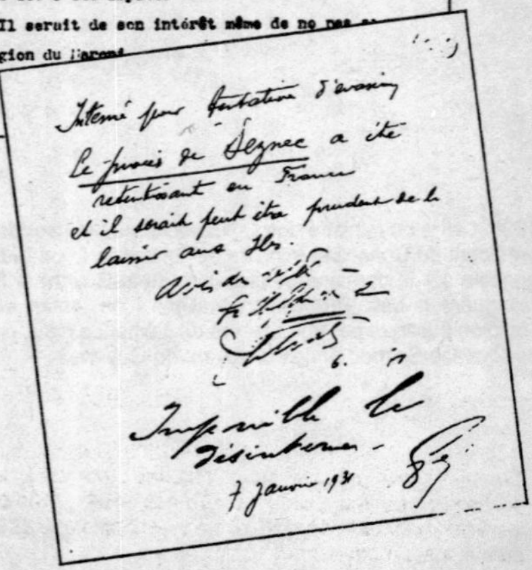

Interné pour tentative d'évasion

Le procès de Seznec a été retentissant en France et il serait peut être prudent de le laisser aux Iles.

Avis de ...

6.

Impossible le désinternement

7 janvier 1931

Réponse négative du gouverneur
de la Guyane française
au ministre des Colonies.
Il déconseille le désinternement
spécial de Seznec :
il faut le garder aux îles du Salut.

Note du « Deuxième bureau »
conseillant que Seznec reste
interné aux îles

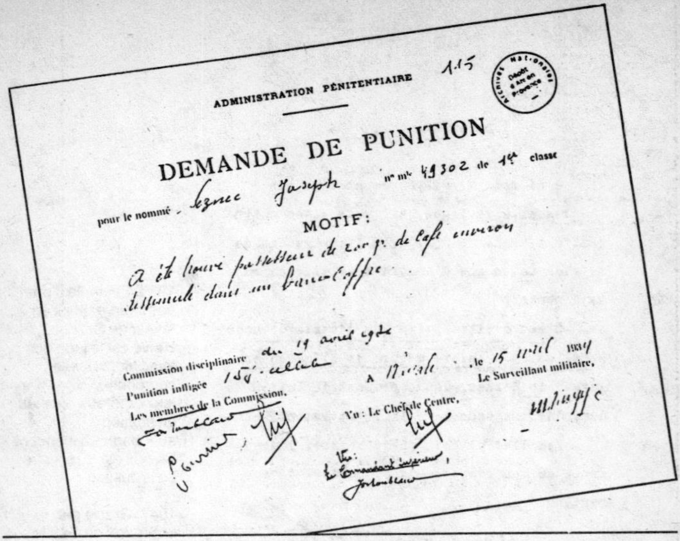

ADMINISTRATION PÉNITENTIAIRE

115

Archives Nationales Dépôt d'Aix en Provence

DEMANDE DE PUNITION

pour le nommé Seznec Joseph n° m^le 49302 de 1^re classe

MOTIF:

A été trouvé possesseur de 200 gr. de café environ dissimulé dans un banc-coffre.

Commission disciplinaire du 19 avril 1934

Punition infligée 15 j. cellule

A Nouvelle, le 15 avril 1934

Le Surveillant militaire,

Les membres de la Commission.

Vu : Le Chef de Centre,

Vu : Le Commandant supérieur,

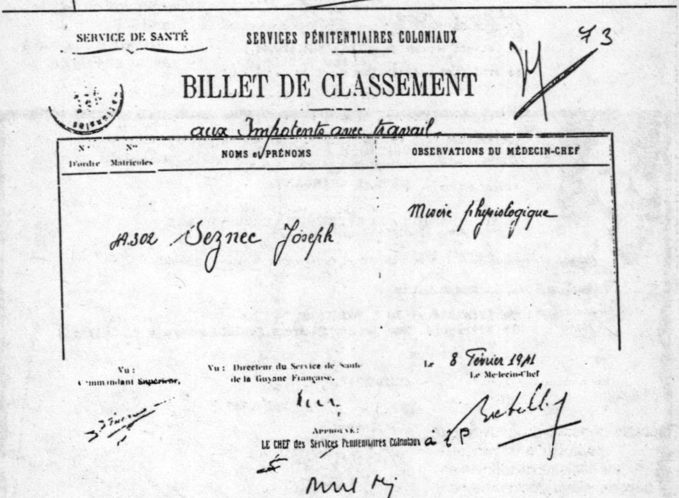

SERVICE DE SANTÉ

SERVICES PÉNITENTIAIRES COLONIAUX

73

BILLET DE CLASSEMENT

aux Impotents avec travail

| N° D'ordre | N° Matricules | NOMS et PRÉNOMS | OBSERVATIONS DU MÉDECIN-CHEF |
|---|---|---|---|
| | 49302 | Seznec Joseph | Misère physiologique |

Vu : Commandant Supérieur,

Vu : Directeur du Service de Santé de la Guyane Française.

Le 8 Février 1941

Le Médecin-Chef

APPROUVÉ :

LE CHEF des Services Pénitentiaires Coloniaux

*En haut :* une punition parmi d'autres : quinze jours de cellule pour avoir été trouvé en possession de 200 g de café... *En bas :* 1941, billet de classement de Seznec au bagne. Sur les 2000 bagnards de 1940, il n'en reste plus que 888 en 1943, lors de l'arrivée de la nouvelle administration gaulliste.

*Ministère de l'Éducation Nationale*

*Le Ministre*

Paris, le 15 Mai 1936

Chère Madame,

J'ai reçu M. HERVE. Je n'ai pu que l'adresser à la Ligue, car vous savez qu'en quittant la Ligue j'ai pris l'engagement de ne rien faire que d'accord avec elle ou sur sa demande.

C'est à titre privé que j'avais demandé à Delbos la première mesure de clémence en faveur de Seznec. Je me propose de lui en demander une seconde : le rapatriement.

Veuillez agréer, chère Madame, l'assurance de mon respectueux et cordial dévouement.

Madame BOSSER
institutrice
àRiec-sur-Belon

1936. Exemple d'une des interventions en faveur de Seznec. Hervé est le juge qui, avec Mme Bosser, coordonne les nombreux comités de soutien au « bagnard innocent ». Delbos est le ministre de la Justice

1947. Gracié par le général de Gaulle (en 1946), Seznec est autorisé à revenir en France.

N° 97

RÉPUBLIQUE FRANÇAISE
Liberté - Égalité - Fraternité.

GUYANE FRANÇAISE

Formule n° 3

**AUTORISATION EXCEPTIONNELLE DE VOYAGE**

Le Gouverneur de la Guyane française et du Territoire de l'Inini, prescrit à

SEZNEC Joseph Marie

...diern (Finistère) le I Mai 1878

de se rendre à la Métropole. Mme Le Her Fleurin, Pouldalmezeau ( Finistère )

Moyen de transport : bateaux

Date de départ : Juin 1947

Saint-Laurent du Maroni, le ... Mai 1947

P. le Gouverneur
P. Le Délégué ... du Maroni.

MINISTÈRE
DE LA JUSTICE

LE GARDE DES SCEAUX

Paris, le 19 AVR. 1990

N/REF. : CRIM. AP. N° 77 REV 19 C 7
PARL. N° 4410

COURRIER ARRIVÉ
SAINT GERMAIN
N° 3548
DATE 24104190

Monsieur le Premier Ministre,

Par lettre du 12 février 1990, vous avez appelé mon attention sur la requête en révision présentée par la famille de M. Guillaume SEZNEC.

Cette requête, présentée le 27 janvier 1988, avait déjà fait l'objet d'un examen approfondi -une expertise graphologique avait été notamment ordonnée par le Parquet Général de RENNES à la demande de la Chancellerie- lors de l'intervention de la loi du 23 juin 1989 qui a modifié les dispositions des articles 622 et suivants relatifs à l'instruction des révisions et confiée cette tâche, dévolue jusqu'alors au Garde des Sceaux à une Commission de Révision composée de Conseillers à la Cour de Cassation et présidée par un Conseiller à la Chambre Criminelle.

Ce texte étant entré en vigueur le 1er octobre 1989, le dossier a été transmis sans retard à la Commission précitée à laquelle il appartient désormais de se prononcer sur la recevabilité de cette requête.

M. Denis Le Her SEZNEC, petit-fils de Guillaume SEZNEC, a été informé de cette transmission.

Je vous prie de croire, Monsieur le Premier Ministre, à l'expression de ma haute considération.

P. Arpaillange

Pierre ARPAILLANGE

Monsieur Raymond BARRE
Député du RHONE
Conseiller Régional
Ancien Premier Ministre

ASSEMBLEE NATIONALE
126, rue de l'Université

75355 PARIS

1990. Lettre du ministre de la Justice à M. Raymond Barre. Les plus hautes autorités ont toujours accordé une attention particulière à l'Affaire Seznec.

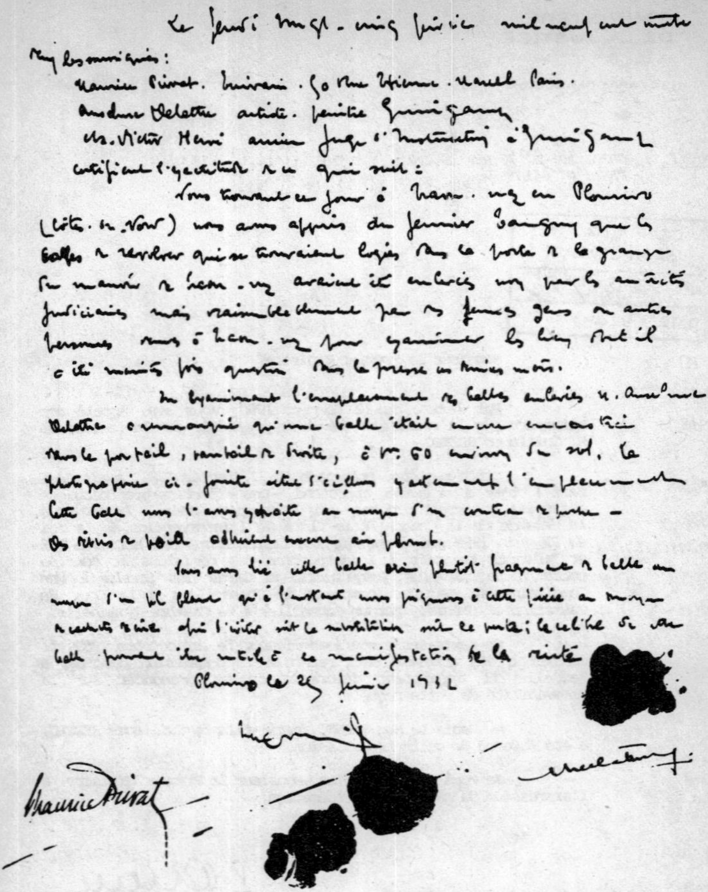

Le Jeudi vingt-cinq février mil neuf cent trente deux

Nous les soussignés :

Maurice Privat. écrivain. 60 rue [illegible] Paris.

Andrée Delattre artiste. peintre Guingamp

M. Victor Hervé ancien Juge d'Instruction à Guingamp

certifions l'exactitude de ce qui suit :

Nous trouvant ce jour à Traou-Nez en Plouézec (Côtes-du-Nord) nous avons appris du fermier Danguy que les balles de revolver qui se trouvaient logées dans la porte de la grange du manoir de Traou-Nez avaient été enlevées non par les autorités judiciaires mais vraisemblablement par des jeunes gens ou autres personnes venus à Traou-Nez pour examiner les lieux dont il a été maintes fois question dans la presse ces derniers mois.

En examinant l'emplacement des balles enlevées M. Andrée Delattre a remarqué qu'une balle était encore encastrée dans le portail, vantail de droite, à 1m 60 environ du sol. La photographie ci-jointe situe d'ailleurs exactement l'emplacement. Cette balle nous l'avons extraite au moyen d'un couteau de poche. Des débris de peinture adhèrent encore au plomb.

Nous avons lié cette balle ou plutôt fragment de balle au moyen d'un fil blanc qu'à l'instant nous joignons à cette pièce au moyen de cachets de cire afin d'éviter toute substitution sur ce point ; la recherche de cette balle pouvant être utile à la manifestation de la vérité.

Plouézec le 25 février 1932

Maurice Privat

[illegible]

1992. Le 25 février 1932 une balle de revolver a été extraite d'un portail du manoir de Traou-Nez, propriété de Quemeneur, là où des marins ont entendu tirer des coups de feu. Le document ci-dessus, avec le scellé et la balle de revolver, a été découvert dans les archives du juge Hervé en novembre 1992.

## APPEL POUR LA RÉHABILITATION DE GUILLAUME SEZNEC

*« En 1924, un homme a été condamné aux travaux forcés à perpétuité pour un crime qu'il n'avait pas commis. Vingt-quatre années de détention dont vingt ans au bagne de Guyane pour un crime sans cadavre, sans preuve, sans témoin, sans aveux : jusqu'à sa mort Guillaume Seznec criera son innocence.*

*Les soussignés – attachés à l'idée d'une justice qui ne serait plus rendue seulement sur la base de l'intime conviction des juges et des jurés mais sur la base de preuves irréfutables – souhaitent ardemment pouvoir saluer prochainement la reconnaissance définitive de l'innocence de Guillaume Seznec, heureuse conclusion de cette douloureuse affaire, l'une des plus grandes erreurs judiciaires de notre temps, qui a été et reste jusqu'à aujourd'hui une tragédie humaine pour tous les êtres qu'elle a pu broyer.*

*En cette année de célébration du Bicentenaire de la Révolution française et de la Déclaration des droits de l'homme, la justice de notre pays, en ayant le courage d'admettre enfin qu'elle s'est trompée, en 1924, en envoyant à la mort lente du bagne de Cayenne un innocent, Guillaume Seznec, n'en apparaîtrait que plus noble et plus humaine.*

*Paris, le 14 juillet 1989. »*

## Ont signé cet appel :

Janine Alexandre-Debray, *ancien sénateur de Paris*
Hervé Bazin, *président de l'Académie Goncourt*
Henri Amouroux, *historien et écrivain*
Georges Beauchamp, *V.-Pdt Conseil économique et social*
Guy Bedos, *comédien*
Pierre Bercis, *Pdt Nouv. droits de l'Homme*
Richard Berry, *comédien*
Marcel Bluwal, *réalisateur*
Richard Bohringer, *comédien*
Yves Boisset, *cinéaste*
Alphonse Boudard, *écrivain*
Jean-Denis Bredin, *de l'Académie française, avocat*
Guy Breton, *écrivain*
Cabu, *dessinateur*
Jean Carmet (†), *comédien*
Jean-Claude Carrière, *scénariste*
Roland Castro, *architecte*
François Cavanna, *écrivain*
André Cayatte (†), *cinéaste*
Jean-Pierre Chabrol, *écrivain*
Edmonde Charles-Roux, *écrivain*
Patrice Chereau, *metteur en scène*
Jérôme Clement, *président de la 7*
Gilbert Collard, *avocat*
Roger Colombani, *journaliste*
Claude Confortes, *metteur en scène*
Jean-Louis Curtis, *de l'Académie française*
Gérard d'Aboville, *navigateur*
Arezki Dahmani, *Pdt de France-Plus*
Évelyne Dandry, *comédienne*
Frédéric Dard, *écrivain*
Georges Decaunes, *journaliste*
Yves Dechezelles, *avocat*
Christian Dedet, *écrivain*
Jean-Jacques De Felice, *avocat*
Olivier de Kersauzon, *navigateur*
André Delacroix, *cinéaste*
Jean Delanoy, *cinéaste*
Bernard Deleplace, *syndicaliste police*
Catherine Deneuve, *comédienne*
Régine Desforges, *écrivain*
Pierre Desgraupes (†), *journaliste*
Michel Deville, *cinéaste*
Monique Dollin du Fresnel, *descendante du président de la cour d'assises qui condamna Seznec*
Jean-Marie Domenach, *journaliste*
Michel Drach, *cinéaste*
Paule Dufour, *Pdte du Fond de Développement social du Conseil de l'Europe*
Maurice Dugowson, *cinéaste*
André Dumas, *pasteur*
Robert Esnault, *amiral*
Stelio Farandjis, *secr. gén. Haut-conseil de la Francophonie*
Jean Ferrat, *chanteur*
Georges Fillioud, *ancien ministre*
Irène Frain, *écrivain*
Françoise Gaillard, *philosophe*
Max Gallo, *écrivain, député européen*
Jérôme Garcin, *journaliste*
Antoine Gaudinot, *ancien inspecteur de police*
Guy Georges, *conseiller d'État*
Annie Girardot, *comédienne*
Pierre Granier-Deferre, *cinéaste*
Denys Granier-Deferre, *cinéaste*
André Green, *psychanalyste*
Julien Green, *écrivain*
Benoîte Groult, *écrivain*
Paul Guimard, *écrivain*
Robert Hirsch, *comédien*
Robert Hossein, *metteur en scène*

Eugène IONESCO (†), *écrivain*
Pierre JAKEZ HELIAS, *écrivain*
Gérard JAQUET, *ancien ministre*
Yves JOUFFA, *Pdt de la Ligue des droits de l'Homme*
Edmond JOUVE, *prof. de droit à Paris V*
Marcel JULLIAN, *écrivain*
Anna KARINA, *comédienne*
Joëlle KAUFFMANN, *docteur*
Jean-Paul KAUFFMANN, *journaliste*
Georges KIEJMAN, *avocat*
Henri LABORIT, *professeur*
Jean LACOUTURE, *écrivain*
Philippe LAMOUR, *Pdt conseil rég. Languedoc*
Jacques LAURENT, *écrivain*
Henri LECLERC, *avocat*
Jean-Marie LE CLÉZIO, *écrivain*
Maxime LEFORESTIER, *chanteur*
Roger LERAY, *anc. gd-maître Grand-Orient de France*
Stelio LORENZI, *cinéaste*
Christophe MALAVOY, *comédien*
Alain MALINE, *cinéaste*
Denis MANUEL, *comédien*
Jean MARAIS, *comédien*
Jean MARBEUF, *cinéaste*
Claude MAURIAC, *écrivain*
Alexandre MINKOWSKI, *professeur*
Michel MOHRT, *de l'Académie française*
Théodore MONOD, *professeur*
Yves MONTAND (†), *comédien*
Michèle MORGAN, *comédienne*
J-Sébastien MORVAN, *universitaire*
Marcel MOULOUDJI (†), *chanteur*
Henri NOGUERES, *avocat*
Philippe NOIRET, *comédien*
François NOURRISSIER, *écrivain*
Gérard OURY, *cinéaste*
Jean-Louis PELLETIER, *avocat*
Gilles PERRAULT, *écrivain*
Jean PIAT, *comédien*
Claude PIÉPLU, *comédien*
Abbé PIERRE, *prêtre*
René-Victor PILHES, *écrivain*
Claude PINOTEAU, *cinéaste*
Bernard PIVOT, *journaliste*
Patrick POIVRE D'ARVOR, *journaliste*
Frédéric POTTECHER, *journaliste*
Jacques PRADEL, *journaliste*
Jean RABINOVICI, *journaliste*
Jacques RENOIR, *cinéaste*
Bertrand RENOUVIN, *Pdt Nlle Action Royaliste*
Pierre RICHARD, *comédien*
Luc RIDEL, *psycho-sociologue*
Yves ROBERT, *cinéaste*
Madeleine ROBINSON, *comédienne*
Nathalie ROUSSEL, *comédienne*
Jules ROY, *écrivain*
Françoise SAGAN, *écrivain*
Daniel SAINT-HAMON, *scénariste*
Léon SCHWARTZENBERG, *professeur*
Claude SERILLON, *journaliste*
Yves SIMON, *chanteur*
Philippe SOLLERS, *écrivain*
Daniel SOULEZ-LARIVIÈRE, *avocat*
Antoine SPIRE, *journaliste*
Évelyne SULLEROT, *écrivain*
Éric TABARLY, *navigateur*
Bertrand TAVERNIER, *cinéaste*
Haroun TAZIEFF, *vulcanologue*
Irène TERREL, *avocate*
Bernard THOMAS, *écrivain*
Pascal THOMAS, *cinéaste*
Olivier TODD, *écrivain*
Guy TRÉJEAN, *comédien*
Françoise VERNY, *éditeur*
Paul-Émile VICTOR, *explorateur-ethnologue*
Pierre VIDAL-NAQUET, *professeur*
Claude VILLERS, *journaliste*
Georges WOLINSKI, *dessinateur*
Jean ZIEGLER, *écrivain.*

## DÉCLARATION
## DES DÉPUTÉS ET SÉNATEURS
## SOUHAITANT LA RÉVISION DU PROCÈS
## DE GUILLAUME SEZNEC

*« Depuis soixante-six ans, l'affaire Seznec évoque pour les Français l'une de ces affaires jugées sans preuves irréfutables. Guillaume Seznec fut condamné au bagne à perpétuité sur l'intime conviction fragile de jurés qui, dix ans après avoir prononcé cette condamnation à une majorité simple, ont signé une pétition demandant la réouverture du procès.*

*Les députés et sénateurs soussignés souhaitent que très bientôt soit enfin décidée cette révision.*

*En effet, qu'ils soient convaincus de l'innocence de Guillaume Seznec et considèrent celui-ci comme la victime de l'une des plus grandes erreurs judiciaires de ce siècle, ou qu'ils se posent toujours des questions sur cette énigme judiciaire, les parlementaires attendent de voir appliquer l'esprit et la lettre de la nouvelle loi – votée à l'unanimité des deux Assemblées le 23 juin 1989 – sur la révision des condamnations pénales, à cette affaire où les atteintes aux droits de l'homme ont été nombreuses et la présomption d'innocence bafouée.*

*Députés et sénateurs espèrent donc que la justice française saisira cette occasion historique (l'inauguration de la nouvelle loi avec cette grande affaire) pour montrer sa volonté de changement et appliquer le principe selon lequel le doute, en toutes circonstances, doit profiter au condamné, et qu'elle s'honorera en révisant le procès de Guillaume Seznec. »*

## Ont signé cet appel :

DÉPUTÉS

Maurice Adevah-Pœuf, *Puy-de-Dôme*
René André, *Manche*
François Asensi, *Seine-Saint-Denis*
Jean-Yves Autexier, *Paris*
Jean-Marc Ayrault, *Loire-Atlantique*
Roselyne Bachelot, *Maine-et-Loire*
Jean-Paul Bachy, *Ardennes*
Jean-Pierre Baeumler, *Haut-Rhin*
Claude Barate, *Pyrénées-Orientales*
Bernard Bardin, *Nièvre*
Philippe Bassinet, *Hauts-de-Seine*
Jean-Claude Bateux, *Seine-Maritime*
Jean Beaufils, *Seine-Maritime*
René Beaumont, *Saône-et-Loire*
Roland Beix, *Charente-Maritime*
André Bellon, *Alpes-de-Haute-Provence*
Jean-Michel Belorgey, *Allier*
Serge Beltrame, *Vosges*
Jean-Pierre Bequet, *Val-d'Oise*
Michel Beregovoy, *Seine-Maritime*
Pierre Bernard, *Tarn*
Michel Berson, *Essonne*
Bernard Bioulac, *Dordogne*
Jean-Claude Blin, *Indre*
Roland Blum, *Bouches-du-Rhône*
Jean-Marie Bockel, *Haut-Rhin*
Gilbert Bonnemaison, *Seine-Saint-Denis*
Augustin Bonrepaux, *Ariège*
Alain Bonnet, *Dordogne*
Huguette Bouchardeau, *Doubs*
Jean-Michel Boucheron, *Ille-et-Vilaine*
Jean-Claude Boulard, *Sarthe*
Bruno Bourg-Broc, *Marne*
Pierre Bourguignon, *Seine-Maritime*
Loïc Bouvard, *Morbihan*
Pierre Brana, *Gironde*
Maurice Briand, *Côtes-d'Armor*
Jean Briane, *Aveyron*
Louis de Broissia, *Côte-d'Or*
Alain Brune, *Jura*
Jean-Paul Calloud, *Savoie*
Alain Calmat, *Cher*
Jacques Cambolive, *Aude*
Roland Carraz, *Côte-d'Or*
Michel Cartelet, *Aube*
Bernard Carton, *Nord*
Jean-Charles Cavaille, *Morbihan*
René Cazenave, *Pyrénées-Atlantiques*
Richard Cazenave, *Isère*
Jacques Chaban-Delmas, *Gironde*
Jean-Paul Chanteguet, *Indre*
Bernard Charles, *Lot*
Marcel Charmant, *Nièvre*
Jean Charroppin, *Jura*
Michel Charzat, *Paris*
Guy-Michel Chauveau, *Sarthe*
Didier Chouat, *Côtes-d'Armor*
Pascal Clément, *Loire*
Michel Coffineau, *Val-d'Oise*
Michel Cointat, *Ille-et-Vilaine*
François Colcombet, *Allier*
Georges Colin, *Marne*

René COUANAU, *Ille-et-Vilaine*
Jean-Yves COZAN, *Finistère*
Michel CREPEAU, *Charente-Maritime*
Henri CUQ, *Yvelines*
Jean-Marie DAILLET, *Manche*
Olivier DASSAULT, *Oise*
Arthur DEHAINE, *Oise*
Marcel DEHOUX, *Nord*
Jean-Pierre DELALANDE, *Val-d'Oise*
André DELATTRE, *Nord*
Jacques DELHY, *Seine-Saint-Denis*
Albert DENVERS, *Nord*
Bernard DEROSIER, *Nord*
Michel DESTOT, *Isère*
Patrick DEVEDJIAN, *Hauts-de-Seine*
Paul DHAILLE, *Seine-Maritime*
Marie-Mad. DIEULANGARD, *Loire-Atl.*
Michel DINET, *Meurthe-et-Moselle*
Yves DOLLO, *Côtes-d'Armor*
Raymond DOUYÈRE, *Sarthe*
Julien DRAY, *Essonne*
René DROUIN, *Moselle*
Jean-Louis DUMONT, *Meuse*
Dominique DUPILET, *Pas-de-Calais*
Jean-Paul DURIEUX, *Meurthe-et-Moselle*
André DUROMÉA, *Seine-Maritime*
Paul DUVALEIX, *Dordogne*
Janine ECOCHARD, *Bouches-du-Rhône*
Pierre ESTÈVE, *Pyrénées-Orientales*
Albert FACON, *Pas-de-Calais*
Jacques FLOCH, *Loire-Atlantique*
Raymond FORNI, *Territoire de Belfort*
Jean-Pierre FOURRÉ, *Seine-et-Marne*
Yves FREVILLE, *Ille-et-Vilaine*
Claude GAITS, *Hautes-Pyrénées*
Bertrand GALLET, *Eure-et-Loire*
Dominique GAMBIER, *Seine-Maritime*
Marcel GARROUSTE, *Lot-et-Garonne*
Kamilo GATA, *Wallis-et-Futuna*
Jean-Yves GATEAUD, *Indre*
Edmond GERRER, *Haut-Rhin*
Jean GIOVANELLI, *Morbihan*
Jean-Louis GOASDUFF, *Finistère*
Joseph GOURMELON, *Finistère*
Gérard GOUZES, *Lot-et-Garonne*
Léo GREZARD, *Yonne*
Ambroise GUELLEC, *Finistère*
Jean GUIGNE, *Yvelines*
Jacques GUYARD, *Essonne*
Georges HAGE, *Nord*
Edmond HERVÉ, *Ille-et-Vilaine*
Jacques HOUSSIN, *Nord*
Élisabeth HUBERT, *Loire-Atlantique*
J. HUYGHUES DES ÉTAGES, *Nièvre*
Bernadette ISAAC-SIBILLE, *Rhône*
Marie JACQ, *Finistère*
Jean-Jacques JEGOU, *Val-de-Marne*
Jean-Pierre JOSEPH, *Gers*
Charles JOSSELIN, *Côtes-d'Armor*
Alain JOURNET, *Gard*
Gabriel KASPEREIT, *Paris*
Aimé KERGUERIS, *Morbihan*
Émile KOEHL, *Bas-Rhin*
Jean-Pierre KUCHEIDA, *Pas-de-Calais*
Jean LABORDE, *Gers*
Jean LACOMBE, *Hérault*
Pierre LAGORCE, *Gironde*
Jean-François LAMARQUE, *Haute-Garonne*
Claude LAREAL, *Ardèche*
Jacques LAVEDRINE, *Puy-de-Dôme*
Gilbert LE BRIS, *Finistère*
Jean-Yves LE DEAUT, *Meurthe-et-Moselle*
Jean-Yves LE DRIAN, *Morbihan*

Jean-Marie LEDUC, *Seine-Maritime*
Robert LE FOLL, *Seine-et-Marne*
Bernard LEFRANC, *Aisne*
Jean LE GARREC, *Nord*
Philippe LEGRAS, *Haute-Saône*
Jean-Marie LE GUEN, *Paris*
Georges LEMOINE, *Eure-et-Loir*
Guy LENGAGNE, *Pas-de-Calais*
Marie-Noëlle LIENEMANN, *Essonne*
François LONCLE, *Eure*
Gérard LONGUET, *Meuse*
Guy LORDINOT, *Martinique*
Jean-Pierre LUPPI, *Isère*
Jacques MAHEAS, *Seine-Saint-Denis*
Guy MALANDAIN, *Yvelines*
Raymond MARCELLIN, *Morbihan*
Philippe MARCHAND, *Charente-Maritime*
Claude-Gérard MARCUS, *Paris*
Roger MAS, *Ardennes*
Georges MESMIN, *Paris*
Pierre METAIS, *Vendée*
Louis MEXANDEAU, *Calvados*
Pierre MICAUX, *Aube*
Jean-Pierre MICHEL, *Haute-Saône*
Didier MIGAUD, *Isère*
Hélène MIGNON, *Haute-Garonne*
Charles MIOSSEC, *Finistère*
Claude MIQUEU, *Hautes-Pyrénées*
Gabriel MONTCHARMONT, *Rhône*
Robert MONTDARGENT, *Val-d'Oise*
Guy MONTJALON, *Vienne*
Christiane MORA, *Indre-et-Loire*
Bernard NAYRAL, *Hérault*
Alain NERI, *Puy-de-Dôme*
Jean OEHLER, *Bas-Rhin*
Monique PAPON, *Loire-Atlantique*
Michel PELCHAT, *Essonne*
Michel PEZET, *Bouches-du-Rhône*
Jean-Pierre PHILIBERT, *Loire*
Christian PIERRET, *Vosges*
Yves PILLET, *Isère*
Étienne PINTE, *Yvelines*
Charles PISTRE, *Tarn*
Jean-Paul PLANCHOU, *Seine-et-Marne*
Bernard POIGNANT, *Finistère*
Maurice POURCHON, *Puy-de-Dôme*
Jean PROVEUX, *Indre-et-Loire*
Jack RALITE, *Seine-Saint-Denis*
Eric RAOULT, *Seine-Saint-Denis*
Guy RAVIER, *Vaucluse*
Alfred RECOURS, *Eure*
Marc REYMANN, *Bas-Rhin*
Lucien RICHARD, *Loire-Atlantique*
Jean RIGAL, *Aveyron*
Roger RINCHET, *Savoie*
Yvette ROUDY, *Calvados*
Ségolène ROYAL, *Deux-Sèvres*
André SANTINI, *Hauts-de-Seine*
Robert SAVY, *Haute-Vienne*
Bernard SCHREINER, *Yvelines*
Robert SCHWINT, *Doubs*
Maurice SERGHERAERT, *Nord*
Bernard STASI, *Marne*
Michel SUCHOD, *Dordogne*
Jean-Pierre SUEUR, *Loiret*
Jean TARDITO, *Bouches-du-Rhône*
Pierre-Yvon TREMEL, *Côtes-d'Armor*
Daniel VAILLANT, *Paris*
Théo VIAL-MASSAT, *Loire*
Joseph VIDAL, *Aude*
Yves VIDAL, *Bouches-du-Rhône*
Alain VIDALIES, *Landes*
Gérard Vignoble, Nord
Alain VIVIEN, *Seine-et-Marne*
Jean-Pierre WORMS, *Saône-et-Loire*

SÉNATEURS

François ABADIE, *Hautes-Pyrénées*
Guy ALLOUCHE, *Nord*

Alphonse ARZEL, *Finistère*
Germain AUTHIE, *Ariège*
José BALARELLO, *Alpes-Maritimes*
Bernard BARBIER, *Côte-d'Or*
Bernard BARRAUX, *Allier*
Jean-Pierre BAYLE, *Français de l'étranger*
Gilbert BELIN, *Puy-de-Dôme*
Georges BERCHET, *Haute-Marne*
Maryse BERGE-LAVIGNE, *Haute-Garonne*
Roland BERNARD, *Rhône*
Jean BESSON, *Drôme*
André BETTENCOURT, *Seine-Maritime*
Pierre BIARNES, *Français de l'étranger*
Jacques BIMBENET, *Loir-et-Cher*
François BLAIZOT, *Charente-Maritime*
Jean-Pierre BLANC, *Savoie*
Marc BŒUF, *Gironde*
Roger BOILEAU, *Meurthe-et-Moselle*
Raymond BOURGINE, *Paris*
Jean BOYER, *Isère*
Paulette BRISEPIERRE, *Français de l'étranger*
Guy CABANEL, *Isère*
Jacques CARAT, *Val-de-Marne*
Ernest CARTIGNY, *Seine-Saint-Denis*
Auguste CAZALET, *Pyrénées-Atlantiques*
Joseph CAUPERT, *Lozère*
Jacques CHAUMONT, *Sarthe*
Jean CLOUET, *Val-de-Marne*
Yvon COLLIN, *Tarn-et-Garonne*
Marcel COSTES, *Lot*
Roland COURTEAU, *Aude*
Michel CRUCIS, *Vendée*
Marcel DEBARGE, *Seine-Saint-Denis*
Jean DELANEAU, *Indre-et-Loire*
André DELELIS, *Pas-de-Calais*
André DILIGENT, *Nord*
Michel DREYFUS-SCHMIDT, *Territoire de Belfort*
Roland DU LUART, *Sarthe*
Jean DUMONT, *Deux-Sèvres*
André EGU, *Ille-et-Vilaine*
Jean FAURE, *Isère*
Jean-Pierre FOURCADE, *Hauts-de-Seine*
Jean FRANÇOIS-PONCET, *Lot-et-Garonne*
Jacqueline FRAYSSE-CAZALIS, *Hauts-de-Seine*
Jean GARCIA, *Seine-Saint-Denis*
François GERBAUD, *Indre*
Charles GINESY, *Alpes-Maritimes*
Robert GUILLAUME, *Nièvre*
Emmanuel HAMEL, *Rhône*
Rémi HERMENT, *Meuse*
Daniel HOEFFEL, *Bas-Rhin*
Jean HUCHON, *Maine-et-Loire*
Roger HUSSON, *Moselle*
André JARROT, *Saône-et-Loire*
Louis JUNG, *Bas-Rhin*
Paul KAUSS, *Bas-Rhin*
Marc LAURIOL, *Yvelines*
Henri LE BRETON, *Morbihan*
Bernard LEGRAND, *Loire-Atlantique*
Édouard LE JEUNE, *Finistère*
Charles-Edmond LENGLET, *Somme*
Marcel LESBROS, *Hautes-Alpes*
Louis LONGEQUEUE, *Haute-Vienne*
Paul LORIDANT, *Essonne*
Marcel LUCOTTE, *Saône-et-Loire*
Hubert MARTIN, *Meurthe-et-Moselle*
Jean-Pierre MASSERET, *Moselle*
Jean-Luc MELENCHON, *Essonne*
Louis MERCIER, *Loire*
Claude MONT, *Loire*
Louis MOINARD, *Vendée*
Henri OLIVIER, *Orne*

Paul d'Ornano, *Français de l'étranger*
Robert Pages, *Seine-Maritime*
Albert Pen, *Saint-Pierre-et-Miquelon*
Louis Perrein, *Val-d'Oise*
Jean Peyrafitte, *Haute-Garonne*
Jean-François Pintat, *Gironde*
Alain Pluchet, *Eure*
Michel Poniatowski, *Val-d'Oise*
Robert Pontillon, *Hauts-de-Seine*
Jean Pourchet, *Doubs*
Claude Pradille, *Gard*
René Regnault, *Côtes-d'Armor*
Yvan Renar, *Nord*
Guy Robert, *Vienne*
Jean Roger, *Tarn-et-Garonne*
André Rouvière, *Gard*
Marcel Rudloff, *Bas-Rhin*
Claude Saunier, *Côtes-d'Armor*
Pierre Schiele, *Haut-Rhin*
Maurice Schumann, *Nord*
Bernard Seillier, *Aveyron*
Paul Seramy, *Seine-et-Marne*
Franck Serusclat, *Rhône*
René-Pierre Signe, *Nièvre*
Paul Souffrin, *Moselle*
Pierre-Christian Taittinger, *Paris*
René Travert, *Manche*
Marcel Vidal, *Hérault*
Albert Voilquin, *Vosges.*

## PERSONNALITÉS AYANT FAIT CONNAÎTRE LEUR VIVE SYMPATHIE POUR LA LUTTE MENÉE

Robert Badinter, *président du Conseil constitutionnel*
Raymond Barre, *ancien Premier ministre*
Dominique Baudis, *député européen*
Jacques Chaban-Delmas, *ancien Premier ministre*
Jean-Pierre Chevènement, *ancien ministre*
Jacques Chirac, *ancien Premier ministre*
Philippe de Villiers, *député européen*
Jean-Michel Di Falco, *porte-parole des évêques de France*
Michel Dreyfus-Schmidt, *vice-président du Sénat*
Laurent Fabius, *président de l'Assemblée nationale*
Claude Labbé, *vice-président de l'Assemblée nationale*
Patrick Le Lay, *président de TF1*
Louis Le Pensec, *porte-parole du gouvernement*
François Léotard, *ancien ministre*
Pierre Méhaignerie, *président du CDS*
Gaston Monnerville, *ancien président du Sénat*
Charles Millon, *président du groupe UDF*
Michel Rocard, *ancien Premier ministre*

# BIBLIOGRAPHIE


*L'homme qui s'évada,* Albert Londres, Albin Michel, 1927.
*Seznec est innocent,* Maurice Privat, Documents secrets, 1931.
*Seznec a-t-il assassiné ?* Arthur Bernède, Taillandier, 1931.
*L'affaire Seznec*, Philippe Lamour, La Province, 1932.
*Justice pour Seznec !*, Charles-Victor Hervé, 1933.
*Notre bagne,* Claude Sylvanné, Plaque tournante, 1950.
*Seznec était innocent,* Claude Bal, Éditions de Paris, 1955.
*L'affaire Seznec,* Yves-Frédéric Jaffré, Éditions Segep, 1956.
*Flag on Devil's Island,* Francis Lagrange, Garden City, États-Unis, 1961.
*L'affaire Seznec,* René Delpêche, Éditions du Dauphin, 1968.
*Tu trahiras sans vergogne,* Philippe Aziz, Fayard, 1969.
*Papillon,* Henri Charrière, Robert Laffont, 1969.
*Les provocations policières,* Bernard Thomas, Fayard, 1972.
*Le destin tourmenté de Guillaume Seznec,* Serge Douay, Presses de la Cité, 1973.
*Mon père l'inspecteur Bonny,* Jacques Bonny, Robert Laffont, 1975.
*L'affaire Seznec,* Jean Ségalat, Éditions de la Courtille, 1976.
*Seznec... innocent ou prestidigitateur criminel ?,* Nédélec et Rieux, Éd. Jugan, 1976.
*Né sous le signe du malheur,* Philippe Aziz, Éditions Idégraf, 1977.
*L'affaire Seznec,* Marcel Jullian, Éditions N° 1, 1979.
*La guillotine sèche,* Jean-Claude Michelot, Fayard, 1981.
*L'affaire,* Jean-Denis Bredin, Julliard, 1983.
*L'affaire Seznec,* Denis Langlois, Plon, 1988.
*Devil's Island,* Alexander Miles, Ten Speed, États-Unis, 1988.
*Vision du bagne,* Jean-Pierre Fournier, Pélican, 1989.
*Le dernier exil,* Michel Pierre, Gallimard, 1989.
*Justice pour la justice,* Daniel Soulez-Larivière, Le Seuil, 1990.

## TABLE

# Grands romans

**La littérature conjuguée au pluriel, pour votre plaisir. Des œuvres de grands romanciers français et étrangers, des histoires passionnantes, dramatiques, drôles ou émouvantes, pour tous les goûts...**

**ADLER Philippe**

Bonjour la galère !
**1868/1**

Les amies de ma femme
**2439/3**

**Mais qu'est-ce qu'elles veulent ces bonnes femmes ? Quand il rentre chez lui, Albert aimerait que Victoire s'occupe de lui mais rien à faire : les copines d'abord. Jusqu'au jour où Victoire se fait la malle et où ce sont ses copines qui consolent Albert.**

Qu'est-ce qu'elles me trouvent ?
**3117/3**

**ANDREWS™ Virginia C.**

*Fleurs captives*

**Dans un immense et ténébreux grenier, quatre enfants vivent séquestrés. Pour oublier leur détresse, ils font de leur prison le royaume de leurs jeux, le refuge de leur tendresse, à l'abri du monde. Mais le temps passe et le grenier devient un enfer. Et le seul désir de ces enfants devenus adolescents est désormais de s'évader... à n'importe quel prix.**

- Fleurs captives
**1165/4**
- Pétales au vent
**1237/4**
- Bouquet d'épines
**1350/4**
- Les racines du passé
**1818/4**
- Le jardin des ombres
**2526/4**

*La saga de Heaven*

- Les enfants des collines
**2727/5**

**Les enfants des collines, c'est l'envers de l'Amérique : la misère à deux pas de l'opulence. Dans la cabane sordide où elle vit avec ses quatre frères et sœurs, Heaven se demande comment ses parents ont eu l'idée de lui donner ce prénom : «Paradis». Un jour, elle apprendra le secret de sa naissance, si lourd que la vie de son père en a été brisée, mais si beau qu'elle croit naître une seconde fois.**

- L'ange de la nuit
**2870/5**
- Cœurs maudits
**2971/5**
- Un visage du paradis
**3119/5**
- Le labyrinthe des songes
**3234/6**

Ma douce Audrina
**1578/4**

*Aurore*

**Un terrible secret pèse sur la naissance d'Aurore. Brutalement séparée des siens, humiliée, trompée, elle devra payer pour les péchés que d'autres ont commis. Car sur elle et sur sa fille Christie, plane la malédiction des Cutler...**

- Aurore
**3464/5**
- Les secrets de l'aube
**3580/6**
- L'enfant du crépuscule
**3723/6 (Juillet 94)**
- Les démons de la nuit
**3772/6 (Octobre 94)**

**ATTANÉ Chantal**

Le propre du bouc
**3337/2**

**AVRIL Nicole**

Monsieur de Lyon
**1049/2**

La disgrâce
**1344/3**

**Isabelle est heureuse, jusqu'au jour où elle découvre qu'elle est laide. A cette disgrâce qui la frappe, elle survivra, lucide, dure, hostile, adulte soudain.**

Jeanne
**1879/3**

**Don Juan aujourd'hui pourrait-il être une femme ? La belle Jeanne a appris, d'homme en homme, à jouir d'une existence qu'elle sait toujours menacée.**

L'été de la Saint-Valentin
**2038/1**

La première alliance
**2168/3**

Sur la peau du Diable
**2707/4**

Dans les jardins de mon père
**3000/2**

Il y a longtemps que je t'aime
**3506/3**

**L'amour impossible entre Antoine, 14 ans, et Pauline, sa belle-mère.**

**BACH Richard**

Jonathan Livingston le goéland
**1562/1 Illustré**

Illusions/Le Messie récalcitrant
**2111/1**

Un pont sur l'infini
**2270/4**

Un cadeau du ciel
**3079/3**

# Grands romans

**BELLETTO René**
Le revenant
**2841/5**
Sur la terre comme au ciel
**2943/5**
La machine
**3080/6**
L'Enfer
**3150/5**
**Dans une ville déserte et terrassée par l'été, Michel erre. C'est alors qu'une femme s'offre à lui, belle et mystérieuse...**

**BERBEROVA Nina**
Le laquais et la putain
**2850/1**
Astachev à Paris
**2941/2**
La résurrection de Mozart
**3064/1**
C'est moi qui souligne
**3190/8**
L'accompagnatrice
**3362/4**
**Fascinée et jalouse de la cantatrice qui l'a engagée, une jeune russe découvre un monde qu'elle ne soupçonnait pas.**
De cape et de larmes
**3426/1**
Roquenval
**3679/1**

**BERGER Thomas**
Little Big Man
**3281/8**

**BEYALA Calixthe**
C'est le soleil qui m'a brûlée
**2512/2**
Le petit prince de Belleville
**3552/3**

**BLAKE Michael**
Danse avec les loups
**2958/4**

**BORY Jean-Louis**
Mon village à l'heure allemande
**81/4**

**BRIAND Charles**
De mère inconnue
**3591/5 (Octobre 94)**
**Le destin d'Olga, placée comme domestique chez des paysans angevins et enceinte à quatorze ans.**

**BULLEN Fiona**
Les amants de l'équateur
**3636/6**

**CAILHOL Alain**
Immaculada
**3766/4 Inédit (Octobre 94)**
**Histoire d'un écrivain paumé, en proie au mal de vivre. Un humour désespéré teinte ce premier roman d'un auteur bordelais de vingt ans, qui s'inscrit dans la lignée de Djian.**

**CAMPBELL Naomi**
Swan
**3827/5 (Novembre 94)**

**CATO Nancy**
Lady F.
**2603/4**
Tous nos jours sont des adieux
**3154/8**
Sucre brun
**3749/6 (Septembre 94)**

**CHAMSON André**
La tour de Constance
**3342/7**

**CHEDID Andrée**
La maison sans racines
**2065/2**
Le sixième jour
**2529/3**
**Le choléra frappe Le Caire. Ignorante et superstitieuse, la population préfère cacher les malades car, lorsqu'une ambulance vient les chercher, ils ne reviennent plus. L'instituteur l'a dit : «Le sixième jour, si le choléra ne t'a pas tué, tu es guéri.»**
Le sommeil délivré
**2636/3**
L'autre
**2730/3**
Les marches de sable
**2886/3**
L'enfant multiple
**2970/3**
Le survivant
**3171/2**
La cité fertile
**3319/1**
La femme en rouge
**3769/1 (Octobre 94)**

**CLANCIER Georges-Emmanuel**
Le pain noir
**651/3**
**Le pain noir, c'est celui des pauvres, si dur, que même les chiens n'en veulent pas. Placée à huit ans comme domestique chez des patrons avares, Cathie n'en connaîtra pas d'autre. Récit d'une enfance en pays Limousin, au siècle dernier.**

**COCTEAU Jean**
Orphée
**2172/1**

**COLETTE**
Le blé en herbe
**2/1**

**COLOMBANI Marie-Françoise**
Donne-moi la main, on traverse
**2881/3**
Derniers désirs
**3460/2**

# Grands romans

## COLLARD Cyril

*Cinéaste, musicien, il a adapté à l'écran et interprété lui-même son second roman* Les nuits fauves.
*Le film 4 fois primé, a été élu meilleur film de l'année aux Césars 1993. Quelques jours plus tôt Cyril Collard mourait du sida.*

Les nuits fauves
**2993/3**

Condamné amour
**3501/4**

Cyril Collard : la passion
**3590/4 (par J.-P. Guerand & M. Moriconi)**

L'ange sauvage (Carnets)
**3791/3 (Novembre 94)**

## CONROY Pat

Le Prince des marées
**2641/5 & 2642/5**

**Dans une Amérique actuelle et méconnue, au cœur du Sud profond, un roman bouleversant, qui mêle humour et tragédie.**

## CORMAN Avery

Kramer contre Kramer
**1044/3**

**Un divorce et des existences se brisent : celle du petit Billy et de son père, Ted Kramer. En plein désarroi, Ted tente de parer au plus pressé. Et puis un jour, Joanna réapparaît...**

## CATO Nancy

Sucre brun
**3749/6**

## DENUZIERE Maurice

Helvétie
**3534/9**

**A l'aube du XIX^e^ siècle, le pays de Vaud apparaît comme une oasis de paix au milieu d'une Europe secouée par de furieux soubresauts. C'est cette joie de vivre oubliée que découvre Blaise de Fonsalte, soldat de l'Empire, déjà las de l'épopée napoléonienne. De ses amours clandestines avec Charlotte, la femme de son hôte, va naître une petite fille aux yeux vairons. Premier volume d'une nouvelle et passionnante série romanesque par l'auteur de *Louisiane*.**

La Trahison des apparences
**3674/1**

## DHÔTEL André

Le pays où l'on n'arrive jamais
**61/2**

## DICKEY James

Délivrance
**531/3**

## DIWO Jean

Au temps où la Joconde parlait
**3443/7**

**1469. Les Médicis règnent sur Florence et Léonard de Vinci entame sa carrière, aux côtés de Machiavel, de Michel-Ange, de Botticelli, de Raphaël... Une pléiade de génies vont inventer la Renaissance.**

## DJIAN Philippe

*Né en 1949, sa pudeur, son regard à la fois tendre et acerbe, et son style inimitable, ont fait de lui l'écrivain le plus lu de sa génération.*

37°2 le matin
**1951/4**

**Se fixer des buts dans la vie, c'est s'entortiller dans des chaînes... Oui, mais il y a Betty et pour elle, il irait décrocher la lune. C'est là qu'ils commencent à souffrir. Car elle court derrière quelque chose qui n'existe pas. Et lui court derrière elle. Derrière un amour fou...**

Bleu comme l'enfer
**1971/4**

Zone érogène
**2062/4**

Maudit manège
**2167/5**

50 contre 1
**2363/2**

Echine
**2658/5**

Crocodiles
**2785/2**

**Cinq histoires qui racontent le blues des amours déçues ou ignorées. Mais c'est parce que l'amour dont ils rêvent se refuse à eux que les personnages de Djian se cuirassent d'indifférence ou de certitudes. Au fond d'eux-mêmes, ils sont comme les crocodiles : «des animaux sensibles sous leur peau dure.»**

## DOBYNS Stephen

Les deux morts de la Señora Puccini
**3752/5 Inédit (Septembre 94)**

# Grands romans

## DORIN Françoise

*Elle poursuit avec un égal bonheur une double carrière. Ses pièces (*La facture, L'intoxe...*) dépassent le millier de représentations et ses romans sont autant de best-sellers.*

Les lits à une place
**1369/4**

**Pour avoir vu trop de couples déchirés, de mariages ratés (dont le sien !), Antoinette a décidé que seul le lit à une place est sûr. Et comme elle a aussi horreur de la solitude, elle a partagé sa maison avec les trois êtres qui lui sont le plus chers. Est-ce vraiment la bonne solution ?**

Les miroirs truqués
**1519/4**

Les jupes-culottes
**1893/4**

Les corbeaux et les renardes
**2748/5**

**Baron huppé mais facile à duper, Jean-François de Brissandre trouve astucieux de prendre la place de son chauffeur pour séduire sa dulcinée. Renarde avisée, Nadège lui tient le même langage. Et voilà notre corbeau pris au piège, lui qui croyait abuser une ingénue.**

Nini Patte-en-l'air
**3105/6**

Au nom du père et de la fille
**3551/5**

**Un beau matin, Georges Vals aperçoit l'affiche d'un film érotique, sur laquelle s'étale le corps superbe et intégralement nu de sa fille. De quoi chambouler un honorable conseiller fiscal de soixante-trois ans ! Mais son entourage est loin de partager son indignation. Que ne ferait-on pas, à notre époque, pour être médiatisé ?**

## DUBOIS Jean-Paul

Les poissons me regardent
**3340/3**

Une année sous silence
**3635/3**

## DUNKEL Elizabeth

Toutes les femmes aiment un poète russe
**3463/7**

## DUROY Lionel

Priez pour nous
**3138/4**

## EDMONDS Lucinda

En coulisse
**3676/6 (Décembre 94)**

## ELLISON James

La fille du calendrier
**3804/3**

## FOSSET Jean-Paul

Chemins d'errance
**3067/3**

Saba
**3270/3**

## FOUCHET Lorraine

Jeanne, sans domicile fixe
**2932/4**

Taxi maraude
**3173/4**

## FREEDMAN J.-F.

Par vent debout
**3658/9**

## FRISON-ROCHE

*Né à Paris en 1906, l'alpinisme et le journalisme le conduisent à une carrière d'écrivain. Aujourd'hui il partage son temps entre de grands reportages, les montagnes du Hoggar et Chamonix.*

La peau de bison
**715/3**

La vallée sans hommes
**775/3**

Carnets sahariens
**866/2**

Premier de cordée
**936/3**

**Le mont Blanc, ses aiguilles acérées, ses failles abruptes, son pur silence a toujours été la passion de Jean Servettaz. C'est aussi pour cela qu'il a décidé d'en écarter son fils. Mais lorsque la montagne vous tient, rien ne peut contrarier cette vocation.**

La grande crevasse
**951/3**

Retour à la montagne
**960/3**

La piste oubliée
**1054/3**

La Montagne aux Écritures
**1064/2**

Le rendez-vous d'Essendilène
**1078/3**

Le rapt
**1181/4**

Djebel Amour
**1225/4**

**En 1870, une jolie couturière, Aurélie Picard, épouse un prince de l'Islam. A la suite de Si Ahmed Tidjani, elle découvre, éblouie, la splendeur du Sahara. Décidée à conquérir son peuple, elle apprend l'arabe, porte le saroual et prend le nom de Lalla Yamina. Au pied du djebel Amour se dresse encore le palais de Kourdane où vécut cette pionnière.**

La dernière migration
**1243/4**

Les montagnards de la nuit
**1442/4**

**Frison-Roche, qui a lui-même appartenu aux maquis savoyards, nous raconte le quotidien de ces combattants de l'ombre.**

L'esclave de Dieu
**2236/6**

Le versant du soleil
**3480/9**

# Grands romans

**GEDGE Pauline**
La dame du Nil
**2590/6**
**L'histoire d'Hatchepsout, qui devint reine d'Egypte à quinze ans. Les splendeurs de la civilisation pharaonique et un destin hors série.**

**GEORGY Guy**
La folle avoine
**3391/4**
Le petit soldat de l'Empire
**3696/4**
L'oiseau sorcier
**3805/4 (Décembre 94)**

**GOLDSMITH Olivia**
La revanche des premières épouses
**3502/7**

**GOLON Anne et Serge**
*Angélique*
Marquise des Anges
**2488/7**
**Lorsque son père, ruiné, la marie contre son gré à un riche seigneur toulousain, Angélique se révolte. Défiguré et boîteux, le comte de Peyrac jouit en outre d'une inquiétante réputation de sorcier. Derrière cet aspect repoussant, Angélique va pourtant découvrir que son mari est un être fascinant...**
Le chemin de Versailles
**2489/7**
Angélique et le Roy
**2490/7**
Indomptable Angélique
**2491/7**
Angélique se révolte
**2492/7**
Angélique et son amour
**2493/7**
Angélique et le Nouvéau Monde
**2494/7**
La tentation d'Angélique
**2495/7**
Angélique et la Démone
**2496/7**
Le complot des ombres
**2497/5**
Angélique à Québec
**2498/5 & 2499/5**
La route de l'espoir
**2500/7**
La victoire d'Angélique
**2501/7**

## TERROIR

**Romans et histoires vraies d'une France paysanne qui nous redonne le goût de nos racines.**

**CLANCIER G.-E.**
Le pain noir
**651/3**

**GEORGY Guy**
La folle avoine
**3391/4**
**Orphelin, Guy-Noël vit chez sa grand-mère, une vieille dame qui connaît tout le folklore et les légendes du pays sarladais. Dans ce merveilleux Périgord, où la forêt ressemble à une cathédrale, l'enfant s'épanouit comme la folle avoine.**

**JEURY Michel**
Le vrai goût de la vie
**2946/4**
Le soir du vent fou
**3394/5**
**Un soir de 1934, alors que souffle le vent fou, un feu de broussailles se propage rapidement et détruit la maison du maire. La toiture s'effondre sur un vieux domestique. Lolo avait si mauvaise réputation que les gendarmes ne cherchent pas plus loin...**

**LAUSSAC Colette**
Le sorcier des truffes
**3606/1**

**MASSE Ludovic**
*Les Grégoire*
**Histoire nostalgique et tendre d'une famille, entre Conflent et Vallespir, en Catalogne française, au début du siècle.**
- Le livret de famille
**3653/5**
- Fumées de village
**3787/5 (Novembre 94)**

**PONÇON Jean-Claude**
Revenir à Malassise
**3806/3 (Décembre 94)**

**SOUMY Jean-Guy**
Les moissons délaissées
**3720/6 (Juillet 94)**
**Mars 1860. Un jeune Limousin quitte son village natal pour aller travailler à Paris, dans les immenses chantiers ouverts par Haussmann. Chaque année, la pauvreté contraint les gens de la Creuse à délaisser les moissons... Histoire d'une famille et d'une région au siècle dernier.**

**VIGNER Alain**
L'arcandier
**3625/4**

**VIOLLIER Yves**
Par un si long détour
**3739/4 (Août 94)**

# Grands romans

## GROULT Flora

*Après des études à l'Ecole des arts décoratifs, elle devient journaliste et romancière. Elle écrit d'abord avec sa sœur Benoite, puis seule.*

Maxime ou la déchirure
**518/1**

Un seul ennui, les jours raccourcissent
**897/2**

**A quarante ans, Lison épouse Claude, diplomate à Helsinki. Elle va découvrir la Finlande et les trois enfants de son mari. Jusqu'au jour où elle se demande si elle n'a pas commis une erreur.**

Ni tout à fait la même, ni tout à fait une autre
**1174/3**

Une vie n'est pas assez
**1450/3**

Mémoires de moi
**1567/2**

Le passé infini
**1801/2**

Le temps s'en va, madame...
**2311/2**

Belle ombre
**2898/4**

Le coup de la reine d'Espagne
**3569/1**

## HARVEY Kathryn

Butterfly
**3252/7 Inédit**

## HEBRARD Frédérique

*Auteur de nombreux livres portés avec succès à l'écran; son œuvre reçoit la consécration avec* Le Harem, *Grand Prix du Roman de l'Académie française 1987.*

Un mari, c'est un mari
**823/2**

**Chaque année la famille Marten se retrouve à Foncoude, une grande maison un peu délabrée mais pleine de charme, entourée de platanes et de vignes. Viennent aussi les cousins, les amis... Et Ludovique passe l'été à astiquer et à cuisiner. Jusqu'au jour où elle décide de faire une fugue.**

La vie reprendra au printemps
**1131/3**

La chambre de Goethe
**1398/3**

Un visage
**1505/2**

La Citoyenne
**2003/3**

Le mois de septembre
**2395/1**

Le Harem
**2456/3**

La petite fille modèle
**2602/3**

La demoiselle d'Avignon
*avec Louis Velle*
**2620/4**

**C'est une princesse, perdue au cœur de Paris, incognito, sans argent, à la recherche de l'homme qu'elle aime. Lui, c'est un diplomate. Il croit aimer une étudiante et ignore qu'elle porte une couronne. Une histoire d'amour pleine de charme, de rebondissements et de quiproquos.**

Le mari de l'Ambassadeur
**3099/5**

**Sixtine est ambassadeur. Pierre-Baptiste est chercheur à l'Institut Pasteur. Ils n'auraient jamais dû se rencontrer. L'aventure les réunit pourtant, au beau milieu d'une révolution en Amérique centrale. Et l'amour va les entraîner jusqu'au Kazakhstan, en passant par Beyrouth et le Vatican !**

Félix, fils de Pauline
**3531/2**

Le Château des Oliviers
**3677/7**

**Entre Rhône et Ventoux, au milieu des vignes, se dresse le Château d'Estelle, son paradis. Lorsqu'elle décide de le ramener à la vie, elle ne sait pas encore que son domaine est condamné. Aidée par l'amour des siens et surtout celui d'un homme, Estelle se battra jusqu'au bout pour préserver son univers.**

## HOFFMAN Alice

L'enfant du hasard
**3465/4**

La maison de Nora Silk
**3611/5**

## HUBERT Jean-Loup

Le grand chemin
**3425/3**

## HUMPHREYS Josephine

L'amour en trop
**3788/5**

## JAGGER Brenda

Les chemins de Maison Haute
**2818/9**

**A 17 ans, Virginia hérite de la fortune des Barthforth. Mais dans cette Angleterre victorienne, une femme peut-elle choisir son destin ? Contrainte d'épouser un homme qu'elle n'aime pas, Virginia se révolte.**

La chambre bleue
**2838/8**

## JEAN Raymond

La lectrice
**2510/1**

## JEKEL Pamela

Bayou
**3554/9**

**En 1786, les Doucet s'installent au bayou Lafourche, en Lousiane. Quatre femmes exceptionnelles vont traverser, en un siècle et demi, l'histoire de cette famille.**

## JULIET Charles

L'année de l'éveil
**2866/3**

## KANE Carol

Une diva
**3697/6**

# Grands romans

## KAYE M.M.

Pavillons lointains
**1307/4 &1308/4**

**Dans l'Inde coloniale, un officier britannique reçoit l'ordre d'accompagner dans le Rajputana le cortège nuptial des sœurs du maharadjah de Karidkote. Il est loin de s'imaginer que cette mission va décider de toute sa vie.**

## KENEALLY Thomas

La liste de Schindler
**2316/6**

**Venu en Pologne avec l'armée nazie, l'industriel allemand Schindler a vite prospéré, en faisant fabriquer de la vaisselle émaillée : la main-d'œuvre est bon marché, à Cracovie, en 1943. Mais en faisant travailler des juifs, Schindler les sauve de l'extermination, car Auschwitz-Birkenau est à deux pas.**

## KOSINSKI Jerzy

L'oiseau bariolé
**270/3**

**Au début de la guerre, un jeune garçon trouve refuge à la campagne. Mais dans ces pays d'Europe de l'Est où tous sont blonds aux yeux bleus, on persécute l'enfant aux cheveux noirs. Bohémien ou juif, il ne peut que porter malheur. Lui, du haut de ses dix ans, essaie de comprendre et de survivre.**

## KONSALIK Heinz G.

Amours sur le Don
**497/5**

La passion du Dr Bergh
**578/4**

Dr Erika Werner
**610/3**

**Lorsque le célèbre Pr Bornholm rencontre Erika Werner, une jeune assistante en chirurgie, une passion folle les lie immédiatement. A tel point que, le jour où son amant commet une tragique erreur professionnelle, Erika s'accuse à sa place...**

Mourir sous les palmes
**655/4**

Aimer sous les palmes
**686/3**

L'or du Zephyrus
**817/2**

Les damnés de la taïga
**939/4**

Une nuit de magie noire
**1130/2**

Le médecin de la tsarine
**1185/2**

Bataillons de femmes
**1907/6**

Coup de théâtre
**2127/3**

Clinique privée
**2215/3**

L'héritière
**1653/2**

La guérisseuse
**2314/6**

Conjuration amoureuse
**2399/1**

La jeune fille et le sorcier
**2474/3**

Le sacrifice des innocents
**2897/3**

La saison des dames
**2999/4 Inédit**

Le pavillon des rêves
**3122/5 Inédit**

La vallée sans soleil
**3254/5 Inédit**

La baie des perles noires
**3413/5 Inédit**

**Un beau jour, Rudolph abandonne tout pour aller s'installer au bout du monde, sur un atoll du Pacifique Sud, en compagnie de la belle Tana'Olu.**

## LACAMP Ysabelle

*Coréenne par sa mère, cévenole par son père, elle revendique sa double appartenance. Egalement comédienne et chanteuse, elle conjugue tous les talents.*

La Fille du Ciel
**2863/5**

**Dans la Chine décadente et raffinée du X^e siècle la trop belle Shu-Meï, fragile mais rebelle, a décidé de prendre en main son destin.**

L'éléphant bleu
**3209/5**

Une jeune fille bien comme il faut
**3513/3**

**L'histoire d'une jeune fille en apparence comblée par la vie, qui tombe amoureuse du meilleur ami de son père. Alors rien ne va plus. Sarah se ronge de culpabilité et devient anorexique. Peut-être parce qu'elle n'a pas d'autre moyen de se révolter ou de s'affirmer.**

Ces 3 titres sont également disponibles en coffret
**FJ 6013**

## LEFEVRE Françoise

Le petit prince cannibale
**3083/3**

**Sylvestre, c'est un peu le Petit Prince. Il habite une autre planète, s'isole dans son monde, écoute le silence, officiellement catalogué comme autiste. Il dévore littéralement sa mère. Et elle, tout en essayant de le sortir de cette prison, tente de poursuivre son œuvre d'écrivain. Un livre tragique et superbe.**

La première habitude
**697/2**

# Grands romans

**McCULLOUGH Colleen**
Les oiseaux se cachent pour mourir
**1021/4 & 1022/4**
**Lorsque les Cleary s'installent en Australie, sur un immense domaine où paissent des troupeaux innombrables, la petite Meggie sait déjà qu'un seul homme comptera pour elle. Beau comme un prince, intelligent et doux, Ralph est prêtre et donc rien n'est vraiment possible entre eux. Mais l'amour ne transgresse-t-il pas tous les interdits ?**
Tim
**1141/3**
Un autre nom pour l'amour
**1534/4**
**Un hôpital dans une île du Pacifique. Et là, le pavillon X, où sont regroupés les soldats que les horreurs de la guerre ont rendu fous. Infirmière, Honora s'occupe avec un dévouement admirable de ces hommes hantés par des images atroces. Jusqu'au jour où l'arrivée de Mike Wilson fait du pavillon X un enfer.**
La passion du Dr Christian
**2250/6**
Les dames de Missalonghi
**2558/3**
L'amour et le pouvoir
**3276/7 & 3277/7**
La couronne d'herbe
**3583/6 & 3584/6**

**McMURTRY Larry**
Texasville
**3321/8**

**MALLET-JORIS Françoise**
*Née à Anvers, fille d'un homme d'Etat belge et de l'écrivain Suzanne Lilar, elle fait partie de l'académie Goncourt.*
Adriana Sposa
**3062/5**
Divine
**3365/4**
**Jeanne est grosse et heureuse. Mais le jour où l'ascenseur tombe en panne, elle se rend compte que son poids est un handicap. Par défi, elle entame un régime. Et son corps mince devient quelque chose d'étranger. Jeanne a l'impression d'être rentrée dans le rang. Un roman truculent, plein d'humanité et d'intelligence.**

**MARIE-POSA**
Eclipse
**3189/3**

**MARKANDAYA Kamala**
Le riz et la mousson
**117/2**

**MARKHAM Beryl**
Vers l'ouest avec la nuit
**3753/5 (Septembre 94)**

**MICHAELS Fern**
L'autre rive de l'amour
**3768/7 (Octobre 94)**

**MICHAEL Judith**
Une autre femme
**3012/8**
Une femme en colère
**3300/6 & 3301/6**
Farouche
**3721/10 (Juillet 94)**
**Avocate, Anne a été dans son enfance victime d'un viol d'autant plus traumatisant que personne n'a voulu la croire. Lorsque le destin replace son persécuteur, devenu sénateur, sur son chemin, elle va pouvoir enfin se venger.**

**MILES Rosalind**
Les promesses du péché
**3485/7**

**DeMILLE Nelson**
Le voisin
**3722/9 (Juillet 94)**

**MILLER Sue**
Portraits de famille
**3656/7**

**MONNIER Thyde**
*Les Desmichels*
- Grand-Cap
**206/2**
- Le pain des pauvres
**210/4**
- Nans le berger
**218/4**
**Deux bébés naissent à deux mois d'intervalle sur le domaine de Guirande. Firmin, le fils de Laurent Michel est l'héritier du nom et de cette terre. Nans, l'enfant de la servante, gardera les moutons. Pourtant, le premier conçu, l'enfant de l'amour, c'est lui.**
- La demoiselle
**222/4**
- Travaux
**231/4**
- Le figuier stérile
**237/4**

**MONSIGNY Jacqueline**
Michigan Mélodie
*(Un mariage à la carte)*
**1289/2**
**Quelque part, sur une route du Middle West, un camion brinquebalant s'arrête pour prendre une ravissante auto-stoppeuse. Bo, le conducteur est américain, barbu et bâti en athlète. Très vite, il trouve que cette jeune Française est exaspérante. Mais Audrey a décidé de l'épouser...**
Le roi sans couronne
**2332/6**
Gulf Stream
**3280/6**

**MORAVIA Alberto**
La belle Romaine
**1712/5**

**MORRIS Edita**
Les fleurs d'Hiroshima
**141/1**

# Grands romans

**NELL DUBUS Elisabeth**
Beau-Chêne
**2346/6**
En Louisiane les Clouet édifient Beau-Chêne, un domaine luxuriant. D'une génération à l'autre, les femmes lui donnent son âme.

Comme un feu éternel
**3014/7**
Folles chimères
**3045/4 Inédit**

**PEYREFITTE Roger**
Les amitiés particulières
**17/4**

**PIAT Jean**
Le parcours du combattant
**3028/4**
La vieille dame de la librairie
**3278/4**
Un livre émouvant et authentique sur la vie, l'amour, et la Grande guerre.

Veille de fête
**3715/3**
Il est français, elle est allemande. A l'automne de leur existence, ils redécouvrent l'amour. Mais le 31 décembre 1992, en cette veille de fête, les souvenirs de leur enfance meurtrie par la guerre vont peut-être tout gâcher.

**PILCHER Rosamunde**
Les pêcheurs de coquillages
**3106/8**
September
**3446/9**

**PLAIN Belva**
Tous les fleuves vont à la mer
**1479/4 & 1480/4**
En 1911, une jeune juive polonaise arrive, seule, à New York et se marie. Pauvreté, richesse, deuils atroces, Anna surmontera tout. Jusqu'à cet amour secret qu'elle voue à Pierre, qui cependant n'entamera jamais celui qu'elle porte à son mari.

La splendeur des orages
**1622/5**
La coupe d'or
**2425/7**
Les Werner
**2662/5**
Pour le meilleur et pour le pire
**3116/6**
Le collier de Jérusalem
**3336/7**
Les Farrel
**3540/8**

# Pour lecteurs avertis

**APOLLINAIRE**
Les onze mille verges
**704/1**
Les prouesses du prince Mony Vibescu, doué d'une étonnante vigueur et d'une imagination débridée. Un classique de la littérature érotique, écrit par un grand poète.

**ARSAN Emmanuelle**
Toute Emmanuelle
**1046/2**
Chargée de mission
**3427/3**

**CICCIOLINA**
Confessions
**3085/3 Illustré**

**DEVEREUX Capitaine**
Vénus indienne
**3807/3 (Décembre 94)**

**DONOSO José**
La mystérieuse disparition de la jeune marquise de Loria
**1439/2**

**DURIES Vanessa**
Le lien
**3678/3**
Récit troublant d'une passion soumise, dans un univers d'un érotisme extrême.

**LAHAIE Brigitte**
«J'ai été la comédienne érotique la plus célèbre, la mieux payée de France... J'ai presque tout fait sur un écran et bien davantage dans ma vie privée.»

La femme modèle
**3102/3 inédit**

**LAUREY Joy**
Joy
**1467/2**
A quinze ans, Joy découvre le plaisir et le pouvoir de sa beauté. La voici aussitôt emportée, enlacée, passant d'amants en maîtresses, goûtant à tout et pourtant toujours affamée.

Joy et Joan
**1703/2**
Le retour de Joy
**3388/3**

**McNEILL Elizabeth**
9 semaines 1/2
**2259/2**

# Grands romans

**RADIGUET Raymond**
Le diable au corps
**2969/1**

**RAGUENEAU Philippe**
L'histoire édifiante et véridique du chat Moune
**1623/2**

**RASPAIL Jean**
Les yeux d'Irène
**2037/4**
Qui se souvient des Hommes...
**2344/3**
**Autrefois, la Terre de Feu était habitée par un peuple, les Kaweskars. Dans leur langue, cela signifiait les Hommes. Décimés par l'impitoyable civilisation, ils ont aujourd'hui pratiquement disparu. Une immense et terrible histoire.**
Moi, Antoine de Tounens, roi de Patagonie
**2595/4**
L'Ile Bleue
**2843/3**
Pêcheur de lunes
**3087/3**

**RIPLEY Alexandra**
Charleston
**3220/8**

**ROBERTS Nora**
Les illusionnistes
**3608/8**

**ROUSSEAU Nita**
Les iris bleus
**3500/1**

**SADOUL Jacques**
*Le domaine de R.*
- La passion selon Satan
**1000/2**
- Le Jardin de la licorne
**1045/2**
- Les Hautes Terres du Rêve
**1079/2**

La Cité Fabuleuse
**3412/4**
**Un beau jour, la nymphe Mylène se matérialise sur un banc du Luxembourg. Sa beauté subjugue immédiatement René Charvin. Au même moment, une série de meurtres atroces est commis dans le Morvan. Y aurait-il un rapport entre Mylène et les monstres assassins ?**
La-Belle-est-venue
**3532/4**

**SEDA**
Le fumoir de l'ambassade
**3368/3**

**SEGAL Erich**
Love story
**412/1**
Oliver's story
**1059/2**

**SHALIT Béatrice**
Lisa, Lisa
**3389/3**

**SILVASI Louis**
Noël
**3571/8 Inédit**

**STEEL Danielle**
*Après avoir travaillé dans la mode, Danielle Steel écrit aujourd'hui des romans qui sont autant de best-sellers.*
Leur promesse
**1075/3**
**Sur le campus d'Harvard, Michael et Nancy s'éprennent follement l'un de l'autre. Mais Michael est l'héritier de la dynastie Hilliard...**
Une saison de passion
**1266/4**
Un monde de rêve
**1733/3**
Celle qui s'ignorait
**1749/5**
L'anneau de Cassandra
**1808/4**
Palomino
**2070/3**
Souvenirs d'amour
**2175/5**
Maintenant et pour toujours
**2240/6**

**SWINDELLS Madge**
Ecoute ce que dit le vent
**2280/6**
Comme des ombres sur la neige
**2899/7**

**TAN Amy**
Le club de la chance
**3589/4**
La femme du Dieu du feu
**3747/7 (Septembre 94)**

**TOLKIN Michael**
The Player
**3483/3**

**TUROW Scott**
Le poids de la preuve
**3505/9**

**V. Cécile**
Frédérique
**3773/4 (Octobre 94)**
**A travers les amours déçues, la dérive et les rencontres de Frédérique, le portrait d'une génération en quête d'identité. Le premier roman d'une jeune scénariste au talent prometteur.**

**WALKER Alice**
La couleur pourpre
**2123/3**

**WHARTON Edith**
Le temps de l'innocence
**3393/5**

**WOOD Barbara**
Les battements du cœur
**2909/6**

**XENAKIS Françoise**
La natte coupée
**1790/2**
Elle lui dirait dans l'île
**2994/3**

3823

R.I.D. Composition 91400-Gometz-la-Ville
Achevé d'imprimer en Europe (France)
par Brodard et Taupin à La Flèche (Sarthe)
le 7 novembre 1994. 6385K-5
Dépôt légal novembre 1994. ISBN 2-277-23823-6
1er dépôt légal dans la collection : sept. 1994
Éditions J'ai lu
27, rue Cassette, 75006 Paris
*Diffusion France et étranger : Flammarion*